Flora Francica Aucta, Oder Vollständiges Kräuter-lexicon: Worinnen Aller Bekannten Aus- Und Inländischen Kräuter, Bäume, Stauden, Blumen, Wurzeln Etc. Verschiedene Lateinisch- Und Deutsche Namen, Temperamente, Kräfte, Nutzen, Wirkungen Und Präparata...

Georg Franck von Franckenau, Johann Gottfried Thilo

nicht so geübt sind, Vortheil schaffen möchte, nicht weniger die Herren Medici die deutschen Namen, nach welchen man sich öfters umsonst bemühet, auch sogleich finden könten; so übersetzte solches Herr Lic. Christoph von Hellwig, im Jahr 1714. Die andere Auflage aber wurde 1716 von Herrn D. Johann Gottfried Thilo revidirt, verbessert, und mit nützlichen Anmerkungen vermehret. Welcher Anno 1728 die dritte, und 1736 die vierte Auflage folgete. Weil nun diese gleich denen vorigen völlig vergriffen, so muste man sich um so viel desto mehr entschliessen, die fünfte Auflage zu besorgen, in Ansehung der Nutzen dieses Buchs fast allgemein ist. Gleichwie aber die Botanic, wie alle andere Wissenschaften, in Verlauf der Zeit immer besser zugenommen, und in denen 70 Jahren, als von der Zeit an, da diese Flora Francica zum erstenmal ans Licht getreten, viel höher gestiegen ist, immaßen viel neue vorher noch unbekannte, oder doch noch mehrere Species derer Gewächse bekannt worden, worzu die vielen auf Kosten grosser Herren angestellten Reisen in die Länder aller vier Welttheile, besonders nach Süd- und Nordamerica, und die Nördlichen Provinzen von Europa, sowol auch der unermüdete Fleis und Anwendung vieler Kosten einiger gelehrten Botanicorum in unsern Gegenden Gelegenheit gegeben hat, also scheinet es die Nothwendigkeit zu erfordern, dieser neuen

Auflage alles beyzufügen, was bishero an neu-entdeckten sowol innländischen als ausländischen Erd- und Seegewächsen den Fleis einiger Gelehrten beschäftiget hat, damit dem Publico rechtschaffen gedienet, und dieses Werk als ein vollständiges Lexicon Botanicum gebraucht werden könne.

Bey dieser Flora Francica befindet sich demnach alles, was nur bekannt und zu finden gewesen, ingleichen alle Synonyma, oder besondere Benennungen derer Botanicorum, deutlich und in der Kürze beysammen. Wie viele alte und neue derer besten und bewährtesten Auctorum, theils Botanicorum theils Historicorum, und Reisebeschreibungen bey der fünften Auflage consulire, und mit einander verglichen worden, und wie viel Zeit und Arbeit auf die Sammlung derer Wörter, nicht weniger wie viel Behutsamkeit auf die Ordnung derselben gewendet werden müssen, wird sich am deutlichsten hieraus offenbaren, daß, da die vierte Edition nicht völlig 9700 Wörter enthalten, die fünfte Auflage auf 20000 angewachsen, folglich um mehr als die Helfte vermehret worden ist. Die Species oder Synonyma sind auf das Haupt Genus, oder auf die Speciem, der sie am nächsten kommen, oder auf den Auctorem verwiesen, und wie viel Species eines Gewächses die bewährtesten Auctores angemerkt haben, bey dem Genere mit

Römi-

Römischen Zahlen beygefügt: so ist auch das deutsche Wörterbuch von dem lateinischen abgesondert, die alphabetische Ordnung sorgfältig verbessert, und im deutschen Register die verschiedenen Benennungen des Ober- und Niedersächsischen, Fränkischen und Schwäbischen Creises beybehalten worden. Was die Temperamenta, die Würkungen und den Nutzen derer Gewächse angehet, hat man es zwar bey dem, wohin derer meisten Botanicorum Meynungen ihr Absehen gerichtet, besonders bey denen, welchen entweder ein giftiger Effect, oder eine Tugend, dem Gift zu widerstehen, zugeschrieben wird, so lange bewenden lassen, bis man mit der Zeit durch gründliche Untersuchung und allgemeinen Beyfall einer mehrern Gewißheit sich wird zu rühmen haben. Uebrigens hat man auch zum Andenken die Meynungen von denen Kräften, welche einige Kräuter ehedem wider die Zaubereyen bewiesen haben sollen, hierinnen so lange beybehalten, bis die Zaubereyprincipia dermaleinst, wenn einigen Landleuten bessere Gründe solten vorgeleget werden, in sich selbst verfallen. In Absehen auf die Menge derer Sachen gehet dieses Kräuterlexicon vielen, ja fast allen derer größesten Kräutersammlungen sehr weit vor. Man wird weder in Tabernemontani, Zwingeri, Rivini, noch in des neuern so berühmten Linnaei und anderer großen Botanicorum

Sammlungen, noch weniger aber in Mill
Englischen Gartenlexico, und andern Sch
ten dieser Art eine so große Anzahl von all
hand sowol auswärtigen, als innländisc
Kräutern antreffen, welche man in diesem Kr
terlexico mit allem Fleis gesammlet findet.
ist aber auch kein Wunder, indem man erst
unsern Zeiten keine Mühe noch Unkosten
sparet hat, alle bekannte Gewächse, welche
denen entlegensten Gegenden der Welt bish
verborgen gewesen, an das Licht zu bring
und zu untersuchen. Die Sammlungen
cher Schriften, welche auf Befehl der Aca
mien der Wissenschaften zu Petersburg u
Paris heraus gekommen, und die in solc
befindlichen vortreflichen Nachrichten ha
uns zu unserm Vorhaben ganz ungeme
Dienste geleistet. Dergestalt können wir h
fen, daß diese unsere Arbeit allen unsern L
desleuten nützlich und brauchbar seyn
werde.

Aaffach, v. Ammoniacum.

Abbas, v. Acacia Germanica.

Abelasis, eine Pflanze in Egypten, welche dem Sisyrinchio ähnlich ist, und einen Geschmack wie Castanien hat. v. Sisyrrhingium.

Abelicea, Ἀβελικέα.

Ist ein Baum, dessen Blätter fast wie eines Oelbaumes Blätter anzusehen, die Frucht gleichet dem Pfeffer, und das Holz dem rothen Sandel.

Abel Mosch Alpini, Bamia Moschata, *Veslingii*, Alcea Aegyptiaca villosa, Bisamkörner, Abelmoschsamen.

Sind Körner, welche kleine Nieren präsentiren, und riechen wie Bisam, wenn es mit Ambra vermischet wird. Sie wachsen in denen Antilleninsuln, werden von denen Perfumirern gesucht, und geben dem Brandewein, wenn man eines oder zwey Körner drein leget, einen angenehmen Bisamgeruch.

Aber, v. Rosmarinus.

Abies, eine Tanne. XII.

Es giebt zweyerley Tannen, nemlich die schwarze Tanne, abies nigra, und die weiße Tanne, abies alba s. femina.

Abies alba, Abies femina, *ἐλάτη*, weiße Tanne, das Weibgen von der Tanne wird eigentlich eine Tanne genannt.

Abies femina, v. Abies alba.

Abies mas, heißet bey denen Auctoribus Picea, Pinaster, abies rubra, abies mas, *πίτυς*, Fichtenbaum, Fichte, rothe Tanne, schwarze Tanne, Tannenbaum. XIX.

Von diesen beyden Sorten wird am meisten die rothe Tanne gebrauchet. Die Mistel von denen Tannen ist unter dem Namen Stelis bekannt, und das fliesende Harz, welches, nachdem man ein Loch in die Tanne gebohret, tropfenweis heraus rinnet, wird, weil es dem Terpentin an Kräften und Farbe gleichet, in denen Apotheken vor Terpentin verkaufet, und in Zahn- und andern Beschwerungen, so von einem zähen Schleim entstehen, gerühmet. Es erweichet, zertheilet, stillet die Schmerzen, zeitiget die Geschwäre, treibet den monatlichen Blutgang des weiblichen Geschlechts, die Geburt und Nachgeburt, widerstehet, wegen seines balsamischen und flüchtigen Wesens, dem Scorbut, der Cacherie, Gicht, Krätze und dem Podagra, ist ein gutes Wundmittel, und von denen Chirurgis zu digerirenden Pflastern und Salben, in Heilung alter Schäden, billig in Ehren zu halten. Die Rinde von denen Tannen trocknet, hält an, und wird äuserlich in Geschwüren und Brandschäden gerühmet. Aus denen Tannenzäpfgen, welche ebenfalls trocknen und anhalten, machet Sennertus wider die fallende Sucht, so von Mutterbeschwerungen entstanden, in Entzündung der Leber, ingleichen Warzen und Hüneraugen zu vertreiben, ein sonderliches Arcanum, und Friedrich Hofmann verfertiget ein gebranntes Wasser daraus. Das Holz, Harz, die Gipfelgen und Blätter sind ebenfals im Scorbut, denen daher entstehenden Zusammenziehungen derer Glieder, und der laufenden Gicht, nicht zu verachten. So können auch die oberstеn Sprößgen derer Tannen in Bier oder Wasser gekochet, und in bemeldeten Leibesgebrechen getrunken werden. Die Absätzgen oder Zweiglein von denen Tannen in Wasser gesotten, durchgeseiget und zu einem dicken Extract angeschossen, durch Draufgiessung etwas vom Spiritu Cochleariae zu 20, 30, 40 Tropfen genommen, geben eine gute Essentiam antiscorbuticam. Das Harz von Tannen ist bitter, und vertreibet den Stein, die Gicht, Engbrüstigkeit und allzustarken Zufluß des Samens; dessen Rauch aber kan zur Verbesserung unreiner Luft dienen.

Abies mascula, v. Abies mas.

Abies nigra, schwarze Tanne, das Männgen von der Tanne, v. Abies mas.

Abies Plinii et femina Theophr. v. Abies alba.

Abies prima, v. Abies mas.

Abies rubra, v. Abies mas.

Abiga, Ajuga, v. Chamaepitys.

Aborach, v. Plantago.

Abrotanum, Stabwurzel, Gartenheil. XXVI.

Wird von einigen statt des Zittwersamens gegen die Würmer gebraucht.

Abrotanum album, v. Absinthium Ponticum Fuchs.

Abrotanum angustifolium minus, v. Abrotanum.

Abrotanum arborescens, v. Absinthium arborescens.

Abrotanum Asiaticum, v. Abrotanum.

Abrotanum campestre, v. Abrotanum.

Abrotanum Cappadocium, v. Abrotanum.
Abrotanum dense fruticosum, v. Abrotanum.
Abrotanum femina, v. Cupressus herba.
Abrotanum femina.
Hier findet man unterschiedliche Sorten; denn einiges hat länglichrunde Blätter, und wird sonst Chamaecyparissus, Santolina Ang. et Dodon. Santonicum minus Cord. Cenronia Gesn. Polium Theophr. et Diosc. Santolina, Crespolina Caesalp. Absinthium marinum Tab. u. d. g. genennet. Oder es hat haarichte und weisgraue Blätter, und heisen bey andern Santonicum maius Cord. Dodon. Seriphium Diosc. Oder es hat Blätter wie Heide oder Sadebaum, wie aus der Vnguentaria Lutetiarum zu ersehen. Oder es hat Cupressenblätter, dergleichen das Adonium Calepin. Camphorata. Cypressenkraut, v. Cupressus herba.
Abrotanum flore maiore, v. Santolina, v. Absinthium.
Abrotanum foliis tenuibus, v. Abrotanum.
Abrotanum Galaticum, v. Abrotanum.
Abrotanum humile, v. Abrotanum.
Abrotanum inodorum, v. Abrotanum.
Abrotanum insipidum, v. Abrotanum.
Abrotanum latifolium, v. Abrotanum.
Abrotanum maius, v. Abrotanum.
Abrotanum mas, ἀβρότανον, Alvise *Arab.* Aberaute, Abereis, Gertwurz, Stabwurz, Schoßwurz, Affrusch, Garthegen, Kuttelkraut, Gansekraut, Gartenheil, Ganserkraut, (wegen des Kampfergeruchs) Alpraute. v. Abrotanum.
Es ist warm und trocken im dritten Grad, zertheilet, eröfnet, hält gelinde an, macht klare Haut, zertheilet, treibet den Urin und Stein, curirt Mutterbeschwerung, Fäulung, Würme, Gift, die Gelbsucht, das Haarausfallen, kurzen und schweren Othem, wenn die Glieder erstarret und zerborsten sind, und das monatliche Geblüt ins Stocken gerathen will. Dioscorides III, 29. lobt dieses Kraut in Verhaltung des Urins, so vom Stein entstanden. Sonst kan man auch hieraus unterschiedene Praeparata, als das destillirte Wasser, das Oleum infusum und destillatum, die im Zucker eingemachte Wurzel u. d. g. bekommen. Der Wein war vor diesem auch im Brauch, wird aber heut zu Tage nicht mehr gesuchet.
Abrotanum mas.
Hat entweder breite oder schmale Blätter; das breitblätterichte

oder

oder Abrotanum latifolium, breitblätterichte Stabwurzmännlein, ist entweder mit harten Rinden, wie ein Baum, versehen, als das Abrotanum mas latifolium arborescens, oder ohne Geruch, inodorum, so sonst Absinthium inodorum et insipidum, item artemisia tenuifolia a Clus. genennet wird. Das schmalblätterichte wird auch Artemisia marina minor Tab. Meerwermuth, schmalblätterichter Wermuth, genennet, kömmt mit dem Absinthio Pontico überein, und ist entweder 1) groß, 2) sehr groß, (heißet beym Camerario incensaria) 3) grau oder weislicht, 4) klein, 5) Wildfeldstabwurz, wilde Aberaute, welche wiederum zwey Arten unter sich begreifet, deren eine heißet Ambrosia, die andere aber wird Artemisia Leptophyllos Gesn. genennet.

Abrotanum masculum, v. Abrotanum.

Abrotanum minus, v. Abrotanum, v. Santolina.

Abrotanum montanum, v. Abrotanum.

Abrotanum nigrum seu mas, v. Abrotanum mas.

Abrotanum *Plinii* et femina, v. Cupressus herba.

Abrotanum *Siculum*, v. Abrotanum.

Abrotanum siluestre, vel quartum, v. Abrotanum.

Abrotanum vulgare humile, v. Abrotanum.

Abrotanum vulgare mas, v. Abrotanum mas.

Abscella, v. Agrimonia.

Absinthii angustifolii ramulus foliis scissis, v. Artemisia marina, v. Absinthium marinum.

Absinthiomenon, v. Abrotanum mas.

Absinthion, v. Absinthium vulgare.

Absinthium *Aegyptiacum*, v. Absinthium vulgare.

Absinthium *Aegyptiacum* siue peregrinum, v. Absinthium vulgare.

Absinthium album, *Lob. Tab.* weißer Wermuth, Kramwermuth. III.

Absinthium album capitulis scabris, v. Absinthium album.

Absinthium album capitulis squamosis flore albo *Achtleae* montanae, v. Absinthium album.

Absinthium *Alexandrinum*, v. Santonicum.

Absinthium *Alpinum*, v. Absinthium *Ponticum*.

Absinthium *Alpinum* vmbelliferum, v. Absinthium Ponticum.

Absinthium angustifolium, v. Abrotanum mas.

Absinthium antiquum, v. Abrotanum mas.

Absinthium arborescens, v. Abrotanum mas.

Absinthium *Austriacum* tenuifolium, v. Abrotanum mas, v. Absinthium *Ponticum*.

Absinthium commune, v. Absinthium vulgare.

Absinthium *del Comasco*, v. Absinthium vulgare.

Absinthium dulce, v. Anisum.

Absinthium fatuum, v. Abrotanum mas.

Absinthium *Gallicum*, v. Absinthium vulgare.

Absinthium *Genezarethum*, v. Absinthium vulgare.

Absinthium inodorum, v. Abrotanum mas.

Absinthium insipidum, v. Abrotanum mas.

Absinthium insipidum vulgari simile, v. Absinthium.

Absinthium *Italicum*, v. Absinthium *Ponticum*.

Absinthium marinum, v. Abrotanum femina.

Absinthium marinum, Meerwermuth. VI.

Der Meerwermuth ist am Geschmack etwas bitter, hat eine Kraft zu erwärmen, ist trocken im dritten Grad, dem Magen schädlich. Dioscorides meldet, daß der Meerwermuth allein vor sich selber, oder mit Reis gekocht, und ein wenig Honig eingenommen, die Bauchwürmer tödte, und den Stuhlgang sanfte befördere.

Absinthium marinum *Diosc.* v. Absinthium marinum.

Absinthium marinum foliis laciniatis, v. Absinthium marinum.

Absinthium marinum latifolium, v. Absinthium marinum.

Absinthium marinum Lavendulae folio, v. Absinthium marinum, v. Artemisia marina.

Absinthium marinum maius, v. Absinthium marinum.

Absinthium marinum *Patavinum*, v. Absinthium marinum.

Absinthium *Mesues*, v. Absinthium, v. Santonicum.

Absinthium minus, v. Absinthium vulgare.

Absinthium montanum, v. Abrotanum mas.

Absinthium montanum vmbelliferum latifolium, v. Abrotanum mas.

Absinthium *Nabathaeum Avicennae*, v. Absinthium vulgare.

Absinthium nobile, v. Absinthium vulgare.

Absinthium *Ponticum*, s. *Romanum*, s. tenuifolium, Welscher Gartenwermuth, Römischer Wermuth, Alpkraut. IV.

Der Pontische Wermuth ist hitzig im ersten Grad, und trocken im dritten. Er hat die Kraft zu stärken, zu erwärmen, zu eröffnen und zu trocknen. Er führt die Galle durch den Urin aus, ist aber dem Magen und der Brust, die mit zähen Schleim beladen, wegen seiner zusammenziehenden Kraft, schädlich.

Absinthium *Ponticum* flore albo, v. Absinthium *Ponticum*.

Absinthium repens, v. Absinthium vulgare.

Absinthium *Romanum*, v. Abrotanum mas, v. Absinthium *Ponticum*.

Absinthium rusticum, v. Absinthium vulgare.

Absinthium *Santonicum*, Santonischer Wermuth.

Der Santonische Wermuth ist heiß und trocken im zweyten Grad, kömmt dem Meerwermuth an Würkung gleich, und treibt den Wurm aus.

Absinthium *Santonicum Aegyptiacum* capilli *Veneris* facie, v. Absinthium *Santonicum*.

Absinthium *Seriphium*, v. Santonicum.

Absinthium supinum, v. Absinthium vulgare.

Absinthium tenuifolium, v. Absinthium *Pontic.* v. *Santonicum*.

Ist warm im ersten, trocken im dritten Grad, hält an, zertheilet, reiniget, dringet durch, vertreibet die Würme, verbessert die Galle, curirt die Beschwerung der Leber, der Blase, Galle des Magens, die Schmerzen im Leibe der Mutter und die Geburts-wehen; ingleichen das Erbrechen der Kinder, die Mutterwassersucht, Cacherie, den Alp, und allerhand Art des Beschreyens derer kleinen Kinder. Es werden hiervon allerhand Dinge, wie beym Absinthio vulg. präpariret. v. qq. Abrotanum.

Absinthium tenuifolium *Austriacum*, v. Santonicum.

Absinthium tenuifolium *Ponticum*, v. Absinthium *Ponticum*, v. Santonicum.

Absinthium tenuifolium s. *Romanum*, v. Santonicum, v. Abrotanum mas.

Absinthium *Tiberiadicum*, v. Absinthium marinum.

Absinthium vmbelliferum, v. Absinthium vulgare.

Absinthium vulgare, ἀψίνθιον βαθύπικρον, *Arab.* Assinthium, it. Scea, vel Sceha, Wermuth. XXXII.

Ist warm im ersten und andern, und trocken im dritten Grad, öffnet, verdünnet, hält an, widerstehet denen Würmen, verbessert die Galle, machet nüchtern, treibet Schweis und Urin, machet ein gutes Gehör, befördert Schlaf und Ruhe, curirt die Wassersucht, das aufgedunsene Wesen und ungestalte Farbe unsers Leibes, die Schmerzen des Magens, Leber- und Milzbeschwerungen. Aeußerlich kann man sich in allzulangen Wachen und üblem Gehör, mit diesem Kraut räuchern. Es vertreibet di[e] Cacherie, befördert die Däuung, hebet das Malum Hypochondriacum, die Wassersucht, das dreytägige Fieber, den Scorbu[t]

un[d]

und Jungferkrankheit. Man findet vom Absinthio gar vielerley Praeparata, als das destillirte Wasser, den Spiritum, Saft, Wein, die Tinctur, überzogene Wermuth, den Syrup, die Küchelgen, das Oel, flüchtige und fixe Salz, das Extract, (wider die Wassersucht) und die Essenz.

Absinthium *Xantonicum* vulgare, v. Absinthium *Santonicum*.

Abchon, Wiederthon, v. Trichomanes.

Abulasa.

Ist ein Baum auf der Insul Madagascar, der vortrefflich wider das Herzdrücken ist.

Abutanon, v. Abrotanum.

Abutilon, gelbe Pappel, Sammtpappel, XVI.

Abutilon *Avic.* v. Althaea *Theophr.* flore luteo. v. Abutilon.

Acacalis, wilde Schoten.

Der Samen wird in Schmerzen der Augen recommendiret, und das Decoctum hiervon zu unterschiedenen andern Beschwerungen genommen. v. p. Renealm. Obs.

Acacia, v. Genista spinosa.

Acacia *Aegyptiaca*, v. Acacia vera veterum.

Acacia altera, v. Acacia *Germanica*.

Acacia *Diosc.* v. Acacia vera veterum.

Acacia *Germanica*, *ἀγριοκοκκυμηλέα*, Prunus silvestris, Acantha, Schleh- oder Schwarzdorn, wilde Pflaumen. XXVIII.

Sie blühen im Anfang des Frühjahrs, und werden im Herbst reif. Die Blätter und Blüten sind warm im ersten, die Frucht und Rinde kalt im andern und dritten, und trocken im vierten Grad, halten an, verdicken, curiren den Durchfall und allzustarken Blutgang. Die gedörrete, zu Pulver gestoßene, und zu 1 Quentgen gegebene Frucht wird vom Fr. Hofmann in Clav. Pharm. Schröd. p. 399. als was sonderliches, den Stein zu treiben, gerühmet, und dienet äußerlich zu Gurgelwassern und Mutterbädern. Die Blüten führen den Gries von den Nieren ab, und werden in großer Herzensangst, Seitenstechen und Verrenkungen verordnet. Sie purgiren gelinde, zertheilen und treiben den Urin. Das Moos pflegt man in Brühen vorzuschlagen. In Apotheken findet man von der Acacia nachfolgende Stück, als die überzuckerten Blumen, das aus denen Blumen destillirte Wasser, den Syrup, (welcher gelinde purgiret, und im Seitenstechen, auch Stein zu treiben gut thut,) den von der Frucht dick eingekochten Saft, den Schlehwein und die mit Zucker überzogene Schlehen.

Acacia gloriosa, Inimboja sv. Silua *de Praya Lusitanis Pison.* Moluckische Nüsse, oder Bezoarnüsse.

Dieser Baum wächset in Ost- und Westindien. Man brauchet hiervon die Frucht, welche Brüche heilet, Schwulst und Blähungen zertheilet, den Blutgang, Nachgeburt und Stein befördert, den Magen stärket, und die Schmerzen lindert.

Acacia *Matth* v. Genista spinosa triphyllos.

Acacia secunda, *Matth.* v. Acacia vera veterum.

Acacia trifolia, v. Acacia vera veterum.

Acacia vera veterum, ἀκακία *Hipp.* ἄκανθα, i. e. Spina *Theophraß. Arab.* Alchard, vel Schamuth, Schack, Nalepi, Aegyptischer Schotendorn.

Ist ein Baum oder Staude, so in warmen Ländern, und vornemlich in Egypten, hervor kömmt. Der Saft, so aus dem Samen ausgepresset wird, pflegt zum Theriac genommen zu werden, er muß aber fein gelbroth sich präsentiren, ist kalt im andern, und trocken im dritten Grad, verdicket, reiniget, kühlet, curiret das heilige Feuer, um sich fressende Geschwäre, Augenbeschwerungen u. d. g. Diosc. Das Gummi, welches von dem Baume fließet, ist das Gummi Arabicum Offic. und heißet in andern Apotheken Gummi Babylonicum, Thebaicum, Saracenicum, acanthinum. Man findet dergleichen in Neuspanien sehr häufig. Es ist warm und feucht im ersten Grad, verdicket, verstopfet die Schweislöcher der Haut, benimmt den allzuscharfen Medicamenten ihre Schärfe, curirt die Rauhigkeit des Halses, den Husten und das Jücken der Augen.

Acacia *Virginiana*, v. Pseudoacacia.

Acajou, der Nierenbaum, oder Cojanus.

Acajou.

Ist ein Indianischer Apfel, welchen die Indianer sowol zur Nahrung, als zur Arzney wider den Durchlauf brauchen. An dem Apfel hängt eine grüne Nuß, welche gegessen wird, und die Hülse derselben führt, wenn sie reif ist, ein beizendes Oel bey sich.

Acantha, v. Acacia *Germanorum.*

Acantha, v. Acanthus.

Acanthestopia, v. Acanthus.

Acanthium, v. Carduus, v. Carduus benedictus.

Acanthium, ἀκάνθιον, Carduus asininus capitibus acanthii. *Arab. Bedeguar*, Wegedistel. XVII.

Die Blätter und Wurzeln sollen, nach Dioscoridis Meynung, den Opisthotonum, oder die krampfsmäßige Bewegung, in durch der Hals hinterwärts und der Nacken vorwärts gewendet wird, curiren. Dieses Acanthium hat vielerley Namen, denn es heißet auch Onopordon, Onogyros Nycandri, Silybum s. Leucantha, Onopyxus, Acanos Bellon. Carduus Viarum; Solstitialis lutea ist auch eine Species vom Acanthio.

Acanthium *Illyricum*, v. Acanthium.

Acanthium *Matth. Dod.* v. Onopordon *Athenei Anguill.*

Acanthium peregrinum, v. Acanthium.

Acanthium siluestre flore albo, v. Onopordon *Anguill.*

Acanthium vulgare flore albo, v. Onopordon *Anguill.*

Acanthium vulgare flore purpureo, v. Acanthium

Acanthium vulgare, *Tab.* v. Onopordon *Athenei Anguill.*

Acanthus, v. Senecio.

Acanthus, ἄκανθος, Acanthus veterum *Romanorum* παιδερώτα, μελάμφυλλον, ἀκανθηνόνια, Topiaria, Mamolaria, Craepula, Welsch Bärenklaue, Bartisch, Wegedistel. VII. Die Wurzel leget man äußerlich auf die verbrannten und verrenkten Glieder. Sie wird auch innerlich, den Urin zu treiben, vom Dioscoride vorgeschlagen.

Acanthus *Germanicus*, v Carduus Benedictus, v. Branca vrsina.

Acanthus leuis, v. Acanthium

Acanthus satiua et mollis *Virgilii*, v. Acanthium.

Acanthus siluestris alter, v. Jacea.

Acanthus veterum, v. Acanthus.

Acanthus vulgaris, v. Branca ursina.

Acanthyllis *Apuleji*, v. Aspargus.

Acarnae, similis carlina siluestris minor, v. Carduus s. Carlina vulgaris.

Acarna s. Acorna, ἀκαρνα, wilde Carlin. v. Carduus.

Acarna flore luteo patulo, *C. Bauh.* v. Carlina siluestris minor, v. Aspargus.

Acarna humili caule folioso, v. Carduus, v. Carlina vulgaris.

Acarna maior caule folioso, v. Carduus, v. Carlina vulgaris.

Acarna minor caule non folioso, v. Leo ferox, v. Lolium IV. *Trag.*

Acarna *Theophr.* v. Carduus. v. Carlina vulgaris.

Acarna *Walerandi*, v. Carduus, v. Carlina vulgaris.

Acasia, v. Pseudoacacia.

Accipitrina, v. Sophia Chirurgorum, v. Hieracium.

Accipitrina maior, v. Hieracium.

Acer, σφένδαμνος, *Theophr.* Ahorn, Maßholder, Leinbaum IX.

Hiervon sind unterschiedene Arten, als ζυγία, der auf Bergen wächset; γλῖνος s. Glinus, wird auf dem platten Lande gefunden; κλινότροχος Acer flauum et non crispum Calepin. Gelber Ahorn, so nicht kraus ist. Der Bergahorn ist entweder weis, und heisset Platanus Trag. Fremd Ahorn, Orientalischer Ahorn oder Waldeschernbaum, Maßholder, Sycomorus Ruell. wilde Feigen; oder gelb und kraus, und wird Opulus montanus Lugd. genennet. Der Feld- oder kleine Ahorn heißet Opulus campestris Gesn. Carpinus Lugd. Rambolinus Cord.

Acer campestre, v. Acer.

Acer campestre et minus, v. Platanus.

Acer crispum, v. Acer.

Acer flauum, v. Acer.

Acer minus, v. Acer.

Acer non crispum, v. Acer.

Acer tenuifolium, v. Platanus.

Aceris species tertia, v. Sambucus.

Acetabulum, v. Vmbilicus veneris.

Acetabulum album, v. Fabaria.

Acetabulum alterum, v. Fabaria.

Acetosa, ὀξαλίς, Lapathum acetosum, Rumex, Lapathum acidum s. satiuum, Lapathiolum, λάπαθον *Diosc.* ἀνάξυρις ὀξυλάπαθον *Gal. Arab.* Alhamad, it. Asered et Azad. Saurampfer, Saursenf. XXIV.

Ist entweder wilder oder Gartenampfer. Der Gartenampfer wird in Acetosam lanceolatam, Hispanicam, maiorem, minorem, oder spitzigen, Spanischen, großen und kleinen unterschieden. Die Blätter, Wurzeln und Samen sind kalt, trocken und feucht im andern Grad, stärken das Herz, die Leber, den Appetit, löschen den Durst, widerstehen der Fäulung, corrigiren die Choleram, Inflammationes, einfache und pestilentialische Fieber, kühlen, eröfnen ꝛc. Der Samen wird als ein bewährtes Mittel in der rothen Ruhr gerühmet. Die getrocknete und gekochte Wurzel giebt dem Wasser eine rothe Farbe. Wenn man sie mit Hirschhorn abkochet, curiret sie die rothe Ruhr. Die Praeparata aus der Acetosa, als die mit Zucker überzogene Wurzel, der Saft, Syrup, das überzogene Wasser und das Sal essencificatum sind gleichsalls nicht zu verachten. Es verfertiget auch Fr. Hofmann eine Tinctur aus der Acetosa, so in dreytägigen Fiebern, die Hitze zu dämpfen, verordnet wird.

Acetosa aruensis lanceolata, *C. Bauh.* Oxalis minor *Matth.* Acetosa ouina *Tab.* klein Saurampfer, Feldampfer, Schafampfer. II.

Hat mit dem gemeinen Saurampfer gleiche Kraft.

Acetosa aruensis minima, non lanceolata, v. Acetosa aruensis.

Acetosa crispa, v. Acetosa aruensis.

Acetosa *Hispanica*, v. Acetosa scutata.

Acetosa hortensis, v. Acetosa scutata.

Acetosa lanceolata angustifolia repens, v. Acetosa.

Acetosa maior, v. Acetosa.

Acetosa minima, v. Acetosa.

Acetosa minor, v. Acetosa.

Acetosa ouina, v. Acetosa.

Acetosa prima, v. Acetosa.

Acetosa pratensis, v. Acetosa.

Acetosa rotunda, v. Acetosa scutata.

Acetosa rotundis foliis, s. rotundifolia hortensis, v. Acetosa scutata.

Acetosa sativa, v. Acetosa scutata.

Acetosa scutata, s. rotundifolia hortensis *C. Bauh.* Oxalis rotundifolia *Dod.* Oxalis Romana, Acetosa Hispanica rotundifolia, Römischer Saurampfer, runder Spanischer Ampfer, Gartensaurampfer mit runden Blättern. III.

Hat eine bessere, dem Gift widerstehende Kraft bey sich, als der gemeine Saurampfer, und wird ihm deswegen in Febribus malignis vorgezogen.

Acetosa tuberosa radice, v. Acetosa scutata.

Acetosella, Trifolium acetosum, Oxis, Oxitriphyllum, Oxalis minor, luiula, alleluia, Buchampfer, Saurklee, Guckucksklee, Hasenklee. IV.

Blühet im April und Anfange des May, wächset in Wäldern und sandigten Orten, kömmt der Acetosa an Kräften gleich, und giebt vielerley Medicamenten, als das mit Zucker überzogene Kraut, das destillirte Wasser, den Syrup und rothen Saft oder den Wein, woraus hernach ein Crystallinisches Salz entstehet, welches mit Zucker zu denen trockenen Julepen genommen, auch in bösartigen Fiebern, Durst und Hitze zu dämpfen, gelobet wird.

Acetum, vinum acre aut decrescens, vinum mortuum, vini vitium, Eßig, Weineßig.

Wird auf Ebräisch Vini filius, oder gleichsam ein Sohn Weins genennet, weil der beste Eßig vom Weine gema wird. Er hat vielerley Nutzen, und dienet allerhand Meta zu solviren, Essentien und Tincturen zu extrahiren, lindert Hitze in hitzigen Fiebern, löschet den Durst, widerstehet Gift, der Fäule, erfrischet, stärket, zertheilet, reiniget, trock treibet zurück, hält an, stillet die übrigen Blut- und Bauchfl und tödtet die Würme. Aeusserlich kan der Eßig in Wun und Entzündungen, it. im Vorfall der Mutter und des M darmes, gebrauchet werden. Der Dunst von wallen Eßig soll nach Christ. Langii Meynung Miscell. cur. Me III. wenn er in die Ohren gelassen wird, das üble Gehör, gleichen das Klingen der Ohren curiren. Es wird der nicht allein aus Wein, sondern auch aus Bier, Früch Aepfel, Birn, auch aus Honig gemacht; doch hält man Weineßig vor den besten, und je besser der Wein, je kräft der Eßig. In Apotheken hat man unterschiedene So vom Eßig, nemlich den gemeinen Acetum radicatum, m tum, terebinthinatum, it. Spiritum et Crystallos etc.

Achar.

Eine Art von gummichter und dornichter Wolfsmilch in E ten, die Hülsen wie Schminkbohnen hat. v. Tithymal

Achauon abiat. v. Jacobaea.

Achillea, v Millefolium.

Achillea montana, v Millefolium.

Achillea montana Artemisiae tenuifoliae, facie, v. Millefoli

Achillea *Narbonensis*, v. Millefolium.

Achillea Sideritis. v Millefolium.

Achilleia, v. Millefolium.

Achillium, v. Millefolium.

Achimilla, Sinnau, v. Alchimilla.

Achupalla.

Ein Peruvianisches Gewächs, welches der Aloe gleichet.

Acia, v. Saccharum.

Acicula f. Scandix, Nabel oder Nadelkerbel. VI.

Hat einen scharfen Geschmack mit einer Bitterkeit, daher er warme und trocknende Eigenschaft besitzet. Der Grösse warm und trocken im ersten, der Kleinere aber, weil er s fer und bitterer ist, im dritten Grad.

Acinos, wilde Basilien. II. v. Clinopodium.

Aconitis cognata, v. Anemone.

Aconitum, ἀκόνιτον, Wolfskraut, Giftkraut, Eisenhütt-lein. XIX.

Heißet in Arabischer Sprache Bisch, Alhelagel, Belsati. Dieses Gewächs tödtet fast alle Thiere, auch so gar die Scorpionen, und ist sonst, wie Dioscorides vorgiebt, ein gut Augenmedicament, v. Napellus luteus.

Aconitum alterum, v. Aconitum.

Aconitum bacciferum *Cornut.* v. Christophoriana.

Aconitum batrachoides, v. Ranunculus.

Aconitum coeruleum, v. Napellus.

Aconitum cynoctonum, v. Aconitum lycoctonum.

Aconitum hiemale, v. Aconitum.

Aconitum luteum, siue ponticum, v. Aconitum.

Aconitum lycoctonum, Luparia lutea, *Trag.* Wolfswurzel V.

Wird vor ein Gift gehalten, und denen Jägern die Wölfe, Füchse, Marder, Ratzen, Iltisse und andere schädliche Thiere zu tödten, verkaufet. Fr. Hofmann hält es vor warm und trocken im vierten Grad. Nach Dodonaei Meynung hat es eine brennende und ätzende Kraft, welche dem Napello gleich kömmet, bey sich.

Aconitum lycoctonum albis pallidisue floribus, v. Aconitum lycoctonum.

Aconitum lycoctonum aliud genus, v. Panax.

Aconitum lycoctonum coeruleum, v. Napellus.

Aconitum lycoctonum luteum, v. Aconitum lycoctonum.

Aconitum lycoctonum tertium, v. Ranunculus.

Aconitum monococcon, v. Paris Herba.

Aconitum Pardalianches, v. Doronicum, v. Paris herba.

Aconitum Pardalianches alterum, v. Thora.

Aconitum Pardalianches *Diosc.* creditum Matthiolo, v. Aconitum.

Aconitum Pardalianches maius, v. Thora.

Aconitum Pardalianches minus, v. Doronicum.

Aconitum Pardalianches *Plinii*, v. Aconitum.

Aconitum Pardalianches *Plinii* secundum, v. Aconitum, v. Paris herba.

Aconitum Pardalianches *Theophr.* v. Aconitum.

Aconitum *Ponticum*, v. Aconitum.

Aconitum primum, v. Doronicum.

Aconitum primum minus, v. Thora.

Aconitum quartum, v. Aconitum.

Aconitum racemosum, v. Christophoriana.

Aconitum salutiferum, v. Anthora, v. Paris herba.

Aconitum tertium, v. Ranunculus *Alpinus*.

Acopa moris, v. Trifolium aquaticum.

Acorum vel Acorus verus, Calamus aromaticus *Offic.* ἄκο, ἄκορος, *Theophr. Arab* Vage, it. Ugi, it. Algeorascem, O ward vor Zeiten χόρος ἀφροδισίας, Radix venerea, Na ca radix, genennet, Gallis Piperacium, Calmus, Ac wurz, Akorwurz. II.

Ist warm und trocken im dritten Grad, verdünnet, stärket Magen, erwecket Appetit, verdauet die sauren Theilgen de zurückgebliebenen Speisen, zertheilet die Winde, curiret Schlag, die Wassersucht, Verdunkelung des Augapfels, Br beschwerungen, giftige Krankheiten, die rothe Ruhr, Ung sche Krankheit, bösartige, giftige und ansteckende Fieber, V stopfung des Monatflusses, der Milz, Leber, des Urins, G ses, Schmerzen im Oberleibe, und lindert das Seitensteck Das destillirte Wasser, die überzogene Wurzel, die eingem te Wurzel, das destillirte Oel, und das Electuarium oder Latwerge, so Electuarium diacorum genennet wird, diene der Colica und Grimmen im Leibe. Das Extract zu ein halben und ganzen Scrupel im Wein braucht man wider te Flüsse.

Acorum, cum suo iulo, v. Acorum.

Acorum falsum, v. Acorus adulterinus, v. Iris.

Acorum legitimum, v. Acorum.

Acorum *Offic.* v Acorus adulterinus, v. Iris,

Acorum silvaticum, v. Millefolium.

Acorus, v. Acorum, v. Galanga.

Acorus adulterinus s. palustris, Gladiolus luteis liliis, Pseu iris, Pseudoacorus, Jonquetti, Iris palustris lutea, Butom Acorus communis, Wasserschwertel, gelbe Schwer gelbe Wasserlilie, Teichlilie, Drachenwurz, Blutw gelb Schwertelwurz.

Die Wurzel ist warm und trocken, verdünnet, hält an, stä zertheilet, dienet dem Gehirn und denen Nerven, stillet Durchfall, rothen und weißen Fluß der Weiber, die rothe weiße Ruhr. Man kan auch diese Wurzel im Krampf der rothen Ruhr, als ein Amulet brauchen, und entwede lein, oder mit Pfauenfedern denen schwangern Weibern Kindern in itzt erwehnten Leibesbeschwerungen anhän wie bey Fr. Hofmann mit mehrern zu ersehen.

Acorus communis, v. Acorus adulterinus.
Acorus falsus, v. Acorus adulterinus.
Acorus luteus falsus, v. Acorus adulterinus.
Acorus nostras, v. Acorus adulterinus.
Acorus palustris, v. Acorus adulterinus.
Acorus verus, v. Acorum.
Acorus vulgo, v. Acorus adulterinus.
Acrocorion *Plinii*, Narcissen v. Narcissus.
Acrospilum, Haberkraut, oder Twalch, v. Aegilops *Plin.*
Acrospilus, v. Auena.
Acrostichum *Linn.* v. Holostium *Offic.* v. Asplenium.
Acula, v. Acicula.
Aculeata, v. Flos *Adonis*, v. Anemone.
Acus muschata, s. Acus pastoris, v. Geranium.
Acus pastoris, v. Geranium.
Acus pastoris vulgaris. v. Chaerefolium aculeatum.
Acutella, v Ononis.
Acutia s. scandix, v. Chaerefolium aculeatum.
Acynus, v. Clinopodium.
Adamavoi Kost, Adamsholz, wächst in Rußland.
Adami pomum, seu malus *Assyra*, Adamsäpfel, v. Malus *Adami*.
Sind eine Art von Pomeranzen. Sie stärken das Herz, machen guten Appetit und einen angenehmen Geruch.
Adhatoda, die Malabarische Nuß. II.
Adianthum, Frauenhaar, Venushaar, Wiederthon. XIII.
Nach dem Galeno ist das Adianthum mittelmäßiger Natur, zwischen kalt und warm, doch soll es die Kraft zu trocknen, zu digeriren, und zu zertheilen haben.
Adianthum album, v. Ruta muraria.
Adianthum album *Plinii*, v. Adianthum.
Adianthum album tertium, v. Adianthum.
Adianthum album vel candidum, v. Ruta muraria.
Adianthum aureum, v. Muscus capillaris.
Adianthum aureum, Polytrichum maius, medium, minus, Gülden-Wieder-Thon. II.
Ist ein Berufskraut. Das Decoctum hiervon brauchet man innerlich im Stein, äusserlich aber, Haare wachsend zu machen.
Adianthum aureum minus, v. Adianthum aureum.
Adianthum candidum, v. Ruta muraria.
Adianthum flauum, Weinknöpflein, Wolfsgerste, gelblichter Wiederton.

Hiervon braucht man das Kraut. v. Ruta muraria.

Adianthum foliis coriandri, v. Adianthum.

Adianthum foliis longioribus pulverulentis pediculo nigr v. Ruta muraria.

Adianthum magnum, v. Adianthum.

Adianthum mas, v. Adianthum.

Adianthum nigrum, Capillus *Veneris*, Frauenhaar, Venu haar, Haarzopf, v. Filicula.

Ist temperirt aus dem warmen, auch kalt und trocken, verdünn eröfnet, reiniget, dienet in Verstopfung der Lungen, Niere Milz und des Urins, treibet die Menses, färbet die Haare, m chet sie schön, und vermehret dieselben, trocknet, zertheilet. W dann das Decoctum nicht allein in itzterzehlten Krankheite sondern auch den Schleim von der Brust zu lösen, auch Kröp und Geschwüre zu zeitigen, gebrauchet wird. Man hat hi von ein destillirtes Wasser, und den Syrup, welche na Fernelii Meynung trocken und warm seynd.

Adianthum nigrum *Plinii*, v. Adianthum nigrum.

Adianthum nigrum verum, v. Adianthum nigrum.

Adianthum pulcherrimum *Lugdunensi* simile, v. Adianthum

Adianthum rubrum, v. Trichomanes.

Adianthum *Syriacum*, v. Adianthum.

Admirabilis *Peruviana*, v. Mandragora *Theophr.*

Admorsa, v. Succisa.

Adonidis flos, v. Flos *Adonis*.

Adonis, v. Flos Adonis.

Adonis flos, Adonisröslein. III.

Hat die Kraft zu erwärmen, und zu trocknen im andern Gr Ein Schweisbad davon gemacht, treibt den Schweiß gewalt und führt die böse kalte Feuchtigkeit aus.

Adonis hortensis, *C. Bauh.* v. Anemone hortensis tenuifol *Trag.*

Adonis flore citrino, Anemone agrestis. *Trag.*

Adonis lutea. v. Flos *Adonis*

Adonis *Matth.* Silvestris flore phoeniceo, *C. Bauh.* v. A mone agrestis *Trag.*

Adonium *Calepin.* v. Abrotanum femina.

Adonium, v. Flos *Adonis*.

Adonium luteum, v. Flos *Adonis*.

Ador, Adoreum, v. Zea.

Adoxa, v. Maschatellina.

Atractylis, v. Anemone.

Aegichum, Aegicon, v. Gramen.

Aegilops *Plin.* Festugago, Gramen avenaceum, tauber Hafer, Gerstentwalch. II.

Aegilops bromoides, v. Aegilops *Plin.*

Aegilops bromoides *Belgarum*, v. Aegilops *Plin.*

Aegilops *Dioscoridis*, v. Aegilops *Plin.*

Aegilops *Dodon.* v. Aegilops *Plin.*

Aegilops minore glande, v. Cerris.

Aegilops *Narbonensis*, v. Aegilops *Plin.*

Aegilops peregrinus, v. Aegilops *Plin.*

Aegilops siue Cerris maiore glande, v. Cerris.

Aegolethron *Plinii*, v. Ranunculus.

Aegopodium s. pes caprae, v. Herba *Gerhardi.*

Aegypiron Crateruae, v. Ononis.

Aegyptiaca Penae, s. Papyrus Nilotica, v. Papyrus.

Aegyptiaca Siliqua, v. Cassia.

Aeluropus, v. Hispidula.

Aera s. Lolium, v. Zizania.

Aeschinomene, v. Mimosa.

Aesculus, v. Esculus.

Aethiopis, v. Turbith.

Aethiopis foliis sinuosis, v. Turbith.

Aethiops, v. Sclarea.

Aethiopum herba, s. libanotis coronaria, v. Rosmarinus.

Aethonychum, s. Columbina, v. Aquileia.

Affodillus, v. Nymphaea alba.

Africanus flos, v. Flos *Africanus*, v. Othona.

Affinthium, v. Absinthium vulgare.

Agallochum Agallochus, Ξυλοαλοη, Lignum aloes Taurum, Paradiesholz, oder Aloeholz. III.

Ist ein Indianischer und Arabischer Baum, wächset in Sumatra und China. Der Baum gleichet dem Oelbaume. Das Holz wird wegen seines aromatischen Geschmacks, nicht aber von der Aloepflanze also genennet.

Agallochum album, v. Lignum de *Neroli.*

Agallochi arbor, der Baum vom Paradies- oder Aloeholz. III.

Wird von denen Chinesern Calambac genennet, ist ein bequemes Mittel in Ohnmachten, stärket das Gedächtnis, hemmet den weißen Fluß, verhütet die unzeitige Geburt, stillet Erbrechen,

Schlu-

Schlucken, den starken und unvermerkten Fortgang des Urins, curiret das böse Wesen, die Lähmung, Choleram u. d. Ist warm und trocken im andern Grad, stärket alle Eingeweide, vornemlich das Herz, Gehirn, die Mutter und Spiritus, vertreibet die Ohnmachten und Würme, hält an, und stärkt. Man giebt auch hiervon einen Scrupel im Pulver, die Wunden zu schliessen; welches in der Colica, kalten Beschwerungen derer Därme, des Magens und der Mutter, gut thut. Es tödtet die Würme derer Kinder. Aeusserlich machet man Haupt- und Herzensküßgen daraus. Das Extractum, die Species Diaxylo-aloës stärken den Magen. Die Trochisci oder Küchlein, Essenz und das Oel sind in Herz- und Magenbeschwerungen, auch das Geblüt zu reinigen, ein bequemes Medicament. Das Pulver wird zu einem Scrupel wider Choleram und Würme gegeben.

Agallochum *Offic.* v. Agallochum.

Agallochus, v. Agallochum.

Agarathum, Ageratum, Eupatorium *Mesue* Balsamita minor, Costus minor hortensis, ἀγήρατον, Herba Julia, Eupatorium *Diosc.* Leber- oder kleiner Costenbalsam, Kunigundkraut. VII.

Ist warm und trocken im andern Grad, verdünnet, reiniget, laxiret, dienet der Leber, dem Magen, widerstehet der Fäulung. Wenn man sich darmit räuchert, so wird die Verstopfung des Urins gehoben. Es erweichet die Mutter, corrigiret das Excrement der Galle, curiret die Wassersucht und Wunden. Der Samen tödtet die Würme. In denen Apotheken findet man den Sirupum de Eupatorio Mesue, die Pillen, Küchelgen und das Extract.

Agarathum album, v. Agarathum.

Agarathum aliud quorundam, v. Chrysocome *Offic.* v. Stoechas citrina.

Agarathum alterum, v. Agarathum.

Agarathum Aurelia, *Dod.* v. Chrysocome *Offic.* v. Stoechas citrina.

Agarathum ferulaceum, v. Millefolium.

Agarathum floribus candidis, v. Agarathum.

Agarathum foliis non serratis } v. Agarathum.
Agarathum foliis serratis } v. Agarathum.
Agarathum minus } v. Agarathum.

Agarathum minus septentrionalium aliud, v. Agarathum.

Agaricum, vel Agaricus, Lerchenschwamm. II.

wird Agaricus mas genennet. Das Weibgen aber ist besser. Er wärmet im ersten und trocknet im andern Grad, purgiret den wässerichten Schleim, im Husten, Keuchen und Engbrüstigkeit, ingleichen die zähe Galle, den Unrath im Gekrös, Haupt und Lunge, treibet den Blutgang und Urin, widerstehet dem Gift, wird mit zum Theriac gebrauchet, auch ein Extract, Küchelgen und Pillen daraus verfertiget. Es pfleget der Agaricus ordinär mit Ingwer und Würznäglein corrigiret zu werden.

Agaricus, v. Agaricum.

Agaricus Laricis, v. Agaricum.

Agaricus pedis equini facie, v. Quercus.

Agasyllus, vel Agasyllis. v. Ammoniacum.

Agerathum, v. Agarathum.

Aegilops *Italica*, *Tab.* v. Aegilops secunda.

Aegilops *Lon.* v. Aegilops. *Plin.*

Aegilops peregrina, v. Aegilops secunda.

Aegilops *Plin.* et Lolium decimum *Trag.* Aegilops *Lon.* gramen leporinum et tremulum, Phalaris pratensis minor *Lob.* Panis porcinus, Hasenbrod, Hasengras, Zittern, Zittergras. II.

Aegilops prima *Matth.* et auena fatua *Tab.* Bromos herba *Dod.* Bromos sterilis *Lob.* Festuca auenacea sterilis elatior *Casp. Bauh.* Taubhaber, Gauchhaber, Gerstentwalch. II.

Aegilops secunda *Matth.* peregrina et Italica *Tab.* Festuca altera capitulis duris *C. Bauh.* Festuca sv. Aegilops Narbonensis, *Lob.* Gerstentwalch, fremd Twalch.

Agnus Castus, Salix America *Diosc.* Eleagnon *Theophr.* Vitex, Arbor Abrahae, Piperella, Piper Eunuchorum, ἄγνος, λύγος, Sanguis, Semnon, Keuschlamm, Schafmülle, Abrahamsbaum, Kloster- und Mönchspfeffer. IV. v. Vitex.

Ist warm und trocken im andern Grad. Der Samen zertheilet, treibt die Menses, verringert den Samen und die Lust zum Beyschlaf. Man verordnet hiervon ein Quentgen im Pulver wider toller Hunde Biß. Er vermehret auch die Milch. Hiervon sind die Trochisci in vsu.

Aegopodium, v. Herba *Gerhardi.*

Afuth, v. Ampufutchi.

Agresteos alterum genus, v. Gramen, v. Phalaris.

Agrifolium, Aquifolium, Ilex quinca aculeata baccifera fo-

lio

lio sinuato *Bauhini*, Ilex aquifolia *Lonic.* Stechap
baum, Palmendistel, Stechbaum, Stechpalmen, Wa
distel. XXXIII.

Wird in der Colica gerühmet.

Agrifolium *Septentrionis*, v. Agrifolium.

Agrikkomelea, v. Acacia *Germ.*

Agrimonia, v. Verbena, v. Anserina.

Agrimonia, vel Agrimonium, Eupatorium *Graecorum*,
germennig, Adermennig, Bruchwurz, Leberklett. B
kraut. VI.

Blühet im Frühling, und durch den ganzen Sommer, wächse
Zäunen, ist warm und trocken im ersten Grad, dienet der L
und Milz, heilet die Wunden, öfnet, reiniget, hält gelinde
curirt die Wassersucht und Cachexie, stärket den Magen,
bessert die widernatürliche Schärfe im Geblüt, und wird
in Franzosen gebraucht. Aeuserlich brauchet man die Agri
niam zu Bädern. Sie kan auch zerstampfet in Eßig oder W
gekochet, bey Entzündung derer testium appliciret werden,
nach Foresti Meynung, in Verrenkung derer Gliedmaßen
thun. Es wird hiervon das Wasser, der Saft, Syrup
Salz verkaufet.

Agrimonia aquatica, Kunigundkraut, v. Bidens. VII.

Agrimonia silvestris, v. Anserina.

Agrimonium, v. Agrimonia.

Agriocastanum, v. Bulbocastanum.

Agriomelanthium, v. Nigellastrum.

Agrioriganum, v. Origanum *Heracleoticum.*

Agrorum venti spica, v. Gramen arundinaceum.

Agrostemma *Linn.* v. Lychnis, v. Nigellastrum.

Agrostis, v. Gramen.

Agrostis.

Ist ein grünes und ständiges Gras, so die Erde erzeuget. Bisse

Aguacate.

Ist eine Peruvianische Frucht, welche denen kleinen Kürbissen
chet. Sie sind rund, und mit einer dünnen Schale besetzet.
außen ist sie glänzend, wie laquirt. Ihre Farbe ist allezeit g
Der Geschmack ist nicht süß, und man muß etwas Salz da
streuen, wenn die Frucht wohl schmecken soll. Der Bau
ziemlich hoch, und dessen Blätter sind etwas grösser, al
den Chirimoya.

Ahovai *Theveti*, ein giftiger Baum in Südamerica. I

Aira, v. Gramen aquaticum.
Aiuga, v. Chamaepitus.
Aizoides, v. Ficoides.
Aizoon acre, v. Sedum minus.
Aizoon agrium, v. Fabaria.
Aizoon haematotes, v. Sedum minus.
Aizoon maius, v. Sedum maius.
Aizoon minus, v Sedum minus.
Aizoon minus femina, v. Sedum minus.
Aizoon minus luteum folio acuto, v. Sedum maius.
Aizoon ſerratum, v. Sedum maius.
Akakia, v. Acacia vera.
Akaliphi, v. Vrtica maior.
Akantha, v. Acacia vera.
Akanthiſtopia, v. Acanthus.
Akanthion, v. Acanthium.
Akanthos, v. Acanthus.
Akarna, v. Acarna.
Akoniton, v. Aconitum.
Akorus, v. Acorus.
Akti, v. Sambucus vulgaris.
Ala *Ibidis*. v. Quinquefolium.
Albaſtri Roſarum, die Knoſpen an denen Roſen. v. Roſa.
Alabaſtrites *Alpina*, v. Dentaria.
Alabaſtrites altera, v. Dentaria.
Alabaſtrites ſeu Dentaria alba, v. Anemone trifolia.
Alamutes.

Sind eine Art ſchwarzer Pflaumen in Madagaſcar, deren Baum ſtachlicht iſt. An ſtatt des Steinkernes aber hat dieſe Frucht zehn oder zwölf flache Hülſenkerne.

Alaternoides, eine Sorte des Alaternus. III.
Alaternus, Immergrün, Steinlinde Alaternusbaum. VI.
Wenn man die Rinde im Waſſer kocht, ſoll ſie eine rothe Farbe geben. Hat ſonſten keinen Nutzen in der Medicin.

Alaternus alter, v. Alaternus.
Alaternus alter humilior lato folio, v. Alaternus.
Alaternus *Clus.* : v. Alaternus.
Alaternus humilior, v. Alaternus.
Alaternus maior, v. Alaternus.
Alaternus minor, v. Alaternus.
Alaternus *Tureti*, v. Alaternus.

Album olus, v. Lactuca agnina.
Alcanna, v. Alkanna.
Alcannae radix, v. Ligustrum *Indicum*.
Alcaria radix, v. Ligustrum *Indicum*.
Alcea vesicaria s. Veneta, vel Bononiensis, aut peregrina lisequa, Hypecoum *Matth*. Malua Veneta, Herca Vi rica, Wetterröslein, Fälryst, Augenpappeln, M genstern, Sigmarskraut VIII.
Wächset auf Zäunen, und blühet im Sommer. Das K kömmt mit der Malua ziemlich überein. Es erweichet
Alcea *Aegyptiaca*, v. Ketmia.
Alcea *Aegyptiaca* villosa, v. Abelmosch.
Alcea *Americana*, v. Alcea vesicaria.
Alcea *Bononiensis*, v. Alcea vesicaria.
Alcea *Indica* magno flore, v. Alcea vesicaria.
Alcea Maluae rosae siluestris genus, v. Alcea.
Alcea peregrina, v. Alcea vesicaria.
Alcea peregrina solisequa, v. Alcea vesicaria.
Alcea *Veneta*, v. Alcea vesicaria.
Alcea vesicaria s. *Veneta etc* Wetterröslein, Fälryst, genpappeln rc. II. v. Ketmia.
Alcea vulgaris, v. Herba *Simeonis*.
Alchard, v. Acacia vera veterum.
Alchimilla, Branca Leonis, Pes Leonis, Planta Leonis, P stellaria, Sophia Chirurgorum, Sünau, Gölden Gänse Löwenfus, Marienmantel, Unser Frauen Mantel
Die Blätter sind temperirt aus dem Warmen und Kalten, u im ersten und trocken im dritten Grad, schliessen die Wu halten an, reinigen, stillen den allzustarken Zufluß des G tes und die allzustarke Monatzeit. Man kann auch t Kraut in Weine kochen, und in innerlichen Geschwären, chen, dem weißen Fluß der Weiber, und wo allzudünne G vorhanden, und äußerlich (mit einem Tüchlein) denen f fen und hangenden Brüsten appliciren, et cannam in constringit. Hieraus ist ein destillirtes Wasser zu bekom
Alchimilla alterum genus, v. Leontopodium, v. Quinquefo
Alchimilla montana minima, *Lob.* v. Perpecier *Anglorum*.
Alchimilla vulgaris, v. Alchimilla.
Alciciadon, v. Buglossa.
Alcionium, Meerballen, Meerschwamm, v. Spongia.
Alectorolophos, v. Crista galli.

Alectorolophos *Alpinus* maior, *Clus.* v. Filipendula montana. *Dod. Tab.*

Alectorolophos primus, *Clus.* v. Filipendula montana, *Dod. Tab.*

Alectorolophos purpurea, v. Crista galli altera.

Alectorolophos tertium genus, v. Crista galli.

Alexandrum, Liebstöckel, v. Leuisticum.

Alfabje.

Eine Frucht in Egypten, die wie Dost oder Origanum schmeckt.

Alfranken, v. Dulcamara.

Alga citrina, v. Corallina.

Alga et Vva *Germ.* Meergras.

Es giebt dergleichen unterschiedene Gattungen, so uns unbekannt sind.

Alga prima, v. Millefolium.

Alga prima palustris et fluuiatilis, v. Millefolium.

Algeorascem, v. Acorus.

Alhagi, v. Alkekengi.

Alhamad, v. Acetosa.

Alhelagel, v. Aconitum.

Alica, v. Zea.

Alisma, v. Helleborine.

Alisma, v. Mentha *Saracenica*, v. Saponaria.

Alisma *Alpinum*, v. Saponaria, v. Arnica.

Alisma cimbalianthemone, v. Helleborine.

Alisma pratorum, v. Primula veris.

Alisma tenuifolium, v. Helleborine.

Alliss, v. Cyanus flos.

Alkaleia, v. Aquileia.

Alkali, v. Kali spinosum cochleatum.

Alkanna, (unrecht Anchusa) ist vielmehr das Ligustum *Aegyptiacum*, Buglossa rubea, Rothfärberkraut, rothe Ochsenzunge. VII.

Die Wurzel ist roth, wie die Rubea Tinctorum, oder Färberröthe, die Egyptier brauchen sie als eine Schminke, sich schön roth zu färben. Sonst curiret diese Wurzel die Schwämme der Kinder, und wird dieserwegen Mundholz genennet. Sie hält an, verdünnet das Geblüt, curiret den Durchfall. Es ist diese Alkanna der Araber ihre Tabaisir, das ist, das Pulver oder die Asche von der Cyperwurz.

Alkekengi, Halicacabus, Halicacabum, Solanum vesicarium, Saxifraga rubra, Judenkirschen, Boborellen. X.

Diese Pflanze wächst in Deutschland in Weinbergen, zwischen den Weinstöcken, und auf schattigten Gegenden. Die Beere präsentiren an Farbe und Gestalt eine rothe Kirsche, werden zu Ausgang des Augustmonats gesammlet, sind kalt und trocken im andern Grad, treiben Stein und Urin, curiren die gelbe Sucht, zertheilen das geronnene Geblüt, dienen wider die Wasser- und Bleichsucht, wässerichte und schleimichte Schwulsten, die Gicht, den Samenfluß, das Brennen des Urins; Aeusserlich vertreiben sie die blaturterlaufenen Schwulsten, den Nieren- und Blasenstein ꝛc. Die aus denen Fructibus Alkekengi oder Jüdenkirschen präparirten Stücke sind: 1) Das destillirte Wasser; 2) Die Tinctur, (so im unflätigen oder französigten Tripper gut thut); 3) Die Trochisci oder Küchlein.

Alkekengi Mexica.

Ist eine sehr bittere Wurzel, wächst in Neuspanien, und wird von denen Inwohnern Coxapatli, Coxotomatli, Chiechel, Quahielt, Hosaomipatli, vom Pisone aber, Comarus genennet. Wenn man hiervon eine Drachma oder ein Quentlein in 8 bis 10 Loth kalten Wasser einnimt, so pflegt sie 4 oder 5 Tage nach einander oben und unten zu purgiren, dienet wider Verstopfungen, Magenbeschwerungen und Schmerzen, Mutterkrankheiten, zermalmet den Blasenstein, curirt die Colic und das Grimmen im Leibe, das Hüftenweh, die schwere Geburt, und den lang eingewurzelten und giftigen Samenfluß. Sie ist ein dermaßen sicheres Medicament, daß man solches Kindern von einem Jahre zu reichen kein Bedenken tragen darf. Das hieraus verfertigte Pulver pflegt in allerhand schmerzhaften Zufällen, sie haben Namen, wie sie wollen, verordnet zu werden.

Alkermes, v. Kermes.

Alleluia, v. Oxys, v. Acetosella.

Alliaria, Thlaspidium cornutum, Allium non bullosum, Pes asininus, Hesperis, Knoblauch, Läuchelkraut, Saskraut. IX.

Ist warm und trocken, verdünnet, öfnet, zertheilet, widerstehet dem Gift, der Fäulung, stinkenden und unflätigen Geschwüren, curiret den heißen und kalten Brand, den Samenfluß, kömmt mit dem Scordio fast überein, säubert und reiniget die stinkenden Wunden. Der Samen ist äußerlich ein gar bequemes Medicament in Mutterbeschwerungen.

Alliaris, v. Alliaria.

Alliastrum, v. Alliaria.

Allium, Knoblauch. XXXVII.

Ist warm und trocken im andern Grad, ziehet zusammen, erwärmet den Leib, und zertheilet die groben Phlegmata und Feuchtigkeiten, die sich darinnen verhalten.

Allium Alpenum, v. Victorialis.

Allium anguinum, v. Victorialis, v. Allium ophioscorodon.

Allium colubrinum, v. Allium siluestre.

Allium hortense, v. Allium vulgare.

Allium montanum latifolium maculatum, v. Victorialis.

Allium non bullosum, v. Alliaria

Allium ophioscorodon, Welschknoblauch, Schlangenknoblauch. II.

Wird nicht eben sonderlich gebraucht.

Allium radice oblonga, reticulo obducta, v. Allium.

Allium satiuum, v. Allium vulgare.

Allium satiuum multifidum, v. Allium vulgare.

Allium serpentinum, v. Victorialis, v. Allium ophioscorodon.

Allium siluestre, wilder Knoblauch. XIII.

Wächst in Ungarn, Steyermark, Morau und Oesterreich auf hohen Bergen, und kömt unserm gemeinen Knoblauch sehr gleich. Es sind verschiedene Arten des wilden Knoblauchs, als Allium siluestre bicorne flore viridi, der grüne wilde Knoblauch, ingleichen Allium siluestre bicorne purpureum poliferum, der rothe wilde Knoblauch; Ferner Allium siluestre, flore luteo subpallido, der weislichte wilde Knoblauch, u. d. g.

Allium siluestre bicorne, flore luteo, v. Allium siluestre.

Allium siluestre bicorne flore viridi, v. Allium siluestre.

Allium siluestre bicorne purpureum, v. Allium siluestre.

Allium siluestre bifolium, v. Allium siluestre.

Allium siluestre latifolium, v. Allium siluestre.

Allium vrsinum, v. Allium siluestre.

Allium vrsinum latifolium, v. Allium siluestre.

Allium vrsinum siluestre, v. Allium siluestre.

Allium vulgare, Theriaca rusticorum, σκόροδον, Knoblauch, Baurentheriac. XXII.

Ist warm und trocken im vierten Grad, verdünnet, dringet durch, öfnet, zertheilet, dienet wider den Gift, die Colic oder Grimmen, so von Blehungen entstanden, widerstehet den Würmen im Leibe, giftigen Schwämmen, so man etwa dergleichen gegessen hat, wenn einem ohngefehr eine Eidexe in den Mund gekrochen, u. d. g. Die Pest zu verhüten, kan auch der Knoblauch, mit Eßig vermengt, gebraucht werden. In der Breßlauischen Contagion pflegten die Todtengräber täglich was vom Knoblauch zu käuen, und sich wohl darauf zu befinden, wie solches Purmann in seinem Pestbarbier mit vielen Umständen erzehlet. Von denen Juden wird er täglich genommen, und ein Schluck Brandewein darauf getrunken. Der Saft vom Knoblauch ist auch ein Remedium die Würmer zu tödten, dergleichen Exempel Aug. Pfeifer in Evangel. Erquickstunden p. 188. Part. 2. aus C. Richters Spec. Hist. Cent. 4. c. 25. von einem seltsamen Herzenswurm anführet. Wenn der Saft äußerlich in den Nabel gestrichen wird, curiret er die Krätze, Verstopfung des Urins, den Schlag, und Mutterbeschwerungen; Andere vermengen ihn mit Schweinschmalz, streichen ihn auf die Fussolen, und stillen den Husten damit. Wenn man den Knoblauch bey vollen Monden pflanzet, und um diese Zeit wieder ausgräbet, soll er süsse schmecken. In denen Apothecken ist das Electuarium de Allio zu finden.

Allobrogum, v. Chamaerhododendron.

Allobrogum lentiscifolium, v. Chamaerhododendron.

Alma.

Ist ein Türkisches Wort, und heiset so viel, als Jambos Linschottani.

Alni, v. Sorbus.

Alni effigie lanato folio maior, v. Sorbus.

Alnus, Erlenbaum, IV.

Die Rinde des Erlenbaums ist kalt und trockner Natur, und ziehet zusammen.

Alnus baccifera, v. Frangula.

Alnus nigra, v. Frangula.

Alnus nigra baccifera, v. Frangula.

Alnus rotundifolia glabra, s. vulgaris, Edler Elnerbaum III.

Die Rinde und Blätter sind kalt und trocken, und halten an.

Alnus vulgaris, v. Alnus rotundifolia.

Aloë, Aloe, gemeine Aloe, Griechische Aloe, bittere Aloe, Meerhauslaub, Immergrün, Griechisch Wintergrün. XXXVIII.

Ist ein sehr bitterer Saft des Sedi maioris oder Semperuiui marini, wird von denen Griechen ἀλόη, von denen Arabern, Persern und Türken Cebar, von denen Deutschen, Niederländern, Italiänern und Holländern Aloë, und von denen Franzosen Aloes, genennet. Wir bekommen ihn aus Ara-

Arabien, Egypten und der Insul Socotra in Felle oder große Kürbisse eingewickelt. Er ist warm und trocken im dritten Grad, und wird, nachdem er rein oder unrein fället, in vier Gattungen unterschieden. 1) Den unreinsten Theil, der sehr viel mit Sand vermenget, und sehr schwarz aussiehet, nennet man Aloem Caballinam, Roßaloen, er gehöret vor die Pferdärzte. 2) Den etwas bessern, so von der Farbe der Leber seine Benennung überkommen, heißen die Auctores Aloen hepaticam, oder Leberaloen. 3) Folget der noch feinere, oder Socotrina, der von der Insel Socotra seinen Namen überkommen. 4) Der allerbeste ist der Durchsichtigste, helle wie ein Glas, und heißet Aloe lucida. Dieser Saft reiniget die Galle und zähe Feuchtigkeit, den dicken Schleim, die sauren Cruditäten, stärket den Magen, öfnet die güldene Ader, die Monatzeit, tödtet die Würme, widerstehet der Fäulung, hält an, ziehet zusammen, reiniget, und ist ein trefflich Wundmittel; Er widerstehet dem Eckel, curiret die Cachexie, den unverdaulichen Unrath im Magen, die gelbe Sucht, und das Triefen der Augen. Von der Aloe findet man viel Stück in denen Apotheken, als da ist Aloe lota, die gewaschene Aloe, Balsamus s. Extractum Aloe, oder der bittere Magenbalsam, Aloe violata, oder die mit Violsaft verfertigte Aloe, Aloe rosata, oder Rosenaloe, woraus vielerley Pillen verfertiget werden, v. g. die Englischen Pillen, die Frankfurter Pillen, des Russi Pestpillen, Pillen von der Aloe lota, oder gesäuberten Aloe, item Hiera picra Galeni, das bittere Magenpulver, oder die bittere Heillatwerge des Galeni. Aeußerlich thut die Aloe auch gute Dienste, denn man darf nur Pillen daraus machen, selbige auf den Nabel schmieren, so eröfnet sie den Leib, und giebt eine gelinde Purgation ab. Ferner ziehet sie die Wunden zusammen, und stillet das Blut.

Aloë alterum genus, v. Aloë *Americana*.

Aloë Americana, *Dod. Clus. Tab.* spinosa, *Cam.* murciata, *Io. Bauh.* folio mucronato, *Lob.* folio in oblongum aculeum abeunte. *C. Bauh.* Americanische Aloe, stachlichte Aloe. II.

Ist ein gut Wundmittel. Es heilen die Americaner mit dessen ausgedrücktem Saft die Franzosen. Man findet sie auch hier und da in Hortis Curiosorum, auch zu Leipzig in derer Herren Bosen ihren Gärten.

Aloë caballina, v. Aloë.

Aloë folio in oblongum aculeum abeunte, v. Aloë *Americana*, *Dod*.

Aloë folio mucronato, *Lob*. v. Aloë *Americana Dod*.

Aloë. hepatica, v. Aloë.

Aloë in *Pisano* vireto, v. Aloë.

Aloë lota, v. Aloë.

Aloë lucida, v. Aloë.

Aloë murciata, v. Aloë.

Aloë rosata, v. Aloë.

Aloë socotrina, v Aloë.

Aloë spinosa, v. Aloë *Americana*. *Dod*.

Aloe violata, v. Aloë.

Aloë vulgaris, v. Aloë.

Aloës, v. Aloë.

Aloides, Wasseraloe.

Aloina, s. Herba fortis, v. Absinthium.

Alopecuroides longa spica, v. Ranunculus.

Alopecurus, *Germ*. Vossenstert, Fuchsschwanz. III. Man braucht das Kraut.

Alopecurus alter, v. Alopecurus *Germ*.

Alopecurus longa spica, v. Alopecurus *Germ*.

Alopecurus maior, v Alopecurus *Germ*.

Alopecurus *Plin*. v. Alopecurus *Germ*.

Alopecurus *Theophr*. v. Alopecurus *Germ*.

Alopecurus tomentosus verus, v. Alopecurus *Germ*.

Alphitum, Gerstengras, v. Hordeum.

Alsenicum, v. Olsenicum.

Als *Indicus*, v. Saccharum.

Alsinanthemum, v Alsine.

Alsinastrum, v. Alsine.

Alsine, Morsus gallinae, Hünerdarm, Hünerbiß, Vogelkraut, weisser Meyrich, Myre. XXV.

Blühet im Merz, April und May. Ist kalt und feucht im andern Grad, dienet wider das Abnehmen des Leibes, die Schwindsucht, Krätze und Rose. Den Saft giebt man den Kindern in Milch ein, das Grimmen zu vertreiben, und den Leib gelinde zu eröfnen.

Alsine affinis Androsaca dicta maior, v. Anagallis.

Alsine altera folio serrato, v. Alsine.

Alsine altissima nemorum, v. Alsine.

Alsine aquatica maior, v. Alsine.

Alsine aquatica media, v. Alsine.
Alsine aquatica minor et fluitans, v. Alsine.
Alsine Chamaedrifolia flosculis pediculis oblongis insidentibus, v. Alsine.
Alsine corniculata, v. Alsine.
Alsine corniculata *Clusii*, v. Alsine.
Alsine crispa et maior, v. Malua *Offic.*
Alsine *Dalechampii* verna, v. Holostium *Offic.*
Alsine fluuiatilis, v. Alsine.
Alsine foetida, v. Apocynum *Matth.*
Alsine foliis Trissaginis, v. Chamaedris, v. Alsine.
Alsine foliis Veronicae, v. Veronica *Offic.* v. Alsine.
Alsine foliis Veronicae flosculis cauliculis adhaerentibus, v. Veronica *Offic.* v. Alsine.
Alsine fontana, v. Alsine.
Alsine fontana palustris fluuiatilis, v. Alsine.
Alsine genuina, v. Alsine.
Alsine hederacea, v. Alsine.
Alsine hederula altera, v. Hederula aquatica, v. Alsine.
Alsine hederulae folio, v. Hederula aquatica, v. Alsine.
Alsine hirsuta, v. Alsine.
Alsine lutea, v. Alsine.
Alsine maior, v. Centunculus *Caesalp.*
Alsine maior secunda, v. Alsine, v. centunculus *Caesalp.*
Alsine marina, v. Alsine.
Alsine maxima fructu nigro, *Thal.* v. Alsine repens.
Alsine maxima mas, v. Alsine repens.
Alsine media s. minor, Hippia minor, **Hünerschwären, Myrrhen, Vogelkraut.** VIII.
Ist kalt und trocken, kühlet und hält an.
Alsine minima, v. Alsine media.
Alsine minima linicapitulo, v. Alsine media.
Alsine minima suffruticis instar, v. Alsine media.
Alsine minor, v. Alsine media.
Alsine minor multicaulis, v. Alsine media.
Alsine morsus gallinae femina, v. Alsine.
Alsine myosotis, s. Auricula muris, v. Auricula muris.
Alsine palustris, v. Alsine.
Alsine parua recta, v. Alsine.
Alsine petraea, v. Alsine.
Alsine petraea minima, v. Alsine media.

Alsine petraea rubra, v. Alsine.

Alsine pratensis, gramineo folio ampliore, v. Gramen Leucanthemum.

Alsine purpurea, v. Lychnis siluestris.

Alsine recta, v. Alsine.

Alsine repens, *Clus.* maxima, fructu nigro, *Thal.* Scandens baccifera, *C. Baub.* grosse Hünerbiß mit schwarzen Beeren. II.

Alsine scandens baccifera, v. Alsine repens, *Clus.*

Alsine siluestris, v. Panicum siluestre, *Matth. Dod.*

Alsine spuria prior, v. Alsine.

Alsine spuria secunda s. altera, v. Alsine.

Alsine tertia media, v. Alsine media.

Alsine triphyllos coerulea, v. Alsine media.

Alsinella, v. Alsine.

Altaraxacon, s. Dens Leonis, v. Taraxacon.

Althaea, Maluauiscus, Malua palustris, Bismalua, Ibiscus, Eibischwurzel. XIV.

Hiervon sind vielerley Arten bekannt. Es wächset dieses Gewächs an feuchten Oertern, blühet im Julio und Augusto. Man brauchet die Wurzel, Blätter und den Samen. Sie sind alle zusammen warm und trocken im ersten Grad, (oder mäßig feucht) erweichen, laxiren, zertheilen, stillen die Schmerzen, curiren die Wunden, das Verstocken und Brennen des Urins, zeitigen die Geschwulsten, dämpfen die Schärfe in denen Beschwerungen der Blase und der Brust; im Seitenstechen, Zernagung und Zerfressung der Därme, der rothen Ruhr und Nierenstein. Aeusserlich dienen sie zu Umschlägen wider die Colicam, Entzündung der Nieren und Seitenstechen; Vornemlich zu Clystiren, so wegen ihrer schmerzstillenden Kraft, wider die rothe Ruhr gelobet werden. Sie reinigen, schließen die Wunden, und feuchten an. Man verfertiget in denen Apothecken aus der Althaea unterschiedene Compositiones, als das destillirte Wasser, den Schleim aus dem Samen mit Rosenwasser, welcher bey denen zarten Jungfern die Sommersprossen wegnimmt, und schöne klare Haut machet, das Extract, so die Rauhigkeit des Mundes und der Zungen curiret, den Spiritum, das Vnguentum oder Eibischsalbe, (sind trocken und warm) den Syrupum de Althaea u. d. g.

Althaea altera, v. Abutilon, v. Malua.

Althaea arborescens, vel arborea, v. Ketmia.

Althaea arborescens *Clus.* v. Ketmia.

Althaea *Diosc. et Plin.* v. Althaea.

Althaea frutescens folio acuto flore paruo. v. Ketmia.

Althaea frutescens folio rotundiore incano, v. Ketmia.

Althaea frutex, v. Ketmia.

Althaea fruticans *Hispanica*, v. Ketmia.

Althaea hortensis, v. Althaea.

Althaea lignosa *Dalechamp.* v. Ketmia.

Althaea palustris, v. Althaea.

Althaea palustris Cytini flore, v. Althaea.

Althaea peregrina, v. Althaea.

Althaea *Theophrasti* flore luteo, v. Abutilon *Avincennae.*

Althaea vulgaris, v. Althaea.

Althatut, v. Ammoniacum.

Altit, v. Asa foetida.

Aluise *Arabum*, v. Abrotanum.

Alum *Plinii*, v. Symphytum.

Alus, v. Symphytum.

Alypum, v. Hippoglossum.

Alypum *Monspeliensium*, *Casp. Bauh.* v. Hippoglossum *Valentinum. Clus. Tab.*

Alypum montis ceti, v. Hippoglossum *Valentinum*, *Clus. Tab.*

Alypum Penae, v. Hippoglossum *Valentinum*, *Clus. Tab.*

Alysma *Diosc.* v. Arnica.

Alysma silvestre, v. Primula veris.

Alyssoides, klein Berufskraut. IV.

Alysson seu Alyssum, v. Thlaspi.

Alysson seu Alyssum, Berufskraut. XIII.

Hat eine trockene Natur und resolvirende Kraft, dienet wider den tollen Hundsbiß, reiniget die Nieren, führet die schwartze Galle ab, und äusserlich gebraucht, nimmt es die Sommersprossen des Gesichts hinweg.

Alysson seu Alyssum dictum campestre, v. Thlaspi.

Alysson seu Alyssum *Galeni*, v. Marrubium, v. Alysson.

Alysson seu Alyssum flore purpureo, Berufswart, klein Berufskraut. II.

Dieses Kraut soll, wie Weickard f. 14. aus dem Diosc. III. 69. erzehlet, Menschen und Vieh an den Hals gehänget werden, und wider Zauberey dienen.

Alysson seu Alyssum fruticans. v. Cytisus.

Alysson seu Alyssum *Germanicum.* v. Alysson, seu Alyssum.

Alysson seu Alyssum *Germanicum* Echioides, v. Aparine aspera.

Alysson seu Alyssum *Italorum*, v. Thlaspi.
Alysson seu Alyssum minimum, v. Thlaspi.
Alysson seu Alyssum *Plinii* minus, v. Hepatica stellata.
Alysson seu Alyssum quartum aruense album, v. Alysson.
Alysson seu Alyssum verticillatum foliis profunde incisis, v. Alysson.
Alyssos, v. Hepatica stellata.
Alyssum, v. Alysson.
Alysus, v. Cyanus.
Amalocia, v Chamomilla.
Amanago, v. Cichorium siluestre.
Amancaes.
Eine Peruanische Blume. Die Blume ist gelblicht, und hat die Gestalt einer Glockenblume. Es gehen an ihr vier Blätter in die Höhe, die oben spitzig zu gehen. Die Farbe ist sehr lebhaft, die Blume aber hat keinen Geruch.
Amanitae, v. Fungus.
Amantina, v. Artemisia.
Amara dulcis, v. Solanum, v. Dulcamara.
Amaracus, v. Maiorana, v Artemisia.
Amaracus foetida, v. Cotula foetida, *Brunf.*
Amaracus *Galen.* v. Matricaria, v. Artemisia,
Amaracus *Galenica*, v. Cotula foetida, *Brunf.*
Amaracus maior, v. Maiorana.
Amaracus serpens, v. Marum *Offic.*
Amaracus siluestris annua, v. Maiorana.
Amaracus vulgatior, v. Maiorana.
Amarago, v. Cichorium siluestre.
Amaranga.
Ist ein Baum in Ceylon, dessen Rinde, wenn sie gekauet wird, als ein sicheres Mittel wider die Halsgeschwüre daselbst angesehen wird. Rob. Kox.
Amaranthoides, immerwährende Blume, Kugelamaranth. II.
Amaranthus, v. Absinthium.
Amaranthus, Sammtblume, Tausendschön, Fuchsschwanz. XXX.
Ist einer kalten und trockenen Complexion, dienet wider Blutspeyen, Durchlauf, rothe Ruhr, allzustarken Blutfluß der Weiber.
Amaranthus angustifolius, v. Amaranthus.

Amaranthus angustifolius simplici spicata panicula, v. Amaranthus.

Amaranthus baccifer *Indicus*, *Vesling*. Blitum *Peruvianum* racemosum maximum, *Maur. Hofm.* Indianischer Amaranth. III.

Wird nicht eben sonderlich gebraucht.

Amaranthus citrinus, v. Stoechas citrina.

Amaranthus Cristatus, Hahnenkamm. VI.

Amaranthus Cristatus, *C. Bauh.* v. Amaranthus maior floribus panniculosis etc.

Amaranthus folio variegato, v Amaranthus tricolor.

Amaranthus *Galeni*. v. Stoechas citrina.

Amaranthus globosus, v. Amaranthoides.

Amaranthus holosericus, v. Amaranthus purpureus.

Amaranthus holosericus sanguineis reticulatis, v. Amaranthus purpureus.

Amaranthus luteus, v. Stoechas citrina.

Amaranthus luteus, *Barck.* v. Chrysocome *Offic.*

Amaranthus maior, v. Blitum.

Amaranthus maior cristatus, v. Blitum, v. Amaranthus maior floribus etc.

Amaranthus maior floribus panniculosis spicatis purpureis, *Lob.* Amaranthus maximus et cristatus, *C. Bauh.* Blitum *Matth. Indicum. Tab.* maius *Peruanum Clus.* Grosser Amaranth, grosser Meyer, Papagoyenkraut, oder Federn, Hahnenkamm. XIII.

Wird an theils Orten in Zugemüsen als Hirse verspeiset.

Amaranthus maior obsoleti coloris, v. Amaranthus maior floribus etc.

Amaranthus maior *Plinii*. v. Amaranthus maior floribus panniculosis etc.

Amaranthus maximus, v. Amaranthus maior floribus panniculosis etc.

Amaranthus minor *Plinii*, v. Amaranthus purpureus.

Amaranthus panicula conglomerata, v. Amaranthus purpureus.

Amaranthus panicula incurua, v. Amaranthus purpureus.

Amaranthus panicula sparsa, v. Amaranthus purpureus.

Amaranthus paruus, v. Amaranthus purpureus.

Amaranthus pictus, v. Amaranthus purpureus.

Amaranthus pictus primus, v. Stoechas citrina.

Amaranthus purpurascens tertius, v. Amaranthus putpureus.

Amaranthus purpureus, Flos amoris, Gelosia *Gallorum*, Phlox *Theophrasti*, Floramor, Tausendschöne, Sammetblume. IV.

Wird in denen Gärten hervorgebracht, und blühet im Augusto. Die Blume ist kalt und trocken, hält ein wenig an, und wird dieserwegen in allerhand Flüssen, als Blutauswerfen, der rothen Ruhr, und allzustarken Abgang des Monatsflusses und die Milch zu vermehren, gebraucht.

Amaranthus spicatus ramosis spicis herbaceis, s. herbaceo flore, Amaranth mit grünen Blumen. X.

Amaranthus tricolor, dreyfärbiger Amaranth.

Amarantium, v. Artemisia.

Amarella, v. Armeniaca malus. v. Polygala. v. Artemisia.

Amari montis, s. Tragoselinum, v. Pimpinella saxifraga.

Amarum dulce, v. Dulcamara.

Amarusca, v. Artemisia.

Amaxitis, v. Gramen.

Ambaruatsis.

Sind Pflanzen, welche der Genistae Hisp. gleichen. Sie wachsen in der Höhe eines kleinen Kirschbaumes. Die Seidenwürmer nähren sich von ihrem Laube.

Ambarum, v. Ambra grisea.

Amberboi, v. Cyanus.

Ambra grisea, Amber, Ambra. III.

Wegen des Ursprungs der Ambra sind unzählige Meynungen. Uebrigens wärmet er, und trocknet, stärket das Gehirn und erquicket die Geister, dienet wider Ohnmachten, Schlag und Schwindel; der beste wird ambra grisea, der etwas dunkler und schwärzer worden, Puabar, der allerschlechteste, der ganz schwarz und voller Flecken ist, auch keinen Geruch hat, wird Minabary genennet.

Ambra liquida, v. Liquidambra, v. Ococol.

Ambra spirans, v. Frutex Africanus.

Ambretta, v. Cyanus moschatus.

Ambrifera, v. Ambra grisea.

Ambrosia, v. Tanacetum, v. Artemisia, v. Potrys, v. Abrotanum, v. Coronopus.

Ambrosia, Stabwurz, Traubenkraut, Götterspeise IV.

Hat eine zusammenziehende Kraft, es trocknet und heilet.

Ambrosia altera, v. Ambrosia *Lon.*

Ambrosia campestris, v. Abrotanum.

Ambrosia campestris repens, *C. Bauh.* v. Ambrosia I. *Matth.*

Ambrosia *Cappadocia*, v. Botrys,

Ambrosia hortensis procerior, v. Ambrosia I. *Matth.*

Ambrosia hortensis satiua, v. Ambrosia I. *Matth.*

Ambrosia, *Lon.* altera, *Matth.* tertia *Tab.* tenuifolia *Lob.* Abrotanum campestre, *C. Bauh.* Feldstabwurzel, wilde Stabwurzel, wilde Aberraute, klein Traubenkraut. II.
Wird nicht sehr gebraucht.

Ambrosia maritina, v. Ambrosia I. *Matth.*

Ambrosiana, v. Saluia agrestis.

Ambrosia prima, v. Coronopus.

Ambrosia prima *Matth.* spontanea strigosior, *Lob.* campestris repens, *C. Bauh.* Pseudoambrosia, Nasturtium verrucarium, Ambrosienkraut, Warzenkreß. IV.
Wird wenig gebraucht.

Ambrosia quibusdam dicta, Artemisiae forte species, v. Ambrosia prima *Matth.*

Ambrosia satiua, v. Ambrosia prima *Matth.*

Ambrosia spontanea strigosior, *Lob.* v. Ambrosia prima.

Ambrosia, v. Tanacetum odoratum, v. Saluia agrestis, v. Abrotanum mas augustifolium.

Ambrosia tenuifolia, v. Abrotanum mas.

Ambrosiae altera species, cuius semen Amomum *Offic.* quibusdam. v. Ambrosia prima.

Ambubeia.

Wird gemeiniglich Rostrum procinum, Saublume genennet. Die Blume siehet gelb, und wird gar bald zu Flocken und Wolle.

Ambubeia, v. Cichorium siluestre.

Ambugia, v. Cichorium siluestre.

Ambuton.

Ein kleines Kraut auf Madagascar, welches auf Wiesen wächset, und von etwas widrigen und bittern Geschmack ist. Die Einwohner essen es zur Zeit der Hungersnoth, kauen es auch, als eine Art von Betel, um sich die Zähne, das Zahnfleisch und die Lippen dadurch zu schwärzen, und einen lieblichen Athem zu bekommen.

Amelanchier, v. Mespilus.

Amellus, v. Aster *Atticus.*

Amellus montanus, v. Conyza.

Amellus *Virgilii*, v. Aster Atticus, v. Eryngium.

Amen-

Amentaceus flos, v. Flos amentaceus.
Amentum, v. Flos amentaceus.
Amerina salix, *Diosc.* v. Agnus castus.
Ami, v. Ammi.
Amica solis, v. Cichorium siluestre.
Amidea, v. Zea.
Amine Gummi, v. Ietaiba.
Ammios, v. Ammi.
Ammium, v. Ammi.
Ammania palustris, die in Sümpfen wachsende Amania in Jamaica.
Ammari montis, v. Pimpinella saxifraga.
Ammeos, v. Ammi.
Ammi Cuminum *Aethiopicum*, Ammioselinum, Ammey. V. Wird von Alexandria nach Venedig, von dar aber zu uns gebracht. Der Samen ist warm und trocken im dritten Grad, incidiret, eröfnet, zertheilet, stillet die Schmerzen, treibet Schweis, Blehungen, curiret die Colicam, den weißen Fluß, Verstopfung des Monatsflusses, Urins, Aufblehung des Magens, dienet wider den Gift, und machet die Weiber fruchtbar.
Ammi, v. Cuminum.
Ammi alterum semine Apii, v. Ammi.
Ammi *Apulum*, v. Ammi.
Ammi commune, vulgare, vulgatius, v. Ammi.
Ammi *Dalechampii*, v. Crithmum.
Ammi maius, v. Ammi.
Ammioselinum, v. Ammi.
Ammi paruum, v. Ammi.
Ammi paruum folio foeniculi, v. Foeniculum, v. Ammi.
Ammios, v. Ammi.
Ammium, v. Ammi.
Ammium adulterinum, v. Ammi.
Ammium *Alexandrinum*, v. Ammi.
Ammium *Creticum*, v. Ammi.
Ammium *Italicum*, v. Ammi.
Ammium maioribus et serratis foliis, semine Apii, v. Ammi.
Ammium perpusillum, v. Ammi.
Ammium *Romanum*, v. Ammi.
Ammium *Syriacum*, v. Ammi.
Ammium verum, v. Ammi.
Ammomis, v. Coronopus.

Ammo-

Ammomum, Ammonen. IV.

Ammoniacum, vel Hammoniacum, aut Armoniacum Gummi, Lacryma ferulae, vel Ammoniaci, *Arab.* Althatut, Raxach, Aassach, Gummi Ammoniac.

Es fließet dieser harzigte Saft aus einem Africanischen Ferulkraute, so in der Landschaft Lybia bey Cyrene, und dem heydnischen Oraculo Jovis Ammonis gefunden wird, hervor, und hat den Namen vom Griechischen Worte ἄμμος arena, weil daselbst viel Sand anzutreffen ist, überkommen; Hiervon ist das reine und saubere, wohlgefärbte, auswendig gelbe, inwendig weiße, so kein Holz und Steinlein bey sich führet, zerbrechlich, körnicht, dem Weyrauch ähnlich, am Geschmack bitter ist, fast wie Biebergail riechet, im Anbrennen eine helle Flamme glebt, und im Wasser zergehet, das beste; Wird in denen Officinis Ammoniacum in Guttis oder Granis, item Gutta Ammoniaca, beym Paulo Aegineta und andern Griechischen Scribenten, wegen seines starken Geruchs, den es im Verbrennen hinterlässet, Ammoniacum Thymiana, Ammoniacum suffimen, weil es die Alten zum Räuchern braucheten, vom Plinio und Dioscoride Thrauston, θραῦστον und θραῦσμα Thrausma, Fragmentum, ein Stück a frango, frio, vom Zerbrechen, Zerreiben, genennet. Das andere Gummi Ammoniacum, welches unrein, und unsauber anzutreffen, viel Erde, Holz und Stein bey sich führet, nennet Dioscorides und Plinius Phyrama, φύραμα a φύρω vel φυράω, misceo, ich vermische, weil es mit Steinlein und Sand vermischet ist, und da es in großer Menge zu haben, wird es in denen Apothecken Ammoniacum vulgare, das gemeine Ammoniac genennet. Es ist warm im andern, und trocken im ersten Grad, erweichet, verdünnet, zertheilet, ziehet gewaltig, auch so gar die Splitter aus dem Fleisch, löset von der Brust, curiret die Gicht, den zähen tartarischen Schleim in der Lunge, im Gekrös, die Verstopfungen der Milz, Leber, Mutter, und treibet den Stein. Es hat auch dieses Gummi seinen äußerlichen Nutzen in harten drüsichten Geschwulsten oder scirrhis, Fellen derer Augen, kalkichten Knorren und Hütelgen derer Gelenke, in Gicht, Kröpfen und andern Beschwerungen. Man findet von dem Gummi Ammoniaco unterschiedene Compositiones, als das gereinigte Gummi Ammoniacum, das destillirte Oel, die Pilulas de Ammoniaco, das Extractum Resinosum oder Resinam.

Ammoniacum in granis, v. Ammoniacum.

Ammoniacum in guttis, v. Ammoniacum.

Ammoniacum Thymiama, v. Ammoniacum.

Ammoniacum vulgare, v. Ammoniacum.

Amomi fructus, v. Cubebae.

Amomis, v. Caryophylli.

Amomum, v. Sium, v. Rosa Hierichuntica, v. Caryophylli.

Amomum *Germanicum*, v. Sium.

Amomum *Plinii*, v. Caryophylli, v. Solanum, v. Sium.

Sind runde braune Beeren, so in das Schwarze fallen, und gros, wie Pfefferkörner. Der Baum wächst in Amerika oder Indien, und wird von denen Innwohnern Kuninga Hern, bey denen Engelländern aber Piper odoratum Iamaicense genennet, und die Wassersucht und Schwindel zu curiren gebrauchet.

Amomum racemosum.

Was dieses Gewächs der Alten sey, weis man nicht. Cordus und Scaliger ap. Bisselium halten es pro Rosa Hierichuntina s. Hierosolymitana, oder die Rose von Jericho. Es heißet in Arabischer Sprache Hamama oder Hamana. Clusius machet hiervon dreyerley Sorten nahmhaft. In denen Apothecken hat man das große oder schwarze, und das runde oder kleine und weiße. Weil von diesem Saamen nichts gewisses zu erweisen, so nimmet man zu Verfertigung des Theriacs, an dessen Stelle, den Acorum, auch wohl Nelken oder Cubeben. Sonst wird auch das Amomum mit unter die Semina maiora calida gezählet.

Amomum spurium foliosum, v. Caryophylli, v. Piper *Jamaicense*.

Amoniacum Thymiatum, v. Ammoniacum.

Amoris pomum, v. Lycopersicon.

Amotes, v. Batata *Hispanorum*.

Ampalantangh-vari.

Ist eine großer Baum in Madagascar, dessen Blätter anziehend sind.

Ampambe.

Ist eine Hirsenart in Madagascar, die so hoch, als ein Spies, wächst,

Ampeloprassum, Porrum vitiginum siluestre, vinearum, Allium siluestre, **Weinbeerknoblauch.**

Wächset auf hohen Bergen, blühet im Julio. Die Blätter beschweren den Magen mehr, als ander Lauch, machen stärkere Hitze, und treiben den Urin, Monatzeit, Geburt und Nachgeburt gewaltiger.

Ampufutchi.

Ist ein Baum in Madagascar von der Art desjenigen, den man in America Mahaut nennet. Er dienet Tauwerk daraus zu machen. Es kommt ihm an Leichtigkeit kein Holz gleich.

Ampuli.

Ein Kraut in Madagascar, dessen Wurzel, wenn man sie im Wasser aufwallen lassen, ein vortrefliches Mittel wider die Herzbeschwerden ist.

Ampulla, v. Cichorium silvestre.

Amygdum, v. Zea.

Amygdala, v. Amygdalum.

Amygdalum, Amygdala, Mandeln, Mandelkern. VI.

Wachsen in warmen Ländern, als Sicilien, Egypten, Candien, Spanien, Italien, dem Delphinat in Frankreich, in Deutschland am Mayn und Rheinstrom, vornemlich aber an der Bergstraße in der Unterpfalz so häufig, daß die Bauren ganze Wagen voll Mandeln nach denen Städten zu Markte bringen. Sie blühen bald im Anfange des Frühlinges, werden im Julio und Augusto reif, haben bey denen Auctoribus gar vielerley Namen, und werden bald Nuces Graecae, Griechische Nüsse, bald Nuces Thasias, bald Naxiae amygdalae, Naxirmandeln genennet, auch in süsse, bittere, maiores große, minores kleine, oblongas länglichte, rotundas runde, in summum reflexae, oben eingebogene etc. Mandeln unterschieden. Unter denen süssen sind diejenigen, so aus der Provence über Frankreich, aus Candia oder Valenzia, über Italien kommen, die besten, und heißen eigentlich Ambrosien, Leonische oder Provinz-Proventische Mandeln, Amygdalae Provinciales, Ambrosiae (wegen ihres süssen Geschmackes ab Ambrosa, der Götterspeise) v. Bartholom. Zorn. Botanolog. Med. p. 59. sq. Dominic. Chabræi stirp. icon. p. 12. Ad. Lonicer. Kräuter-B. p. 44. B. Mart. Mylii hort. Philos p. 149. Io. Iac. Bräuners Thesaur. sanit. p. 84. Die süssen Mandeln, Amygdalae dulces sind temperiret, und warm im ersten Grad und feucht, geben gute Nahrung, lindern die Schmerzen, disponiren zum Schlaf, curiren Lungen- und Schwindsucht, das Abnehmen des Leibes, Schwindung derer Glieder, Brennen des Urins, Blutharnen, Geschwär der Nieren, tödten die Würme rc. Man reibet sie mit Rosenwasser und Zucker, oder, nachdem es die Umstände erfordern, mit einem andern gebrannten Wasser ab, und machet die angenehme Mandelmilch draus, welche als ein sonderliches Confortativ, die verlohrne Kräfte zu ersetzen, paßiren kan. Die bittern Mandeln, Amygdalae Amarae, sind warm im andern, und trocken im ersten und andern Grad, verdünnen, eröfnen die Verstopfungen der Milz, des Gekröses und der Mutter, machen klare Haut, treiben den Urin, und lösen den zähen und dicken Schleim von der Brust: Aeuserlich werden sie gekäuet aufgelegt, und wider die Sommersprossen gerühmet; ingleichen starcke Kopfschmerzen zu vertreiben in Stirnbinden appliciret; auch nicht weniger die bittern und süssen Mandeln zu vörtreflichen Confecturen, als bittern und süssen Mandelgebackens, verbrauchet. Das Oel aus süssen und bittern Mandeln lindert, zeitiget, stillet die Schmerzen der Colica, im Nierenwehe und Grimmen des Leibes, wird, gelinde Stühle, und bey Kindern Brechen zu erwecken, in Biersuppe oder einem andern Vehiculo verordnet. Es ist auch äuserlich im Klingen der Ohren, allzudicken Ohrenschmalz, der Taubheit und krampfmäsigen Ziehung derer Glieder, Steinschmerzen u. d. a. nicht zu verachten. Einige rathen dieses Oel mit der Tinctura aperitiva Moebii in Contracturen und Schlagflüssen, und nehmen es zu Clystiren, Behungen, Salben und Pflastern. Das Oel aus denen bittern Mandeln dienet in der Taubheit und Klingen der Ohren, womit aber, immasen es die Membranam Tympani allzuschlaff und weit machet, auch solcher Gestalt das Malum öfters vermehret, behutsam zu verfahren. v. Tim. Pauli quadripartit. Botanic. Class. 2. p. 20. Dieses bittere Mandelöl wird von Friedrich Hofmann Clav. Pharm. Schroed. mit andern Carminatiuis versetzet, und in der Windsucht, als ein sonderliches Arcanum, gepriesen.

Amygdalum amarum, bittre Mandel, v. Amygdalum.

Amygdalum dulce, süsse Mandel, v. Amygdalum.

Amygdalus, der Mandelbaum. VI.

Amygdalus foliis petiolatis basi attenuatis, *Linn*. v. Amygdalus.

Amygdalus Indica nana, *Pluck*. v. Amydalus.

Amygdalus nana seu pumila, der Zwergmandelbaum, v. Amygdalus.

Amygdalus satiua, v. Amygdalus.

Amyletum s. Amylaeum frumentum, v. Zea.

Amylum, Amylos, v. Zea.

Anabasis, v. Equisetum.

Anablatum, v. Dentaria.

Anacampseros, Telephium, Wundkraut, Bruchkraut, Knabenkraut. VII.

Dieses Kraut soll, wie Matthiolus berichtet, zu vielen innerlichen Gebrechen wohl zu gebrauchen seyn. Denn wenn dasselbe in Wasser oder Wein gesotten und getrunken wird, heilet es alle innerliche Wunden und Versehrungen, ist auch gut in der rothen Ruhr.

Anacardium, Pediculus elephantis, Elephantenlaus. II.

Ist die Frucht eines Ostindianischen Baums, welcher in Cambaia, Cananor, Calicut, Decan, und denen Sicilianischen Bergen wächset. Sie präsentiret ein Herz, ist warm und trocken im andern Grad, dem Haupt und Gedächtnis gut, und stärket die Sinnen. Das Electuarium s. Confectio anacardina, oder die Lattwerge hiervon, wird zur Confectione Sapientum, oder Weisheitslattwerge, das Gedächtnis zu stärken, genommen; Weil aber einige durch dero öftern Gebrauch ihre Sinnen verlohren haben, und rasend worden, so wollen sie andere Confectionem Stultorum, Narrenlattwerge tituliren. Das Honig von dieser Frucht, Mel anacardinum, brauchet man zu abführenden Clystiren. Es hat auch seinen Nutzen im Schlage, Lähmung, Schlafsucht und verlohrnen Gedächtnis. Das Oel aus der Frucht, so nicht leicht zu bekommen, curiret die dickhäutigten Schwulsten am Hintern, Feigwarzen, Fleischgewächse, Beulen, Kröpfe und faule Zähne. Dieses Oel, oder der zwischen der Rinde und Frucht befindliche und brennende Saft ist öfters schon zusammen geronnen und getrocknet.

Anacar.

Ist ein Baum auf der Insul Madagascar, der dem Cypressenbaum gleichet. Es wächset derselbe an dem Ufer des Meeres, und dienet einer gewissen Sorte Seidenwürmern, welche darauf ihre Häuslein bauen, aus denen man die zärteste und stärkste Seide bereitet.

Anacomptis.

Ist ein Baum in Madagaskar, welcher eine Frucht trägt, die etwas länger, und nicht so dick ist, als ein Finger, von brauner

Farbe, mit weisgrau geflecket. Diese Frucht giebt eine Art von süsser Milch, welche dienet die Kuhmilch gerinnend zu machen. Die Blätter gleichen denen Birnbaumblättern.

Anagallis, Pimpernell, Gauchheil, Colmarkraut, Vogelkraut, Grundheil. VIII.

Hiervon hat man dreyerley Arten.

Anagallis aquatica, v. Sium, Sisymbrium aquaticum, v. Beccabunga.

Anagallis aquatica maior, v. Beccabunga.

Anagallis aquatica maior folio oblongo, v. Beccabunga.

Anagallis aquatica maior folio subrotundo, v. Beccabunga.

Anagallis aquatica minor flore pallido, v. Beccabunga.

Anagallis coerulea, v. Anagallis femina.

Anagallis communis, v. Herba *Gerhardi*.

Anagallis femina, v. Anagallis secunda.

Anagallis flauo flore, v. Anagallis prima.

Anagallis lutea nemorum, v. Anagallis tertia.

Anagallis mas, v. Anagallis prima.

Anagallis *Phoenicea*, *Tab.* v. Anagallis prima.

Anagallis *Punicea* mas, v. Anagallis prima.

Anagallis prima *Corchorus Theophr.* Anagallis mas, *Matth. Dod.* rubra s. Phoenicea *Tab.* Phoenicea mas, *Lob.* Phoeniceo flore, *C. Bauh.* Corallina, *Aeginett.* Anagallis et corallium *Offic.* Gauchheilmännlein, Gauchheil mit rothen Blumen, rothe Mewre, Mäusegedärme, Vernunft und Verstand, Conf. Anagallis terrestris.

Anagallis purpurea, v. Anagallis prima.

Der Saft hiervon mit dem Kraute gestoßen, heilet alle Schäden perfect, v. Poterius Pharm. Spag. l. 1. Sect. 5.

Anagallis rubra, v. Anagallis terrestris.

Anagallis secunda, Anagallis femina, *Matth. Dod.* Coerulea, *Tab.* Coerulea femina, *Lob. Clus.* Coeruleo flore, *Casp. Bauh.* Gauchheilweiblein, Gauchheil mit blauen Blumen.

Anagallis serpillifolia, v. Beccabunga.

Anagallis terrestris rubra, Corallina *Offic.* Corcorus *Crateuae Theophrast.* Malochia *Serapionis*, Phoenicea mas, coerulea femina rother Meyrich, Gauchheil, Kolmarkraut, Vogelkraut. II.

Wächset in Weinbergen, Gärten und Feldern, blühet vom May bis den ganzen Sommer naus. In den Apothecken brauchet man die Blätter und Blumen von der rothen Anagallide;

lide; sie sind warm im andern, trocken im ersten Grad, machen klare Haut, halten gelinde an, curiren Verwundungen und toller Hunde Bisse, Tollheit, Wüten und Melancholey. Aeuserlich werden sie, podagrische Schmerzen zu hemmen, mit Urin gekochet, zu Umschlägen und Fusbädern, auch nicht weniger die Pfeile und Splitter aus dem Leibe zu ziehen, gebrauchet. Das Wasser und der Saft erregen Niesen. Conf. Anagallis *purpurea*. In den Apothecken hat man ferner von dieser Anagallide die Tinctur, Essenz, die in Zucker eingesetzte Anagallidem, und das Decoctum.

Anagallis tertia, lutea, *Lob. Tab.* Numularia silvatica s. mas, *Gesn.* Alsine lutea, *Lugd.* Gauchheil mit gelben Blumen.

Alle Species derer Anagallidum ziehen etwas zusammen, sind gute Wundkräuter, dienen im Biß und Stich derer Schlangen, Nattern, und wütender Hunde.

Anagyris, Stinkbaum, Baumbohnen. VII.

Wird oft mit dem Laburno confundiret, blühet im Februario und Martio, und ist ziemlich hitzig.

Anagyris *Alpina C. Bauh.* v. Anagyris prima *Matth.*

Anagyris altera, v. Anagyris prima *Matth.*

Anagyris altera, *Matth. Tab* angustifolia *Eyst.* minor foetens, *Lob.* non foetida minor, *C Bauh.* Faba inuersa, *Trag. Lon.* Laburnum alterum *Lugd.* Eghelo, *Dod.* kleiner Bohnenbaum, ohne Gestank. II.

Anagyris angustifolia, v. Anagyris altera *Matth Lob.*

Anagyris angustifolia minor, v. Anagyris altera, *Matth. Dod.*

Anagyris arborescens, v. Anagyris vera.

Anagyris foetida arborescens, v. Anagyris vera.

Anagyris latifolia, v. Anagyris prima.

Anagyris non foetida, v. Anagyris prima.

Anagyris non foetida minor, v. Anagyris altera.

Anagyris prima, *Matth.* non foetida maior, vel Alpina, *C. Bauh.* Trifolia arbor, *Cord.* Laburnum, *Lugd.* große Bohnen ohne Gestank. II.

Anagyris vera, *Clus.* prima *Cam. Tab.* foetida arborescens, *Lob.* foetida *Casp. Bauh.* Stinkend Baum, stinkende Bohnen, Baum-Bohnen. III.

Die Blätter helfen vor Geschwulst, treiben die Geburt, und Nachgeburt.

Anagyris, v. Acetosa.

Anahalon *Plinii*, v. Filipendula.

Ananas, Ananas. VII.

Diese Frucht wird weitläuftig vom VVormio beschrieben. Sie wächst nach Art der Disteln, hat lange schmale klein gekerbte Blätter, und blaue Blüten. Sie wird fast so gros als eine Melone, allein zu viel gebraucht verursacht sie gefährliche Entzündungen im Halse.

Ananas non aculeatus, Pitta dictus *Plum:*

Eine Art Ananas. Sie giebt eine gute Art von Flachs. Der Faden davon ist stärker und feiner, als Seide. Die Portugiesen machen Strümpfe daraus, die an Güte und Feine denen seidenen nichts nachgeben sollen. Die Indianer brauchen dieses Gewächse, wie den Hanf und brauchen es zu Stricken und Hangmatten.

Ananas siluestris, v. Ananas.

Anandria, die Anandria in Rußland. D. *Siegesbeek. Prof. Bot* in Petersburg, hat dieser Pflanze den Namen gegeben, und *Linnaeus in Diss. Acad. IX. de Anandria* hält sie vor eine speciem Tussilaginis.

Anapellus, *Bellon.* v. Opuntia.

Anapodophyllon, Entenfuß, Mayapfel. II.

Anarrhinum, v. Antirrhinum.

Anase.

Ein Baum in Madagascar, er wächst in Gestalt einer Pyramide hinauf. Er trägt eine Art von Kürbis mit einem weisen Fleische gefüllt, welches etwas herbe, und fast wie Cremor tartari schmecket, worinnen sich viele harte Steine finden, von der Größe der Fichtenkerne.

Anblatum, v. Dentaria.

Anchilops s. Lolium rubrum, v. Hordeum marinum.

Anchinops, v. Hordeum marinum.

Ancholia, v. Aquileia.

Anchusa, Buglossa, v. Alkanna, v. Buglossum.

Anchusa *Alcibiadon.* v. Alkanna.

Anchusa altera, v. Alkanna.

Anchusa aruensis alba, v. Alkanna.

Anchusa aruensis altera foliis Millefolii, v. Alkanna.

Anchusa degener, v. Alkanna.

Anchusa degener facie Millefolii, v. Alkanna.

Anchusa Echii folio et flore, v. Buglossa vulgaris.

Anchusa minor, v. Alkanna,

Anchusa parua, v. Alkanna.

Anchusa puniceis floribus, v. Alkanna.
Andachocha, v. Trifolium acutum s. odoratum.
Andian - bulloha.
Ist eine Staude in Madagascar, welche an dem Strande der See wächst, und ein Blat hat, das unserer Cynoglossae gleichet. Es hat seine Körner strausweise.
Andragne, v. Portulaca.
Androsace *Matth.* Mannsharnisch. V.
Es stillet dieses Kraut die Bauchflüsse, und treibet den Harn.
Androsace altera, v. Androsace *Matth.*
Androsace annua spuria, v. Androsace *Matth.*
Androsace calycibus fructuum maximis, *Linn.* v. Androsace *Matth.*
Androsaces, v. Cuscuta, v. Androsace.
Androsaces chamaeconchae innascens mitior, v. Androsace.
Androsaces s. Sesamoides *Matth.* Sesamoidenkraut. IV.
Es soll, wie Matthiolus berichtet, die übrige Galle und den Schleim abführen, und übrigens stark purgiren.
Androsaemum, v. Androsaemum maximum frutescens.
Androsaemum album, v. Androsaemum maximum frutescens.
Androsaemum alterum, v. Hypericum.
Androsaemum alterum foliis Hyperici, v. Hypericum.
Androsaemum maius, v. Androsaemum maximum frutescens.
Androsaemum maximum frutescens, Grundheil. III.
Dieses Kraut trocknet, zertheilet, und ziehet zusammen. Derowegen es in allerhand Wundbalsam, und Wundsalbe sehr gut kann gebraucht werden.
Androsaemum minus, v. Hypericum.
Andryala, v. Sonchus.
Anekethon, v. Anethum.
Anemium, v. Anemone, v. Anethum.
Anemochorte, v. Anemone.
Anemone, Wundröslein, Adonisröslein. Corallenblümlein. LXIII.
Es giebt dieser Blume unzählige Sorten, welche die Botanici zu hunderten aufgezeichnet haben, ob wir wol nur 63 derselben hier, als die vornehmsten angemerket haben. Die Anemonen werden in breit- und schmalblätterige eingetheilet.
Anemone aconitifolia, v. Anemone.
Anemone aculeata *Plinii*, v. Anemone.
Anemone agrestis *Trag.* Chamaemelum chrysanthemum, *Dod.*

Ranunculus arvensis, flore rubicundo, *Caesalp.* aculeata, *Lon.* Feldröslein, Feldanemone, Adonisröslein, Corallenblümlein, braune und rothe Chamillen.

Anemone *Alpina*, v. Anemone.

Anemone altera, v. Anemone.

Anemone angustifolia multiplex rubra, v. Anemone.

Anemone bulbosa radice, v. Anemone.

Anemone *Byzantina*, v. Anemone maxima.

Anemone *Chalcedonica*, v. Anemone maxima.

Anemone coccinea multiplex, v. Anemone maxima.

Anemone *Constantinopolitana*, v. Anemone maxima.

Anemone corallina violacea et alba, v. Anemone.

Anemone coriandri folio flore Pulsatilla, capitulis hirsutis minor, v. Anemone.

Anemone dactylitis, v. Anemone.

Anemone flore candido, v. Anemone.

Anemone flore multiplicato coccineo, v. Anemone.

Anemone flore polyphyllo tenuifolio, v. Anemone.

Anemone folio *Rupertiani* coeruleo, v. Anemone.

Anemone Geranii folio, v. Anemone, v. Geranium.

Anemone Geranii folio rotundifolia purpurascens, v. Anemone.

Anemone hortensis tenuifolia, *Trag.* Anemone tertia *Tab.* Adonis hortensis, *C. Bauh.* Anemoneröslein, Windröslein.

Anemone latifolia, v. Anemone latifolia prima.

Anemone latifolia flore multiplici, v. Anemone latifolia prima.

Anemone latifolia foliis tantum serratis, v. Anemone latifolia prima.

Anemone latifolia maxima versicolor, v. Anemone latifolia prima.

Anemone latifolia polyphyllo flore, v. Anemone latifolia prima.

Anemone latifolia *Clus.* *Lob.* latifolia s. Lusitanica, *Tab.* breitblätterichte Anemone, Portugallische Anemone.

Anemone limonia, v. Pulsatilla offic.

Anemone *Lusitanica*, *Tab.* v. Anemone latifolia prima *Clus.*

Anemone luteo colore, v. Anemone

Anemone maior alba, v. Anemone maxima.

Anemone maxima polyanthos *Chalcedonica*, *Lob.* *Byzantina* s. *Chalcedonica* maior, *Tab.* Constantinopol. Anemone.

Ane-

Anemone minor, v. Chamomilla.
Anemone minor coriandri folio. Argemone, capitulo breuiore, *Casp. Bauh.* klein gehörnte Anemone. III.
Anemone montana, v. Anemone, v. Ranunculus.
Anemone montana colore luteo, v. Ranunculus.
Anemone montana quaedam, v. Ranunculus, v. Aconitum.
Anemone multiplex rubra, v. Anemone.
Anemone *Narbonensis* maior corniculata, *Lob.* Argemone capitulo longiore *C. Bauh.* Papauer erraticum alterum, groß gehörnte Anemone.
Anemone nemorum alba purpurea coccinea, v. Ranunculus nemorosus.
Anemone nemorum flore maiore, v. Ranunculus nemorosus.
Anemone nemorum lutea, v. Ranunculus nemorosus.
Anemone oenanthes foliis flore violaceo hexaphyllo, v. Anemone.
Anemone *Pannonica Dod.* v. Anemone tertia *Matth.*
Anemone papaueracea, v. Anemone.
Anemone papaueracea quinta, v. Ranunculus candidus *Trag.*
Anemone quarta *Matth.* ramosa purpurea, *Tab. Casp. Bauh.* Anemone mit purpurfarbenen Blumen.
Anemone quinta *Dod.* nemorosa flore maiore *C. Bauh.* Ranunculus candidus *Trag.* Waldanemone, weis Waldhütlein.
Anemone quinta *Matth.* ramosa lutea *Tab.* v. Anemone quarta *Matth.*
Anemone ramosa lutea, v. Anemone quinta *Matth.*
Anemone ramosa purpurea *Tab.* v. Anemone quinta *Matth.*
Anemone rapacea, v. Anemone.
Anemone *Rupertiana*, *Tab.* v. Anemone secunda *Dod.*
Anemone secunda, *Dodon.* tuberosa geraniifolia, *Lob. Rupertiana*, *Tab.* Anemone mit Storchschnabel= oder Ruprechtskrautblättern.
Anemone secunda, *Matth.* rapacea, *Tab.* aconiti folio, *C. Bauh.* Anemone mit Wolfswurzel, oder Eisenhutblättern.
Anemone sexta, v. Ranunculus.
Anemone siluestris, v. Anemone tertia, v. Anemonoides.
Anemone siluestris alba et purpurea, v. Anemone tertia.
Anemone siluestris alba maior, *C. Bauh.* v. Anemone tertia *Matth.*
Anemone siluestris vulgaris, v. Ranunculus, v. Anemonoides.

Anemone ſilueſtris vulgaris lutea, v. Ranunculus.

Anemone tenuifolia, v. Anemone minor coriandri folio etc.

Anemone tenuifolia altera, v. Anemone minor coriandri folia.

Anemone tenuifolia flore multiplici, v. Anemone minor Coriandri folio.

Anemone tenuifolia flore rubente duplici, v. Anemone minor Coriandri folio.

Anemone tertia, *Matth. Pannonica, Dod.* flore albo, *Lob.* ſilueſtris alba maior, *C. Bauh.* maior alba, *Tab.* wilde Anemone mit weiſſen Blumen.

Anemone trifolia *Dod. Tab. C. Bauh.* flore albo, *I. Bauh.* v. Dentaria.

Anemone tuberoſa bulbocaſtani radice, v. Anemone ſecunda *Dod.*

Anemone tuberoſa geraniifolia, *Lob.* v. Anemone ſecunda, *Dod.*

Anemone tuberoſa radice, v. Anemone ſecunda *Dod.*

Anemonoides, wilde Anemone. VI.

Anemonoſpermos, Anemone vom Capo bonae ſpei, Wundſamenkraut. IV.

Die Blume iſt aus dem ſüdlichen Theil von Africa nach Holland gebracht worden, und wird durch abgeſchnittene Zweige fortgepflanzet.

Aneſum, v. Aniſum.

Anethum, ἄνηθον, Dille. VI.

Wächſet auf ſandigten und ſchattigten Gegenden, blühet im Junio, Julio und Auguſto. Hiervon brauchet man die Blätter, Blumen und Samen. Sie ſind warm in andern und dritten, und trocken im erſten und andern Grad, zertheilen, erweichen, reiſen, lindern die Schmerzen, machen Milch, diſponiren zum Schlaf, ſtillen die unzüchtigen Geberden, Schlucken, Erbrechen, die Colic, Herzdrücken, das Darm und Hüftwehe, löſen die Verſtopfungen der Mutter, treiben den Stein und Entzündungen der Nieren. Aeußerlich dienen ſie zu Schmerzſtillenden Clyſtiren und Umſchlägen. Die Gipfelgen in Oel gekochet, werden wider Hauptbeſchwerungen, auch Schlaf und Ruhe zu bringen, gelobet. Das Waſſer aus der Dille iſt ſelten, das deſtillirte Oel aber aus dem Saamen deſto öfter zu bekommen. Wenn die Dille abgekocht wird, ſo erwecket ihr ſtarker Geruch Zuneigung zum Schlaf. NB. Wer beym Frauenzimmer nicht Præſtanda präſtiren kan, muß die Dille meiden.

Ane-

Anethum caninum. v. Cotula foetida, *Brunf. et Offic.*
Anethum cimicarum, v. Coriandrum.
Anethum coeleste, v. Peucedanum *Offic.*
Anethum hortense, v. Anethum.
Anethum silvestre. v. Meum,
Anethum tortuosum, v. Meum.
Anethum vrsinum. v. Meum.
Angelica baccifera, v. Aralia.
Angelica erratica, v. Herba *Gerhardi.*
Angelica magna femina, v. Laserpitium veterum.
Angelica maior, v. Angelica satiua maior.
Angelica minor aquatica, v. Angelica satiua.
Angelica minor montana, v. Angelica satiua.
Angelica minor silvestris, v. Angelica satiua.
Angelica odorata, v. Angelica satiua.
Angelica prima, v. Angelica satiua.
Angelica prima satiua, v. Rumex aquaticus.
Angelica satiua maior, Costus niger, Smyrnium, heilige Geistwurzel, Luftwurzel XII.

Wächset in gebaueten, feuchten und fetten Oertern, blühet im Julio. Die Wurzel muß im Anfange des Frühlings gesammlet werden. Sie ist warm im andern und dritten, und trocken im andern Grad, trocknet, widerstehet dem Gift, stärket das Herz, öfnet, verdünnet, treibet Schweis, ziehet die Wunden zusammen, curiret die Mutterbeschwerungen, giftige Krankheiten, die Pest, toller Hundebiß, befördert die Monatszeit, Frucht und Urin. Wenn man von dieser Wurzel ein Stückgen als eine Bohne gros isset, so vertreibet sie die Trunkenheit. Es sind auch von der Wurzel unterschiedene Præparata, als das Wasser, der Saft, Extract, die eingemachte Wurzel, das destillirte Oel, der Balsam und das gemeine Salz zu bekommen.

Angelica silvestris erratica, v. Herba *Gerhardi.*
Anghiue.

Ist eine Staude in Madagascar, deren Wurzel, wenn man sie als einen Trank trinket, die Harnwinde vertreibet, und die Steinschmerzen lindert Ihre Frucht ist in der Grösse einer Kräuselbeere. Man hat noch eine ander Art, welche die Grose ist, und deren Frucht die Grösse eines Hünereyes hat, Scharlachroth ist und gegessen wird.

Angina lini, Filzkraut, Flachsseide, v. Cuscuta.
Anguina v. Cucumer.

Anguina aquatica, *Lob.* v. Dracunculus aquaticus, *Matth. Dod. Lon.*

Anguina Dracontia, v. Dracunculus aquaticus, *Matth. Dod. Lon.*

Anguria, Wassermelone. VIII.

Sind kalt und feucht im andern Grad, und dienen wider die Hitze, Durst und Entzündung der Leber, lindern auch die scharfe und hitzige Galle.

Anguria Citrullus dicta, v. Citrullus.

Anicethum, v. Anethum.

Anil, die Indigpflanze. III.

Von denen Blättern dieser Pflanze wird die bekannte köstliche blaue Farbe bereitet, Abrah. Munting in seinem Holländischen Kräuterbuch schreibet dieser Pflanze die Eigenschaft zu, Hauptschmerzen und den Brand zu stillen, wenn sie gestoßen aufgeleget werde, die Wunden zu heilen, und vermittelst des Safts in Wein gekocht, die Haare schwarz zu machen.

Anime Gummi, Gummi Anime. IV. v. Jetaiba. V. et d' Assigni Gedächtniskunst, p. 46.

Anisum, Anis, Enis, v. Apium.

Wächset auf guten gedüngten Boden, wird im Merz gesäet, blühet im Julio. Der Samen wird im Herbst reif, verdünnet, zertheilet, treibet Urin und Schweis, vermehret die Milch, dienet in Lungen- und Magenbeschwerungen, wider Heischerkeit und Rauhigkeit der Kehle, Husten, Grimmen in den Därmen Schlucksen, Flüsse, Blehungen, Reißen im Leibe derer Kinder, machet gelinden Leib u. d. g. In denen Apothecken ist der einfache und laxirende überzogene Anis, das einfache und mit Wein überzogene Wasser, das Oel, Salz und die Species vom Anis zu bekommen.

Anisum *Philippinarum* Insularum, v. Anisum stellatum.

Anisum Siberiae, v. Anisum stellatum.

Anisum stellatum, vel Siberiae, aut Insularum Philippinarum, Foeniculum Sinense, Indicum. Moscouiticum, Badian Zinchi, der Philippinischen Insuln; Indianischer, Chinesischer, Moscowitischer Badian, Sternanis. II.

Riechet überaus angenehm, und schmecket süsse. Die Moscowiter pflegen ihn unter den Meth zu mischen, andere aber seiner Lieblichkeit wegen in Brust- und Magenbeschwerungen, unter den Thee und Coffee zu brauchen. Er treibet die Blehungen, curiret die Colic, den Husten, Engebrüstigkeit, und machet die jungen Weibergen fruchtbar. Man pfleget auf das

Anisum stellatum warm Wasser zu gießen, und es unter Thee, Coffee und Chocolate zu mengen, und in Indien ein häufiges Oel daraus zu bekommen.

Anona, Sapadillbaum, Stern-Wasser-Rahmapfel. VII.

Anonis, s. Ononis, Hauhechel, Weiberkrieg. XXVI. v. Ononis.

Anonis mitis flore luteo, v. Anonis.

Anonis prima minor, v. Anonis.

Anonis purpurea, v. Anonis.

Anonis purpurea spinis carens, v. Anonis.

Anonis sine spinis lutea, v. Anonis.

Anonis spinosa, v. Anonis.

Anonis spinosa flore purpureo, v. Anonis.

Anonis viscosa spinis carens lutea maior, v. Anonis.

Anonium album, v. Anonis.

Anonium luteum, v. Anonis.

Anonymos, s. ignota lini folio, v. Linaria.

Anonymos, v. Euonymus Matthioli.

Anonymos tenuifolius, v. Linaria.

Anoto, v. Mitella.

Anramitaco.

Ist eine Pflanze in Madagascar, welche 2 Ellen hoch wächset. Sie trägt an der Spitze ihrer Blätter eine Blume, oder hohle Frucht, wie ein klein Gefäs, das keinen Deckel hat, und wenn es regnet, so wird sie voll Wasser. Man hat zweyerley Sorten davon, nemlich rothe, und gelbe.

Anserina, Argentaria potentilla, Agrimonia sylvestris, Millefolium magnum, Tanacetum agreste, Grensig, Gänserich, Grünsig, Silberkraut. II.

Wächset hin und wieder in denen Gräsereyen, Wiesen, neben denen Zäunen und Landstrasen; Blühet zu Anfange des Sommers, da es auch gesammlet wird. Die Blätter sind kalt im andern, trocken im dritten Grad, halten an, verstopfen, und dienen deswegen im Blutspeyen, Durchfall, allzustarken Mutter- und Monatfluß. Man kan sie in einer Bratpfanne braten und mit Eyern wider die rothe Ruhr, Blutausspeyen, Stein und Verwundungen brauchen. Aeusserlich kan man sie, Zahnschmerzen und das faule Zahnfleisch zu curiren, im Munde halten, auch nicht weniger die beym Fieber befindliche Hitze und rothe Ruhr zu vertreiben, mit Salz und Eßig auf die Fußsohlen oder Handwurzeln binden. Wenn das Kraut zu gewisser Zeit gesammlet und auf die Fussohlen gebunden wird, soll es in der rothen und weisen Ruhr viel ausrichten. Die präparirten Medicamenten von der Anserina sind das destillirte Wasser, die Conserva oder mit Zucker überzogene Blätter. Das Wasser tödtet die Würmer, und vertreibet das Grimmen im Leibe, so von der Kälte entstanden, stärket die Glieder, vertreibet das Rückenweh. Wenn man sich die Augenbraunen verletzet hat, können selbige mit dem aus Gänserich bereiteten Wasser geheilet werden; Die Conserva aber heilet Brust- und Lungenbeschwerungen, Wunden u. d. g.

Antaes.

Eine Gattung Faseolen in Madagascar, v. Faba.

Anteuphorbium, v. Euphorbium.

Anthemis, v. Chamomilla

Anthemis chrysanthemos herbariorum, v. Chamomilla.

Anthemis eranthemos, v. Consolida media.

Anthemis Leucanthemis Anglorum flore multiplici, v. Chamomilla.

Anthemis Leucanthemis odorata, v. Chamomilla.

Anthemis Leucanthemos, v. Chamomilla.

Anthemis vera. v. Chamomilla.

Anthemis vulgatior s. Chamomilla, v. Chamomilla.

Anthemi um, v. Chamomilla.

Anthemium, v. Chamomilla.

Anthemium *Theophr.* v. Nigella.

Anthera, die Zäserlein in denen Blumen.

Anthericum, v. Phalangium.

Anthophylli, v. Caryophylli aromatici.

Anthora, Antithora, Contrayerva *Germanica* (etliche halten sie pro Zedoaria Arabum) Aconitum salutiferum, Napellus *Mosis vel Avicennae*, Heilgift, Giftheil, Arabischer Zittwer. II.

Wächset in den Alpengebürgen, Savoyen, Graubünder- und Schweitzerland, item jenseits der Alpengebürge, in Frankreich und denen Ligurischen Bergen. Man hat hiervon die große und kleine, das Männgen und Weibgen. Die Wurzel ist warm und trocken im dritten Grad, stärket das Herz, verdünnet, eröfnet, machet klare Haut, curiret giftige Krankheiten und Stiche der Vipern, x. wenn man hat Eisenhütlein eingekommen, Fleck- und bösartige Fieber, die Pest, Schleim und tartarische Krankheiten.

Anthora maior, v. Anthora.

Anthora minor, v. Anthora.
Anthora vulgaris, v. Anthora.
Anthorae radices variae, v. Anthora.
Anthos, v. Rosmarinus.
Anthoxanthum, v. Gramen.
Anthriscus *Plinii*, v. Chaerefolium.
Anthullia, v. Anthora.
Anthyllis, v. Camphorata.
Anthyllis altera, v. Chamaepitys, v. Medica cochleata.
Anthyllis altera et maior, v. Chamaepitys.
Anthyllis altera *Italorum*, v. Camphorata.
Anthyllis altera luteae similis, v. Glaux *Offic.*
Anthyllis altera prima, v. Crithmum IV.
Anthyllis altera secunda, v. Camphorata.
Anthyllis chamaepityides, v. Chamaepitys.
Anthyllis lentifolia, v. Camphorata.
Anthyllis leguminosa, Arthetica *Saxonum*, lotus latifolia, Vulneraria rustica, Lagopodium, gelb Haasenklee. V. Ist warm und trocken, auch ein gutes Wund- und Hauptkraut.
Anthyllis maritima Alsinefolia, v. Paronychia.
Anthyllis montana, v. Linaria.
Anthyllis *Narbonensis*. v. Paronychia.
Anthyllis *Valentina Clusii*, v. Herniaria.
Antilla, v. Valeriana.
Antiquartium *Peruuianum*, v. China Chinae.
Antirrhinum, Os Leonis, *Caesalp.* Cynocephalus *Plinii*. Anarrhinum (wird von etlichen *Lychnis silvestris* genennet) Orant, Dorant, Brackenhaupt, Kalbesnasen, Hundskopf. XII.

Wächset an sandigten Orten, blühet im May und Junio. Das ganze Kraut, nemlich die Blätter, Blumen und Augen an denen kleinen Aestgen, repräsentiren einen Kalbeskopf. Sie werden zwar in denen Apothecken gefunden, aber weiter zu nichts, als nur von den Weibern, Gespenste, Berufungen, Zaubereyen und Hexereyen zu vertreiben, angehangen, und sich damit zu räuchern und unter die Betten zu legen, gebrauchet. Man hat hiervon zweyerley Sorten, nehmlich das grose und kleine.

Antirrhinum album, v. Antirrhinum.
Antirrhinum aruense maius, *C. Bauh.* v. Antirrhinum primum *Matth.*

Antir-

Antirrhinum aruense rubrum, *Thal.* v. Antirrhinum primum *Matth.*

Antirrhinum flore rubro et albo, v. Antirrhinum primum *Matth.*

Antirrhinum luteo flore, v. Antirrhinum *Trag.*

Antirrhinum luteo flore grandi, v. Antirrhinum *Trag.*

Antirrhinum luteum tertium, v. Antirrhinum *Trag.*

Antirrhinum maius, v. Antirrhinum.

Antirrhinum maius alterum folio longiore, v. Antirrhinum.

Antirrhinum medium, v. Antirrhinum.

Antirrhinum minimum *Lob.* v. Antirrhinum primum *Matth.*

Antirrhinum minus quartum, v Antirrhinum.

Antirrhinum primum, *Matth.* minus *Tab.* minimum *Lob.* siluestre, s. phyteuma *Dod.* aruense rubrum *Thal.* aruense maius, *C. Baub.* Bucranion, *Cord.* wild Löwenmaul, klein Orant. III.

Antirrhinum secundum, v. Antirrhinum.

Antirrhinum siluestre, *Dod.* v. Antirrhinum primum *Matth.*

Antirrhinum *Trag. Thal.* Luteola *Lob.* Lutum herba *Dod.* Struthium *Gesn.* Pseudostruthium *Matth. Eyst.* Catanance, *Lob. Tab.* Streichkraut, Stärkkraut.

Wird nicht leicht in der Medicin, sondern von denen Färbern, grün und gelb zu färben, gebraucht. Wenn die Leinwand oder das Tuch ganz weis ist, so färbt das Kraut gelb, ist es aber blau, so färbt es grün.

Antithora, v. Anthora.

Antomaria maior hirsuta, v. Lysimachia *Offic.*

Antora, vel Antura, v. Anthora.

Apargia, v. Hieracium.

Apargia *Dalechamp.* v. Hieracium.

Aparine Aspera, Philanthropos, Asperugo, aspera Lappago, Philadelphos, Ompholocarpos, Philoterion, Klebkraut, Bettlers Läuse, Zaunreis, Nabelsamen. XI.

Ist temperiret im warmen und trocknen. Die ganze Staude ist ein vortrefliches Wundkraut, und hat ein sehr zart balsamisches Wesen bey sich. Die Blätter leget man auf die Wunden, oder wenn das Pulver hiervon eingestreuet wird. Das aus der Aperine aspera destillirte Wasser curiret die Brust- und Milzbeschwerungen.

Aparine aurea, v. Cruciata *Dod.*

Aparine leuis, *Caesalp.* v. Mollugo montana.
Aparine leuis *Lobel.* Hepatica stellata.
Aparine leuis palustris, v. Gallium luteum.
Aparine maior *Plinii*, v. Cruciata *Dod.*
Aparine siluestris quaedam, v. Hepatica stellata.
Apate, v. Chondrilla.
Aphaca, gelbe Wicken, v. Vicia. v. Hieracium.
Aphaca *Diosc.* v. Taraxacon.
Aphaca hedypnois, v. Taraxacon.
Aphaca *Theophr.* v. Taraxacon,
Aphace, v. Taraxacon.
Aphace *Diosc.* v. Vicia.
Aphace *Dodon.* mit der gelben Blüte, v. Dentaria.
Aphaleton, v. Thymus.
Aphanes, v. Alchimilla.
Apharca *Theophr.* v. Alaternus.
Aphyllantes, v. Stoebe tertia. *Clus.*
Aphyllantes Monspeliensium, v. Caryophyllus.
Aphyllantes prima, v. Stoebe tertia *Clus.*
Aphyllantes prima *Theophr.* v. Scabiosa *Offic.*
Aphyllantes quarta, v. Stoebe tertia *Clus.*
Apiana, v. Brassica.
Apiana crispa, v. Brassica crispa.
Apiaria, v. Jasminum.
Apiasellum, v. Ranunculus.
Apiastrum, v. Melissa, v. Ranunculus.
Apii communis vitium s. Petroselinum caninum. v. Cicuta.
Apios, v. Bulbocastanum.
Apios *Americana Cornuti*, Erdbirnen, Erdnüsse, Erdfeigen, Erdmandeln, Erdeichel, Sandbrod, v. Apios. *Matth.*
Apios *Matth. Dod. Tab.* vera *Lob.* Tithymalus tuberosa radice, *Clus* tuberosa pyriformi radice, *C. Baub.* Erdbirnen. III.
Ist ein fremd Gewächs. Die Wurzel purgirt unten und oben.
Apios *Trag.* Pseudoapios *Matth.* Chamaebalanus *Tab.* Panis porcinus, *Lon.* Terrae glandes *Dob.* *Lob* Glandes terrestres, *Clus.* Astragalus aruensis *Thal.* Lathyrus aruensis repens tuberosus, *C. Baub.* Nux terrae, Ficus terrae, Erdnüsse, Erdfeigen, Erdmandeln, Erdeicheln, Ackereicheln, Sandbrod.

Die Wurzeln geben ein angenehmes Wasser, wenn man sie destilliret, welches öfters vor Rosenwasser paßiren muß. Sonst machen sie Blehungen im Leibe.

Apios vera *Matth. Dod.* v. Apios. *Matth.*

Apium, Petersilie, Peterlein. XIX.

Die Petersilie ist warmer und trockner Eigenschaft bis in Anfang des zweyten Grads. Sie hat die Kraft zu eröfnen, zu stärken und zu erwärmen, eröfnet die Verstopfungen aller innerlichen Glieder, vertreibet die Gelbsucht, treibet den Urin, und kan in mehrern Zufällen nützlich gebraucht werden. Wovon Tabern. lib. I. Cap. 25. weitläuftiger kan conferiret werden.

Apium adulterinum, v. Cicuta.

Apium *Alexandrinum.* v. Hipposelinum.

Apium aliud genus, v. Cicuta.

Apium alterum genus peregrinum, v. Petroselinum *Macedonicum.*

Apium *Anglicum*, v. Apium hortense.

Apium aquaticum, v. Ranunculus, v. Sium, v. Cicuta.

Apium aquaticum angustifolium maius, v. Sium.

Apium aquaticum minus, v. Sium.

Apium aruense, v. Iris.

Apium asininum, v. Chaerefolium.

Apium bituminosum, v. Sium.

Apium caninum, v. Cicuta.

Apium ceruinum, v. Petroselinum montanum.

Apium ceruinum nigrum, v. Rosmarinus.

Apium cicutarium, v. Cicuta.

Apium crispum, v. Apium hortense.

Apium equinum, v. Hipposelinum.

Apium femina, v. Apium hortense.

Apium fontanum, v. Sium.

Apium fontanum minus, v. Sium.

Apium *Graecum* Saxatile Crithmi folio, v. Crithmus marinus.

Apium grande, v. Hipposelinum.

Apium Haemorrhoidum, v. Ranunculus.

Apium hircinum, v. Pimpinell.

Apium *Hispanicum*, v. Hipposelinum.

Apium hortense, Petroselinum verum, seu Satiuum, zahme Petersilie, Peterlein. XII.

Apium hortense crispatum, v. Apium hortense.

Apium hortense maximum, v. Apium hortense.

Apium latifolium, v. Apium hortense.
Apium *Macedonicum*, Alexandrinische Petersilie. V.
Apium *Macedonicum Fuchsii*, v. Sium.
Apium masculum, v. Apium hortense.
Apium montanum, v. Petroselinum montanum.
Apium montanum folio ampliore, v. Petroselinum montanum.
Apium multifolium, v. Apium hortense.
Apium octauum, v. Bunium *Offic. Dalichamp.*
Apium *Offic.* v. Apium palustre.
Apium palustre, Σέλινον, Paludapium, Seleri Montalbani, Apium vulgare, Eleoselinum, Selerie, braunes Petersilein, Wasserpetersilie, Wassermorellen, Aeppichmark, Epte. IV.

Die Wurzel und Samen sind warm im andern und dritten, trocken im dritten Grad, öfnen, treiben die Monatzeit, den Urin und Stein, curiren die gelbe Sucht, zertheilen die geronnene Milch, Verstopfung der Leber und Milz. Wenn man die Wurzel käuet, so stillet sie das Zahnweh, Blehungen, und schärfet das Gesicht. Hieraus wird ein Wasser abgezogen.

Apium *Persicum*, v. Hipposelinum.
Apium petraeum, v. Petroselinum s. Apium *Macedonicum.*
Apium raninum, v. Ranunculus.
Apium risus, v. Ranunculus.
Apium rusticum, v. Ranunculus, v. Apium palustre.
Apium *Sardonicum*, v. Ranunculus.
Apium satiuum, v. Apium hortense.
Apium saxatile, v. Pertroselinum s. Apium *Macedonicum.*
Apium siluestre, v. Ranunculus, v. Meum palustre, v. Chaerefolium.
Apium siluestre lacteo succo turgens, v. Meum palustre.
Apium *Syriacum*, v. Secacul.
Apium vulgare. v. Apium palustre.
Apocapuc.

Ist ein Baum in Madagascar, dessen Frucht von der Grösse einer Mandel ist, für ein Gift gehalten wird, aber doch zu den Oelen vor die Haare gebraucht wird.

Apocymum *Matth.* primum latifolium, *Clus.* Cynocrambe *Lon.* Periploca repens, *Caesalp.* Hundskohl VI.
Apocymum quartum, v. Scammonea.
Apocymum repens, *Matth.* Periploca altera, Hundskohl mit länglichten Blättern. IV.

Apollinaris, v. Hyosciamus.
Apollinaris tertia, v. Hyosciamus.
Applauda, s. Appluda, v. Milium.
Apri radix, v. Carlina.
Aquatica, v. Calamintha.
Aquifolium, Aquifolia, v. Agrifolium.
Aquila praua, wild Aloeholtz. v. Agallochum.
Aquilegia, Aquileja, Chelidonium medium *Durantii*, Agley, Glöcklein, Agelen. IX.

Der Saamen, die Blumen und das Kraut sind warm und trocken im ersten Grad, öfnen die Milz, Leber und Galle, befördern den Urin und die Monatzeit der Weiber, vertreiben die gelbe Sucht, das viertägige Fieber, Reißen im Leibe, und schliessen die Wunden. Der Samen treibet Masern und Blattern, trocknet, befördert den Schweis und die Geburt, curiret den Schwindel. Es ist auch der Ackeley äuserlich wohl zu brauchen; Denn wenn man den Saft von diesem Kraut eine Zeitlang im Munde hält, so dienet er wider die scorbutische Fäule des Zahnfleisches, Mund- und Gaumengeschwäre; stecket man ihn in die Nasenlöcher, so curiret er die Fisteln in der Nase. Das Kraut mit Wasser abgekochet, giebt ein bequemes Gurgelwasser, wenn der Hals angelaufen, entzündet, verschwollen und geschworen ist. In denen Apothecken findet man von der Aquilegia die Conservam oder den mit Zucker überzogenen Ackeley, das Wasser, und bisweilen auch den Eßig.

Aquilegia siluestris, v. Aquilegia.
Aquilegia simplex, v. Aquilegia.
Aquilina, v. Aquilegia.
Arabicum Gummi, v. Acacia vera.
Arabis s. Draba altera *Lob.* tertia succulento folio, *Clus.* alba siliquosa repens, *C. Bauh.* weise Draba.

Arbis s. Draba aut Thlaspi *Candiae*, *Dod.* Thlaspi quartum, *Matth.* *Creticum* *Tab.* *Candiae* vmbellatum Iberidis folio, *Lob.* *C. Bauh.* Cappadocium flore incarnato et flore albo, *Eyst.* Thlaspi von Candia, Cretischer Bauernsenf. III.

Arabis s. Draba, *Lon.* *Matth.* *Lob.* Draba vulgaris prima, *Clus.* vmbellata, vel maior capitulis donata, *C.Bauh.* Nasturtium *Babylonicum* et orientale. Türkische oder Babylonische Kresse. V.

Alle

Alle Arten von der Draba werden von Hieron. Georg. VVelschio unter die Herbas Antiscorbuticas gerechnet.
Arabis quorundam, v. Eysimon.
Arachidna, Wicke, v. Vicia.
Arachidum e genere Orobranches, v. Dentaria.
Aracus, v. Faba siluestris.
Aracus aromaticus, v. Vainiglia.
Aralda *Bononiensium*, v. Campanula siluestris flore luteo, *Trag.*
Aralia, Beertragende Angelica aus Canada. III.
Arangia, v. Aurantia.
Arantia poma, Arantium, v. Aurantia.
Arbor *Abrahae*, v. Agnus castus.
Arbor *Americana* fraxini foliis, Brustbeerleinstrauch, Mahogonybaum. IV.
Arbor *Americana* pinnatis fraxini foliis, die Spanische Esche.
Arbor baccifera Canariensis, Beerentragender Baum in denen Canarischen Insuln.
Arbor baccifera laurifolia aromatica, Wintersrinde, wilder Zimmetbaum.
Arbor balsamifera *Peruuiana*, v. Balsamum *Indicum*.
Arbor benzoindera, der Benzoebaum aus Virginien.
Arbor *Brasilia*, v. Fernambuc.
Arbor Camphorifera, v. Camphorifera.
Arbor Cinamomi, Zimmtbaum, v. Cinamomum.
Arbor crepitans, v. Hura.
Arbor Draco, v. Sanguis Draconis.
Arbor excelsa, coryli folio ampliore, hoher Baum mit grossen Haselblättern.
Arbor ferulacea, v. Sagapenum.
Arbor foetida, v. Frangula.
Arbor fragifera, Erdbeerbaum, v. Fragaria.
Arbor fraxinea, v. Sorbus siluestris.
Arbor fraxini folio flore coeruleo, v. Sycomorus *Offic.*
Arbor *Goa*, s. *Indica*, v. Opuntia *Lon.*
Arbor in aqua nascens, der Tupelobaum.
Arbor *Judae*, s. judaica, v. Cercis, v. Siliquastrum.
Arbor Laurifera, v. Laurus.
Arbor laurifolia venenata, der Giftbaum in Westindien.
Arbor Mariae, Marienbaum.
Ist ein sehr großer, hoher und überaus gerader Baum, welcher nur allein in Peru wächset. Seine Rinde ist weis, das Holz

 aber

aber sehr biegsam. Man braucht sie in dasigen Gegenden zu Masten auf den Schiffen, weil sie nicht die entsetzliche Schwere haben, als das übrige Holz.

Arbor paradisaea, v. Thuja.

Arbor scorbutica, v. Pinea.

Arbor Thurifera, Weyhrauchbaum, v. Storax.

Arbor tristis, v. Chamaerrhododendros.

Arbor *Virginiana*, Benzoebaum, v. Arbor benzoindera.

Arbor vitae, v. Thuja.

Arbor vitis et lachryma *Joppi*, v Nux vesicaria.

Arbor *Zeylanica*, Schneetröpfleinbaum.

Arbuscula *Afra* repens.

Arbutus *Matth. Dod. Lon. Tab.* folio serrato, *C. Baub.* Comarus *Theophr.* Arbutus s. Vnedo *Lob.* Erdbeerbaum. IV.
Wächst in Spanien und Italien, seine Frucht heiset Memaecylon, und fressen sie die Krammetsvögel gerne. Es wird aus denen Blättern und Blumen ein Wasser gebrennt, und vor der Pest sich zu präserviren, gerühmet.

Arbutus folio serrato, v. Arbutus *Matth.*

Arbutus humilis *Virginiana*, v. Arbutus *Matth.*

Arcella, s. Arsella, v. Agrimonia.

Archangelica, v. Angelica, v. Trachelium.

Archangelica alba, v. Lamium album.

Archangelica lutea, v. Lamium.

Archangelica quarta, v. Angelica.

Archaras, v. Catanance.

Archioti, Archiot, Archiotti, v. Orleana.

Archithyrsus, s. Corona Imperialis, *Dod. Tab. Eyst.* Lilium s. Corona Imperialis, *Lob. C. Baub.* Tulai s. Lilium *Persicum*, I. *Clus.* Kayserkrone, Königskrone, Königslilien. XII.

Arcium, v. Bardana,

Arcium *Diosc.* v. Bardana.

Arcontilla, v. Equisetum.

Arcopodium, s. Arcopus, v. Catanance.

Arction personata, v. Bardana.

Arctophthalmus, v. Tormentilla.

Arctos corodon, v. Allium.

Arctus quorundam, *Joh. Baub.* v. Blattaria pilosa *Cretica.*

Arecca, v. Catechu.

Arenaria multicaulis serpilli folio, v. Coronopus, v. Alsine.

Argemone, v. Anemone.
Argemone, stachlichter Mohn. v. Papauer spinosum.
Argemone altera, v. Anemone, v. Anserina.
Argemone capitulo breuiore, v. Anemone minor.
Argemone capitulo longiore, v. Anemone maxima.
Argemone capitulo torulis canulato. v. Anemone.
Argemone *Diosc.* v. Flos *Africanus.*
Argemone tertia *Tab.* v. Anemone.
Argemonia, v. Anemone.
Argemonia altera, v. Anemone.
Argemonia *Plinii*, v. Flos *Africanus.*
Argemonium, v. Anemone.
Argentaria, v. Anserina, v. Pentophylloides, v. Agrimonia, v. Tormentilla.
Argentaria petraea, v. Quinquefolium.
Argentea heptaphyllos montana, v. Quinquefolium.
Argentilla maior, v. Vlmaria.
Argentina, v. Argentaria, v. Pentaphylloides, v. Agrimonia.
Argentina *Monspeliaca*, v. Chamaedrys *Alpina.*
Ari primum genus, v. Aron.
Ari tertium genus, v. Aron.
Aria et Metallum *Italorum*, v. Sorbus siluestris.
Aria *Theophr. Tab. Cam.* alni effigie *Lob.* alni effigie lanato folio maior, *C. Bauh.* Sorbus Alpina vel pilosa *Gesn.* Melbeerbaum, wilder Sperberbaum. IV.

Die Frucht, wenn sie recht reif ist, schmeckt süs und lieblich, curiret den Husten, und löset den Schleim von der Brust, v. infra Sorbus. Alpina

Arilaria, v. Tormentilla.
Arinca, v. Ammi.
Arindrauto.

Ein Baum in Madagascar, dessen Holz einen vortreflichen Geruch im Feuer von sich giebet, wenn es verfaulet ist.

Aris, v. Scordium.
Arisarum, kleiner Aaron. III.
Arisarum alterum, *Lon. Matth.* angustifolium *Clus. Lob. Tab. C. Bauh.* tenuifolium Cam. Pseudoarisarum, *Cost. Durant*; klein Aaron mit schmalen Blättern.
Arisarum angustifolium, *Clus. Lob. Tab. C. Bauh.* v. Arisarum alterum, *Lon. Matth.*

Arisarum angustifolium *Dioscoridis*, forte, v. Arisarum alterum, *Lon. Matth.*

Arisarum latifolium alterum et *Clus.* v. Arisarum primum.

Arisarum latifolium *Matth. Tab.* v Arisarum primum.

Arisarum *Narbonense*, v. Arisarum alterum *Lon.*

Arisarum primum *Lon.* latifolium *Matth. Tab.* Dracontium minus *Dod.* Arum maius *Veronense Lob.* Venis albis, *C. Baub.* klein Aaron. II.

Arisarum primum seu prius *Matth.* v. Arisarum primum *Lon.*

Arisarum tenuifolium, *Cam.* v. Arisarum alterum, *Lon. Matth.*

Aristereum, v. Verbena.

Aristerium, v Sideritis.

Aristidia s. Aegilops, v. Gramen.

Aristologia, Osterlucey, Hollerwurzel. XX.

Aristologia adulterina, v. Fumaria bulbosa.

Aristologia altera radice pollicis crassitudine, v. Aristologia tenuis.

Aristologia clematitis. v. Aristologia tenuis.

Aristologia clematitis recta, v. Aristologia tenuis.

Aristologia caua, s. concaua, v. Fumaria bulbosa.

Aristologia fabacea, v. Fumaria bulbosa.

Aristologia femina, v. Aristologia rotunda.

Aristologia longa, Osterlucey, Hollwurzel, lange Hollwurzel. II.

Ist warm und trocken im andern Grad. Die Blätter und Blumen sind in Mutterbeschwerungen, Wunden, Haupt- Lungen- und Leberkrankheiten, dienlich. Sie ziehen in sich, temperiren die Säure, trocknen aus, heilen die Schäden an denen Schenkeln, verdünnen, öfnen, befördern die gewöhnliche Reinigung der Weiber, zertheilen den zähen Schleim und alles zusammen geronnene und gelieferte Wesen im Geblüt, widerstehen dem Gift, und trocknen die Krätze; äuserlich trocknen und reinigen sie die Geschwäre. Man brauchet sie auch zu Mutterzäpfgen, die Geburt zu beschleunigen, und in die Fisteln und Fontanellen, damit der Schade offen behalten werde.

Aristologia longa altera, v. Aristologia longa.

Aristologia prima, v. Aristologia rotunda.

Aristologia rotunda, runde Osterlucey, runde Hollwurzel. II.

Ist

Ist warm im andern und trocken im dritten Grad, eröfnet, verdünnet, treibet die Menses und Nachgeburt. Das destillirte Wasser hiervon ist gebräuchlich.

Aristologia rotunda flore ex purpureo nigro, v. Aristologia rotunda.

Aristologia rotunda longa, v. Aristologia rotunda.

Aristologia rotunda vera, v. Aristologia rotunda.

Aristologia rotunda vulgaris, v. Fumaria bulbosa.

Aristologia rotunda vulgaris minima, v. Fumaria bulbosa.

Aristologia subhirsuta chia longa folio oblongo, *Tournet.* v. Fumaria bulbosa.

Aristologia tenuis, **dünne Hollwurzel.** II.

Die Wurzel ist am Geruch penetranter und delicater, als die lange und runde Osterlucey. Sie wird einzig und allein an den Blumen, welche weis und gelbe seynd, von denen andern Osterluceyen unterschieden. Wenn sie noch frisch, so ist sie stärker, als die andern Aristologiae: Das hieraus verfertigte Wasser curiret Mutterbeschwerungen.

Aristologia vulgaris, v. Aristologia rotunda vulgaris.

Aristologia vulgaris altera radice oblonga, v. Fumaria bulbosa.

Aristologiae rotundae concauae similis herbula, v. Fumaria bulbosa.

Aritium, **Frauenspiegel**, v. Onobrychis.

Arkeuthis, s. Arkeuthos, v. Iuniperus.

Armeniaca betulae folio et facie fructu exsucco *Amman.* v. Armeniaca Malus.

Armeniaca maiora, *Cam. Tab. Eyst.* v. Armeniaca Malus *Matth.*

Armeniaca malus, *Matth.* Armeniaca maiora, *Cam. Tab. Eyst.* Mala *Armeniaca* maiora, *C. Bauh.* Baracocca *Caesalp.* **Amarellbaum, grosse Morellen, St. Johannis Pferschen, Apricosen.** VIII.

Sind zwar in der Arzeney nicht eben bräuchlich. Wenn man die Kerne davon isset, so tödten sie die Würmer, befördern die Geburt und Monatzeit, und dienen in Nachwehen, auch zu Fortreibung des Steins: Das hieraus verfertigte Oel ist in denen Schmerzen der güldenen Ader, und Ritzen der Brüste ein bequemes Remedium.

Armeniaca minora, v. Armeniaca malus.

Armeniaca Persicae foliis, fructu exsucco, villosa, *Amman*, v. Armeniaca malus.

Armeria altera, v. Caryophyllus.

Armeria altera suauerubente flore, v. Caryophyllus.

Armeria altera rubro flore, v. Caryohyllus.

Armeria latifolia, v. Caryophyllus.

Armeria pratensis, v. Caryophyllus.

Armeria prolifera, *Lob.* v. Armerius flos, v. Caryophyllus.

Armeria siue Caryophyllus minor siluestris minus odoratus folio latiore. v. Caryophyllus v. Armerius flos.

Armeria suauerubens, v. Caryophyllus.

Armerius flos, flos tonitruum, Caryophyllus siluestris ruber, Armeria prolifera. *Lob.* Caryophyllus siluestris minimus, *Tab.* siluestris prolifer, *Eyst. C. Bauh.* klein Feldnäglein, wilde Donnernäglein, Kinderkresse, wilde oder Feldnelken. XVII.

Soll in Blutflüssen zuträglich seyn.

Armerius flos primus, v. Caryophyllus.

Armerius flos proliferus, v. Armerius flos.

Armerius siluestris *Dod.* v. Caryophyllus pratensis, *Tab.*

Armerius simplici flore *Pannonicus*, v. Caryophyllus.

Armerius tertius, v. Lychnis siluestris.

Armoniacum, v. Ammoniacum.

Armoracia, v. Raphanus marinus.

Armoracia maior, v. Raphanus marinus.

Armoracia *Plin.* v. Raphanus marinus.

Armoracia. Raphanus siluestris, Sinapi agreste, Rapistrum flore albo erucae foliis, Thlaspi maius, *Cord.* Nasturtium album, Thlaspi *Crateuae*, Raphanus maior, Molybdena *Plinii*, Lampsana, *Dod. Lon.* Raphanus obsoniorum, medicamentarius, Heydereich, wilder Merrettig. IV.

Wächset häufig an denen Bächen und niedrigen Gegenden. Die Wurzel ist warm und trocken im vierten Grad, schneidet durch den tartarischen Schleim, eröfnet verdünnet, zertheilet, treibet Schweis, den Stein, die Monathzeit, curiret den Scorbut und Wassersucht, und dienet im Abnehmen und Verdorrung derer Glieder, auch Schwinden und Mähler zu vertreiben.

Armoracia siluestris pratensis, v. Caryophyllus pratensis.

Armoraria altera, v. Lychnis siluestris.

Armoraria siluestris pratensis, v. Caryophyllus pratensis.

Armosia, v. Artemisia.

Arnica, Chrysanthemum latifolium, Nardus, Caltha 2. Plantago *Alpina*, Damasonium, Alysma *Diosc.* Lagea lupi, (wird von etlichen Nardus Celtica altera genennet) Mutterwurzel, Wolverley. XIII.

Wächset auf Bergen und Wiesen, und blühet fast den ganzen Sommer durch. Ist warm und trocken, treibet Schweis, die Monatzeit und Urin, erwecket Brechen, zertheilet das ausgetretene Geblüt, curiret Fieber, Molas (Mutterkälber) und Vergiftung derer Kröten. Aus den Blüten wird, eine Lauge wider Hauptschmerzen, und die Haare gelb zu färben gerühmet.

Arnoglossum, v. Plantago.

Aron, v. Aron, v. pes vituli.

Aron *Aegyptiacum*, v. Colocasia *Plin.*

Aron aliud folio maculato, v. Aron minus *Matth.*

Aron angustifolium radicibus nodosis, v. Aron minus, *Matth. Tab. C. Bauh.*

Aron maius *Veronense. Lob.* v. Arisarum primum, *Lon.*

Aron minus, *Matth. Tab. C. Bauh.* angustifolium radicibus nodosis, klein Pfefferpint. III.

Aron palustre, v. Dracunculus aquaticus, *Eyst.*

Aron, Pes Vituli, Serpentaria minor, Aron, Pfefferpint, deutscher Ingwer, Zehrwurzel, Magenwurzel, Fieberwurzel. VIII.

Wächset an fettigen Oertern und Feldern. Die Blätter brechen im Merz hervor, und die Blumen im Junio. Hiervon ist die Wurzel im Brauch. Sie erwecket guten Appetit, dienet in Brust und Magenbeschwerungen, stillen das Reissen im Leibe bey denen Kindern, zertheilen das geronnene Geblüt, curiren die Brandbeulen in der Pest oder Carbuncul, Schlafsucht, Cachexie, Keuchen, Engbrüstigkeit, den zähen Schleim und Qualster in der Lunge, den lang eingewurzelten Husten, Brüche, stillet das Erbrechen, eröfnet die Eingeweide, und zertheilet die hart zusammen geschossene tartarische Feuchtigkeit, treibet Urin u. d. g. Die Indianer braten diese Wurzel, und bedienen sich selbiger zur Speise. Aus dem Aron werden unterschiedene Medicamenten verfertiget, als die Wurzel mit destillirten Eßig präpariret, und das Meelpulver, oder die Fecula. Das aus der Wurzel destillirte Wasser ist ein bequemes Mittel wider Gift und pestilenzialische Seuchen. Hiervon wird Morgens und Abends ein Löffel voll eingenommen.

Aron venis albis, *C. Bauh.* v. Arisarum primum, *Lon.*

Arrhe-

Arrhenogonon, s. Phyllon arrhenogonon, v. Mercurialis.
Arsela, v. Argemone.
Artanita, v. Cyclamen.
Artemilla, v. Ros solis.
Artemisia, v. Ambrosia, *Lon.* v. Artemisia latifolia vulgaris.
Artemisia alba, v. Artemisia latifolia, v. Iacobaea.
Artemisia altera polyclonos dicta. v. Artemisia latifolia.
Artemisia botrioides, v. Ambrosia *Lon.*
Artemisia communis, v. Artemisia latifolia.
Artemisia *Diosc* tertia, v. Artemisia latifolia.
Artemisia *Diosc.* tertia leptophyllos, v. Abrotanum.
Artemisia latifolia vulgaris, Herba regia, **Beyfus, Johannisgürtel, rother Bock.** X.

Wächset an denen Rhenen derer Aecker, blühet im Julio. Hiervon brauchet man die obersten Spitzgen. Dieses Kraut ist warm im ersten, trocken im andern Grad. Es ist ein treffliches Mutterkraut, und wird zu Bädern in Mutterbeschwerungen, den Monathsfluß, die Frucht, Nachgeburt und Reinigung nach der Geburt fortzubringen, ingleichen in Mattigkeit nach überstandenen langwierigen Krankheiten, gerühmet. Etliche wollen unter der Wurzel am Johannistage Kohlen finden, und selbige zu Pulver gestoßen und angehangen, als ein bewährtes Remedium im bösen Wesen, vorschlagen, welchen Irrthum aber Fr. Hofmann Clav. Pharm. Schröd. gründlich widerleget, und gedachte Kohlen Lapides Stultorum nennet.

Artemisia leptophyllos, v. Abrotanum mas angustifolium.
Artemisia maior, v. Artemisia latifolia.
Artemisia marina foliis superioribus incisis, v. Absinthium marinum.
Artemisia marina minor, prima et secunda, *Tab.* v. Absinthium marinum.
Artemisia maritima maior, v. Absinthium marinum.
Artemisia monoclonos, v. Absinthinm marinum, v. Abrosia *Lon.*
Artemisia nostras, v. Matricaria.
Artemisia *Orientalis* Tanaceti folio *Tournef.* v. Artemisia latifolia.
Artemisia Parthenii species, v. Artemisia latifolia.
Artemisia polyclonos, v. Ambrosia *Lon.*
Artemisia prima vulgaris, v. Pulsatilla *Offic.*
Artemisia rubra, v. Artemisia latifolia.

Artemisia tenuifolia, v. Matricaria, v. Tanacetum odoratum, v. Abrotanum mas latifolium.
Artemisia tenuifolia flore pleno, v. Tanacetum odoratum.
Artemisia tenuifolia minor, v. Tanacetum odoratum.
Artemisia tenuifolia odorata, v. Tanacetum odoratum.
Artemisia tenuifolia secunda, v. et tertia abrotanum mas angustifolium.
Artemisia tertia satiua Anglica, v. Artemisia latifolia.
Artemisia Tragacanthi, v. Matricaria.
Artemisia *Turcica*, v. Botrys.
Artemisia *Turcica* ramosa altera species, v. Matricaria.
Artemisia vnicaulis, v. Tanacetum odoratum.
Artemisia vulgaris, v. Artemisia latifolia.
Artemisia vulgaris maior, v. Artemisia latifolia.
Arthanita, v. Cyclamen.
Arthetica, v. Chamaepitys.
Arthetica Pandectarii, v. Consolida media.
Arthetica *Saxonum*, s. saxorum, v. Anthyllis leguminosa.
Arthritica, v. Primula veris.
Arthritica *Alpina*, v. Auricula vrsi.
Arthritica caule exiguo vel nullo, v. Primula veris.
Arthritica coeruleis flosculis, v. Sanicula Alpina.
Arthritica flore purpureo, v. Primula veris.
Arthritica genus *Alpinum*, v. Auricula vrsi.
Arthritica genus dasypodium s, densifolium, v. Primula veris.
Arthritica Lunaria, v. Auricula vrsi.
Arthritica pleno flore, v. Primula veris, v. Sanicula *Alpina*.
Arthritica singulari flore, v. Primula veris.
Arthriticum, v. Primula veris.
Articoca, v. Artischoka, v. Cinara.
Artincilla, v. Alchimilla.
Arthischochi vulgatior, v. Cinara.
Artisi, v. Tragopogon.
Arum, v. Aron.
Arum arborescens spinosum, v. Aron.
Arum *Diosc.* v. Aron.
Arum maculatum, v. Aron, v. Arisarum.
Arum maculis candidis vel nigris, v. Aron.
Arum maius, v. Aron.
Arum maius foliis albis maculis notatis, v. Aron.
Arum maius *Veronense*, v. Arisarum.

Arum

Arum maximum, Aegyptiacum, quod vulgo Colocasia, *C. Bauh*. v. Aron.

Arum minus, v. Arisarum.

Arum nigricantibus lituris signatum, v. Aron.

Arum *Offic*. v. Aron.

Arum venis albis, v. Arisarum.

Arum vulgare, v. Aron.

Arum vulgo non maculatum, v. Aron.

Arundinacea pinnata et spinosa, exotica planta, v. Cereus.

Arundo, Arundo vulgaris, φραγμίτης, Rohr, Schilfrohr. gemein Rohr. XVII.

Einige wollen es ab arrendo, von dürre-werden, her deriviren, v. Hörnlein in bewährt. Kunstst. wider des Todes Furcht und Bitterkeit, p. 61. Mart. Mylii hort. Philos. p. 587. Es treibet Schweis und Urin. Die Wurzel hiervon verdünnet, machet klare Haut, vertreibet die Flecken, so von Pocken entstanden, und bringet Haare hervor.

Arundo amnica, v, Arundo.

Arundo *Cypria*, v. Arundo satina.

Arundo Domestica, v. Arundo satiua.

Arundo farcta, gefüllt Rohr. II.

Arundo farcta altera toxica, v. Arundo farcta.

Arundo femina secunda, v. Arundo farcta.

Arundo flaua, v. Arundo farcta.

Arundo geniculata seu sagittalis, v. Arundo tracta.

Arundo geniculata maxima, qua Principes pro scriptionibus vtuntur, v. Arundo farcta.

Arundo gracilis alia, v. Arundo farcta.

Arundo *indica*, Indianisch Rohr, XIV.

Arundo *Indica* arborea, Bambusrohr.

Wächset in Indien, und wird zu Bauung der Häuser und andern Sachen gebraucht.

Arundo *Indica* florida, v. Arundo *Indica*.

Arundo *Indica* latifolia, v. Arundo *Indica*.

Arundo *Italica* maior, Spanischrohr, v. Arundo satiua s. *Indica*.

Arundo magna, v. Arundo satiua.

Arunda minima, v. Arundo satiua.

Arundo octaua, v. Saccharum.

Arundo palustris, v. Arundo vulgaris.

Arundo prima, v. Arundo farcta.

Arundo saccharifera, v. Saccharum.

Arundo sativa, *Italica* maior, Spanischrohr. III.

Wird in Welschland in feuchten Weinbergen gepflanzet. Hiervon braucht man die gebrannte Rinde, die Haare wachsend zu machen. v. VVoit Gazophylac. Med. Phys. p. 92.

Arundo scriptoria, Schreiberohr Schreiberied.

Wächst in Orient, besonders in Egypten in Menge, und wurde vor Alters zum Schreiben gebraucht, wie man sich denn noch heutiges Tages dieses Schreiberrieds in der Türkey und Griechenland bedienet. Weil nun ein solches Rohr vor Alters calamus fistularis hies, so wird dieser Name bey unsern Gänse- und andern Federn, die uns zum Schreiben dienen, annoch beybehalten.

Arundo scriptoria atrorubens, v. Arundo scriptoria.

Arundo seu canna scriptoria, v. Arundo scriptoria.

Arundo vulgaris, v. Arundo.

Asa, Assa dulcis, Asa odorata s. Benzoinum, Benzoë, Benzoim, Benium, Beniuim, Benzoe, Benzoin, wohlriechender Assant. III.

Ist ein wohlriechendes Harz, eines Ostindianischen Baumes, so aus vielen Reben oder Zweiglein zusammen gewachsen ist, kömmet aus Siam, denen Moluckischen Insuln. Der Alten ihres war ein Laserpitien- oder Ferulaciensaft, und in denen Aeckern der Cyrenenser am besten zu bekommen. Von dem unsrigen aber muß man das großkörnichte, harte, dichte, glänzende, durchsichtige, so weiße Flecken, einen lieblichen Geruch und harzigten frischen Geschmack hat, erwählen. Das braune und schwarze, ob es gleich am Geruch lieblicher, wird es doch, wegen noch allerhand bey sich habenden Unreinigkeiten, gering geachtet. vid. Bartholom. Zorn. Botanolog. Med. p. 93. Das schlechtere kömmt aus Sumatra und Java. Dieses Gummi brauchet man im kurzen Odem, Flüssen und Brustbeschwerungen. Die Tinctur und Milch giebt eine gute Schminke, ingleichen ein bequemes Räucherpulver ab. Es sind auch noch andere Praeparata, als das Magisterium, die Flores und Essenz, welche zu Wundtränken dienen, vorhanden. Das Oel heilet die Wunden und machet klare Haut. Wenn es in Eyweis oder Weinspiritu zerschmolzen wird, so nimmet es die Flecken, so von denen Franzosen zurück blieben, hinweg; Aeuserlich aber nimmt es die Zahnschmerzen, das allzuviele Niesen und Finnen im Angesicht weg, und pfleget von denen Perfumirern

mit

mit Ambra, Mosch und Zibeth vermenget, um denen Handschuhen einen annehmlichen Geruch zu geben, gebrauchet zu werden.

Asa, Assa foetida, Laser, Teufelsdreck. II.

Ist der gummösichte und harzigte Saft einer Persianischen, Lybischen und Syrischen Pflanze, aus mancherley weislichten, gelblichten, röthlichten, glänzenden und kleinen Klumpen zusammen gesetzt, bestehet aus einem feuchten, ölichten, scharfen und stinkenden Salze, klebet wie Wachs an Fingern. Er hat einen beißenden, zähen und widrigen Geschmack, riechet überaus stark, und fast wie Knoblauch, ist warm im dritten Grad, und in Mutterbeschwerungen, sowol in- als äußerlich ein bequemes Medicament. Die Malayer und Javaner nennen ihn Hin, und würzen ihre Speisen damit. In Griechischer Sprache aber heißet er ὀπὸς Μηδικὸς vel Συριακὸς (Succus Medicus vel Syriacus, der medicinische oder Syrische Saft) und bey den Alten κυρηναικὸς (sc. ὀπὸς, der Cyrenische Saft) Laser Medicum s. foetidum, in Arabischer Sprache Altiht. Er zertheilet, dienet in Entzündungen der Lungen und Wunden; Aeuserlich aber die Schwulst der Milz, Mutterbeschwerungen, und den Wurm am Finger zu curiren. Er dienet auch Liebe zu erwecken, den Magen zu stärken, ingleichen Blehungen und Zahnweh wegzunehmen. Die hieraus verfertigten Pillen und Essenz werden Pocken und Masern auszutreiben, das Pflaster aber wider Beschreyen und Bezaubern gerühmet.

Asa odorata, v. Asa dulcis.

Asari *Matth.* v. Asarina.

Asarina, *Lob.* flore hederae terrestis, *Ioh. Bauh.* v. Asarina s. saxatilis.

Asarina seu saxatilis hederula, *Seuernae Narbonensis* agri, *Lob.* Hedera saxatilis magno flore, *C. Bauh.* Asarina, *Lob.* flore hederae terrestris, *Ioh. Bauh.* Haselwurzel mit Gundelreb Blumen. III.

Asarum, Baccaris, Vulgago, Perpensa, Nardus rustica, sanguis *Martis*, Haselwurzel. III.

Die Wurzel und Blätter sind warm im dritten Grad, führen ein scharf purgirendes, mehr fixes, als flüchtiges Salz, und eine anhaltende Erde bey sich, dienen wider giftige Krankheiten, Engbrüstigkeit, lange anhaltende Leibesbeschwerungen, führen oben und unten die wässerichte und gallichte Feuchtigkeiten

aus,

...ans, eröfnen den Monatfluß, lösen von der Leber, Milz und Gallenblase, curiren die Gicht, Wassersucht, gelbe Sucht, das drey und viertägige Fieber, und treiben die Frucht aus Mutterleibe. Wenn man die Wurzel im Wasser kochet, ... treibet sie nur zum Urin, machet aber kein Erbrechen. ... hat auch noch ferner das Extractum Diasari Fern. (Fer... Haselwurzelextract) und das Coagulum Asari. (Laab ... der Haselwurz.)

... *Virginianum*, v. Serpentaria.

...oia, v. Porrum sectiuum.

Asclepias, v. Porrum, v. Vincedoxicum.

Asclepias altera flore nigro, v. Vincedoxicum.

Asclepias flore albo, v. Vincedoxicum.

Asclepias flore nigro, v. Vincedoxicum.

...on, Ascyrum, Haarthau, v. Hypericum.

..., v. Agrimonia.

...ed, v. Acetosa.

...mae.galliae, v. Gallae.

Asonoruts.

Ist ein Baum in Madagascar, der schönes Holz hat, woraus man Kämme machet.

...passech.

Ist ein Baum in Madagascar, welcher eine Frucht von sehr gutem Geschmack, von der Größe einer Dattel, träget.

Asonzenas *de las Indas*, v. Narcissus.

Aspalathus, v. Rhodium lignum.

Aspalathus alter primus, *Clus.* secunda *Monspeliensium Lob.* Genista spartium spinosum maius primum flore luteo *C. Bauh.* Genista spinosa minor, *Gerard.* Scorpius primus, *Tab.* Gospeldorn, Scorpionkraut. IV.

Aspalathus secunda, Monspeliensium *Lob.* v. Aspalathus alter primus, *Clus.*

Aspalathus, v. Acacia vera veterum.

Aspaltion, v. Lotus.

Asparagia, v. Aspargus.

Asparagodes, v. Brassica.

Asparagus, Spargen, Spargel. XII.

Ist warm im ersten, temperirt im warmen und kalten. Hiervon hat man dreyerley Sorten, nemlich den Garten: Wald: und Wasserspargel. Horstius rühmet hiervon den Stengel, welcher gute Nahrung giebt, den Samen vermehret, und wider Was-

Wassersucht, Verstockung des Urins, das unordentliche Tertianfieber und die gelbe Sucht gebrauchet wird. Er bestehet aus einem gelind Urintreibenden Salz, so etwas schleimigte Materie bey sich führet. Von diesen drey Arten nimmet man in denen Apothecken vornehmlich die erste, und absonderlich dessen Wurzel. Zwelfer und andere rechnen sie mit unter die fünf eröfnenden Wurzeln.

Asparagus aculeatus spinis horridus, *C. Bauh.* v. Asparagus siluestris tertius.

Asparagus aculeatus tribus aut quatuor spinis ad eundem exortum, v. Asparagus siluestris tertius.

Asparagus alterum genus, v. Asparagus hortensis.

Asparagus altilis, v. Asparagus hortensis.

Asparagus *creticus* fruticosus, v. Asparagus hortensis.

Asparagus domesticus vulgaris, v. Asparagus hortensis.

Asparagus elinos, v. Asparagus hortensis.

Asparagus erraticus, v. Asparagus siluestris *Dod*

Asparagus folio acuto, v. Asparagus siluestris *Dod.*

Asparagus *Gallicus,* v. Crithmus.

Asparagus holeraceus, v. Asparagus hortensis.

Asparagus hortensis, Gartenspargel.

Die Wurzel ist temperirt im warmen und trocknen (warm im ersten Grad) öfnet, dienet in Leber- Milz- Nieren- Mutter- und Steinbeschwerungen, der schleimichten gelben Sucht, lange anhaltenden Krankheiten, Hüft- und Nierenweh, und denen Würmern. Der Samen vertreibet die Wassersucht. Aeusserlich wird diese Wurzel zu Gurgelwasser wider das Zahnweh und hohle Zähne gerühmt. Das destillirte Wasser braucht man selten. Einige glauben, daß der Spargel dem Urin einen übeln Geruch gebe, denen, so am Stein laboriren, schade, etc. welchen aber Fr. Hofmann widerspricht, und wir ebenfalls nicht beypflichten können.

Asparagus *Lusitanicus* petraeus, v. Asparagus siluestris tertius.

Asparagus marinus *Clus.* maritimus, *Diosc. Lob.* crassiore folio *C. Bauh.* palustris *Matth. Tab.* siluestris *Gerard.* Wasserspargel

Asparagus marinus crassiore folio, v. Asparagus marinus, *Clus.*

Asparagus montanus, v. Asparagus siluestris tertius, *Dod.*

Asparagus Myacanthinus, v. Asparagus siluestris tertius, *Dod.*

Asparagus noster, v. Asparagus hortensis.

Asparagus palustris, *Matth, Tab.* v. Asparagus marinus, *Clus.*

Asparagus petraeus, v. Asparagus siluestris tertius, *Dod.*
Asparagus prior, v. Asparagus siluestris tertius, *Dod.*
Asparagus regius, v. Asparagus hortensis.
Asparagus rusticus, v. Asparagus siluestris tertius, *Dod.*
Asparagus satiuus, v. Asparagus hortensis.
Asparagus siluestris, *Dod.* foliis acutis, *C. Bauh.* Corruda, *Lob.* prior, *Clus. Tab.* wilder Spargel. IX.
Asparagus siluestris tertius, *Dod.* aculeatus spinis horridus, *C. Bauh.* Corruda tertia, *Clus. Lob.* Hispanica altera, *Tab.* Dornspargel, Steinspargel.
Aspera Lappago, v. Aparine, *Trag. Matth. Dod. Lob.*
Asperella, v. Equisetum.
Aspergula odora nostras, v Hepatica stellata.
Asperugo, v. Aparine, *Trag. Matth. Dod. Lob.*
Asperugo spuria, v. Aparine maior.
Asperula, Sternleberkraut, v. Hepatica.
Asperula aurea, v. Cruciata *Dod.*
Asperula montana odorata, v. Hepatica stellata.
Asperula odorata, v. Hepatica stellata.
Asphaltion, v. Symmoniacum trifolium.
Asphaltites, v. Asphaltus.
Asphaltum, v. Asphaltus.
Asphaltus, Asphaltum, Asphaltites, Judenpech, Judenharz, Judenleim.

Wird vom Ligno Rhodio unterschieden, und kömmt an Kräften dem Agallocho ziemlich bey, ist eine schwarze, harzigte, ölichte, fette, klebrichte und zusammen geronnene Materie, welche häufig aus denen untersten Klüften des todten Meeres in Syria und Judäa hervor quillet, hat, wenn man es anzündet, einen starken, aber angenehmen Geruch und harzigten Geschmack. Man glaubet, es soll um die Gegend gefunden werden, wo vor diesem Sodom und Gomorra gestanden. Es hat viel fette und ölichte Theile, auch ein sauer, flüchtig Salz (Sal acidum volatile) bey sich, weswegen es in denen Wunden, und vornehmlich Beinbrüchen, gute Dienste thut; wegen der schwarzen Farbe wird es auch, den Theriac und Schlagbalsam zu färben, genommen. Es ist sehr rar und theuer, und pfleget oft mit dem Bisasphalto oder Schwedischen Pech verfälscht zu werden. In Hauptbeschwerungen und Franzosen thut es gute Dienste. Das Extract und die Küchelgen hiervon kommen mit zum Theriac und Schlagbalsam ꝛc. conf. Rhodium Lign.

Aspharagus, v. Asparagus silvestris.

Asphodelus, Goldwurzel, Asphodell, Drecklilie, Harzklee. XII.

Asphodelus albus, v. Asphodelus *Matth.* alter.

Asphodelus albus non ramosus, v. Asphodelus *Matth.* alter.

Asphodelus alter, s. Lilium luteum, v. Asphodelus luteus.

Asphodelus bulbosus, rechte Goldwurzel, Harzklee.

Weil seine Blätter einen harzigen Geruch von sich geben. Ist warm und trocken im dritten Grad, dienet wider die gelbe Sucht. Die Wurzel wird zu Pulver gebrannt.

Asphodelus caule simplici non ramoso, v. Asphodelus *Matth.* alter.

Asphodelus femina, v. Asphodelus luteus.

Asphodelus flore incarnato pallido, v. Asphodelus *Matth.* alter.

Asphodelus flore melino, v. Asphodelus *Matth.* alter.

Asphodelus flore suauerubente, v. Asphodelus *Matth.* alter.

Asphodelus foliis fistulosis, v. Phalangium.

Asphodelus *Germanicus*, v. Phalangium.

Asphodelus liliaceus, v. Asphodelus luteus.

Asphodelus liliaceus luteus primus, v. Asphodelus luteus.

Asphodelus liliaceus ruber, v. Asphodelus luteus.

Asphodelus luteus *Dod.* luteus maior, *Lob. Tab.* luteus et flore et radice, *C. Bauh.* Hastala regia minor, *Castor* Iphion *Theophrast. Anguill.* Erizambac, *Arab.* gelber Asphodell, gelbe Asphodellwurzel, Drecklilie.

Asphodelus luteus et flore et radice, v. Asphodelus luteus, *Dod.*

Asphodelus luteus minor, v, Asphodelus luteus, *Dod*

Asphodelus luteus palustris, v. Asphodelus luteus, *Dod.*

Asphodelus minor albus, *Lob.* v. Asphodelus *Matth.*

Asphodelus minor, v. Phalangium.

Asphodelus *Matth.* alter *Clus.* verus, *Cord.* albus, *Dod. Tab.* maior albus, *Lob.* non ramosus, *Casp. Bauh.* Hastula regia, *Trag.* weis Asphodell. VII.

Die Wurzel reiniget, eröfnet, zertheilet, treibet den Schweis und Urin, die Frucht und Monatsfluß, curirt die gelbe und anfangende Wassersucht.

Asphodelus non ramosus, *C. Bauh.* v. Asphodelus *Matth.*

Asphodelus paruus, v. Phalangium.

Asphodelus purpurascens folio maculato, v. Asphodelus *Matth.*

Asphodelus rubens, v. Asphodelus *Matth.*

Aspho-

Asphodelus verus, *Cord.* v. Asphodelus *Matth.* alter.
Aspideium. s. Aspidelum, v. Ruta maior.
Asplenion, v. Scolopendrium verum.
Asplenium, Asplenon, Asplenum, v. Scolopendrium verum.
Asplenium siluestre, v. Lonchitis.
Assa, v. Asa.
Assant, v. Asa foetida.
Assefolium, v. Gramen.
Aster, Sternkraut. XXXIII.
Sternkraut hat eine kühlende Natur an sich, fast wie die Rose, doch nicht so sehr. Es verzehrt auch und trocknet aus, wegen seiner Bitterkeit. Galenus schreibt ihm eine vermischte Natur zu. Man braucht es wider das Halsgeschwür Angina, und wieder die fallende Sucht der Kinder.
Aster *Atticus*, v. Eryngium, v. Buphthalmum.
Aster *Atticus*, Sternkraut. X.
Aster *Atticus Alpinus* folio luteo, v. Aster *Atticus.*
Aster *Atticus* alter, v Aster *Atticus.*
Aster *Atticus* coeruleus vulgaris, v. Aster *Atticus.*
Aster *Atticus* luteus montanus villosus magno flore, v. Aster *Atticus.*
Aster *Atticus* marinus, v. Crithmus marinus.
Aster *Atticus Massilioticus*, v. Aster *Atticus.*
Aster *Atticus* primus flore luteo, v. Aster *Atticus.*
Aster *Atticus* purpureus, v. Aster *Atticus.*
Aster *Atticus* purpuro-coeruleus, v. Aster *Atticus.*
Aster *Atticus* verus, v. Aster *Atticus.*
Asteri *Attico* similis altera, quae Cunilago. v. Conyza media.
Aster *Austriacus* secundus, v. Aster *Atticus*
Aster Conyzoides, klein Berufskraut, v. Conyza coerulea.
Aster conyzoides, *Gesn.* *Lob.* luteus angustifolius, *C. Baub.* schmalblätterigt Sternkraut.
Aster femina, v. Conyza coerulea.
Aster *Italorum*, v. Aster *Atticus.*
Aster luteus angustifolius, *C. Baub.* v. Aster montanus hirsutus, *Lob.*
Aster luteus foliolis ad florem rigidis, v. Aster *Atticus.*
Aster luteus hirsuto salicis folio, v. Aster *Atticus.*
Aster luteus luteo flore magno, v. Aster *Atticus.*
Aster minor *Narbonensium* Tripoli flore, linariae folio medio

dio purpureus, *Lob.* After Tripoli flore, *C. Baub.* Sternkraut mit Leinblättern. II.

After montanus, v. After montanus hirsutus.

After montanus hirsutus, *Lob.* montanus luteus, femina, *Tab. Atticus* luteus montanus villosus magno flore, *C. Baub.* rauch Bergsternkraut. III.

After montanus luteus mas et femina, v. After montanus hirsutus.

After montanus salicis glabro folio, v. After montanus hirsutus.

After *Pannonicus*, v. After *Atticus*.

After tripoli flore, *C. Baub.* v. After minor *Narbonensium*.

Asteris aquatica, *Gesn. Thal.* v. Conyza media, *Matth. Dod. Lon. et Officin.*

Asteris flore luteo, *Diosc.* v. Conyza media, *Matth. Dod. Lon. et Officin.*

Asteris flore magno luteo, *Ioh. Baub.* v. Conyza media, *Matth. Dod. Lon. et Officin.*

Asteris humidis locis prouenïens, *Io. Baub.* v. Conyza media, *Matth. Dod. Lon. et Officin.*

Asteris tertia *Diosc.* v. Conyza media, *Matth. Dod. Lon. et Officin.*

Astericium, Astrencium, Astrucium, v. Imperatoria.

Asteriscus, gelb Sternkraut. III.

Asteroides, unächt Sternkraut. III.

Asterium, v. Cyanus.

Asterocephalus, v. Scabiosa.

Astragalus, Wirbelkraut. XX.

Ziehet zusammen.

Astragalus aruensis, v. Apios *Trag.*

Astragalus *Boëticus*, v. Astragalus.

Astragalus *Boëticus* lanuginosus radice amplissima, v. Astragalus.

Astragalus *Diosc.* v. Apios *Trag.*

Astragalus forte primus, v. Astragalus.

Astragalus *Lusitanicus Clusii*, v. Astragalus.

Astragalus *Monspeliaeus*, v. Hedysarum.

Astragalus *Syriacus*, v. Astragalus.

Astragalus *Syriacus* hirsutus, v. Astragalus.

Astrantia, v. Imperatoria.

Astrantia *Alpina*, v. Imperatoria.

Astrantia mas, v. Imperatoria.

Astrantia nigra, v. Imperatoria.
Astrencium, s. Astrentium, v. Imperatoria.
Astrium, v. Coronopus.
Astruthium, v. Imperatoria.
Asyphilium, v. Gramen.
Athamantinum, v. Meum.
Athanasia, v. Tanacetum odoratum.
Athanasia leucanthemos, v. Tanacetum odoratum.
Athanasia vulgaris, v. Tanacetum odoratum.
Athyllis, v. Lagopodium.
Athyllis leguminosa, v. Anthyllis leguminosa.
Athyllis lenti similis, v. Camphorata.
Athyllis prior, v. Anthyllis leguminosa.
Atle, v. Tamariscus.
Atractylis, gelbe Distel, v. Cnicus, v. Anemone, v. Carduus.
Atractylis *Diosc.* v. Cnicus.
Atractylis hirsutior, v. Carduus benedictus.
Atractylis lutea, v. Cnicus.
Atractylis marina, v. Carduus vulgaris, v. Cinara.
Atractylis *Matth.* v. Carduus vulgaris *Matth.*
Atractylis media, *Gesn.* v. Carduus vulgaris *Matth.*
Atractylis sanguineo succo, v. Carduus vulgaris *Matth.*
Atractylis siluestris, v. Carduus vulgaris *Matth.*
Atractylis vulgaris, v. Carduus vulgaris *Matth.*
Atractylis vulgaris mitior, v. Carduus vulgaris *Matth.*
Atragene *Theophr.* s. Vitis nigra, v. Myrtillus.
Atriplex, Melte. XXIV.

Hiervon sind dreyerley Arten bekannt, als Garten- Wald- und Wassermelte. Sie wächst an sandigten Oertern; die Feldmelte hier und dar am Wege. Ist kalt im ersten, feuchte im andern Grad, stillet die Schmerzen, laxiret gelinde, curiret die gelbe Sucht. Man braucht sie zu Clystiren, und Umschlägen, wider den Schmerz in Podagra, und zu Fusbädern, Schlaf und Ruhe zu bringen.

Atriplex agrestis, v. Atriplex siluestris secunda *Matth.*
Atriplex baccifera, v. Chenopodiomorus.
Atriplex canina, *Trag. Lon.* v. Garosmus.
Atriplex simetria maior, v. Atriplex siluestris *Dod.*
Atriplex foetida, v. Garosmus.
Atriplex folio rufo, v Atriplex siluestris *Dod.*
Atriplex hortensis, Gartenmelte. III.

Atriplex hortenſis rubra, v. Atriplex hortenſis.

Atriplex marina, *Matth. Dod. Cam.* marina repens, *Lob.* maritima laciniata, *C. Bauh.* Atriplex *Veneta* ſemine rubro et herbaceo, Meermelte. VI.

Hat eben die Kraft wie andere Melten, ſäubert aber, und laxiret mehr.

Atriplex odorata, v. Botrys.

Atriplex olida, v. Chenopodium, v. Garoſmus.

Atriplex purpurea grandis, v. Atriplex ſilueſtris *Dod.*

Atriplex puſilla, olida, hircina, v. Garoſmus.

Atriplex rubra, v. Atriplex ſilueſtris *Dod.*

Atriplex ſalſa.

Wird gemeiniglich Soutenelle genennet. Von ihrem Weſen, Kräften und Würkungen hat Hobius von der Vorm einen beſondern Tractat geſchrieben.

Atriplex ſatiua, v. Atriplex hortenſis.

Atriplex ſatiua altera, v. Atriplex hortenſis.

Atriplex ſatiua altera folio et flore purpureo liuens, v. Atriplex hortenſis.

Atriplex ſatiua purpurea, v. Atriplex hortenſis.

Atriplex ſatiua rubicundo folio, v. Atriplex hortenſis.

Atriplex ſilueſtris, *Dod.* ſilueſtris prima, *Matth.* ſilueſtris altera *C. Bauh.* agreſtis, *Trag.* Fimetria minor, *Thal.* wilde Melte, Scheis- oder Ackermelte. XIII.

Atriplex ſilueſtris folio candicante ſinuato, v. Atriplex ſilueſtris ſecunda.

Atriplex ſilueſtris latifolia, v. Atriplex ſilueſtris *Dod.*

Atriplex ſilueſtris latifolia anguſtiore folio, v. Atriplex ſilueſtris, *Dod.*

Atriplex ſilueſtris ſecunda, *Matth.* ſilueſtris ſinuata, *Lob.* folio ſinuato, candicante, *C Bauh.* Fimetria maior *Thal.* wilde Melte mit weißen Blättern. III.

Atriplex ſilueſtris ſinuata, v. Atriplex ſilueſtris ſecunda *Matth.*

Atriplex ſilueſtris tertia, *Matth.* v. Chenopodium.

Atriplex ſuaueolens, v. Botrys

Atriplex *Veneta* ſemine rubro et herbaceo, v. Atriplex marina, *Matth. Dod. Cam.*

Atriplex vulgatior ſinuata, v. Atriplex ſilueſtris ſecunda.

Atriplicis ſilueſtris genus, v. Atriplex ſilueſtris ſecunda.

Atticus, v. Eryngium.

Attractylis hirsutior, v. Carduus benedictus.
Attractylis media, *Gesn.* v. Carduus vulgaris, *Matth.*
Auantia, v. Panax *Herculeus.*
Auartia, v. Panax *Herculeus.*
Auartia montana, v. Panax *Herculeus.*
Aubium, v. Chelidonium.
Aucuparia fraxinus, v. Sorbus.
Aucuparia Sorbus, v. Sorbus.
Auellana, v. Corylus.
Auellana barbata, v. Corylus.
Auellana *Byzantina*, Constantinopolitanische Haselnüsse, v. Corylus.
Auellana *Indica*, v. Catechu, s. Arecca.
Auellana *Mexicana*, v. Cacao.
Auellana purgans, purgatrix, s. purgatiua, v. Been magnum.
Auena, Haber, Haver. VII.
Vom Saamen macht man ein Säckgen, wärmt es wohl, und legt es auf in der Colic und Mutterbeschwerung. Das Mehl wird mit Butter zu einen Brey gekocht, und zu einer Salbe gemacht, womit die grindigten Köpfe curiret und getrocknet werden. Dessen heerlichen Nutzen siehe mehr in D. Gusers kleinen Hausapothecke in 12mo p. 237. die 69. Tabelle.
Auena barbata, s. erratica, siluestris, fatua, Hordeum marinum, Taubhaber.
Wächst auf denen Feldrainen, und heilet die weisen Bläsgen an den Augen, und wird deswegen auch Aegilops genennet.
Auena erratica, v. Auena barbata.
Auena fatua, v. Auena barbata. v. Aegilops prima *Matth.*
Auena *Graeca*, v. Auena barbata.
Auena herba, v. Auena barbata.
Auena mitior, v. Auena.
Auena nigra, v. Auena barbata.
Auena nuda, v. Auena.
Auena satiua, v. Auena.
Auena siluestris, v. Auena barbata.
Auena sterilis, v. Auena barbata.
Auena vesca, v. Auena.
Auena vulgaris s. alba, v. Auena.
Auicularia *Siluii*, v. Viola.
Auila, v. Chaerefolium aculeatum.
Aulitica herba, v. Chamomilla.

Auornus, v. Frangula.

Aurantia, Arantia, Aurantium, Nerantia *poma*, Pomeranzen. XIV.

Wachsen in Italien, Spanien, Frankreich, auch in Deutschland, in wohlgebauten Gärten, welche letztern aber denen ausländischen weder an Grösse noch am Geschmack beykommen. Einige sind ganz sauer, die andern ganz süs, und die dritte Art ist säuerlich, oder Weinsauer, so vor die gesundeste paßiren kan. Die äuserliche braune Rinde wird wider Grimmen des Leibes, die Colic, Blehungen, das beschwerliche Urinlassen, Fieber, Mutterbeschwerungen und Harnwinde gelobet. Der schwammichte Theil hiervon, hält an, curiret den starken Monatfluß, rothe Ruhr und Durchfall. Das Wasser aus denen Blüten heiset gemeiniglich bey denen Apotheckern Nampha, Aqua Florum Naphae, Laufam, und vornemlich dieses, welches die Engelländer abziehen, treibet Schweis. Ferner hat man auch von Pomeranzen das Wasser aus der Rinde, den Saft und Syrup, die eingemachten Schaalen, überzuckerten Blüten, Lattwerge oder Gallerte aus der frischen Rinde, das destillirte Oel aus der Rinde, den Balsam aus dem Oel und die Salbe, so die Würme zu vertreiben am Nabel, Schlaf zu erwecken an die Schläfe, und Hitze zu vertreiben an die Herzgrube pfleget gestrichen zu werden.

Aurea coma, s. Aureola, v. Stoechas citrina.

Aureola, v. Stoechas citrina.

Aureum malum, v. Aurantia.

Auricomum, v. Ranunculus.

Auricula *Alpina*, v. Auricula vrsi.

Auricula *Judae*, v. Sambuccus vulgaris.

Auricula leporis, v. Bupleurum.

Auricula muris, v. Chamomilla.

Auricula muris s. Myosota, *Diosc. Matth.* Cynoglossa minor, *Bruns.* Euphrasia coerulea *Trag. Tab.* Heliotropium minus in palustribus *Caesalp.* Myositis scorpioides partim repens, partim erecta, *Lob.* Echium scorpioides palustre, *C. Baub.* blaue Mäuseöhrlein, blauer Augentrost, vergiß mein nicht, Scorpions Echium. II.

Stärkt das Gesicht, und macht helle Augen.

Auricula muris alia, v. Pilosella.

Auricula muris coerulea, v. Auricula muris.

Auricula muris *Diosc.* v. Pilosella, v. Auricula muris.
Auricula muris lutea, v. Pilosella.
Auricula muris maior, v. Pilosella.
Auricula muris minor, v. Pilosella.
Auricula muris minor tertia, v. Auricula muris.
Auricula muris prima, secunda, tertia, quarta, quinta in pratis, v. Veronica *Offic.*
Auricula vrsi, s. Sanicula *Matth.* Auricula vrsi *Dod.* floribus luteis *Tab.* prima vel luteo flore, *Clus.* Paralytica alpina *Lob.* Arthritica Alpina et lunaria arthritica, *Gesn.* Sanicula alpina, *C. Bauh.* Primula odorata, Bergsanickel, Bärenöhrlein, Bergschlüsselblume. XI.
Ist ein treffliches Wundkraut, und Cosmeticum, heilet zusammen, und dienet wider den Schwindel.
Auricula vrsi apud *Heluetios*, v. Auricula vrsi.
Auricula vrsi flore albo, v. Auricula vrsi.
Auricula vrsi floribus aureis et guttatis, v. Auricula vrsi.
Auricula vrsi floribus coeruleis, v. Primula veris.
Auricula vrsi floribus luteis, v. Auricula vrsi.
Auricula vrsi floribus purpureis, v. Primula veris.
Auricula vrsi minima, v. Sanicula *Alpina.*
Auricula vrsi minima flore niueo, v. Auricula vrsi.
Auricula vrsi rubescens, v. Auricula vrsi.
Auricula vrsi suauerubens, v. Primula veris, v. Sanicula *Alpina.*
Aurina alba, v. Gratiola.
Auronum, v. Abrotanum.
Aurum horizontale vegetabile, v. Muscus terrestris.
Azadar, v. Acetosa.
Azadarac, Azederac, v. Acederach.
Azederach, Azederacht *Auincennae*, Paternosterbaum, Zederackbaum, ein Oelbaum. II.
Azonualala.
Ist der Name einer kleinen rothen Frucht in Madagascar, in der Grösse einer rothen Johannisbeere. Sie wächst auf einem Strauche, der buschigt wird.

Babtisecula, v. Cyanus.
Bacata Verginea, v. Papas Americanum.
Baccae Iuniperi, v. Juniperus.
Baccae *Leuantinae*, v. Cocci.

Baccae piscatoriae, v. Cocci.

Baccaris, v. Asarum, v. Anserina.

Bacchar, v. Beccabunga, v. Folium Barbaricum.

Baccharis, v. Basilicum.

Baccharis *Germanica*, v. Basilica.

Baccharis *Monspeliensium, Lob. Cam.* v. Conyza maior *Trag. Matth.*

Baccharis s. *D. Mariae* Chirotheca, unser lieben Frauen Handschuh. v. Verbascum.

Ist eine Species Verbasci, dienet wider Zauberey wie Weichort aus dem Virgilio bezeuget f. 14. Macas, Nester p. 402.

Baccifera arbor, v. Arbor baccifera.

Bacilla, v. Crithmus.

Badian, v. Anisum stellatum.

Badypikron, v. Absinthium vulgare.

Baiolae primum genus, v. Myrtillus. v. Vitis.

Balanocastanum, v. Bulbocastanum.

Balanus, eine Eichel.

Balanus Aegyptiaca, v. Balanus Myrepsica.

Balanus Myrepsica, Salbnüßlein. II.

Ist eine Frucht eines fremden Baumes, hat vielerley Namen, wird von einigen Dactylus Orientalis, Palmula, glans vnguentaria, Ben paruum, von denen Arabern Been, vom Horatio beym Bisselio Myrobalanum u. d. g. genennet. Die Frucht, woraus man eine kostbare Salbe exprimiret, ist wie Pfriemenkrautsamen anzusehen, und an Grösse einer Haselnuß gleich. In ihrer innern Substanz lieget ein öligter Kern verwahret, welcher warm im dritten, und trocken im andern Grad ist. Er purgiret die Galle, und wässerichte Feuchtigkeit, sowol oben (durch den Mund,) als unten (durch den Stuhlgang) und dienet deswegen in der Krätze und Raude. Das hiervon ausgepressete Oel hält sich lange Zeit, ohne Schaden, und ist ein bequemes Mittel unter die wohlriechenden Salben, Oele und Balsame zu vermengen. Sonst aber (nemlich, wie oben gedacht worden, innerlich,) verursachet es Erbrechen und Herzklopfen. v. infra Been.

Balaustia, v. Granata.

Balessan, v. Balsamum.

Balizier, eine Pflanze in Madagascar, v. Voafontli.

Ballae, s. Pilae Marinae, Meerballen, v. Spongia.

Ballariana, v. Phu, v. Valeriana.

Ballif cauliculata, v. Cinnamomum.
Ballote, v, Marrubium nigrum.
Ballote crispa maior, v. Alsine.
Ballote *Diosc.* v. Marrubium nigrum.
Balsa lignum, v. Genista.
Balsam, v. Mentha.
Balsamella, *Cord.* v. Balsamina altera *Trag Matth.*
Balsamina, v. Momordica.
Balsamina agrestis et Nepeta tertia *Trag.* Mentha rubra *Brunf.* palustris rotundifolia s. aquatica maior *C. Bauh.* aquatica s. Sisymbria Mentha *Lob.* Sisymbrium *Dod.* silvestre *Matth* Calamintha aquatica *Tab.* Balsamine aut Balsamina *Offic.* Balsamuth, Wasser- oder Bachmünze, Wassernept, Wild Katzenkraut, II.

Wird wider die Stiche der Wespen und Bienen recommendiret, und ist eben in dergleichen Beschwerung gut, wie die andere Münze, aber bey weiten nicht so kräftig.

Balsamina altera *Trag. Matth.* femina *Cam. Tab. C. Bauh.* persicifolia *Lob.* amygdaloides *Gesn.* Balsamella *Cord.* Balsamina et Charantia femina, *Lon.* Balsamkraut, Weiblein. IX.

Soll mit der Momordica an Kräften überein kommen, und ein gutes Wundkraut seyn.

Balsamina cucumerina punicea, *Lob. Tab.* v. Momordica, v. Balsamina mas.
Balsamina femina, *Cam. Tab. C. Bauh.* v. Balsamina altera *Trag. Matth.*
Balsamina femina persicifolia, *Cam. Tab.* v. Balsamina altera *Trag. Matth.*
Balsamina *Italica*, v. Chamaerhododendros.
Balsamina lutea, v. Impatiens.
Balsamina mas, s. scandens, v. Momordica.
Balsamina Momordica, v. Momordica.
Balsamina *Officinarum*, v. Balsamina agrestis.
Balsamina rotundifolia repens, v. Momordica.
Balsamina scandens, v. Momordica.
Balsamine altera, v. Balsamina altera *Trag. Matth.*
Balsaminum, v. Balsamina altera *Trag. Matth.*
Balsamita. v. Mentha *Saracenica* et crispa, v. Sisymbrium.
Balsamita altera, v. Ledum *Alpinum*, v. Chamaerhododendros.

Bal-

Balsamita camphorata, v. Ageratum *Mesuei*.
Balsamita costina minor, v. Ageratum.
Balsamita femina, v. Ageratum.
Balsamita maior, v. Mentha.
Balsamita minor, v. Ageratum.
Balsamita *Offic.* v. Mentha.
Balsami veri fructus, Balsamkörner. v. Carpobalsamum.
Balsamum album, v. Balsamum frutex.
Balsamum *Alpinum*, Alprosen, v. Ledum *Alpinum*, v. Chamaerhododendros.
Balsamum arbor, Balessam, Balsambaum. IV.

Ist eine Staude, zum höchsten 3. Ellen hoch, gleichet an Blättern unserer Raute, wächset im Reich Arabien bey denen Städten Mecca und Medina, nicht im Jüdischen Lande, Syrien und Egypten, wie einige vorgeben, doch aber wollen ihn andere in Egypten bey der Hauptstadt Cairo gefunden haben. Die Frucht hiervon wird Carpobalsamum, das Holz oder Rinde Xylobalsamum, und der entweder durch Kunst verfertigte, oder von sich selbst ausgeflossene Saft, Opobalsamum genennet. Alle diese Stücke sind, wegen ihrer Kostbarkeit nicht wohl zu haben. Das Opobalsamum dienet in Herz- und Hauptbeschwerungen, und statt der Frucht, (welche mit dem Egyptischen Balsam, Opobalsamo, und dem recht veritablen Paradiesholz überein kömmet) pfleget gemeiniglich in unsern Apothecken die Frucht des Malabathri verwechselt und verkaufet zu werden. v. Jo. Vesling. observ. anat. p. 196. sq. obs. 63. 64. 65.

Balsamum Copaibae, vel Copaivae, v. Copaiba.

Ist ein treflicher Wundbalsam, und in Gonorrhaea und Lue Venerea zu gebrauchen.

Balsamum de *Mecha*, v. Balsamum frutex.
Balsamum de *Peru*, v. Balsamum *Indicum*.
Balsamum de *Tolu*, s. de Honduras, Wundbalsam aus America.

Wird aus Neucarthago überbracht. Das Vorgebirge, wo er wächset, heiset Nomen Dei, (der Name GOttes) es siehet weis und röthlich, hat einen angenehmen Geruch und Geschmack, und ist ein herrliches Wund- und Nervenmittel, vornemlich in der Schwindsucht und dem Samenfluß, (Gonorrhaea.) Er ist warm und trocken, verdünnet, zertheilet, heilet die Wunden, löset den Schleim von der Brust, und dienet in Engbrüstigkeit,

... des Magens und übler Verdauung der Speisen. Aeusserlich hat er seinen Nutzen in kalten Schmerzen des Hauptes, der reissenden Gicht, dem Stein, Lähmung, der Wassersucht, Milzbeschwerungen, wässerichten Geschwulst an denen Schenkeln, Geschwulst der Ohrendrüsen, in Kröpfen, zerknirschten und zerrissenen Nerven. Man verfertiget hieraus ...cosaccharum, welches man, die Schwindsucht zu curiren, auf die Zunge hält, und es also durch den Athem hinter ...

...um frutex, Balsambaum, Balsamstaude. IV. ... in Syrien. Wenn dessen Rinde aufgeritzt wird so fliesset etwas scharfer und wohlriechender Balsam heraus, welcher Balsamum Syriacum Syrischer Balsam, Balsam de ..., Balsam aus Mecha, it. Opobalsamum, oder der beste Balsam genennet wird. Er ist sehr rar und theuer. Etliche Tropfen von diesem kostbaren Balsam innerlich eingenommen, sind in Mutter-Lungen- und Nierengeschwären, dem Stein, blutigen Urin, blutigen Auswurf und Speichel, der ... Ader, Engbrüstigkeit, auch dem weißen Fluß der Weiber, wie nicht weniger s. h. im Tripper und Franzosen ein bewährtes Remedium. Man kan ihn auch äußerlich in ... Verwundungen brauchen. v. Balsamum.

...um *Indicum*, s. de *Peru*, Indianischer Balsambaum, v. Lentiscus.

...chet von dem Peruvianischen Lentisco oder Mastixbaum. Es ist dieser Balsam ein wohlriechender Saft, so in America oder Neuspanien von dem Cabareiba gesammlet wird. Er ist entweder lauter und weislicht, und wird der weiße, der Indianische Balsam genennet; oder er ist dick, und, wenn man ihn mit Wasser kochet, so schwimmet er mit denen Stückgen des Stammes und Aestgen oben auf, und wird das schwarze Balsamholz, der schwarze Indianische Balsam genennet. Ist warm und trocken im andern Grad, zertheilet, erweichet, hält etwas an, curirt die Engbrüstigkeit, Schwindsucht, Steinbeschwerungen, den verstopften Monatfluß, die Schwachheit und Schmerzen des Magens, Choleram, den Durchfall, die Ruhr, Erbrechen, Verstopfung der Leber, Mutterbeschwerung, Unfruchtbarkeit, den weisen Fluß, Wunden und Geschwäre, Blutspeyen, Geschwäre der Nieren. Aeuserlich lindert es die kalten Schmerzen, zertheilet die wässerichten Geschwulste, stärket das Haupt und die Nerven, heilet Lähmung und contracte Glieder,

Glieder. Man macht hiervon Salben und Pflaster, so in Magenbeschwerungen und übler Digestion, auch in Verstopfung der Milz, Steinschmerzen, Verstockung des Urins, der Gicht und Verletzung derer Nerven, vor dem Paroxismo hinten auf den Rückgrad gestrichen, (oder auf den Nabel fein warm gelegt) über all die Masen gerühmet werden. Man kan auch etliche Tropfen hiervon in Wein, die Wechselfieber zu vertreiben, eingeben. Weiter sind auch von diesem Balsamo der Spiritus, das Oel und Elaeosacharum nicht zu verachten.

Balsamum *Peruuianum*, v. Balsamum *Indicum*.

Balsamum *Syriacum*, v. Balsamum frutex.

Balsamum *Tolutanum*, v. Balsamum de *Tolu*.

Balsamum verum, v. Balsamum *Indicum*.

Bammia, v. Ketmia.

Bammia Moschata, v. Abelmosch.

Bammia Moschata *Veslingi*, v. Abelmosch *Alpini*.

Ban, v. Calaf

Bananas, s. Banana, s. Musa, der Pisangbaum. II. Die Pisangfrucht stärket und stimuliret.

Banghets, v. Indico.

Banistera, die Banistera, von D. Honghston in Westindien entdecket. V.

Baobac, s. Raobab, Aethiopischer saurer Kürbisbaum.

Baptisecula, s. Baptis escera, v. Cyanus.

Barba caprae, v. Barba caprina siluestris.

Barba caprae floribus albis, v. Barba caprina siluestris.

Barba caprae floribus compactis, v. Vlmaria.

Barba capri, v. Barba caprina siluestris.

Barba capri quibusdam, v. Christophoriana.

Barba caprina, v. Vlmaria.

Barba caprina altera, v. Barba caprina siluestris.

Barba caprina minor, v. Thalictrum.

Barba caprina prior, v. Vlmaria.

Barba caprina siluestris et Barbula caprae *Trag.* altera *Lon.* Barba caprae floribus oblongis s. sparsis, *Bauh.* Drymopogon primus. *Tab.* Barba caprae *Fuchs.* Vlmaria altera, das andere Geschlecht des Geisbarts, Weisbart. II.

Barba Christi maior, v. Sanguisorba.

Barba crinita, v. Trichomanes.

Barba Herculis, v. Trichomanes.

Barba

Barba hirci, v. Barbula hirci.

Barba hirci flore purpureo, v. Barbula hirci.

Barba Jouis, *Plin. Cam. C. Bauh.* Jouis herba *Lugd. Clus.* Jouis herba pulchre lucens, *Jo. Bauh.* Jovisbart, Silberbart, Silberstaude. IX.

Ist kalt im dritten Grad, und etwas trocken, ziehet, wie Dioscorides meynet, zusammen, und wird bey allen hitzigen Zufällen gebraucht. Soll aber innerlich nicht wohl gebraucht werden.

Barba Senis, v. Barbula hirci.

Barba siluana, v. Plantago aquatica.

Barba siluestris recentior, v. Sagittaria.

Barbaria *Dod. Tab.* Herba *St. Barbae*, *Trag. Lon.* Pseudobunias, *Lob.* Bunium alterum, *Cam.* Nasturtium palustre, *Gesn.* hiemale, *Thal.* Scopa Regis, *Fuchs.* Carpentariorum herba et Gallorum carpentaria, *Ruell.* Eruca lutea latifolia, *Casp. Bauh.* St. Barbenkraut, Senfkraut, Wassersenf, Winterkresse. VI.

Ist ein scorbutisches und Wundkraut, und dienet deswegen in der Mundfäule.

Barbaria femina, v. Barbaria *Dod.*

Barbaria mas, v. Barbaria *Dod.*

Barbaria muralis, *C. Bauh.* v. Erysimon.

Barbicapra, v. Vlmaria.

Barbotina, v. Santonicum.

Barbula caprae, *Trag.* altera, v. Barba caprina siluestris.

Barbula hirci, *Trag.* Barba hirci, *Cord.* flore luteo, *Cam.* Tragopogon, *Matth. Dod* luteum, *Lob. Tab.* pratense maius, *C. Bauh.* Gerontopogon flore luteo et Barba senis, *Gesn.* Bocksbart mit güldenen Blumen, Josephsblume, Gauchbrod. III.

Die Wurzel hiervon kan wider Brust- und Lungenbeschwerungen, als Husten, Keuchen, schweren Athem, Seitenstechen, der Schwind- und Lungensucht, auch die Verstopfung des Urins und Harnwinde zu curiren, gebrauchet werden.

Barbula hirci altera, v. Tragopogon.

Barbula hirci minor, v. Tragopogon.

Barbula hirci purpureocoerulea, v. Tragopogon.

Barbyla, v. Anemone.

Bardana maior, Lappa ac Personata maior, Personaria, Arcium, grose Kletten. IV.

Die Wurzel trocknet, dienet der Lunge, treibet Urin und Schweis, machet saubere Haut, hält gelinde an, zertheilet das geronnene Geblüt, und dienet deswegen im Seitenstechen, Entzündung der Lunge, Vergehen der Kinder, Abnehmen des Leibes, der Schwind- und Dürrsucht, vertreibet das Zittern der Glieder, so von Mercurialibus entstanden, die Spanischen oder Neapolitanischen Pocken, und den Aussatz, curiret den Biß vergifteter Thiere, machet Appetit zum Beyschlaf, vertreibet das Keuchen, den Stein, und Blutspeyen; heilet alte Schäden, die Geschwulsten der Lungen und Gichtschmerzen. Der Samen wird entweder an und vor sich selbst, oder mit Zucker zu einem dicken Saft eingekocht, und wider den Stein, als ein sonderbares Arcanum, gerühmet. Aeuserlich kan man die Blätter in alten Wunden, Verrenkungen und Brandschäden, mit gutem Vortheil brauchen; die Wurzel in der Wassersucht unten auf die Fussolen binden, auch zerbrochene und zerquetschte Glieder damit zu restituiren. In denen Apothecken hat man Aquam Compositam Bardanae.

Bardana seu Lappa minor, Xanthium, Strumaria, kleine Klette, Bettlerslänse. III.

Muß ein fruchtbar und fettes Erdreich haben, wächset an stillstehenden Wassern, Gräben, blühet im Junio und Julio. Ist warm und trocken, zertheilet, curirt den Aussatz, Ohnmachten, Krätze, und allerhand Unreinigkeiten der Haut. Aeuserlich braucht man die Wurzel zu Umschlägen, wider Kröpfe, Schwulste, die Haare gelb zu machen, und die Hitze in Krebsschäden zu vertreiben.

Barleria, Barleria in Jamaica, von den Einwohnern, *Snap-Dragon*, Drachenfänger genennet. II.

Barococca *Caesalp.** v. Armeniaca malus, *Matth.*

Baroua vulgo, v. Armeniaca malus, *Matth.*

Baruce, v. Hura.

Basella, der sich windende Nachtschatten aus Malabar. III.

Basilica, Basilicum, Ocymum medium, Baccharis *Germanica*, Barsilien, Breisilien, Grünkraut. XXII.

Wächset in denen Gärten, blühet im Junio und Julio. Ist warm im andern Grad und feucht, löset auf, zertheilet, reiniget die Lunge und Monatzeit, erwecket Niesen, und vertreibet den Schnupfen, wird aber gar selten gebrauchet. Hieraus destillirt man ein Wasser aus dem ganzen Kraute, welches im Julio am bequemsten ist zu sammlen.

Basilica maior, *Trag.* Basilicum s. Ocymum maius *Matth.* Offic. maximum D. Caryophyllatum maius, *C. Bauh.* Herba basilica, herba regia, gros Basilien oder Basilgen, gros Nelkenbasilien, Basilgram, Presilgenkraut. VI.

Basilica minor, v. Basilicum s. Ocymum minus.

Basilicum exoticum, v. Basilica maior, *Trag.*

Basilicum *Hispanicum*, v. Basilica maior, *Trag.*

Basilicum *Indicum*, v. Basilica maior, *Trag.*

Basilicum *Indicum* maculatum, v. Basilica maior, *Trag.*

Basilicum medium vulgatius, v. Basilica maior, *Trag.*

Basilicum minus, v. Basilicum s. Ocymum minus.

Basilicum seu Ocymum minus, *Matth.* minimum, *Lob. C. Bauh* exiguum *Fuchs.* Caryophyllatum minus, *Tab.* crispum *Lon.* Klein- oder Edelbasilien, klein Nelkenbasilien, Hirnkraut. XVI.

Wird vor ein gut Cephalicum und Cordiale gehalten, befördert den Monatfluß derer Weiber, und treibet die Geburt.

Basilicum, v. Basilica,

Basilicum silvestre, v. Ocymastrum.

Basilicum tertium, v. Clinopodium.

Bassy, v. Voatolalac.

Batan, v. Duriaon.

Batata, v. Battata.

Batata *Indorum*, v. Batata *Hispanorum*.

Baticula, v. Crithmus

Batipikron, v. Absinthium vulgare.

Batis, v. Crithmus.

Batis hortensiana, v. Crithmus.

Batis marina, v. Crithmus.

Batos, v. Rubus vulgaris.

Batrachium, Batrachis, v. Ranunculus causticus.

Batrachium album, v Ranunculus candidus.

Batrachium *Apuleji*, v. Ranunculus aquaticus.

Batrachium coeruleum, v. Geranium batrachoides.

Batrachium dulce, v. Ranunculus dulcis.

Batrachium palustre, v. Ranunculus aquaticus.

Batrachium salutiferum, v. Ranunculus dulcis.

Batrachium tertium *Diosc.* v. Ranunculus nemorosus.

Batrachium vineale, v. Ranunculus dulcis.

Batrisecula, v. Cyanus.

Battades in *Brasilia Anton.* v. Battata *Hispanorum*.

Battata *Hispanorum*, (foliis Gossipii) s. Camotes aut Amotes, *Lob.* Battatas, Camotes *Hispanorum*, *Clus* C. *Bauh.* Battades in *Brasilia*, *Anton.* Sisarum *Peruuianum*, s. Battata *Indorum Tab.* Indianische Zuckerwurzel. III.

Schmeckt sehr lieblich, und brauchen sie die Indianer roh und gesotten statt einer Delicatesse.

Battata *Indorum*, v. Battata *Hispanorum*.

Battatas, v. Battata *Hispanorum*.

Battata *Virginea*, v. Battata *Hispanorum*.

Battisecula, v. Cyanus.

Baucia, v. Pastinaca siluestris.

Baucia alba, v. Pastinaca domestica.

Baucia hortensis, v. Pastinaca domestica.

Baucia siluestris, v. Pastinaca siluestris.

Bauhinia, Bergebenholz in Westindien. VII.

Bdellium, βδέλλιον, s. Malatram, das Gummi eines Baums Malachia in Asien. III.

Dieses röthlichte Gummi fließet aus einem harzichten, dornichten, schwarzen Baum, der so hoch, als ein Oelbaum ist, und in Arabien, Indien und Media wächset. Das beste Bdellium muß rein, gelblicht, bitterlich, wohlriechend, wenn man es in Stücken zerbricht, durchscheinend und ölicht seyn, sich leicht anzünden und anbrennen lassen, auch bald zerschmelzen. Das andere aber, so schwarz, unrein und mit andern Sachen vermischt befunden wird, kömmt dem reinern nicht bey. Es zeitiget und zertheilet die harten Geschwulste, die Brüche, Knoten und Härte der Nerven, treibet den Monatfluß, Stein und Urin, ist warm im andern und dritten, trocken im andern, und feucht im dritten Grad, curirt Husten und Lungengeschwär, befördert den Urin und die Frucht; Aeuserlich wird es wider Brüche, Schwulste und Knollen der Nerven, item zu Heftpflastern, zum Emplastro de Melilot. Mes. Emplastr. Apostol. Nicol. Alexandrin. Emplastr. ceroneo Nicol. Emplastr. stiptic. Croll. Diaphoret Mynsicht zum Cerat. de Ammoniaco Forest. Cerat. matrical. vel de Galban. August. Vnguent. Apostol. Auincenn. u. d. g. gebrauchet. v. Barthol. Zorn Pharmacopol. p. 120. seq. Die Pillen vom Bdellio halten an, und dienen dieserwegen den allzustarken Fluß der güldenen Ader, und der monatlichen Reinigung zu hemmen.

Beccabunga, Anagallis aquatica, Lauer, Berula, Sium aquaticum, Bachwasserbungen, Pfunde. X.

Ist temperirt im warmen, und feucht, wächset in Bächen, blühet im May und Junio. Das ganze Kraut ist ein Anti-scorbuticum, treibet den Urin, Stein und die Menses, auch die todte Frucht aus dem Leibe, heilet die Wunden und Schmerzen. Aeuserlich kan man Entzündungen, die Rose und Flecken im Gesicht, wenn die Beccabunga mit Kleyen vermischt und übergeschlagen wird, curiren, selbige mit gemeinem Salz und Spinneweben auf die Wunden legen, auch Zerquetschungen und Schwulst an der Scham, nach überstandener harter Geburt, abzuhelfen, die Beccabungam mit Chamillen vermischen und überschlagen. Sonst lindert dieses Kraut, in Milch oder Wasser gekocht, die Schmerzen der Feigwarzen und güldnen Ader, heilet, mit Bier gesotten und aufgelegt, die geschwornen Schenkel, so vom Scorbut entstanden, und ist in der wässerichten Geschwulst der Beine, mit Salz oder Salpeter abgekocht, ein gar bewährtes Remedium.

Beccabunga *Germanica*, v. Beccabunga.

Bechion, v. Tussilago.

Bedarungi, Ibn-Tsinae est Ocymum.

Bedegarium, v. Carduus.

Bedeguar, v. Cynosbatos, v. Acanthium.

Bederungi, Bedarungi. Ibn-Tsinae, v. Ocymum.

Been album, rubrum, v. Pastinaca domestica.

Been magnum s. Auellana purgatrix, purgirende grose Haselnuß. v. *Worm. Mus. Fol.* 187.

Been paruum, v. Balanus myrepsica.

Been rubrum Cordi, v. Pyrola.

Been rubrum *Offic.* v. Pyrola.

Begonia, v. Bigonia.

Behen album et rubrum, weis und roth Behen, und Wiederstos, Seelavendel. XXVII.

Was dieses eigentlich für ein Gewächs sey, ist noch nicht ausgemacht. v. Schroder. Thesaur. Pharm. p. 25. v. supra Balanus myrepsica.

Behen album, v. Lychnis.

Behen rubrum, v. Behen album.

Behen rubrum *Offic.* v. Pyrola.

Beidelsaar, Beidel-Ossar, die Frucht einer Pflanze dieses Namens in Egypten. Eine Gattung Apocymum. II.

Bejucka.

Eine Pflanze in America, welche sich um die nahestehenden

Bäume schlinget, und daran hinauf läuft. Es ist dieselbe so biegsam und zähe, daß man sich derselben zu Stricken, Seilen und Ankertauen auf denen Schiffen bedienen kan.

Bejucos.

Eine Art Bindeweiden in Südamerica, v. Salix Offic.

Belchon, v. Bdellium.

Bella donna, v. Solanum furiosum.

Belliricae, v Myrobalanus.

Belliricae gallae modo rotundae, v. Myrobalanus.

Bellis, Primula veris, Maslieben, Zeitlosen, Marien = Oster-Monats - Gänseblümgen. VIII.

Blühet den ganzen Sommer durch, und vornemlich im Frühling. Ist temperirt im warmen und trocknen, innerlich und äuserlich ein gutes Wundkraut. Wenn man gehling auf die Hitze getrunken, so können die Blätter darwider gegessen und gebraucht werden. Das Kraut und die Blumen sind ein gutes Laxativ vor die Kinder, lösen von der Brust, kühlen, curiren den Husten, Lungen = und Schwindsucht, und wird vom Minderero in Medic. Militum als ein Salat zu essen vorgeschlagen. In denen Apothecken findet man von der Bellide unterschiedene Stücke, als Aquam, das destillirte Wasser, Tincturam, die Tinctur, und die Conseruam, oder mit Zucker überzogene Blümgen. v. Bellis minor.

Bellis aurea, v. Buphthalmum.

Bellis coerulea Apula, v. Bellis coerulea, globularia.

Bellis coerulea caule folioso, v. Bellis coerulea, globularia.

Bellis coerulea, globularia *Monspeliensium*, *Lob. Tab.* Bellis minore flore coeruleo, *Eyst.* caule folioso, *Bauh.* Scabiosae pumilum genus, *Clus.* Maslieben mit blauen Blumen. IX.

Bellis coerulea *Monspeliaca*, v. Bellis coerulea, globularia.

Bellis coerulea montana frutescens, v. Scabiosa.

Bellis flore rubro, v. Consolida minor.

Bellis hortensis, v. Consolida minor.

Bellis hortensis flore pleno eoque magno vel paruo, v. Consolida minor.

Bellis hortensis multiplici flore albo, v. Consolida minor.

Bellis *Indica* maxima autumnalis, *Maur. Hofm.* v. Conyza autumnalis maxima floribus Bellidis.

Bellis lutea, s. Chrysanthemum, v. Caltha.

Bellis lutea foliis profunde incisis maior, v. Caltha.

Bellis

Bellis maior, *Matth. Trag.* silvestris *Matth.* Consolida media vulnerariorum *Lob.* Bellium maius, *Tab.* Oculus bovis, *Brunf.* grose wilde Maßlieben, St. Johannisblume, Kalbsauge, Gänseblumen. XI.

Bellis media, v. Bellis maior.

Bellis minima, v. Cosolida minor.

Bellis minor, v. Consolida minor.

Bellis minor flore coeruleo *Eyst.* v. Bellis coerulea.

Bellis minor hortensis, v. Consolida minor.

Bellis minor hortensis flore rubro, v. Consolida minor.

Bellis montana fruticosa in Ilua, v. Caltha.

Bellis *Pliniana*, v. Consolida minor.

Bellis pratensis minor, *Lob.* v. Bellis maior *Matth.*

Bellis silvestris caule folioso maior, *C. Bauh.* v. Bellis maior *Trag.*

Bellis silvestris media, v. Consolida minor,

Bellis silvestris media caule carens, v. Consolida minor.

Bellis silvestris minor, *C. Bauh,* v. Consolida minor.

Bellium, v. Bellis.

Bellium maius, *Tab.* v. Bellis maior, *Trag.*

Bellonia, die staudigte Belonia mit den Melisseblatt in America.

Belluedere, Besenkraut, v. Scoparia.

Belsati, v. Aconitum.

Belzoinum, v. Benzoë.

Bemastrum, v. Artemisia.

Benedicta, v. Caryophyllus.

Beniuim, s. Benium, v. Asa dulcis.

Ben paruum, v. Balanus myrepsica.

Benzoë, Benzoes, Benzoin, Benzoinum, v. Asa dulcis.

Beona, v. Faba.

Beona siluestris, v. Faba siluestris.

Bera Pastoris, v. Bursa Pastoris.

Berbena, v. Verbena.

Berberis, Oxyacantha, vel Oxyacanthus, Spina acida, Crespinus, Berberis, Bersing, Bersich, Sauerrauch, Sautdorn, Reiselbeer, Weinschedel, Erbsel. V.

Wächset in unbebaueten Oertern und Hecken. Man brauchet hiervon die Frucht. Sie ist kalt im andern, und trocken im dritten Grad, hält an machet guten Appetit, stärket den Magen, dienet der Leber, curiret die rothe Ruhr und den Durchfall, und giebt unterschiedene Medicamenten, als Conditum Fructuum Berberum, die eingemachte Berbisbeer, Succum liquidum, den Berbisbeersaft, Syrupum, den Syrup von Berbisbeeren, Trochiscos, die Küchelgen, und Rob Compositum, den zusammen gesetzten dicken Saft, oder das Berbisbeermus.

Berberis dumetorum, v. Berberis.

Berberis vulgaris, v. Berberis.

Beretinus fructus, v. Cacao.

Bermundiana, die Bermundiana in denen Westindischen Inseln. III.

Bermundiana iridis folio fibrosa radice, v. Bermundiana.

Bernardia, die Bernardia in America. IV.

Berula, v. Beccabunga.

Berula maior, v. Anagallis.

Berula siue Anagallis aquatica, v. Beccabunga.

Berylium, v. Anemone.

Besasa, wilde Syrische Raute. v. Harmala.

Besleria, die Besleria in Westindien. IV.

Beta, Bete, Mangolt. VIII.

Beta agrestis, erratica, *Trag.* Communis f. viridis, gemeine Bete, Mangolt, Beiskohl, Römischer Kohl. VI.

Kömmet mit der weißen Beta ziemlich überein, nur daß sie geringer gehalten, und ihr die weiße weit vorgezogen wird. Sie erweichet den Leib, und ist eine Speise vor starke Leute. Aeusserlich zerstösset man die Blätter, und leget sie über fressende Schäden. v. Beta alba.

Beta alba, candida *Ioh. Bauh.* Beta hortensis alba *Offic.* communis alba *Park.* Cicla *Offic.* (corrupte pro Sicla) Sicla, Sicula, pallescens, Romana, Σεῦτλον, Seutlon, τεῦτλον, Teutlon, Teutlis, Bete, Beisse, Bissenkraut, Piste, Beiskohl, Römischkohl, Romgras, Rumolz, weis Mangolt, weiße Bete.

Kömmt fast mit dem Kohl überein, hat ein bitter nitrösichtes Salz bey sich, erweichet den Leib, ist schwer zu verdauen. Die Blätter kan man über alte fressende Schäden und grindichte Köpfe legen. NB. Bey theils Autoribus ist diese Beta alba und die Beta agrestis einerley. v. Beta.

Beta alba, vel pallescens, v. Beta alba candida.

Beta candida, v. Beta alba.

Beta communis, v. Beta agrestis.

Beta *Cretica* semine aculeato, *C. Bauh.* v. Beta spinosa.

Beta erratica, v. Beta agrestis.
Beta folio breuiore et viridi, v. Beta alba.
Beta hortensis alba, v. Beta alba.
Beta inspida, v. Blitum *Trag.*
Beta nigra, *Matth.* v. Beta rubra.
Beta nigra secunda, v. Beta rubra.
Beta pallescens, v. Beta alba.
Beta radice Rapae, v. Beta rubra, *Matth.*
Beta radice rubra, v. Beta rubra *Matth.*
Beta *Romana*, v. Beta alba.
Beta *Romana* rubra, v. Beta rubra *Matth.*
Beta rubra *Matth.* et *Offic.* Romana *Dod.* radice Rapae *C. Bauh.* radice rubra crassa *Ioh. Bauh.* Rapum rubrum *Fuchs.* Beta Romana rubra, Raposa dicta *Park.* rother Mangolt, roth Rübenkraut, rothe Rüben, Beisrüben, Ronen, Beetwurzeln. III.
Diese Wurzel wird jährlich eingemachet, und zu denen Speisen, statt eines Zugemüses, aufgesetzet. Sie wird in Herbstzeit, ehe ihr die Blätter vergehen, ausgezogen, ein wenig gesotten, das Oberhäutlein abgeschälet, in Scheiben geschnitten mit Bieressig, Merrettig, Fenchel, Kümmel oder Coriander eingemachet und zum Gebrauch verwahret. Sie verlieren aber ihre Farbe, wenn sie lange eingemachet stehen, geben grobe Nahrung, erwecken Blehung, nnd schwächen den Magen. Der Saft in die Nase gezogen, machet Niesen, und ziehet viel Schleim.
Beta rubra vulgaris, v. Beta rubra *Matth.*
Beta *Sicla*, v. Beta alba.
Beta *Sicula*, v. Beta alba.
Beta silvestris, v. Auricula muris, v. Pyrola.
Beta spinosa s. *Cretica* semine aculeato, *C. Bauh.* Mangolt oder Bete mit stachlichten Samen.
Beta viridis, v. Beta agrestis.
Beta vulgaris, *C. Bauh.* v. Beta nigra, *Matth.*
Betel, Betel.
Ist ein Indianisches Kraut, welches die Chineser, mit dem Succo Arecae und Kalk vermischet, stets im Munde führen, und wider die Beschwerungen des Mundes und den Husten brauchen.
Betonica, v. Betonica vulgaris.
Betonica alba, v. Primula veris. v. Betonica vulgaris.
Betonica altera, v. Caryophyllus.

Betonica altilis coronaria, v. Caryophyllus hortensis.

Betonica aquatica, v. Scrophularia.

Betonica candida, v. Scrophularia.

Betonica coronaria, tenuissime dissecta, v. Caryophyllaeus minor, *Dod*.

Betonica domestica, v. Caryohpyllaeus minor, *Dod*.

Betonica foetida, v. Panax coloni, v. Stachys.

Betonica *Orientalis* angustissimo et longissimo folio, v. Betonica vulgaris.

Betonica *Pauli*, v. Veronica.

Betonica purpurea, v. Betonica vulgaris.

Betonica siluestris altera et prima, v. Caryophyllaeus minor, *Dod*

Betonica vulgaris, vel purpurea, Betonica, Vetonica, *κέστρον*, Betonien, Batenige. X.

Wächset in Gärten, Wiesen und schattigten Gegenden, blühet im Junio und Julio. Ist warm und trocken im andern Grad, scharf, bitter, zertheilet, verdünnet, eröfnet, machet klare Haut, dienet dem Haupt, der Leber, Milz, Brust, und Mutter, ist ein gutes Wundkraut, und treibet den Urin. Man brauchet es vornemlich in der hinfallenden Sucht, oder Epilepsi, und verfertiget hieraus ein Wasser, das im Zucker eingemachte Kraut, den einfachen und zusammen gesetzten Spiritum, das Pflaster u. s. w. (welches alles Medicamente seynd, so in Hauptbeschwerungen und Wunden was besonders verrichten,) und endlich das Salz.

Betre, s. Betelle, v. Betel.

Betula, Birke, Birkenbaum, Berke, Meye. III.

Wächset in Deutschland an sandigten Orten. Die Blätter sind warm und trocken, zertheilen, vertrocknen, machen die Haut klar, eröfnen, widerstehen dem Gift und giftigen Krankheiten, führen das Wasser aus, und dienen dieserwegen in der Wassersucht und Krätze. Der Schwamm hält an. Man machet ihn klein, und streuet ihn, den allzustarken Fluß der güldenen Ader zu hemmen, auf. Der Saft, welcher im Frühjahr aus denen Birken fliesset, treibet den Stein, und reiniget die Haut, und nimmet derselben Flecken hinweg, zu welchem Ende aus dem Saft ein Wasser destilliret wird.

Betula nana, die Zwergbirke.

Betularia, v. Tormentilla.

Betulca, v. Beccabunga.

Betulus, v. Acer.
Bezetta rubra, v. Polygonatum.
Bezoardica radix, v. Contrayerua.
Bibenella, Bibinella, v. Pimpinella.
Biblios secunda, v. Papyrus.
Bichion, v. Tussilago.
Bidens, Herba St. *Kunigundae*, Kunigundkraut. VII.
Ist warmer und trockner Natur, welches sein bitterer Geschmack zu erkennen giebet, es hat die Kraft aufzulösen, und die dicken Feuchtigkeiten flüßig zu machen, desgleichen die Leber zu stärken, weswegen man es vor diesem vor das Eupatorium derer Alten, doch unrecht, gehalten hat.
Bidens folio non dissecto, v. Bidens.
Bidens folio tripartito diuiso, v. Bidens.
Bifolium, Pseudoorchis, Zweyblatt, wilder Durchwachs. V.
Es wird dieses Kraut in der Medicin nicht gebraucht, wiewohl etliche meynen, daß es Wunden und Geschwüre heile. Der Saft aus dem Kraute soll das Haar schwarz färben.
Bifolium primum, v. Hepatica alba. v. Vnifolium.
Bignonia, Indianischer Jasmin. XI.
Bignonia scandens, venenata, spicata, purpurea.
Ein vergiftetes Holz in America, durch dessen Anrühren das Vieh betäubet, und mit welchen die Fische gefangen werden. v. Bignonia.
Bihai, Bihai, eine Americanische Pflanze. II.
Bimpinella, v. Pimpinella.
Bipinella, v. Pimpinella.
Bipinella saxifraga maior, v. Pimpinella saxifraga.
Bisacutum s. Gingidium, v. Chaerefolium.
Bisasphaltum, schwarz Schwedisch Pech.
Biscutella, v. Thlaspi.
Bislingua, v. Hippoglossum, v. Ruscus.
Bismalua, v. Althaea.
Bisnaga, v. Visnaga.
Bistorta, Serpentaria, Colubrina, Dracunculus maior et minor, Natterwurzel, rothe Natterwurzel, Krebswurzel. VI.
Wächset an feuchten Orten, blühet im Junio. Ist warm und trocken im dritten Grad. Man brauchet die Wurzel, zuweilen den Schwamm. Die Wurzel hält an, und hemmet den Durchfall, die gefährliche rothe Ruhr, curiret die Pocken, widerstehet dem Gift, treibet Schweis, stillet das Erbrechen, und

ver-

verhütet die unzeitige Geburt. Auserlich trocknet sie, stillet die Flüsse der Mutter, und des Geblüts, wenn auch Wunden darbey seyn. Der Schwamm dienet in allerhand Blutflüssen, auch das Wasser.

Bistorta *Brittannica*, v. Bistorta.

Bistorta femina, v. Bistorta.

Bistorta foliis ad oram neruosis, imis oualibus, superioribus linearibus, semine gigartino, v. Bistorta.

Bistorta latifolia, v. Bistorta.

Bistorta maior, v. Bistorta.

Bistorta maior radice magis intorta, v. Bistorta.

Bistorta mas, v. Bistorta.

Bistorta media, v. Bistorta.

Bistorta minor, v. Bistorta.

Bistorta montana minor, v. Bistorta.

Bitumen *Iudaicum*, v. Asphaltus.

Blaptisecula, v. Cyanus.

Blattaria, Schaben oder Mottenkraut. V.

Blattaria alba, v. Blattaria. *Trag.*

Blattaria *Cretica Tournet.* v. Blattaria pilosa.

Blattaria flore purpureo, v. Blattaria *Trag.*

Blattaria lutea folio longo laciniato, *C. Bauh.* v. Blattaria *Trag. Matth. Dod.*

Blattaria *Orientalis*, Bugulae, *Tournet.* v. Blattaria pilosa *Cretica.*

Blattaria phoenicea, v. Blattaria pilosa *Cretica.*

Blattaria pilosa *Cretica*, s. Arctus quorundam, *Joh. Bauh.* Verbascum octauum foliis subrotundis flore Blattariae, *C. Bauh.* Mottenkraut mit rauchen Blättern. III. v. Verbascum.

Blattaria *Plinii*, v. Blattaria pilosa *Cretica.*

Blattaria purpurea, v. Blattaria *Trag.*

Blattaria *Trag. Matth. Dod.* vulgaris s. lutea folio longo laciniato, *C. Bauh.* flore luteo, *Eyst*, Verbascum leptophyllum, *Cord.* Schaben- oder Mottenkraut, Goldknöpflein. V.

Hat mit denen Wollkräutern einerley Würkungen.

Blaneola, v. Cyanus.

Bliti peregrini genus primum, v. Amaranthus maior floribus panniculosis.

Bliti peregrini genus secundum, v. Amaranthus purpureus.

Bliti species, v. Chenopodium.
Blitum, *Trag. Lon.* minus *Dod.* minus album, *Lob. C. Bauh.* siluestre minus, *Thal.* Beta insipida, Meyer, kleiner weißer Hahnenkamm. XV.
Dienet wider Scorpionen und Spinnenstich.
Blitum album, v. Blitum *Trag.*
Blitum foetidum, v. Garosmus, v. Atriplex foetida.
Blitum hortense, v. Blitum rubrum *Matth.*
Blitum *Indicum Tab.* v. Amaranthus maior floribus panniculosis.
Blitum maculosum, v. Amaranthus tricolor.
Blitum maius *Peruanum*, *Clus.* v. Amaranthus maior floribus panniculosis.
Blitum maius rubrum, v. Blitum rubrum *Matth.*
Blitum minus, *Dod.* v. Blitum *Trag.*
Blitum *Peruanum* racemosum maximum, *Maur. Hofm.* v. Amaranthus baccifer *Indicus*, *Vesling*,
Blitum rubrum *Matth.* rubens, *Dod.* rubrum maius, *C. Bauh* hortense rubrum, rother Meyer, Blutkraut, Hahnenkamm. II.
Wächst in Gärten und auf dem Felde, giebt wenig Nahrung, und wird von etlichen unter die Küchenkräuter gezählet.
Blitum satiuum album, v. Blitum *Trag.*
Blitum siluestre, v. Blitum *Trag.*
Blitum *Vngaricum*, v. Amaranthus maior floribus panniculosis.
Boanthemum, s. Boaria, v. Cotula, v. Buphthalmum.
Boargespine *Monspel* v. Alaternus.
Boborellae, v. Alkekengi.
Bocconia, die Bocconia aus America.
Boerhauia, die Boerhavia in America.
Bois de Crabe, v. Curchiri.
Bolbonae, v, Bulbonach.
Bolbonae radice rediuiua, v. Bulbonach.
Boletus Ceruinus, Tubera terrae, fungus cerui, ist entweder der gemeine, oder der wahrhaftige und harte Hirschbrunst.
Einige brauchen ihn, die Venus zu stimuliren, item schwarz zu färben, dem Schlagbalsam eine schwarze Farbe zu geben. Es bilden sich einige, wiewohl ohne Grund, ein, daß dieser Samen aus dem auf die Erde gefallenen Samen der Hirsche hervor komme.

komme. Er widerstehet dem Gift. Etliche brauchen ihn aber-gläubischer Weise zu Liebesträncken.

Boletus orbiculatus, ein Pfifferling, v. Fungus.

Bombax, Cotta vel Cottus, Xylon, Xylinon, Cotto, Gossipium, Baumwollenstaude. X.

Daher kömmt das bekannte Wort Cattun, weil der Cattum aus der Baumwolle verfertiget wird. Dieser Baum wächset in Cypern, Syrien 2c. Die Frucht gleichet einer haarichten Nuß, in welcher der Samen in einer weichen Wolle gleichsam eingewickelt ist. Der Samen dienet der Lunge, widerstehet dem Husten, Engbrüstigkeit, vermehret den Samen. Die gebrannte Wolle stillet das Bluten.

Bombax *Offic.* v. Bombax.

Bona maior, v. Faba.

Bonarbor, v. Coffée.

Bona silvestris *Dod.* v. Faba silvestris, *Matth. Tab.*

Bonduc, Schnellkäulgen oder Schusterbaum in America. II.

Bonifacia, v. Hippoglossum.

Bonus daemon, v. Peucedanum.

Bonus genius, v. Peucedanum.

Bonus Henricus, Lapathum vnctuosum, Tota bona, guter oder stolzer Heinrich, Hackenschar, Schmerbel. v. Chenopodium.

Ist kalt und feucht, (warm und trocken) wächset in alten verfallenen Gemauer und an den Fussteigen, blühet im April und May, machet schöne klare Haut, reiniget, stillet die Schmerzen, schlieset die Wunden, curiret die Krätze, vertreibet die Flecken der Haut. Man brauchet dieses Kraut zu Umschlägen in podagrischen Schmerzen.

Boona hi cina, v. Trifolium fibrinum.

Boramez, Schafkraut in der Tartarey.

Der Same ist dem Melonensamen nicht ungleich, jedoch nicht so länglicht. Es schießet auf mit einem starken Stengel 3 Fus hoch, oben auf demselben wächset die Frucht Boramez, welche einem Schaf an Füssen, Ohren, Kopf, Schwanz, und ganzen Leibe gleichet, an statt der Hörner hat es lange Haare. Das seltsamste ist, daß dieser Kraut alle umstehende Kräuter verzehrt, eben als wenn es seine Nahrung davon hätte. Worüber von denen Gelehrten verschiedentlich geurtheilet wird.

Borbonia, die Borbonia aus America.

Borium, v. Helleborine.

Boriza, Mondkraut, v. Lunaria racemosa.

Borrago, Buglossa s. Buglossum verum, latifolium, vulgare, vrbanum, Borragen, Borretsch. III.

Wächset gemeiniglich in denen Gärten, zuweilen auch an unbebauten Oertern. Man brauchet hiervon das Kraut, die Wurzel und Blumen. Sie sind warm und feucht im ersten Grad, dienen dem Herzen, reinigen die Lebensgeister, curiren das Malum Hypochondriacum, machen frölich, befreyen vom Herzklopfen und allerhand melancholischen Beschwerungen; das hieraus destillirte Wasser brauchet man cum aqua acetosae et Spiritu vitrioli Martis zu 1. 2. bis 3 Löffel voll in hitzigen Fiebern und melancholischen Krankheiten, zu welchem Ende denn unterschiedene Medicamenten, als eine Conserua, Syrup, und ein gekochter Saft, hieraus verfertiget werden.

Borrago flore albo, v Borrago.

Borrago *Hispanica* latifolia, v. Buglossa.

Borrago minor siluestris, v. Buglossa.

Borrago semper virens, v. Buglossa.

Borrago siluestris, v. Buglossum siluestre.

Borrago tenuifolia, v. Buglossum siluestris.

Boscisaluia *Gallorum*, v Saluia agrestis.

Botryites, Botryitis maior et minor, v. Lunaria racemosa.

Botrys, Ambrosia, Atriplex odorata, s. suaueolens, *Germ.* Traubenkraut, Krötenkraut, Lungenkraut, Türkischer Beyfus. V.

Wächset in denen Gärten, ist warm im andern, und trocken im dritten Grad, verdünnet, zertheilet, curiret die Lungengeschwäre, dienet in allerhand Brustbeschwerungen und Engbrüstigkeit, ingleichen die Cörper einzubalsamiren. Man hat hiervon unterschiedene Praeparata, als das Wasser, so wider die Schmerzen nach der Geburt gelobet wird, ferner das mit Zucker überzogene Kraut, die Lattwerge mit Honige, und den Syrup. Aeuserlich braucht man es zum Räuchern, den Monatfluß und die todte Frucht wegzutreiben.

Botrys Ambrosioides vulgaris, v. Botrys.

Botrys Artemisia, v. Ambrosia.

Botrys chamaedrioides, *C. Baub.* v. Chamaedrys altera *Matth.*

Botrys verticillata, *Ioh. Baub* v. Chamaedrys altera *Matth.*

Boxus, eine Mistel, die auf denen Eichbäumen wächst.

Bracosa,

Bracosa, v. Pastinaca siluestris.

Branca Leonis, v. Pastinaca siluestris.

Branca Lupina, v. Cardiaca.

Branca vrsina, Σποndύλιον, Σφονδύλιον, Branca Vrsina *Germanica*, Pastinaca siluestris, Spondylium hirsutum vulgare, Bärenklau, Bärenwurzel. X.

Wächset auf Wiesen und Feldrehnen, bluhet im Julio. Die Blätter sind warm und trocken (warm im ersten, temperiret im feuchten,) erwärmen, erweichen, eröfnen in Schmerzstillenden Clystiren und Umschlägen.

Brancha Leonis, v. Alchimilla.

Brancha Vrsina *Germanica*, v. Branca Vrsina.

Brancha Vrsina *Italorum*, v. Acanthus.

Brassica, Crambe, κράμβη. Caulis, (weil es einen starken Stengel hat, v. *Lev. Lemn.* de occult. nat. mirac. Libr. II. Cap. 17. p m. 244.) Kohl, Köl, Kohlkraut, gemeiner Weis- oder Grünkohl, Blätterkohl, Bladekohl, Kompseglatterkohl. XXII.

Es beweiset Mylius (in hort. Philos. p. m. 401.) und glaubet, daß der Kohl als ein bewährtes Remedium, die Dunkelheit derer Augen wegzunehmen, und ein gutes Gesicht zu erwecken, paßiren könne. Man findet gar vielerley Arten Kohls, nemlich wilden und Gartenkohl: Dieser ist mit und ohne Häupter kraus, und mit Aeppichblättern. Er ist warm im ersten und trocken im andern Grad; hat ein flüchtig temperirtes, abstergirendes, reinigendes Salz, auch eine balsamische Kraft und einige Schärfe bey sich. Er hält an und laxiret, giebt wenig und nicht gar gute Nahrung; Doch je zärter der Kohl, je gesünder ist er. Der gemeine Blatkohl und ordinäre Kopfkohl seynd, auser dem Kohl Rapi, die geringsten, diesen übertrift der Savoyerkohl; aber der Blumenkohl ist der beste. (v. Bartholom. Zorn. Botanolog. Med. 140.) Der grüne und braune Kohl laxiret, wenn er halb gar gekochet ist; stopfet aber, wenn er lange gekochet und wieder aufgewärmet wird; Denn durch das lange Kochen und Aufwärmen verlieret er seine bey sich habende Nitrosität oder salzigte Bitterkeit, und bleiben kalte irdische Theile, so eine anhaltende Kraft bey sich haben, übrig. Dergleichen Nitrosität ist bey dem rothen Kohl häufiger, als beym weißen, zu finden, denn je röther der Kohl, je häufiger das Nitrum darinnen anzutreffen, (v. Lev. Lemn. Casp. Hofm. de Medic. Offic. L. II. c. 41.) ingleichen beym

Braun

Braunkohl, vornehmlich, wenn ein Reif oder Frost drüber gangen; denn da gewinnet er einen lieblichen Geschmack, weil ihm alsdenn die überflüßige Feuchtigkeit benommen wird. v. Zorn. l. c. p. 139. Sonst heilet auch der Kohl die Wunden, und widerstehet der Trunkenheit. Die erste ungesalzene Brühe vom Kohl kan man mit Zucker vermischen, und denenjenigen, so mit vielem Schleim auf der Brust incommodiret werden, öfters kilstern und husten, und wegen Heischerkeit, mit der Sprache nicht wohl fortkommen, verordnen. Aeuserlich kochet man die Kohlblätter in Wein, und leget sie auf alte um sich fressende Schäden. Wenn man den Saft ausdrücket, so pfleget er Warzen zu vertreiben. (v. Sim. Paulli Quadripart. Botan. Class. III. p. 253.) Das Looch de caule, oder der dicke Saft, der aus dem Kohl mit Zucker geläutert ist, erweichet, zertheilet und vertreibet den Husten.

Brassica agrestis, v. Perfoliata *Offic.*

Brassica alba, weißer Kohl, weis Kraut. V.

Brassica alba capite oblongo non penitus clauso, v. Brassica *Sabaudica*.

Brassica alba Apii folio angusto, v. Brassica *Sabaudica*.

Brassica alba Apii folio lata, v. Brassica *Sabaudica*.

Brassica alba Sessilis glomerosa, v. Brassica capitata alba.

Brassica alba vel viridis, v. Brassica alba.

Brassica alba vulgaris, v Brassica alba.

Brassica altera, v. Perfoliata *Offic*.

Brassica *Alpina* perennis, beständiger Alpenkohl, v. Brassica.

Brassica *Anglica*, v. Berassica cauliflora.

Brassica aperta leuis, v. Brassica rubra.

Brassica Apiana s. crispa, Krauskohl, Welschkohl, v. Brassica crispa.

Brassica asparagodes crispa, v. Brassica crispa.

Brassica campestris perfoliata flore albo, v. Perfoliata *Offic*.

Brassica campestris prima, v. Perfoliata *Offic*.

Brassica canina, s. Phyllum, Bingelkraut, v. Cynocrambe, v. Mercurialis.

Brassica capitata alba, v. Brassica capitata *Matth*.

Brassica capitata lactucae habitu, v. Brassica capitata *Matth*.

Brassica capitata *Matth* caputium, Brassica capitata alba *C. Bauh.* capitata albida *Dod.* Caulis capitatus vel capitulatus. Brassica sessilis et glomera turbonata, conglobata *Lob.*

weißer Kopfkohl, weis Kappeskohl, Kappuskraut, Schlieskraut, (weil dessen Blätter sich in Köpfe schliessen,) Hauptkohl, Krautkopf, Krauthaupt. VI.

Ist weis und roth; der rothe wird Braunkohl genennet. Er kühlet und feuchtet, und wird als ein Salat verspeiset; ist aber etwas hart zu verdauen. Man pfleget auch das Kraut klein zu stampfen, in Salz, Wacholderbeeren und Dill einzulegen und dasselbe einzupressen, so entstehet hiervon eine salzigte Lacke, welche das Kraut über Jahr und Tag brauchbar erhält, dergleichen eingesalzenes Kraut wird Sauerkraut, Sauerkohl und Compostkraut, Brassica capitata muriatica vel composita, genennet, und bekömmt starken Leuten wohl, machet guten Appetit zum Essen, und einen gelinden Leib, aber auch Blehungen und Aufstosen. Denen, welche mit Milz- und Mutterbeschwerungen, ingleichen der Melancholie incommodiret werden, will es nicht bekommen. Die Lacke dienet einen offenen Leib zu erwecken, und Brandschäden zu curiren. Wenn sich die Kehle entzündet hat, so dienet diese Lacke, wo sie gleich im Anfange gebrauchet wird, und zurücktreibende und kühlende Dinge zu erwählen sind, zu einem Gurgelwasser. Innerlich kan man sie auch, mit ein wenig Citronensaft vermischen, trinken, und die Hitze ungemein wohl damit löschen. Wenn bey Kindern der Ansprung zurück getrieben, so kan man mit nichts besser, als mit warmen Krautblättern, die Crustam lacteam wieder in Fluß bringen.

Brassica capitata muriatica, v. Brassica capitata *Matth.*

Brassica capitulis albidis, v. Brassica capitata *Matth.*

Brassica caule rapum gerens, v. Brassica raposa.

Brassica cauliflora *Dod. Moris. C. Bauh.* prolifera florida, *Tab.* Caulis florida, *Park.* Brassica *Pompeiana* aut *Cypria*, Caulifior, Käsekohl, Blumenkohl. II.

Diesen Kohl haben wir vor kurzen aus Italien bekommen, welcher ehedessen rar, und nur in denen Fürstlichen Gärten zu finden gewesen; doch ist er nach der Zeit dermasen gemein worden, daß man ihn fast in allen Gärten antrift. Der Samen wird in Deutschland niemals reif.

Brassica caulorapa, v. Brassica raposa.

Brassica composita, v. Brassica capitata.

Brassica conglobata, v. Brassica capitata.

Brassica conuoluta et arcte occlusa rubro colore, *Lob.* v. Brassica rubra.

Bras-

Braſſica criſpa ſ. Apiaria, *Trag.* anguſto apii folio, *C. Bauh.* tenuifolia laciniata, *Lob.* Selinoides, *Dod.* Selinifia anguſtifolia, *Tab.* krauſer Kohl, ſchmal Krauskohl. II.

Braſſica criſpa *Matth.* et nigra *Dod.* tophoſa, *Io. Bauh.* ſimbriata *Lob.* krauſer Kohl, braun Krauskohl. II,

Braſſica *Cumana*, v. Braſſica rubra.

Braſſica *Cumana Plin.* v. Braſſica rubra.

Braſſica *Cumana* ſ. rubra, v. Braſſica rubra.

Braſſica *Cypria*, v. Braſſica cauliflora.

Braſſica epiphyllitis, Büſchelkohl, v. Braſſica.

Braſſica fimbriata, v. Braſſica criſpa *Matth.*

Braſſica florida botryitis, v. Braſſica cauliflora.

Braſſica folio criſpo variegato, bunter Krauskohl.

Braſſica glomerata, v. Braſſica capitata.

Braſſica gongylodes, v. Braſſica rapoſa.

Braſſica hiberna, *Lob.* v. Braſſica *Sabauda Tab.*

Braſſica *Italica* tenerrima, v. Braſſica *Sabauda.*

Braſſica *Italica Broccoli*, v. Braſſica.

Braſſica laciniata, v. Braſſica criſpa et nigra.

Braſſica lata alba, v. Braſſica alba, ſ. capitata *Matth.*

Braſſica leporina, v Sonchus ſpinoſus.

Braſſica leuis, Blaukohl.

Braſſica marina, ſ. maritima, v. Soldanella.

Braſſica marina ſilueſtris multiflora monoſpermos, *Lob* Braſſica maritima *C. Bauh.* Anglicana, *Tab.* Engliſch Kohl. II.

Braſſica maritima, v. Braſſica marina ſilueſtris etc.

Braſſica multiflora, v Braſſica cauliflora.

Braſſica patula, v. Braſſica *Sabauda.*

Braſſica patula criſpa Sabaudica aeſtiua, v. Braſſica *Sabaudica.*

Braſſica peregrina medio caule turbinata et rapata, v. Braſſica rapoſa.

Braſſica perfoliata, v. Perfoliata *Offic.*

Braſſica *Pompeiana*, v Braſſica cauliflora.

Braſſica pratenſis, v Carduus pratenſis *Trag. Lob.*

Braſſica prolifera florida, v. Braſſica cauliflora.

Braſſica purpurea, v. Braſſica rubra.

Braſſica rapicaulis, v. Braſſica rapoſa.

Braſſica rapoſa, ſ. caule rapum gerens, *Dod.* Rapocaulis. *Park.* Braſſica rapicaulis, *Cam.* caulorapa, *J. B. Chab.* gongylodes, *C.B.Moris.* Caulorapum, *Lob. Tab.* Rübekohl, Kohlrabi. II.

Braſſica rubra, *Lob.* aperta leuis, *Moris.* ſatiua rubra, rubra vulgaris *J. B. Chabr.* Brassica purpurea, gemeiner brauner oder rother Kohl. III.

Brassica Sabauda *Tab. Sabaudica* rugosa, *Chabr.* hiberna, *Lob.* Brassica alba capite oblongo non penitus clausa, *C. Bauh. Moris.* Brassica *Italica* tenerrima glomerosa, flore albo, *J. B.* Wersich, oder Savoyerkohl, Wersckohl. II.

Brassica *Sabauda* crispa, v. Brassica *Sabauda Tab.*

Brassica *Sabauda* hiberna, v. Brassica *Sabauda Tab.*

Brassica *Sabaudica*, v. Brassica *Sabauda Tab.*

Brassica satiua, Gartenkohl. V.

Brassica satiua maior, v. Brassica satiua.

Brassica satiua rubra, v. Brassica rubra.

Brassica selinisia augustifolia, v. Brassica crispa, s. Apiaria.

Brassica selinisia latifolia, v. Brassica Sabaudica.

Brassica Selinoides, v. Brassica crispa s. Apiaria.

Brassica sessilis, v. Brassica capitata.

Brassica siliquosa s. maior *Trag.* v. Perfoliata, *Offic.*

Brassica silueſtris, wilder kohl, v. Mercurialis, v. Cynocrambe.

Brassica silueſtris foliis integris et hispidis, v. Turritis *Offic.*

Brassica tophosa, v. Brasica crispa et nigra.

Brassica vulgaris, v. Brasica rubra.

Brassilia arbor, v Sandalum.

Brassilianum Alexipharmacum, v. Ipecacoanha.

Brassilium, v. Fernambuc.

Brathys, v. Sabina.

Braueola, s. Blaueola, v. Cyanus.

Brazilleto, v Pseudosandalum.

Breynia, die Breynia, eine Pflanze in America. II.

Brion, Klettenkerbel. v. Caucalis.

Britannica *Americana*, v. Lapethum.

Britannica *Anguillarae*, v. Linaria.

Britannica antiquorum vera, v. Lapathum.

Briza s. Bruza, v. Secale.

Brocoli, Italienischer Broculi, v. Brasica.

Bromoides, s. Bromos, v. Aegilops, s. Gramen.

Bromus, v. Auena.

Bromus sterilis, v. Aegilops *Plin.*

Broraus herba, v. Gramen.

Brunella, v. Prunella.

Brunella folio laciniato, v. Prunella.

Brunella

Brunella maior folio non dissecto, v. Prunella.

Brunsfelsia Brunsfelsia, eine Americanische Pflanze, nach *D. Brunsfels* genennet.

Brusca, Bruscum, Bruscus, v. Ruscus.

Brusciaculum, v. Cotula foetida.

Brycumum, v. Artemisia.

Bryonia, Vitis alba, faule Rübe, Gichtrübe, Gichtwurz, Rogwurz, weiße Weinreb, Zaunrübe, Römische Rübe, Roßrübe, vulgo weißer Wiederthon, Hundeskürbis, Teufelskirschen, Schmerwurz, Stickwurz, Scheiswurz. V.

Die Wurzel ist warm und trocken im andern Grad, führet die wässerichte Feuchtigkeit unten und oben gewaltig ab, wird in Milz- Leber- und Mutterkrankheiten verordnet, treibet das Wasser derer Wassersüchtigen aus, befördert den Monatfluß, curiret die Mutterbeschwerung, Engbrüstigkeit und das Podagra. Man macht hiervon ein mehlichtes Pulver. Aeuserlich heilet diese Wurzel die Weixelzöpfe, (Plicam Polonicam.) Das hieraus destillirte Wasser pflegt in Engbrüstigkeit gut zu thun.

Bryonia alba, v. Bryonia.

Bryonia alba baccis rubris, v. Bryonia.

Bryonia alba vulgaris, v. Bryonia aspera.

Ist ein Conuoluulus Americanus, oder Americanische Winde, und muß nicht mit der vorigen Bryonia confundiret werden. Sie heißet sonst Mechoacanna alba, (v. Mechoacanna alba.) zertheilet das geronnene Geblüt, vertreibet Würme, curirt den Husten, die Wassersucht, Brustbeschwerungen und dicke geschwollene Beine.

Bryonia aspera, v. Bryonia alba vulgaris.

Bryonia baccis rubris, v. Bryonia.

Bryonia leuis, v. Tamnus.

Bryonia Mechoacana alba, v. Jalapium.

Bryonia Mechioacana nigricans, C. B. J. B. v. Jalapium.

Bryonia nigra, v. Tamnus.

Bryonia nigra racemosa, v. Tamnus.

Bryoniae similis planta *Peruuiana* Mechoacae prouinciae v. Jalappa.

Bryon lactucae foliis *Plinii*, v. Lactuca.

Bryon thalassion, v. Corallina.

Bryza, v. Secale.

Bubonium, v. Aster Atticus.

Bubula fraxinus, v. Sorbus siluestris.

Buceras, Buceros, v. Foenum *Graecum*.

Bucranicum, *Corb* v. Antirrhinum primum, *Matth.*

Buddleja, die Budleja, eine Americanische Pflanze. II.

Bufonaria, v. Cotula foetida.

Buglossa, vel Buglossum, s. Echium Italicum, Buglossa vulgaris, Buglossum hortense, Anchusa, Alcibiadon hortense, Ochsenzunge. XIX.

Ist warm im ersten Grad. Hiervon haben die Blumen, Blätter und Würzel eben diese Kraft, welche denen Borragen zugeschrieben wird. Man pflegt sie gemeiniglich statt der Alkannae, weil sie roth färbet, zu brauchen. Sie hält an, und ziehet die allzuschlaffen genitalia derer Weiber zusammen. Diese Wurzel pflegen auch die Weiber mit Butter zu kochen, damit sie rothe Butter bekommen mögen, welche in Verrenkungen und Verbrechen derer Kinder, item, wenn sie sich weh gethan haben, von hohen Oertern herunter gefallen seyn, u. d. g. auch Schwulst und Engbrüstigkeit zu verhüten, gute Dienste thut, und nicht weniger das geronnene Blut zu zertheilen, Blutspeichel, Husten und Seitenstechen zu curiren, als ein sonderliches Arcanum paßiret. Sonst wird das Buglossum hortense unter die vier Flores cordiales gezählet.

Buglossa rubea, v. Alkanna.

Buglossum hortense, v. Buglossa.

Buglossum silu. wilde Ochsenzunge, v. Lycopsis.

Buglossum siluestre minus, Echium *Fuchsii*, s. Borrago siluestris, wilde Ochsenzunge, II.

Kömmt mit der Gartenochsenzunge denen Kräften nach ganz überein.

Buglossum verum, v. Borrago.

Bugula, v. Consolida media.

Bulbina, v. Bulbus agrestis.

Bulbocastanum maius et minus, Nucula terrestris maior et minor, Erdcastanien, Saucastanien. VI.

Ist ein gutes Wundkraut, und dienet in allerhand Blutflüssen des Leibes.

Bulbocodium crocifolium flore paruo violaceo, v. Sisyrhingium.

Bulbonach, s. Bulbonac, Lunaria maior, Siliqua rotunda, Leucojum lunatum, fremd Mondkraut, Mondviol. VII.

Die Wurzel reiniget, und abstergiret, erwärmet gelinde, treibet Schweis und Urin.

Bulbonium, v. Aster.

Bulbus agrestis, siluestris, bifolius, flosculis luteis, Ornithogalum luteum, Geel Acker: oder Feldzwiebeln. XXV. Wird auch Bulbina und Bulbus Maialis genennet. Es erweichet und zertheilet die Geschwäre und Schäden.

Bulbus maialis, v. Bulbus agrestis.

Bulbus siluestris, v. Bulbus agrestis, v. Ornithogalum.

Bulbus Vomitorius, *Muscari*, *Clusii*, Hyacinthus racemosus moschatus, Muscus Hyacinthinus, wohlriechender Traubenhyacinth. VI.

Wächset nahe bey Constantinopel. Wenn man die Wurzel isset, oder in Decocto brauchet, so dienet sie in Beschwerung der Blase, und machet Erbrechen.

Buna, v. Euonymus.

Bunapalla, v. Macer.

Bunias, v. Napus.

Bunium adulterinum, *Cam.* v. Barbara *Dod. Tab.*

Bunium *Offic. Dalechampii*, Daucus Petroselini, vel Coriandri folio, Apium octauum, wilde Petersilie. II.

Wächst in alten Gemäuer. Das Kraut ist hitzig, treibet den Schweis, Geburt, Nachgeburt und Urin.

Buphthalmon, Buphthalmus, Crispula, Bellis aurea, Solidago buphthalmica, Cotula non foetida, oculus bouinus, gelbe St. Johannisblume, Rindsauge, Streichblume. XI.

Wird unter das Vnguentum Martiaton Nicolai, oder Waffensalbe genommen. v. Arnica.

Buphthalmon *Diosc.* v. Cotula foetida *Brunf.* et *Offic.*

Buphthalmos, v. Buphthalmon.

Buphthalmum minus, *Cord* v. Cotula foetida, *Brunf.* et *Offic.*

Bupleurum perenne angustifolium, perenne longis et angustis foliis incuruis, Auricula leporis, Vmbella lutea, Hasenöhrlein. XVIII.

Ist ein fremdes Wundkraut.

Burrage *of Constantinople, with a deep-blue flovver, Tournef.* Constantinopolitanischer Borretsch mit dunkelblauer Blume. v. Borrago.

Bursa Pastoris, Herba caneri, Täschekraut, Säckelkraut, Hirtentasche, Säckel. VI.

Die Blätter sind kalt im andern, und trocken im dritten Grad. Sie halten an, ziehen zusammen, werden im Nasenbluten, Blutspeyen, Durchfall, der rothen Ruhr, Blutharnen, starken Blutgang des Frauenzimmers, und heftigen Fluß der gülden nen Ader gebrauchet. Aeuserlich heilen sie die Wunden; leget man sie hinten auf den Nacken, so stillen sie das Nasenbluten. Wenn man sie aber in der Hand erwärmen lässet, oder auf die blosen Fussolen leget, so wird das allzustarke Verbluten zurückgehalten. Es wird auch dieses Kraut in Umschlägen wider Geschwulst der Kehle und Scham gerühmet, auch nicht weniger in denen Fiebern auf den Puls gebunden.

Butomon, v. Acorus adulterinus.

Butonus *Theophr.* v. Sparganium, Blumenbinsen.

Buxum, v. Buxus.

Buxus, Buxum, πύξος, Buxbaum. VI.

Das aus dem Holze destillirte Oel machet dumm, dienet wider das böse Wesen, Zahnschmerzen, hohle Zähne, zerfressene Zähne, und Würme in den Zähnen. Etliche wollen dieses Oel pro Oleo Heraclino Rulandi halten, welches Hofmann aus der Haselstaude verfertigen will. Andere machen aus dem Buxbaum einen ganz besondern Spiritum, der rothe Corallen solviren und aufschliesen soll. Aus dem Extracto vom Holze machet man eine kleine Pille, welche starken Schweis treibet, und wider das böse Wesen, Würme und Fäulung, gut thut; doch findet man das Extractum Buxi und das Oel nicht leicht in denen Apothecken.

Byssus, v. Lichen.

Caaco, v. Herba sensitiua.

Caapeba, die Caapeba, eine Pflanze aus America. III.

Caatchu, v Catechu.

Cabac arbor, v. Bombax.

Cabritta, v. Samoloides.

Caburecha, v. Balsamum Indicum.

Cacahuaquahutil, v. Cacao.

Cacalia, fremder Huflattig. VII.

Wächset in Wäldern und schattichten Orten. Die Blätter dienen im Husten und Rauhigkeit der Kehle.

Cacalianthemum, Englisches und Africanisches Cacalianthemum. II.

Cacao, Auellana Mexicana, Cacauate, Mexicanische Haselnuß IV.

Ist die Frucht eines Americanischen Baumes, in der Grösse wie Mandeln. Sie nähret treflich, und dienet deswegen wider das allzugrose Abnehmen des Leibes, die Hecticam, schleichende Fieber, und reitzet zum Beyschlaf. Man machet hieraus in Indien und Europa die berühmte Chocolate. Der Baum, so diese Frucht träget, wird von denen Indianern Cacahuaquahutil genennet, ist wie ein Pomeranzenbaum gros. Die Frucht wird in Neuspanien wie Geld ausgegeben, und denen Armen mitgetheilet. Die Chocolate nennen etliche Venusbrod. Die Spanier pflegen sie gar öfters hinter zu schlorfen, trinken aber zuvor einen Trunk kalt Wasser. Bey uns in Deutschland ist sie nunmehro auch gemein worden. Sie giebt gute Nahrung, zertheilet die Winde, verbessert den Unrath von zurückgebliebenen Speisen, schadet denen Gallsüchtigen, stärket die Lebensgeister und den Magen.

Cacauate, v. Cacao.

Cachaytyo.

Eine Pflanze, die auf dem Grund des Meeres an denen Americanischen Küsten wächset, und welche einen Stengel von vielen Ruthen lang treibet. Die Spitze derselben schwimmet auf dem Wasser, und die Farbe ist blaßgrün. An dem Ort, wo ein Blat wächset, kommt auch eine Frucht zum Vorschein, die der Gestalt nach denen grosen Kapern gleichet, wiewohl sie etwas grösser ist.

Cachlas, v. Buphthalmon.

Cachrys, Cachrüs, Weyhrauchwurzel. VIII.

Die Weyhrauchwurzel führet etwas flüchtig aromatisch Salz bey sich, und ist warmer und trockner Natur. Wird in Deutschland in der Arzeney nicht gebraucht.

Cachrys marina, v. Crithmus.

Cachrys Orientalis Ferulae folio fructu allato plano, Tournef. v. Cachrys.

Caciatrix, v. Coronopus.

Caco, v. Cacao.

Cactus *Matth.* v. Carduus non aculeatus.

Cactus *Theophr.* v. Cinara.

Cacubalsus, v. Alsine.

Cadauer vini, v. Acetum.

Cadegi Indicum, v. Malabrathrum.

Caesalpina, Cäsalpine aus America.

Caestus Morionis, v. Typha.

Caffée,

Caffeé, v. Coffée.
Cahvè, v. Coffée.
Caian, v. Cytisus.
Caidamum, v. Cardamomum.
Cainito, der Americanische Sternapfel.
Caious, Indianische Cajufrucht.
Das scharfe und hitzige Oel dienet allerhand Flecken in der Haut zu vertreiben.
Cakile, Meersenf, v. Eruca. IV.
Cakile Graeca aruensis, *Tournet.* v. Eruca.
Calaba, Indianischer Mastixbaum, v. Lentiscus.
Calabrina, v. Chelidonium maius.
Calaf s. Ban, Egyptische Weide, v. Salix. III.
Calafur, v. Caryophyllus aromaticus.
Calaguala.
Eine Pflanze in denen Peruanischen Gebürgen, die etwa sechs bis acht Zoll hoch wächset. Durch diese Pflanze werden allerhand innerliche und äuserliche Geschwüre vertrieben. Man kocht sie in Wasser, oder preßt den Saft heraus, giesset einen Tag Wein darüber, und nimmt drey oder viermal hinter einander etwas davon nüchtern zu sich.
Calamacorus, v. Cannacory.
Calamandrina, v. Chamaedrys.
Calamandrina coerulea, v. Chamaedrys vulgaris.
Calambac, v Agallochi arbor.
Calambac, v. Agallochum.
Calamentum aquaticum, it. montanum etc. v. Calamintha.
Calamintha agrestis, aquatica, aruensis, verticillata palustris, Mentha satiua rubra, Nepeta. Ackermünze, Kornmünze, Feldmünze, wilder Poley, wild Mutterkraut. IV.
Die Blätter sind warm und trocken im dritten Grad, eröfnen, verdünnen, zertheilen, reinigen, dienen dem Magen, der Mutter, Brust und Leber, treiben den Blutgang der Weiber, die Frucht, Urin, curiren den Husten, Verstopfung der Leber, zertheilen die Winde und geben in die Apothecken ein Wasser, Salz, Syrup, und Species oder zusammen gesetztes Pulver.
Calamintha altera, v. Calamintha agrestis.
Calamintha altera odore graui, Pulegii folio maculato, v. Pulegium.
Calamintha aquatica, v. Calamintha agrestis, v. Mentha.
Calamintha aquatica *Belgarum*, v. Calamintha agrestis.

Calamin-

Calamintha aruensis, v. Calamintha agrestis.
Calamintha aruensis verticillata, v. Calamintha agrestis.
Calamintha *Cretica*, v. Calamintha vulgaris.
Calamintha incana Ocimi folio, v. Calamintha vulgaris.
Calamintha magno flore, v. Calamintha vulgaris.
Calamintha montana, v. Nepeta, v. Calamus vulgaris.
Calamintha Ocymoides, v. Mentha hortensis.
Calamintha *Offic. Germ.* v. Calamintha vulgaris.
Calamintha palustris, v. Calamintha aquatica.
Calamintha praestantior, v. Calamintha vulgaris.
Calamintha Pulegii odore, v. Pulegium.
Calamintha silvestris, Ackerfeldmünze, Balsamuth.
Kömmt der Calamintha Montana an Kräften ziemlich bey, und wird auch davor oft verkaufet.
Calamintha vulgaris montana, Bergmünze. III.
Wächset auf den Landstrasen, wird aber selten gefunden, blühet im Junio. Das Kraut ist dem Magen und der Mutter dienlich, auch bey verstopfter Monatzeit und die Frucht fortzubringen ein bequemes Remedium.
Calaminthum, v. Calamintha.
Calaminthum montanum, v. Calamintha vulgaris, v. Nepeta.
Calamocorus, v. Arundo.
Calamogrostis, v. Gramen aquaticum.
Calamogrostis altera, v. Iuncus.
Calamogrostis montana, v. Iuncus, v. Gramen arundinaceum.
Calamus aromaticus, v. Acorus verus.
Calamus aromaticus *Offic.* v. Acorus verus.
Calamus aromaticus vulgaris, v. Acorus verus.
Calamus characias *Theophrasti*, v. Arundo.
Calamus cysticus, v. Arundo.
Calamus farctus, v. Arundo.
Calamus fistularis, v. Arundo.
Calamus *Indicus*, Würzried, v. Acorus verus.
Wird nach derer Kräuterverständigen Meynung, von dem Calamo aromatico unterschieden, und von Casp. Bauhino unter die Irides gezählet. Er verrichtet eben das, was der Acorus Verus thut.
Calamus iunceus, v. Gramen.
Calamus noster, v. Acorus verus.
Calamus odoratus, v. Arundo.
Calamus palustris, v. Equisetum.

Calamus

Calamus *Peruuianus* asteroides, v. Cereus.
Calamus *Peruuianus* spinosus, v. Cereus.
Calamus phragmites. v. Arundo.
Calamus saccharinus, v. Saccharum.
Calamus sagittalis, v. Arundo.
Calamus scriptorius, v. Arundo.
Calamus toxicus, v. Arundo.
Calamus vnguentarius. v Acorus verus.
Calamus vallaris, v. Arundo.
Calamus vulgaris, s vallaris, v. Arundo.
Calamy, v. Arundo.
Calatiana verna, v. Gentiana minor, v. Gentianella.
Calatiana viola autumnalis, v. Gentiana minor.
Calatiana viola in pratis, v. Gentiana minor.
Calcalistra *Turcarum*, v. Rorismarinus.
Calcar equestre, v. Calcatrippa.

Calcatrippa, Consolida regalis, Flos regius, Delphicum, Delphinum, Cuminum siluestre *Diosc.* Rittersporn. XI.

Sind trocken und temperiret aus dem warmen und kalten. Das Kraut und die Blumen halten etwas an, heilen die Wunden, und befördern die Geburt. Hieraus wird das destillirte Wasser wider allerhand Augenbeschwerungen, die mit Zucker überzogenen Blumen aber, wider Reissen im Leibe, auch Blehungen derer Kinder, ingleichen den Sod zu vertreiben, vorgeschlagen.

Calceolus *Mariae*, Damasonium nothum *Dod.* Pfaffenschuh, Marienschuh. IV.

Wächset im Gebürge allernächst Genev, blühet im Junio, und ist ein gutes Wundkraut.

Calceolus Sacerdotis, v Calceolus Mariae.
Calcetreppula, v. Carduus, v. Calcatrippa.
Calcifraga, v. Crithmus.
Calcitrappa, v. Carduus stellatus.
Calendula, v. Caltha.
Calendula aruensis, v. Caltha palustris.
Calendula circa *Monspelium* sponte, v. Caltha palustris.
Calendula lutea, v. Caltha palustris.
Calendula maior polyanthos flore aureo, v. Caltha vulgaris.
Calendula maior prolifera, v. Caltha vulgaris.
Calendula multiflora maxima, v. Caltha vulgaris.

Calendula multiflora orbiculata, v. Caltha vulgaris.
Calendula polyanthos flore aureo, v. Caltha vulgaris.
Calendula prolifera, v. Caltha vulgaris.
Calendula satiua polyanthos, v. Caltha vulgaris.
Calendula simplici flore, v. Caltha vulgaris.
Calendula silueſtris minor, v. Caltha paluſtris.
Cali, v. Kali.
Callia, v. Chamaemelum.
Callionymus, v. Lilium conuallium.
Callipetalum, v. Quinquefolium.
Callyonimus, v. Lilium conuallium.
Caltha, v. Arnica.
Caltha *Africana*, v. Othona.
Caltha *Africana* flore simplici, v. Flos *Africanus*.
Caltha *Africana* fruticosa flore multiplici, v. Flos *Africanus*.
Caltha *Africana* minor flore simplici, v. Flos *Africanus*.
Caltha *Alpina* v. Saponaria, v. Arnica.
Caltha *Aphricana*, v. Flos *Africanus*.
Caltha floribus densis v. Caltha paluſtris.
Caltha floribus multiplicibus, v. Caltha paluſtris.
Caltha floribus reflexis, v. Caltha vulgaris.
Caltha hortensis, v Caltha vulgaris.
Caltha multiplex, v. Caltha paluſtris.
Caltha paluſtris *Dod.* Vulgaris *Clus.* flore simplici, Tussilago altera, Caltha *Virgilii Trag.* Chelidonia paluſtris, Populago, Chameleuce *Plin* Dotterblume, Mattenblume, Kühblume, Moosblume, Goldblume, Wiesenblume. III.

Soll mit denen Nymphaeis, worunter sie auch etliche zählen, einerley Würkungen haben.

Caltha paluſtris flore simplici, v. Caltha paluſtris.
Caltha paluſtris maior et minor, v. Caltha paluſtris.
Caltha poetica, v. Caltha vulgaris.
Caltha polyanthos maior, v. Caltha vulgaris.
Caltha polyanthos maxima, v. Caltha vulgaris.
Caltha prolifera maiore flore, v. Caltha vulgaris.
Caltha prolifera minore flore. v. Caltha vulgaris.
Caltha *Virgilii*, v. Caltha paluſtris.
Caltha vulgaris hortensis, Flos solisequus, Chrysanthemum, Climenus *Diosc.* Ringelblume, Goldblume, Butterblume. XLIV.

Die

Die Blumen trocknen und erwärmen im andern Grad. Sie dienen in der Pest und allerhand giftigen Krankheiten, stärken Herz und Leber, öfnen, discutiren, halten etwas an, treiben die Menses und Geburt. In Pestzeiten soll der Saft aus der Calendula zu 6. bis 8. Loth getrunken, einen treflichen Effect thun. v. Erast in Epist. Minder. de peste, auch wenn er über denen Warzen aus denen Blumen gedrucket, und damit 3. bis viermal continuiret, hernach der leidende Theil mit Roßharn abgewaschen, und nicht wieder abgetrocknet worden, selbige wegnehmen. Von denen präparirten Medicamenten aus der Calendula ist vornemlich das aus denen Blumen destillirte Wasser und Eßig, womit in Febribus Malignis ein leinen Tüchlein eingefeuchtet, und auf die Puls, Schläfe, Fussolen und Nasen geleget wird, ingleichen die Conserua Calendulae, oder die eingemachten Ringelblumen, bekannt. Und können die runden Blumenknöpfgen, ehe sie sich aufthun, mit Eßig und Salz eingelegt, an statt der Capern aufgesetzet und verspeiset, auch die Blumen selbst, von denen Weibern, der Butter ein gutes Ansehen zu machen, employret werden.

Calthoides, v. Caltha.

Calthoides follis oblongis, Bastart Ringelblume aus Africa.

Calthula, v. Caltha.

Camara, Americanischer Mehlbaum. IV.

Camarus, v. Alkekengi.

Cambare.

Ist eine Wurzel in Madagascar, welche fast Mannsdicke erreichet.

Cambure cissa.

Ist ein Baum in Madagascar, der eine Art von Aepfeln hervorbringet, wovon dieses die sonderbarste Beschaffenheit ist, daß sie sich in Viertel öfnen, so bald sie reif sind. Ihr Fleisch ist voller Körner, die mit einer dichten und zarten Haut von Orangefarbe umgeben sind, womit man eben so färbet, als mit dem Americanischen Rocu.

Camelina, v. Myagrum.

Caminella, v. Ammi.

Camomilla, v. Chamomilla.

Camotes, v. Battata *Hispanorum.*

Camotes *Hispanorum Clus* C. *Bauh.* v. Battata *Hispanorum.*

Campana azura, v. Conuoluulus, v. Smilax.

Campana coerulea, v. Conuoluulus, v. Smilax.

Campanella, v. Conuoluulus, v. Smilax.
Campanica serta, v. Melilotus.
Campanula, Glöckein, v. Trachelium. XXVIII.
Campanula angustifolia, v. Campanula.
Campanula aruensis erecta, v. Onobrychis altera *Belgarum*.
Campanula aruensis minima, v. Onobrychis altera *Belgarum Eyst. Lob. Dod.*
Campanula coerulea *Dod.* Conuoluluus coeruleus, Nil Arabum *Eyst.* Flos noctis, blaue Winde oder Glöckleinblume. V.

Ist ein gut Vulnerarium.

Campanula *Graeca* saxatilis, Jacobaeae foliis, Tournef. v. Jacobaea.
Campanula hortensis, v. Campanula coerulea.
Campanula hortensis latiore folio, v. Campanula coerulea.
Campanula hortensis oblongo folio et flore, v. Viola Mariana.
Campanula lactea s. lactescens, v. Campanula coerulea.
Campanula lactea foetidior, v. Campanula coerulea.
Campanula lactescens pyramidalis, v. Campanula coerulea.
Campanula lata linifolia, v. Rapunculus.
Campanula lutea latifolia, montis lupi, flore volubilis *Lob.* Linum siluestre luteum foliis subrotundis *C. Bauh.* Gelbe Glöcklein mit Flachsblättern. VI.

Ist ebenfalls ein Wundkraut,

Campanula maior, v. Campanula.
Campanula maior et asperior, v. Trachelium.
Campanula maior lactescens, v. Campanula coerulea.
Campanula marina, v, Soldanella.
Campanula media, v. Campanula coerulea.
Campanula minor alba et purpurea, v. Rapunculus.
Campanula minor Alpina rotundioribus imis foliis, v. Rapunculus.
Campanula minor rotundifolia floribus in summis cauliculis, v. Rapunculus.
Campanula minor rotundifolia vulgaris, v. Rapunculus.
Campanula minor siluestris flore coeruleo, v. Campanula coerulea.
Campanula *Orientalis*, v. Campanula.
Campanula persicifolia, v. Rapunculus.
Campanula pratensis, v. Gentiana minor.

Campanula pratensis flore conglomerato, v. Trachelium.
Campanula rotundifolia, v. Rapunculus.
Campanula St Trinitatis, v. Sanicula Alpina.
Campanula saxatilis *Tournet.* v. Campanula.
Campanula silvestris, flore luteo *Trag* Digitalis lutea *Tab.* Magno flore *C. Bauh.* Flore luteo *Eyst.* tertia *Dod.* Araldo Bononiensium, gelb Fingerhut, Waldglöcklein, Spitz Wundkraut. II.

Ist ein trefliches Vulnerarium, aber nicht officinal.

Campanula silvestris flore purpureo *Trag.* Digitalis rubra *Dod.* purpurea *Lob.* folio aspero Verbascum digitale, braun Fingerhut. III.

Ist ebenfalls ein gut Wundkraut.

Campanula silvestris minima, v. Rapunculus.
Campanula *Virginiana* flore coeruleo albo, fremde Glockenblume. III.

Ist ein fremd Gewächs, kömmt aus Virginien, und wird in hortis curiosorum gepflanzet.

Campanula vrticae folio quarta *Casp. Bauh.* Marienglöcklein. XXIV.

Campanula vulgatior folio vrticae, v. Trachelium.
Campanula vulneraria, v. Sanicula Alpina.
Campechia, Campeschenholz aus Honduras.
Camphora, Caphura, Campher, Campherbaum. II.

Ist ein Harz, so aus dem innern Theile, oder so genannten Kern eines Baumes, welcher als eine Weide gros ist, hervor kömmt. Der in China, Japan und Borneo gefunden wird, paßiret vor den besten. In Zeilon wird er aus denen Wurzeln des Zimmtbaums gesammlet. Er führet ein trefliches Sal volatile oleosum, oder flüchtiges Salz mit Oel bey sich, und ist in febribus malignis, Mutterkrankheiten, der Pest und andern giftigen Seuchen, wider die Fäulung, Schlaf und Ruhe zu bringen, ein trefliches Remedium. Aeuserlich resolviret er, zertheilet die harte Schwulsten, curiret Lähmung, Contracturen, Schlagflüsse und Brandschäden, und kan in Wechselfiebern angehangen und gebrauchet werden. Von denen ex camphora präparirten Medicamenten, findet man in denen Apothecken Aquam theriacalem camphoratam, oder das aus Campher verfertigte Theriacwasser. Wenn der Campher von seinem Gewicht nichts verlieren soll, so pflegen ihn die Materialisten in einem

einem marmorsteinernen Gefäs, auch in Lein oder Psillenkrautsamen, oder auch Pfefferkörnern zu verwahren. Etliche Auctores wollen den Campher zu einem kühlenden Medicament machen, und ihme dieserwegen eine Kraft, die Venus zu tilgen, beymessen, welches aber aus der Experienz nicht zu erweisen stehet, da man ihn allezeit warm und trocken befunden. Der Spiritus Vini Camphoratus (der mit Campher überzogene Weinhefenspiritus) auf die Augenlieder gestrichen, und die Augen zugehalten, thut einen treflichen Effect in Augenbeschwerungen. Der Campher in ein Säckgen gebunden, und angehangen, erwecket Schlaf.

Camphorata, Campherkraut. v. Abrotanum. III.
Camphorata minor, v. Camphorata.
Camphorata Monspeliensium, *Lob. Tab.* hirsuta, Campherkraut von Montpellier.
Ist ein gut Wundkraut.
Camphorata congener, v. Chamomilla.
Campoides. Rautenklee, v. Hispidula.
Campoides hispida, v. Hispidula.
Campsanema, v. Cachrys.
Canacella, v. Equisetum.
Canaparia, v. Artemisia.
Canapus, v. Cannabis.
Canaria, v. Coronopus siluestris.
Canariense semen, v. Phalaris.
Cancanum *Graecorum*, v. Jetaiba.
Ist, nach Matthioli Meynung, die Lacca Arabum.
Candarusium, v. Zea.
Candela regis, v. Candelaria, Wollkraut, v. Verbascum.
Candum Saccharum, v. Saccharum.
Canella, Cinnamomum, Cassia lignea, Zimmtbaum, v. Cinnamomum. IV.
Canella alba, v. Cortex *Winteranus.*
Canella baccifera, v. Cinnamomum.
Canella *Jauanensis*, v. Cinnamomum.
Canella ignobilior, v. Cassia lignea *Offic.*
Canella legitima, v. Cinnamomum.
Canella *Maluarica*, v. Cassia *Offic.*
Canella *Zeilonica*, v. Cinnamomum.
Canjas branas.

Das Peruvianische Rohr. Ist wie das Europäische, nur daß es inwendig nicht hohl ist. Es ist ein sehr zähes, biegsames Holz, das nicht leicht verfaulet.

Caninum gramen, v. Gramen caninum.

Caninum vulgo, v. Gramen caninum.

Caniruta, v. Rutacanina.

Cannabina, Bastarthanf. II.

Cannabina aquatica, v. Bidens.

Cannabina aquatica mas, v. Eupatorium *Auincen.*

Cannabina folio non diuiso, v. Eupatorium.

Cannabina folio tripartito diuiso, v. Eupatorium.

Cannabis, Canapus, Hanf. II.

Der Same ist warm im andern, kalt und trocken im ersten Grad, dienet wider den Samenflus, Seitenstechen, Husten, die gelbe Sucht, vermindert den Samen, schadet dem Haupt, und machet dumm. Das Kraut ist kalt und trocken, dienet, wenn man sich verbrannt hat, auch wider das üble Gehör, Ohrenwehe, den Ohrenzwang, u. d. g.

Cannabis alba, v. Cannabis.

Cannabis mas, v. Cannabis.

Cannabis mas foecunda, v. Cannabis.

Cannabis siluestris, v. Alcea.

Cannabis spuria, v. Cannabina.

Cannacorus, Indianisches Blumenrohr. VI.

Cannae mel, v. Saccharum.

Canna, v. Arundo.

Canna farcta, v. Arundo.

Canna ferula, v. Ferula.

Canna fistularis, v. Arundo.

Canna Hispanica, v. Arundo Indica.

Canna *Indica*, v. Cannacorus.

Canna mellea, v. Saccharum.

Canna minor acrior, v. Vrtica mortua.

Canna saccharifera, s. Indica, v. Saccharum.

Canna sagittalis, v. Arundo.

Canna sepiaria, v. Arundo.

Canna vallatoria, v. Arundo.

Cannella alba, v. Cortex Winteranus, v. Arbor baccifera.

Canthabrica *Clus.* Conuoluulus minimus spicaefolius *Lob.* Linariae folio *C. B.* Scammonium minus *Plin. Tab.*

Scam-

Scammonea Patauina *Cortus.* Kleine Winde mit Spick-blättern, klein Scammonium. II.

Purgiret stark oben und unten.

Canthabrica *Plinii*, v. Scammonea.

Canthabrica quorundam, v. Scammonea.

Canthabrica silvestris, v. Caryophyllaeus.

Cantharis, v. Fumaria.

Canthum Saccharum, v. Saccharum.

Caphura, v. Camphora.

Capillamenta, die Zäserlein an denen Wurzeln.

Capillaris filicula, v. Trichomanes.

Capillus Cynocephali, v. Anethum.

Capillus terrae, v. Adianthum nigrum, v. Ruta muraria.

Capillus veneris, v. Ruta muraria.

Capillus verus, v. Ruta muraria.

Capita.

Ist eine Staude in Ceylon, dessen Holz, Rinde und Blätter in Indien zur Arzeney wieder vielerley Zufälle gebraucht werden. Rob. Kox.

Capnites, v. Fumaria.

Capnium, v. Fumaria.

Capnium chelidonium, v. Fumaria.

Capnium phragmites, v. Fumaria.

Capnogorgium, v. Fumaria.

Capnoides, v. Fumaria.

Capnorchis, Indianischer Erdrauch, v. Fumaria.

Capnos alba latifolia, v. Capnos *Plinii.*

Capnos altera Belgica flore albo, v. Capnos *Plin.*

Capnos chelidonia, v. Fumaria bulbosa.

Capnos fabacea radice, v. Fumaria bulbosa.

Capnos minor, v. Fumaria.

Capnos Phragmites, v. Fumaria.

Capnos *Plin.* et Phragmites *Dod.* Capnos alba latifolia et Splith album quorundam *Lob.* Fumaria latifolia minor *Tab.* breiter Erdrauch, VIII.

Capnos tenuifolia, v. Fumaria.

Capnum, v. Fumaria.

Capnus Sepiaria, v Fumaria.

Cappacorania, v. Buphthalmos.

Capparis, Capern. VI.

Wärmen im andern, trocknen im dritten Grad, zertheilen, eröffnen, machen klare und saubere Haut, halten ein wenig an, dienen in Leber- und Miltzbeschwerungen, dem Malo Hypochondriaco, der Gicht, treiben den Urin, und curiren die Wassersucht. Die Blätter hiervon erwecken Appetit zum Essen. In denen Apothecken findet man von denen Capern (1) Conditum Florum Capparum, oder die eingemachten Caperblüten. (2) Oleum Compositum, das zusammengesetzte Oel. (3) Trochiscos, die Caperküchelgen, und (4) Extractum e Corticibus, oder das Extract, so aus der Caperrinde verfertiget wird.

Capparis, aliud genus, v. Capparis.

Capparis Fabago, falsche Capern, v. Fabago.

Capparis folio acuto, v. Capparis.

Capparis *Germanica*, v. Genista,

Capparis leguminosa, v. Capparis.

Capparis Portulacae folio, v. Capparis.

Capparis retuso folio. v. Capparis.

Capparis silvestris, v. Capparis.

Capparis spinosa, v. Capparis.

Capparis spinosa fructu, v. Capparis.

Capragina, s. Caprego, v. Galega.

Caprago, v. Galega.

Capraria, v. Samoloides.

Capreolini, v. Fungus.

Capricornu, v. Foenum *Graecum*.

Caprificus, wilder Feigenbaum, v. Sycomorus.

Caprifolium *Brunf. Offic. Germ. Dod.* Periclymenon *Trag. Fuchs. Tab.* Septentrionalium *Clus.* non perfoliatum Germanicum *C. B.* περικλύμενον, Matrisilva, Volucrum maius, Lilium inter spinas, Waldwinde, Speckblatt, Zaungilge, Geisblat. X.

Die Blumen sind warm und trocken, treiben den Urin, nutzen der Milch, ingleichen wider Engbrüstigkeit, Husten, Herzklopffen, Trockenheit, in Wunden, auch die Geburt zu befördern. Der Saft aus denen Blättern kan in Wunden des Hauptes und der Hirnschale gebrauchet werden.

Caprifolium *Germanicum*, v. Caprifolium, *Brunf.*

Capriola, v. Coronopus.

Capsia Caryophyllata. v. Caryophylli aromatici.

Capsicum, Indianischer Pfeffer, v. Siliquastrum. XVIII.

Capsicum Brasilianum v. Siliquastrum.

Capsi-

Capsicum breuioribus siliquis, v. Siliquastrum.
Capsicum minimis siliquis, v. Siliquastrum.
Capsicum rotundum *Daleth*. v. Solanum.
Capsula Gossipii, Baumwollennuß, v. Bombax.
Caput canis, v. Antirrhinum.
Caput Gallinaceum v. Onobrychis.
Caputium, v. Brassica.
Caput Monachi, v. Taraxacon.
Caput vituli, v. Antirrhinum.
Carabe s. Electrum, v. Succinum.
Caracalla v. Faba.
Caraguata Guaeu, die Tuchpflanze aus Brasilien.
Caranna, Gummi Caranna eines Baums in Neuspanien.
Ein zähes und etwas hartes Harz, wird in Neuspanien von dem verwundeten Baum gesammlet, und in Rohrblättern überbracht, heilet allerhand Schwulsten, alte Schäden, Schmerzen derer Nerven, Verwundung und Lähmung derer Glieder, ist fast wie Tacamahac, jedoch fliessender und heller anzusehen, und riechet weit penetranter und stärker.
Cardamantica, v. Iberis
Cardamindum, v. Nasturtium *Indicum*, v. Atriuiola.
Cardamine, Brunnenkresse. XIII.
Diese Kresse ist warm und trocken im vierten Grad, doch etwas feuchter denn die gemeine Kresse. Dioscorides schreibet, sie habe eine hitzige und brennende Natur an sich. Die weißen Gauchblumen oder Kresse in Lauge gesotten, vertreibet die Läuse, und hat die Kraft zu trocknen und an sich zu ziehen.
Cardamine *Alpina*, v. Cardamine.
Cardamine *Alpina* minima, v. Cardamine.
Cardamine altera, v. Cardamine.
Cardamine altera simplici flore, v. Cardamine.
Cardamine lactea, v. Cardamine.
Cardamine latifolia, v. Cardamine.
Cardamine trifolia, v. Cardamine.
Cardamomum, v. Cardomomum.
Cardelaria, v. Verbascum.
Cardiaca melica s, melitica, v. Cardiaca.
Cardiaca, Melissa siluestris, Marrubium mas, Herba pectoris, Manus S. Mariae, Pes lupi, Prata lupina, Graecis λυκόπους, καρδιακή, Germ. Wolfsfuß, Wolfstapp, Herzgespann, Herzgesperr. III.

Es wird Wolfstapp genennet, von der Gestalt der Blätter, welche wie die Wolfstappen oder Wolfsfüße zerspalten seyn, und Herzgesperr, weil es zum Zittern des Herzens und der Beschwerung der Kinder, so man Herzgespann nennet, dienlich ist. Man hält es vor eine Art vom wilden Mutterkraute, hat Blätter wie die große Nessel, und rothe Blumen, welche stark und widerwärtig riechen, reiniget und erweichet den Leib, hilft verdauen, machet gut Geblüt, löset von der Brust, und hält den Krampf zurück. Aeußerlich kan dieses Kraut in Contracturen und Lähmung derer Glieder, wenn man sich damit wäschet, und den Saft dran streichet, gebrauchet werden. Das Kraut ist warm im andern, und trocken im dritten Grad, zertheilet und treibet die Flatus, den Urin, Menses, Frucht und Nachgeburt. In denen Apotheken findet man hiervon das Wasser und Vnguentum.

Cardiaca repens, v. Pisum vesicarium.

Cardiaca *Syriaca*, v. Cardiaca.

Cardiaca *Syriaca* aspera, v. Cardiaca.

Cardiagrostis, v. Holostium.

Cardianthemum, v. Behen album.

Cardocella, v. Senecio.

Cardomomum alterum, v. Cardomomum.

Cardomomum *Arabum* maius, v. Cardomomum.

Cardomomum, Grana Paradisi, Milleguetta, Maleguetta, **Cardamomen, Paries- oder Paradieskörner, Cardomomen.** V.

Sie werden aus Java, Malabar und Alexandria gebracht. Die große Frucht wird auch Malaguetta oder Maleguetta genennet, und ist warm und trocken im andern Grad; die kleine aber, so warm und trocken im dritten Grad, ist besser. Sie dienen im Schwindel, der Schlafsucht, Schlagflüssen, stärken das Gedächtnis, stillen das böse Wesen, erwecken Venerem, und werden in der Wassersucht, Lähmung der Glieder, verhaltener Monatzeit, verstockten Urin, Verstopfung der Milz und Leber, des Gekröses und übler Beschaffenheit des Leibes, gebrauchet. Sie stärken, verdünnen, helfen wider Haupt- Magen- und Mutterbeschwerungen, und zertheilen die Winde. In denen Apotheken findet man das Oel von Cardomomen und die überzogenen Cardomomen. Sie heißen Cumbet auf Maleyisch, Habet auf Arabisch, und die Portugiesen nennen sie Saffran das Indias.

Cardomomum maius *Offic.* v. Cardomomum.
Cardomomum maius vulgare, v. Cardomomum.
Cardomomum mediocre, v. Cardomomum.
Cardomomum medium, v. Cardomomum.
Cardomomum minus, v. Cardomomum.
Cardomomum minus vulgare, v. Cardomomum.
Cardomomum piperatum, v. Cardomomum.
Cardomomum tertia species, v. Nigella *Offic.*
Cardomomum verum, v. Cardomomum s. Geranium.
Cardopatium, v. Carlina.
Carducellus, v. Carduus benedictus, v. Senecio.
Carduncellus Montis Lupi *Lob.* Eryngium montanum minimum capitulo magno *C. Bauh.* kleine Bergdistel.
Cardus Veneris. v. Dipsacus.
Carduus, die Distel. XI.
Carduus aculeatus, v. Carduus.
Carduus albis maculis notatus, v. Carduus Mariae.
Carduus albus, v. Carduus Mariae.
Carduus altilis, v. Cinara.
Carduus anserinus, v. Sonchus spinosus vulgatior.
Carduus asininus, v. Acanthium.
Carduus auenarius, Haberdistel, v. Carduus.
Carduus aruensis, v. Carduus.
Carduus benedictus, Acanthus Germanicus, Attractylis hirsutior, Acanthium, Cnicus siluestris alter *Theophr.* Carduncellus, Cardobenedicten, gesegnete Distel. VII.

Ist ein zusammengesetztes Wesen, aus firen oder bittern und ein wenig flüchtigen Salzen, erwärmet und trocknet im andern Grad. Der Samen stillet die Schmerzen im Seitenstechen und Entzündung der Lunge, und treibet die Pocken und Masern heraus. Das Kraut dienet dem Herzen, treibet Gift und Schweis aus, verdünnet, eröfnet, vertreibet viertägige und andere Fieber, Taubheit, Hauptwehe u. d. g. Aeußerlich dienet das Kraut, wenn es im Junio eingetragen und zu Pulver gestoßen, auch hiervon ein Wasser abgesotten worden, im kalten und heißen Brande und Wunden. Sonst wird auch das öfters überzogene Wasser, im Mangel des Gehöres, auf Baumwolle gegossen, und in die Ohren gestecket. Es sind auch mehr Praeparata aus den Cardobenedicten in vsu, als der Spiritus, Saft, Salz, ein destillirtes Oel, Cardobenedictenzucker, Syrup, Extract u. d. g.

Carduus bulbosus Monspeliensium *Lob.* pratensis asphodeli radice latifolius *C. Bauh.* breitblätterichte Wiesendistel, mit Asphodelwurzeln.

Carduus carlina minor siluestris, v. Carlina siluestris minor.

Carduus caule stellato *Peruanus*, v. Cereus.

Carduus chrysanthemus, v. Carduus.

Carduus Criocephalus *Dodon* v. Psyllum.

Carduus ferox, v. Lolium IV. *Trag.*

Carduus fullonum, v. Dipsacus.

Carduus Fullonum *Brunsfeld.* v. Dipsacus siluestris.

Carduus Fullonum erraticus, v. Dipsacus siluestris.

Carduus Fullonum *Lobel.* v. Dipsacus satiuus.

Carduus globosus, v. Echinops.

Carduus hortensis, v. Cinara.

Carduus hortensis non spinosus, v. Scolymus.

Carduus in auena proueniens, v. Carduus Auenarius.

Carduus lacteis maculis notatus, v. Carduus Mariae.

Carduus lacteus, v. Carduus Mariae.

Carduus lanceatus, v. Carduus Mariae.

Carduus lanceolatus, v. Carduus Mariae.

Carduus latifolius, v. Carduus pratensis.

Carduus leucographus, v. Carduus Mariae.

Carduus Mariae *Offic.* Marianus *Cord. Tab.* lacteis maculis notatus *I. Bauh.* Leucographus *Dod.* lacteus *Matth.* albis maculis notatus, Spina alba hortensis *Fuchs.* Sisybum *Lob.* Mariendistel, Frauendistel, Margendistel, Vehdistel, weiße Wegdistel, (wegen der Blätter, so mit weißen Flecken besprenget) Forchdistel, spitzige Distel, silberne Distel, Meerdistel, (nicht daß sie ums Meer meistentheils wachse, sondern daß sie wider alle wässerichte und übrige Feuchtigkeiten diene, *v. Zorn. Botanolog. Med p. 163.*) Unser lieben Frauendistel, Stechkraut, (weil die Blätter, Stengel und Köpfe voller Stacheln und spitziger Dörnlein, auch vor das Seitenstechen gut seyn.) XI.

Der Samen, Blätter und Wurzeln kommen mit dem Carduo benedicto ziemlich überein, und haben fast einerley Würkungen. Sie sind kalt und trocken im andern Grad, und werden innerlich wider den weißen Fluß derer Weiber, Krampf und Ziehung derer Glieder gebrauchet; äußerlich aber in alten Schäden, Beinfras und den anfangenden Krebs, gerühmet.

Sie halten gelinde an, zertheilen, eröfnen, und geben in die Apothecken das bekannte destillirte Wasser.

Carduus mollis, v. Cirsium.

Carduus *Monardi*, v. Cereus.

Carduus Moschatus, v. Chamaeleon verus.

Carduus mureticus, v. Spina alba.

Carduus Muscatus, v. Chamaeleon verus.

Carduus non aculeatus, v. Cinara.

Carduus pacis, v. Carlina.

Carduus panis, v. Carlina.

Carduus Orientalis costi hortensis folio, v. Chamaeleon verus.

Carduus *Plinii*, v. Cinara.

Carduus pratensis asphodeli radice latifolius, *C. Bauh.* breitblätterichte Wiesendistel mit Asphodelwurzeln.

Carduus pratensis *Trag. Lob.* latifolius *Bauh.* Brassica pratensis *Lon.* Limonia *Theophrasti, Gesn.* Wiesenkohl, Wiesendistel. VI.

Carduus Sanctus, v. Carduus Benedictus.

Carduus satiuus, v. Cinara. v. Dipsacus satiuus.

Carduus satiuus fullonum, v. Dipsacus satiuus.

Carduus siluestris *Caesalp.* v. Onopordon *Athenaei Anguill.*

Carduus siluestris capitulo minore, v. Dipsacus tertius.

Carduus sphaerocephalus, v. Chamaeleon verus.

Carduus sphaerocephalus latifolius vulgaris, v. Chamaeleon verus.

Carduus spinosissimus angustifolius vulgaris, v. Carduus stellatus.

Carduus stellatus. Wege- oder Sterndistel. IV.

Ist warm und trocken im andern Grad, und wird die Franzosen, Verstopfungen der Leber, tägliche und dreytägige Fieber zu curiren, und das Geblüt zu reinigen, vorgeschlagen.

Carduus stellatus capitulis spinosissimis, v. Iacea.

Carduus stellatus foliis papaueris erratici. v. Digitalis.

Carduus stellatorius, v. Digitalis.

Carduus tomentosus *Anglicus, Lob.* wollichte Distel, v. Carduus.

Carduus *Veneris*, v. Dipsacus.

Carduus viarum, v. Acanthium.

Carduus viarum flore albo, v. Acanthium.

Carduus vulgaris, v. Carduus Mariæ.

Carduus vulgaris *Matth.* vulgarissimus viarum *Lob.* Cartamus silvestris *Trag. Lon.* Carlina silvestris *Dod.* vulgaris *Clus.* Cnicus silvestris procerior *Thal.* spinosior *C. Bauh.* Atractylis media *Gesn.* Heracantha *Tab.* Colus rustica *Cord.* Gemeine Distel, Drawdistel, wilder Saffran Sodkraut. V.

Wird in der Pfalz und Oesterreich gefunden, und den Sod zu vertreiben, angehangen.

Carduus vulgatissimus, v. Carduus vulgaris *Matth.*

Careo semen, v. Caruum.

Careum, v. Caruum.

Carex, groses Ried. III.

Carex minus, v. Juncus.

Caricae, v. Ficus.

Cariota rustica, v. Pastinaca silvestris.

Caritides, v. Palma.

Carlina, χαμαιλέων λευκός, Apri radix, Carduus panis s. pacis, Carolina, Cardobatium, Aeberwurz, Eberwurz. XII.

Wächset in Meissen in Harzwäldern, auch in Italien an unfruchtbaren Triften und Hecken. Die Wurzel ist warm und trocken im dritten Grad, bestehet aus einem aromatischen Sale Volatili oleoso, oder würzhaften, flüchtig- und ölichten Salz, wird als ein Gegengift (Alexipharmacum) wider Gift und giftige Krankheiten, Schweis, Urin und Menses fortzutreiben, item den Speichel zu befördern, gebrauchet. Es paßiret auch die Carlina als ein gutes Mutterkraut, und pfleget im Haarwurm, der Krätze, Scorbut, Milzbeschwerungen, die verlohrne Sprache zu ersetzen, und Würme zu tödten, viel auszurichten.

Carlina acaulis magno flore, v. Carlina.

Carlina caulescens magno flore, v. Carlina.

Carlina elatior, v. Carlina vulgaris.

Carlina herbariorum, v. Carlina silvestris minor.

Carlina *Hispanica Clus.* v, Carlina silvestris minor.

Carlina humilis, v. Carlina.

Carlina maior, v. Carlina vulgaris.

Carlina Selfilis, v. Carlina.

Carlina silvestris, v. Carduus vulgaris.

Carlina silvestris *Clus.* v. Carduus vulgaris.

Carlina silvestris maior, v. Carduus vulgaris.

Carlina silvestris minor, Hispanica *Clus.* Acarna flore luteo patulo,

patulo, Carduus Carlina minor silvestris *Clus.* flore luteo *I. Bauh.* Klein Wildeberwurzel.

Carlina vulgaris s. maior et elatior *Clus.* Lauacantha *Dod.* Chamaeleon niger vulgaris *Trag.* gemein Eberwurz, groß oder schwarz Eberwurz. XII.

Ist ein Alexipharmacum, treibet Schweis und Urin, auch den Blutgang und Würme, eröfnet, und dienet wider die Wassersucht.

Carlina vulgaris caulem emittens, v. Carlina vulgaris.

Carnabatis, v. Cuminum.

Carnabadium *Nicolai*, v. Cuminum.

Carnabadium *Sim. Sethi*, v. Cuminum.

Carnabum, v. Cuminum.

Carnub, v. Siliqua dulcis.

Caroba, v. Siliqua dulcis.

Carolina, v. Carlina.

Caros, v. Caruum.

Carota, Carotis, v. Pastinaca satiua.

Carota lutea, v. Pastinaca domestica.

Carota *Matth.* altera, v. Pastinaca domestica.

Carota radice buxei coloris, v. Pastinaca domestica.

Carota radice rubra, v. Pastinaca domestica.

Carota radice sanguinei coloris, v. Pastinaca domestica.

Carota siluestris, v. Pastinaca siluestris.

Carotis, v. Pastinaca.

Carotis alba, v. Pastinaca domestica.

Carotis lutea, v. Pastinaca domestica.

Carotta satiua, v. Pastinaca domestica.

Caroum, v. Cuminum.

Carpentaria *Gallorum* v. Barbarea *Dod.*

Carpentariorum herba, v. Barbarea.

Carpesium *Graecorum*, v. Valeriana, v. Cubebæ.

Carpinus *Lugd.* v. Acer.

Wird vom Herrn Franco vor eine krausichte Art des Ahornes gehalten. v. Acer.

Carpinus alba, v. Acer.

Carpinus *Matth.* *Dod. Lob. Tab.* Ornus *Trag. Lon.* Fagus sepiaria *Gesn.* Ostrys *Theophr.* et Fagulus herbariorum *Clus.* Ostrya *Cord.* Heck= oder Hagebüchen, Steinbüchen. V.

Wird

Wird in der Haushaltung zu Rollen, Hobeln u. d. g. weil das Holz ziemlich hart ist, gebrauchet.

Carpinus *Theophrast. Trag. Lon.* v. Euonymus *Matth. Dod. Lob. Tab.*

Carpinus *Virginiana* fructu lupulino, die Virginische Hopfenhagbuche. v. Carpinus.

Carpobalsamum, v. Balsamum.

Carpobalsamum nigrum *Alexandrinum*, v. Balsamum.

Carpobalsamum non legitimum, v. Balsamum.

Cartamum, s. Cartamus, v. Carthamus.

Cartapilago, v. Filago, v. Chrysocome.

Carthaginiensis resina ein Baumharz.

Ist noch besser, als der Venetianische Terpentin, schliesset die Wunden, reiniget, und ist ein trefliches Remedium in offenen Nerven und derselben Geschwären.

Carthamum, v. Carthamus.

Carthamus s. Cnicus *Ioh. Bauh.* Cnicum Carthamus verus *Offic.* Cnicus satiuus *I B.* vulgaris *Clus.* flore croceo *Cam.* Cnecus verus *Offic*, Cnicon, κνῆκος, *Theophrast.* κνῖκος *Plin.* Cartamum vel Carthamum, wilder Safran, Bastart Safran, Borstenkraut, Saflor, Flor, Gartensafran, occidentalischer Safran. VII.

Wird um Strasburg herum am besten gefunden. Der Samen ist warm und trocken im ersten Grad. Er purgiret wegen seines flüchtigfixen Salzes, so in einem zähen und süslichen Schleim, welcher die ekele purgirende Schärfe bey sich führet, verborgen lieget, oben und unten ziemlich stark, führet die zähe und klebrichte Feuchtigkeit samt dem Wasser ab, und dienet in allerhand Brustbeschwerungen, starken Husten, Engbrüstigkeit. Dem Magen thut er nicht allemal gut, und erwecket leicht Blähungen, und wird deswegen öfters mit Safran vermischet, entweder vor sich selbst, oder besser, in einer Milch zu zwey Quentgen eingegeben. Hiervon ist der Samen am meisten im Brauch, welchen die Vogler Papogoyensamen nennen, weil er denen Papogoyen eine gar angenehme und gemeine Speise seyn, sie aber und andere Vögel nicht purgiren soll. v. Bartholom. Zorn. Botanolog. Med. p. 218. et Paul Hermann. in Cynosur. M. M. p. m. 170. Die gebräuchlichsten Medicamenten aus dem Cnico seynd das Extractum, der Syrup, die Lattwerge (Electuarium) und die Species, so unter dem Namen Specica Diacarthami bekannt.

Cartha-

Carthamus silvestris, v. Carduus vulgaris.

Carub, v. Siliqua dulcis.

Carui *Officinarum*, v. Cacalia.

Carum, v. Caruum.

Carumfel, v. Caryophylli aromatici.

Caruum Carum, κάρος vel κάρος, κάρον, Cuminum pratense, Weiskümmel, Feldkümmel, Mattkümmel, Römischkümmel, Kramkümmel, Gartenkümmel. IV.

Ist warm und trocken im dritten Grad, an Farbe gelbbräunlicht, länglicht und streisicht, auch eines widrigen Geruches, und hat ein temperirtes, flüchtig und ölichtes Salz bey sich. Der Samen zertheilet, verdünnet, dienet dem Magen, treibet Urin, vermehret die Milch, curiret den Schwindel, die Trommelsucht, und wird äuserlich in Entzündungen und Geschwulst des Scroti, auch nicht wenig in Verlähmung und Verkrümmung derer Glieder, wider die Colic, Schwindel, Blähung und Reissen im Leibe gebraucht, zu welchem Ende unterschiedene Compositiones, als die Confectio, oder der mit Zucker überzogene Kümmel, die eingemachte Wurzel, das destillirte Wasser, das aus dem Samen verfertigte Oel, hier und da in denen Apothecken zu bekommen. In der deutschen Sprache wird der Kümmel öfters mit Karbe confundiret, doch ist die Karbe, (Semen Carui) bey denen Materialisten mehr schlechtweg unter dem Namen Kümmel, Feldkümmel, Wiesenkümmel bekant, da hergegen Semen Cumini, Römischer Kümmel genennet wird, wie hiervon Simon Pauli in Quadripart. Botanico Class. II. p. 44. gedenket.

Caryophyllæa, Nägelein, Nelken. XCVII.

Caryophyllæa silvestris *Trag. Matth.* Caryophyllus montanus primus *Tab.* silvestris vulgaris latifolius *C. Bauh.* Armeria s. caryophyllus minor silvestris, minus odoratus foliis latioribus *Lob.* minor silvestris flore simplici et plano *Eyst.* Armerius flos primus *Dod.* Tunica silvestris *Lon.* Donnernägelein, Feldnägelein. II.

Der ausgedrückte Saft und das destillirte Wasser hiervon sind ein gutes Mittel, den Stein zu treiben.

Caryophyllæa superba elatior vulgaris, *Dod.* v. Caryophyllus minor.

Caryophyllaeus flos, v. Caryophyllus domesticus.

Caryophyllaeus minor *Dod.* Caryophyllus plumarius albus *Tab.* silvestris flore albo picto *Eyst.* flore tenuissime dissecto *C. Bauh.* superba *Trag. Lon.* Betonica coronaria tenuissime dissecta s. Caryophyllæa superba elatior vulgaris *I. Bauh.* Federnägelein, Muthwillen. II.

Caryophyllata, Sanamunda, Herba benedicta, Benedictenwurz, Benedictenkraut, Märzwurz, Garoffel. XIV.

Wärmet und trocknet im andern Grad, wächset an unbebaueten, fetten und schattichten Orten und Zäunen, hat einen etwas scharfen und bitterlichen Geschmack, und riechet fast wie Würznägelein. Die Wurzel bestehet aus irdischen Theilen, mit ein wenig flüchtigen, balsamischen und aromatischen Salze, und wird deswegen wider Flüsse und Verstopfungen des Hauptes gerühmet, hält etwas an, stärket, widerstehet dem Gift, zertheilet, dienet dem Haupt und Herzen, paßiret vor ein bequemes Remedium, wenn man von einem hohen Orte herunter gefallen, trocknet die Flüsse, resolviret das geronnene und gelieferte Geblüt, stärket die Geburtsglieder beyderley Geschlechts, und hilft zur Empfängnis, curiret die Brüche, das Bluten, die Ruhr, Wunden, den tollen Hundesbiß, Blutharnen, die gelbe Sucht u. d. g. Die trockene Wurzel welche kein Sal volatile mehr bey sich führet, hält gelinde an, stärket den schwachen Magen, und giebt, wenn man sie in Wein und Bier thut, dem Getränke einen lieblichen Geruch und Geschmack, und dämpfet die Säure.

Caryophyllata *Alpina* lutea, v. Caryophyllata Alpina.

Caryophyllata *Alpina* montana, v. Caryophyllata Alpina.

Caryophyllata Alpina pentaphyllæa *Lob.* quinquefolia *Casp. Bauh.* Alpbenedictenwurz. III.

Caryophyllata *Alpina* quinquefolia, v. Caryophyllata Alpina.

Caryophyllata Caspia, v. Caryophylli aromatici.

Caryophyllata Cassia. v. Cassia caryophyllata.

Caryophyllata lutea *C. Bauh.* v. Caryophyllata montana *Matth. Dod. Tab.*

Caryophyllata maior rotundifolia *Lob.* v. Caryophyllata montana *Matth. Dod. Tab.*

Caryophyllata montana *Matth. Dod. Tab.* alpina *Cam.* lutea *C. Bauh.* maior rotundifolia *Lob* Geum alpinum et quartum *Gesn.* Bergbenedictenwurz, Bergcaroffelwurz. V.

Caryophyllata quinquefolia *C. Bauh.* v. Caryophyllata alpina pentaphyllæa, *Lob*

Caryophyllata silvestris, v. Caryophyllæus minor.

Caryophyllata Veronensium, flore Saniculæ vrsinæ *Lob.* Sanicula alpina *Tab.* montana *Clus.* latifolia laciniata *C. Bauh.* Cortusa *Matth.* Alpsanicul, mit breit zerschnittenen Blättern. IX.

Caryophyllata vulgaris aquatica, v. Caryophyllata.

Caryophyllatum maius, *C. Bauh.* Basilica maior *Trag.*

Caryophylli aromatici, Caryophyllum et Caryophyllus *Offic.* Caryophylli Indici *I. Bauh.* veri *Clus. Ger.* Caryophyllon *Plin.* Karunfel *Arab.* Caryophyllata Caspia, Nägelein, Gariofensnägelein, Würz- oder Kramnägelein. III.

Sind eine ausländische Frucht oder Blume, warm und trocken im dritten Grad, welche die Einwohner an der Sonnenhitze gedörret, verhärtet und schwarz gefärbet haben, wachsen in unterschiedenen Orientalischen Insuln und Ländern, als Zeilan, Bantam und denen Moluckischen Insuln, werden von denen Portugiesen Clauus, von uns Deutschen Näglein, (weil sie sich mit ihren Köpfen denen eisernen Nägeln vergleichen, v. Barth. Zorn, Botanolog. Med. p. 172.) in Moluckischer Sprache Chanque genennet, gemeiniglich unreif, weil sie ein kräftigers Sal Volatile Oleosum bey sich führen, abgebrochen, denen reifern und grössern, so man zum Unterschied derer Caryophyllorum oder kleinen Näglein, Anthophyllos, auf deutsch Mutternäglein nennet, vorgezogen, und in gar vielen Krankheiten, als Haupt- Herz- und Magenbeschwerungen, auch nicht weniger, wegen ihrer zertheilenden Kraft, in Schlafkrankheiten, dem Schlage, Lähmung, wenn rohe und unverdauliche Speisen im Magen liegen, denen Franzosen, Wechselfiebern, blöden Gesicht, Geschwulst des Herzens, erkältetem Gehirn, Ohnmachten, Schwindel, Zahnwehe, verschleimten Magen, giftigen und Mutterkrankheiten, gerühmet. Aeuserlich geben die Caryophylli ein bequemes Augenwasser, denn man kan weis Rosenwasser drauf giesen, und eine rothe Tintur extrahiren, selbige mit Campher vermengen, und in einem Läppgen, das Gesicht zu stärken, überschlagen. Es sind auch andere Medicamenten, die aus denen Caryophyllis bestehen, und sowol innerlich als äuserlich ihren Nutzen haben, als die mit Zucker überzogenen Näglein, das Wasser, Oel, Extract, Salz und Balsam, verhanden. Das Oel schwimmet, wegen seiner irdischen Theile, nicht, wie andere Oele, im Wasser oben auf; Man tröpfet hiervon ein wenig auf Baumwolle, und stecket es in die hohlen Zähne.

Caryophylli *Indici*, v. Caryophylli aromatici.
Caryophylli veri, v. Caryophylli aromatici.
Caryophyllon olens, v. Onobranche.
Caryophyllum, Caryophyllus, v. Caryophylli aromatici.
Caryophyllus Alpinus calice oblongo hirsuto, v. Caryophyllaeus minor.
Caryophyllus altilis, v. Caryophyllaeus minor.
Caryophyllus altilis maior, v. Caryophyllata montana.
Caryophyllus aromaticus, v. Caryophylli aromatici.
Caryophyllus arbor, der Würznägleinbaum.
Caryophyllus arboreus *Graecus* Leucoii folio, v. Caryophyllaeus minor. II.
Caryophyllus aruensis, v. Gramen Leucanthemum.
Caryophyllus aruensis vmbellatus folio glabro, v. Holostium *Offic*
Caryophyllus aruensis glaber flore maiore, v. Gramen Leucanthemum.
Caryophyllus aruensis hirsuto flore maiore, v. Holostium *Offic.*
Caryophyllus barbatus, Bartnelken, Carthäusernelken. VII. Ist eine Art von wilden Nelken, und wird in der Medicin selten gebrauchet.
Caryophyllus barbatus hortensis angustifolius, v. Caryophyllus barbatus.
Caryophyllus barbatus hortensis latifolius, v. Caryophyllus barbatus
Caryophyllus barbatus multiplici flore, v. Caryophyllus barbatus.
Caryophyllus cartusianorum, Carthäusernäglein. III,
Caryophyllus coeruleus, v. Caryophyllata.
Caryophyllus coeruleus *Monspel.* v. Caryophyllata.
Caryophyllus domesticus, v. Caryophyllus hortensis.
Caryophyllus flore maiore, v. Caryophyllus hortensis.
Caryophyllus flore tenuissime dissecto, v. Caryophyllus hortensis.
Caryophyllus *Hispanis* dicta prima, altera, tertia et quarta varietas, v. Flos Africanus.
Caryophyllus holosteus, v. Alsine.
Caryophyllus hortensis, Vetonica *Dod.* Herba tunica, Caryophyllus domesticus *Matth.* Coronaria satiua, s. caryophyllaeus flos *Jo. Bauh.* Betonica altilis *Fuchs.* Nägelblumlein, Gartennäglein, Grasnäglein, Nägelken, Nelken, Violetten, Filiten, Grabblumen. LXXXI.

Sind temperiret aus dem warmen und trocknen, (bey andern warm und trocken im andern Grad.) Die Blumen, zumal die dunkelrothen, bestehen aus einem gelinde temperirten, flüchtigen und aromatischen Salze, welches denen Würznäglein in etwas beykömmt, geben eine gute Haupt- Herz und Nervenstärkung ab, und werden deswegen in Herz- und Hauptwehe, Schwindel, Schlage, dem bösen Wesen, Lähmung, Krampf, Ziehung und Zittern derer Glieder, Ohnmachten, Herzklopfen, schwerer Geburt und Würmen, recomendiret; Aeuserlich aber wider Hauptwehe, Hauptwunden und Zahnschmerzen gelobet. Wie denn aus ihrem dick eingekochten Saft eine Essenz, und sonst aus denen Nelken eine Conserua oder in Zucker eingesetzte Näglein, ein gebranntes Wasser, (so gut für die Augen,) ein Syrup, Eßig und Tinctur zu haben. Alle Medicamenten, so aus denen Nelken bestehen, müssen mit Würznäglein stimuliret werden.

Caryophyllus *Indicus* (Flos *Africanus*) Tagetes, Indianische Nägelein. XIII.

Wächset in Africa, und wird in denen Gärten gezogen, treibet den Harn und Blutgang. v. Woit Gazophyl. Med. Phys.

Caryophyllus *Indicus* flore luteo et rubescens plenus minor v. Flos Africanus.

Caryophyllus *Indicus*, flore luteo et simplici aureo, v. Flos Africanus.

Caryophyllus *Indicus* maior, v. Flos Africanus.

Caryophyllus *Indicus* minor, v. Flos Africanus.

Caryophyllus maior, v. Caryophyllata.

Caryophyllus maior rotundifolius, v. Caryophyllata.

Caryophyllus maior ruber et albicans, v. Caryophyllæa.

Caryophyllus maximus multiplex, v. Caryophyllæa.

Caryophyllus maximus variegatus, v. Caryophyllæa.

Caryophyllus marinus, wohlriechender Wilhelm, kömmt der Nelke ziemlich nahe, und wird durch Leger fortgezogen.

Caryophyllus marinus mediterraneus, v Linaria.

Caryophyllus marinus minimus, v. Linaria.

Caryophyllus minor siluestris flore simplici et pleno *Eyst.* v. Caryophyllæa *Trag. Matth.*

Caryophyllus montanus albus, v. Caryophyllæa siluestris.

Caryophyllus montanus *Clus.* v. Caryophyllæa.

Caryophyllus montanus flore globoso, v. Linaria.

Caryophyllus montanus minor, v. Linaria, v. Gramen-Leucanthemum.

Caryophyllus montanus multiflorus, v. Caryophyllæa.

Caryophyllus montanus primus, v. Caryophyllæa ſilueſtris. *Trag.*

Caryophyllus montanus ſecundus, v. Caryophyllata.

Caryophyllus montanus tertius, v. Caryophyllæa.

Caryophyllus multiplex albus, v. Caryophyllæa.

Caryophyllus multiplex purpureo-coeruleus, v. Caryophyllæa.

Caryophyllus plumarius albus, *Tab.* v. Caryophyllæus minor.

Caryophyllus pratenſis *Tab.* flore laciniato ſimplici *C Bauh.* Flos oculi *Lon.* pratenſis *Trag.* Armerius ſilueſtris *Dod.* Armeria ſilueſtris pratenſis, Tunix Arabum *Lob.* Odontitis *Plin.* ſimplici flore *Cluſ.* Gauchblumen, Guckucksnäglein, Klebnäglein. XXX.

Caryophyllus pratenſis flore laciniato ſimplici, v. Caryophyllus pratenſis.

Caryophyllus pratenſis ſimplici flore minor pallide rubente, v. Caryophyllus pratenſis.

Caryophyllus pratenſis ſupinus anguſtifolius, v. Caryophyllus pratenſis.

Caryophyllus Saxatilis, die Feldnelke.

Caryophyllus ſilueſtris flore laciniato albo inodoro, v. Caryophyllæa ſilueſtris *Trag.*

Caryophyllus ſilueſtris floribus lanuginoſis hirſutis, v. Caryophyllæa ſilueſtris *Trag.*

Caryophyllus ſilueſtris floribus ſuauerubentibus, v. Caryophyllæa ſilueſtris *Trag.*

Caryophyllus ſilueſtris minimus, v. Armerius flos prolifer. *Cam.*

Caryophyllus ſilueſtris minor, v. Armerius flos prolifer.

Caryophyllus ſilueſtris plumarius albus, *Tab.* v. Caryophyllæus minor

Caryophyllus ſilueſtris prolifer, v. Armerius flos prolifer. *Cam.*

Caryophyllus ſilueſtris ſimplex ſuauerubens, v. Armerius flos prolifer.

Caryophyllus ſilueſtris vulgaris latifolius, *C. Bauh.* v. Caryophyllæa ſilueſtris *Trag. Matth.*

Caryophyllus virgineus, v. Caryophyllæa.

Caryophyllus vulgaris angustifolius, v. Caryophyllæa.
Caryophyllus vulgaris latifolius, v. Caryophyllæa.
Caryotæ, v. Palma.
Caschu, v. Catechu.
Caslonada, v. Saccharum.
Cassada, v. Manihot.
Cassia *Aegyptiaca*, v. Cassia fistula.
Cassia *Alexandrina*, v. Cassia fistula.
Cassia Aromatica, v. Cassia lignea. *Offic.*
Cassia caryophyllata, Cinnamomum caryophyllatum, Nelkenzimmet.

Ist ein Gewächs eines Americanischen Myrtenbaumes, wächset in Brasilien, Madagascar, Cuba und India Orientali, bestehet aus einer dünnen, röthlichten, braunen und von den äusersten Schalen gesäuberten Rinde, welche wie der Zimmet, in länglichtrunde Röhren gerollet ist, hat einen scharfen, beissenden und aromatischen Geschmack und guten Nelkengeruch. An Kräften kömmet sie denen Würznäglein und Zimmet ziemlich bey, auser daß in der Cassia ein zäher Schleim vorhanden, welcher dessen scharfe Salze dämpfet. Sie stärket unsere Spiritus und das Gedächtnis, curirt die Schlagflüsse und Wassersucht, treibet den Urin und die Geburt, wird aber selten verschrieben.

Cassia cinnamomea, v. Cinnamomum.
Cassia fistula Alexandrina, v. Cassia fistula.
Cassia fistularis, v. Cassia fistula.
Cassia fistula, fistularis siliquosa *Offic.* Cassia laxativa, Cassia nigra *Dod.* s. Aegyptiaca siliqua *Matth.* Cassia purgatrix, Cassia Alexandrina *C. Bauh.* Faba Indica *Cord.* siliqua purgatrix vel Indica, Flos Cassiæ, Cassia solutiva, Cassia siliquosa, Rohrcaßie, Fistulcaßie, Caßie in Röhren, purgirende Caßie. IX.

Bestehet aus länglichtrunden oder Cylindrischen Schoten, von unterschiedlicher Grösse, hat auswendig eine schwarze, harte und holzigte Schale, inwendig aber einen schwarzen etwas scharfen und doch süssen Mark in unterschiedenen Fächlein, worinnen ein platter glänzender Samen, wie ein Herz, lieget, kömmt aus Ost- und Westindien, und wird in Cassiam Orientalem et Occidentalem getheilet. Der Baum an und vor sich selbst hat die Grösse eines Welschen Nußbaumes. Die Griechen nennen diese Cassiam, Cassiam solutivam, zum Unterschied der Arabischen Cassia. Die Egyptische ist die beste, hat eine schwarze, etwas röthliche Rinde. Das Mark (Pulpa) in denen Hülsen hat ein gelind purgirendes, etwas süslichtes Salz, in einer zähen Substanz, bey sich, führet die Galle und den wässerichten Schleim ab, treibet den Urin und Stein, lindert auch die daher entstehenden Schmerzen, dienet im Samenfluß und Schneiden der Röhre, der Ruhr u. d. g. Wegen ihres zähen Wesens operirt sie langsam, machet Blähungen, und schadet denen, welche mit Milzbeschwerungen behaftet sind. Ein Trank von dem Mark gekochet, thut gut in Seitenstechen, und ist gar annehmlich. Sie ist temperirt, warm, kalt und feucht, (warm und feucht im ersten Grad.) In denen Apothecken findet man hiervon das Extract, Wasser und den Syrup. NB. Dergleichen Medicamente werden allezeit mit andern corrigiret.

Cassia folium, v. Malabatrum.

Cassia *Graecorum*, v. Cassia lignea.

Cassia laxatiua, v. Cassia fistula.

Cassia lignea s. aromatica *Offic.* Cassia veterum *Clus.* Canella ignobilior *Garz.* Cinnamomum s. Canella Maluarica et Jauanensis *C. Bauh.* Malabar s. Sumatrensis baccifera, cauliculata, Cassia *Graecorum*, Xylocassia, Mutterzimmet, Caßienholz, Caßienrinde, Holzcaßien. IV.

Wird in der Persianischen Sprache Darchini genennet. Ist eben eine Rinde eines Ostindischen Baumes, kömmt mit der Cassia caryophyllata ziemlich überein, nur daß sie etwas schwächer ist, dienet wider den Husten, Engbrüstigkeit, Keuchen, Mutterbeschwerung, Entzündung des Zäpfgens, Rauhigkeit des Halses, Brustbeschwerung, zertheilet, verdünnet, stillet den Schmerz, u. s. w. Man findet die Cassiam ligneam auch in der Insul Zeilon.

Cassia lignea maritima *Lugd.* s. Cassia poëtica *Monspeliens. Lob. Cam.*, v. Cassia fistula.

Cassia nigra *Dod.* v. Cassia fistula.

Casia *Occidentalis*, v. Casia fistula.

Casia *Orientalis*, v. Casia fistula.

Casia poëtica, v. Casia lignea maritima.

Casia purgatrix Arabum, *Lob.* v. Casia fistula.

Casia quorundam, v. Casia fistula.

Casia siliquosa, v. Casia fistula.

Casia siliquosa *Arabum*, v. Casia fistula.

Casia solutiua, v. Casia fistula.

Casſia veterum, v. Casſia lignea.
Casſia *Zeilanica*, v. Cinnamomum.
Casſiæ folium, v. Malabatrum.
Casſida, Scutellaria paluſtris, Caßida, Helm. IV. v. Gratiola coerulea.
Casſida *Orientalis* Chamaedrys folio, *Tournef.* v. Casſida.
Casſignetis, v. Sideritis, *Offic.*
Casſine, Peruaner Thee. II.
Caſſonada, v. Saccharum.
Caſſutha, v. Cuſcuta.
Caſſutha minor, v. Epithymus.
Caſſytha, v. Cuſcuta.
Caſta herba, v. Herba ſenſitiua.
Caſtanea, Caſtanien. III.
Wächſet in Elſaß, der Unterpfalz, Frankreich, Italien, auch in America, vornemlich in der Landſchaft Virginien. Die Frucht führet einen dicken Saft bey ſich, machet Blähungen und ſtopfet, iſt warm und trocken im erſten Grad, und wird im Durchfall, weiſen Fluß der Weiber, der Bräune, Entzündung des Mundes, und im Erbrechen gebrauchet. Die äuſerliche Schale hiervon iſt eigentlich in obigen Affectibus zu erwählen. Man verſchreibet ſie meiſtentheils mit Elfenbein und rothen Wein.
Caſtanea equina, ſ. Indica *Matth. Dod. Lob.* folio multifido *C. Bauh.* Roßcaſtanien. III.
Sind eine Pferdearzney. Man brauchet ſie, wenn die Pferde keuchen, oder kurzen Athem haben.
Caſtanea folio multifido, v. Caſtanea equina.
Caſtanea Indica, v. Caſtanea equina.
Caſtanea minor, v. Caſtanea equina.
Caſtanea paluſtris, v. Tribulus aquaticus.
Caſtanea porcina, v. Caſtracana, v. Galega.
Caſtanea ſilueſtris, v. Caſtanea equina.
Caſtanea terrae, v. Bulbocaſtanum.
Caſtinea porcina, v. Galega.
Caſtonada, v. Saccharum.
Caſtorea, Caſtorra aus America. II.
Caſtoris trifolium, v. Trifolium fibrinum.
Caſtracana, v. Galega.
Caſtrangula, v. Serophularia maior.
Catanance *Lon.* v. Antirrhinum *Trag.*

Catanance altera, v. Juncus, v. Balsamine.

Catanance quorundam, v. Sesamoides, v. Caltha vulgaris.

Catapautia, v. Cataputia.

Cataphysis, v. Psyllum.

Cataputia maior, v. Rhicinus vulgaris *Americanus*, der Wunderbaum. XI.

Cataputia media, s. Ricinoides, Purgiernuß. XVI.

Dessen Samen sind die längliche Frucht des Ricini vulgaris, wie eine Bohne gros. Sie purgiren und führen die wässerichte Feuchtigkeit aus dem Leibe. Man pfleget selbige gemeiniglich denen Kindern, statt eines Laxativs zu verordnen. Das Oel wird Oleum infernale genennet.

Cataputia minor, v. λαθυρις minor, Granum regium minus, Springkörner III.

Der Samen purgirt scharf die Galle und andere Feuchtigkeiten in der Wassersucht. Das Oel pflegt, wenn es äuserlich auf den Leib gestrichen wird, Stühle zu erwecken. Der weise milchichte Saft hiervon ziehet Blasen, und nimmt die Haare weg. Es ist eine gemeine Meynung, daß die Blätter von der Cataputia, wenn sie auswärts abgerissen werden, durch das Erbrechen, wenn man sie aber unterwärts abpflücket, durch den Stuhl operiren sollen, welche aber Thom. Brovvn. in Pseudodox. epidemica Lib. II. Cap. VII. Part. 8 p. 548. gründlich widerleget.

Cataria, Catarius, Katzenmünze. VIII. v. Nepeta.

Cate, v. Catechu.

Caterraribas, v. Colocynthis vera.

Catechu, Caatchu, Cate, Categu, Lycium Gummi, Caschu, Catschu, Cateschu, Japanische Erde.

Wird unrecht unter die Erden gezählet, v. Hagendorn. Es ist ein getrockneter Saft der Frucht des Baumes Arecca, item Hacchic in Goa, Coromandel, Manara, Bacacin. Sie hält an, befestiget das Zahnfleisch, stillet das Erbrechen, Durchfall, rothe Ruhr, curirt die Schwindsucht, das Seitenstechen, Blutspeyen machet wohlriechenden Athem, weise Zähne, und befestiget solche, stillet die Schmerzen derer Augen, und bewahret das Herz. Hievon hat man unterschiedene Medicamente, als die wohlriechende Kugeln, Küchelgen, Tinctur und Essenz, welche in obigen Beschwerungen mit gutem Vortheil können gebrauchet werden.

Cattagauma, v. Gummi Gutta.

Cattaria, v. Nepeta.
Cattaria folio longiore, v. Nepeta.
Cattaria herba, v. Nepeta.
Cava, v. Coffée.
Caua radix, v. Fumaria bulbosa.
Caucalis s. Ceruicaria mas, Causimon et Thymoleon *Turnb.* Saxifraga ferulacea, schwarz Hirschwurz, Steinföndchel. III.
Caucalis s. Chaerephyllum mas, cerefolium siluestre *C. Bauh.* wilder Körfel. VIII.
Caucalis *Anglica*, v. Caucalis.
Caucalis, albo flore vulgaris, v. Caucalis.
Caucalis aruensis echinata, v. Caucalis.
Caucalis aruensis echinata paruo flore, v. Caucalis.
Caucalis coronata vmbella, v. Caucalis.
Caucalis flore minuto, v. Caucalis.
Caucalis magno flore, v. Caucalis.
Caucalis *Matth.* rubello flore *Clus.* Daucoides maius *Cord. Thal.* Petroselinum siluestre, wilder Petersilge, Feldklett, Klettenkerbel. XVI.
Treibet den Urin, und kan statt eines Kohlkrauts gegessen werden.
Caucalis Peucedani folio, v. Peucedanum.
Caucalis vulgaris, v. Caucalis.
Caucillis, v. Caucalis.
Cauda caballina, v. Equisetum.
Cauda equina, v. Equisetum.
Cauda equina femina, v. Polygonum femina.
Cauda equina siluestris, v. Equisetum.
Cauda leonis, v. Orobanche.
Cauda *Monspeliensium*, v. Pulsatilla.
Cauda muris, v. Myosurus.
Cauda porcina, v. Peucedanum.
Cauda scorpionis, v. Heliotropium maius.
Cauda vulpis, v. Pulsatilla.
Cauda vulpina maior, v. Alopecurus.
Cauda vulpina *Monspel.* v. Alopecurus.
Cauda vulpina speciosior, v. Alopecurus.
Caudex, Caudiculus, Caulis, ein Stamm, Schaft, Stengel.
Ist an denen Bäumen und Stauden dasjenige, so auser der Erden wächset, dadurch die Nahrung in den übrigen Stamm und Aeste in die Höhe steiget. v. Gazophylac. Med. Phys. p. 178.
Cauliflora, v. Brassica cauliflora.

Caulirapa, Kohlrübe. v. Brassica raposa.
Caulis, v. Brassica, v. Caudex.
Caulis capitulatus *Trag* v. Brassica capitata. *Matth.*
Caulis florida, v. Brassica cauliflora.
Caulorapum, v. Brassica raposa.
Caulorapum longum, v. Brassica raposa.
Causimon, v. Caucalis, v. Milium solis.
Cebar, v. Aloë.
Cedronella *Riv.* v. Melissa.
Cedrula, v. Cedrus.
Cedrus, Cedernbaum. III.

Soll der allergröste Baum in der Welt, und so dicke seyn, das denselben vier Mann kaum umklaftern können. Der Baum wächst nach Art der Pyramiden ziemlich in die Höhe. Das Holz hat einen überaus lieblichen Geruch. Das Harz, (Cedernharz) fliesset bey groser Hitze aus denen Bäumen heraus, wird von einigen Manna Mastichina genennet, ist bey uns sehr rar. Die Cedern heisen auch Cedern aus Libanon. In der Medicin wird von denen Cedern nichts sonderliches gebraucht, außer daß Späne vom Holze Schlangen tödten sollen. Sonst ist auch das Holz, wegen seiner Harte denen Schreinern und Tischern gar angenehm. v. M. B. Valentin. Museum Museorum p. 272. it. Woyt Gazophyl. Med. Phys. p. 80.

Cedrus arbor conifera, v. Cedrus.
Cedrus baccifera, die Beeren tragende Ceder. II.
Cedrus *Barbadensium*, v. Cedrus.
Cedrus *Bellonii*, v. Cedrus.
Cedrus *Bermundiana*, v. Juniperus.
Cedrus *Caroliniana*, v. Juniperus.
Cedrus conifera, v. Cedrus.
Cedrus foliis Cupressi maiore fructu flavescente, v. Cedrus, v. Thuia
Cedrus *Libani*, v. Cedrus.
Cedrus *Lycia*, v. Thuia.
Cedrus magna, v. Cedrus.
Cedrus minor, kleiner Cederbaum. v. Oxycedrus. II.
Cedrus *Phoenicia*, v. Thuia.
Cedrus *Virginiana*, v. Juniperus.
Cefaglioni, v. Palma.
Ceiba, der Seidenwollenbaum. II.

Cela-

Celastrus, v. Alaternus.
Celestrus femina, v. Alaternus.
Celestrus mas, v. Alaternus.
Celidonia, v. Chelidonium.
Cellesis, v. Verbenaca.
Celopa, v. Jalappa.
Celtis, der Zirgelbaum. v. Lotus *Africana*.
Celtis *Orientalis* minor foliis minoribus, *Tournef.* v. Lotus *Afric.*
Cemos, v. Antirrhinum.
Cenchrus, v. Cachrys.
Cenchrys, v. Cachrys.
Centaurea maior, v. Rhaponticum.
Centaurea minor, v. Centaurium luteum.
Centaurea radix, v. Gentiana, *Offic.*
Centaureum amarum, *Paracelf.* v. Gentiana *Offic.*
Centaureum magnum, v. Aquileia, v. Rhaponticum.
Centaurides, v. Gratiola.
Centaurium aquaticum v. Gratiola.
Centaurium luteum *Lob.* perfoliatum *C. Bauh.* paruum flauo flore *Clus.* minus luteo flore perfoliatum *Cam. Tab.* Tausendgüldenkraut mit gelben Blumen. III.
Centaurium magnum alterum *Dod. Clus.* maius folio non dissecto *C. Bauh.* maius alterum folio integro *I. Bauh.* XI. v. Rhaponticum.
Ist eine Art von Rhapontic.
Centaurium maius, v. Rhaponticum vulgare.
Centaurium maius flore luteo, s. citri pallido, v. Centaurium luteum.
Centaurium maius folio in lacinias plures diuiso, v. Rhaponticum vulgare.
Centaurium maius folio non dissecto *C. Bauh.* v. Centaurium magnum alterum, *Dod. Clus.*
Centaurium maius siluestre Germanicum, v. Serratula.
Centaurium minus album, v. Centaurium minus.
Centaurium minus, Febrifuga, Fel terrae, Tausendgüldenkraut, Aerdgallen. XXIV.
Ist warm im dritten, und trocken im andern Grad, bestehet aus fixen, bittern und ein wenig flüchtigen Salzen, weswegen es in langwierigen Krankheiten die Säure dämpfet, und in Wechselfiebern gute Dienste thut. Das Kraut mit der Blüte, sonder-

lich aber die Blüte, hält gelinde an, reiniget, öfnet, treibet die Menses, curirt die gelbe Sucht, dienet der Milz, in Wunden, führet die übrigen Feuchtigkeiten aus, hebet den Scorbut, Gicht und Würme, und sonderlich giftiger Thiere, als wütender toller Hunde Biß. Man macht einen guten Kräuterwein, und verfertiget in denen Apotheken ein Wasser, Extract und Salz daraus.

Centaurium minus flore rubro, v. Centaurium minus.

Centaurium minus luteo flore perfoliatum *Cam. Tab.* v. Centaurium luteum. *Lob.*

Centaurium nothum, v. Scabiosa.

Centaurium paruum, v. Centaurium minus.

Centaurium paruum flore flauo, v. Centaurium minus.

Centaurium pratense, v. Jacea.

Centauroides, v. Gratiola, v. Serratula.

Centinodium, v. Polygonatum.

Centonia, v. Abrotanum femina.

Centonica, s. Sementina, v. Santonicum.

Centromyrini *Theophr.* v. Ruscum.

Centrumgalli, v. Horminum et Scarlea.

Centumcapita, v. Eryngium.

Centumgrana, v. Myagrum siluestre.

Centummorbia, v. Numularia.

Centumneruia, v. Plantago.

Centumnodia, v. Polyganum maius.

Centuncularis, *Turnb.* v. Filago.

Centunculus *Caesalp.* v. Alsine maior.

Centunculus hirsutior, v. Alsine maior.

Centunculus minutissimis cauliculis, v. Alsine.

Centunculus *Plinii*, v. Voluulus terrestris.

Centunculus *Turnb.* v. Filago.

Centunculus viticulis cubitalibus, v. Alsine.

Cepa, κρόμμυον, Zwiebel, Zwiefel, Zipollen. XI.

Ist zarter Substanz. Die Wurzel wärmet im vierten, trocknet im dritten und vierten Grad, führet einen dicken und dünstigen Schwefel bey sich, und dienet denen pituitosis und Frigidis zur angenehmen Speise; die Biliosi aber müssen den Gebrauch der Zwiebeln vermeiden, weil aus deroselben öfterem Gebrauch heftige Kopfschmerzen, unruhige Nächte und Blödigkeit des Gesichts zu befahren. Sie eröfnen, zertheilen, machen klare, glänzende und schöne Haut, nehmen die tartarische

rische Feuchtigkeiten weg, treiben den Urin, die Menses, Würme, und curiren die verstockte güldene Ader. Die rohen Zwiebeln brauchet man, Haare wachsend zu machen, wenn mit zerschnittenen und in Honig getunkten Zwiebeln das Haar gesalbet wird. Die rohen Zwiebeln in Tellergen geschnitten, und reichlich mit Salz vermenget, heilen allerhand Brandschäden. NB. Die Zwiebeln müssen aber, ehe Euterblasen hervor kommen, appliciret werden. Die rohen Zwiebeln zerschnitten, eine Nacht lang in Bier oder Queckenkrautwasser eingeweichet, und denen Kindern alle Morgen, davon zu trinken gegeben, sollen ohnfehlbar die Würme vertreiben. Die gekochten und gebratenen Zwiebeln vermischet man mit Theriac und gerösteten Feigen, die Pestbeulen und andere Geschwäre zeitig zu machen, damit der Eyter heraus laufen könne. Wenn die Kinder stark husten, so bindet man ihnen eine gebratene Zwiebel auf die Fussohlen. Eine Zwiebel auf die erfrornen Glieder gelegt, und mit Fett gekocht, heilet solche gleichfalls. Hieher gehöret auch Cepa sterilis et Ascalonica Gall. des Echalottes, auf deutsch Schalotten, welche an den Speisen angenehmer, als die gemeinen Zwiebeln. Sie treiben den Urin, Menses, (monatliche Reinigung) und güldene Ader, und sind ein bequemes Remedium in langwierigen und tartarischen Krankheiten.

Cepa agrestis, v. Ornithogalum.

Cepa alba, v. Cepa.

Cepa alba et rubra, v. Cepa.

Cepa Ascalonica *Matth.* Cepa sterilis, *Trag. Gesn. C Bauh.* Cepa hyemalis s. hyberna, Eschläuchel, Winterzwiebeln.

Cepa capitata, v. Cepa.

Cepa communis, v. Scilla.

Cepa hiberna, s. hiemalis, v Cepa *Ascalonica.*

Cepa maior, v. Scilla.

Cepa marina s. muris, v. Scilla.

Cepa rubra, v. Cepa.

Cepa satiua *Matth.* v. Cepa.

Cepa sectilis, v. Porrum sectiuum.

Cepa sterilis, v. Cepa Ascalonica.

Cepa vulgaris, v. Cepa.

Cepaea, Cepoea, Cepern, Ackerkraut, Welschharnkraut. Blühet im Sommer, wird in Gärten gesäet. Die Blätter hievon

von können im Schneiden des Urins, und wenn die Blase angefressen ist, in Wein geleget, und getrunken werden.

Cepula, v. Myrobalanus.

Ceradonia, v Siliqua dulcis.

Ceraitis, v. Foenum graecum.

Ceraria, v. Siliqua dulcis.

Ceraria Siliqua, v. Siliqua dulcis.

Cerasa acida nigricantia *Offic.* acida rubella *J. B.* Cerasa amarena, Amarellen, Ammern, Ammelbeeren, braune Kirschen. Kommen mit denen Cerasis austeris überein.

Cerasa acida rubella *J. B.* v. Cerasa acida nigricantia *Offic.*

Cerasa aquea, Wasserkirschen. v. Cerasus.

Cerasa austera, acida, nigricantia, Weinkirschen, schwarze sauer Kirschen, Weichsel. II.

Haben einen färbendrothen Saft, welcher annehmlich ist. So wohl die Weinkirschen, als Ammern, ziehen zusammen, stärken den Magen und die Därme, löschen den Durst. Aus diesen Kirschen pfleget man durch Quetschung derer Kern und Kirschen den Kirschwein, durch Auspressung und Einkochung des Safts den Roob, oder das sogenannte Kirschmus, durch Vermischung dieses Safts mit Zucker einen Syrup zu verfertigen. Die Kirschen werden auch geröstet, gedörret, gebraten und eingemachet. NB. Durch das Wort Weichsel werden von einigen die bekannten Ammern, von andern die Weinkirschen und vom Lonicero im Kräuterb. p. m. 28. eine Art Kirschen, so auswendig schwarz aussiehet, inwendig aber einen weißen Saft hat, verstanden.

Cerasa dulcia, v. Cerasus.

Cerasa *Hispanica*, v. Cerasus.

Cerasa nigra et dulcia *Offic.* Cerasia nigra *Trag. Tab.* Cerasus maior et silvestris fructu subdulci nigro colore inficiente *C. B.* Cerasus prior *Dod.* schwarze süsse Kirschen, Rheinische Kirschen. III.

Sind kalt im ersten, feucht im andern, oder warm und kalt im ersten Grad. Hieraus pfleget man das destillirte Wasser, (aquam Cerasorum nigrorum) und den Spiritum per fermentationem oder den durch die Gährung entstandenen Spiritum, in Lähmung derer Glieder, Contracturen, dem bösen Wesen, und allerhand Hauptbeschwerungen zu gebrauchen.

Cerasa nigra *Tab. Trag.* v. Cerasa nigra et dulcia *Offic.*

Cerasa *Pliniana*, v. Cerasus.

Cerasa

Cerasa racemosa nigra, v. Cerasa nigra et dulcia.

Cerasa racemosa rubra, v. Cerasa austera.

Cerasa siluestria, Cerasus humilis *Gesn.* pumila *C. Bauh* Chamae cerasus *Matth. Dod.* wilde Kirschen, Waldkirschen, Feldkirschen. V.

Sind die kleinen sauren Kirschen, so hier und da im Felde wachsen. Die daraus bereiteten Medicamenten, als das destillirte Wasser, der Spiritus und die eingemachten sauren Kirschen kommen mit denen, so aus Weinkirschen verfertiget werden, überein.

Cerasa vno pediculo plura, v. Cerasus.

Cerascomium, v. Filipendula.

Cerasia nigra *Tab. Trag.* v. Cerasa nigra et dulcia *Offic.*

Cerasi similis arbuscula Mariana, schwarze Bischelkirschen aus Carolina.

Ceraso affinis, v. Macaleb.

Cerastium, v. Cerasus.

Cerasum, eine Kirsche. v. Cerasus.

Cerasus, der Kirschbaum. XXI.

Vom Kirschbaum und dessen Früchten giebt es vielerley Sorten. Die Früchte sind entweder Gartenkirschen, oder Waldkirschen, beyde wiederum entweder süsse, oder sauere. Die süssen verderben, ihrer gährenden und faulenden Feuchtigkeit wegen, den Magen, können Ruhr, Durchfall, Würme, ansteckende Krankheiten, die gelbe Sucht, und starkes Erbrechen, verursachen. Die sauren, deren Substanz dem Geschmack des Weines beykömmt, und die keine penetrante, sondern nur eine gelinde Säure bey sich führen, kühlen, stärken Magen und Herz, und sind deswegen in hitzigen Fiebern und abgematteten Kräften ein bewährtes Remedium. Die allzusauren aber, wegen ihres irdisch zusammen ziehenden und anhaltenden Wesens, zu vermeiden. Die Kirschkern, Kirschsteine, in deren schleimichten und öhlichten Wesen ein Urintreibendes Salz und Schmerzstillende Theile verborgen liegen, reinigen die Nieren, treiben Schleim, Gries und Stein. Sie werden entweder zu Pulver gestoßen, oder mit einem hierzu dienlichen Wasser zerquetschet, zu einer Milch gemachet, und sowol warm um die Stirne, in einem doppelten Tüchlein verwahret, aufgebunden, als auch innerlich eingenommen. Das aus denen Kirschen gepreßte Oel lindert die Steinschmerzen, wenn man die Lenden fein warm damit streichet. Das Kirsch-

harz.

harz, im Wein zerlassen und getrunken, vertreibet den alten Husten und Stein, besänftiget die scharfen Flüsse, resolviret den Qualster auf der Brust, erwecket Appetit zum Essen, widerstehet dem Eckel; Es kan auch nicht weniger in Eßig zerlassen, wider die Flecken der Haut und Rauhigkeit derer Kinder, und, in Rosenwasser solviret, wider aufgesprungene Lippen dienen. Die Blätter vom Kirschbaum zerstoßen, und selbige in die Nase gestecket, stillen das Nasenbluten; wenn sie noch frisch seyn, und in Bier oder Milch gesotten werden, so vertreiben sie die gelbe Sucht. Die Rinde vom Kirschbaum in Wein gesotten, durchgeseiget, und warm im Munde gehalten, lindert das Zahnwehe. Die Stengel oder Stielgen an denen Kirschen (Pediculi) dörret man, und leget sie in Wein, die allzustarke Blume beym Frauenzimmer zu stillen. Das Kirschholz recommendiren etliche in der Rose. Vom Harz ist noch dieses zu gedenken, daß sich dessen die Hausväter zu Verfertigung der Dinte, und die Peruquenmacher zu Fresirung ihrer Haare, bedienen. Mehr von dieser Materie siehe unter dem Titul Kirschen.

Cerasus auium nigra, v. Padus.

Cerasus humilis *Gesn.* v. Cerasa siluestria.

Cerasus maior et siluestris fructu subdulci nigro colore inficiente, *C. B.* v. Cerasa nigra et dulcia, *Offic.*

Cerasus multiflorus, v. Cerasus.

Cerasus praecox, v. Cerasus.

Cerasus prior, *Dod.* v. Cerasa nigra et dulcia. *Offic.*

Cerasus pumila *C Baub* v. Cerasa siluestria.

Cerasus racemosa, v. Padus.

Cerasus siluestris, v. Cerasa siluestria.

Cerasus siluestris amara, v. Macaleb.

Cerasus *Trapezuntica*, v. Laurocerasus.

Ceratia *Plinii Col.* v. Dentaria siliquosa, s. siliqua edilis.

Ceration, v Siliqua dulcis.

Ceratonia, v. Siliqua dulcis

Ceratoniae affinis, v. Courbaril.

Cercis, Colytea, Arbor Judae, Judaica, Siliqua siluestris rotundifolia, Judasbaum, rundblätterichte Feldschoten. III.
Wird in denen Gärten gezeuget, und blühet im Sommer.

Cerefolium, v. Chaerefolium.

Cerefolium aciculatum, v. Chaerefolium aculeatum.

Cerefolium asininum, v. Chaerefolium.

Cerefolium *Cilicium*, v. Chaerefolium.
Cerefolium columbinum, v. Fumaria.
Cerefolium felinum, v. Fumaria.
Cerefolium *Hispanicum*, v. Chaerefolium.
Cerefolium magnum, v. Chaerefolium.
Cerefolium filuestre, v. Chaerefolium.
Cerefolium *Syriacum*, v. Chaerefolium.
Cerephyllum, v. Chaerefolium.
Cerefillum, v. Chaerefolium.
Cereus, Fackeldistel. XII.
Cereus *Peruuianus*, v. Cereus.
Cereus spinoso fructu rubro nucis magnitudine, v. Cereus.
Cereus spinosus, v. Cereus.
Cerifolium, Ceriphyllum, v. Chaerefolium.
Cerinthe, Cerinthkraut, Fleckenkraut, Wachsblume. VIII.
Wird von einigen wider die Pocken recommendiret. v. Woyt Gazophyl. Med. Phys. p. 186.
Cerinthe maius, v. Cerinthe.
Cerinthe minus, v. Cerinthe.
Cerreta, v. Serratula.
Cerris, Cerrus, fremder Eichbaum. v. Quercus. II.
Cerris *Plinii* maiore glande, v. Cerris.
Cerrosugarum, v. Suber.
Cerrus, v. Cerris.
Cerrus aegilops, v. Cerris.
Cerualis, v. Spina infectoria.
Ceruaria, Elaphoboscum, v. Pastinaca filuestris.
Cerui boletus, v. Boletus cerui.
Ceruicaria, Halskraut. v. Trachelium. VI.
Ist kalt, adstringiret, und wird wider frische Inflammationes des Mundes und der Kehlen gerühmet.
Ceruicaria alba, v. Ceruicaria.
Ceruicaria maior, v. Ceruicaria.
Ceruicaria mas, v. Caucalis.
Ceruicaria maxima, v. Ceruicaria.
Ceruicaria nigra, v. Rosmarinus.
Ceruicaria purpurea, v. Ceruicaria.
Ceruicaria tertia minor, v. Ceruicaria.
Ceruicornia herba, v. Coronopus.
Cerui cornu, v. Coronopus.
Cerui fungus, Hirschbrunst, v. Boletus cerui.

Ist ein Erdschwamm. Es wird fälschlich davor gehalten, daß er von dem Sämen der Hirsche, welchen sie in Coitu auf die Erde fallen lassen, hervor wachse. Er widerstehet dem Gift, erwecket Appetit zum Beyschlaf, und wird von einigen zu Liebestränken gebraucht.

Ceruiocellus, s. Elaphoboscum, v. Pastinaca siluestris.

Cerui spina, v. Spina infectoria.

Cestrum Morionis, v Typha.

Ceterach, v. Asplenium.

Ceterach in ilua nascens, v. Asplenium.

Ceterach *Offic.* v. Asplenium.

Cetronella, türkische Melisse, v. Melissa.

Cha, v Thee.

Chacani, v. Catechu.

Chaerefolium, χαιρέφυλλον, Cerefolium, Gingidium *Fuchs. Ruel.* Kärbel, Körfwel, Kerbelkraut, Kerbel, Spanisch Zahnstecherkraut. VIII.

Ist ein wohlriechendes Gewächs, hat einen aromatisch und scharfen Geschmack. Das Kraut und der Samen wärmen im ersten, und trocknen im andern Grad, sind sehr penetrant und durchdringend, erwärmen, trocknen, zertheilen, treiben den Urin, Stein und Monatfluß, heilen die Wunden, stillen Schmerzen, bringen Ruhe, und zertheilen das geronnene Geblüt. Man kan sie auch äuserlich als einen Umschlag in der Colic und verhaltenen Urin appliciren, mit einem Fell überschlagen, wider den Krebs brauchen, und mit Butter gebraten denen Kindern, welche von unordentlichem Essen Blehungen bekommen, auf den Leib legen, und auch sonst viel herrliche Praeparata, als das gemeine Salz, den Saft und das destillirte Oel, daraus verfertigen. Der Saft soll, wenn er etliche Tage nach einander mit weißen Wein vermischet, und Morgens zu 4 Lothen getrunken wird, die Wassersucht, und das destillirte Oel die Colic und den Stein curiren.

Chaerefolium aculeatum, Scandix, Pecten Veneris *Plin.* Nadelkerbel. VI.

Kömmt mit dem andern Chaerefolio überein, ist aber bey weitem nicht so stark.

Chaerefolium *Cilicium*, v Chaerefolium *Syriacum*.

Chaerefolium Columbinum, v. Fumaria.

Chaerefolium felinum, v. Fumaria.

Chaerefolium satiuum, v. Chaerefolium.

Chaere-

Chaerefolium filuestre, v. Chaerefolium.

Chaerefolium *Syriacum*, Visnaga, Syrischkerbelkraut, Zahnstocherkraut. IV.

Chaerophyllum, v. Chaerefolium.

Chagla, v. Caltha.

Chairi, v. Leucoium luteum.

Chalbane, f. Chalbanum, v. Narthex.

Chalcanthum, Chalcanthemum, v. Caltha.

Chalcas, v. Caltha.

Chalcedonica filuestris, v. Lychnis.

Chalceios, v. Chamaeleon verus.

Chalcitis, v. Caltha.

Chalcochrum, v. Fumaria.

Chalta alpina, v. Caltha.

Chamaeactus, v. Ebulus.

Chamaebalanus, v. Apios.

Chamaebatos, Chamaerubus, Humirubus, Rubus minor, Krätzbeer, Thaubeer. XVI.

Sie blühen im May, und werden im Herbst reif, kommen an Kräften dem Rubo bey. v. Rubus.

Chamaebuxus, niedriger Buxbaum, v. Buxus.

Chamaecerasus, v. Cerasa filuestria.

Chamaecerasus *Alpinus* fructu nigro gemino, v. Caprifolium.

Chamaecerasus *Alpinus* fructu rubro gemino duobus punctis notato, v. Caprifolium.

Chamaecerasus dumetorum fructu gemino rubro, v. Caprifolium.

Chamaecerasus montanus, v. Caprifolium.

Chamaecerasus montanus fructu singulari coeruleo, v. Caprifolium.

Chamaecissi alterum genus, v. Consolida media.

Chamaecissus, v. Hedera terrestris.

Chamaecissus *Oribasii*, v. Gramen floridum.

Chamaecistus angustifolius, v. Chamaecistus vulgaris.

Chamaecistus foliis minoribus et incanis, v. Chamaecistus vulgaris.

Chamaecistus foliis Myrti minoris incanis, v. Chamaecistus vulgaris.

Chamaecistus foliis Thymi incanis, v. Chamaecistus vulgaris.

Chamaecistus hirsuta, v. Chamaecistus vulgaris.

Chamaecistus humilis *Austriaca*, v. Chamaecistus vulgaris.

Chamaecistus quadrifolia, v. Chamaecistus vulgaris.
Chamaecistus quarta, v. Chamaecistus vulgaris.
Chamaecistus repens serpillifolia lutea, v. Chamaecistus vulgaris.
Chamaecistus vulgaris flore luteo *C. Bauh.* Panax Chironium, Helianthemum, Chironium *Matthioli*, vel Helianthemum *Offic.* Helianthemum vulgare *Park.* Anglicum luteum *Germ.* Cistus humilis, vulgaris flore luteo, Heydenisop, Sonnen- oder Güldengunsel. LIII.
Wächset auf trockenen Bergen. Man brauchet die Wurzel und das Kraut. Wenn die Wurzel mit Wasser gekochet und getrunken wird, so soll sie den Schlangengift vertreiben.
Chamaecitimus, v. Lilium conuallium.
Chamaeclema, v. Hedera terrestris. IV.
Chamaecrista pauonis, v. Poincinia.
Chamaecyparissus, v. Cupressus herba, v. Abrotanum femina. XV.
Chamaecyparissus agrestis *Trag.* v. Chamaedrys altera, *Matth.*
Chamaecyparissus *Plin.* v. Abrotanu m
Chamaecytimus, v. Lilium conuallium.
Chamaedaphne, s. Laureola, v. Mezereum, v. Ruscus.
Chamaedrops, v. Chamaedrys.
Chamaedrys, Chamaedris, Trissago, Trixago, Quercula, Calamandrina, Chamaeropa et Chamaeropen, (wie es die Griechen nennen,) von etlichen wird es Teucrium, Gamanderlein, Vergiß mein nicht, Erdweyrauch, klein Bathengel, genennet. XVIII.
Wächset an rauhen Orten in den Gärten, blühet im Junio und Julio. Die Blätter, Blumen oder Blüte erwärmen und trocknen im andern Grad. Sie verdünnen, öfnen, dienen der Leber und Milz, treiben den Urin, Schweis und Monatgang, curiren die Fieber und den Scorbut, die Wassersucht, das Malum Hypochondriacum, die Ausdünstung des Leibes und versauerte Feuchtigkeiten, und zertheilen das geronnene Geblüt. Aeuserlich kan man sie wider die fressende Geschwäre, Schmerzen der güldnen Ader, Krätze, Jücken und Flüsse gebrauchen, und in denen Apothecken hiervon ein destillirtes Wasser, das eingemachte Kraut, die Essenz, Extract und Salz bekommen.
Chamaedrys *Alpina*, Cisti folio, v. Chamaedrys.
Chamaedrys *Alpina* flore Cisti, *C. B.* Alpengamanderlein. II.

Chamaedrys *Alpina Simleri*, v. Chamaedrys *Alpina*.

Chamaedrys altera *Matth.* minima *Lugd.* foliis laciniatis *Lob.* Chamaepitis altera *Dod.* multifidis foliis *Clus.* Moschata *Tab.* Botrys chamaedrides *C. Bauh.* verticillata *Joh. Bauh.* Chamaecyparissus agrestis *Trag.* Gamanderlein mit gespaltenen Blättern, Feldcypressen, Jvenkraut. III.

Chamaedrys assurgens, v. Chamaedrys.

Chamaedrys femina, v. Chamaedrys altera.

Chamaedrys foliis laciniatis, *Lob.* v. Chamaedrys altera *Matth.*

Chamaedrys maior, v. Chamaedrys.

Chamaedrys maior latifolia. v. Chamaedrys.

Chamaedrys minima *Lugd.* v. Chamaedrys altera, *Matth.* v. Teucrium.

Chamaedrys minima repens, v. Chamaedrys altera.

Chamaedrys montana frutescens *Lob.* tertia s. montana *Clus.* alpina Cisti flore *C. Bauh.* alpina flore fragariae albo *Joh. Bauh.* Berggamanderlein, Hirschwurtz. III.

Jst ein gutes Remedium im Durchfall, der rothen Ruhr und Blutspeyen, denn er adstringiret.

Chamaedrys montana frutescens durior, v. Chamaedrys *Alpina.*

Chamaedrys siluestris *Clus.* v. Chamaedrys vulgaris *Trag. Offic.*

Chamaedrys spuria maior angustifolia, v. Chamaedrys vulgaris, *Trag. Offic.*

Chamaedrys spuria minor angustifolia, v. Chamaedrys vulgaris *Trag. Offic.*

Chamaedrys spuria minor latifolia, v. Chamaedrys vulgaris, *Trag. Offic.*

Chamaedrys spuria rotundifolia minor, *C. Bauh.* v. Chamaedrys vulgaris, *Trag. Offic.*

Chamaedrys tertia, v. Chamaedrys montana.

Chamaedrys vera, v. Chamaedrys altera *Matth.*

Chamaedrys vera femina, v. Chamaepitys.

Chamaedrys vera mas, v. Chamaedrys altera *Matth.*

Chamaedrys vulgaris *Trag.* et *Offic.* siluestris *Clus.* spuria minor rotundifolia *C. Bauh.* Teucrium coeruleum s. alterum *Matth.* tertium minus *Tab.* pratense spurium chamaedroides *Lob.* Scordium alterum *Wilh. Fabric. Hildani,* Pseudochamaedrys *Thal.* Chamandria coerulea, Morsus mulierum, Wildgamanderlein, Frauenbis. IV.

Chamaedyosmus, v. Rorismarinus.
Chamaeficus, v. Ficus.
Chamaegelseminum glandiflorum, niedriger Jasmin. v. Iasminum.
Chamaegenista altera, *Clus.* v. Chamaespartium *Trag. Tab.*
Chamaegenista caule foliato, v. Chamaespartium *Trag. Tab.*
Chamaegenista folio altero ex altero nascente, v. Chamaespartium, *Trag. Tab.*
Chamaegenista folio articulato, v. Chamaespartium *Trag. Tab.*
Chamaegenista folio Genistae vulgaris, v. Genista.
Chamaegenista peregrina, Chamaespartium *Trag. Tab.*
Chamaegenista sagittalis, *C. Baub.* v. Chamaespartium *Trag. Tab.*
Chamaeiris, v. Iris nostras.
Chamaeiris angustifolia, v. Iris nostras.
Chamaeiris angustifolia minor, v. Iris nostras.
Chamaeiris angustifolia minor et humilior, v. Iris nostras.
Chamaeiris coeruleo et violaceo colore, v. Iris nostras.
Chamaeiris *Illyrica* vulgaris, v. Iris nostras.
Chamaeiris odore carens, v. Iris nostras.
Chamaeiris odoratissima, v. Iris nostras.
Chamaeiris peregrina, v. Iris nostras.
Chamaeiris tenuifolia, v. Iris nostras.
Chamaeiris variegata, v. Iris nostras.
Chamaeita, v. Salix.
Chamaekyssos, v. Hedera terrestris.
Chamaelacte, v. Ebulus.
Chamaelea *Germ.* v. Mezereum.
Chamaelea tricoccos, Mezereum Arabicum, Seidelbast. IV.
Ist eine Staude, so heftig purgiret, wächset in Franckreich und Spanien.
Chamaeleagnus, Myrtus Brabantica, Thee Europaeum s. nostrate, Rhus myrtifolia Belgica, Post. III.
Dieses Kraut ist trocken, machet truncken, verrichtet eben das, was der Thee thut, und curiret die Krätze.
Chamaeleon albus, v. Carlina.
Chamaeleon albus caule notatus, v. Carlina vulgaris.
Chamaeleon *Arabum* tricocceos, v. Thymelaea.
Chamaeleon echinatos, v. Chamaeleon verus.
Chamaeleon *Germanicus*, v. Mezereum.
Chamaeleon *Hispanicus*, v. Carlina vulgaris.

Cha-

Chamaeleon *Hispanicus Clus.* v. Carlina vulgaris.
Chamaeleon niger, v. Carlina vulgaris.
Chamaeleon niger alter, v. Carlina vulgaris.
Chamaeleon niger *Contusi*, v. Carlina vulgaris.
Chamaeleon niger *Salmaticensis*, v. Carlina vulgaris.
Chamaeleon niger vmbellatus, v. Carlina vulgaris.
Chamaeleon niger vulgaris, v. Carlina vulgaris.
Chamaeleon verus, Carduus sphaerocephalus moschatus, Gros Eberwurz. V.
Wächset in denen Lustgärten. Aus dem Kraut wird mit Wein und Wasser ein Gurgelwasser wider Zahnschmerzen verfertiget.
Chamaeleon vulgaris, v. Carlina vulgaris.
Chamaeleuce, *Plin.* v. Caltha palustris flore simplici.
Chamaelicus, Eisenkraut, v. Verbena.
Chamaelinum, v. Linaria.
Chamaelinum, v. Myagrum.
Chamaelinum perpusillum, v. Linaria.
Chamaelygas, v. Verbena.
Chamaemelum, v. Chamomilla.
Chamaemelum album s. foetidum, v. Cotula foetida.
Chamaemelum *Anglicum* flore multiplici, v. Chamomilla.
Chamaemelum aruense, v. Chamomilla.
Chamaemelum aureum, v. Chamomilla.
Chamaemelum Chrysanthemum, v. Buphthalmum.
Chamaemelum eranthemum *Dod.* Anemone agrestis, *Trag.*
Chamaemelum foetidum. *C. Bauh.* v. Cotula foetida *Bruns. et Offic.*
Chamaemelum hortense, v. Chamomilla.
Chamaemelum modorum, v. Buphthalmum.
Chamaemelum Leucanthemum, v. Chamomilla.
Chamaemelum Leucanthemum odoratum multiplex, v. Chamomilla.
Chamaemelum luteum, v. Chamomilla.
Chamaemelum luteum capitulo aphyllo, v. Chamomilla.
Chamaemelum miniatum, v. Anemone agrestis *Dod.*
Chamaemelum multiflorum *Anglicum*, v. Chamomilla.
Chamaemelum nobile, v. Chamomilla.
Chamaemelum nobile flore multiplici, v. Chamomilla.
Chamaemelum nobile s. odoratius, v. Chamomilla.
Chamaemelum nudum odoratum, v. Chamomilla.

Chamaemelum odoratum *Italicum* simplici flore, v. Chamomilla.

Chamaemelum Parthenii species tertia, v. Chamomilla.

Chamaemelum purpureum, v. Anemone agrestis *Trag.*

Chamaemelum *Romanum*, v. Chamomilla.

Chamaemelum *Romanum* flore multiplici, v. Chamomilla.

Chamaemelum rubrum, v. Anemone agrestis *Trag.*

Chamaemelum verum, v. Chamomilla.

Chamaemelum vulgare, v. Chamomilla.

Chamaemespilus, v. Mespilus.

Chamaemilla, v. Chamomilla.

Chamaemorus, Vaccinia nubis, Vaccinia nubis Anglica *Park.* Rubus Alpinus humilis Anglicus, Wolkenbeerlein, Krätzbeer, Norwegische Brombeer.

Wächset auf denen allerhöchsten Bergen in England. Die Frucht davon wird im Augusto reif, und im Scorbut gelobet.

Chamaemyrsine, v. Ruscus.

Chamaemyrtus, v. Ruscus.

Chamaenerion, v. Onagra.

Chamaepericlymenum, v. Caprifolium *Brunf.* et. *Offic.*

Chamaepericlymenum Parthenicum, v. Caprifolium *Brunf.* et *Offic.*

Chamaepeuce *Cord.* v. Ledum Silesiacum, *Clus.*

Chamaepitys, v. Hypericum.

Chamaepitys. Ajuga, Abiga, Arthritica, Iua arthetica, Schlafkräutlein, Je länger, je lieber, Niedrigpin, Feldcypreß, Erdpin, Erdkiefer, Schlagkräutlein VII.

Wächset an sandigten Orten, blühet im Julio und Augusto, ist warm im andern, und trocken im dritten Grad, führet ein aromatisch Saltz in einem hartzigten Wesen bey sich, und ist dieserwegen eine gute Stärkung derer Nerven, dienet im Gift und Hüftwehe, treibet den Urin und Monatfluß, curiret die Gicht und gelbe Sucht, den blutigen Urin, alte kalte Beschwerungen der Nerven, Lähmung und halben Schlag, und giebt denen Apothecken ein gebrannt Wasser, Pillen, ein Extract und Saltz.

Chamaepitys altera, *Dod.* v. Chamaedrys altera *Matth.*

Chamaepitys folio trifido, v. Chamaepitys.

Chamaepitys lutea vulgaris, v. Chamaepitys.

Chamaepitys maior, v. Chamaepitys.

Chamaepitys mas *Diosc.* v. Chamaepitys.

Chamaepitys moschata foliis serratis, v. Chamaedrys altera *Matth.*

Chamaepitys multiplicibus foliis, *Clus.* v. Chamaedrys altera. *Matth.*

Chamaepitys species *Monspel.* v. Chamaedrys altera *Matth.*

Chamaepitys spuria prior, v. Chamaedrys altera *Matth.*

Chamaepitys vera, v. Chamaepitys.

Chamaeplatanus, v. Sphondylium, v. Branca vrsina.

Chamaepyxos, v. Buxus.

Chamaerhododendron, Bergröslein. IV.

Chamaerhododendron *Alpinum* angustifolium, v. Chamaerhododendron.

Chamaerhododendron *Alpinum* latifolium, v. Chamaerhododendron.

Chamaerhododendron *Alpinum* odorum, v. Chamaerhododendron.

Chamaerhododendron montanum, v. Chamaerhododendron.

Chamaerhododendron montanum *Allobrogum* Lentiscifolium, v. Chamaerhododendron.

Chamaeriphes, v. Palma.

Chamaeropa, v. Chamaedrys.

Cnamaeropen, v. Chamaedrys.

Chamaerops, v. Chamaedrys.

Chamaerubus, v. Chamaebatos, v. Rubus.

Chamaerubus saxatilis, v. Chamaerubus.

Chamaespartium *Trag. Tab.* Genista Sagittalis Pannonica *Cam.* Genista Lapogoides *Germ.* Graminea montana *Lob.* Chamaegenista altera *Clus.* sagittalis *C. Bauh.* folio altero ex altero nascente, Erdpfriemen, kleine Streichblume. XX.

Chamaespartium *Narbonense*, v. Chamaespartium.

Chamaesyrce *Matth. Dod. Lob. Clus. C. Bauh.* Peplis humilis terrestris et serpens, kleine Hundesmilch, v. Tithymalus.

Chamaezelum, v. Quinquefolium.

Chamolinum coeruleum, v. Linum.

Chamomilla, χαμαίμηλον, ἄνθεμις; Leucanthemum, Chamillen, Hälmergen. XXIV.

Ist die gemeine, Römische, stinkende und ohne Geruch, warm und trocken im ersten Grad. Weil die Blume und Kraut ein flüchtig balsamisches Wesen in denen fixen und flüchtigen Salzen mit sich führen, so lindern sie äuserlich und innerlich den Schmerz, digeriren, laxiren, erweichen, treiben die Menses und Urin, die Blehungen, curiren die Colic, Mutterbeschwerungen, Convulsiones, das Reißen im Leibe, und machen einen gelinden Stuhl. Aeuserlich werden sie in Clystiren und Umschlägen gebrauchet. Man hat hiervon in denen Apothecken das destillirte Oel, Infusum, Salz und den Syrup.

Chamomilla canina, v. Cotula foetida *Brunſ.* et *Offic.*

Chamomilla fatua, v. Buphthalmum.

Chamomilla foetida, v. Cotula foetida *Brunſ.* et *Offic.*

Chamomilla lutea, v. Chamomilla.

Chamomilla nobilis, v. Chamomilla.

Chamomilla *Romana*, v. Chamomilla.

Chamomilla secunda *Trag.* v. Cotula foetida. *Brunſ.* et *Offic.*

Chamomilla siluestris, v. Buphthalmum.

Chanchalagua.

Ein Peruanisch Kraut, in Gestalt eines zarten Schilfes. Es hat keine Blätter, sondern nur etwas kleinen Samen an dem äusersten Ende. Es ist sehr heilsam, und ein gutes Hülfsmittel wider das Fieber, und andere solche Zufälle. Es gibt auch eine gute Blutreinigung ab.

Chandarusium, v. Zea.

Chanque, v. Caryophylli aromatici.

Chaova, Choava, v. Coffee.

Charantia *Dod.* v. Balsamina mas.

Charantina femina, v. Balsamina mas.

Charatias amygdaloides et *Monſpel.* v. Tithymalus.

Charistelochia, v. Artemisia.

Chartacea, v. Papyrus.

Chartamum, v. Auena.

Charunfel, v. Caryophylli aromatici.

Charyophylli veri Clusii, v. Caryophyllus *Indicus.*

Charyophyllus aruensis glaber flore minore, v. Holostium.

Chattecomou, Chattejemou, v. Gummi guttae.

Chebuli, v. Myrobalanus.

Cheiri, v. Leucoium luteum.

Chelidonia vel Chelidonium maius, Hirundinaria, Coeli donum, Curcuma Arabum, Schwalbenwurz, Schelkraut. V.

Bestehet aus einem salpetricht bittern Salz, wärmet und trocknet im dritten Grad. Das Kraut, Blätter und Blumen stärken das Gesicht, machen klare Haut, führen die Galle durch

durch den Stuhl und Urin, curiren die gelbe Sucht, Verstopfung der Milz, Leber und Harngänge. Sie trocknen auch, und werden deswegen wider böse Schäden, hole und tiefe Geschwäre, Fisteln, Blähungen und unordentliche Fieber gebrauchet, stärken die Lebensgeister, treiben vom Herzen, was ihm schädlich ist, dienen wider die rothe Ruhr, Abzehrung derer Glieder, Aufblähungen der Lungen. Die Wurzel widerstehet dem Gift, curiret äuserlich, wenn man sie mit Honig vermischt aufstreichet, die Geschwäre und alle Arten der Krätze, vertreibet rothe und triefende Augen und die garstigen Flecken im Gesicht. In der gelben Sucht, Cachexia und Geschwulst derer Beine kan man sie auf die Fussohlen legen. Hieraus wird auch ein dicker Saft, das Wasser, Salz und die Quinta Essentia Lulliana, so im Schwinden recommendiret wird, verfertiget.

Chelidonia palustris, v. Caltha palustris flore simplici.

Chelidonia phragmites, v. Fumaria bulbosa.

Chelidonia rotundifolia minor, v. Chelidonium minus.

Chelidonia sylvestris, v. Aquileja.

Chelidonia vulgaris, v. Chelidonia maior.

Chelidonium capnites *Aëtii*, v. Fumaria bulbosa.

Chelidonium magnum, v. Chelidonia maior.

Chelidonium medium *Durantis*, v. Aquileia.

Chelidonium minus, Ficaria, Scrophularia minor, *Arab.* Memiten, Scharbockskraut, klein Schellkraut, Feigwarzenwurz, früher Hanenfus, Feigwarz, Pfaffenhödlein, Rammenhödlein, Meyenkraut. IV.

Ist scharf, fast wie die Cochlearia, kalt und feucht, warm im andern, und trocken im dritten Grad. Sie blühet im Merz und April auf denen Wiesen. Man brauchet hiervon die Wurzel und das Kraut. Es eröfnet, reiniget das Geblüt, dienet der Milz, hilft wider die gelbe Sucht und Fluß der güldnen Ader. Aeuserlich ist es ein Specificum wider die Feigwarzen, Geschwäre am s. v. Steise und Fäule des Zahnfleisches. Wider die verstopfte güldne Ader kan man die Wurzel brauchen statt einer Behung im Pulver, im Pflaster, als ein Amulet. Da soll sie nicht allein den äuserlichen Schmerz, sondern auch den innerlichen Zufluß stillen, indem sie mit ihrem flüchtigen Salz das dicke scorbutische Geblüt verdünnet und wieder flüchtig machet. Ja es wird diese Wurzel in der güldnen Ader ganz und gar als ein Appropriatum gehalten. Die Wurzel frisch gestoßen, mit Fleisch eines gebratenen Apfels, und etwas Safran vermischet, lindert die Schwulst und den Schmerz der güldenen Ader, und wenn sie geschworen ist, so streuet man das Pulver von der trocknen Wurzel hinein. In denen Apothecken hat man hieraus das destillirte Wasser und den Saft.

Chelone, Acadische Chelone aus America.

Chenoboscum, v. Anserina.

Chenopodium folio sinuato candicante, v. Chenopodium.

Chenopodium tertia *Matth.* silvestris latifolia, Pes anserinus *Fuchs. Dod. Lon.* Atriplex silvestris, wilde Melte, Gänsefus, breitblätterichte wilde Melte, Schweinestod, Saubalg. VIII.

Wächset in Misthaufen, blühet im Sommer. Man brauchet hiervon den kleinen glänzenden Samen, welcher erweichet und gelinde abführet. Das Decoctum hiervon wird wider verhaltenen Urin gebrauchet. Den Samen mit Mehl getruncken, vertreibet die gelbe Sucht.

Chenopodio-moros, Maulbeermelte. v. Chenopodium. II.

Chenositis, v. Hedera arborea.

Chepulae, v. Myrobalanus.

Cherfe, v. Cinnamomum.

Chermes, v. Kermes.

Cheruillum, v. Sisarum.

Cheston, v. Cichorium.

Chia, v. Thée.

Chiekel, v. Alkekengi.

China, Chinae radix, Chinawurz, Schweis- oder Pockenwurz. IV. v. Smilax aspera.

Wärmet im andern, trocknet im dritten Grad. Ist eine dicke, knötichte, glatte und holzigte Wurzel, auswendig gelbbraun, inwendig röthlichtweis, ohne Geruch und Geschmack. Wenn sie aber noch frisch ist, so giebt sie einen klebrichten Geschmack von sich, gehöret mit der Sassaparilla unter ein Geschlecht, und paßiret vor eine Art der stechenden Winde. Es wird zweyerley, nemlich die Garten- und wilde China gezeuget, uns aber nur die letzte überbracht. Die beste muß schwer, hart, ölicht, nicht wurmstichicht seyn. Man findet hiervon die Orientalische und Occidentalische. Die erste ist die beste, kömmt aus Sina; Die Occidentalische aus Peru und Neuspanien; Man nennet sie Americanische China. Sie ist warm und trocken im [illegible] andern

andern Grad. Wenn diese Wurzel noch frisch ist, und verwundet wird, so giebt sie ein Harz, welches die Chineser, wegen seiner balsamischen Kraft, hoch ästimiren. Es curirt diese China den Samenfluß, wenn er schon ziemlich eingewurzelt, die Franzosen, den Scorbut, die Schwindsucht, Schwinden, verdorbene und kalte Feuchtigkeiten; reiniget das Geblüt, vertreibet die Krätze, ziehet etwas zusammen, zertheilet, öfnet, treibet Schweis und Urin, ist der Leber gut, curirt die Gicht, das Hüftweh, Podagra, Cacherie, Wassersucht, gelbe Sucht, langwierige Krankheiten, den Schlag, und wässerichte, schleimichte Geschwülste, vertreibet die Schmerzen der Nieren und Geschwäre der Blasen, restituiret den geschwollenen Magen, die aufgeschwollenen Hoden, das Zittern der Glieder, langanhaltende Kopfschmerzen, Stein, Fieber, die giftigen Geschwäre, Wunden, Brüche, zertheilet die Blehungen und Winde, dienet den Augen, und erwecket Appetit zum Beyschlaf. In denen Apothecken hat man hiervon das Extractum mit Spiritu Vini Essentificato, und das Decoctum.

China Chinae Cortex vel Kinkinna, Cortex P. Soc. Iesu vel Peruuianus.

Ist zweyerley, nemlich die rechte und unächte; Die rechte ist weit stärker, ein gutes Magenmedicament, und in nachlassenden Fiebern, Schwachheit des Magens und Scorbut, nicht zu verachten.

China Chinae, Quinquina, Gannana, Ganannaperis, Ganannaperides, Palas de Calenduras, (i. e. lignum contra febres) Kinkina, Cortex Peruuianus, Cortex febrifugus, Antiquartium Peruuianum, Fieberrinde, Jesuitenpulver. If.

Kömmt nicht aus China, sondern der Baum heißet China Chinae, und wächst in America, im Königreich Peru. Jesuiterpulver wird sie vom Cardinal de Lugo, Jesuiterordens, welcher selbige Anno 1650 zuerst in Deutschland bekannt gemacht, genennet. Diese Rinde ist eine Art eines Gewürzes, dem Zimmet etwas ähnlich, bestehet aus fixen, starrenden und sehr bittern Salzen, welche in einer irdischen adstringirenden Erde eingeschlossen seyn, und dieserwegen reiniget sie, dringet durch, dämpfet die Säure, stärket die Eingeweide, und dienet wider alle abwechselnde Fieber, es mögen dieselben dreytägige, viertägige, alltägige, einfache, zweyfache, dreyfache oder solche, welche hitzige Fieber zu seyn scheinen, seyn. NB. Sie muß aber zu rechter Zeit gebraucht werden.

Die

Die rechte Peruanische Rinde ist hart, wichtig und trocken, auch nicht durchs Wasser verdorben, und mit andern Unreinigkeiten vermengt, von ausen ist sie ziemlich ungleich, bräunlich, und hat hie und da weiße Moosflecken, inwendig siehet sie nicht ganz roth, sondern röthlicht wie Zimmet. Sie schmecket bitter und etwas aromatisch. Der Geruch ist lieblich, und doch gleichwol schimmlicht. Praeparata aus der China sind, auser der Essentia Rolfincii, nicht leicht zu haben.

China occidentalis, v. China.

China orientalis, v. China.

Chinensia poma, v. Poma Chinensia.

Chinna, v. China.

Chiranea, v. Gentiana *Offic.*

Chirimoya.

Ist eine besondere Frucht eines Baumes in Peru. Sie ist zuweilen grösser, als unsere grössesten Aepfel. Ihre Schale ist fast nicht stärker, wie auf unsern Feigen, wiewol sie etwas dicker seyn möchte. Ihre Farbe aber ist ein wenig dunkler. Sie ist gleichsam ausgeschnitzt, und als mit Schuppen bedeckt, die ohne große Kunst gebildet, oder blos mit einem Grabstichel gemacht zu seyn scheinen. Ihr Fleisch ist weis und zäsericht, aber von einem überaus lieblichen Geschmacke.

Chironium, v. Gentiana *Offic.*

Chironium *Matth.* v. Chamaecissus.

Chironium *Offic.* v. Chamaecistus vulgaris flore luteo *C. Bauh.*

Chirotheca *D. Mariae*, v. Baccharis.

Chirurgorum Sophia, v. Sophia Chirurgorum.

Choava, v. Coffée.

Chocolade, Chocolate, Chocolata, Chuculate, Succolade vel Succolata, v. supra Cacao, et nott. nostr. ad diss. de Haemorrhoid. n. 25. p. 15. Heidelb. 1672.

Cholopoion, v. Abrotanum.

Chondrilla, v. Chondrilla prima.

Chondrilla altera, Viminea, iuncea, iuncea viscosa aruensis, Lactuca siluestris viminea, Ackerchondrillen, Bieschondrillen. II.

Ist eine gewisse Art von wilden Salat oder Lactuca, wächset auf sandigten Boden in Deutschland und Italien, blühet im Julio. Man brauchet hiervon das Kraut. Dessen Stengel und Blätter verdauen.

Chondrilla bulbosa, v. Chondrilla altera.
Chondrilla coerulea, v. Chondrilla prima.
Chondrilla coerulea Cyani capitulo, v. Sesamoides.
Chondrilla coerulea latifolia laciniata, v. Chondrilla prima.
Chondrilla *Diosc. Rondeletii*, v. Taraxacon *Offic.*
Chondrilla folio Cichorii siluestris, v. Cichorium siluestre.
Chondrilla folio Cichorii tomentosi, v. Cichorium.
Chondrilla folio laciniato serrato purpurascente flore, v. Chondrilla prima.
Chondrilla *Galeni*, v. Taraxacon.
Chondrilla *Hispanica* quarta, v. Chondrilla prima.
Chondrilla iuncea, v. Chondrilla prima.
Chondrilla latifolia coerulea, v. Chondrilla prima.
Chondrilla lutea, v. Chondrilla prima.
Chondrilla maior, v. Chondrilla altera.
Chondrilla marina, v. Chondrilla altera.
Chondrilla prima, caerulea latifolia laciniata, Lactuca siluestris perennis, Chondrillenkraut, kleine Sonnenwürbel. IX.

Ist eine Art eines wilden Salats.

Chondrilla prior, v. Chondrilla prima.
Chondrilla purpurea, v. Chondrilla prima.
Chondrilla purpurascente flore, v. Chondrilla prima.
Chondrilla rara purpurascens, *Lobel.* v. Chondrilla prima.
Chondrilla stellata, v. Hieracium.
Chondrilla tenera, v. Chondrilla altera.
Chondrilla viminea, v. Chondrilla altera.
Chondrilla viscosa vinearum, v. Chondrilla altera.
Chondrilla Ziminea, v. Chondrilla altera.
Chondrille, Chondrylle, v. Chondrilla.
Chondrus, v. Zea.
Chorotanum, v. Branca vrsina.
Choros aphrodisias, v. Acorus verus.
Chreston, v. Cichorium.
Christophoriana, Aconitum racemosum vel bacciferum *Cornuti*, Cotus niger quorundam, Napellus racemosus, Schwarzwurz. III.

Ist ein Gift, und tödtet Menschen und Wölfe.

Chrysanthemis, v. Chamaecistus.
Chrysanthemoides Osteospermon, die Goldblume. V.
Chrysanthemon, v. Buphthalmum.

Chrysanthemum, v. Caltha, v. Crithmus.
Chrysanthemum *Alpinum*, v. Millefolium.
Chrysanthemum *Alpinum* foliis Abrotani multifidis, v. Millefolium.
Chrysanthemum alterum ex *Sicilia*, v. Caltha.
Chrysanthemum aruense, v. Caltha.
Chrysanthemum *Clusii*, v. Caltha.
Chrysanthemum *Democriti*, v. Ranunculus.
Chrysanthemum flore Buphthalmi, v. Crithmum tertium *Matth.*
Chrysanthemum foliis matricariae, v. Caltha.
Chrysanthemum folio viventiore, v. Caltha.
Chrysanthemum *Hispanicum*, v. Caltha.
Chrysanthemum hortense, v. Chamomilla.
Chrysanthemum latifolium, v. Arnica.
Chrysanthemum littoreum, *Lob.* v. Crithmum tertium, *Matth.*
Chrysanthemum luteum odoratum, v. Chamomilla.
Chrysanthemum oculatum verius, v. Caltha.
Chrysanthemum odoratum, v. Chamomilla.
Chrysanthemum *Peruuianum*, v. Corona solis.
Chrysanthemum proliferum, v. Caltha.
Chrysanthemum proliferum alterum reflexis floribus, v. Caltha.
Chrysanthemum segetale, v. Caltha.
Chrysanthemum simplex, v. Ranunculus.
Chrysanthemum *Tunetanum*, v. Othona, v. Flos *Africanus*.
Chrysanthemum *Valentinum*, v. Caltha.
Chrysanthemum verum, v. Buphthalmum.
Chrysites, v. Stoechas citrina.
Chrysobulanos, v. Moschata.
Chrysocoma, v. Dracunculus.
Chrysocome *Offic.* peregrina maior frutescens, Gnaphalion Alexandrinum s. Stoechas citrina orientalis, Gnaphalium luteum peregrinum specioso flore *Volk.* Elichryson orientale s. Amaranthus luteus *Park.* Orientalische Rheinblumen, gelbe breitblätterichte Rheinblumen. III.
Wachsen in der Insul Creta, und blühen im Julio, wärmen und halten an, und sind in Inflammationibus der Lunge, Leber und Mutter ein bequemes Medicament.
Chrysocome *Germanica*, v. Chrysocome *Offic.*
Chrysocome lanuginosa, v. Chrysocome *Offic.*
Chrysocome peragrina, v. Chrysocome *Offic.*
Chrysocome vulgaris, v. Chrysocome *Offic.*

Chryso-

Chrysogonon, v. Tormentilla.
Chrysolachanum, v. Bonus Henricus.
Chrysolachanum *Plinii*, v. Sonchus laeuis.
Chrysomela, v. Cydonia.
Chrysomelanthium, v. Nigella.
Chrysopum *Reinesii*, v. Gummi Gutta.
Chrysospermum, v. Tormentilla.
Chrysosplenium, goldener Steinbrech. II.
Chuculate, s. Succulade, v. Cacao.
Chymeli, v. Saponaria.
Cia, v. Thee.
Cicendia, v. Gentiana *Offic.*
Cicer, ἐρέβινθος, Kichern, Ziesererbsen. IV.
Wärmen und trocknen im andern Grad, erweichen, machen klare Haut, zertheilen, lindern, treiben den Urin und Stein. Aeuserlich dienet das Mehl zu Umschlägen. Man hat hiervon unterschiedene Gattungen.
Cicer album satiuum, weise Ziesererbsen. v. Cicer.
Wachsen in hortis curiosorum. Man brauchet den Samen, aber selten.
Cicer arietinum, v. Cicer nigrum.
Cicer folio oblongo hispido, v. Cicer nigrum.
Cicerbita, v. Sonchus *Offic.*
Cicercula siluestris *Tabern.* v. Climenum *Matth.*
Cicer maius, v. Cicer nigrum.
Cicer maius latifolium, v. Cicer nigrum.
Cicer nigrum et rubrum, arietinum nigrum vel rubrum, rothe und graue Ziesererbsen. III.
Blühen im Junio. Man brauchet die Semina oder den Samen. Der Syrup hiervon dienet wider die gelbe Sucht. Das Decoctum tödtet die Würme, treibet Frucht und Menses, und vermehret die Milch. Man machet hiervon Umschläge, die Schuppen, Flechten, Pestbeulen, und die entzündeten Hoden zu zertheilen. NB. Sie curiren die bösartigen Wunden, treiben den Urin und Stein, und lindern die Schmerzen.
Cicer rubrum, v. Cicer nigrum et rubrum.
Cicer *Puniceum*, v. Cicer nigrum.
Cicer satiuum, v. Cicer album.
Cicer siluestre, v. Astrologus *Lusitanicus.*
Cicer siluestre maius, v. Cicer nigrum.
Cicer siluestre verius, v. Cicer nigrum.

Ciceris siluestris minoris affinis, v. Glaux *Offic.*

Cichorea, Cichorium, Hieracium latifolium, Wegwart. VIII.

Hiervon hat man eigentlich zweyerley Arten, als Cichorium satiuum und siluestre.

Cichorea procera, v. Chondrilla prima.

Cichoreum, v. Cichorium.

Cichoreum purpureum, v. Cichorium satiuum.

Cichoreum satiuum, v. Cichorium satiuum.

Cichoreum satiuum latifolium, v. Cichorium satiuum.

Cichoreum siluestre luteum, v. Chondrilla prima.

Cichorium agreste, v. Cichorium siluestre.

Cichorium album satiuum, v. Cichorium satiuum.

Cichorium angustifolium, v. Cichorium satiuum.

Cichorium asphodelinum *Tab.* v. Taraxacon *Matth.*

Cichorium bulbosum, *Tab.* v. Taraxacon *Matth.*

Cichorium Constantinopolitanum *Matth.* bulbosum, polyrrhizum et asphodelinum *Tab.* Dens Leonis Monspeliensium *Lob.* Asphodeli bulbulis *C. Bauh.* Constantinopolitanische Wegweis, Pfaffenblat von Montpelier, v. Taraxacon.

Cichorium domesticum, v. Endiuia.

Cichorium latiore folio, v. Cichorium satiuum.

Cichorium luteum, v. Cichorium siluestre.

Cichorium luteum siluestre, v. Taraxacon *Offic.*

Cichorium montanum angustifolium hirsute asperum, v. Hieracium.

Cichorium *Offic.* v. Cichorium siluestre.

Cichorium polyrrhizon *Tab.* v. Taraxacon.

Cichorium porcinum, v. Sonchus spinosus vulgatior.

Cichorium pratense luteum leuius, v. Taraxacon *Offic.*

Cichorium pratense luteum hirsutum asperum, v. Cichorium siluestre.

Cichorium satiuum, Cichorea, Gartenwegwart, Gartenhindläufte. IV.

Blühet im Junio. Hiervon brauchet man die Blätter und Blumen. Die Blumen sind schön, blau und bitter; die Blätter gleichsam von einander getheilet und rauh. Die Wurzel ist länglicht, von ausen braunschwarz, und inwendig weis, das ganze Kraut bitter. Es eröfnet die Leber, treibet den Urin, verdünnet, reiniget, eröfnet die Verstopfungen der Leber, curiret die Fieber, und stillet das Bluten. v. Sam. Dale Pharmacolog. p. m. 146.

Cichorium satiuum album, v. Cichorium satiuum.

Cichorium satiuum minus, v. Endiuia.

Cichorium siluestre, s. agreste, Σέρις πικρὶς, Solsequium, Intybus, Ambubeia, Hieracium latifolium, Feldcichorien, Wegwart, Wegweis, Weglungen, Sonnenwendel, Hindläufte, Wasserwart, Sonnenkraut, Wendel. IV. Man brauchet hiervon die Wurzel, Blätter und Samen. Sie haben kein gelindes Urintreibendes Saltz bey sich, eröffnen, verdünnen, machen die Haut rein, treiben den Stein, öfnen die Leber, curiren das Fieber, Bluten, die gelbe Sucht, Verstopfung derer Milchgefäße, Entzündung, den Scorbut, Würme, Melancholie, Bitterkeit und unangenehmen Geschmack im Munde, werden mit allzuscharfen Purgantibus und andern Mitteln, so wider den Scorbut und Melancholie helfen, versetzet. Sonst pfleget sie die Eingeweide zu stärken, den Stuhl zu befördern, auch im Malo hypochondriaco, Abzehrungen und der Cachexie gut zu thun, zu welchem Ende hieraus unterschiedene Medicamenten, als die mit Zucker überzogene Blumen, die eingemachte Wurzel, der einfache und zusammengesetzte Syrup, das Wasser, Saltz, und Decoctum verfertiget werden.

Cichorium spinosum *C. Bauh.* v. Cichorium satiuum.

Cichorium strumosum *Myconi*, v. Chondrilla altera.

Cichorium *Turcicum*, v. Taraxacon *Offic.*

Cichorium verrucarium, v. Zazyntha.

Cicia, v. Beta.

Ciconiae vnguis, v. Geranium.

Cicorea, v. Cichorium.

Cicorea verrucaria, v. Chondrilla.

Cicus, Cicum, die innern Theile des Granatapfels. Hierdurch wird bey denen Granatbäumen, nach Varronis Meynung diejenige Membrana verstanden, welche in denen Granatäpfeln die Körner zusammen hält.

Cicuta, v. Chamomilla.

Cicuta, κώνειον, Cicutaria, vulgo Petroselinum caninum, Phellandryon, Sium alterum *Dod.* Wüterich, Schierling, Wödendung. XI. Ist kalt im vierten, und feucht im dritten Grad, wird unter die giftigen Kräuter gerechnet. Wenn man die Wurzel innerlich isset, so machet sie Conuulsiones, Fleckfieber, Raserey, und wird dieserwegen innerlich niemals gebrauchet. Ihr Gegengift soll der Wein seyn. Und obgleich einige Autores behaupten wollen, daß etliche Völker die Cicutam ohne Schaden essen können, so kan doch dieses Simon Pauli in Quadripart. Botan. nicht glauben, und meynet, es müsse vielleicht einer unsern Kärbel pro Cicuta gehalten, und diesen Irrthum weiter fortzupflanzen, Gelegenheit gegeben haben. Es soll aber unsere Cicuta mit dem Opio ziemlich überein kommen. Aeußerlich brauchet man sie in Geschwulsten der Leber und Milz. Weil das Kraut heftig zusammen ziehet und resolviret, so brauchet es das Frauenzimmer, ihren schlappen und hangenden Brüsten eine ansehnliche Gestalt zu geben. Sie stoßen das Kraut und die Wurzel untereinander, legen es auf die Brüste, und hemmen derselben Wachsthum.

Cicuta aquatica, v. Cicuta.

Cicuta maior, v. Cicuta.

Cicuta maxima quorundam, v. Sium aquaticum.

Cicuta minor, v. Cicuta.

Cicuta palustris, v. Cicuta.

Cicuta vera, v. Cicuta.

Cicutaria, v. Cicuta.

Cicutaria fatua, v. Cicuta.

Cicutaria foetida, v. Cicuta.

Cicutaria latifolia foetidissima, v. Cicuta.

Cicutaria odorata, v. Myrrhis.

Cicutaria palustris, v. Cicuta.

Cicutaria palustris tenuifolia, v. Cicuta.

Cicutaria *Pannonica*, v. Myrrhis.

Cicutaria tenuifolia, v. Chaerefolium.

Cicutaria vulgaris, v. Cicuta.

Cidromela, v. Citrus.

Cimicum Anethum, v. Coriandrum.

Ciminalis, v. Gentiana *Offic.*

Ciminum Basilicum *Hisp.* v. Geranium.

Cina, Wurmsamenkraut. v. Santonicum.

Cina, v. China, v. Santonicum.

Cina cinae, v. China Chinae.

Cinagrostis, v. Phalangium.

Cinara, Carduus non aculeatus *Matth.* hortensis et sativus *Gesn.* hortensis foliis non aculeatis *C. Bauh.* Articoca, Arrichochia, Artischoca et Artischocki Cactus *Theophr.* Scolymus *Diosc.* Carduus *Plin.* Strobeldorn, Aertischocken. X.

Wird in Gärten gezeuget, blühet im Julio und Augusto. Hiervon braucht man die Häupter als eine Delicatesse über Tische, weil sie einen angenehmen, süßen, und die Schärfe dämpfenden Saft bey sich haben, weswegen sie auch unter die Mittel, welche den Samen vermehren, gerechnet werden. Sie geben dem Urin einen übeln Geruch, erwecken Appetit zum Beyschlaf, eröfnen und curiren die gelbe Sucht. Die Blätter hiervon mit Rheinfarren und Wermuth in Eßig gekocht, und in Gestalt eines Breyes mit Mithridat vermenget und aufgeleget, vertreiben den Herzwurm.

Cinara hortensis folio non aculeato, v. Cinara.

Cinara maxima *Anglica*, v. Cinara.

Cinara non aculeata, v. Cinara.

Cinara spinosissima, v. Cinara.

Cinara spinosissima, cuius pediculi esitantur, v. Cinara.

Cinara vulgatior, v. Cinara.

Cincinalis, v. Verbena.

Cineraria, v. Jacobaea.

Cineres clauellati, **Potaschen, Kesselaschen.**

Bestehen aus einem weißen und etwas calcinirten Salz, welches anfangs aus denen Lauben oder Clauellis dererjenigen Fässer und Potten, worinnen die Weidasche kömmet, gemacht, und dieserwegen Cineres clauellati und Potaschen genennet worden sind. Weil nun dieses Salz aus denen zu Asche verbrennten Fässern ausgelauget, und nachmals in großen Kesseln abgesotten wird, so heißen es einige auch Kesselasche. Wenn aber die Clauellae nicht in so großer Menge, als jährlich consumiret werden, vorhanden seyn, so hat man nachgehends auch das bloße eichene Holz, als woraus sie bestehen, hierzu employiret, welches die Potaschenkrämer häufig zu Asche brennen, das Salz heraus laugen, und hernach in vielen hierzu bereiteten Oefen ferner calciniren lassen. Dergleichen Laboratoria findet man in Deutschland, Moscau und Polen. v. Valentin. Natur- und Materialkammer, p. 25.

Cingulum *D. Johannis*, v. Artemisia.

Cinis infectorius, **Weidasche.**

Sind calcinirte Weinhefen, und werden deswegen also genennet, weil sich die Weidfärber ihrer zu bedienen pflegen. Es wird diese Asche aus Frankreich und anders woher in großen Fässern und Einschlägen zu uns überbracht. Sie muß noch in schönen Stücken und Steinen, auch frisch gemacht seyn, eine grünlichtweise Farbe und bittern Geschmack haben. Sie ist zum Weidkiyen, die Farbe damit zu bereiten, und den Indig zu schärfen, weil sie die Farbe anfällig machet, und für Flecken bewahret, nöthig. Die Seifensieder, und absonderlich, welche die grüne Seife machen, brauchen sie auch. In der Medicin wird sie nicht gesuchet, außer daß man hieraus ein Salz und ein Oleum per deliquium machen kan, welches dem Sali Tartari per deliquium an Kräften gleich kömmt, aber stärker und corrosivischer seyn soll, und wird mit Zusetzung des lebendigen Kalkes ein Lapis infernalis, oder Etzstein, womit man die Fontanellen setzen kan, hieraus bereitet. v. ibid.

Cinnamomum Canella Cassia Cinnamomea, Cassia Zeilanica baccifera cauliculata, Zimmetrinde. IV.

Heißet in Arabischer Sprache Cherfe (v. Thom. Bartholin. Act. Hafn. Vol. I. n. 1.) bestehet aus einer dünnen, von seiner äußersten Schale gesäuberten, und in langen Röhren zusammen gerollten Rinde, so gelbröthlicht ist, und einen scharfbeißenden, süslichten und aromatischen Geschmack, auch einen sehr lieblichen Geruch hat, wächset in der Insul Zeilon und denen Moluckischen Insuln. Der Stamm und Baum gleichet in der Dicke und Größe einer Linde, und ist mit breiten, großen, und immergrünenden Blättern, so wie Citronenblätter gestalt sind, und nach Näglein riechen, versehen, träget kleine, weiße, sechsblätterichte Sternblümlein, und nach diesem kleine Eicheln, wie Oliven, wächset aus einer Wurzel, die nach Campher riechet, wovon man auch ein Campherwasser destilliren kan. v. Valent. Natur- und Materialkammer p. 250. seq. Die äußerliche Rinde wird Cinnamomum, die innerliche aber Canella genennet. Der beste Zimmet ist, wenn die Rinde dünne und zart, auf der Zunge sehr scharf, und mit einer anhaltenden Süßigkeit vermischet ist, einen guten Geruch und hochrothe Farbe hat. Die Röhren müssen fein lang seyn. Weißer und schwarzer Zimmet dienet nicht. Der Zimmet wärmet im dritten, und trocknet im andern Grad. Er hat ein überaus flüchtiges Salz, das unserer Natur ziemlich gleich kömmet, mit einem süßen und angenehmen Schleim bey sich, und ist dieserwegen in großer Mattigkeit und Ohnmachten als eine bewährte Herzstärkung, in verhaltenen Mensibus und andern desperaten Krankheiten ein vortrefliches Remedium, öfnet, zertheilet, treibet die Nachgeburt, das verhaltene Geblüt, stärket das Herz, Magen und Mutter, curirt den Husten, Scorbut, giftige

Krank-

Krankheiten, Engbrüstigkeit, stärket das Gedächtnis und Gehirn. Das innerste Häutlein allernächst am Holze ist am stärksten, und wird dessen große Schärfe etwas mit Gerste gedampfet. In den Apothecken findet man die Conseruam oder den eingemachten Zimmet, das Wasser mit oder ohne Wein, ingleichen mit Quitten, Borragen und Ochsenzungen destilliret; item die Tinctur, das Extract, Elixir Cinnamomi cum Croco und Oel, welches äußerlich im heißen und kalten Brande gerühmet wird; Ingleichen den Balsam, das Salz, Syrup, Species und Elaeosaccharum Cinnam.

Cinnamomum caryophyllatum, v. Cassia caryophyllata.

Cinnamomum *Jauanense C. Bauh.* v. Cassia lignea.

Cinnamomum *Maluaricum, C Bauh.* v. Cassia lignea.

Circaea *Monspeliensium,* v. Dulcis amara. *Trag.*

Circium, v. Buglossa.

Cirrium, v. Buglossum.

Cirrium *Italicum,* v. Buglossum.

Cirrium luteum *Sequanorum*, v. Carduus vulgaris *Matth.*

Cirsium, v. Buglossa.

Cirsium, weichstachelichte Distel. XXI.

Cirsium alterum *Lob.* singularibus capitulis paruis *C. Bauh.* foliis non laciniatis virore Brassicae et Macrocaulon *J. Bauh* Schardistel. v. Cirsium.

Cirsium foliis non laciniatis, v. Cirsium alterum.

Cirsium luteum *Sequanorum*, v. Carduus vulgaris.

Cirsium singularibus capitulis, v. Cirsium alterum.

Cisti folio exotica arbor, v. Cistus.

Cistis, v. Hypocystis.

Cistus adulterinus, v. Cistus.

Cistus alterum genus, v. Cistus.

Cistus annuus, v. Cistus.

Cistus annuus foliis Ledi *Lobel.* v. Cistus.

Cistus cum hypocystide, v. Hypocystis.

Cistus femina *Matth. Dod. Lon. Lob.* folio saluiae *C. Bauh.* Cistusweiblein mit Salbenblättern. IX.

Cistus femina folio Saluiae, v. Cistus femina, v. Saluia.

Cistus femina *Matth.* v. Cistus femina.

Cistus femina Portulacae marinae folio latiore obtuso, v. Cistus folio Halimi.

Cistus flore albo, v. Cistus.

Cistus folio Halimi primi *Clus.* folio Halimi flore luteo *J. Bauh.*

Bauh. Cistus femina folio portulacae marinae *Lob.* folio latiore obtuso *C. Bauh.* Cistusweiblein mit Meerportulackblättern. v. Cistus femina.

Cistus folio Halimi secundi *Clus. Lob.* folio Halimi longiore incano *Bauh.* Cistus femina, Portulacae marinae *Lob.* folio angustiore mucronato *C. Bauh.* Cistus, mit schmalen Meerportulackblättern. v. Cistus femina.

Cistus folio Lauendulae, v. Lauendula, v. Cistus.

Cistus folio Spicae, v. Spica, v. Cistus.

Cistus folio Thymi *Clus. Lob. Tab. C. Bauh.* cum maculis in flore *Jo. Bauh.* Cistus, mit Thimian- oder Römischen Quendelblättern. v. Cistus femina.

Cistus humilis, v. Chamaecistus, s. Heliauthemum.

Cistus humilis angustifolius, v. Chamaecistus.

Cistus humilis *Austriaca*, v. Chamaecistus.

Cistus humilis latifolius, v. Chamaecistus.

Cistus humilis Serpilli folio, v. Chamaecistus.

Cistus ladanifera, v. Ladanum.

Cistus Ledon foliis laurinis, v. Ladanum.

Cistus Ledum foliis rorismarini ferrugineis, *C. Bauh.* v. Ledum Silesiacum, *Clus.*

Cistus Ledum foliis Salicis angustifoliis, v. Ledum Silesiacum, *Clus.*

Cistus Ledum Myrtifolium, v. Ledum Silesiacum, *Clus.*

Cistus Ledum *Narbonense*, v. Ledum Silesiacum *Clus.*

Cistus Ledum Populea fronde, v. Ledum Silesiacum *Clus.*

Cistus mas, Cistenröslein. VI.

Cistus mas angustifolius, v. Cistus mas, *Matth.*

Cistus mas foliis Chamaedrys, v. Cistus mas, *Matth.*

Cistus mas folio oblongo incano. v. Cistus mas, *Matth.*

Cistus mas folio rotundo hirsutissimo, *C. Bauh.* v. Cistus mas, *Matth. Lon.*

Cistus mas latifolia, v. Cistus mas, *Matth. Lon.*

Cistus mas maior folio rotundiore, *J. Bauh.* v. Cistus mas *Matth. Lon.*

Cistus mas *Matth. Lon.* mas quartus *Clus.* mas folio rotundo hirsutissimo *C Bauh* mas maior folio rotundiore *Jo. Bauh.* Cistusmännlein, Cistenröslein. VI.

Cistus mas quartus, Cistusmännlein, v. Cistus mas, *Matth. Lon.*

Cistus mas quintus *Clus.* sinuatis et fimbriatis foliis *Lob.* mas

foliis

foliis Chamaedrys *C. Bauh.* foliis crispis et quodammodo sinuosis *Jo. Bauh.* Cistus mit krausen Blättern.

Cistus mas supinis sinuatis et fimbriatis foliis, v. Cistus mas *Matth. Lon.*

Cistus martius, v. Cistus mas, *Matth. Lon.*

Cistus palustris et humilis hederae folio, v. Hepatica alba.

Cistus paruus, v. Chamaecistus.

Cistus *Silesiacus*, v. Ledum Silesiacum, *Clus.*

Cistus *Virginiana*, aufrecht Virginisch Geisblatt.

Citharexylum, v. Cichorium.

Citrago, v. Melissa.

Citrago *Turcica*, v. Melissa.

Citrangula, Citrangulus, Monardi Malus citria.

Die Mönche, welche über den Mesuen commentiret haben, halten davor, das dieses Wort nicht allein von Citronen und Pomeranzen, sondern auch von Limonien verstanden werde.

Citreolus, v. Cucumer.

Citreolus alter formae anguis, v. Cucumer.

Citreolus vulgo, v. Cucumer.

Citria arbor, v. Citrus.

Citria malus, v. Citrus.

Citronata, v. Citrus.

Citronella, v. Melissa.

Citroximum, v. Cichorium silnestre.

Citrullus *Trag. Tab.* et *Offic.* Anguria *Matth. Dod.* Anguria citrullus dicta *C. Bauh.* Cucumer et Cucumis Citrullus *Fuchs.* Citrullen, Angurien. v. Anguria. VIII.

Ist eine runde Frucht und Art eines Kürbses, wächset in Italien und Frankreich häufig, und kömmt mit denen Kürbsen und Gurken auch an Würkungen und Kräften in der Medicin gleich. Der Samen ist kalt im andern, feucht im andern und dritten Grad, wird nur einzig und allein in der Medicin gebrauchet, und unter die vier grosen kühlenden Saamen gerechnet, das übrige aber von der Frucht verworfen. Er eröfnet, reiniget die Blase und Nieren, und lindert die Hitze der Galle und des Geblütes. NB. Weil die Citrullen schlechte Nahrung geben, so wollen sie einem blähenden und kalten Magen nicht bekommen.

Citrullus maior, v. Citrullus.

Citrullus *Offic.* v. Citrullus.

Citrus, Malus Medica, Assyrica, Citrangulus, Melangula, Citronenbaum. VII.

Die Frucht hiervon wird Citronen genennet. Sie dienen in giftigen Krankheiten, befördern den Schweis, stärken das Gedächtnis, dienen in Ohnmachten und Herzensangst, und erfrischen die Lebensgeister, vertreiben den Gift, Scorbut, ansteckende Krankheiten, Fäulung, Würme im Leibe und derer Kleider. Der Samen und Rinde wärmen im ersten und dritten, und trocknen im andern und dritten Grad. Das Fleisch oder Mark ist kalt im ersten Grad, feucht, temperiret, verdünnet, digeriret, reiniget und tödtet die Würme. Hiervon findet man in denen Apothecken die eingemachten Citronenäpfel, Rinden, und Mark, das aus der Rinde destillirte Wasser, das Oel, den Saft, Syrup, die Morschellen, den Balsam und die Lattwerge. Die großen Früchte werden Citronat genennet, sehen fast aus wie Melonen; Wenn sie noch nicht vollkommen reif sind, so werden sie, wenn man zuvor die Kern hat weggethan, eingemacht. Sie sind dem Herzen und Magen angenehm, und dienen zu delicaten Speisen.

Claua Morionis, v. Typha.

Clauatus, Clauellatus, v. Muscus terrestris.

Clauis *S. Petri*, v. Primula veris.

Clauus, v. Caryophylli aromatici.

Clematis altera Boetica *Clus. Lob.* Clematis Boetica *Tab.* Clematis peregrina foliis pyri incisis *C. Bauh.* Spanisch Waldrebe, v. Clematis vrens.

Clematis altera *Diosc.* v. Clematis altera Boetica.

Clematis altera flore pleno, v. Clematis altera Boetica.

Clematis altera longifolia, v. Clematis altera Boetica.

Clematis *Boetica Tab.* v. Clematis altera Boetica.

Clematis coerulea *Pannonica*, v. Clematis vrens *Tab.*

Clematis Daphnoides, v. Vinca per vinca.

Clematis Daphnoides flore pleno, v. Vinca per vinca.

Clematis Daphnoides minor, v. Vinca per vinca.

Clematis flore albo, v. Clematis vrens *Tab.*

Clematis flore pleno, v. Vinca per vinca.

Clematis *Indica*, v. Colubrinum lignum.

Clematis maior flore duplicato, v. Clematis vrens *Tab.*

Clematis minor *Pannonica*, v. Clematis vrens *Tab.*

Clematis minima forte prima *Plinii*, v. Fumaria.

Clematis pallifolia, v. Vinca per vinca.

Clematis peregrina coerulea, v. Clematis altera.

Clematis peregrina coerulea et purpurea, v. Clematis altera.

Clematis peregrina foliis pyri incisis *C. Bauh.* v. Clematis altera.

Clematis purpurea, v. Clematis altera.

Clematis repens, *C. Bauh.* v. Clematis vrens, *Tab.*

Clematis scandens tenuifolia alba, *J. Bauh.* v. Clematis vrens, *Tab.*

Clematis siluestris, v. Tamnus.

Clematis trifolia, v. Granadilla.

Clematis vrens altera, v. Clematis vrens, *Tab.*

Clematis vrens *Tab.* altera vrens *Lob.* Clematitis s. flammula repens *C. Bauh.* Flammula *Dod.* Viticella *Caesalp.* Clematis s. Flammula scandens tenuifolia alba *Jo. Bauh.* Waldrebe mit weissen Blumen, brennende Waldrebe, Blasenziehende Waldrebe. XXV.

Hat einen überaus scharfen und recht brennenden Saft. Wenn das Kraut zerstoßen und aufgelegt wird, so ziehet es große Blasen. Die Blüten lässet man mit gemeinem Oel einweichen, und verfertiget daraus ein apartes Oel, welches im Hüftwehe und andern innerlichen Schmerzen gelobet wird. Mit denen Blättern kan man in Fiebern Blasen ziehen.

Clematis vrens multiflora, v. Clematis vrens *Tab.*

Clematitis altera *Boetica*, v. Clematis altera.

Clematitis altera radice tenui, v. Aristologia.

Clematitis coerulea erecta, v. Clematis vrens *Tab.*

Clematitis coerulea vel purpurea repens, v. Clematis vrens *Tab.*

Clematitis longa vulgaris, v. Aristologia.

Clematitis *Saracenica*, v. Aristologia.

Clematitis veteribus, v. Aristologia.

Cleome *Octauii*, v. Erysimon.

Climenum *Diosc.* v. Caltha vulgaris.

Climenum *Matth.* Lathyrus siluestris maior s. purpureus *Thal.* latifolius *C. Bauh.* Narbonensis latiore folio *Lob. Eyst.* Cicercula siluestris *Tab.* wilde Kichern, Wildblaterbsen, wild Erfelsohren. XVI.

Clinopodium alterum *Matth.* v. Clinopodium maius.

Clinopodium aruense Ocymi facie, v. Clinopodium maius.

Clinopodium maius, wilde Basilie, Würbeldost. XVI.

Clinopodium minus, klein Wohlgemuth, klein Dosten.

Diese beyden Clinopodia sind warm im dritten, trocken im andern Grad, treiben die Menses.

Clinopodium Origano simile, v. Clinopodium maius.

Clitorias flos, v. Conuoluulus.

Cloro;phis, v. Ranunculus.

Clutia, die Aethiopische staudigte Clutia.

Clymenon, v. Climenum.

Clymenum *Diosc.* v. Caltha.

Clymenum femina, v. Scrophularia.

Clymenum *Italorum*, v. Androsaemum maximum frutescens.

Clymenum mas, v. Scrophularia.

Clymenum minus, v. Stachys.

Clymenum *Turneri*, v. Scrophularia.

Cnecus verus, v. Carthamus.

Cneoron, Sasamunda, Steinröslein. v. Caryophyllata.

Cneoron nigrum *Theophrasti*, v. Rorismarinus.

Cnicon, v. Carthamus.

Cnicus, Safran. X.

Cnicus, v. Carthamus, wilder Safran. VII.

Cnicus alter, v. Carthamus.

Cnicus coeruleus, v. Carthamus.

Cnicus coeruleus asperior, v. Carthamus.

Cnicus flore croceo, v. Carthamus.

Cnicus satiua, v. Carthamus.

Cnicus silueftris procerior, v. Carduus vulgaris. *Matth.*

Cnicus siluestris spinosior, *C. Bauh.* v. Carduus vulgaris. *Matth.*

Cnicus siluestris, v. Carduus benedictus.

Cnicus supinus, v. Carduus benedictus.

Cnicus vulgaris, v. Carthamus.

Coa, Coa aus der Insul Cos.

Coaua, v. Coffée.

Coca, v. Cuca.

Cocci vel cocculi orientales, Cocculae (unrecht Cotulae) elephantinae, Baccae piscatoriae, (weil die Fischer sich derselben bedienen, wenn sie Fische fangen wollen) Baccae Leuantinae, Cucculus Indicus, Fischkörner, Tollkörner.

Machen dumm und vertreiben die Läuse.

Coccognidium, v. Thymelaea *Offic.*

Cocculae, s. Cocouli, v. Cocci.

Coccum infectorium, v. Kermes.

Coccum tinctorium, v. Kermes.

Coccus baphica, v. Ilex.

Coccus de Maldiua, Tauarcare, Nux Medica Maldiuensium, Maldivische Cocusnuß.

Ist eine Frucht, welche in denen Maldivischen Insuln am Gestade des Meers gefunden, dem Ambra gleich gehalten, und vielleicht von andern Orten hingebracht wird. Man brauchet hiervon die äuserliche Rinde und Mark, welche wider das böse Wesen und schwere Geburt dienen sollen.

Coccus infectoria, v. Kermes.

Coccus maximus, v. Cocos.

Coccus tinctoria, v. Kermes.

Coccygria *Plin.* v. Cotinus coriaria.

Cochlearia, Löffelkraut. VII.

Dieses Kraut ist warm und trocken im andern und dritten Grad. Es pfleget, wegen seines aromatischen, ölichten und überaus penetranten sauren Salzes, zu eröfnen, in Milzbeschwerungen gut zu thun, treibet den Schweis und verhütet die Fäulung, curiret das Malum Hypochondriacum, resolviret, verhindert den Schlag. Aeußerlich ist die Cochlearia gut in ungesunden und faulen Zahnfleisch, der Mundfäule, und wird zu Gurgelwassern und Bädern gebrauchet. Man hat hiervon unterschiedene Praeparata, als die mit Zucker überzogenen Blätter, das destillirte Wasser, den Syrup, welcher vom Saft mit Zucker abgesotten entstehet, das gemeine und flüchtige Salz, den Spiritum. NB. Man brauchet den Saft vornemlich in allerhand Beschwerungen des Mundes und der Kehle, auch nach denen Masern. Sonst ist vom Löffelkraut überhaupt zu merken, daß man sich dessen lieber frisch, als getrocknet, bediene, weil durch das Dörren eine ziemliche Quantität von seinem Sale volatili verlohren gehet.

Cochlearia *Batava*, v. Cochlearia.

Cochlearia folio subrotundo, v. Cochlearia.

Cochlearia palustris, v. Plantago latifolia.

Cochleata, s. Trifolium, Schneckenklee. III.

Cocombe.

Ist ein schwarzes Holz in Madagascar, aber gemeiniglich krumm. Seine Blätter sind sehr klein. Seine Blume riechet angenehm, und das Holz giebt im Feuer einen angenehmen Geruch von sich.

Cocos, Cocusnuß. XII.

Ist eine Indianische Frucht, al. Coccus maximus, welche denen Indianern sowol zur Speise, als Arzeneyen und Kleidung dienet. Die Nuß ist statt des Confects; auch machen sie daraus einen Trank, der wie Wein schmecket, desgleichen einen Eßig, Spiritum und Oel.

Codaga Pala, ein Baum in Malabar, v. Nerium, v. Apocymum.

Codiaminum, v. Narcissus.

Coecum cnidium, v. Chamaelea, v. Mezereum.

Coeli donum, v. Chelidonium.

Coeli rosa, v. Lychnis.

Coffée, Caffebohnen. VII.

Ist eine fremde uns nunmehro bekannte Frucht, wächset in Persien und Reich Arabien, auch in Egypten, allwo sie Bon Alpino genennet wird. Die Kern sehen weis, sind kleiner als eine Bohne, haben am glatten Theile eine lange Grube, treiben den Urin, Stein, Monatzeit, güldene Ader, Wasser nach der Geburt, schaden denen magern und hitzigen Leuten, geben ein Infusum und Oel. Die Pflanze oder der Baum soll dem Euonymo ziemlich gleich sehen. Denen Beeren giebt man unterschiedene Namen, als Caffe, Coffee, Coffi, Caua, Coavie, Cahvve, Café, Cophé, Cahvvae, Cahvé, Cove, Ravvé, Rahvée, Chaubae. Wenn diese gebraten, geröstet, zu Pulver gestoßen und in Wasser gekochet sind, so wird ein Trank daraus bereitet, welchen man warm hintertrinket. Er ist bey denen Türken, und heut zu Tage bey denen Europäern gar sehr bekannt und im steten Brauch, verbessert und dämpfet alle herbe Säure, stärket den Magen, zertheilet die Winde, löset die vom vergangenen Tage zurück gebliebenen unverdaueten Speisen auf, stillet den vom Wein entstandenen Rausch, machet wachen, eröfnet den Leib, das Gekrös, befördert die Bewegung des Geblüts und Schweißes, dienet der Milz und Leber, in Flüssen des Hauptes, der Brust und Nase, im Malo Hypochondriaco, Husten und Schleim auf der Lunge, Engbrüstigkeit, Aufsteigen. Wenn er mäßig gebrauchet wird, so mästet er, zehret aber, wenn man ihn häufig trinket, resolviret hartscirrhöse Schwulsten, befestiget die Mutter, und machet sie geschickt zur Empfängnis, curiret die Schlafsucht, Lähmung, das schwache Gedächtnis, Hauptschmerzen, das üble Gehör, die scorbutische Abzehrung des Leibes, den Zwang des Urines, Schlagflüsse rc. Doch muß man ihn nicht allzuhäufig trin-

trinken, wie solchergestalt auch die meisten im Thee pecciren. Etliche nehmen früh, wenn sie ihn trinken wollen, oder schon getrunken haben, ein wenig Butter und Brod. Wenn man ihn eine oder zwey Stunden nach der Mahlzeit zu Mittage trinket, so befördert er die Verdauung derer Speisen.

Colchicum album *Anglicanum*, v. Hermodactylus.

Colchicum album *Germanicum*, v. Hermodactylus.

Colchicum album non venenatum, v. Hermodactylus.

Colchicum album *Pannonicum*, v. Hermodactylus.

Colchicum *Alexandrinum Lob.* v. Colchicum Orientale *Matth.*

Colchicum alterum orientale *Matth.* v. Colchicum Orientale *Matth.*

Colchicum *Anglicum Lob.* v. Hermodactylus.

Colchicum *Anglicum* candidum angustifolium, v. Colchicum montanum cum flore *Clus.*

Colchicum angustifolium *C. Bauh.* v. Colchicum montanum cum flore. *Clus.*

Colchicum candido flore *Anglicanum*, v. Hermodactylus.

Colchicum candidum multiflorum, v. Hermodactylus.

Colchicum candidum *Pannonicum* Polyanthos, v. Hermodactylus.

Colchicum commune, Herbstblumen, Wiesenzeitlosen, Hundeshoden, nackete Hure. XXXI.

Colchicum Ephemerum, v. Colchicum commune.

Colchicum *Hispanicum* paruum, v. Colchicum montanum.

Colchicum *Illyricum*, v. Colchicum Orientale.

Colchicum luteum, v. Colchicum montanum.

Colchicum luteum maius, v. Colchicum montanum.

Colchicum luteum minus, v. Colchicum montanum.

Colchicum melino flore, v. Narcissus *Persicus.*

Colchicum minus florescens, *Lob.* v. Colchicum montanum cum flore *Clus.*

Colchicum montanum angustifolium, v. Colchicum montanum.

Colchicum montanum *Clus.* v. Colchicum montanum.

Colchicum montanum cum flore *Clus.* angustifolium *C. Bauh.* minus florescens *Lob.* Montanum minimum angustifolium autumnale *Eyst.* kleine Bergzeitlosen. II.

Colchicum montanum luteum, v. Colchicum montanum.

Colchicum montanum minimum, v. Colchicum minus florescens *Lob.*

Colchicum nigrum et subrubens, v. Colchicum montanum.
Colchicum non venenatum, v. Colchicum *Orientale Matth.* v. Hermodactylus.
Colchicum orientale *Matth.* alterum Orientale *Matth. Lugd.* Syriacum Alexandrinum *Lob. Tab. C. Bauh.* non venenatum, Syrische Zeitlosen. II.
Ist eine Art von Tulpanen, und wird um Apenninen in Italien gefunden, soll in der Franzosenkrankheit gut thun.
Colchicum *Pannonicum* polyanthos albo flore, v. Hermodactylus.
Colchicum paruum montanum luteum, v. Colchicum minus florescens, *Lob.*
Colchicum polyanthos cum floribus, v. Colchicum minus florescens, *Lob.*
Colchicum *Syriacum*, v. Colchicum *Orientale Matth.*
Colchicum vulgare polyanthos, v. Colchicum commune.
Coliandrum, v. Coriandrum.
Collinsonia, die Americanische Collinsonia.
Colocasia *Plin.* v. Aron Aegypriacum.
Colocynthis femina, v. Colocynthis vera.
Colocynthis fructu rotundo maior, v. Colocynthis vera.
Colocynthis *Germanica*, v. Colocynthis vera.
Colocynthis mas, v. Colocynthis vera.
Colocynthis nigra pyriformis, v. Colocynthis vera.
Colocynthis pyri figura, v. Colocynthis vera.
Colocynthis satiua, v. Cucurbita.
Colocynthis siluestris, v. Colocynthis vera.
Colocynthis turbinata, v. Colocynthis vera.
Colocynthis vera, Cucurbita siluestris Handal, Coloquinten auf Arabisch Handal. XI.
Die Frucht und ihr innerliches Mark trocknet und wärmet im dritten Grad. Ist ein fremd dürr Gewächs, purgiret unter allen Vegetabilien am heftigsten. Dienet im Hüftwehe, der Gicht, item Würme und Läuse zu vertreiben, ingleichen die Menses und todte Frucht (im Clystiren) zu befördern, curiret die Schlafkrankheiten, Wassersucht, sticht und picket die Häute derer Därme und des Magens gewaltig. NB. Will man die Coloquinten im Clystiren verordnen, so müssen sie in Säckgen gebunden werden. Sie führen die wässerichten Feuchtigkeiten aus dem Gehirn, der Lunge und Gelenken, vertreiben den Schwindel, halben und ganzen Schlag, das böse Wesen, Krä-

ße und Franzosen. Die hiervon präparirten Trochisci oder Küchelgen werden Trochisci Alhandal genennet. Das Extract purgiret innerlich; äußerlich aber machet man Pillen draus, und thut sie im übeln Gehör in die Ohren.

Colonum, v. Ranunculus.

Coloquintis, v. Colocynthis.

Colquas.

Die Egyptische Aronwurz. v. Aron.

Colubrina, v. Bistorta.

Colubrina maior, v. Bistorta.

Colubrina minor, v. Bistorta.

Colubrinum lignum, Serpentaria, Clematitis Indica, Grießholz, Schlangenholz. VI.

Kommt aus Zeilon und andern fremden Insuln. Die Frucht dieses Baumes heißet Nux Vomica, welche, wenn sie noch frisch, die Natur eines Giftes hat, dahero diejenige, welche eine Zeitlang gelegen, der andern vorzuziehen ist. Sie wärmet, trocknet, reiniget, führet Galle und Schleim ab, vertreibet Würme, und das 3 und 4tägige Fieber. Ist denen Thieren, welche blind gebohren werden, ein Gift, denen Menschen aber nicht. Aeußerlich brauchet man sie wider Flecken der Haut. In denen Apotheken ist hiervon das Extractum mit Tausendgüldenkrautwasser, zu bekommen.

Columbaris, Columbaria, v. Verbena.

Colus columbina, v. Equisetum.

Colus Jouis, v. Horminum, v. Verbena.

Colus Rustica *Cord.* v. Carduus vulgaris *Matth.*

Colutea *Matth. Lon. Dod.* Vesicaria *Casp. Bauh.* Colutea *Theophrast. Lob. Tab. Clus.* Sena Mauritanorum *Ruell.* Pseudosenna, Linsenbaum, Welschelinsen, Schaflinsen, Welsche Senetblätter, falsche Senetblätter. VII.

Die Blätter gleichen denen rechten Senetblättern, nur daß sie forn nicht spitzig, sondern rund sind, werden auch von etlichen, weil sie fast eben die Würkung thun, als die rechten Senetblätter, statt derselben gebrauchet. Der Samen machet brechen.

Colutea prima elatior *Clus. Tab.* groser Linsenbaum.

Colutea scorpioides *Lob.* v. Colutea. II.

Colutea siliquosa *C. Bauh.* v. Colutea prima elatior *Clus. Tab.*

Colutea *Theophr.* v. Colutea *Matth.*

Colutea vesicaria *C. Bauh.* v. Colutea *Matth. Lon. Dod.*

Colym-

Colymbas, v. Stoebe.
Colytea, v. Cercis.
Coma aurea, v. Stoechas citrina.
Coma hirci, v. Tragopogon.
Comarus *Theophr.* v. Arbutus *Matth. Dod. Tab.*
Commelina, grosblätterig Commelinkraut.
Conaria, v. Pinea.
Concordia, Concordialis, v. Anemone.
Concordia, v. Agrimonia.
Condius, v. Tragos.
Condrilla, v. Chondrilla.
Condrilla altera, v. Chondrilla altera.
Condrilla altera *Diosc.* v. Chondrilla.
Condrilla aruensis, v. Chondrilla prima.
Condrilla bulbosa, v. Chondrilla altera.
Condrilla coerulea *Belgarum*, v. Chondrilla prima.
Condrilla *Graeca*, v. Chondrilla prima.
Condrilla latifolia, v. Chondrilla prima.
Condrilla marina, v. Chondrilla altera.
Condrilla *Narbonensis*, v. Chondrilla altera.
Condrilla pusilla marina lutea bulbosa, v. Chondrilla altera.
Condrilla rotunda, v. Chondrilla altera.
Condrilla verrucaria, v. Chondrilla altera.
Condrilla viminea, v. Chondrilla altera.
Condrylla, Condryllum, v. Chondrilla.
Condurdum *Plin.* v. Valeriana.
Condure, v. Voamenes.
Confirma maior, v. Symphitum.
Coni cocculi, v. Pinea.
Conile, v. Myrrhis.
Conocarpodendron, der Silberbaum aus Africa. IV.
Conocarpus, der Knopfbaum. II.
Conserua maior, v. Symphitum.
Consiligo, Läusekraut, falsche Nieswurz. v. Helleborus.
Consiligo minor, v. Helleborus.
Consolida aculeata, v. Jacea.
Consolida aquatica, v. Eupatorium.
Consolida aurea, v. Virga aurea.
Consolida ceruina, v. Eupatorium.
Consolida corallina, v. Dentaria.
Consolida dentaria, v. Dentaria.

Conso-

Consolida filicifolia, v. Tanacetum Leucanthemum.
Consolida lactarea, s. lactucina, v. Pulmonaria aurea.
Consolida maior, v. Symphytum.
Consolida maior siluestris, v. Bellis maior.
Consolida media, Prunella coerulea, Bugula, Symphitum medium, Gunzel. XI.
Ist kalt im andern, und trocken im dritten Grad, curiret die gelbe Sucht, Verstopfung der Leber und des Harnes, dienet in Brüchen. Das Decoctum ist in der Schwindsucht, und absonderlich in Wunden gut, laxiret ein wenig, und dienet der Leber. Poter. p. 20.
Consolida media maior, v. Consolida media.
Consolida media minor, v. Consolida media.
Consolida media pratensis coerulea, v. Consolida media.
Consolida media pratensis purpurea, v. Consolida media.
Consolida media purpurea, v. Consolida media.
Consolida media vulnerariorum, *Lob.* v. Bellis maior *Trag. Matth.*
Consolida minima, v. Prunella.
Consolida minor, Braunelle, v. Prunella. XVI.
Ist die Bellis hortensis, v. quoque Prunella.
Consolida minor altera, v. Symphitum.
Consolida minor *Offic.* v. Bellis coerulea.
Consolida nodosa, v. Symphitum.
Consolida palustris, v. Eupatorium.
Consolida petraea, v. Symphitum *Offic.*
Consolida quinquefolia, v. Sanicula.
Consolida regalis, v. Calcatrippa.
Consolida regia s. calcaris flos recentior, v. Calcatrippa.
Consolida regia segetum strigosior tota, v. Calcatrippa.
Consolida rubra, v. Tormentilla.
Consolida Saracenica, v. Consolida aurea.
Consolida siluestris, v. Bellis.
Consolida tuberosa, v. Symphitum *Offic.*
Consolida vulgo, v. Symphitum *Offic.*
Constantinopolitanum, v. Chamomilla.
Contonaria, v. Filago.
Contrayerua, Radix veruas. bezoardica vel Alexipharmaca Drakena (von Francisco Drake, dem Erfinder) vel Clematis passionalis, Peruuianus, Cyperus longus Peruuianus; Giftwurz. IV.

Ist ein herrliches Gewächs, treibet Schweis, curiret Gift und giftige Krankheiten, Liebestränke, Würme im Leibe, die Pest, schwarze und höchstgefährliche Masern, die rothe Ruhr, und allerley Gift, (ausgenommen dem Mercurio sublimato) Milzbeschwerungen, Melancholie, Blehungen, Schwachheit des Magens, stillet Schmerzen, und treibet Urin. An theils Orten, als in Breßlau, kan man hieraus das Extract, den Trank und die Essenz bekommen.

Contrayerua *Germanica*, v. Anthora.

Conuallium flos, v. Lilium conuallium.

Conuoluulus, Winde, oder Wünde. XXXVI.

Curiret die Darmgicht, (da nemlich der Koth s. v. oben zum Munde heraus gehet) und Weixelzöpfe.

Conuoluulus Althaeae folio, v. Scammonea.

Conuoluulus *Americanus*, v. Jalapium.

Conuoluulus argenteus Althaeae folio, v. Scammonea.

Conuoluulus asureus s. coeruleus hederaceus, v. Conuoluulus, v. Smilax leuis.

Conuoluulus capsulis foliaceis strobuli instar, v. Lupinus *Offic.*

Conuoluulus coeruleus, *Cam.* v. Campanula coerulea *Dod.*

Conuoluulus coeruleus hederaceo angulosо folio, v. Campanula coerulea.

Conuoluulus floribus herbaceis, v. Lupinus *Offic.*

Conuoluulus Indicus, Tlixochitl, Benzoenil, Indianische Winde. XII.

Träget eine Schotenfrucht. Franciscus Redi nennet sie Vainiglias. Es hat dieses Kraut einen sehr schwarzen Samen, der so lieblich wie Benzoë, und der Peruvianische Balsam riechet. Man braucht ihn mit zur Chocolade.

Conuoluulus Linariae folio, v. Scammonea.

Conuoluulus maior, v. Smilax leuis.

Conuoluulus maior albus, v. Smilax leuis.

Conuoluulus marinus, v. Soldanella.

Conuoluulus maritimus, v. Soldanella.

Conuoluulus Mexicanus, v. Jalapium.

Conuoluulus minimus linariae folio *C. Bauh.* v. Canthabrica *Clus.*

Conuoluulus minimus spicaefolius, *Lob.* v. Canthabrica, *Clus.*

Conuoluulus minor, v. Scammonea.

Conuoluulus minor aruensis, v. Scammonea.

Conuoluulus minor purpureus, v. Scammonea.

Conuoluulus minor spicaefolio, v. Scammonea.
Conuoluulus niger, v. Voluulus terrestris.
Conuoluulus niger semine triangulo, v. Voluulus terrestris.
Conuoluulus peregrinus, v. Smilax leuis.
Conuoluulus perennis heteroclitus, v. Lupinus *Offic.*
Conuoluulus volubilis foliis asperis, v. Lupinus *Offic.*
Conuoluulus volubilis magna, v. Lupinus *Offic.*
Conus, die holzichte Frucht einiger Bäume.
Wird die holzigte und gleichsam aus vielen Schüssen bestehende Frucht einiger Bäume genennet, wie die Ficht- und Tannenzapfen.
Conyza, Dürrwurz, Mückenkraut. XX.
Ist warm im andern, und trocken im dritten Grad. Wenn man ein Bad darvon machet, so treibet es die Frucht und monatliche Zeit, vertreibet die rothe Ruhr, Flöhe und Würme.
Conyza affinis Germanica *C. Bauh.* Herba vulneraria ad fluuium die Pfrienen nascens, Solidago Saracenica tertia *Trag.* Wundkraut.
Dieses Kraut soll ein gar unvergleichlich Mittel in Wunden und offenen Schäden seyn, und wird auch innerlich unter die Wundtränke genommen.
Conyza altera *Dod.* v. Conyza maior *Trag. Matth.*
Conyza aquatica, v. Conyza altera *Dod.*
Conyza autumnalis maxima floribus Bellidis s. Bellis Indica maxima autumnalis *Maur. Hofm.* Bellis Indica maxima *Trag. Matth.*
Conyza coerulea, Berufskraut. v. Aster.
Die Weiber pflegen dieses Kraut denen Kindern in die Wiege zu legen, und wollen sie hiermit vor Zauberey verwahren.
Conyza helenitis *Cord. Thal.* v. Conyza maior *Trag. Matth.*
Conyza *Hippocratis*, v. Ambrosia prima *Matth.*
Conyza maior *Trag. Matth.* altera *Dod.* vulgaris *Casp. Bauh.* Baccharis Monspeliensium *Cam.* Conyza helenitis *Cord. Thal.* gemeine Dürrwurz, Mückenkraut. IV.
Conyza maior altera, v. Baccharis.
Conyza maior flore globoso, v. Conyza maior.
Conyza maior vulgaris, v. Baccharis.
Conyza maxima serrato folio, v. Consolida, v. Eupatorium.
Conyza media *Matth. Dod. Lon.* et *Offic.* Asteris flore luteo et tertia *Diosc. C. Bauh.* aquatica *Gesn. Thal.* media vulgaris *Clus.* flore magno luteo *Jo. Bauh.* Mentha lutea

lutea *Lon.* Herba dysenterica *Maur. Hofm.* Mittel Dürrwurz, gelbe Münze, Ruhrkraut.

Wächset an sumpfichten Orten. Das Kraut soll sehr gut in der rothen Ruhr seyn. Etliche recommendiren es in der Pest.

Conyza media Asteris flore luteo, vel tertia *Diosc.* Conyza media.

Conyza minima, v. Conyza media.

Conyza minor, v. Conyza media.

Conyza minor s. femina, v. Conyza media.

Conyza odorata, v. Conyza media.

Conyza palustris, v. Eupatorium.

Conyza palustris serratifolia, v. Consolida, v. Eupatorium.

Conyza serratis foliis aquatica, v. Consolida, v. Eupatorium.

Conyza vulgaris, *C. Bauh.* v. Conyza maior, *Trag. Matth.*

Conyzoides coeruleum, v. Conyza media.

Copahu, v. Copaiba.

Copaiba, der Copai Balsambaum. v. Balsamum.

Copal, ein Gummi eines Baums aus Neuspanien.

Ist ein Harz eines Baumes, wird sonst Pancopal genennet, und aus Neuspanien überbracht. Es dienet inn: und äußerlich zu unterschiedenen Krankheiten, Wunden und Geschwären. Man braucht es in denen Wunden der Vorhaut, so von der Beschneidung entstanden, und die Anatomici verfertigen hieraus einen Fürnis, womit sie die kleinen Gefäßgen und Theile für der Fäulung verwahren.

Coparia, v. Meum.

Corago, v. Borrago.

Corallina, βρύον θαλάσσιον, Muscus marinus, Muscus Coralloides cornutus montanus *C. Bauh.* Corallinus s. Corallina montana *Tab.* Phycos trychophyllos *Theophr.* Alga citrina folio Gazae, Meercorallenmoos. XV.

Ist kalt und trocken, hält an, verdünnet, vertreibet inn: und äußerlich die Würme, und wird absonderlich bey kleinen Kindern öfters gebrauchet. Man findet in denen Apothecken das Magisterium Corallorum.

Corallina *Aeginett.* v. Anagallis.

Corallina alba, v. Corallina.

Corallina altera, v. Corallina.

Corallina lutea, v. Corallina.

Corallina montana, v. Corallina.

Corallina *Offic.* Corallenstaude, v. Anagallis terrestris.

Corallina rubra, v. Corallina.

Corallium, Corallen. XXVII.

Ist eine Steinpflanze, und wächset auf dem Grunde der See im Königreich Tunis. Von denen Corallen bilden sich etliche ein, als wenn sie unter dem Wasser weich wären, und würden, so bald sie an die Luft kämen, hart, welche Meynung aber Thom. Brovvn in Pseudodox. epidem. p. 516. widerleget.

Corallium album, weisse Corallen.

Wächset im Meer, dienet inn- und äußerlich wider allerhand Blutflüsse und wider den Sood.

Corallium nigrum, schwarze Corallen.

Kommen selten vor.

Corallium rubrum, rothe Corallen.

Trocknen, kühlen, halten an, stärken den Magen und die Leber, stillen alle Blut- und andere Flüsse.

Corallodendron, Corallenbaum. VI.

Coralloides, v. Dentaria.

Coralloides alia s. altera, v. Dentaria.

Coraneta, v. Consolida.

Corcodilla, v. Dentaria siliquosa.

Corchorus *Graterua Theophr.* v. Anagallis terrestris.

Corchorus, Melanchia, Judenpappel, Muskraut, v. Anagallis. VIII.

Cordyla, v. Seseli Marsilioticum.

Coriandri alteri icon, v. Coriandrum.

Coriandrum, κόριον, κορίαννον, Coriander. XI.

Wird auch Anethum Cimicarum genennet, weil das Kraut einen stinkenden Geruch hat, wie die Wanzen. Man pfleget ihn zu pflanzen, und öfters auch wild zu finden. Der Samen ist kalt und warm, trocken im andern und dritten Grad, dienet dem Magen, zertheilet die Blähungen, corrigiret die Säure und Cruditäten, curiret Schwindel, Schlag, Ohnmachten, Husten, Engbrüstigkeit, Brüche, Aufstoßen des Magens. Er hält an, und wird mit Eßig präpariret. In den Apothecken findet man den eingemachten Coriander, das Wasser und Oel.

Coriandrum alterum, minus odoratum *Lob.* inodoratum *Tab.* minus testiculatum *C. Bauh.*

Kömmt dem vorigen Coriander an Kräften bey, hat aber keinen so lieblichen Geruch.

Coriandrum inodorum, *Tab.* v. Coriandrum alterum, *Lob.*

Coriandrum maius, v. Coriandrum.

Coriandrum minus testiculatum *C. Baub.* v. Coriandrum alterum minus odoratum *Lob.*

Coriannum s. Corianum, v. Coriandrum.

Coriaria, v. Rhus.

Cor Indum, s. Halicacabus, v. Alkekengi.

Corindum, Blasenerbsen, Herzerbsen. v. Pisum. III.

Corinthiacae vuae, Vuae passae, Passulae Corinthiacae, Corinthen, kleine Rosinen. III.

Temperiren, lindern die Hitze, löschen den Durst und öffnen den Leib.

Coris, unächt Johanniskraut, Erdkiefer. VIII.

Der Samen treibet den Harn und die verhaltene Reinigung.

Coris caerulea maritima, *C. Baub.* v. Coris Monspeliaca *Lob. Tab.*

Coris lutea, v. Coris.

Coris *Matth.* v. Coris.

Coris Monspeliaca *Lob. Tab.* purpurea *Joh. Baub.* caerulea marina *C. Baub.* Erdkiefer von Montpelier. III.

Coris purpurea, *Jo. Baub.* v. Coris Monspeliaca *Lob. Tab.*

Coris quorundam, v. Coris.

Corispermum, v. Coris.

Corium, v. Coriandrum.

Corniolus, v. Cornus.

Cornu, v. Foenum *Graecum.*

Cornu bouis, v. Foenum *Graecum.*

Corni cerui, v. Coronopus.

Cornu cerui alterum repens, v. Coronopus.

Cornus femina, Thierleinbaum. IV.

Cornus feminae effigie, v. Caprifolium.

Cornus foliis citri angustioribus, *Amman.* v. Cornus.

Cornus hortensis mas, v. Cornus mas.

Cornus mas, Thierleinbaum, Kürberbaum, Cörnerbaum, Welscher Kirschbaum, Erlöken. VI.

Die Frucht ist kalt im andern, und trocken im dritten Grad, hält an, stopfet, dienet im Durchfall und der rothen Ruhr. In den Apothecken hat man die eingemachten Kirschen und das Mus. Die Tropfen, welche, so ein Zweig abgehauen wird, aus dem Baume fließen, können in einem eisernen Gefäs gesammlet und wider Schwinden appliciret werden.

Cornus satiua et mas, v. Cornus mas.

Cornus siluestris, v. Cornus mas.

Cornus vulgaris mas, v. Cornus mas.
Cornuta, v. Calcatrippa.
Cornutia, die Cornutia aus America.
Corona aurea, *Clus.* v. Narcissus amplo flore.
Corona fratrum, v. Carduus.
Corona Imperialis *Dod. Tab. Eyst.* v. Archythyrsus.
Corona Imperialis duplici corona, v. Archythyrsus.
Corona Imperialis *Phoenicea* duplici corona aut serie florum, v. Archythyrsus.
Corona Imperialis polyanthos, v. Archythyrsus.
Corona Monachi s. Sacerdotis, v. Taraxacon.
Coronaria satiua, v. Caryophyllus satiuus hortensis.
Corona Solis, Chrisanthemum Peruuianum, Flos Solis Helenium Indicum maximum, Sonnenblume. XVIII.
Hiervon werden die Spröslein von der Blume, welche Venerem stimuliren, gebrauchet. Der Samen lindert die Schmerzen.
Corona Solis minor femina, v. Corona Solis.
Corona Solis minor ramosa s. prolifera, v. Corona solis.
Coronaria, v. Turbith.
Corona terrae, v. Hedera terrestris.
Coroneola, v. Chamaespartium.
Coroneolae similis suffrutex, v. Chamaespartium.
Coronilla, Beilkraut, Kronenwicken. VIII.
Coronopi et Sedi montani planta media *Massiliensium*, v. Coronopus.
Coronopedium, v. Coronopus.
Coronopus, Coronopium, cornu ceruí, Krähenfus. XI.
Verrichtet eben dasjenige, was die Plantago in Wunden thut v. Poter. p. 22. 24.
Coronopus alter, v. Coronopus.
Coronopus hortensis, v. Coronopus.
Coronopus marinus, v. Plantago *Offic.*
Coronopus maritimus, v. Plantago *Offic.*
Coronopus *Massilioticus*, v. Coronopus.
Coronopus minor, v. Coronopus.
Coronopus *Ruelii*, v. Nasturtium.
Coronopus siluestris, s. canaria, v. Coronopus.
Coronopus *Theophr.* v. Coronopus.
Coronopus verus, v. Coronopus.
Corrigiola, v. Polygonum maius.

Corruda altera, v. Aspargus siluestris, *Dod.*
Corruda Hispanica altera *Tab.* v. Aspargus siluestris, *Dod.*
Corrudago, v. Aspargus siluestris.
Corruda *Lusitanica*, v. Aspargus siluestris, *Dod.*
Corruda *Narbonensis*, v. Aspargus siluestris, *Dod.*
Corruda Penae, v. Aspargus siluestris, *Dod.*
Corruda prior, *Clus. Tab.* v. Aspargus siluestris, *Dod.*
Corruda tertia, *Clus. Lob.* v. Aspargus siluestris, *Dod.*
Corsanda, v. Equisetum.
Cortal m. v. Senecio.
Cortex *Cardinalis de Lugo*, v. China chinae.
Cortex Febrifugus, v. China chinae.
Cortex de *Peru*, v. China chinae.
Cortex Granatorum, v. Granata.
Cortex *Hispanicus*, v. China chinae.
Cortex *Lusitanicus*, v. China chinae.
Cortex *Patrum Societatis Jesu*, v. China chinae.
Cortex *Peruuianus*, v. China chinae.
Cortex *Sinensis*, v. China chinae.
Cortex *Winteranus*, weiser Zimmet. III.

Wird Canella alba, item Costus Ventricosus genennet, kommt von einem Baum, welcher in Magellana wächset, und trägt Beere, so fast wie Lorbeere anzusehen. Er dringet gewaltig durch, verdünnet, ist ein bequemes Medicament im Scorbut, Brust- und Hauptbeschwerungen, der Mundfäule, Lähmungen, starken Erbrechen und verlohrnen Appetit. In den Apothecken hat man das Oleum destillatum oder destillirte Oel, welches ein bequemes Medicament in Verstopfung der Mutter, und das Elaeosaccharum, so in Mutterbeschwerungen und heftigem Erbrechen gut thut.

Cor *Thomaeum*, Americanische Purgierbohne, v. Ricinus Americanus.
Cortusa *Matth.* Bergsanicul, v. Caryophyllata *Veronensium.*
Cortus niger quorundam, v. Christophoriana.
Coruinus, v. Ranunculus.
Corydalis, Corydalus, Pseudofumaria, v. Fumaria.
Corydalium, v. Fumaria.
Corydalopodium, v. Calcatrippa.
Corydalus, v. Fumaria.
Corylus, Haselstaude. VIII.

Das Holz können die Schlangen nicht vertragen, und wird zu Wünschelruthen gebrauchet. Die Kätzlein (Juli) kan man zu 1 Quentgen wider den Durchfall und das zauberische Nestelknüpfen gebrauchen. Die Nuß, der Kern, die Haselnuß, Auellana, Nux Pontica, Nux Heracleotica, wenn man selbige mit Raute und Feigen aufleget, so vertreiben sie den Gift und giftiger Thiere Biß, mit Meet aber getrunken, den alten Husten und Schneiden des Urins. Die weißen Kern aus den Bartnüssen (Nuclei auellanarum barbatarum) ziehen den Leib zusammen, das dabey vorhandene weiche und rothe Fleisch aber erwecket, nach Heluetii Meynung, die rothe Ruhr. Die Nußschale, Putamen, und die Haut, welche den Kern umfasset, dienet im Durchfall, weißen Fluß der Weiber, und Seitenstechen. Der Spiritus und das Oel aus dem Holz sind hitzig und flüchtig, dringen durch, lindern die Schmerzen, das böse Wesen und Zahnwehe. Das Oel aus denen Kernen nimmt die Schmerzen der Glieder und Schuppen auf dem Haupt weg. Die Haselmistel, Viscum corylinum, wird, das böse Wesen, Schmerzen und Würme zu vertreiben, und zu 1 Quentgen eingegeben, in schwerer Geburt gerühmet. Der aus dem Visco destillirte Spiritus und das Oel soll, wie etliche wollen, das wahrhaftige Oleum Heraclinum Rulandi seyn. Es curirt das böse Wesen. Sonst verfertigen auch Henr. ab Heer und Carrichter aus der Hasenmistel eine Salbe (Vnguentum) welche sie wider Hexerey und Bezauberung recommendiren.

Costae herba, v. Herba costae.

Costa canina, v. Plantago.

Costa equina, s. canina, v. Plantago.

Costa orcina, v. Millefolium.

Costa ouina, v. Millefolium.

Costus, Kostewurzel. VIII.

Costus adulterinus, s. Pseudocostus *Matth.* Costus spurius *Matth. Lob.* Herba Costae *Caes.* Panaces costinum *Tab.* Panax Costinum *C. Bauh.* falscher Costus, Costewurz. Die Wurzel dieses Gewächses wird oft falsch vor den rechten Costus verkauft.

Costus alter peregrinus, v. Costus.

Costus amarus, v. Costus odoratus.

Costus *Arabicus*, bittere Kostewurzel, v. Costus.

Costus dulcis, *Offic.* v. Costus odoratus.

Costus hortensis minor, v. Ageratum.
Costus *Indicus*, v. Costus.
Costus minor hortensis, v. Ageratum.
Costus *Moluccanus*, v. Costus.
Costus niger, v. Angelica, v. Christophoriana.
Costus odoratus verus s. Arabicus odoratus, amarus s. Helenium Comagenium *Diosc.* Costus dulcis niger, verus odoratus, vocatur et Christophoriana, weiser Zimmet, v. Costus.

Diese Art vom Costo wird am meisten gebraucht, ist ein Anodynum, dienet denen Nerven, dem Haupt, wider den Scorbut. Die süße Costus wurde vor Alters in den Arabischen, Syrischen und Indianischen unterschieden, und von etlichen Canella alba, weißer Zimmet, genennet. Er kömmt aus Indien und China, wärmet und trocknet im dritten Grad, verdünnet, öfnet, zertheilet, nützet der Leber, dem Magen und der Mutter, ist wider den Stein, Colic und verstopfte Monatszeit, Verstopfung des Urins, curirt die Wassersucht, den Schlag und halben Schlag. In den Apothecken hat man das Oleum, und salbet den Rücken damit, die paroxysmos der Wechselfieber zu hemmen. Die Pillen werden Maracostinae, Milz- und Leberpillen, die Lattwerge Electuarium Caryocostinum, und die Species Diacosti Mesue genennet.

Costus *Offic.* amarus, v. Costus odoratus.
Costus Spurius, v. Panax Asclepias.
Costus *Syrius*, v. Costus.
Costus ventricosus, v. Cortex *Winteranus*.
Costus vulgaris. v. Panax Asclepias.
Cota vulgo in *Hetruria*, v. Cotula foetida.
Cotinus coriaria, Färberbaum, wilder Oelbaum. v. Rhus coriaria.
Cotinus *Plinii*, v. Cotinus coriaria.
Cotonea, v. Cydonia.
Cotonaria, v. Turbith.
Cotoneaster, v. Mespilus.
Cotto, v. Bombax.
Cotula alba *Dod.* v. Cotula foetida *Bruns. et Offic.*
Cotula alba non foetida, v. Cotula foetida *Bruns. et Offic.*
Cotula foetida *Bruns.* et *Offic.* alba *Dod.* Parthenium *Fuchs. Tab.* Chamomilla secunda *Trag.* Chamaemelum foetidum *C. Baub.* Buphthalmum *Diosc.* minus *Cord.* aliae Bufonaria,

ris, stinkende Chamillen, Hundschamillen, Hundsdill, (Anethum caninum) Krottendill, wilde Dill, Gänsekropf. II.

Das Kraut lobet Crato sonderlich in der Wassersucht, wenn man es denen Patienten zu trinken giebet.

Cotula foetida, Parthenii species, v. Cotula foetida.

Cotula inodora, v. Buphthalmum.

Cotula lutea, v. Buphthalmum.

Cotula non foetida, v. Cotula foetida *Brunf. et Offic.*

Cotyla, v. Buphthalmon.

Cotyledon alterum *Diosc.* v. Fabaria.

Cotyledon foliosum marinum, v. Androsaces *Matth.*

Cotyledon maius, v. Vmbilicus Veneris.

Cotyledon medium foliis oblongis serratis, v. Vmbilicus Veneris.

Cotyledon minus, v. Vmbilicus Veneris.

Cotyledon minus sedi folio, v. Vmbilicus Veneris.

Cotyledon siluestre, v. Hepatica alba, v. Vnifolium.

Courbarill, Heuschrecken, oder Hülsenbaum.

Coyopatli, v. Alkekengi.

Coyotomatli, v. Alkekengi.

Cracca, Vogelwicken, v. Faba siluestris.

Cracca maior, v. Faba siluestris.

Cracca minima, v. Faba siluestris.

Cracca minor, v. Faba siluestris.

Craepula, v. Acanthus.

Crambe, v. Brassica.

Crassula maior, minor, die fette Henne, v. Fabaria.

Crassula montana, v. Fabaria.

Crataea, v. Chelidonium maius.

Crataegus cerasi foliis, floribus magnis Amman.

Ein Baum in Siberien, der von denen Russen ein Apfelbaum genennet wird.

Crataeogonon Euphras, v. Melampyrum.

Crateogonon rubrum et album, v. Melampyrum.

Crataeorum, v. Melampyrum.

Crategus *Theophr.* v. Sorbus minor.

Crateuus, v. Thlaspi.

Crauo, v. Caryophylli aromatici.

Crepanella, v. Molybdena.

Crepis *Dalech.* v. Sonchus.

Crepitus Lupi, Fungus Chirurgorum, Fungus orbiculatus, heiſet in Niederländiſcher Sprache Boovist, Pubenfiſt, Weiberfiſt, Wolfsfiſt, Bofiſt, Pfaſiſt.

Iſt ein runder, Eyförmiger und inwendig mit ſchwarzen Pulver angefüllcter Schwamm, giebt einen ſtaubichten Rauch von ſich, und wird, weil er giftig iſt, innerlich niemals gebrauchet. Er hält an, trocknet, vertreibet den Wolf, welchen man ſ. h. vom Reiten am Steiße bekommen, ſtillet das Geblüt, und heilet die Wunden, wenn man ihn in die Augen bläſet, ſo iſt er höchſt gefährlich.

Crepula, v. Acanthus.

Creſcione, ſ. Sium aquaticum, v. Beccabunga.

Creſpinus, v. Berberis.

Creſpolina, v. Abrotanum femina.

Creſpula, Creſpulus, v. Buphthalmon.

Creſſa, v. Naſturtium aquaticum.

Cretha marina, Crethmum, Crethamum, v. Crithmum.

Crethanus aruenſis,
Crethanus hortulanus,
Crethanus marinus,
Crethinus ſatiua,
Crethmum, } v. Crithmum.

Creticum, v. Stoechas citrina.

Creticum legitimum, v. Stoechas citrina.

Criatheum, v. Ammoniacum.

Criſpina vua, v. Vua criſpa.

Criſpula, v. Matricaria, v. Buphthalmos.

Criſpula flore ſimplici, v. Matricaria.

Criſpula herba, v. Buphthalmum.

Criſpula *Manard.* v. Matricaria.

Criſpula noſtra, v. Matricaria.

Criſta *Alpina Caeſalp.* v. Filipendula montana *Dod.*

Criſta Galli, Alectorolophos ſ. Fiſtularia, lutea, Pedicularis ſ. Pedicularia lutea ſ. campeſtris 2. *Trag.* Klappar, Läuskraut. XII.

Iſt kalt und trocken. Das Vieh bekömmt Läuſe davon.

Criſta galli altera, Alectorolophos purpurea, Pedicularis pratenſis purpurea, Fiſtularia *Dod.* Ruta pedicularis, Phthirium *Lugd.* Fiſtelkraut. III.

Iſt kalt und trocken, hält an, und wird in Wunden gebrauchet.

Criſta Gallinacea, v. Sideritis, v. Verbena, v. Filipendula.

Crista Gallinacea simplici flore, v. Crista galli.
Crista pauonis, v. Poincinia.
Crista prima, v. Milium.
Cristae alterius generis altera, v. Euphragia.
Crithamus, v. Crithmum.
Crithamus agrestis, v. Crithmum.
Crithamus terrestris, v. Crithmum.
Crithmum, Chrysanthemum littoreum *Lob.* v. Crithmum tertium *Matth.*
Crithmum marinum, v. Crithmus marinus.
Crithmum marinum flore Asteris Attici, *C. Bauh.* v. Crithmum tertium *Matth.*
Crithmum marinum spinosum, *C. Bauh.* v. Crithmum secundum *Matth.*
Crithmum primum, v. Crithmum.
Crithmum quartum *Matth.* Eryngium quartum *Dod.* montanum recentiorum *Lob.* aruense foliis serrae similibus *C. Bauh.* Ackerbacillen, Sichelkraut, Faule Griete. II.
Wird hier und da im Korn gefunden. Die Bauren klopfen den Saft heraus, und curiren ihre verwundeten Pferde und ander Vieh damit.
Crithmum secundum *Matth.* spinosum *Dod.* maritimum spinosum *C. Bauh.* Pastinaca marina *Lob.* Secacul *Anguill.* Meerpastinac, stechend Bacillen.
Die Wurzeln dieses Krautes werden, wegen ihres lieblichen und süßen Geschmacks, wie andere Pastinacken zur Speise gebrauchet.
Crithmum silvestre, v. Crithmum secundum.
Crithmum spinosum *Dod.* v. Crithmum secundum *Matth.*
Crithmum tertium *Matth.* maritimum flore Asteris Attici *C. Bauh.* Crithmum Chrysanthemum *Dod.* Chrysanthemum littoreum *Lob.* flore Buphthalmi, Meersternkraut, Geelbacillen.
Crithmus aruensis, v. Crithmum.
Crithmus vel Crithmum marinus, um, Foeniculum maritimum minus, Meerfönchel, Peterlein. V.
Ist warm und trocken, treibet die Menses und Urin, curiret die gelbe Sucht.
Crocodilium, v. Carlina vulgaris.
Ist eine Species einer Distel. Wenn man hiervon die Wurzel in die Nase stopfet, so erwecket sie Bluten, dergleichen pflegt

pflegt man im Hirnwüthen zu rathen. v. Michael ad Jonston. Prax.

Crocodilium, Crocodilla, v. Dentaria siliquosa.

Crocum hortense, *Cam.* v. Crocus.

Crocum *Matth.* v. Crocus verus.

Crocus, Safran. XXX.

Ist zweyerley, nemlich der Orientalische, so Crocus verus, und der Occidentalische, so Carthamus genennet wird.

Crocus autumnalis, v. Crocus verus.

Crocus florescens, v. Crocus verus.

Crocus *Indicus*, v. Curcuma.

Crocus *Italicus*, v. Sisyrrhingium.

Crocus *Orientalis*, v. Crocus verus.

Crocus *Saracenicus*, v. Cnicus.

Crocus satiuus, v. Crocus verus.

Crocus satiuus autumnalis, v. Crocus verus.

Crocus satiuus *Hispanicus*, v. Crocus verus.

Crocus siluestris, v. Carthamus.

Crocus siluestris angustifolius, v. Carthamus.

Crocus siluestris minor *Hispanicus* flore patulo, v. Carthamus.

Crocus siluestris vernalis, v. Carthamus.

Crocus vernus, Safran. XX.

Die Pflanze wird mehr zur Gartenlust, als denen Apothecken gepflanzet.

Crocus vernus angustifolius, v. Crocus vernus.

Crocus vernus minor *Clus.* v. Crocus vernus.

Crocus vernus minor primus, v. Crocus vernus.

Crocus verus *Offic.* et *Io. Bauh.* satiuus *C. Bauh.* autumnalis *Eyst. Park.* Crocum *Matth.* hortense *Cam.* rechter und wahrer Safran, Ortsafran. X.

Wird in Arabischer Sprache Sahaforan genennet, in Calabria, Abruzzo, Spanien, Engelland, Frankreich, Italien, Sicilien und Oesterreich häufig, in Deutschland aber selten und sehr sparsam gefunden, und heut zu Tage der Englische vor den besten gehalten. Vor Zeiten hatte der Asiatische, so auf den Bergen Coryzo und Olympo gesammlet, und dieserwegen Coryzeum genennet ward, den Vorzug, v. Zorn. Botanolog. Med. p. 235. Er blühet im September. Man brauchet allein die Blutrothen Zünglein, so mitten in der Blume stehen, und von denen Lateinern Stamina, von denen Griechen aber στίγματα, und von uns Deutschen eigentlich Safran genennet

net werden. Die goldfärbichten, so einen etwas scharfen, bitterlichen und fetten Geschmack, auch sehr starken und angenehmen Geruch haben, seynd die besten, und denen Blüten vom Carthamo, so die Materialisten, ihres Profits wegen, unter den Safran mengen, weit vorzuziehen. Der Safran wärmet im andern, und trocknet im dritten Grad, eröfnet, digeriret, erweichet, dienet dem Herzen, Haupt, Magen, denen Augen, Lungen, der Mutter, stillet Schmerzen, disponiret zum Schlaf, treibet die Monatzeit und todte Frucht, curiret Ohnmachten, die gelbe Sucht, Schlagflüsse, die Pest, Engbrüstigkeit, Entzündung, dienet (vornemlich äußerlich) denen Augen, widerstehet dem Gift. Die Tinctur oder Essenz, item das Extractum Croci curiren die rothe Ruhr, das Wasser, destillirte und zusammengesetzte Oel, und das Emplastrum oxyceroceum heben das Hüftwehe. Die gebräuchlichsten Arten des Safrans sind der Oesterreichische, Orientalische, Castinois, Englische Quercy, Lisle, Orange, Maglian, Candat, Zima und Roscha, Safran.

Crone s. Piper *Aethiopicum*, v. Piper, v. Siliquastrum.

Crotium, v. Antirrhinum.

Crotolaria, Klapperschote. VIII.

Croton *Nicandri*, v. Vua marina.

Croton *Nicandri*, v. Polygonum.

Crucialis *Hermol.* v. Cruciata *Dod.*

Crucialis quaedam, v. Aparine.

Crucialis quaedam maritima, v. Rubia tinctorum.

Cruciata *Dod.* minor *Lob.* hirsuta *C. Bauh.* Cruciata herniaria *Thal.* Crucialis *Herm. Caes.* Galli secundum genus *Trag.* Cruciata inguinalis, Gallium latifolium, Cruciata flore luteo *Jo. Bauh.* Aparine s. asperula aspera, Gülden Waldmeister, Rauch Mayerkraut, gelb Kreutzkraut, Kreutzwurz, Sporenstich. XI.

Man brauchet das Kraut in Wein gekochet zum Brüchen. Das destillirte Wasser von der Wurzel und dem Kraute, soll dem Gift widerstehen.

Cruciata *Dod. Trag.* v. Gentiana minor.

Cruciata flore luteo, *J. Bauh.* v. Cruciata *Dod.*

Cruciata gentianella, v. Gentiana minor.

Cruciata herniaria *Thal.* v. Cruciata *Dod.*

Cruciata hirsuta *C. Bauh.* v. Cruciata *Dod.*

Cruciata minor, *Lob.* v. Cruciata *Dod.*

Crucis flos, v. Polygala.

Crupina *Belgarum*, Schartenkraut. v. Serratula. VI.

Crus galli, v. Ranunculus.

Crystallium, v. Psyllium.

Cuamaecytinus, v. Lilium conuallium.

Cubebae, κοκκίσια, Quabebe, Carpesium Graecorum, Cubeben.

Sind Körner, fast wie schwarzer Pfeffer, jedes hängt an einem besondern Stiel. Sie haben rauhe Schalen, sind Aschenfärbig, riechen wohl, und schmecken scharf, kommen meistentheils aus der Indianischen Insul Java von einem fremden, wildwachsenden, schwachen Gewächs, das sich wie Epheu an die nächsten Bäume schlinget, und Myrtenförmige Blätter, mit wohlriechenden Blumen trägen. In Javanischer Sprache heißen die Cubeben Cumae. Sie erwecken, machen Appetit zum Beyschlaf, dienen wider die Lähmung, Schlagflüsse, Schlafsucht, Schwachheit des Magens, so vom Rausch entstanden, stärken das Gedächtnis, ziehen Schleim, (wenn man sie käuet,) und werden mit Toback zum Rauchen vermenget, sind warm im andern, und trocken im dritten Grad, verdünnen, zertheilen, stärken alle Eingeweide, das Haupt, den Magen, die Nerven und Mutter, vertreiben die Blehungen, Eckel und stinkenden Athem. Unter denen Praeparatis sind die eingemachten Cubeben, das destillirte Oel und die Species am bekanntesten. Wenn vom Oel ein oder mehr Tropfen auf Baumwolle getröpfelt und in die Ohren gestecket werden, so curiret es das üble Gehör.

Cuca.

Ist eine schwachstenglichte Peruvianische Pflanze, und läuft wie der Weinstock an andern hinauf, die Blätter sind weich, und anderthalb bis zwey Zoll lang. Sie ist sehr nahrhaft, und durch das Käuen derer Blätter dieser Pflanze kann man eine geraume Zeit das Essen entbehren, indem sie ungemein stärken. Man bedienet sich solcher zu Heilung des Zahnfleisches, und zu Stärkung des Magens. Es kommt fast mit der Ostindischen Pflanze Betel überein.

Cucullus *Indicus*, v. Cocci *Orientales*.

Cuchiri.

Eine Gattung von Gewürzbäumen in Südamerica. Seine Frucht hat fast die Größe einer Olive, man reibet sie als Muscatennüsse, und gebraucht sie auch also. Die Rinde hat den

Ge-

Geschmack und Geruch einer Gewürznelke, und nennen ihn daher die Portugiesen Crauo, die Franzosen aber Bois de Crabe, oder Krabbenholz.

Cuciofera, eine Art des Palmbaums, v. Palma.

Cucitaria secunda, v. Myrrhis.

Cucubalus, Hünerdarm, v. Alsine.

Cuculi flos, Guckucksblume, Gauchblume, v. Lychnis.

Cucullata, v. Pinguicula.

Cucumarina, v. Momordica.

Cucumer, Cucumis vulgaris, Cucumern, Gurken. VIII. Sind kalt und feucht. Der Samen ist kalt und trocken im ersten, kalt und feucht im andern Grad. Er macht klare Haut, eröffnet, curiret das Seitenstechen, die Taubsucht, so vom Fieber herkömmt, kühlet und feuchtet, treibet Urin und Stein, und wird oft in Emulsionibus gebrauchet. Die Gurken an und vor sich selbst sind sehr ungesund und kälten sehr.

Cucumer agrestis, v. Cucumer asininus.

Cucumer anguinus, v. Cucumis longus.

Cucumer asininus *C. Bauh.* Cucumis silvestris *Trag. Matth. Dod.* agrestis *Brunf.* erraticus *Gesn.* Cucumer elaterii silvestris *Lob.* wilde Cucumern, Springgurken, wilde Hundskürbis, Eselskürbis, Eselscucumern.

In der Medicin brauchet man nur die Wurzel und Saft, so entweder aus der zeitigen Frucht fast zu Ende des Sommers ausgepresset ist, oder von sich selbst herausläufet, und in denen Officinis Elaterium, oder ausgetrockneter Eselskürbissaft genennet wird. Er purgiret sehr stark unten und oben, und ist dannenhero vorsichtig zu gebrauchen, treibet die Menses und den Urin heftig, tödtet die Frucht, curiret die Wassersucht. Man pfleget ihn wegen seiner Malignität nicht sonderlich zu verordnen, an dessen Stelle aber das Elaterium correctum et depuratum, das Extract, und die Essenz zu erwählen.

Cucumer Elaterii silvestris, v. Cucumer asininus.

Cucumer erraticus *Gesn.* v. Cucumer asininus.

Cucumer fertilis, v. Cucumis longus.

Cucumer flexuosus, v. Cucumis longus.

Cucumer *Hispanicus* semine natiuo, v. Cucumis longus.

Cucumer longus, v. Cucumis longus.

Cucumer minor pyriformis, v. Cucumer asininus.

Cucumer oblongus, v. Cucumis longus.

Cucumer pyriformis, v. Cucumer asininus.
Cucumer satiuus, v. Cucumis longus.
Cucumer satiuus et esculentus, v. Cucumis longus.
Cucumer satiuus maior, v. Cucumis longus.
Cucumer siluestris, *Trag. Matth.* v. Cucumer asininus.
Cucumer *Turcicus*, v. Cucumis longus.
Cucumer vulgo, v. Anguria.
Cucumis, v. Cucumer.
Cucumis anguinus, v. Cucumis longus *Matth.*
Cucumis antiquorum, v. Pepo.
Cucumis Citrullus, v. Anguria.
Cucumis flexuosus, v. Cucumis longus.
Cucumis *Galeni* et antiquorum, v. Pepo.
Cucumis latior clypeiformis, v. Pepo.
Cucumis longus *Matth.* oblongus *Dod.* flexuosus s. anguinus *Lob.* flexuosus *C. Bauh.* lange Gurken, Schlangengurken. II.
Cucumis *Paniceus*, v. Balsamina.
Cucumis pyriformis, v. Cucumer asininus.
Cucumis siluestris asininus dictus, v. Cucumer asininus.
Cucurbita agrestis, v. Colocynthis vera.
Cucurbita anguina, v. Cucumis longus.
Cucurbita *Camerarii* longa, v. Cucumis longus.
Cucurbita capitata, v. Anguria.
Cucurbita clypeiformis, v. Pepo.
Cucurbita fructu oblongo, v. Cucumis longus.
Cucurbita *Cameraria Plin.* v. Cucurbita satiua.
Cucurbita *Indica*, *Matth.* v. Cucurbita *Offic.*
Cucurbita *Indica* maior et minor, *Tab.* v. Cucurbita satiua.
Cucurbita *Indica* rotunda, v. Cucurbita satiua.
Cucurbita laciniata, v. Pepo.
Cucurbita lagenaria, *Lob.* v. Cucurbita satiua.
Cucurbita lagenaria flore albo folio molli, v. Cucurbita satiua.
Cucurbita lagenaria flore molli, v. Cucurbita satiua.
Cucurbita lagenaria maior et minor *Tab.* v. Cucurbita satiua.
Cucurbita longa, v. Cucumis longus.
Cucurbita maior rotunda flore luteo folio aspero, v. Cucurbita satiua.
Cucurbita *Offic.* Indica *Matth.* Indica maior et minor *Tab.* maior rotundifolia flore luteo, folio aspero *C. Bauh.* Zuccha maior rotunda *Cord.* Cucurbita satiua et edulis, Kürbis,

bis, großer runder Kürbis mit gelben Blumen und rauhen Blättern. II.

Cucurbita omnium maxima anguina, v. Cucumis longus.

Cucurbita plebeia, v. Cucurbita satiua.

Cucurbita rotunda, v. Cucurbita satiua.

Cucurbita satiua, Colocynthis satiua, Cucurbita Camerarii et plebeia *Plin. Trag.* Cucurbita lagenaria *Lob.* lagenaria maior et minor *Tab.* lagenaria flore albo folio molli, Kürbis, Flaschenkürbis. X.

Ist kalt und feucht im andern Grad. Der Samen oder die Kürbiskern ist kalt und trocken im ersten Grad, gleichet denen Gurken, und wird unter die vier große kühlende Saamen gezählet. Er curirt das Seitenstechen, Entzündung der Lungen, Schwindsucht, Entzündung der Hirnhäutlein, zehrende Fieber. Aus dem Samen entstehet eine Milch. So kan man auch die Rinde der Schale zerschneiden, solche mit Oel kochen, und im Seitenstechen warm überlegen, v. P. a Castro. Die Blätter auf die Brüste gelegt, vermindern die Milch. Die Pulpa oder das Fleisch von langen Kürbsen gestoßen, und in Wasser gekocht, öfters warm auf den Rückgrad gelegt, vertreibet die Hitze in hectischen Fiebern. Was man mit denen frischen Blättern reibet, es seyn Pferde, Kühe, Wände, Tische, u. d. g. dahin setzen sich keine Mücken und Fliegen, oder man verbrenne die Blätter in einem Zimmer, so weichet solch Ungeziefer auch.

Cucurbita Sessilis, v. Pepo.

Cucurbita Sessilis quaedam alba et lata ab altera parte compressa, v. Cucurbita satiua.

Cucurbita siluestris, v. Colocynthis vera.

Cucurbita stellata, Sternkürbis, v. Cucurbita satiua.

Cucurbitalis, v. Chamaepitys altera.

Cucurbitifera arbor. Kürbisbaum aus America.

Cucurma *Offic.* v. Curcuma.

Cujette, der Calabassenbaum. V.

Culiata, v. Abies.

Cumbet, v. Cardomomum.

Cumery.

Also nennen die Indianer das Rothholz, das die Franzosen aus America, woselbst es besonders an dem Flusse Macuria, und bey Cayenne, der Hauptstadt derer Franzosen in Guiana, wächset. Die Physici nennen diesen Baum Terebinthus procera, balsamifera, rubra, v. Terebinthus.

Cuminella, v. Ammi.

Cuminoides, v. Cuminum siluestre primum.

Cumino siliquosa persimilis, v. Cuminum.

Cuminum *Aegyptiacum*, v. Cuminum satiuum.

Cuminum *Aethiopicum*, v. Ammi.

Cuminum alterum *Diosc.* siliquosum *Lob.* siluestre tertium s. siliquosum et corniculatum minus *Tab.* Hypecoi altera species *C. Baub.* kleiner Hornkümmel. II.

Cuminum capitulis globosis *C. Baub.* v. Cuminum siluestre primum *Matth.*

Cuminum Carnabadium *Cassi Bassi* et *Myrepsi*, v. Cuminum satiuum.

Cuminum corniculatum maius *Tab.* v. Cuminum siluestre alterum *Matth.*

Cuminum corniculatum minus *Tab.* v. Cuminum alterum *Diosc.*

Cuminum *Diosc.* siliquosum corniculatum, v. Cuminum alterum *Diosc.*

Cuminum domesticum, v. Cuminum satiuum.

Cuminum globosum *Cam.* v. Cuminum siluestre primum *Matth.*

Cuminum *Indum*, v. Cuminum satiuum.

Cuminum *Italicum*, v. Cuminum siluestre alterum *Matth.*

Cuminum nigrum, v. Nigella.

Cuminum pratense, v. Caruum.

Cuminum regium, v. Cuminum satiuum.

Cuminum regium *Hippocratis*, v. Cuminum satiuum.

Cuminum satiuum, *κύμινον*, Kümmich, Kümmel, Römisch Kümmel, Pfefferkümmel, Kramkümmel, Gartenkümmel. II.

Der Samen wärmet und trocknet im dritten Grad, verdünnet, digeriret, zertheilet, treibet die Blähungen, Colic, den Krampf, Schwindel und Trommelsucht. Hiervon sind die bekanntesten Medicamenta das Wasser mit Wein, das destillirte Oel und die Species Diacumini.

Cuminum satiuum alterum genus, v. Visnaga.

Cuminum semine longiore, v. Cuminum satiuum.

Cuminum siliquosum, *Tab.* v. Cuminum siluestre alterum *Matth.*

Cumi-

Cuminum ſilueſtre, v. Calcatrippa.

Cuminum ſilueſtre alterum *Matth.* ſilueſtre alterum *Diosc.* Italorum *Lob.* ſilueſtre ſecundum ſ. ſiliquoſum et corniculatum maius *Tab.* Hypecoum *Dod. Cluſ. C. Bauh.* groſſer Hornkümmel. III.

Cuminum ſilueſtre alterum, v. Nigella.

Cuminum ſilueſtre primum *Matth. Tab.* ſilueſtre *Dod. Lob.* globoſum *Cam.* capitulis globoſis *C. Bauh.* Cuminum ſilueſtre primum valde odoratum globoſum *J. Bauh.* wilder Kümmel, Haberkümmel. II.

Cuminum ſilueſtre primum valde odoratum, v. Cuminum ſilueſtre primum *Matth. Tab.*

Cuminum ſilueſtre ſecundum, v. Cuminum ſilueſtre alterum *Matth.*

Cumpſanema, v. Roriſmarinus.

Cunicella, v. Equiſetum.

Cunila agreſtis, v. Thymbra vera.

Cunila bubuli *Plin.* v. Origanum.

Cunila domeſtica, v. Thymbra vera.

Cunila gallinacea, v. Origanum *Heracleoticum.*

Cunila hortenſis aeſtiua, v. Thymbra vera.

Cunila ſatiua, v. Thymbra vera.

Cunila ſilueſtris altera, v. Thymbra vera.

Cunila vulgaris hortenſis, v. Thymbra vera.

Cunilago, v. Conyza maior.

Cunnine vulgo ſ. Vuluaria, v. Garoſmus.

Cupari, v. Catechu.

Cupreſſus arbor, κυπάρισσος, Cypreſſenbaum. V.

Das Holz iſt kalt und trocken, hält an. Die Frucht, welche Gabulae, oder von Varrone vielleicht beſſer Globuli vel Coni genennet wird, und die Blätter, ſind temperirt im warmen im erſten, und trocken im dritten Grad, (oder kalt im erſten, und trocken im dritten Grad.) Es wird dieſer Baum aus der Inſul Creta und Italien gebracht. Er hält an, und wird deswegen im Blutſpeyen, Durchfall, Ruhr, Brüchen, und die Mutter zu bähen, gebrauchet.

Cupreſſus herba, Chamaeciparissus, Santolina altera, Abrotanum femina, Santonicum minus, Polium, Abſinthium marinum, Gartencypreß. XXXVIII.

Wärmet im andern, und trocknet im dritten Grad. Curirt die Verſtopfung der Leber, Milz, Nieren, Harngänge, tödtet die

Würme, stillet den weißen Fluß des Frauenzimmers, heilet die gelbe Sucht, äußerlich aber die Mutterkrankheiten und frische Wunden.

Cupressus hortulana, v. Cupressus herba.

Cuprina, v. Chondrilla.

Curacma, v. Curcuma.

Curacma longa et rotunda, v. Curcuma.

Curara, v. Coronopus.

Curcas, v. Ricihus *Americanus*.

Curcuma, Caeperus Indicus, Terra Merita, Crocus Indicus, gelber Jngber, Mülleringber, Geelwurz, Gilbwurz, Gelbsuchtwurz, Jngberwurz.

Wird in Goa, Calicut, Canator und andern Ländern gefunden, allwo sie die Jnwohner öfters statt der Würze an die Speisen brauchen. Sie ist derer Griechen Curcuma, und der Araber großes Schelkraut, warm und trocken im andern Grad, machet klare Haut, verdünnet, eröfnet, zertheilet, digeriret, dienet dem Herzen, der Lunge, treibet die Menses, die Galle, öfnet die Leber und Milz, stärket den Magen und Mutter, curiret die Wasser- and gelbe Sucht, Aufdünstung, Verstopfung der Eingewende des Gekröses, treibet Urin, Stein und die Geburt, und giebt unterschiedene äußerliche Medicamenten, als Niesemittel u. d. g.

Curcuma *Arabum*, v. Chelidonium maius.

Curcurida, v. Plumbago.

Curitis, v. Verbena.

Cururu, Cururu aus America, eine Pflanze. III.

Cuscuta, Cassutha, l. Cassytha, Androsaces, Filzkraut, Flachsseide. II.

Jst entweder gros oder klein. Das Kraut und die Blumen wärmen im ersten, und trocknen im andern Grad, dienet der Milz und Leber, reiniget, hält gelinde an, öfnet, curiret die Melancholie, Krätze, schwarzgelbe Sucht, Verstopfungen der Leber, Milz, und führet die Wassersucht ab. Jn denen Apothecken hat man das destillirte Wasser, das Decoctum und den Syrup.

Cuscuta Maiorana circumnata, v. Maiorana.

Cuscuta maior, v. Cuscuta.

Cuscuta minor, v. Epithymum.

Custos viae, v. Cichorium siluestre.

Cyamus leguminosa, v. Faba.

Cyanoi-

Cyanoides flos, v. Cyanus.
Cyanoides flos minor, v. Cyanus.
Cyanoides flos minor albus, v. Cyanus.
Cyanoides flos minor echinato capite, v. Cyanus.
Cyanus, Asterium flos *Dod.* et *Offic.* Cyamus vulgaris *Lob.* siluestris *Fuchs.* Segetum *C. Bauh.* Caerulens *Tab.* aruensis Caeruleus *Thal. Eyst.* Flos frumenti *Bruns.* Flos silliginis, Zachariae, Baptisecula, Blaptisecula, Blattisecula. Flos frumentarius stellatus et caeruleus, Lychnis agria, blaue Kornblume, Kornblume, Roggenblume, Zachariasblume, Ziegenbein, Sichelblume. IX.
Ist warm und trocken im andern Grad, hält an, stillet die Schmerzen, Entzündung, Röthe und Fippern derer Augen, curiret die Wassersucht. Man hat hiervon ein destillirtes Wasser.
Cyanus albus, v. Cyanus flos.
Cyanus albus multiflorus medio purpureus, v. Cyanus flos.
Cyanus aruensis caeruleus *Thal. Eyst.* v. Cyanus flos.
Cyanus coeruleus aruensis, v. Cyanus flos.
Cyanus coeruleus *Tab.* v. Cyanus flos.
Cyanus coeruleus multiflorus, v. Cyanus flos.
Cyanus coeruleus satiuus, v. Cyanus flos.
Cyanus ex albo violaceus, v. Cyanus flos.
Cyanus flore albo multiplici medio purpureo, v. Cyanus flos.
Cyanus flore grandi, v. Cyanus flos.
Cyanus flore purpureo multiplici, v. Cyanus flos.
Cyanus hortensis flore pleno, v. Cyanus flos.
Cyanus hortensis flore simplici, v. Cyanus flos.
Cyanus maior, v. Cyanus flos.
Cyanus minimus, v. Cyanus flos.
Cyanus montanus, v. Cyanus flos.
Cyanus montanus latifolius, v. Cyanus flos.
Cyanus moschatus, die Bisamkornblume, v. Cyanus flos.
Cyanus peramoenus repens capite squammosa, v. Cyanus flos.
Cyanus purpureus, v. Cyanus flos.
Cyanus purpureus multiflorus, v. Cyanus flos.
Cyanus repens, v. Cyanus flos.
Cyanus repens angustifolius, v. Cyanus flos.
Cyanus repens latifolius, v. Cyanus flos.
Cyanus segetum *C. Bauh.* v. Cyanus flos.
Cyanus siluestris *Fuchs.* v. Cyanus flos.
Cyanus siluestris angustifolius, v. Cyanus flos.

Cyanus siluestris maior aruensis, v. Scabiosa.
Cyanus supinus, v. Cyanus flos.
Cyanus *Turcicus*, v. Cyanus moschatus.
Cyanus vulgaris, *Lob.* v. Cyanus flos.
Cyathoides, gemeine Morgel, v. Fungus.
Cyclamen, Cyclaminus, Vmbilicus terrae, Panis porcinus, Artanita, Erdäpfel, Saubrod, Erdscheibe. VII.
Die annoch frische Wurzel wärmet und trocknet im dritten Grad, wird wegen ihrer grausamen Schärfe und daher besorgender Inflammatione Faucium, innerlich niemals, oder doch selten, und nur bey starken Constitutionibus, eingegeben, da hergegen die gedörrete Wurzel gar keine Schärfe mehr bey sich führet. Aeußerlich aber kan man den Saft von der frischen Wurzel bey denen Wassersüchtigen, das Wasser und die Galle abzuleiten, auf den Leib streichen. Eröfnet, reiniget und purgiret. Die mit Spiritu Vini ausgezogene Essenz und das Decoctum dienen in Schwachheiten des Gehöres und den Schleim aus der Nase zu ziehen. Sie treibet den Stein, die Menses und todte Frucht, und zertheilet die Kröpfe. Das Vnguentum de Artanita wird denen Kindern statt einer Purgation auf den Nabel gestrichen, und zu Mutterzäpfgen gebrauchet.
Cyclamen *Offic.* orbiculato folio, v. Cyclamen.
Cyclamen orbiculato folio inferne purpurascente, v. Cyclamen.
Cyclamen vulgare, v. Cyclamen.
Cyclamen vulgare aestiuum, v. Cyclamen.
Cyclaminus, v. Cyclamen.
Cyclaminus flore odorato, v. Cyclamen.
Cyclaminus maior, v. Cyclamen.
Cyclaminus minor, v. Cyclamen.
Cyclaminus orbicularis rotundifolius, v. Cyclamen.
Cyclaminus rotundus, v. Cyclamen.
Cyclaminus vnico folio, v. Vnifolium.
Cydonia, Cotonea malus, Quittenbaum. VI.
Dieser Baum soll seinen Namen von der ehemals auf der Insul Candia berühmten Stadt Cydon bekommen haben. Die Früchte hiervon werden auch Mala Chrysomela genennet, und sowol zur angenehmen Speise als Arzeney gebrauchet. Sie kühlen im ersten, und trocknen im andern Grad, stärken den Magen, geben gute Nahrung, stillen das Erbrechen, das

Schlucken, Durchfall und Schwachheit des Magens. Der Samen, so kalt und feucht, lindert, wegen seiner schleimigten Substanz, wenn man selbigen in Gurgelwasser brauchet, die Trockenheit der Zunge, des Halses und Gaumens. In Clystiren aber besänftiget er die Schmerzen der güldenen Ader. Der aus Rosenwasser und Quittenkern entstandene Schleim, (Quittenschleim) curiret die Entzündung der Augen, aufgespaltene Brüste und Brandschäden. Die aus denen Quitten verfertigten Medicamenten, v. g. die eingemachten Quitten, der Quittenwein, Quittensaft, das Quittenbrod, Essenz oder Spiritus, und das infundirte Oel sind alle zusammen gute Magenstärkungen. Es können sich auch schwangere Weiber, um schöne und lebhafte Kinder zu zeugen, derer Quitten bedienen.

Cymbalium, v. Vmbilicus Veneris.

Cymbolaria flosculis purpurascentibus, v. Cymbolaria *Matth. C. Bauh.*

Cymbolaria foliis hederaceis flore coeruleo *Eyst.* v. Cymbolaria *Matth. C. Bauh.*

Cymbolaria *Italica* hederaceo folio *Lob.* v. Cymbolaria *Matth. C. Bauh.*

Cymbolaria *Matth. C. Bauh.* Italica hederaceo folio *Lob.* foliis hederaceis flore coeruleo *Eyst.* Cymbolaria flosculis purpurascentibus, Elatine hederacea, Cymbelkraut.

Etliche geben dieses Kraut im weißen Fluß derer Weiber.

Cyminella, v. Ammi.

Cyminum, v. Cuminum.

Cyminum agreste, v. Calcatrippa.

Cyminum *Apulum*, v. Cuminum.

Cyminum auenarium, v. Calcatrippa.

Cyminum bulbosum *Plinii*, v. Filipendula.

Cyminum carminum, v. Cuminum.

Cyminum corniculatum maius, v. Calcatrippa.

Cyminum corniculatum minus, v. Calcatrippa.

Cyminum erraticum, v. Calcatrippa.

Cyminum *Nabbathaeum*, v. Cuminum satiuum.

Cyminum nigrum, v. Nigella.

Cyminum *Romanum*, v. Cuminum satiuum.

Cyminum satiuum, v. Cuminum satiuum.

Cyminum siliquosum, v. Cuminum siluestre.

Cyminum siliquosum minus, v. Cuminum siluestre.

Cyminum silvestre *Diosc.* v. Calcatrippa.
Cyminum silvestre *Diosc.* v. Cuminum silvestre, v. Nigella.
Cyminum silvestre globosum, v. Cuminum silvestre.
Cyminum *Thebaicum*, v. Cuminum silvestre.
Cynagrostis, v. Gramen caninum.
Cynanchites, v. Abrotanum.
Cynanthemis, v. Cotula foetida.
Cynapium, v. Cynagrostis, v. Gramen caninum.
Cynocephalus *Plin.* v. Antirrhinum.
Cynocrambe affinis, v. Garosmus.
Cynocrambe alterum genus, v. Garosmus.
Cynocrambe femina *Matth.* Mercurialis silvestris femina *Cord.* Canina femina *Colum.* *Merc.* montana spicata *C. Bauh.* Bergbingelkraut, Weiblein. II.
Wird in denen Officinen selten gefunden, und zuweilen mit dem andern Bingelkraut verwechselt.
Cynocrambe *Lob.* v. Apocymum *Matth.*
Cynocrambe mas silvestris, v. Cynocrambe *Lon.*
Cynoglossa, Lingua Canina, Cynoglossum, Hundszunge. IX.
Ist kalt und trocken im andern Grad, wird äußerlich wider die Kröpfe gebrauchet, vertreibet die Läuse, stillet und besänftiget die Lebensgeister, ist ein bequemes Medicament in Kopfschmerzen, verdünnet, lindert, verstopfet in Bauch und Samenflüssen, und dünnen flüßigen Catarrhen. Die Pillen, Pilulae de Cynoglossa, sind herrlich wider Schmerzen und scharfe Flüsse, die Schwindsucht u. d. g. Man muß aber (welches wohl in acht zu nehmen) die Aloen, die sonst ordinair zu denen Pillen genommen wird, weglassen. Das Vnguentum de Cynoglossa ist auch nicht zu verachten.
Cynoglossa *Bruns.* v. Auricula minor.
Cynoglossa maior, v. Cynoglossa.
Cynoglossa maior vulgaris, v. Cynoglossa.
Cynoglossa minor, v. Auricula muris.
Cynoglossa montana, v. Cerinthe.
Cynoglossa quorundam, v. Plantago.
Cynoglossum Austriacum alterum *Clus.* v. Cynoglossum pusillum Narbonense *Lob.*
Cynoglossum cum floribus, v. Cynoglossa.
Cynoglossum medium *C. Bauh.* v. Cynoglossum pusillum Narbonense *Lob.*
Cynoglossum montanum maius, v. Cerinthe.

Cynoglossum *Offic.* v. Cynoglossa.

Cynoglossum pusillum Narbonense *Lob.* pumilum s. austriacum alterum *Clus.* medium *C. Bauh.* kleine Hundeszunge. II.

Cynogrostis, v. Gramen caninum.

Cynoides, Cynomium, v. Psyllum.

Cynopegan, v. Scrophularia.

Cynops *Theophr.* Flöhkraut, v. Psyllum *Offic.*

Cynorrhodos, v. Cynosbatos.

Cynosbatos, κυνοῤῥόδος, Rosa silvestris aruensis s. canina, Rubus caninus, wilde Rose, Heckrose, Feldrose, Heyderose, Hainhacke, Hetzebäisch. XI.

Die Blätter werden im weißen und rothen Fluß gebrauchet, heilen die Wunden und Kopfwassersucht. Die Früchte nennet man auch Hagenbutten, Hetzebetsch, Hanewüpken, Hüsen. Sie treiben den Stein. Der Schwamm curirt den Stein und Nierenwehe, auch der tollen Hunde Biß, stillet die Steinschmerzen. Die Würmgen, welche darinnen gefunden werden, vertreiben die Würme im Leibe. Die Wurzel kan man, Splitter auszuziehen, appliciren. Man findet von dem wilden Rosenbaum unterschiedene Praeparata, als die eingemachte Frucht, den dicken Saft, Spiritum und Wasser aus denen Schwämmen. Wenn der Spiritus alkalisiret, oder öfters überzogen wird, so dienet es wider den Stein.

Cynosbatos *Theophr.* v. Berberis.

Cynoselinum, v. Angelica.

Cynosorchis altera, v. Cynosorchis latifolia.

Cynosorchis delphinia sessilibus obtusioribus foliis, v. Cynosorchis latifolia.

Cynosorchis latifolia hiante cucullo altera *C. Bauh.* v. Cynosorchis mas nostra.

Cynosorchis latifolia hiante cucullo maiore, v. Cynosorchis mas nostra.

Cynosorchis latifolia hiante cucullo minore, v. Cynosorchis mas nostra.

Cynosorchis leptophylla, v. Cynosorchis mas nostra.

Cynosorchis lophoides *Germ. Lob.* v. Cynosorchis palustris altera.

Cynosorchis maculata, v. Cynosorchis mas nostra.

Cynosorchis maior, v. Cynosorchis mas nostra.

Cynosorchis maior tertia *Tab.* v. Cynosorchis mas nostra.

Cyno-

Cynoſorchis mas noſtra, vel quartus teſticulatus *Trag.* Cynoſorchis noſtra maior *Lob.* maior tertia *Tab.* latifolia hiante cucullo altera *C. Bauh.* Stendelwurz, Männlein. LXXXI.

Cynoſorchis maxima folio leui, v. Triorchis.

Cynoſorchis media, v. Cynoſorchis mas noſtra.

Cynoſorchis militaris maior, minor, v. Cynoſorchis mas noſtra.

Cynoſorchis montana, v. Triorchis.

Cynoſorchis montana folio maculoſo, v. Cynoſorchis mas noſtra.

Cynoſorchis montana purpurea odorata, v. Cynoſorchis mas noſtra.

Cynoſorchis morio mas, v. Cynoſorchis mas noſtra.

Cynoſorchis nephelodes, v. Cynoſorchis paluſtris altera.

Cynoſorchis noſtra maior *Lob.* v. Cynoſorchis mas noſtra.

Cynoſorchis paluſtris altera, lophodes ſ. nephelodes *Germ. Lob.* Orchis palmata paluſtris maculata *C. Bauh.* Palma Criſti paluſtris, Wasserhündleinswurz. IV.

Cynoſorchis paluſtris platyphylla, v. Cynoſorchis paluſtris altera.

Cynoſorchis prior, v. Cynoſorchis mas noſtra.

Cynoſorchis quarta, v. Cynoſorchis mas noſtra.

Cynoſorchis quinta, v. Orchis.

Cynoſorchis tertia, v. Cynoſorchis mas noſtra.

Cyparella cordi, v. Gramen Cyperoides.

Cypariſſus, v. Cupreſſus.

Cypariſſus hortorum, v. Abrotanum.

Cyperis *Indica*, v. Curcuma.

Cyperoides, v. Gramen Cyperoides.

Cyperus, Wilder Galgan, Cyperwurz. X.

Hiervon findet man zweyerley Sorten von denen Autoribus beschrieben, nemlich die lange und runde v. Rad. Alkanna. Sie ist warm und trocken im andern Grad, eröfnet, dienet dem Magen, der Mutter, treibet den Stein, Urin und Menses, curiret die Wassersucht, Cruditäten des Magens, Colic, Schwindel, den üblen Geruch im Munde, das Zittern derer Glieder, wird äußerlich in denen Geschwären der Haut, des Mundes, der Kehle, Blase, derer Harngänge, des männlichen Gliedes ꝛc. gebrauchet, und nimmet die kleinen fleischigten Anwächse desselben hinweg. So hat man auch in denen Apotheken das präparirte Pulver, welches in Häubgen eingegemacht, das Haupt stärket, und unter die Haarpuder genommen wird.

Cyperus altera radice oliuari, v. Cyperus.
Cyperus *Babylonica*, v. Galanga.
Cyperus dulcis *Theophr.* v. Cyperus.
Cyperus esculentus, v. Cyperus.
Cyperus *Indicus*, v. Curcuma.
Cyperus longus, v. Cyperus.
Cyperus longus habitior, v. Cyperus.
Cyperus longus inodorus, v. Contrayerua.
Cyperus longus *Peruuianus Bauh.* v. Contrayerua.
Cyperus odoratus radice longa, v. Cyperus.
Cyperus *Offic.* v. Cyperus.
Cyperus *Romanus* siue longus, v. Cyperus.
Cyperus rotundus, v. Cyperus, v. Schoenanthum.
Cyperus rotundus esculentus angustifolius, v. Cyperus.
Cyperus tertia species, v. Curcuma.
Cyprius *Theophr.* v. Iuncus.
Cyprus, v. Tilia.
Cyprus latiore folio, v. Tilia.
Cyrenaicus succus, v. Asa foetida.
Cysteolithus, Schwammstein, v. Spongia s. Fungus.
Cysticapnos, Africanischer Blasenerdrauch.
Cytini, v. Granata.
Cytisi facie Alyssion fruticans quorundam, v. Triorchis.
Cytiso genista, gemeiner Genster, v. Genista.
Cytisus adulterinus, v. Cytisus, v. Alysson.
Cytisus alter minor, v. Cytisus primus.
Cytisus decimus, v. Cytisus quartus *Clus.*
Cytisus foliis incanis, *C. Bauh.* v. Cytisus secundus, *Clus. Bauh.*
Cytisus foliis subrufa lanugine hirsutis *C. Bauh.* v. Cytisus quartus *Clus.*
Cytisus glaber nigricans, v. Cytisus secundus *Clus. Bauh.*
Cytisus glaber viridis, v. Cytisus *Lob.*
Cytisus glabris foliis subrotundis pediculis breuissimis, v. Cytisus primus *Clus.*
Cytisus hirsutus, v. Cytisus primus *Clus.*
Cytisus hirsutus maior folio pinnato, v. Cytisus primus *Clus.*
Cytisus *Hispanicus* primus, *Lob.* v. Cytisus primus *Clus.*
Cytisus *Hispanicus* quartus *Tab.* v. Cytisus quartus *Clus.*

Cytisus *Hispanicus* secundus *Tab.* v. Cytisus secundus.

Cytisus *Hispanicus* tertius, v. Cytisus tertius.

Cytisus incanus folio medio longiore, v. Barba *Jouis*, v. Cytisus *Lob.*

Cytisus incanus foliis oblongis Austriacis, v. Barba *Jouis*, v. Cytisus *Lob.*

Cytisus incanus longiore siliqua, v. Barba *Jouis*, v. Cytisus *Lob.*

Cytisus incanus siliquis falcatis, v. Barba *Jouis*, v. Cytisus *Lob.*

Cytisus lunatus, s. Medicago, Mondklee, Sichelklee, v. Cytisus Maranthae.

Cytisus maior s. niger, v. Cytisus *Lob.*

Cytisus *Lob.* Geisklee. XXXIV.

Cytisus *Lob.* quartus *Tab.* incanus siliqua longiore *C. Baub.* grauer Geisklee. IV.

Cytisus Maranthae, Geisklee, gehörneter Geisklee, graustaudigter Geisklee mit Sichelförmigen Schoten. III. Man brauchet hiervon die Blätter, welche kühlen, zertheilen, und den Urin treiben.

Cytisus minor, v. Cytisus *Lob.*

Cytisus minoribus foliis ramulis tenellis villosis *C. Baub.* v. Cytisus primus *Clus.*

Cytisus octauus, v. Cytisus secundus *Clus.*

Cytisus pinnatus, v. Cytisus primus *Clus.*

Cytisus primus *Clus.* Hispanicus primus *Clus. Lob.* minoribus foliis, ramulis tenellis villosis *Casp. Baub.* Cytisus VII. Hispanicus *I. Tab.* Pseudocytisus prior *Dod. Gerard.* Spanisch Geisklee II.

Cytisus quartus *Clus.* quartus Hispanicus *Clus. Lob.* foliis subrufa lanugine hirsutis *C. Baub.* Cytisus X. Hispanicus IV. *Tab.* Pseudocytisus hirsutus *Gerard.* Geisklee mit rauchen Blättern. IV.

Cytisus secundus *Clus.* secundus Hispanicus *Clus. Lob.* foliis incanis angustis qs. complicatis *C. Baub.* Cytisus VIII. Hispanicus II. *Tab.* Pseudocytisus alter *Dod. Gerard.* grauer Geisklee, mit schmalen, und gleichsam zusammen gefaltenen Blättern.

Cytisus septimus, v. Cytisus primus *Clus.*

Cytisus siliquosus, v. Barba Iouis, v. Cytisus *Lob.*

Cytisus supinus foliis incana lanugine pubescentibus, v. Barba Iouis, v. Cytisus *Lob.*

Cytisus tertius *Clus.* tertius Hispanicus *Clus. Lob.* incanus folio medio longiore *Casp. Bauh.* Cytisus IX. Hispanicus tertius *Tab.* grauer Geisklee mit einem längern Blat in der Mitten.

Cytisus tertius cornutus, v. Cytisus tertius.

Cytisus *Trag.* Lagopus maior *Eyst.* alter *Dod.* folio pinnato *Lob.* Trifolium spicatum *Thal.* montanum spica longissima rubente *C. Bauh.* Trifolii maioris tertii altera species *Clus.* grosser Geisklee.

Cytyledon. Nabelkraut, v. Vmbilicus *Veneris.*

Dactyli, Datteln, v. Palma.

Dactyli acidi, vel Indi, v. Tamarindi.

Dactyliobatanon alterum, v. Alsine.

Dactyliobatanon, v. Paronychia.

Dactyliscum, v. Palma dactylifera.

Dactylus *Orientalis*, v. Balanus Myrepsica.

Dalea, Americanische Dalea.

Dalechampia, die Dalechampia mit Hopfenblättern

Damasium, v. Caucalis.

Damasonia, v. Myrobalanus.

Damasonium, v. Arnica.

Damasonium Alpinum, Elleborine floribus albis, wild Helleborinthkraut mit weissen Blumen. II.

Damasonium Alpinum, Elleborine montana purpurascens, Sigillum B. Mariae, wild Helleborinthkraut mit rothen Blumen. VII.

Hiervon lobet Borellus C. 2. Obs. 10. die Wurzel, lässet selbige wohl stossen, und im Zipperlein an Knien dem schmerzhaften Ort applicirEN.

Damasonium Alpinum floribus luteis s. Helleborine montana, wild Helleborinthkraut mit gelben Blumen.

Damasonium Alysma *Diosc.* Fistula Pastoris, herba fistula, Welsch Wegerich, Hirtenpfeif, (weil die Hirten Pfeiffen daraus machen.) v. Arnica.

Ist warm und feuchter Natur. Das Kraut leget man äusserlich warm auf, die harten Geschwäre zu erweichen. Die Wurzel treibet innerlich den Stein.

Damasonium callyphyllum *Cord.* v. Helleborine *Dod. Lob.*

Damasonium montanum latifolium, v. Damasonium Alpinum.

Damasonium nothum, v. Calceolus Mariae.

Damasonium tenuifolium, v. Damasonium Alpinum.
Damnamene, Damnamete, v. Luteola.
Dandelium, v. Taraxacon.
Doneta, v. Artemisia.
Dania maior et minor, s. Phu, v. Valeriana.
Daphni, v. Laurus.
Daphnis alter, v. Mezereum.
Daphnoides, v. Mezereum.
Daphnoides cum baccis, v. Mezereum.
Daphnoides cum flore, v. Mezereum.
Daphnoides flore purpureo, v. Mezereum.
Daphnoides nostrum vulgare, v. Mezereum.
Daphnoides polyflorus, v. Vinca per vinca.
Darchini, v. Cassia lignea.
Darepium, v. Beccabunga.
Daspis, v. Tormentilla.
Datisca, v. Antirrhinum *Trag.*
Datula, v. Datura.
Datura, Datula, Dutroa, Nacatzkal, Toluatzin, Igelkolben, Stachelnuß. v. Solanum foetidum.

Diese Frucht wird von Friedrich Hofmann in Clav. Pharm. Schröd. Lib. IV. §. 182. p.m. 486. vor eine Art vom Bilsenkraut, aber von Salom. Dale in Pharmacolog. p. 298. und Chr. Menzelio, pro Stramoneo gehalten, ist aber zärter als das gemeine Stramoneum. Sie träget einen spitzigen und länglichten Apfel, mit langen, starken und sehr scharfen Stacheln, so voller Samen, und wie eine welsche Nuß gros ist. Der Samen bringet Schlaf, wird in Türkischer Sprache Maslach genennet, kan die Kälte nicht vertragen, und deswegen in unsern mitternächtlichen Ländern sehr selten reif werden. Die verliebten Weiber der Indianischen Landschaft Goa, pflegen ihren Männern, wenn sie gern mit andern courtesiren, und in diesen Verrichtungen sicher und ungehindert seyn wollen, hiervon ein Pulver beyzubringen, wovon sie alsobald die Sinnen verliehren, närrisch und tumm werden, lachen, weinen, schlafen, wunderliche Gesticulationes machen, und tempore Paroxysmi, der gemeiniglich 24 Stunden anhält, nichts verstehen. Dafern aber solche Patienten sich an denen Füßen mit kaltem Wasser waschen, scharf reiben, oder die Hände in kalt Wasser tunken, so kömmt der Verstand wieder. Dergleichen Beschwerung, so von der Datura entstanden, hat

Herr

Herr D. Ge. Fr. Francus de Frankenau, damals Professor in Wittenberg, nach der Zeit aber Sr. Königl. Majestät in Dänemark hochbestallter Justitienrath und Leibmedicus, glücklich curiret, wovon die Historie in Miscell. Nat. Cur. Cent. II. zu ersehen. Wenn dieses Kraut gebührender maßen verbessert würde, so dürfte vielleicht eine herrliche Medicin daraus entstehen.

Datura *Garziae*, v. Datura.

Datura *Turcarum*, v. Datura.

Daucium, Daucum, v. Daucus.

Daucoides maius, *Cord. Thal.* v. Caucalis *Matth.*

Daucus Acanthocarpos, v. Caucalis.

Daucus agrestis, v. Pastinaca siluestris.

Daucus *Alpinus*, v. Caucalis.

Daucus alter, v. Rosmarinus.

Daucus anguloso caule, v. Rosmarinus.

Daucus aninus, v. Pastinaca erratica.

Daucus, Daucium, Daucus Creticus vel vulgaris, Mohrenkümmel. VI.

Ist entweder Creticus, der aus der Insel Creta entsprossen, oder vulgaris, der gemeine, ist warm und trocken im andern Grad. Er eröfnet, dringet durch, dienet der Mutter, treibet Urin und Blähungen, curiret das Mutterwehe, die Colic von Winden, Schlucken, Verstockung des Urins, der Monatzeit und langwierigen Husten. Hiervon siehe mehr in Schröders Apothecke fol. p. 559.

Daucus domesticus, v. Pastinaca domestica.

Daucus echinocarpus, v. Caucalis.

Daucus folio foeniculi tenuissimo, v. Daucus Creticus.

Daucus Germanicus mas, vulgo Eisenach s. Erlach *Turnh.* Daucus *Germanicus* et *Offic.* vulgaris *Clus.* Pastinaca siluestris *Matth.* tenuifolia *Dod. C. Bauh.* genuina *Diosc. Lob.* erratica *Tab.* Staphylinus siluestris *Trag.* Nidus auis, Vogelnest, wilde Mohrrüben, wild Pastinac. conf. Pastinaca siluestris.

Der Samen hiervon wird unter die Semina calida minora gerechnet.

Daucus *Macedonicus*, Macedonische Petersilie. v. Daucus.

Daucus magnus *Turnh.* v. Helichrysum Italicum *Matth. Cam.*

Daucus maior *Cord. Thal.* v. Caucalis *Matth.*

Daucus montanus apii folio maior, v. Rosmarinus.

Daucus montanus apii folio minor, v. Roſmarinus.
Daucus multifido folio ſelini ſemine, v. Petroſelinum montanum.
Daucus minor, v. Caucalis.
Daucus niger, v. Paſtinaca domeſtica.
Daucus paluſtris, v. Meum paluſtre.
Daucus *Officinarum*, v. Paſtinaca ſilueſtris.
Daucus Petroſelini vel Coriandri folio, v. Bunium *Offic. Dalechamp.*
Daucus ſepiarius, v. Chaerefolium.
Daucus ſeſeli pratenſis facie, v. Foeniculum.
Daucus ſilueſtris, v. Paſtinaca ſilueſtris.
Daucus vulgaris, v. Paſtinaca ſilueſtris.
Daucus vulgaris *Cluſ.* v. Daucus *Germanicus* max.
Daucus vulgaris ſelinoides, v. Pimpinella.
Daurant, v. Antirrhinum.
Delphinum, v. Calcatrippa. XI.
Delphinum *Dioſc.* v. Anthora.
Delphinum maius, v. Calcatrippa.
Delphinum ſilueſtre, v. Calcatrippa.
Demetria, v. Verbena.
Demus, v. Antirrhinum *Trag.*
Denax ſatiua, v. Arundo.
Dens caballinus, v. Hyoſciamus vulgaris.
Dens caninus, breitblätterichter Hundszahn, roth Stendelwurz, Schoßwurz. X.
Lindert die Schmerzen in der Colic, dienet im bösen Weſen, und giebt gute Nahrung.
Dens caninus flore rubro, v. Hermodactylus.
Dens caninus latiore rotundioreque folio, v. Hermodactylus.
Dens leonis, v. Taraxacon.
Dens leonis Aſphodeli bubulis *C. Bauh.* v. Taraxacon.
Dens leonis cichorizata, v. Taraxacon.
Dens leonis latiore folio, v. Taraxacon.
Dens leonis *Monſpelienſium Lob.* v. Taraxacon.
Dentaria, ſquammaria, Orobanche ſeptima radice dentata maior *Bauh.* Aphace *Dodon.* flore luteo, gros Bergſanickel, Schupwurz, Blumenkraut, Freiſchamkraut. VI.
Hat eine irdiſche zuſammenziehende Kraft. Man verfertiget hieraus ein Decoctum, welches in Zerborſtung der Haut,

Wun

Wunden und Geschwären, auch nicht weniger das böse Wesen und Flüsse zu stillen, gebraucht wird.

Dentaria aphyllos, v. Dentaria.

Dentaria aphyllos minor, v. Dentaria.

Dentaria bulbosa, v. Dentaria.

Dentaria corallina altera, v. Dentaria.

Dentaria coralloide radice, v. Dentaria.

Dentaria enneaphyllos *Lob.* v. Dentaria siliquosa.

Dentaria heptaphyllos, v. Dentaria.

Dentaria heptaphyllos baccifera, v. Dentaria.

Dentaria *Matthioli*, v. Dentaria.

Dentaria minor, v. Dentaria.

Dentaria pentaphyllos, v. Dentaria.

Dentaria quinta *Clus.* v. Dentaria siliquosa.

Dentaria saxifraga montana quinis foliis, v. Dentaria.

Dentaria septifolia, v. Dentaria.

Dentaria s. Dentillaria *Rondeletii* et *Narbonensium Lob.* Plumbago *Clus Tab.* Molybdena *Plinii* et Crepanella Italorum *Cam.* Glastum silvestre *Caesalp.* Lepidium Dentillaria dictum *C. Bauh* Flöhkraut. X.

NB. Es wird Dentillaria genennet, weil es, wenn man es, wie andere meynen, in der Hand gehalten, die Zahnschmerzen stillen soll. Sonst wird das Kraut mit Salz vermischet, in dreytägigen Fiebern auf den Puls gebunden, da es denn ohnfehlbar das Fieber vertreiben soll. Wers glauben will, kan es versuchen.

Dentaria siliquosa s. tryphyllos *C. Bauh.* quinta *Clus.* trifolia *Tab.* enneaphyllos *Lob.* Ceratia *Plin. Col.* dreyblätterichte Zahnkraut. V.

Dentaria trifolia *Tab.* v. Dentaria siliquosa,

Dentaria triphyllos *Bauh.* v. Dentaria siliquosa.

Dentellaria altera, v. Dentaria.

Dentellaria *Monspel.* s. Flammula, v. Dentaria s. Dentillaria.

Dentellaria nemoralis Alpina herbariorum Alabastrites, v. Dentaria.

Dentellaria *Rondeletii et Narbonensium*, v. Dentaria s. Dentillaria.

Dentellaria rubra, v. Dentaria.

Denticulata, v. Fumaria.

Dentillaria *Narbonensium Lob.* v. Dentaria.

Dentillaria *Rondeletii*, v. Dentaria.

Dentiscalpiaria, v. Chaerefolium.

Desiderium, v. Aquileia.

Diacolea, v. Chamomilla.

Diacrydium, v. Scammonium.

Dianaria, v. Artemisia.

Dianthus, v. Caryophyllus minor *Dod.*

Diapensia, v. Sanicula.

Dichotophyllum, v. Millefolium.

Dichromum, v. Verbena.

Dictamnum album nonnullis pumila fraxinus, v. Fraxinella.

Dictamnum vulgo fraxinella, v. Fraxinella.

Dictamnum vulgo nostrum, v. Fraxinella.

Dictamnus albus, v. Fraxinella. IV.

Dictamnus *Creticus*, Cretischer Diptam. IX.

Die Blätter sind warm im dritten, und trocken im andern Grad, dienen der Gebährmutter, verdünnen, machen klare Haut, eröffnen, widerstehen dem Gift, treiben die Menses und Frucht, curiren gifftige Stiche, und ziehen die Splitter aus.

Dictamnus putatus, v. Fraxinella.

Dictamnus vulgaris, v. Fraxinella.

Dieruilla, die staudigte Diervilla aus Acadia.

Digitalis *Lon.* Tragum *Matth. Tab.* Scorpion *Diosc.* Drypis *Theophrast. Guiland.* Tragon. *Matth. Lob.* Kali spinoso affinis *C. Bauh.* Tragus spinosus *Matth.* s. Kali spinosum, gros Bergsanickel, spitzig Wundkraut, Meerstachelkraut, Bockskraut. XIII.

Tragus hält dieses Kraut, wegen seiner Bitterkeit, vor warm und trocken. Es wird hiervon das Decoctum und Vnguentum wider Kröpfe gerühmet. Die Engelländer brauchen das Decoctum, welches überaus stark, oben und unten Schleim und Galle in Fiebern und Verstopfungen abführet; Aeußerlich pfleget es die Wunden zu heilen.

Digitalis flore luteo, v. Digitalis.

Digitalis folio aspero, v. Campanula silvestris flore purpureo.

Digitalis lutea *Tab.* v. Campanula silvestris flore luteo. *Trag.*

Digitalis magno flore, v. Campanula silvestris flore luteo. *Trag.*

Digitalis minima, v. Gratiola.

Digitalis purpurea, *Lob.* v. Campanula silvestris flore purpureo. *Trag.*

Digitalis rubra, v. Campanula siluestris flore purpureo.

Digitalis tertia *Dod.* v. Campanula siluestris flore luteo. *Trag.*

Diocallia, v. Chamomilla.

Diosanthos, v. Caryophyllus.

Dioscorea. Dioscorea aus America. III.

Diospyros, v. Lotus *Africana Matth.*

Dipcadi, v. Bulbus vomitorius.

Dipcadi candidis floribus, v. Hyacinthus.

Dipcadi *Chalcedonicum et Italicum*, v. Hyacinthus.

Dipsacus fatuus, v. Dipsacus.

Dipsacus hortensis, v. Dipsacus.

Dipsacus laciniato folio, v. Dipsacus.

Dipsacus minor, v. Dipsacus.

Dipsacus purpureus, v. Dipsacus.

Dipsacus satiuus *Dod. Casp. Bauh.* Labrum s. Carduus Veneris *Matth.* flore candido *Caesalp.* Virga Pastoris, Carduus Fullonum satiuus *Trag.* Spina seliniticis *Theophr.* Galetrigon *Xenocrat.* Onocardium, Lauacrum Veneris et herba satibunda al. Webercharten, Tuchmachercharten, Chartendistel, Bubenstreel, Bubenstengel. IV.

Die Wurzel reiniget, curiret die Ritzen und Warzen des Hintern und die Schwindsucht. Das Regenwasser, welches sich zwischen denen Blättern sammlet, vertreibet, wo man sich etliche mal damit wäschet, die Warzen, das Kraut und Samen aber den Biß eines giftigen Hundes. Die Würmgen, so in der stachlichten Frucht vorhanden, hänget man in viertägigen Fiebern in ungleicher Zahl (es kan auch ein gerader Numerus dergleichen verrichten) an den Hals. Sie werden auch mit Rosenöl gestoßen, den Wurm an den Fingern damit zu curiren, aufgeleget. Die stachlichten Häupter brauchen die Tuchmacher und Walker, ihre Tücher damit auszukämmen.

Dipsacus satiuus alter, v. Dipsacus satiuus.

Dipsacus satiuus fullonum, v. Dipsacus satiuus.

Dipsacus siluestris *Dod.* aut Virga Pastoris maior *C. Bauh.* Labrum Veneris *Lob.* alterum *Matth.* flore purpureo *Caesalp.* Carduus Fullonum *Brunf.* erraticus *Trag.* wild Chartendistel. II.

Dipsacus tertius *Dod.* siluestris capitulo minore, Virga Pastoris minor *C. Bauh.* Virga Pastoris *Matth. Lob. Cam.*

Cardui Fullonum tertium genus *Trag.* kleine wilde Kartendistel. I

Etliche brauchen sie, die Warzen und Schrunden am Steiße zu vertreiben. Andere, als Schulzius und Crato, nehmen statt dieser Distel den Mark heraus. Die Wurzel zu Pulver gestoßen, soll denen Schwindsüchtigen wohl bekommen.

Discus solis, v. Chamomilla.

Diuae Mariae Chirotheca, v. Baccharis.

Dodartia die Orientalische Dodartia. II.

Dodecanthon, v. Bellis.

Dolichus v. Faba.

Dolichus *Theophrasti*, v. Faba.

Donax satiua, v. Arundo.

Dorant, v. Antirrhinum.

Doreila, v. Myagrum.

Doria, Doria. VIII.

Doronicum Aconitum Pardalianches *Theophr.* minus *Matth.* Gemsenwurz, Schwindelkraut, Schwindelwurz, Kraftwurz. XII.

Die Wurzel ist warm und trocken im dritten Grad, zertheilet und widerstehet dem Gift, Schwindel, Herzklopfen, Entzündungen der Mutter, giftigen Krankheiten und Biß. Aeusserlich resolviret sie das geronnene Geblüt, und vertreibet die Wärme. Ob sie aber ein Gift sey, davon besiehe P. Ammann. de M. M. p. 54. Emanuel König Regn. Vegetab. p. II. p. 98. Innerlich curiret diese Wurzel den Krebs an Menschen und Vieh. Sonst brauchen auch die Seiltänzer das Doronicum wider den Schwindel. Die Gemsen sollen diese Wurzel häufig fressen, und sich sonderlich damit delectiren, dahero auch, wenn sie gegen Winterszeit gefangen werden, man bey etlichen in denen Mägen einen kleinen Ball oder Kugel, hieraus und von andern Kräutern zusammen gewachsen, findet, die man Gemsenkugeln, oder Aegagropilos nennet, wovon der ehemals in Augspurg berühmte Medicus, Herr D. Georg Hier. Velschius einen besondern Tractat geschrieben hat.

Doronicum *Austriacum* alterum, v. Aconitum.

Doronicum *Austriacum* minus, v. Doronicum.

Doronicum brachiata radice, v. Aconitum.

Doronicum minus, v. Aconitum.

Doronicum plantaginis folio altero, v. Arnica.

Doronicum radice dulci, v. Doronicum.

Doronicum radice repente, v. Aconitum.
Doronicum radice scorpii, v. Doronicum.
Doronicum *Romanum*, v. Doronicum.
Doronicum *Vngaricum*, v. Doronicum.
Dorstenia, fremde Giftwurz. v. Contrayerua. III.
Dorycnium, Schotenklee, Staudenklee.
Dorycnium *Diosc.* v. Dorycnium.
Dorycnium falso dictum, v. Dorycnium.
Dorycnium *Hispanicum*, v. Dorycnium.
Dorycnium *Monspel.* v. Dorycnium.
Douglassia, Duglaßia aus Jamaica.
Draba, v. Arabis.
Draba alba siliquosa repens, v. Arabis, s. Draba altera.
Draba altera. *Lob.* v. Arabis.
Draba aut Thlaspi *Candiae Dod.* v. Arabis.
Draba *Lon.* v. Arabis.
Draba tertia succulento folio *Clus.* v. Arabis.
Draba vulgaris prima *Clus.* v. Arabis *Lon. Matth. Lob.*
Draco acetarius, v. Dracunculus acetarius.
Draco aquaticus, v. Ptarmica. *Matth.*
Draco arbor, Drachenbaum. v. Sanguis Draconis.
Dracocephalon, Americanischer Drachenkopf.
Draco herba *Dod.* v. Dracunculus hortensis.
Draco *Lob.* Dracunculus hortensis *Matth. Tab. C. Bauh.*
Draco siluestris, v. Ptarmica.
Draconis sanguis, v. Sanguis Draconis.
Dracontium, Dracunculus polyphyllos, Schlangenkraut, Natterwurz, Drachenwurz. XIV.
Das Kraut und Wurzel sind warm und trocken. Sie resolviren, verdünnen, incidiren, öfnen. Wenn man hieraus ein Decoctum machet, und davon des Morgens und Abends einen Monat lang, allezeit ein Gläsgen voll trinket, so soll es wider die Krätze und Scorbut dienen. Die Wurzel kömmt mit der Radice Ari überein, und wird unter die Schminkarzeneyen gebrauchet, heilet die Verwundungen der Lungen, und hält die Fisteln aus einander.
Dracontium minus *Dod.* v. Arisarum primum *Lon.*
Dracontium palustre *Germanorum Caes. Tab.* v. Dracunculus aquaticus. *Matth. Dod. Cam. Eyst.*
Dracuncellus, v. Dracunculus acetarius.
Dracunculoides, v. Haemanthus. II.

Dracuncullus acetarius esculentus, Dracuncellus s. Dracunculus hortensis *Matth. Tab. Casp. Bauh.* Drachon *Avic.* Draco *Lob.* Draco herba *Dod.* Dragum vulgare *Clus.* Dragonell, Dragun, Traben, Kayserssalat. XXVI.

Dieses Kraut wird öfters unter den Salat genommen, giebt denen Speisen einen delicaten und aromatischen Geschmack; erwärmet den Magen, befördert die Dauung, machet guten Appetit, treibet den Harn und Menses, reitzet zum Beyschlaf. Das hiervon destillirte Wasser brauchet man in Engeland wider die Pest.

Dracunculus aquaticus *Matth. Dod. Cam. Eyst.* palustris, arundinacea radice *Plinii C. Bauh.* Arum palustre *Gesn.* Dracontium palustre *Germ. Caes. Tab.* Hydropiper rubeum *Fuchs.* Anguina aquatica *Lob.* Serpentaria aquatilis maior, Wasserschlangenkraut, Wassernatterwurz. III.

Dracunculus arundinacea radice *Plin. C. Bauh.* v. Dracunculus aquaticus *Matth. Dod. Cam. Eyst.*

Dracunculus bistorto folio, v. Dracunculus acetarius.

Dracunculus esculentus, v. Dracunculus acetarius.

Dracunculus hortensis *Matth. Tab. C. Bauh.* v. Dracunculus acetarius.

Dracunculus maior, v. Bistorta.

Dracunculus minor, v. Bistorta.

Dracunculus palustris, v. Dracunculus aquaticus *Matth. Dod. Cam. Eyst.*

Dracunculus polyphyllus, v. Dracontium.

Dracunculus pratensis serrato folio, v. Ptarmica.

Dracunculus radice arundinacea *Plin.* v. Dracontium.

Dragone vulgo, v. Dracunculus hortensis *Matth. Tab. C. Bauh.*

Dragum vulgare *Clus.* v. Dracunculus hortensis *Matth. Tab. C Bauh.*

Draguncellus, v. Dracunculus hortensis *Matth. Tab. C. Bauh.*

Drakena, v. Contrayerva.

Drosemeli, v. Manna.

Drosena, Drosera, v. Alchimilla, v. Ros solis.

Drosion, v. Ros solis.

Drosium, v. Alchimilla.

Drymopogon primus *Tab.* v. Barba caprina siluestris.

Dryopteris, v. Filago.

Drypis *Anguillare*, v. Kali.

Drypis *Theophr.* spinosum, v. Kali.

Dudaim, v. Mandragora.

Dulcamara *Dod.* et *Offic.* Dulcis amara *Trag.* flore coeruleo vulgatior *Eyst.* Amara dulcis *Tab.* Vitis siluestris *Diosc. Matth.* Circea Monspeliensium *Lob.* Solanum glycipicron *Thal.* scandens *Bauh.* Solatrum rubrum γλυκυπικρον, rother Nachtschatten, Je länger, je lieber, Hindschkraut, Bittersüs, Alfranken, stechender Nachtschatten. IV.

Ist warm und trocken im andern und dritten Grad, dienet wider Verstopfung der Leber und Würme. Wenn man den Saft hiervon äußerlich brauchet, so macht er schöne klare Haut, vertreibet die Sommersprossen und Flecken im Angesicht. Wenn man aus dem Kraut einen Umschlag machet, so dienet er Schwulst und Härte derer Brüste, auch geronnene Milch zu zertheilen.

Dulcichinum, v. Ciperus, v. Contrayerua.

Dulcisiola, v. Poeonia.

Dulcis radix, v. Glycyrrhiza.

Dune-kaja-gauhab.

Ist eine Staude in Ceylon mit zwey Finger breiten, und 7 bis 8 Schuh langen Blättern, die in der Mitten und an beyden Rändern eine Reihe Stacheln haben. Man spaltet sie, und macht Matten davon, die Wurzeln aber schneidet man in Riemen, woraus Ankertaue auf die Schiffe, und ander Seilwerk verfertiget wird. Rob. Kox.

Duracina alba, v. Persica malus.

Duriaon.

Ein Gewächs auf der Insul Java, von den Maleyern daselbst also genennet, der Baum, worauf sie wächset, heißt Batan. Er gleicht an Grösse denen stärksten Aepfelbäumen. Das Holz ist hart und fest, die Rinde grau. Die Blüte, Buaas genannt, weisgelb, anderthalb Spannen lang, und zwey bis 3 Finger dick. Die Frucht gleicht an Grösse einer Melone, und wird von einer dichten Schale umfasset, welche mit kleinen sehr spitzigen Dornen bewachsen ist. Aeußerlich siehet sie grün aus, und hat länglichte Streifen, wie die Melonen. Inwendig findet man vier Höhlungen, und in jeder 3 bis 4 Capseln, die eine milchweiße Frucht an Größe eines Hünereyes in sich schließen. Jede Frucht hat ihren eigenen Kern, in der Größe eines Pfirsichkernes. Sie ist eine der besten, gesundesten und angenehmsten Früchte in Indien. Mit Verwunderung bemerket man die Antipathie, die sich zwischen dem Duriaon und dem Betel äußert. Man darf nur ein einziges Betelblat in ein ganzes Gewölbe voll Duriaon legen, so werden sie beynahe im Augenblick zu faulen beginnen. Wenn man sich den Magen mit Duriaon überladen, so darf man nur ein Betelblat äußerlich auf die Herzgrube legen, so vergehet alle Beschwerlichkeit.

Dutroa, v. Datura.

Ebenum oder Ebenus, Hebenum oder Hebenus, Eben- oder Hebenholz. III.

Ist ein wilder Baum in Indien und Mohrenland, hat Blätter wie die Palmblätter, und ist an Kräften dem Gvajac gleich. Das hieraus verfertigte Oel und Salz wird inn- und äußerlich wider Franzosen, Podagra, Lähmung u. d. g. gebrauchet.

Ebenus, v. Ebenum.

Ebiscus, v. Althaea.

Ebulus *Offic. Trag. Matth. Lob.* Sambucus humilis *Dod. C. Bauh.* herbacea *Jo. Bauh.* Niederholder, niedriger Flieder, Ackerhollunder.

Ist eine Art des Flieders, und in unsern Landen wohl bekannt, hat ziemliche Verwandschaft mit dem kleinen Hollunder; doch ist der Attich viel kleiner, und purgirt weit stärker, auch weil der Stengel jährlich vergehet, und keine holzigte Wurzel hat, mehr unter die Stauden und Kräuter, als unter die Bäume zu zählen. Die Blumen und Blätter sind trocken im ersten Grad, temperirt im trockenen, zertheilen, erweichen, treiben, wegen ihres flüchtigen Salzes, Schweis und Urin, und sind ein bewährtes Mittel in der Wassersucht. Die Blätter dienen in podagrischen Schäden, wässerichten Schwulsten und Wasserbrüchen. Die innerliche Rinde der Wurzel brauchet man in einem Tranke, die überflüßige Feuchtigkeit in der Wassersucht abzuführen. Sie ist warm im andern Grad und trocken, zertheilet, erweicht, dämpfet Entzündung und die Rose. Der Samen ist trocken. Die Körner derer Beere führen auch das Wasser ab bey denen Wassersüchtigen, und curiren die Gicht. Der innerliche Theil der Wurzel ist, wegen seiner anhaltenden Kraft, im weißen Fluß, allzustarken Abgang des ordinairen beym Frauenzimmer, und äußerlich in wassersüchtigen Geschwulsten derer Schenkel zu brauchen. Man findet in denen Apotheken das destillirte Wasser, den Spiritum, dicken Saft, die Tinctur oder Essenz, welche wider die Wassersucht und Mutterbeschwerungen verordnet werden. Der aus den frischen Blättern ausgepreßte und an die Spanbetten gestrichene Saft vertreibet die Wanzen, das Oel aber die Gichtschmerzen.

Ecbolium, Malabarische Nuß, v. Adhatoda.

Echinastrum, v. Geranium.

Echinomelocactos, Indianischer Dornapfel. v. Opuntia.

Echinophora, die Ackerklette, v. Pseudoselinum.

Echinopus, Sphaerocephalus latifolius vulgaris, grosse Eberwurz, Spehrdistel. III.

Die Wurzel trocknet und erwecket heftiges Nasenbluten. Der Samen befördert den Urin, die Menses und Nachgeburt.

Echinopus minor *Chabr.* Sphaerocephalus annuo flore coeruleo *Cam.* kleine Spehrdistel.

Ist nicht eben sonderlich bekannt.

Echinos, v. Lentiscus.

Echioides, flore pallo *Riv.* v. Echium.

Echium *Fuchs.* v. Buglossum siluestre, v. Borrago siluestris.

Echium *Italicum*, v. Buglossa vulgaris.

Echium minimum, v. Auricula muris.

Echium orientale verbasci folio flore maximo campanulato *Tournef.* Echium vulgare.

Echium palustre cordi, v. Auricula muris.

Echium scorpioides, v. Echium vulgare.

Echium scorpioides aruense, v. Heliotropium.

Echium scorpioides palustre *C. Bauh.* v. Auricula muris.

Echium vulgare scorpioides, auricula muris, wilde Ochsenzungen. XVI.

Wenn man das innerliche Mark oder die Medullam aus der Wurzel wegnimmt, so kan aus der überbliebenen Rinde rothe Butter verfertiget werden, welche, so jemand gefallen, sich gequetschet und einen heftig anhaltenden Husten hat, unvergleichlich gerühmet wird. Die Wurzel digeriret, treibet Schweis, lindert den Schmerz der Lenden, curirt den Biß giftiger Thiere, Bienenstich, zu 1 Quentgen eingenommen, das böse Wesen und das Brennen. Die Blumen laxiren und stillen den Schmerz.

Eghelo *Dod.* v. Anagyris altera *Matth.*

Elaphobosco similis, v. Herba *Gerbardi.*

Elaphoboscum album, v. Rosmarinus.

Elaphoboscum *Diosc.* v. Sisarum.
Elaphoboscum erraticum, v. Pastinaca siluestris.
Elaphoboscum *Matth.* v. Pastinaca siluestris.
Elaphoboscum nigrum, v. Rosmarinus.
Elaphoboscum *Plinii*, v. Sisarum.
Elaphoboscum satiuum, v. Pastinaca domestica.
Elaphoboscum siluestre, v. Pastinaca siluestris.
Elaphoboscum *Wigand.* v. Herba *Gerhardi.*
Elata, v. Abies.
Elaterium, v. Cucumer asininus.
Elatine, v. Viola.
Elatine, v. Alsine, v. Vicia.
Elatine, v. Hedera terrestris.
Elatine altera, v. Alsine.
Elatine *Diosc.* v. Alsine.
Elatine folio acuminato in basi auriculato flore luteo, v. Alsine.
Elatine folio subrotundo, v. Alsine.
Elatine hederacea, v. Cymbolaria *Matth. C. Bauh.*
Elatine polyschides, v. Alsine.
Elatine recta, v. Alsine.
Elatine tryphyllos, v. Alsine.
Eleagnon, v. Agnus castus. IV.
Electrum, v. Succinum.
Elemi, Gummi vom wilden oder Aethiopischen Oelbaum. v. Agnus castus.
Ist ein Ostindianisch Gummi oder Harz, fließet aus dem Baum Kakuna Ghaka, und wird (das Gummi) Icica genennet. Man braucht es in allerhand Nervenbeschwerungen, Wunden, Zerquetschungen, Schmerzen und allerhand Krankheiten, so von der Kälte entstanden; ingleichen zu Magenpflastern und die Winde zu zertheilen. Es stärket, machet Eiter, reiniget Wunden und Geschwäre, wärmet, erweichet, zertheilet ꝛc.
Elemifera arbor, Egyptischer wilder Oelbaum. v. Agnus castus.
Elenion, v. Helenium.
Eleodrepton, s. petroselinum caninum, v. Cicuta.
Eleoselinum, v. Apium.
Elephantis, v. Moschata.
Elephantopus, Elephantenfus. III.
Elephas, die Elephantenblume. III.

Elephas *Orientalis* magno flore, v. Elephas.
Elephoselinum, v. Petroselinum montanum.
Elichrysum *Creticum*, v. Stoechas citrina. XXXVIII.
Elichrysum foliis Abrotani, v. Helochrysum *Italicum*.
Elichrysum Italicum, v. Heliochrysum Italicum.
Elichrysum *Orientale*, v. Stoechas citrina.
Elichrysum siluestre angustifolium capitulis conglobatis, v. Stoechas citrina.
Elimus, v. Panicum.
Elioscoenus, v. Iuncus.
Eliustrum, v. Ammoniacum.
Elkaue, v. Euonymus.
Elleborastrum nigrum, v. Helleborus.
Elleborine alba, v. Elleborine.
Elleborine *Alpina* floribus albis, v. Damasonium alpinum.
Elleborine *Alpina* saniculae et ellebori nigri facie *Lob.* v. Elleborine seu epipactis. *Matth.*
Elleborine latifolia montana *C. Baub.* v. Elleborine *Dod. Lob.*
Elleborine montana floribus luteis, v. Damasonium alpinum floribus luteis.
Elleborine montana purpurascens, v. Damasonium alpinum.
Elleborine nigra, v. Elleborine, s. Helleborine.
Elleborine prima *Tab.* v. Elleborine *Dod. Tab.*
Elleborine recentiorum secunda *Clus.* v. Elleborine *Dod. Lob.*
Elleborine saniculae facie, *C. Baub.* v. Elleborine, s. Epipactis *Matth.*
Elleborine s. Epipactis *Matth.* Elleborine Alpina Saniculae et Ellebori nigri facie *Lob.* Helleborine Saniculae facie *C. Baub.* Helleborinthkraut. XIII.
Elleborine s. Helleborine *Dod. Lob.* latifolia montana *C. Baub.* prima *Tab.* recentiorum secunda *Clus.* Satyrium octauum *Trag.* Damasonium calliphyllum *Cord.* Epipactis latifolia *Eyst.* wilde Nieswurz. VI.
Elleborum album, v. Helleborine.
Elleborum alterum, v. Helleborus.
Elleborum nigrum, v. Helleborus niger.
Elleborum nigrum flore magno purpureo, v. Helleborus niger.
Elleborum nigrum silueftre adulterinum, v. Helleborus niger.
Elleborum nigrum verum annuum, v. Helleborus niger.
Elleborus, v. Helleborus.
Elleborus niger *Dodonaei*, v. Herba *Gerbardi*.

Eluela

Eluela minima Seſſilis orbicularis plana et niuea, *Gleditſch*, v. Fungus.

Elychryſon *Orientale*, v. Chryſocome *Offic.*

Elxine, v. Parietaria.

Elymagroſtis, v. Gramen.

Elymus, v. Panicum.

Emblici, Emblicos, v. Myrobalanus.

Emerus, Scorpionſenne. II.

Empetrum, v. Herniaria.

Empetrum, v. Ruta muraria.

Encaſatre.

Iſt ein Holz, welches einen grünen Kern hat, und marmorirt iſt, in Madagaſcar. Es riechet wie Roſenholz, und wenn es mit Waſſer auf einem Stein gerieben wird, ſo heilet es die Schwarzen von ihrem Eckel.

Endiuia, Σέρις, Seris latifolia *Dioſc.* Intybus ſatiua, Scariola Arabum, Cichorium domeſticum, Endivien. V.

Die Blätter und der Samen werden ſelten gebrauchet. Die Wurzel iſt kalt und trocken im andern Grad, dienet der Leber, machet klare Haut, eröfnet, treibet Urin, curiret die Gallenfieber, machet fruchtbar, dienet denen Cholericis in Entzündung und Rauhigkeit der Kehle, der gelben Sucht und hitzigem Geblüt. Das hieraus deſtillirte Waſſer wird in hitzigen Krankheiten und Fiebern, Durſt und widernatürliche Hitze wegzunehmen, gerühmet. Man hat auch weiter hiervon den Saft aus denen Blättern, den einfachen Syrup aus dem Saft mit Zucker, den zuſammengeſetzten Syrup, Syrupum Byzantinum, den Syrupum diaſerios Andernaei, und das gemeine Salz, welches, wenn die Pflanze zu Aſche gebrennet wird, entſtehet.

Endiuia criſpa, v. Endiuia.

Endiuia domeſtica, v. Endiuia.

Endiuia hortenſis, v. Endiuia.

Endiuia maior, v. Endiuia.

Endiuia minor, v. Endiuia.

Endiuia *Romana*, v. Endiuia.

Endiuia ſatiua, v. Endiuia.

Endiuia ſilueſtris, v. Sonchus.

Endiuia vulgaris, v. Cichorium ſilueſtre.

Endiuiola, v. Endiuia.

Endrachendrach.

Ist ein Baum in Madagascar, dessen Holz gelb ist, und wie Sandel citrin riechet. Es ist das härteste Holz, und verdirbt eben so wenig, als Marmor, ist auch so schwer als Eisen.

Erigerum montanum, v. Senecio.

Enneadynamis *Polonorum*, v. Hepatica alba.

Enneaphyllon, v. Ranunculus.

Enneaphyllon, v. Ophioglossum.

Enneaphyllon *Plinii*, v. Ranunculus.

Enneaphyllon *Plin.* v. Crista Galli altera.

Enneaphyllo non dissimilis, v. Hedysarum, *Lon.*

Enosteos lapis, v. Osteocolla.

Ensis, s. Gladiolus segetalis, v. Victorialis rotunda, v. Macherone.

Enthusicum *Theophrasti*, v. Chaerefolium.

Entsasacale.

Ist eine Frucht eines Baumes in Madagascar von der Größe eines Mandelbaumes, ohne viele Zweige, dessen Blätter denen Nußblättern gleichen. Die Frucht ist lang und in kleine Zellchen getheilet, aber hart bis an die Rinde. Sie ist von außen und innen gelb. Man findet schwarze, und weisgraue. Sie wächst weder an Zweigen, noch an Blättern, sondern aus der Rinde des Stammes, an der sie durch einen kleinen Schwanz hänget.

Enuilasse.

Ist eine Art Ebenholz in Madagascar, welches dem Zandraha ziemlich gleich kommt.

Enula campana, v. Helenium.

Enydroscoenus, v. Iuncus.

Enzinas, v. Esculus.

Eparica, v. Hepatica.

Ephedra, der staudige Roßschwanz. VI.

Ephemerum crocioferum, v. Colchicum commune.

Ephemerum *Diosc.* v. Digitalis.

Ephemerum lethale, v. Colchicum.

Ephemerum *Matth.* v. Lilium conuallium.

Ephemerum non lethale, v. Lilium conuallium.

Epiceros, v. Foenum *Graecum.*

Epilobium, v. Thalyctrum minus.

Epimaiorana, v. Maiorana.

Epimedium, Bischofsmütze, v. Hepatica nobilis s. aurea.

Epimedium *Diosc.* v. Lunaria maior.

Epimedium *Dod.* v. Caltha palustris flore simplici.
Epiactis, v. Herniaria.
Epipactis angustis foliis s. Helleborine, v. Helleborine.
Epipactis latifolia *Eyst.* v. Elleborine s. Helleborine *Dod. Lob.*
Epipactis *Matth.* v. Elleborine.
Epipetron, v. Epimedium.
Epithymum, Epithymus, Cassutha minor, Thymseide.
Ist kalt und trocken im dritten Grad, purgiret gelinde die wässerichte Materie und Melancholey, curiret die Krätze und Geschwäre, vertreibet die Miltzkranckheit, und löset die Verstopfungen. Hieraus wird der Syrupus de Epithymo verfertiget.
Epithymum *Graecorum et Arabum*, v. Epithymum.
Equapium, v. Leuisticum.
Equestre calcar, v. Calcatrippa.
Equi cauda, v. Equisetum.
Equi foeniculum, v. Foeniculum.
Equina pulsatilla, v. Pulsatilla.
Equiselis, v. Equisetum.
Equiseta, v. Equisetum.
Equiseti facie racemosa, v. Vua marina.
Equiseti facie racemosa, v. Polygonum.
Equiseti folium fluuiatile, v. Millefolium.
Equisetum, ἵππουρις, Hippuris, Herba equinalis, Cauda equina, Roßschwantz, Pferdeschwantz, Katzenwadel, Katzenzagel, Kannenkraut, Schaftheu, Katzenhelm, Katzenschwantz, Katzenzwadel. X.
Ist kalt und trocken im andern Grad, verdünnet, ziehet zusammen, heilet die Wunden, (Muralt saget, man solle aus diesem Kraute ein sehr subtiles Pulver machen, und mit dem noch warmen Blute aus denen Wunden vermischen,) Verblutungen, Geschwäre, Wunden der Nieren, Blase, item die Brüche, den Durchfall, die Mutterflüsse, Blutstürzungen, starcken Flüsse der güldenen Ader, den Stein derer dünnen Därme ꝛc. Man hat hiervon das destillirte Wasser, welches in der rothen Ruhr, Blutspeichel, Blutstürzen, allzustarcken Monatfluß, Nierenstein und inwendigen Verwundungen gerühmet wird. Aeußerlich brauchet man es im Nasenbluten, Schwämmgen (im Munde) derer kleinen Kinder, und andern hitzigen Bläsgen, in der Mundfäule, faulen Zahnfleisch und Geschwulst des Scroti. Das Saltz hiervon ist auch im Brauch. Die Künstler pflegen mit diesem Kraute ihre In-

stru

strumenta zu poliren, und die Mägde Schüsseln, Teller und andern Hausrath zu scheuren

Equisetum alterum *Matth.* v. Hippuris altera *Trag.*
Equisetum aruense longioribus setis. v. Equisetum.
Equisetum foliis non ramosum siue iunceum. v. Equisetum.
Equisetum foliis nudum, v. Hippuris ma o *Trag.*
Equisetum iunceum *C. Bauh.* v. Hippuris *Trag.*
Equisetum longius, v. Equisetum.
Equisetum maius, v. Equisetum.
Equisetum minus, v. Equisetum.
Equisetum non ramosum, v. Hippuris maior *Trag.*
Equisetum nudum, v. Hippuris maior *Trag.*
Equisetum palustre breuiore folio polyspermon, v. Polygonum.
Equisetum palustre longioribus setis, v. Equisetum.
Equisetum palustre maius *Tab.* v. Hippuris altera *Trag.*
Equisetum pratense longissimis setis *C. Bauh.* v. Hippuris altera *Trag.*
Equisetum siluestre tenuissimis setis, v. Equisetum.
Equitis calcar, v. Calcatripa.
Equitium, v. Equisetum.
Eragrostis maius, v. Gramen.
Eranthemum, v. Chamomilla.
Erbum, v. Orobus.
Erebindus, v. Cicer.
Erecntides, v. Senecio.
Erica alba, weis Heydenkraut. II.
Soll der Zauberey widerstehen. v. Eberh. Gockelii Tract. vom Beschreyen und Bezaubern p. 121.
Erica *Alexandrina*, v. Erica alba.
Erica baccifera, s. Emperrum, v. Herniaria.
Erica humilis, v. Erica *Tab.* et *Offic.*
Erica myrica, v. Erica *Tab.* et *Offic.*
Erica myricae folio *Lob Clus* v. Erica *Tab.* et *Offic.*
Erica prima, v. Erica *Tab.* et *Offic.*
Erica semper virens flore purpureo et albo *Jo. Bauh.* v. Erica *Tab.*
Erica *Tab.* et *Offic.* prima *Matth. Dod.* vulgaris glabra *C Bauh.* vulgaris *Trag.* Myrica humilis *Virgil.* Myricae folio *Lob. Clus.* Erica humilis semper virens flore purpureo et albo *Jo. Bauh.* Heide, Heidekraut. XVI.

Wie dieses Kraut den Stein zermalme, erzehlet Matthiolus. Es digeriret, dienet der Mutter, item wider die Lähmung, Schmerzen und Reissen der Glieder, den Stein, Milz- Magen- und Rückenbeschwerungen, und vermehret die Milch. Das hieraus verfertigte Oel curirt die alten um sich fressenden Geschwäre, das Wasser aber die Schmerzen im Leibe, auch Schmerzen und Röthe der Augen.

Erica tenuifolia, v. Erica.

Erica tenuifolia minima, v. Chamaecistus vulgaris.

Erica vulgaris glabra *C. Bauh.* v. Erica *Tab.* et *Offic.*

Erica vulgaris *Trag.* v. Erica *Tab.* et *Offic.*

Ericoides, v. Euphragia.

Erigenium, v. Verbena.

Erigerum, s. Erigonon, v. Senecio.

Erinacea, v. Aspalathus alter primus, v. Heliotropium maius.

Erinus, v. Clinopodium.

Eriopheron, v. Linaria.

Erioschenus, v. Filago.

Erithronium, v. Dens caninus.

Erizambac *Arab.* v. Asphodelus luteus *Dod.*

Ermillinus, v. Lotus Africana.

Eruca, Εὔζωμον, Herba salax, Eruca siluestris, palustris hortensis, Rucula marina maior, Sinapis alterum genus, Raucken, weißer Senf. XVIII.

Heißet in Arabischer Sprache Legir. Der Samen ist warm und trocken im dritten Grad, erregt die fleischlichen Lüste, verhütet den Schlag, curirt die Lähmung an der Zunge, treibet den Urin, befördert die Däuung, widerstehet den Würmern und Scorbut. Die Wurzel kan man auflegen, und damit zerspaltene Beingen ausziehen, das ganze Kraut aber in Wein trinken, und damit den Scorpionengift dämpfen. Der Samen hat auch seinen äußerlichen Nutzen, denn er wird, das Wasser und den Schleim aus dem Gehirn abzuführen, gekauet, und das Pulver hiervon, die Scorbutflecken zu vertreiben, aufgeleget. In denen Apotheken ist die Confectio Seminis Erucae, oder überzuckerte Rauckensamen, zu bekommen.

Eruca *Cantabrica,* v. Reseda.

Eruca folio latiore, v. Eruca.

Eruca *Geratina,* v. Sophia Chirurgorum.

Erucago, wilder Senf, v. Reseda.

Eruca *Hispanica*, v. Reseda.
Eruca hortensis, v. Eruca.
Eruca *Italica*, v. Reseda.
Eruca latifolia alba satiua, v. Eruca.
Eruca lutea latifolia *C. Bauh.* v. Barbarea *Dod. Tab.*
Eruca maior, v. Eruca.
Eruca marina, v. Kakile.
Eruca palustris, v. Eruca.
Eruca palustris maior, v. Eruca.
Eruca palustris minor, v. Eruca.
Eruca peregrina, v. Reseda.
Eruca peregrina *Italorum*, v. Reseda.
Eruca satiua *Diosc.* v. Eruca.
Eruca siluestris, v. Eruca.
Eruca siluestris foetida, v. Eruca.
Eruca siluestris maior lutea caule aspero, v. Eruca.
Eruca siluestris minor luteo paruoque flore, v. Eruca.
Eruca supina, v. Reseda.
Eruilia, v. Faba.
Eruilium, v. Cicer album.
Eruum *Matth.* v. Orobus.
Eruum *Offic.* v. Orobus.
Eruum vulgare, v. Orobus.
Eruum semine anguloso, v. Orobus.
Eryci sceptrum, v. Rhodium lignum.
Erygeron minus, secundum, tertium, v. Senecio.
Eryngium, Eringum, Aster Atticus, Centumcapita, Inguinalis, Mannestreu, Radendistel, Brackendistel. XI.

Die Wurzel wird gesammlet, wenn die Sonne in den Krebs tritt, temperirt im warmen und trockenen, und verursachet zuweilen Schmerzen beym Urinlassen; wenn man sie aber mit süßen und schleimigten Dingen temperirt, so curirt sie die Hectic, Schwindsucht und schleichende Fieber der Alten. Welsch recommendiret diese Wurzel im einfachen Samenfluß. Sie dienet auch der Lunge in Engbrüstigkeit und Keuchen, heilet die gelbe Sucht, ziehet Splitter aus, eröfnet, trocknet, dienet der Leber, wider den Stein und Gift, eröfnet die Menses, treibet Urin, vertreibet die Leber- und Miltzbeschwerungen, die gelbe Sucht, das Reißen und Grimmen im Leibe. Die Wurzel kan man auch als ein Pflaster auf den Nabel legen, und damit unzeitige Geburten verhüten. Die eingemachte Wurzel

 reitzet

reitzet zum Beyschlaf, vermehret den Samen, machet fruchtbar, treibet den Nierenstein, befreyet vom bösen Wesen, erwärmet den Magen, und vermehret die Milch. Das mit denen jungen Blättern abgezogene Wasser eröfnet die Verstopfungen der Leber und Milz, hilft wider die gelbe Sucht, treibet den Urin und Stein, ist gut in Franzosengeschwären und viertägigen Fiebern.

Eryngium *Alpinum*, v. Eryngium.

Eryngium *Alpinum* coeruleum, v. Eryngium.

Eryngium alterum, v. Carduus stellatus.

Eryngium archogenis, v. Carduus vulgaris.

Eryngium aruense foliis serrae similibus *C. Bauh.* v. Crithmum quartum *Matth.*

Eryngium campestre mediterraneum, v. Eryngium.

Eryngium coeruleum *Alpinum* capitulis Dipsaci, v. Eryngium.

Eryngium coeruleum primum et secundum, v. Eryngium.

Eryngium folio Apii *Plinii*, v. Crithmum quartum *Matth.*

Eryngium latifolium planum, v. Eryngium.

Eryngium luteum *Monspel.* v. Cinara.

Eryngium mediterraneum, v. Eryngium.

Eryngium montanum minimum capitulo magno *C. Bauh.* v. Caduncellus montis lupi *Lob.*

Eryngium montanum pumilum, v. Caduncellus montis lupi *Lob.*

Eryngium montanum recentiorum *Lob.* v. Crithmum quartum *Matth.*

Eryngium montanum tenuifolium ambitu profunde sinuatum, v. Caduncellus montis lupi, *Lob.*

Eryngium *Pannonicum*, v. Eryngium.

Eryngium pumilum, v. Caduncellus montis lupi, *Lob.*

Eryngium pumilum *Clus.* v. Caduncellus montis lupi, *Lob.*

Eryngium quintum *Dod.* v. Crithmum quartum *Matth.*

Eryngium spurium, v. Eryngium.

Eryngium *Vegetii*, v. Eryngium.

Eryngium vulgare, v. Eryngium.

Erysimon, v. Rapistrum.

Erysimon, v. Nasturtium.

Erysimon, Erysimum, Irio, Verbena femina, Sinapi species, Wegesenf, Hederich, Wassersenf. XIII.

Das Kraut und der Samen ist warm und trocken im dritten Grad, verdünnet, eröfnet, löset den Schleim von der Brust, curiret

curiret den lang anhaltenden Husten, Heiserkeit, resolviret den Unrath im Magen, und heilet den vereiterten Samenfluß. Fonseca rühmet hiervon den Samen zu 1 Quentgen eingenommen, als ein sonderliches Arcanum, den Stein zu treiben. Aeußerlich braucht man das Kraut im verborgenen Krebs, Schwulst der Brust, und als ein Cauterium, oder ätzendes Medicament. Man hat auch von diesem Wegesenf den Syrupum de Erysimo Lobelii.

Erysimon alterum siliquis Erucae, v. Erysimon.

Erysimon cereale, v. Frumentum *Saracenicum.*

Erysimon *Theophrasti*, v. Frumentum *Saracenicum.*

Erysimon vulgare, v. Erysimon.

Erysisceptrum, v. Verbena.

Erythrodanon, v. Rubia tinctorum.

Erythrolapathum, v. Lapathum silvestre angustifolium.

Escarlata, v. Anethum.

Eschalottes, v. Cepa.

Esclara, v. Chelidonia maior.

Esculus, (wird von *Seruio* und *Manicello* ab edendo seu esu, vom Essen, hergeleitet;) Andere schreiben Aesculus. *Plinius* nennet diesen Baum φηγὸς s. Phagus, Graece ἀπὸ τοῦ φάγειν; In Spanischer Sprache wird er Encias genennet; Theophrastus heißet ihn πλατύφυλλος; Hoffeleiche, Mispelbaum.

Es ist eine kleine Eiche, hat eben solche Blätter, wie die gemeinen Eichbäume, aber spitziger, wächset in Griechenland und Dalmatien. Die Frucht ist inwendig weis, und gemeiniglich einfach, zuweilen aber doppelt anzutreffen. Man brauchet hiervon die Blätter, Rinde, Eicheln und Kelchelgen, welche mit dem Buchbaum übereinkommen.

Esparcet, v. Onobrychis folio Viciae fructu echinato maiore.

Esula, s. Noli me tangere; v. Impatiens.

Esula adulterina, v. Linaria herba.

Esula altera, v. Tithymalus.

Esula exigua, v. Tithymalus.

Esula *Indica*, v. Lapathum *Aegyptiacum.*

Esula maior, v. Esula vulgaris.

Esula minor, v. Esula vulgaris.

Esula *Offic.* v. Esula.

Esula vulgaris pinea, Esula maior vel Tithymalus palustris fruticosus, item Rhabarbarum rusticorum, Esula minor, Tithy-

Tithymalus cupressinus, Peplus, Pityusa *Diosc.* Lactaria herba, Lactuca caprina, Teufelsmilch, Wolfsmilch, Eselswurz. VI.

Purgiret sehr stark unten und oben, ist ein brennend Medicament, und wird zuweilen die Rinde von der Wurzel in der Wassersucht gebraucht. Die kleine Wolfsmilch, Esula minor, curiret die Wassersucht, Cachexie, den Schlag. Aus der Esula wird ein Extractum, und Pillen verfertiget, ingleichen der Saft, welcher die Warzen und Flechten vertreibet.

Ethusa, v. Cicuta.

Euanthemum, v. Chamomilla.

Euanthemum vulgare, v. Anemone.

Eufragia, v. Euphragia.

Eufragia alba, v. Euphragia.

Eufragia altera maior, v. Euphragia.

Eufragia nobilis, v. Veronica.

Eufragia *Offic.* v. Euphragia.

Eufragia vulgaris, v. Euphragia.

Eufrasia, v. Euphragia.

Eufrasia coerulea, v. Auricula muris.

Eufrasia graminea, v. Gramen floridum.

Eufrasia prati rubra, v. Euphragia.

Euisus, v. Althaea.

Euonymoides, v. Euonymus.

Euonymo similis Aegyptiaca, v. Euonymus.

Euonymus *Matth. Dod. Lob. Tab.* vulgaris granis rubentibus *C. Bauh.* Carpinus *Theophr. Trag. Lon.* Tetragonia *Theophrast. Lugd.* Fusanus *Crescent.* Spindelbaum, Spillbaum, Pfaffenhödlein, Pfaffenhütgen, Pfaffenmützgen, Zweckholz. IV.

Wenn man die rothe Frucht von diesem Baum in einer Lauge siedet, und das Haupt damit wäschet, so soll es schöne Haare machen, die Schuppen des Hauptes wegnehmen, auch Nisse und Läuse tödten.

Euonymus alter, v. Euonymus.

Euonymus granis nigris, v. Euonymus.

Euonymus latifolius, v. Euonymus *Matth.*

Euonymus *Pannonicus*, v. Euonymus *Matth.*

Euonymus vulgaris granis rubentibus *C. Bauh.* v. Euonymus *Matth.*

Eupatoria, v. Agrimonia.

Eupatoriophalacron, fahle Wasserdosten. X.

Eupatorium adulterinum, s. Herba Kunigundae, v. Eupatorium.

Eupatorium aquaticum, v. Eupatorium.

Eupatorium *Auicennae*, v. Eupatorium.

Eupatorium cannabinum, v. Eupatorium odoratum.

Eupatorium cannabinum femina, v. Eupatorium odoratum.

Eupatorium cannabinum mas, v. Eupatorium odoratum.

Eupatorium *Diosc.* v. Agaratum, v. Agrimonia.

Eupatorium Graecorum, v. Agrimonia.

Eupatorium *Mesue*, v. Agaratum, v. Gratiola.

Eupatorium odoratum Ibn Tsinae s. Cannabinum *Diosc.* Herba Kunigundis, Cannabina aquatica mas, Wasserdost, Hirzgunzel, Leberkraut, Klettenkraut, Kunigkraut, Alpkraut. XIV.

Wächset an sumpfigten Oertern, blühet im Julio und Augusto, ist warm und trocken im ersten Grad, trocknet, verdünnet, eröfnet, ziehet etwas zusammen, dienet der Leber, in Verwundungen, der Cachexie, welche von garstigen, schleimichten, grüngelb: und allerhand färbichten Unflat und Schleim entstehet, stillet die Flüsse, hemmet den Husten, und treibet die Monatzeit. Aeußerlich wird das Kraut in einem Bade, Wunden und Verstockungen des weiblichen Geblüts zu curiren, gebrauchet. Man hat hiervon das destillirte Wasser, und die Trochiscos oder Küchelgen verfertiget.

Eupatorium verum, v. Eupatorium odoratum.

Eupatorium veterum, v. Eupatorium odoratum.

Eupatorium vulgare, v. Eupatorium.

Euphorbii arbor cerei, v. Cereus *Peruuianus*.

Euphorbium, Euphorbiensaft, oder Kraut, Nieswurz, Euphorbium. XII.

Ist ein gummösichter und harzigter Saft einer Staude gleiches Namens, so in Lybien wächset, und von dero aufgeritzeten Aesten gesammlet wird. Er ist warm und trocken im vierten Grad, führet eine sehr ätzende, brennende und unserer Esulae oder Wolfsmilch gleichende Schärfe bey sich, welche gewaltig unten und oben purgiret, gefährliches Schlucken, Ohnmachten, kalten Schweis und tödtliche Zufälle verursachet. v. Waldschmid Oper. Med. Pract. p. m. 1047. Sie kan deswegen innerlich selten, und nur bey starken Leuten, in der Wassersucht, das überflüßige Serum abzuführen, (wenn zuvor durch saure Dinge, als gereinigten Eßig, Roseneßig, Citronensaft, Limonienſaft, Granatenſaft, u. d. g. ſeine flüchtige Schärfe weggenommen, und die noch überbliebene gemäßiget worden,) cum grano ſalis appliciret und verordnet werden; hätte man aber über Vermuthen etwas vom Euphorbio einbekommen, ſo würde nach einem vorhergegangenen Vomitiv, warme Milch, ungeſalzene Butter, Mandelöl u. d. g. zu rathen ſeyn. Aeuſerlich pflegt man das Euphorb um öfters zum Schnupftoback, ingleichen wider Gicht, Krampf, Waſſerſucht, Zernagung und Zerfreſſung derer Beine u. d. g. zu gebrauchen. Man verfertiget hieraus das deſtillirte und gemeine Oel, item die Pilulas de Euphorbio.

Euphragia, Eufragia, Euphraſia, ευφροσύνη, Ophthalmica, Ocularia, Augentroſt, weiſſe Leuchte, Tageleuchte, Hirnkraut, Augendienſt. X.

Wächſet an Sonnenreichen, grasichten und ſandigten Orten, und auf denen Wieſen, blühet im Junio, Julio und Auguſt. Man brauchet das Kraut und die Blumen, welche mit Zucker eingemachet und deſtilliret, auch zu einem Kräuterwein employret, und in allerhand Beſchwerungen derer Augen gelobet werden. Sie ziehen zuſammen, zertheilen, dienen dem Haupt und Augen, curiren die Dunkelheit, auch den Staar derer Augen, und ſtärken das ſchwache Gedächtnis.

Euphraſia, v. Euphragia.

Euphraſia caerulea *Trag.* v. Auricula muris.

Euphraſia gramen, v. Gramen floridum.

Euphraſia maior, v. Gramen floridum.

Euphraſia pratenſis lutea v. Euphragia.

Euphraſia rubra, v. Euphragia.

Euphraſia ſilueſtris maior lutea anguſtifolia, v. Euphragia.

Euphroſina, v. Euphragia.

Euzomon, v. Eruca.

Excrementum maris. v. Spongia.

Exupera matricalis, v. Verbena.

Exupera patricalis, v. Sideritis.

Faba boona, Phaſeolus maior, Faba alba *Offic.* Bohne. XXVIII.

Faba Aegyptiaca, Egyptiſche Bohne. III.

Wächſet in Egypten, hält an, ſtärket den Magen, und curiret den Durchfall.

Faba alba, v. Faba.
Faba *Arabica*, v. Coffee.
Fabacea radice Capnos, v. Fumaria.
Faba crassa, v. Anacampseros.
Fabago, Bohnencapper. III.
Fabago *Belgarum*, v. Capparis.
Faba ficulnea *Germanis*, v. Lupinus satiuus.
Faba flore candido, v. Faba.
Faba *Graeca*, v. Vicia.
Faba *Graeca* angustifolia, v. Lotus Africana.
Faba *Indica*, *Cord.* v. Cassia fistula.
Faba hortensis, v. Faba.
Faba inuersa, v. Anagyris altera *Matth. Tab.*
Faba inuersa, v. Fabaria.
Faba inuersa recentiorum, v. Cardiaca repens.
Faba *Jouis*, v. Hyosciamus vulgaris.
Faba *Italica* minor, v. Faba.
Faba lupina, v. Lupinus satiuus.
Faba maior hortensis, v. Faba.
Faba maior recentiorum *Lob.* maior hortensis *Ger. Park.* Cyamus leguminosa *Jo. Bauh.* Bona maior *Dod.* Bohnen, große Bohnen, Gartenbohnen. XVIII.
Das Mehl hiervon ist temperirt, kalt und trocken im ersten Grad, verdicket, reiniget, und wird zu Pflastern innerlich wider den Durchfall und Lienterie gebrauchet, äußerlich pflegt es die Sommersprossen und das Blauunterlaufene in der Haut wegzunehmen. Das Wasser aus denen Blüten treibet den Stein, und giebt eine Schminke. Das aus denen gestoßenen Bohnen destillirte Wasser pflegt ebenfalls in Steinbeschwerungen gut zu thun. Das aus der Asche des Strohes von Bohnen verfertigte gemeine Salz treibet den Urin, curiret die Wassersucht, den Stein und Verstopfung des Urines.
Faba marina, v. Faba.
Faba oblonga, v. Faba.
Faba pinguis, v. Fabaria.
Faba porcina, v. Hyosciamus vulgaris.
Faba purgatrix, v. Ricinus *Americanus.*
Faba purgatrix latissima *ex Insula St. Thomae*, v. Ricinus *Americanus.*
Faba rotunda, v. Faba.
Faba *St. Ignatii*, St. Ignatiusbohne, v. Nux Vomica.

Faba ſiculnea, v. Lupinus ſatiuus.

Faba ſilueſtris *Matth. Tab.* fructu rotundo atro *C. Bauh.* Bona ſilueſtris *Dod.* Piſa nigra *Cam.* wilde Bohnen, Feldbohnen. XIV.

Faba Suilla, v. Hyoſciamus.

Faba *Turcica* multicolor, v. Phaſeolus.

Faba vulgaris, v. Faba.

Fabaria, Τηλέφιον, Craſſula maior, Acetabulum alterum Faba inuerſa, Cotyledon alterum *Dioſc.* Scrophularia media, Portulaca agreſtis, ἀείζωον ἄγριον, illecebra, Knabenkraut, Wundkraut, Donnerkraut, Donnerbohne, Fotzzwang, Fette Henne. XIV.

Die Blätter hiervon ſind kalt und feucht, (trocken,) halten an, reinigen, werden in Wunden, Brüchen, zernageten Därmen, in der rothen Ruhr, Flecken der Haut, Brandſchäden, u. d. g. gebrauchet, auch von Wedeln und Bartholino Act. Hafn. Vol. I. 2. 51. im Fluß der güldenen Ader anzuhängen verordnet. Sonſt hat man auch aus denen Blättern und Blumen ein Waſſer deſtilliret.

Fabium, v. Chelidonium maius.

Faciens viduas, v. Thymelaea.

Fagara, v. Cubebae.

Fagaras *Auincennae*, v. Cubebae.

Fagonia, Dreyblatt, oder Fagonia. II.

Fagopyrum, Fegopyrum, Buchweizen, Heidel. III.

Fagopyrum fructu aſpero, Amman, v. Fagopyrum.

Fago ſimilis altera, v. Acer.

Fagotriticum, v. Fagopyrum, v. Frumentum *Saracenicum.*

Fagulus herbariorum. v. Acer.

Fagus *Matth. Dod. Tab. C. Bauh.* Oxya Bellon Ornus Pandectar. Buchbaum. III.

In derer Buchen ihrer inwendigen hohlen Subſtanz pfleget ein Waſſer oder Saft gefunden zu werden, womit man ſich waſchen, und ſolchergeſtalt um ſich freſſende Geſchwäre, und die Krätze curiren kan. Die Früchte hiervon pflegen Buchecker, Buchnüßlein, Bucheicheln, oder Nuces fagi, genennet zu werden. Sie ſind denen Schweinen, Eichhörnern und Mäuſen, wegen ihres ſüſſen Geruchs, angenehm, machen aber, wenn man viel darvon iſſet, den Kopf dumm und trunken.

Fagus ſepiaria *Geſn.* v. Carpinus *Dod. Matth. Lob. Tab.*

Falca-

Falcaria herba, v. Crithmus.

Falcata filiqua, v. Taraxacon.

Fandre.

Ist ein kriechendes Kraut in Madagascar, davon man die Wurzel isset.

Fanghits.

Eine Art wilde Wurzeln in Madagascar. Sie werden erstaunlich gros, und stillen Hunger und Durst zugleich. Man ißt sie roh, und sie sind sehr leicht zu verdauen. Die Rinde ist röthlich. Sie wachsen unter einen kleinen Gebüsche, und man findet welche, die dicker sind, als ein Mann am Leibe.

Fanscha.

Ein Baum in Madagascar, welcher Blätter, wie Farrenkraut hat, und dessen Holz sehr hart, und mit schwarzen flammichten Adern gezeichnet ist. Wenn man hinein schneidet, so giebt er einen röthlichen Saft von sich. Einige halten ihn vor die Filix arborea.

Far adoreum, v. Zea.

Far antiquorum, v. Zea.

Far candidum, v. Zea.

Far *Clusianum*, v. Oryza.

Far *Gallicum*, v. Oryza.

Far halicastrum Columellae, v. Zea.

Far trimestre, v. Zea.

Far veniculum rubrum, v. Zea.

Farfara, Farfarella, v. Tussilago.

Farfarus antiquorum, v. Populus alba.

Farfugium s. Populago, v. Caltha palustris flore simplici.

Farina Amylea, v. Zea.

Farina hordei tosti, v. Hordeum.

Farina volatilis, Staubmehl.

Farisate.

Ist eine Staude in Madagascar, deren Wurzel gelb, die Rinde ein wenig dick, und sehr gelb, der Geschmack bitter, und sehr zusammenziehend ist. Die Einwohner bedienen sich solcher wider Herzbeschwerden und Gift.

Farrago, v. Secale.

Farrago hordeacea, v. Hordeum.

Faselum hircinum, v. Trifolium fibrinum.

Fatra.

Ein Baum, welcher nach Flacours Meynung den Benzoe trägt, v. Benzoe.

Fauagelo, v. Chelidonium minus.

Faufel, s. Arecca, v. Catechu.

Faufel cum suo inuolucro et ex eodem exutum, v. Catechu.

Febrifuga, v. Centaurium minus.

Feces, Hefen.

Sind der Rest, welcher nach der Gährung zurück bleibt, und sich zu Boden setzet.

Fecula, das Mehl von einigen Wurzeln, e. g. Ari, Bryoniae etc.

Ist ein Pulver von einigen Wurzeln, als von der Radice Ari, Bryoniae, Bistortae, Ireos nostr. Tormentillae, und wird also bereitet: Die Wurzel wird ganz klein geschnitten, mit Wasser zerstoßen, der Saft durch ein Tuch scharf gepresset, was nun hiervon im Tuche zurück bleibet, wird Fecula genennet.

Fegopyrum, Buchweitzen, Heidel. III.

Ist leicht zu verdauen, und macht gelinden Leib. Aus dem Mehle machet man einen Umschlag, welcher in Entzündung derer Brüste und testium gut thut.

Felina, s. Mentha felina, v. Nepeta.

Fel terrae, v. Centaurium minus.

Feonia, v. Poeonia.

Fernambuc, Brasilienholz. V.

Ferocosse.

Ist eine Staude in Madagascar, welche kleine runde Schoten trägt, die gut zu essen sind.

Ferolinum lignum.

Dieses Holz hat den Namen von dem Herrn de Feroles, Statthaltern zu Cayenne in Guiana, in dessen Pflanzstätte es zuerst gefunden worden ist. Es ist voller rothen, weißen und gelben Adern, gleich dem Marmor.

Ferra, v. Scrophularia maior.

Ferraria maior, v. Scrophularia maior.

Ferraria minor, v. Sanicula mas, *Offic.*

Ferrum equinum, Hufeisenkraut. IV.

Ferrum equinum comosum *Riuini*, v. Ferrum equinum.

Ferrum equinum *germanicum* siliquis in summitate, v. Ferrum equinum.

Ferrum equinum siliqua singulari, v. Ferrum equinum.

Ferrum equinum vulgare, v. Ferrum equinum.

Fer-

Ferruminatrix, v. Sideritis.
Ferula, v. Narthex.
Ferula Ammoniacifera, v. Ammoniacum.
Ferulaceus *Theophrasti*, v. Helleborus.
Ferula femina, v. Narthex.
Ferula femina *Plin.* v. Galbanum.
Ferula Galbanifera, v. Galbanum.
Ist das Kraut, aus welchem Galbanum fließet, v. Galbanum.
Ferulago *Dod.* v. Narthex.
Ferulago latiore folio, *C. Bauh.* v. Narthex.
Ferulago Narthetica, v. Narthex.
Ferula maior, v. Narthex.
Ferula Medica, v. Sagapenum.
Ferula minor, v. Narthex.
Ferula *Orientalis*, Cachrys folio et facie *Tournef.* v. Narthex.
Ferula sagapenifera, v. Galbanum.
Ferula *Syriaca*, v. Narthex.
Festinago, v. Aegilops, v. Gramen.
Festuca altera capitulis duris, *C. Bauh.* v. Aegilops prima, *Matth.*
Festuca auenacea sterilis elatior *C. Bauh.* v. Aegilops prima, *Matth.*
Festuca bromoides altera, v. Aegilops prima *Matth.*
Festuca graminea glumis hirsutis, v. Aegilops prima *Matth.*
Festuca longissimis aristis glumis vacuis, spadicei coloris, v. Aegilops prima *Matth.*
Festuca *Narbonensis*, v. Aegilops prima *Matth.*
Festuca verticulis lanugine flauescentibus, v. Aegilops prima *Matth.*
Festucago, v. Gramen.
Fibrinum trifolium, v. Trifolium fibrinum.
Ficaria, v. Chelidonium minus, v. Scrophularia maior.
Ficaria minor, v. Chelidonium minus.
Fice del Inferno, v. Argemone, v. Papauer spinosum.
Ficoidea, Ficoidea. II.
Ficoides, Semperuiuum, Aizoides, Glaskraut, Ficoides, XLVII.
Ficus, Mariscus, Συκῆ, Feigenbaum. XXII.
Wächset wild in Italien, Frankreich und Spanien, und träget jährlich zweymal, nemlich im Frühling und Herbst, seine

Früch-

Früchte. Die Früchte werden im Ofen, oder an der Sonne gedörret, und daher Caricae oder Passae genennet. Die dürren sind warm und feucht im andern Grad, trocken im ersten Grad; Die frischen sind warm im andern, und trocken im ersten Grad. Sie dienen in Lungen- und Brustbeschwerungen, treiben den Sand aus denen Nieren, curiren die Blasen- und Nierenkrankheiten, Husten, Keuchen, Heischerkeit, Brennen und gänzliche Verstockung des Harnes, die kleinen Mundgeschwäre, womit die säugenden Kinder geplaget werden, Entzündung des Mundes, Schwindel und Gift. Wenn man solche in Bier leget, oder darmit kochet, so treiben sie die Masern und Pocken heraus, erweichen, ziehen an sich, machen die pestilenzialischen Geschwäre reif und zeitig, und resolviren das geronnene Geblüt. Die Weiber pflegen sich mit gerösseten Feigen die Geburt zu erleichtern. Wenn man allzuviel Feigen isset, so entstehet davon Fäulung im Leibe, und ist dahero stinkender Schweis unter denen Achseln, auch Läuse und Ungeziefer zu besorgen. Bey denen Wöchnerinnen geben sie ein bequemes Stuhlzäpfgen ab. Der weiße Saft aus denen Blättern und Baum wird wider Warzen, um sich fressende Geschwäre und Flecken der Haut verordnet.

Ficus *Aegyptiaca*, v. Sycomorus.

Ficus folio mori, v. Ficus.

Ficus fructum in caudice ferens, v. Ficus.

Ficus Indica foliis mali cotonei similibus, fructu ficubus simili in *Goa*, v. Opuntia *Lon.*

Ficus *Indica*, folio spinoso *C. Bauh. Dod. Lob. Eyst.* v. Opuntia *Lon.*

Ficus *Indica* spinosa *Tab.* v. Opuntia *Lon.*

Ficus infernalis, v. Ricinus *Americanus.*

Ficus *Malabarica*, v. Ficus.

Ficus *Martabanis*, v. Musa fructus.

Ficus *Pharaonis*, v. Sycomorus.

Ficus satiuus, v. Ficus.

Ficus terrae, v. Astralogus.

Filago, Gnaphalium vulgare maius, Helyochrysos sylu. *Trag.* Lana pratensis, Cantonaria, Centuncularis et Centunculus *Turnb.* Tomentum *Cord.* Ruhrkraut, Engelblum, Kätzlein, Feldkatzen, Hynschkraut, Schimmelkraut, Wiesenwolle. XV.

Dieses Kraut hält wegen seines alkalischen und mit vielen irdischen Theilen vermischten Wesens ziemlich an, und wird deswegen im Durchfall gebraucht. Das hieraus destillirte Wasser curiret den Krebs an Brüsten, und das Oel pfleget die blaue Flecken, so vom Stoßen oder Fallen entstanden, wegzunehmen.

Filago palustris capitulis nigricantibus, v. Filago.

Filago vulgaris tenuissimo folio erecta, v. Filago.

Filago, s. Herba impia *Dod.* v. Filago.

Filfel, v. Piper.

Filicula, v. Polypodium.

Filicula fontana, v. Filix.

Filicula fontana femina, v. Filix.

Filicula fontana minor, v. Filix.

Filicula montana femina, v. Filix.

Filicula petraea mas, v. Lonchitis.

Filipendula *Matth. Trag.* et *Offic.* vulgaris *C. Bauh.* φιλιπένδυλα; Oenanthe *Lob. Fuchs.* Saxifraga rubra, Viniflora, Vini flos, rother Steinbrech, Erdeicheln, wilde Garben, Weinblumen, Filipendulwurz, Haarstrang. XVII.

Die Blätter und Wurzeln sind warm und trocken im dritten Grad, verdünnen, reinigen, halten gelinde an, zertheilen, treiben den Urin, den tartarischen Schleim auf der Brust, denen Nieren, der Blase und Gelenken. Sie curiren das böse Wesen, die Gicht, das Podagra, Blutflüsse, Franzosen, den Krebs, Fisteln, empfangenen Gift, die Pest, Colic, den weißen Fluß, die rothe Ruhr, Brüche, übermäßiges Purgiren, und werden äußerlich im Schmerzen der güldenen Ader gerühmet. Man hat hiervon ein Decoctum und Extractum.

Filipendula altera montana *Lob.* flore pedicularlae *C. Bauh.* Filipendula montana *Dod. Tab.* Alectorolophos primus vel Alpinus maior *Clus.* Crista alpina *Caes.* pedicularis bulbosa *J. Bauh.* Bergfilipendel. IV.

Filipendula angustifolia, v. Filipendula.

Filipendula aquatica, v. Filipendula.

Filipendula flore pedicularlae *C. Bauh.* v. Filipendula altera *Lob.*

Filipendula galericulata, v. Filipendula.

Filipendula montana *Dod. Tab.* v. Filipendula altera montana *Lob.*

Filipendula palustris, v. Filipendula.

Filipendula supina, v. Filipendula.
Filipendula tenuifolia, v. Filipendula.
Filipendula vulgaris, v. Filipendula, *Matth.*
Filius ante patrem, v. Tussilago.
Filius vini, v. Acetum.
Filix Americana, v. Filix mas *Offic.*
Filix arborea, v. Filix mas.
Filix *Offic.* non ramosa dentata *C. Bauh.* mas *Matth. Dod. Lob. Tab.* vulgaris *Trag.* πτέριον, πτέριος, oder Thelypteris, Farenkraut, wild Farenkraut, Hurenwurz, Farenkrautmännlein, Waldfarenkraut. VI.

Dieses Kraut ist ein treflich Medicament in lange anhaltenden Krankheiten, treibet den Urin, curiret Entzündung der Nieren, den Stein, Würme, Scorbut und die Englische Krankheit. Die Wurzel ist warm im ersten und andern, und trocken im dritten Grad, dienet der Milz, hält gelinde an, eröffnet, und wird dieserwegen in Verstopfung derer Eingeweide, der Milz, Mutter, in Seiten- oder Milzwehe und wider die breiten und langen Würme im Leibe gerühmet. Man brauchet von der gestoßenen Wurzel ein Quentgen im warmen Bier, wider den Stein; wenn sie aber in Wein gekochet, oder als ein Pulver eingestreuet wird, so kan sie wider alte Schäden als ein gutes mundificans verordnet werden. Doch will diese Wurzel und Kraut denen Weibern, und sonderlich schwangern, nicht allezeit bekommen. Das Pflaster aus den Blättern und Wurzeln pfleget, auf ein Tüchlein gegossen, wider Brandschäden gut zu thun; das Extract aber aus der Wurzel und der Spiritus die Milzbeschwerungen zu heben. In Dännemark muß dieses Kraut statt der Streu vor die Pferde dienen.

Filix femina, v. Filix palustris, *Dod.*
Filix femina altera tenuifolia, v. Filix palustris.
Filix florida, v. Osmunda regalis.
Filix latifolia, v. Filix palustris *Dod.*
Filix Lonchitidi affinis, v. Filix mas *Offic.*
Filix mas, v. Filix mas *Offic.*
Filix non ramosa dentata, *C. Bauh.* v. Filix mas *Offic.*
Filix nuda, v. Muscus.
Filix nuda s. saxatilis, v. Holostium *Offic.*
Filix palustris *Dod.* Filix femina *Offic.* Filicis maioris alterum genus *Trag.* ramosa non dentata, florida *C. Bauh.* lati-

latifolia *Cord.* Osmunda *Lob.* Farenkraut mit Zweigen und Blumen, gros Farenkraut, Farenkrautweiblein. III.

Dieses Kraut soll, nach Lobelii Meynung, ein vortrefliches Medicament wider Brüche seyn, auch in der Colica und Milzbeschwerungen gut thun.

Filix petraea, v. Holostium *Offic.*

Filix querna, v. Filix mas *Offic.*

Filix ramosa dentata, *C. Bauh.* v. Filix palustris *Dod.*

Filix ramosa non dentata, v. Osmunda regalis.

Filix saxatilis corniculata, v. Holostium *Offic.*

Filix saxatilis corniculata, v. Muscus montanus.

Filix saxatilis, foliis non serratis, v. Filix mas.

Filix vulgaris, *Trag.* v. Filix mas *Offic.*

Fimetria maior, v. Atriplex siluestris secunda, *Matth.*

Fimetria minor, *Thal.* v. Atriplex siluestris, *Dod.*

Fimpi.

Ist ein Baum in Madagascar von der Größe eines Oelbaums, dessen Rinde grau ist, und wie Bisam riechet. Sie hat einen schärfern Geschmack als Pfeffer, und kommt fast dem Costo Indico bey. Sie trocknet zusammen, wie der Zimmt, wird weis, und giebt im Feuer einen sehr schönen Geruch von sich. Das Holz davon ist sehr hart, und riecht auch sehr gut. Der Baum giebt ein Harz, welches man zum Rauchwerk nimmt. Es ist von außen schwarz, wenn man es aber zerschlägt, so wird es weis und grau.

Fiomuts.

Ist ein Kraut in Madagascar, welches gelb gefleckte Blumen hat, und dessen Blätter, die sehr fett sind, dazu dienen, daß das Haar ausfället. Es riecht wie Melilot, oder Steinklee. Man verbrennet es ganz grün, um die Asche davon zu bekommen, die zum Schwarz- und Blaufärben dienet. Die Asche heist man Fonfuts.

Fistici, v. Pistacia.

Fistula pastoris, v. Damasonium.

Fistularia, *Dod.* v. Crista Galli altera.

Fistularia lutea, v. Crista galli.

Fiu.

Ist ein Kraut in Madagascar, welches nur aus kleinen Zäserchen bestehet.

Flabellum *D. Johannis*, v. Vlmaria.

Flamma, v. Adonis flos.
Flamma, v. Amaranthus.
Flammeus minor, v. Ranunculus.
Flammeus Ranunculus aquaticus angustifolius, v. Ranunculus.
Flammula *Dod.* v. Clematis vrens *Tab.*
Flammula altera surrecta, v. Flammula *Jouis.*
Flammula aquatica, v. Ranunculus.
Flammula aquatica serrata, v. Clematis vrens *Tab.*
Flammula frutex, v. Flammula *Jouis.*
Flammula *Jouis*, Brennkraut. XIX.
Wächset in Oesterreich und Siebenbürgen. Wenn man das Kraut stößet und aufleget, so ziehet es Blasen.
Flammula *Jouis* surrecta, v. Flammula *Jouis.*
Flammula minor, v. Ranunculus.
Flammula Ranunculus flammeus, große Spehrwurzel, gros Spehrkraut. II.
Hiervon brauchet man das Kraut, welches ein brennend Medicament, und eine Art vom Hahnenfus ist.
Flammula Ranunculus folio serrata, v. Ranunculus.
Flammula recta, v. Flammula *Jouis.*
Flammula repens *C. Bauh.* v. Clematis vrens *Tab.*
Flammula rotunda, v. Vulcani, v. Ranunculus.
Flammula scandens tenuifolia alba *J. Bauh.* v. Clematis vrens *Tab.*
Flammula surrecta, v. Flammula *Jouis.*
Floramor, v. Amaranthus purpureus.
Flos, eine Blume oder Blüte.
Hat ihre besondere Theile; denn da findet sich (1) die Knospe, so Calix genennet wird, (2) die kleinen Fäsergen, welche in der Blume unten am Knopfe hervor kommen, werden Fibrae oder Stamina, genennet, (3) die Endgen sind das Weiße, womit die Blumenblätter an dem Knopfe feste sitzen, wie an denen Rosen, Violen u. d. g. zu sehen.
Flos admirabilis, Schweitzerhose, v. Mandragora *Theophr.*
Flos Adonis, Ranunculus aruensis foliis Chamaemeli, flore phoeniceo, Adonien mit dunkelrothen Blumen, Adonisröslein. III.
Die Blüte wird in der Colic und Steinschmerzen gerühmet.
Flos *Africanus*, s. Tagetes, Schreiberrosen, Studentenblumen. XIII.

Ist also genennet worden, weil sie Carolus V. zuerst aus Africa in Europam bracht hat. Sie hat keinen Nutzen in der Medicin, v. Caryophyllus Indicus.

Flos *Africanus* maior, v. Flos *Africanus*.

Flos *Africanus* maior aureus multiflorus, v. Flos *Africanus*.

Flos *Africanus* maior multiflorus, v. Flos *Africanus*

Flos *Africanus* maior polyanthos, v. Flos *Africanus*.

Flos *Africanus* maior simplici flore luteo, v. Flos *Africanus*.

Flos *Africanus* minor, v. Flos *Africanus*.

Flos *Africanus* minor multiflorus, v. Flos *Africanus*.

Flos *Africanus* minor simplici flore minore, v. Flos *Africanus*.

Flos ambarualis, v. Polygala.

Flos amentaceus, v. Amentaceus flos.

Flos amoris, v. Armerius flos.

Flos arenae, v. Osteocolla.

Flos *Armeniacus*, v. Caryophyllus barbatus.

Flos Armerius, v. Armerius flos.

Flos auriculae, **die Blume eines Indianischen Baumes.**

Eine wohlriechende Indianische Blume, welche in Europa nicht zu haben, und auf einem besondern Baume wachset. Sie zertheilet die Winde, löset den Schleim von der Brust, stärket und erfreuet die Lebensgeister, und wird dieserwegen unter die aromatische Chocolate genommen.

Flos balaustiorum, v. Malus punica.

Flos *B. Jacobi*, v. Caryophyllus hortensis.

Flos bellius, v. Bellis.

Flos cancri, v. Arundo.

Flos Cardinalis, **die Cardinalsblume.**

Flos Caryophyllorum, v. Caryophyllus hortensis.

Flos Caryophyllorum Indorum maior, v. Flos Africanus.

Flos Cassiae, v. Cassia fistula.

Flos chairi, v. Leucoium luteum.

Flos coeli, v. Lychnis coronaria.

Flos *Constantinopolitanus*, v. Lychnis, v. Iberis.

Flos Cranii humani, v. Muscus cranii.

Flos *Creticus*, v. Lychnis, v. Iberis.

Flos croceus, v. Lychnis, v. Iberis.

Flos cuculi, v. Iberis *Fuchs.* v. Nasturtium pratense.

Flos *D. Ottiliae*, v. Calcatrippa.

Flos equestris, v. Calcatrippa.

Flos frumenti, v. Cyanus.
Flos Gariophilus, v. Caryophyllus hortensis.
Flos Granatorum, v. Malus Punica.
Flos halicastrum, v. Zea.
Flos hepaticus, v. Vnifolium.
Flos *Hierosolymitanus*, v. Lychnis coronaria.
Flos *B. Jacobi*, v. Jacobaea.
Flos *Indicus*, v. Flos Africanus.
Flos *Indicus* maior flore pleno, v. Flos *Africanus*.
Flos *Indicus* maior simplici flore, v. Flos *Africanus*.
Flos *Indicus* minor flore pleno, v. Flos *Africanus*.
Flos *Indicus* minor flore simplici, v. Flos *Africanus*.
Flos *Indicus* s. viola flammea, v. Flos *Africanus*.
Flos *Jouis* v. Lychnis coronaria.
Flos *Martius* v. Archythyrsus.
Flos *Mexicanus* s. *Peruuianus*, v. Jalapium.
Flos mirabilis, v. Mandragora *Theophr*.
Flos niger, v. Vainiglia maior.
Flos noctis, *Gesn*. v. Campana caerulea *Dod*.
Flos oculi, v. Caryophyllus pratensis.
Flos passionis s. Granadilla, Paßionsblume. XVII.

Jst ein fremdes Gewächs, welches von denen Peruanischen Bergen aus Indien zu uns gebracht worden, und nun in verschiedenen Lustgärten in Europa, besonders auch in Deutschland, gezielet wird, siehet einer roth und weißen Rose gleich, welche auf einem langen schwachen Stengel stehet, in der Mitte der Blumen präsentiren sich etliche Figuren des Leidens Christi, nemlich: eine Säule, unter welcher fünf runde rothe Blättergen als Blutströpflein liegen, oben aber drey schwarze Aestlein, wie Nägel formiret, um welche sich eine Dornenkrone schlinget. Unten am Stengel wachsen Früchte als Granatäpfel, in der Größe eines Gänseeyes, die mit süß und säuerlichem Safte und Samen angefüllet, welcher Same denen Melonenkernen gleichet. Blühet und trägt zugleich Frucht im August und September. Den Saft aus der Frucht saugen die Indianer in höchster Wollust aus; dieser öfnet und reiniget den Leib, dienet wider das Herz- und Magenweh, auch andere Leibeskrankheiten.

Flos planta maxima, v. Corona solis, v. Hyssopus campestris.
Flos *Portugallicus*, v. Flos Africanus.
Flos quidam vulgo Fior capuccio, v. Calcatrippa.

Flos regis, v. Calcatrippa.
Flos Sacer. v. Chamomilla.
Flos *St. Jacobi*, v. Nasturtium alpinum.
Flos Scarleti, v. Caryophyllus barbarus hortensis.
Flos sclatea, v. Horminum hortense.
Flos Siliginis, v. Cyanus flos *Dod.* et *Offic.*
Flos solisequus, v. Caltha.
Flos Solis, *Peruuianus*, prolifer, v. Corona solis, v. Hyssopus campestris.
Flos Solis flore pleno, semine albo, v. Corona solis, v. Hyssopus campestris.
Flos Solis flore pleno, semine cinereo, v. Corona Solis, v. Hyssopus campestris.
Flos Solis maior flore pleno, semine nigro, v. Corona solis, v. Hyssopus campestris.
Flos Tigridis, Blume vom Tiegerkraut.
Flos tinctorius, v. Serratula.
Flos tonitruum, *Brunf.* v. Armerius flos.
Flos Trinitatis, v. Jacea, v. Viola.
Flos Trollius albus, v. Ranunculus candidus.
Flos *Tunetanus*, maior et minor, v. Flos *Africanus.*
Flos Tunicae, v. Caryophyllus hortensis.
Flos Vini, die Weinblüthe, v. Vinum.
Flos Vitellinus, v. Taraxacon.
Flos Zachariae, v. Cyanus flos *Dod.* et *Offic.*
Foenacea herba, v. Foenum *Graecum.*
Foeniculastrum, v. Foeniculum commune.
Foeniculum aquaticum, v. Millefolium.
Foeniculum aquaticum galericulatum, v. Millefolium.
Foeniculum aquaticum peucedani folio, v. Millefolium.
Foeniculum aquaticum stellatum, v. Millefolium.
Foeniculum *Bononiensium*, v. Eupatorium.
Foeniculum Caballinum, v. Foeniculum commune.
Foeniculum Camelorum, v. Schoenanthum.
Foeniculum caprinum, v. Foeniculum commune.
Foeniculum *Chinense*, v. Anisum stellatum.
Foeniculum commune *Gesn.* vulgare *Ger. Park.* vulgare Germanorum *C. Baub.* vulgare minus acriore et nigriore semine *Jo. Baub.* μάραθρον *Diosc.* Foeniculus, Fenchel, gemeiner deutscher Fenchel, Frauenfenchel. XIII.
Hiervon brauchet man das Kraut, Wurzel, Samen und Blätter,

ter, welche warm sind im andern, und trocken im ersten Grad. Sie dünen, resolviren, treiben Urin, Blähungen, dienen in Brustbeschwerungen, stärken den Magen, das Gesicht, vermehren die Milch, lindern die Rauhigkeit in der Luftröhre, werden vornemlich in Pocken und Masern, ingleichen im Zittern derer Glieder, so von Mercurialibus entstanden, gerühmet, curiren den Stein, das beschwerliche Harnen und Franzosen. Die Wurzel und Samen sind warm im dritten, und trocken im andern Grad, zertheilen die Feuchtigkeiten und die Blähungen. Der Samen verbessert die Purgantia, resolviret die Winde. Man hat hiervon den überzogenen Samen, das Wasser, welches in Augenkrankheiten dienet, das destillirte Oel, das gemeine Salz.

Foeniculum dulce maiore et albo semine, v. Foeniculum dulce *Offic.*

Foeniculum dulce *Offi*. dulce maiore et albo semine *Jo. Bauh.* vulgarius dulce *Lob.* Foeniculum Florentinum *Gesn.* Romanum *Tab.* süßer Fenchel, Italiänischer oder Römischer Fenchel. It.

Der Samen wird eben in dergleichen Beschwerungen, wie der gemeine Fenchel, gerühmet.

Foeniculum equinum, s. erraticum, v. Foeniculum commune.

Foeniculum *Florentinum*, v. Foeniculum dulce.

Foeniculum hortense semine crasso etc. v. Galega.

Foeniculum *Indicum* s. *Sinense* v. Anisum stellatum.

Dieses Gewächs wird Badiana Siberiae genennet. v. Fr. Redi. Die Essenz hiervon ist ein trefliches Arcanum wider den Schwindel. Wenn man es mit Thee trinket, so erwecket es die Venerem.

Foeniculum maius, v. Foeniculum dulce.

Foeniculum maritimum minus, v. Crithmum marinum.

Foeniculum montanum, v. Caucalis.

Foeniculum *Moscouiticum*, v. Anisum stellatum.

Foeniculum petraeum, v. Caucalis.

Foeniculum porcinum, v. Peucedanum.

Foeniculum *Romanum*, v. Foeniculum dulce.

Foeniculum saxatile, v. Caucalis.

Foeniculum semine rotundo minore, v. Foeniculum commune.

Foeniculum *Sinense* v. Anisum stellatum.

Foeniculum siluestre, v. Caucalis.

Foeniculum tortuosum, v. Meum.
Foeniculum Vrsinum, v. Meum.
Foeniculum vulgare, v. Foeniculum commune, v. Sefeli *Marsilioticum.*
Foeniculum vulgare minus acriore et nigriore femine *J. Bauh.* v. Foeniculum commune *C Bauh.*
Foeniculum vulgarius dulce, v. Foeniculum dulce.
Foeniculus, v. Foeniculum.
Foenu *Graecum*, v. Foenum *Graecum.*
Foenum *Burgundiense*, v. Medica herba.
Foenum Camaelorum, v. Schoenanthum.
Foenum graecum f. Foenugraec. *Offic.* et *Matth.* fatiuum *C. Bauh* Siliqua *Columell.* Silicia *Plin.* Trifolium graecum Silicula *Varron.* Telis *Diosc.* Foenacia herbe, Buceros, Buceras. Cornu, Cornu bouis, Aegoceros, Capricornu, Epiceros, Ceratitis, Foenugraec, Kühhorn, Bockshorn, Ziegenhorn, feine Griete, schöne Margrete Griechisch Heu, Griechischer Klee, Mutterkraut mit Schötgen. IX.
Der Samen ist warm im andern, und trocken im ersten Grad, erweichet, digeriret, reiffet, stillet den Schmerz, wird zu erweichenden Clystiren gebrauchet. Der Schleim von diesem Samen vertreibet das ausgetretene Geblüt und die Schmerzen derer Augen, die Mähler im Gesicht, Milzbeschwerung, das Podagra, machet die Haare wachsend, curiret den bösen Grind am Haupt, tödtet die Läuse, zertheilet die verhärteten Drüsen, harten Schwulsten und Kröpfe. Das Oel wird wider Kröpfe, das Decoctum wider Engbrüstigkeit gerühmet. Den Syrup braucht man in Geschwulst der Mandeln.
Foenum *Graecum* fatiuum, v. Foenum *Graecum.*
Foenum *Graecum* filuestre, v. Glaux vulgaris, v. Aftragalus.
Foenum *Graecum*, wildes Griechisches Heu, v. Glycyrrhiza filuestris.
Foli, v. Moschata.
Folium Barbaricum, ein Gewürz von Bachar und andern Gewächsen.
War ein wohlriechendes Gewürz, so aus der überaus lieblichen Wurzel, welche Bachar genennet ward, ingleichen aus Narden, Myrrhen, Balsam und wohlriechendem Costo bestund, jetzo aber nicht mehr gebrauchet wird.
Folium Barbatum, v. Bachar.
Folium *Indum*, v. Malabathrum.

Folium *Indum* seplasiariorum, v. Malabathrum.
Folium nostrate, v. Malabathrum.
Folliculi foliorum Sennae, v. Senna *Orientalis*.
Fontalis. v. Potamogeiton.
Fontilapathum, s. Fontinalis, v. Potamogeiton.
Fooraha.

Ein Baum in Madagascar, der einen grünen Balsam giebet welcher sehr gut vor die Wunden ist, wenn man sich geschnitten oder gestoßen hat.

Forbesiana, v. Bidens.
Fortissimus miles, v. Millefolium *Offic*.
Fraga alba, v. Fragaria.
Fragaria, Fragula, Trifolium fragiferum, Rubus Idaea minor, Triphyllon *Paracels.* Erdbeerkraut, Besingkraut. VIII.

Das Kraut ist kalt und trocken im andern Grad, ziehet ein wenig zusammen, treibet den Harn und Stein, wird in Gurgelwassern, Bädern und Umschlägen gerühmet, heilet die Wunden und Geschwäre, curiret den weiblichen Fluß, die rothe Ruhr, dienet der Leber. Matthiolus braucht es wider die gelbe Sucht. Sonst wird es in Bädern und Umschlägen, langeanhaltenden Krankheiten, der Cacherie, dem weißen und Saamenfluß, verordnet. Wenn man die Wurzel lange in der Hand hält, oder am Halse träget, so stillet solche das Nasenbluten und andere Zufälle. Die Früchte oder Erdbeeren sind kalt im ersten, und trocken im andern Grad, dienen in Milz- und Nierenbeschwerungen, treiben Schweis, Urin und Stein, widerstehen dem Gift, stillen den Durst, vornemlich in hitzigen und bösartigen Fiebern. Sie lassen sich nicht häufig essen, und können leicht Stühle und Brechen, und andere Krankheiten derer Därme nach sich ziehen. Das aus der Pflanze destillirte Wasser nimmt die Sommersprossen und Flecken der Haut weg; das aus der Frucht destillirte Wasser löscht den Durst, dämpfet die Hitze in Fiebern, und treibet den Urin. Das Wasser aus der Frucht und Pflanze zugleich, vertreibet die Sommersprossen und andere Flecken der Haut. Der Saft, Spiritus, die Tinctur, und das Decoctum aus dem Kraute und der Wurzel dämpfet die widernatürliche Hitze im Geblüt, curiret die gelbe Sucht, den zähen Schleim im Geblüte, und ist ein gutes Consertativ. Das Extractum aus der Wurzel wird roth, ist der Leber zuträglich, und stillet allerhand Blutflüsse.

Fragaria alba, v. Fragaria.
Fragaria maior, v. Fragaria.
Fragaria minor rubra, v. Fragaria.
Fragaria quarta, s. Vesca, v. Quinquefolium.
Fragaria serotina, v. Fragaria.
Fragaria specie minor, v. Fragaria.
Fragaria vesca, v. Quinquefolium.
Fragaria vulgaris, v. Fragaria.
Fragifera arbor, Erdbeerbaum. II.
Fragmentum, v. Ammoniacum Gummi.
Fragrans arbor, v. Thuja.
Fragrum, v. Fragaria.
Fragula, v. Fragaria.
Fragum, Erdbeere, v. Fragaria.
Frangula, Alnus nigra baccifera, Arbor foetida, Auornus, Faulbaum, Zapfholz. V.

Ist warm im ersten, trocken im andern Grad. Die innere Rinde von der Wurzel purgiret alle Feuchtigkeiten aus dem Leibe, oben und unten. Aeußerlich pfleget sie mit Butter gekocht zu werden.

Frangula polycarpus, v. Frangula.
Frassinella, v. Polygonatum.
Fraxinea arbor, v. Sorbus silvestris.
Fraxinella *Dod. Cord. Clus.* Dictamnus albus Germanicus *Matth. C. Bauh.* et *Offic.* Vulgaris *Trag.* Polemonium *Tab.* Diptamum vel Diptamnum, Pumila Fraxinus, weisser gemeiner Diptam, Aescherwurz, Ascherwurz, Schechtwurz, Eberwurz. IV.

Die Wurzel ist warm im andern Grad, dienet dem Herzen, widerstehet dem Gift, wird in Beschwerungen des Hauptes und der Mutter gebrauchet, eröfnet, vertreibet die Würme im Leibe, curiret allerhand giftige Krankheiten, das böse Wesen, Hauptkrankheiten und Verstopfung der Mutter. Wenn die Wurzel im Wein oder Wasser genommen wird, so treibet sie die lebendige und todte Frucht, auch die Nachgeburt, Mizald. Sie treibet den Urin, Schweis und das Grimmen im Leibe, wird im Schwindel, Schlagflüssen, Mutterkrankheiten, Pfeile und Splitter auszuziehen, ingleichen wider giftige Stiche, gerühmet, zu Wundtränken, mit Guajacholz in Franzosenkrankheiten verordnet. Hieraus wird ein Wasser verfertiget, welches in Pestzeiten und Gebrechen derer Augen kan in die Nase gezogen, und im Hauptwehe, so von einer kalten Ursache entstanden, app[illegible]iret werden. Die mit Zucker überzogene Wurzel pflegt man im weissen Fluß der Weiber zu rathen. Das Oel machet schöne weiße Haut im Gesicht, und nimmt die Gichtschmerzen hinweg. Die eingezuckerte Blüte ist ebenfalls nicht zu verachten.

Fraxinus, Aeschbaum, Eschbaum, Esche, Eschern, Steineschern, Eschenholz, Wundholz. VI.

Die Blätter sind trocken, dienen wider die Schlangenbisse; die Rinde und das Holz sind temperirt im warmen im ersten, und trocken im andern Grad. Sie erweichen, curiren die Milzbeschwerungen, treiben den Urin und Stein. Der Saamen, so an denen Blättern hänget, wird Lingua Auis f. Anseris genennet, und in Beschwerungen der Leber, Seitenstechen, dem Stein, und fleischliche Begierden zu erwecken, gebrauchet. Das Extract wird aus der Schaale, das Oel und Salz aus dem Holze bereitet. Mit diesem Holze pfleget der gemeine Mann allerhand Gauckeleyen vorzunehmen; er nennet es Wundholz, schneidet es unter einer gewissen Constellation, nemlich den 25 Merz Morgens zwischen 6 und 7 Uhr, oder am Johannistage des Nachts zwischen 11 und 12 Uhr ab, siehet dreymal nach der Sonne, hält das Holz an die Wunde, oder streichet Blut daran, so sollen alle Wunden und Geschwäre, wie tief sie auch seyn mögen, aus dem Grunde curiret werden. So will auch Friedrich Hofmann eine sonderliche sympathetische Kraft wider Hexerey und allerhand Blendwerk des Teufels hierinnen suchen. Er saget aus dem Borello, man solle dieses Holz, wenn Sonne und Mond im Widder stehet, durch einen einzigen Streich von einem Knoten zum andern abschneiden, an beyden Seiten mit Wachs versiegeln, den Patienten damit berühren, und sich hiedurch eine gewisse Hülfe versprechen. Sonst werden auch aus diesem Holz Gefäße und Kannen verfertiget, woraus man allerhand Mittel, so dem Gift widerstehen, zu trinken pflegt. Es treibet Schweis, curiret lange anhaltende Krankheiten, Milz- und Steinbeschwerungen, den Scorbut, Wassersucht, Flüsse, Franzosen und Gicht. Man hat hiervon das aus der verbrannten Asche abgelaugete Salz, so da Fontanellen zu setzen, gebrauchet, auch in Stein- Wassersucht- und Gichttränken verordnet wird.

Fraxinus aucuparia, v. Sorbus siluestris.
Fraxinus bubula, v. Sorbus siluestris.
Fremium, v. Anemone.
Fritillaria *Aquitanica*, v. Fritillaria Meleagris.
Wird im Nasenbluten gebrauchet.
Fritillaria crassa, s. Asclepias, v. Vincedoricum.
Fritillaria Meleagris, Kybitzey. XVII.
Hat einen abscheulichen Geruch, und wird im Nasenbluten gerühmet.
Frondiflora, v. Bellis.
Fructus Berentinus, v. Cacao.
Fructus terrae, v. Fragaria.
Frumenti genus folio hederaceo *Cord.* v. Frumentum *Saracenicum*.
Frumentum s. Triticum, Getrayde, Weitzen. XIII.
Frumentum Amylaeum, v. Zea.
Frumentum *Asiaticum*, v. Frumentum *Saracenicum*.
Frumentum aureum, v. Frumentum *Saracenicum*.
Frumentum barbari genus, v. Frumentum *Saracenicum*.
Frumentum barbarum, v. Zea.
Frumentum *D. Petri*, v. Zea.
Frumentum *Indicum*, v. Frumentum *Saracenicum*.
Frumentum *Indicum* album, v. Frumentum *Saracenicum*.
Frumentum *Indicum* aureum, v. Frumentum *Saracenicum*.
Frumentum *Indicum* aureum et album, v. Frumentum *Saracenicum*.
Frumentum *Indicum* aureum album spadiceum, et coeruleum, v. Frumentum *Saracenicum*.
Frumentum *Indicum* coeruleum luteum, v. Frumentum *Saracenicum*.
Frumentum *Indicum* luteum, v. Frumentum *Saracenicum*.
Frumentum *Indicum Mays* dictum, v. Frumentum *Saracenicum*.
Frumentum *Indicum* nigrum, v. Frumentum *Saracenicum*.
Frumentum *Indicum* rubrum et spadiceum, v. Frumentum *Saracenicum*.
Frumentum *Indicum* vaccinum, v. Frumentum *Saracenicum*.
Frumentum *Indicum* violaceum, v. Frumentum *Saracenicum*.
Frumentum locale, v. Zea.
Frumentum luteum, v. Frumentum *Saracenicum*.
Frumentum *Mays* dictum, v. Frumentum *Saracenicum*.

Frumentum Monococcum, v. Zea.

Frumentum *D. Petri*, v. Zea.

Frumentum Saracenicum s. Turcicum, besser Frumentum Indicum, Milium vel Triticum Indicum, Maiz, Ocymum veterum *Trag.* cereale *Tab.* Frumenti genus folio hederaceo *Cord.* Irio ceralis *Ruell.* Milium Indicum Al. Hircotriticum, Triticum hircinum, Türkisch Korn, Welsch Korn Beckweitzen, Heldengraupen, Heidel, Buchweitzen, Heidelkorn. III.

Die hieraus verfertigte Brode und Müser geben gute Nahrung, welche aber nur vor starke Leute gehören, denn sie erwecken Blähungen, schaden denen Augen, und halten an. Als An. 1690. im Lager bey Strasburg, disseit des Rheines, wo dieses Getraude in Menge gezeugt wird, die Soldaten durch dessen öftern Gebrauch an grausamen Verstopfungen Noth litten, so habe nichts besser befunden, als den Liquorem Tartari dulcis e terra foliata. Das Mehl hiervon brauchet man zu erweichenden und zeitigenden Umschlägen.

Frumentum spadiceum, v. Frumentum *Saracenicum.*

Frumentum tectorum, v. Lolium IV. v. Phoenix.

Frumentum *Turcicum*, v. Frumentum *Saracenicum.*

Frumentum Vaccinum, v. Frumentum *Saracenicum.*

Frutex *Aethiopicus*, v. Clutia.

Frutex *Africanus*, die Amberstaude.

Frutex Bauonius s. Pauonius, v. Poincinia.

Frutex *Carpaticus*, v. Frutex *Koszodrewina.*

Frutex coronarius, v. Syringa.

Frutex *Koszodrewina*, das Krumholz aus Ungarn.

Frutex laurifolio pendulo, Rothholz.

Frutex scandens petroselini foliis *Virginianus*, der Pfefferbaum, v. Piper.

Frutex *Virginianus* trifolius, Vlmi similis, Americanische Kleestaude.

Frutilla, die Peruanische große Erdbeere, v. Fragum.

Frutillas.

Eine Art Erdbeeren in Peru, welche die Größe eines Hünereyes erlangen. v. Fragum.

Fruticulus *Africanus*, v. Frutex *Africanus.*

Fu, v. Valeriana.

Fuchsia triphylla, Fuchsia. Eine Pflanze in America.

Fucus follinaceus linariae folio, v. Lens palustris.

Fucus marinus, v. Lactuca.

Fucus opuntioides, Americanus minor.
Eine Art Meergras, das auf denen Klippen in denen Americanischen Meeren wächset, v. Lens palustris.

Fucus serrato folio, v. Lens palustris.

Fufel, v. Catechu.

Fuga Daemonum, v. Hypericum.

Fuligo, Ruß.

Fullonia, v. Saponaria.

Fullonum herba, v. Saponaria.

Fumaria alba, v. Fumaria.

Fumaria altera, v. Fumaria.

Fumaria bulbosa, Aristolochia rotunda vulgaris, adulterina *Trag. Fuchs.* Pistolochia, Capnos Chelidonia, Radix caua maior, Aristolochia caua, it rotunda, (ist, wie einige wollen, unterschieden,) Erdkraut, falsch Hohlwurz, gemeine runde Hohlwurz, Erdrauch mit rundhohler Wurzel, Hahnensporn, Donnerflug. V.

Ist warm im andern, trocken im dritten Grad, reiniget, hält etwas an, öfnet, verdünnet, dienet der Leber, der Mutter, treibet den Gift, Schweis und Urin aus, heilet die Wunden, befördert den Blutgang, Geburt und Nachgeburt, curiret die gelbe Sucht, Krätze, den kurzen Odem, Scorbut, das Herzwehe, Husten, den zähen tartarischen Schleim nach dem Blutspeyen, präserviret vor der Schwindsucht. Von dieser Wurzel pflegt man ein halb Quentgen vor dem Paroxysmo derer dreytägigen Fieber, in Tausendgüldenkrautwasser, oder Cardobenedictenwasser zu geben. Aeußerlich kan man sie in Wunden, fistulirten Schäden, entblößeten Beinen, Krätze, podagrischen Schmerzen, so von Erkältung derer Säfte entstanden, item, wenn bey Zerquetschungen das Geblüt ausgetreten, wider Mundfäule u. d. g. brauchen, auch selbige mit Ehrenpreiswasser abkochen, und in Säckgen auf die bösen Schenkel legen. Aristolochia Fabacea wird Fumaria bulbosa minor genennet, und äußerlich, wenn durch starke Verwundung die bloßen Beine hervorgehen, verordnet.

Fumaria bulbosa maior radice caua, v. Fumaria bulbosa.

Fumaria bulbosa minor, v. Fumaria bulbosa.

Fumaria bulbosa minor radice caua, v. Fumaria bulbosa.

Fumaria bulbosa tuberosa minor, v. Fumaria bulbosa.

Fumaria bulbosa viridis, v. Fumaria bulbosa.

Fumaria Capnoides, καπνός, Fumus terrae, Fumaria purpurea *Germ.* vulgaris latifolia, siliquis curuis non biualuibus *Moris.* Capnos *Lob.* Herba melancholifuga *Maur. Hofm.* Cerefolium felinum et columbinum, Solamen scabiosorum, Taubenkropf, Taubenkörbel, Erdrauch, wilde Raute, Ackerraute, Feldraute, Katzenkörbel, Taubenkörbel, Alpraute, Fimstern. IV.

Das Kraut und Blumen sind warm im ersten, und trocken im andern Grad, haben viel flüchtig Salz bey sich, und dienen deswegen in lange anhaltenden Krankheiten, treiben den Urin, dienen in Milzbeschwerungen, auch die Masern und Pocken heraus zu treiben, schlagen das schädliche Salz, so in der lymphatischen Feuchtigkeit vorhanden, nieder, sind ein bequemes Medicament in Milz- und Leberkrankheiten, verdünnen, und führen nach und nach die wässerichte, gallichte und verbrannte Feuchtigkeiten ab, eröfnen die Eingeweide, stärken, reinigen das Geblüt, widerstehen dem Scorbut, und curiren allerhand Krankheiten des Gekröses und der Milz, auch die gelbe Sucht und Krätze. Das Wasser hiervon kan man in die Augen tröpfeln, damit sie fein helle werden, und ihre Röthe vergehe; es vertreibet auch die Finnen im Angesicht, und wird hiermit der Mund ausgespület, um das faule Zahnfleisch, auch Schmerz und Gestank des Halses wegzunehmen. Dieses Kraut giebt fast kein Oel, und hat auch fast keinen Nutzen. Sonst kan man hiervon unterschiedene Medicamenten, als den dicken Saft, die eingemachten Blätter, den einfachen und zusammengesetzten Syrup aus dem Saft, die Pillen, Salz und Extract bekommen.

Fumaria clauiculis donata, v. Fumaria Capnoides.

Fumaria clematitis, v. Fumaria bulbosa.

Fumaria corydalis, quibusdam *Split*, v. Fumaria Capnoides.

Fumaria *Flandrica*, v. Fumaria Capnoides.

Fumaria flore albo, v. Fumaria Capnoides.

Fumaria *Illyrica* alba, v. Fumaria Capnoides.

Fumaria latifolia maior, v. Capnos *Plin.*

Fumaria latifolia minor *Tab.* v. Capnos *Plin.*

Fumaria lutea, v. Fumaria Capnoides.

Fumaria lutea montana, v. Fumaria Capnoides.

Fumaria maior, v. Fumaria Capnoides.

Fumaria minor, v. Fumaria Capnoides.

Fumaria minor tenuifolia, v. Fumaria Capnoides.

Fumaria montana, v. Fumaria Capnoides.
Fumaria *Offic.* et *Diosc.* v. Fumaria Capnoides.
Fumaria phragmites altera, v. Fumaria Capnoides.
Fumaria purpurea, v. Fumaria.
Fumaria rubra tenuifolia, v. Fumaria Capnoides.
Fumaria siliquosa, v. Fumaria Copnoides.
Fumaria ruberosa, v. Capnorchis, v. Fumaria.
Fumaria vesicaria, v. Cysticapnos.
Fumaria vulgaris latifolia, v. Fumaria.
Fumus agrestis, v. Cnicus, v. Attractylis.
Fumus terrae, v. Fumaria.
Funax, v. Jaca *Indica.*
Fungus, ein Schwamm. XVII.
Hat unterschiedene Gattungen unter sich, welche vom Orte, der Größe, Gebrauch, der Figur und Gestalt, Farbe, dem Geruch, Geschmack, der Zeit u. d. g. unterschieden werden. vid. Clus. J. Bauh. Lonic. Camer. Etliche kan man ohne Schaden essen, von andern aber sind schwere Krankheiten, ja der Tod selbst zu besorgen.
Fungus campestris, der Heiderling.
Fungus Cerasi, der Kirschbaumschwamm, v. Cerasus.
Fungus Ceruinus, v. Boletus Ceruinus.
Fungus Chirurgorum, v. Crepitus lupi.
Fungus Cynosbati, Schlafkunz, wilder Rosenschwamm, v. Cynosbatos.
Fungus fageus s. Faginus, der Buchschwamm. II.
Fungus igniarius, Zunderschwamm. II.
Fungus juglandis, Nußbaumschwamm, v. Juglans.
Dienet die Haare zu schwärzen, wenn er verbrennet, und in Nußöl solviret wird.
Fungus lacteus, der Brodschwamm.
Fungus Laricis, v. Agaricus.
Fungus marinus minimus, v. Cuscuta.
Fungus *Muscarius*, der Feigenschwamm.
Fungus orbicularis, v. Crepitus lupi.
Fungus ouatus. s. occatus, v. Crepitus lupi.
Fungus pratensis, der Wiesenschwamm.
Fungus puluerulentus, v. Crepitus lupi.
Fungus quercinus, der Eichenschwamm. v. Quercus.
Hält sehr an, und kan im starken Durchfall und Verblutungen gebraucht werden.

Fungus

Fungus Sambuci, Holunderschwamm. v. Sambuccus.

Das Pulver hiervon dienet wider die Wassersucht Wenn man den Schwamm ins Wasser leget, so kan das Wasser wider Entzündungen, Mandeln, Bräune und Schwämmgen derer Kinder gebrauchet werden.

Fungus Suillus, Morcheln. II.

Fungus terrae, v. Boletus ceruinus.

Fungus venenosus, giftiger Schwamm. VI.

Furfur, Kleyen.

Fusanus, *Cresc.* v. Euonymus, *Matth. Dod. Lob. Tab.*

Fuscus agrestis, v. Cnicus, v. Attractylis.

Futuaria, v. Garosmus.

Gabulae, v. Cupressus arbor.

Gaciliae, v. Lilium conuallium.

Gaiacum, v. Lotus *Africana.*

Galanga, Galgant. II.

Hiervon werden zweyerley Sorten gefunden, nemlich der große und kleine. Der große wächset in Java und Malabar, allwo er Lanruaz genennet wird. Der kleinere und bessere kömmt in Sina hervor, und heißet daselbst Lauandoa, bey denen neuen Griechen aber Cyperus Babylonica, in Arabischer Sprache aber Galingia. Die Wurzel ist warm und trocken im dritten Grad, dienet in allerley Haupt- Magen- und Mutterbeschwerungen, eröfnet, zertheilet, curiret das rohe Wesen im Magen und dessen Entzündungen, Verstopfung der Matter und alle Krankheiten, so vom Erkälten und Blähungen entstehen; ingleichen das Reißen im Leibe, die Schmerzen nach der Geburt, Schlucken, Herzklopfen. Und absonderlich wird das Decoctum hiervon in Cholera, Colica, Eckel, Ohnmachten, auch die Speisen abzuwürzen, gebrauchet. Aeußerlich stärket diese Wurzel das Haupt, und pfleget zu Niesepulvern und Schnupftoback genommen zu werden. Unter andern Medicamenten, welche aus der Galanga bestehen, sind die Species und das Extractum am meisten bekannt.

Galanga Crassa, v. Galanga.

Galanga *Indica*, v. Galanga.

Galanga maior, v. Galanga.

Galanga minor, v. Galanga.

Galappa, Galappia, v. Jalappa.

Galatium, v. Gallium luteum.

Galatium *Sardonicum Dioscoridis*, v. Absinthium.
Galbali, v. Cupressus.
Galbanifera ferula, v. Narthex.
Galbanum, v. Narthex.
Galbina, v. Narthex.
Galbulus, die Cypreßnuß, v. Cupressus.
Gale, der Niederländische Myrthenbaum. III.
Galea, v. Galega.
Galedragon *Xenocratis* et *Plinii*, v. Dipsacus satiuus.
Galega, Gralega, vulgaris *C. Bauh. Park.* Ruta capraria *Matth.* Onobrychis et Herba Gallica *Fracastor*, Caprago *Caes.* Terua Galegua *Hispan.* Petechiaria, Petechiaria, Geißkraut, Fleckenkraut, Geisraute, wilde Raute, Pestilenzkraut, Ziegenraute, Geißkraut, Fleckenraute, Petechienraute, Suchtkraut. VI.

Ist warm im ersten und andern, und trocken im dritten Grad, widerstehet dem Gift, der Pest, zertheilet, treibet aus die Flecken und Masern, curiret das böse Wesen derer Kinder, den Schlangenbiß, und tödtet die Würme. Man findet von der Galanga das destillirte Wasser, die überzogene Wurzel und den Syrup.

Galega altera, vel siluestris, v. Vicia.
Galega *Germanica*, v. Vicia.
Galega nemorensis, v. Orobus.
Galega siluestris *Dod.* v. Galega, v. Orobus.
Galega vulgaris, v. Galega.
Galeops, v. Galeopsis.
Galeopsis, v. Scrophularia maior, v. Vrtica mortua.
Galeopsis, v. Lamium album.
Galeopsis angustifolia foetida, v. Panax *Colon.*
Galeopsis *Diosc.* v. Lamium album.
Galeopsis flore croceo, v. Lamium album.
Galeopsis flore verticillato, v. Lamium album.
Galeopsis legitima, v. Vrtica vrens.
Galeopsis minor, v. Scrophularia.
Galeopsis palustris, v. Panax *Colon.*
Galeopsis patula segetum, v. Panax *Colon.*
Galeopsis procerior, foetida, spicata, v. Panax *Colon.*
Galeopsis purpurea, v. Vrtica mortua.
Galeopsis scrophularia, v. Vrtica mortua.
Galeopsis vera, s. legitima, v. Vrtica vrens.

Galeopsis vulgaris foetens purpurea, v. Vrtica mortua.
Galericulata Lob. v. Lysimachia.
Galerita, v. Tussilago.
Galetragon *Xenocrat*. v. Dipsacus satiuus *Dod. Bauh*.
Galingia, v. Galanga.
Galium luteum *Lob*. v. Gallium luteum.
Galium *Matth*. v. Gallium luteum.
Galla maior *Lob*. Galla *Offic*. Quercus gallifera, Quercus Gallam exiguae nucis magnitudine ferens *C. Bauh*. Robur III. *Clus*. Robur s. Quercus cum Gallis *Chabr*. gros Gallapfelbaum, Hageiche. III.
Galla minor *Lob. Dod.* Quercus foliis mucronatis minor *C. Bauh*. klein Gallapfelbaum. II.
Galla *Offic*. v. Galla maior.
Gallae, Galläpfel. XIV.
Sind gleichsam der Unrath oder Auswurf einer gewissen Eiche. Man findet hiervon unterschiedene Sorten, als Omplacitis, Hemeris. Sie sind kalt im andern, und trocken im dritten Grad, stärken, halten an, und werden deswegen in allen Bauch- und Blutflüssen, dem Durchfall, der rothen Ruhr, Blutspeichel, Vorfall der Mutter und Brüchen gebrauchet. Wenn man sie äußerlich an den schmerzhaften Zahn hält, so wird dadurch der Speichel erregt. Das gebrannte Pulver hiervon mit Wein oder Eßig an die Pulse gebunden, stillet das Bluten. Die Färber bedienen sich auch derer Galläpfel zur schwarzen Farbe; die besten werden Gallae Turcicae, die schlimmen aber, so in unsern Landen wachsen, und nicht visual sind, Gallae onicicidae, i. e. asininae, genennet.
Gallae Asininae, v. Gallae.
Gallae *Augustinae*, v. Gallae.
Gallae Hemeris, v. Gallae.
Gallae Marmonigae, v. Gallae.
Gallae Omplacitis, v. Gallae.
Gallae Onicicidae, v. Gallae.
Gallae *Turcicae*, v. Gallae.
Gallae Verinae, v. Gallae.
Gallaticum, v. Gallium.
Gallerion, v. Gallium.
Gallerium, v. Gallium luteum.
Galli crus, v. Coronopus.
Gallii secundum genus *Trag*. v. Cruciata *Dod*.

Gallion album, v. Gallium album latifolium, v. Cruciata.
Gallion candido flore, v. Gallium album latifolium.
Gallion candido flore in palustribus, v. Gallium album latifolium.
Gallitrichum hortulanum, v. Horminum.
Gallitrichum sativum, v. Horminum.
Gallitrichum vulgare, v. Horminum.
Gallium album latifolium, v. Cruciata.
Gallium album minus, v. Cruciata *Dod.*
Gallium latifolium flore luteo *Jo. Baub.* v. Cruciata *Dod.*
Gallium luteum, γάλλιον, γαλλέριον, γαλάτιον, Gallium verum *J. Baub.* Gallium *Matth.* luteum *Lob.* Gallerium, Galatium, Meyerkraut, Lebkraut, unser Frauen Bettstroh, Waldstroh, Wegstroh, Sternkraut, Labkraut, Gliedkraut, Wallstroh, Blutstiele, Johannisblume, Ray ritz. XI.

Das Kraut mit denen Blüthen ist warm und trocken, aber gemäßiget, curiret das Nasenbluten, die gelinde und bösartige Krätze, den Krebs an Brüsten, u. d. g. Wenn man die frische Blume dieses Gallii lutei in siedende Milch thut, so pflegt die Milch, wegen der flüchtigen sauren Theile dieses Krautes, zusammen zu laufen, welches der gelehrte Olaus Borrichius Act. Hafn. Vol. 1. n. 69. p. m. 130. aus dem Dioscoride und Galeno, auch selbst angestelleter Chymischen Probe beweiset. Aeusserlich pflegt man dieses Kraut in Brandschäden, auch in Fußbädern, wider große Mattigkeit zu brauchen. Wie dann auch das Pflaster mit des Galeni Kühlsalbe, in allzugroßer Entkräftung des Leibes, Verrenkung derer Glieder und der Rose verordnet wird. Die alten Weiber legen dieses Kraut denen Kindern in die Wiegen, und wollen sie hierdurch vor Hexerey und Beschreyen bewahren.

Gallium montanum, v. Gallium luteum.
Gallium moschatum, v. Gallium luteum.
Gallium palustre album, v. Cruciata *Dod.*
Gallium palustre luteo flore, v. Gallium luteum.
Gallium verum, v. Gallium luteum.
Gallorum Carpentaria, v. Barbarea *Dod. Tab.*
Galosia *Gallorum*, v. Amaranthus purpureus.
Galseminum, v. Jasminum.
Gamalote.

Ein Kraut in Südamerica, welches sehr hoch wächset, und dessen Blätter der grünen Gerste gleichen.

Gannana, v. China Chinae.

Gannaperides, v. China Chinae.

Gannaperis, v. China Chinae.

Garidella, Garidella aus Creta, eine Species Nigellae.

Garosmum, Garosmus, Vuluaria, Futuaria, Atriplex foetida *C. Bauh.* pusilla, olida, hircina *Lob.* Tragum Germanicum, stinkende Hure, Schaamkraut, stinkende Melde, Bocks-kraut, Hundesmelde.

Wird in Mutterbeschwerungen, auch faulen und wurmichten Schäden gebrauchet.

Garosmus, v. Garosmum.

Garuleum, v. Caltha.

Garum olens, v. Atriplex.

Garyophyllata, v. Caryophyllata.

Garyophyllatum, v. Ocymum.

Garyophyllon *Plin.* v. Caryophylli aromatici.

Garz communis, v. Aloe.

Gattaria, s. Cattaria, v. Nepeta.

Gella s. Robur maius, v. Quercus.

Gelopa, v. Jalappa.

Gelotophyllis *Plin.* v. Ranunculus.

Gelseminum humilius primum, v. Jasminum.

Gelseminum humilius alterum flore luteo, v. Jasminum.

Gelseminum *Indicum*, rubrum, s. hederaceum, v. Mandragora *Theophr.*

Gelseminum luteum, v. Mandragora.

Gelseminum vulgarius, v. Jasminum.

Gelsiminum, v. Jasminum.

Gemanu gutta, v. Gummi gutta.

Gemmae, die Augen an dem Weinstock.

Genesta, Genestra, v. Genista.

Genista, Scoparia genista, Spartium genista, Vulgaris *Clus.* Scoparia vulgi *Lob.* angusta et Scoparia *C. Bauh.* angulosa trifolia *J. Bauh.* Spartium scoparium, Capparis Germanica. Genesta et Genestra, Genst, Genster, Pfriemenkraut, Ginst, Genist, Stechpfriemen, Rehkraut, Bramen, Kunschruten, Pfingstblumen. XX.

Die Blumen und Samen sind warm und trocken im andern Grad, eröfnen, reinigen, curiren Milz- Leber- und Nierenbeschwerungen, treiben die wässerichte Feuchtigkeit und den Stein aus, werden in der Wassersucht, Verstopfungen der Leber, der, Milz, des Gekröses, Flüssen und der Gicht, gebrauchet. Der Samen vertreibet äußerlich Kröpfe, erwecket gelindes Erbrechen, und dienet in der Gicht. Man findet hiervon unterschiedene Präparata, als das Wasser, den in Zucker eingesetzten Samen, das Salz, und die überzogene Frucht. Wie denn auch die Blüten, mit Salz oder Eßig vermenget, statt der Capern oder Oliven, zum Gebratenen als eine Tütsche aufgesetzet, deutsche Capern genennet werden. Es wird auch die Asche im Wein in der Wassersucht, die Wurzel in der Pest, und der Saft vom Kraute die Läuse zu tödten verordnet.

Genista aculeata, v. Genista.

Genista alba, v. Genista.

Genista altera iunco subrotundo, v. Spartium.

Genista angulosa trifolia, v. Genista.

Genista angusta et scoparia, v. Genista.

Genista *Hispanica*, Spanische Pfriemen. V.

Wächset in Italien und Spanien, kömmt an Kräften der gemeinen Genista gleich, ist aber stärker.

Genista humilis, v. Genista.

Genista infectoria *Hispanica*, v. Genista *Hispanica*.

Genista infectoria vulgi, v. Chamaespartium *Trag. Tab.*

Genista *Italica*, v. Genista *Hispanica*.

Genista iuncea, v. Genista.

Genista maior, v. Genista *Hispanica*.

Genista maior seu non aculeata, v. Genista.

Genista *Pannonica*, v. Chamaespartium *Trag. Tab.*

Genista pinnata, v. Chamaespartium *Trag Tab.*

Genista pumila, v. Chamaespartium *Trag. Tab.*

Genista sagittalis *Pannonica Cam.* v. Genista, v. Chamaespartium *Trag. Lob.*

Genista scopiaria vulgi, v. Genista.

Genista spartium spinosum foliis lenticulae, floribus ex coeruleo purpurascentibus, v. Aspalathus alter primus *Clus.*

Genista spartium spinosum maius flore luteo, *Casp. Bauh.* v. Aspalathus alter primus *Clus.*

Genista spinosa minor, *Gerard.* v. Aspalathus alter primus *Clus.*

Genista spinosa triphyllos, v. Acacia *Matth.*

Genista spinosa vulgaris, Scorpionkraut. III.

Genista tinctoria, v. Serratula.

Genista tinctoria *Germanica* v. Serratula.
Genista tinctori *Hispanica*, v. Serratula.
Genista *Transalpina* v. Spartium.
Genista vulgaris. v. Genista.
Genistella aculeata, v. Genista.
Genistella globata, v. Spartium.
Genistella graminea montana *Lob.* v. Chamaespartium *Trag. Lob.*
Genistella infectoria, v. Chamaespartium *Trag. Tab.*
Genistella lagopoides *Ger.* v. Chamaespartium *Trag. Lob.*
Genistella *Pannonica*, v. Chamaespartium *Trag. Tab.*
Genistella pinnata v. Chamaespartium *Trag. Tab.*
Genistella sagittalis *Pannonica* v. Chamaespartium *Trag. Tab.*
Genistella spinosa, v. Aspalathus alter primus *Clus.*
Genistella tinctoria, v. Serratula.
Genitura Cynocephali. v. Anethum.
Genitura *Titanis* v. Sideritis.
Genitura *Vulcani*. v. Artemisia.
Gentiana *Alpina* v. Gentiana *Offic.*
Gentiana Asclepidis folio, v. Gentiana *Offic.*
Gentiana autumnalis famosa v. Gentiana *Offic.*
Gentiana Cruciata, v. Gentiana minor.
Gentiana flore luteo *Cam.* v. Gentiana *Offic.*
Gentiana foliis hierundinariae, v. Gentiana *Offic.*
Gentiana fugax seu annua. v. Gentiana *Offic.*
Gentiana maior. v. Gentiana *Offic.*
Gentiana media. v. Gentiana minor.
Gentiana minor *Matth.* et *Offic.* media *Cam.* Cruciata *Dod. Trag.* Gentiana cruciata *C Baub.* minor s. Vulgi cruciata *J. Baub.* Cruciata gentianella *Thal.* Herba S. Petri, klein Entian, Kreutzentian, Kreutzwurz, Sperenstich, Modelgeer, Heil aller Schäden, Engelwurz, Himmelstengel, St. Peterskraut, Lungenblumen, Sibyllenwurz IX.

Hat mit der Gentiana Officinarum fast einerley Wirkungen.

Gentiana *Offic.* Veterum *Clus.* vulgaris maior Ellebori albi folio *J. Baub.* alpina maior lutea *C. Baub.* Gentiana flore luteo *Cam.* Centaureum amarum *Paracels.* Chiranea, centaurea radix, Chironium, Cicendia, Ciminalis, Entian, Kreutzwurz, Bitterwurz, grosse gelbe Bergentian, Fieberwurz. V.

Wider-

Widerstehet dem Gift, verdünnet, eröfnet, wird vornemlich in viertägigen Fiebern, Brechen, der Colic, Durchfall, Schleim, Lungenbeschwerungen, Husten, Engbrüstigkeit, geronnenen Geblüt, auch in der Pest, empfangenen Gift, Verstopfung der Leber und Milz, item in der Wassersucht, Mutterbeschwerungen, Schwachheit des Magens, Würmen, Fieber, toller Hunde Biß u. d. g. gebrauchet; äusserlich aber in Verwundungen, schädlichen Geschwär in der Nasen, Schnupfen, die fistulirten Schäden und Fontanelle sauber und rein zu behalten, appliciret. Man hat hiervon einen dicken Saft, und, mit Spiritu Vini ein Extractum. Das hieraus destillirte Wasser thut auch in drey- und viertägigen Fiebern, Unreinigkeit des Magens, Verstopfung der Leber, Milz, des Urins, Monatganges, Gift der Schlangen, Scorpionen, toller Hunde Biß, der Pest, im Seitenstechen, geronnenen Geblüt, wenn man hoch herunter gefallen ist, und bösartigen Fiebern gute Dienste; äusserlich aber vertreibet es die Flecken im Gesichte, und heilet alte stinkende Schäden.

Gentiana palustris angustifolia, s. minima, v. Gentiana *Offic.*

Gentiana veterum, v. Gentiana *Offic.*

Gentiana vulgaris maior Ellebori albi folio *J. Bauh.* v. Gentiana *Offic.*

Gentianella *Alpina* aestiua, v. Gentiana minor.

Gentianella centaureae minoris folio, v. Centaureum luteum.

Gentianella *Thal.* v. Gentiana minor.

Georgiana, v. Valeriana hortensis.

Georginium, v. Milium solis.

Geranium, Storchschnabel. XL.

Geranium *Africanum*, Africanischer Storchschnabel. XXI.

Geranium alterum *Diosc.* v. Geranium *Robertianum.*

Geranium Altheodes, v. Geranium *Robertianum.*

Geranium aruense, v. Geranium.

Geranium aruense album, v. Geranium.

Geranium batrachoides, Gratia Dei *Germ.* blauer und weisser Storchschnabel. V.

Wächset im Junio und Julio. Hiervon brauchet man das Kraut, welches gedörret, zu Pulver gestoßen, und in die Wunden gestreuet wird. Es ist ein incomparables Wundkraut, und heilet vortreflich.

Geranium batrachoides folio aconiti, v. Geranium Batrachoides.

Geranium batrachoides maius, v. Geranium batrachoides.
Geranium batrachoides minus, v. Geranium batrachoides.
Geranium *Bizantinum*, v. Geranium tuberosum.
Geranium bolbosum, v. Geranium tuberosum.
Geranium calceolario *Matthiolo* missum, v. Geranium *Robertianum*
Geranium *Candiacum*, v. Geranium.
Geranium chelidonium, v. Geranium *Robertianum*.
Geranium cicutae folio, v. Geranium.
Geranium coeruleum, v. Geranium batrachoides.
Geranium columbinum, Pes columbinus, Taubenfuß. III.
Wächst im Junio. Man braucht das Kraut.
Geranium *Constantinopolitanum*, v. Geranium tuberosum.
Geranium *Creticum*, v. Geranium.
Geranium folio Altheae, v. Geranium *Robertianum*.
Geranium folio maluae rotundo, v. Geranium columbinum.
Geranium fuscum, v. Geranium *Robertianum*.
Geranium gruinale, v. Geranium batrachoides.
Geranium haematodes, v. Geranium sanguineum.
Geranium hierundinaceum, v. Geranium *Robertianum*.
Geranium *Illyricum*, v. Geranium tuberosum.
Geranium inodorum, v. Geranium aruense.
Geranium inodorum album, v. Geranium aruense.
Geranium latifolium longissima acu, v. Geranium.
Geranium maculatum, v. Geranium.
Geranium maius, v. Geranium moschatum.
Geranium malacoides, v. Geranium *Robertianum*.
Geranium maluaceum, v. Geranium *Robertianum*.
Geranium minus s. minutum, v. Geranium aruense.
Geranium *Mompeliacum*, v. Geranium *Robertianum*.
Geranium montanum, v. Geranium sanguinarium.
Geranium montanum fuscum, v. Geranium sanguinarium.
Geranium moschatum, odoratum, Herba moschata, Myrrhina, Bisamstorchschnabel. IV.
Ist ein gut Wundkraut, und wird mit zum Emplastro Marciato des Nicolai, oder zur Waffensalbe genommen.
Geranium odoratum, v. Geranium moschatum.
Geranium murale, v. Geranium *Robertianum*.
Geranium muschatum, v. Geranium *Robertianum*.
Geranium myrrhinum, v. Geranium *Robertianum*.
Geranium primum, v. Geranium *Robertianum*.

Geranium

Geranium primum quorundam, v. Anemone.

Geranium Robertianum, Herba Ruberti, Gratia Dei, Geranium Rupertianum, Geranium primum *C. Bauh.* Murale *J. Bauh.* Rupertiana vulgo *Caesalp.* Geranium Chelidonium, s. hirundinaceum, Rostrum Ciconiae, Herba Ruperta, Ropertiana, Herba diui Roperti, vel Ruperti, Herba rubea, Herba Gruis, Gottes Gnad, Ruprechtskraut, Giftkraut, Rothlaufkraut, Gichtkraut, Storchschnabel, klein Schelwurz, St. Robertskraut, Rupertskraut, Blutkraut, Blutwurz, klein Schwalbenwurz, klein Schwalbenkraut. IX.

Die Blätter sind temperirt im warmen, und mäßig kalt und trocken, (warm im ersten und trocken im dritten Grad, reinigen, trocknen, schließen die Wunden, ziehen ein wenig zusammen, und werden in aufgeborstenen und aufgesprungenen Brüsten, Geschwären der Schaam, Wunden, in zusammen gelaufenem Geblüt und geronnener Milch gebraucht. Aeusserlich macht man aus denen zerstoßenen Blättern mit Eßig und Salz ein Pflaster, welches man wider die Hitze derer Fieber, die aufgesprungenen Brüste zu heilen, ingleichen die Milch und Schwulst derer Beine zu resolviren, auflegen kan. Es kan aus dem mit Schweinefett gestampften Geranio ein Pflaster verfertiget werden, so im Beinbruch, vornemlich, wenn eine ziemliche Portion vom Lapide fabuloso darzu kömmt, ungemeine Dienste thut. Erastus lobet auch diesen Stein mit Quittenschleim vermenget in der Bräune, Mundgeschwären und Rose. Das Pulver hiervon heilet die gebrochenen Beine und geschwornen Geburtsglieder. Das destillirte Wasser curirt den Krebs.

Geranium *Rupertianum*, v. Geranium *Robertianum*.

Geranium sanguineum, Blutwurzel. IV.

Geranium scandiophyllon, v. Geranium moschatum.

Geranium subrotunda radice *Diosc.* v. Geranium tuberosum.

Geranium supinum, v. Geranium moschatum.

Geranium tuberosum, vel bulbosum, Storchschnabel mit runden knotichten Blättern. IV.

Dieses Kraut kochet man in Wein, die Inflammationes Vuluae zu zertheilen.

Geranium tuberosum maius, v. Geranium tuberosum.

Geranium *Turcicum*, v. Geranium tuberosum.

Geranium violaceum, v. Geranium batrachoides.

Geranium vulnerarium, v. Geranium *Robertianum*.
Geranogeron, v. Geranium.
Gerhardi herba, v. Herba Gerhardi.
Gerontea, v. Senecio.
Gerontopogon flore luteo, v. Barbula hirci *Trag.*
Gesion, v. Porrum sectiuum.
Gesnera, Gesnera aus Jamaica. III.
Gethyllis, v. Porrum.
Getia, v. Caryophyllata.
Geum *Alpinum*, v. Caryophyllata montana *Matth Dod. Tab.*
Geum *Orientale* Cymbalariae folio *Tournef.* v. Caryophyllata montana *Matth.*
Geum *Plin.* v. Caryophyllata vulgaris.
Geum quartum, v. Caryophyllata montana *Matth. Dod. Tab.*
Geum *Ruell.* v. Succisiua.
Geum vrbanum, v. Caryophyllata.
Ghitta femou, v. Gummi gutta.
Gialappa, v. Jalappa.
Giarea, Giarga, v. Galega.
Giersa, v. Herba *Gerhardi*.
Gingiber, v. Zingiber.
Gingidium, v. Chaerefolium.
Gingidium alterum, v. Chaerefolium.
Gingidium *Dioscoridis*, v. Chaerefolium.
Gingidium foliis Bauciae *Syriacum*, v. Chaerefolium.
Gingidium foliis cheorophylli, v. Chaerefolium.
Gingidium foliis pastinacae latifolium, v. Chaerefolium.
Gingidium, *Hispanicum*, v. Chaerefolium.
Gingidium latifolium, v. Chaerefolium.
Gingidium selinophyllum, v. Chaerefolium.
Gingidium vmbella oblonga, v. Chaerefolium.
Giniber, v. Zingiber.
Ginsem, v. Ninzin.
Ginsing, v. Ninsing.
Ginfzeng, v. Ninzin.
Gis, v. Equisetum.
Gith, v. Nigella.
Gith, quod in segete nascitur, v. Nigella.
Githago *Trag.* v. Nigellastrum.
Githago rosae marianae, v. Nigellastrum.
Gladiolus aquatilis, v. Butomus.

Gladio-

Gladiolus caeruleus maior, v. Iris nostras.
Gladiolus *Cyperinus*, v. Juncus.
Gladiolus falsus, v. Acorus adulterinus.
Gladiolus floribus vno versu oppositis maioribus, v. Victorialis rotunda, v. Macherone.
Gladiolus florum ordinibus cinctus, v. Victorialis rotunda, v. Macherone.
Gladiolus foetidus, v. Spatula foetida.
Gladiolus *Indicus*, v. Victorialis rotunda, v. Macherone.
Gladiolus *Italicus*, v. Victorialis rotunda.
Gladiolus liliis luteis, v. Acorus adulterinus.
Gladiolus luteus, v. Victorialis rotunda.
Gladiolus *Narbonensis*, v. Victorialis rotunda.
Gladiolus nostras, v. Victorialis rotunda.
Gladiolus palustris, v. Sparganium.
Gladiolus peregrinus, v. Victorialis rotunda.
Gladiolus segetalis *Indica*, v. Victorialis rotunda, v. Macherone.
Gladiolus victorialis femina, v. Victorialis rotunda.
Gladiolus vtrinque florifluus, v. Victorialis rotunda.
Glandes terrestres, v. Apios *Trag.*
Glandifera, v. Quercus.
Glandula, v. Apios.
Glans, eine Eichel, die Frucht von dem Eichbaume, eine Ecker.
Wird im Durchfall, Mutter und Samenfluß gebrauchet.
Glans *Aegyptiaca*, v. Balanus myrepsica.
Glans Fagea, Buchecker, v. Fagus.
Glans *Jouis*, v. Castanea.
Glans myrepsica, v. Balanus myrepsica.
Glans *Sardinia*, v. Castanea.
Glans terrestris *Clus.* v. Apios *Trag.*
Glans vnguentaria, v. Balanus myrepsica.
Glastifolia, v. Turritis *Offic.*
Glasto similis inter segetes, v. Myagrum.
Glastrum, v. Myagrum.
Glastum, Isatis, Lytrum, Lutea, Guadum, Weid. VI.
Das Kraut trocknet, hält an, ziehet zusammen und reiniget. Ist ein gut Wundkraut, heilet und heftet frische Wunden, und faule flüßige Schäden, die abgehauenen Nerven heftet es wieder an die Muskeln, wird daher unter die Wundpflaster und Wund-

Wundtränke genommen, in Wein gesotten, tödtet die Würmer, reiniget das Geblüte, ist denen Milzsüchtigen gut. Die Wurzel im Wein gebraucht, dienet wider die gelbe Sucht, zertheilet die Geschwulst, sc[illegible]et die Wunden, stillet den starken Durchfall und allzu[illegible]ufigen Zufluß der monatlichen Blüte, und wird hauptsächlich zur blauen Farbe gebrauchet. Der Reichthum, der durch diese Farbe ehedem aus andern Ländern nach Thüringen gezogen worden, verdienet wohl noch, die eigentliche Zubereitung hierbey kürzlich anzuführen. Man pfleget dieses Kraut in gutes oft und tief gepflügtes und gedüngtes Land sowohl im Herbst, als im Frühjahre zu säen, da es denn drey oder viermahl abgeschnitten, oder mit einem scharfen Eisen von der Wurzel abgestoßen wird. Bey jeder Ernde ist man gewohnt, den Acker mit der Egge zu überziehen, damit das Unkraut, welches der Farbe schädlich ist, so viel möglich getilget werde. Wenn die Blätter reif sind, werden sie so fort abgestoßen, in reinem Wasser abgewaschen, dadurch von Erde und Sand gereiniget, und alsdenn wieder getrocknet, weiter auf einer besonders hierzu verfertigten Mühle, vermittelst eines eingekerbten Steines gemahlen, oder zerquetschet, in Ballen, als kleine Schneeballen gestaltet, zusammen gedruckt, auf weidenen Horden getrocknet, und diese Ballen von dem Landmann in denen Städten Schockweise an die Kaufleute verkaufet. Die Aufkäuser aber machen diesen Weid folgender gestalt zu Kaufmannswaare. Wenn sie 20 bis 60000 Schock solcher Ballen beysammen haben, bringen sie solchen auf einen räumlichen und lüftigen Boden, auf einen großen Haufen, und schütten ihn etwa eine Elle hoch über einander, wodurch er sich in sich selbst erwärmet. Sodann werden die Ballen mit etwas Wasser angefeuchtet, zerschlagen, wieder auf einen Haufen geschaufelt, und eine große Menge Flußwasser darauf gegossen, wodurch es sich dergestalt erhitzet, daß man keine Hand darinnen zu halten vermögend ist. Durch diese Hitze aber dämpfet zugleich das Wasser als ein Rauch wieder davon weg. Hier gehet nun die rechte Gährung vor sich. Der Arbeiter aber muß Acht haben, daß der Waid nicht etwa gar verbrenne. Wenn die Massa ihre gehörige Reife erlanget hat, wird der Haufen mit einem Haaken wieder von einander gezogen, mit einem starken Brete, welches eine Elle ins Gevierte hat, woran ein Stiel schief eingezapfet, und das unten her mit kurzen ein-

eingeschlagenen Stacheln versehen ist, zerquetschet, zerrieben, und kleiner gemacht, sodann wieder auf einen Haufen geschaufelt und von neuem mit Wasser begossen, da es sich wieder von neuem erhitzet, das Wasser von sich stößet und verzehret, zugleich aber in sich fermentiret, und hiermit desto zärter wird. Dasjenige, welches unter dem Haufen seine Gare oder Vollkommenheit erlanget hat, wird durch ein dazu geschicktes Dratsieb geworfen und aufgehoben. Das Ueberbleibsel des noch nicht genugsam durchgearbeiteten Haufens wird noch kleiner gemacht, zum drittenmale auf einen Haufen geschaufelt, und mit Wasser begossen, wodurch es vollends gar und geschickt wird, durch das Dratsieb geschlagen zu werden. Hierauf wird die zarte Materie ausgetrocknet, in Fässer gepackt, und an die Färber verkaufet. Man kan leicht erachten, daß, weil der Farbesaft noch mit dem Kraute vermischt ist, solcher nicht so viel, als der Saft vom Indig färben könne, welcher letztere durch den Handel zur See zu uns gebracht wird, und von dem ein Pfund fast so viel, als von jenem ein Centner verrichten soll, daher auch der Preis dieser beyden Farben gar um ein merkliches unterschieden ist. Diesem allen ohngeachtet versichern einige, daß der Weid eine weit schönere und beständigere Farbe, als der Indigo geben sollte. Die Anil, oder Indigpflanze wird also bereitet: Das Kraut wird nemlich abgeschnitten, in einen großen gemauerten Trog gebracht, und Wasser darauf gegossen. Auf solche Weise passiret es in vier bis 5. Wochen die Gährung, und theilet seine Salze und Farbe dem Wasser mit, dieses wird in den Schlagtrog abgezapfet, und darinnen durch die Sclaven so lange gerühret und geschlagen, bis es einen Schaum giebet, und die Farbentheile gleichsam wie Butter zusammen fließen. Alsdenn wird es in den dritten Trog gezapfet, woselbst es sich allgemach im Wasser zusammen setzet. Das lautere Wasser wird abgezapft, die Farbe aber in Säcken aufgehangen, und recht getrocknet, und also hiermit zum Verkauf an die Färber vollkommen gemacht. Aus dieser Präparation siehet man, daß diese blaue Indigfarbe, welche heutiges Tages aus Westindien zu uns gebracht wird, nur der rein extrahirte Saft aus der Indigpflanze sey, immaßen das Kraut selbst gleich in dem obigen Troge, als Unrath weggeworfen wird. Es würde dannenhero auch bey unserm Weid die Mühe sich wohl belohnen, wenn, zumal in gegenwärtigen hellen Zeiten, ein wohlerfahrerfahrner Naturforscher, welcher Zeit und Gelegenheit darzu hat, zum Besten unserer Mitbürger, und zur Aufnahme des inländischen Handels, durch fleißige Untersuchung eben dergleichen concentrirten Saft aus dem Weid, auch wohl aus andern hiezu dienlichen Kräutern, davon unser Land einen großen Ueberfluß aufzuweisen hat, hervorzubringen sich die Mühe nehmen wollte. Die Vermehrung des Commercii und der Ueberfluß des Geldes, welches daher unter unsern Landsleuten rolliren würde, das wir bisher fremden Völkern zusenden müssen, würde die Wichtigkeit dieser Sache in der That mit mehrern beweisen.

Glastum silvestre, v. Glastum, v. Molybdena.

Glaucium *Diosc.* v. Piper spinosum.

Glaucoides, v. Anagallis.

Glaux *Clusii*, v. Onobrychis.

Glaux *Diosc.* eine heutiges Tages noch unbekannte Pflanze. Was dieses eigentlich für eine Pflanze sey, ist nicht ausgemacht; denn etliche halten es pro Loto, etliche pro Onobrychide, etliche pro Glycyrrhiza silvestri.

Glaux exigua maritima, v. Glaux *Offic.*

Glaux *Hispanica*, v. Glaux *Offic.*

Glaux marina minor, v. Glaux *Offic.*

Glaux maritima maior, v. Glaux *Offic.*

Glaux montana purpurea nostras, v. Glaux *Offic.*

Glaux *Offic.* Hispanica *J. Bauh. Chab. Rivin. Clus. Park.* Milchwurz, Mutterkraut. III.

Wächset auf bergigten, wilden und kreidigten Boden, wird mit unter die Gerste gekochet, und die Milch zu erwecken verordnet.

Glaux silvestris, v. Glycyrrhiza silvestris.

Glaux vulgaris, v. Glycyrrhiza silvestris.

Glechoma, v. Hedera terrestris.

Glinus, s. Glinos, v. Acer.

Globularia coerulea, v. Bellis coerulea.

Globularia minor flore coeruleo, v. Bellis coerulea.

Globularia *Monspeliensium, Lob. Tab.* v, Bellis coerulea.

Globularia montana, v. Bellis coerulea.

Glorophis, v. Ranunculus.

Glukvva Russorum, v. Oxycoccos.

Glycomela I. et II. v. Pomus.

Glycoriza, v. Glycyrrhiza.

Glycyrrhiza, Radix dulcis, Liquiritia et Glycoritia *Offic.* Süßholz, Süßwurz, Lackritz, Leckritze, Leckritzenholz. III. Wächset in Deutschland bey Bamberg, in Frankreich, Spanien, Italien. Die Wurzel ist temperirt im warmen, kalt und feucht, verbessert die Salzigkeit des Geblüts, und dämpfet die dahero entstehenden Schmerzen, vornemlich im Stein, Geschwären der Nieren, Blase, Lungen, der Mutter und des männlichen Gliedes. Sie feuchtet, zertheilet, eröfnet, löschet den Durst, stärket den Magen, wird wider den Sood, Engbrüstigkeit, Seitenstechen, ingleichen wider Lungen- und Nierenbeschwerungen, Husten, Heischerkeit, Schwindsucht u. d. g. gebrauchet. Sie lindert den Schmerz, vertreibet das schmerzhafte und tropfenweise Harnen, und den trockenen Husten. Aeusserlich dienet das Pulver hiervon, mit Weitzenmehl oder Kleyen, im Podagra und desselben Schwulst, in Geschwären der Augen, Mund- und andern Geschwären, Wunden und der Rose. Den dick eingekochten Saft nennet man Bärendreck, Lackritzensaft, Süßholzküchlein. Herr D. le Mort und Zwelfer machen hiervon den Syrupum Simplicem und Compositum. Das Extract curirt den Husten, Rauhigkeit, Seitenstechen, Schwindsucht, Stein, Brennen des Urins und allerhand Krankheiten der Blase. Die Salbe trocknet, kühlet, reiniget, heilet Entzündungen, die Rose, hitzige Blätterlein und Geschwäre.

Glycyrrhiza capite echinato, v. Glycyrrhiza.

Glycyrrhiza echinata, v. Glycyrrhiza.

Glycyrrhiza *Germanica*, v. Glycyrrhiza.

Glycyrrhiza *Italica*, v. Glycyrrhiza.

Glycyrrhiza leuis, v. Glycyrrhiza.

Glycyrrhiza non echinata, v. Glycyrrhiza.

Glycyrrhiza filiquosa, v. Glycyrrhiza.

Glycyrrhiza siluestris, Foenum Graecum s. Lotus siluestris *Trag.* Polygala *Cord.* Glaux siluestris *Clus.* Glaux vulgaris *Offic.* Foenum Graecum siluestre, Hedysarum, Astragalus luteus perennis procumbens, Lackritzenwicke, wild Fönum Gräcum.

Glycyrrhiza succus, Süßholz, Lackritzensaft, v. Glycyrrhiza. II.

Glycyrrhiza vera, v. Glycyrrhiza.

Glycyrrhiza vulgaris, v. Glycyrrhiza.

Glykypicron, v. Dulcamara.

Glykys agkon, v. Abrotanum mas,

Gna-

Gnaphalion *Tragi*, v. Linaria.
Gnaphalium, Ruhrkraut, Heinschkraut. XII.
Gnaphalium *Alexandrinum*, v. Chrysocome *Offic.*
Gnaphalium *Alpinum*, v. Leontopodium.
Gnaphalium *Alpinum*, magno flore folio oblongo, v. Leontopodium.
Gnaphalium *Alpinum* magno flore folio breui, v. Leontopodium.
Gnaphalium *Alpinum* minus, v. Leontopodium.
Gnaphalium *Anglicum*, v. Gnaphalium.
Gnaphalium *Belgicum* folio longiore, v. Leontopodium.
Gnaphalium *Dioscoridis*, v. Linaria.
Gnaphalium legitimum, v. Leontopodium.
Gnaphalium luteum peregrinum specioso flore, *Volk.* v. Chrysocome *Offic.*
Gnaphalium maius angusto oblongo folio, v. Leontopodium.
Gnaphalium medium, v. Leontopodium.
Gnaphalium minimum marinum, v. Leontopodium.
Gnaphalium minus, v. Leontopodium.
Gnaphalium montanum flore rotundiore, v. Leontopodium.
Gnaphalium montanum longiore folio et flore, v. Leontopodium.
Gnaphalium montanum, Pié du Chat, Bergruhrkraut. VI.
Wird wider die Schwindsucht gebrauchet.
Gnaphalium montanum purpureum, v. Leontopodium.
Gnaphalium vulgare, v. Filago.
Gnaphalodes *Lusitanica*, Portugiesische Gnaphalodes.
Gnidium, v. Thymelaea *Offic.*
Gomphrena, v. Amaranthus.
Gongyli, v. Rapa.
Gonoleta, v. Milium Solis.
Gordylium, v. Meum.
Gorgylum, v. Meum.
Gossipium, v. Bombax.
Gralēga, v. Galega.
Gramen, Gras. XXXV.
Gramen aculeatum, v. Gramen Mannae.
Gramen *Africanum*, v. Gramen.
Gramen Aleopecurinum, Fuchsschwanz. III.
Gramen Alopecuros maius spica longiore, v. Schoenanthum.

Gramen Alopecuros minus spica longiore, v. Gramen Alopecurinum.

Gramen Alpinum, Rabinum, v. Gramen.

Gramen amoris, v. Gramen.

Gramen amygdalosum, v. Gramen.

Gramen anatum, v. Gramen fluuiatile.

Gramen aquaticum, Wassergras. IV.

Gramen aquaticum geniculatum, v. Gramen aquaticum.

Gramen aruense, v. Gramen caninum.

Gramen arundinaceum, Riedgras. IV.

Gramen arundinaceum spicatum, v. Gramen arundinaceum.

Gramen arundinaceum spinis multiplicibus, v. Gramen arundinaceum.

Gramen auenaceum, Wiesenhabergras. III.

Gramen auenaceum montanum lanuginosum, v. Gramen auenaceum.

Gramen *Barcinonense*, v. Gramen.

Gramen bufonarium, v. Gramen Junceum.

Gramen bulbosum, v. Gramen caninum.

Gramen *Canariense* v. Phalaris.

Gramen caninum s. aruense, Cynagrostis, gramen fruticosum, viride terram erodens, sarsap llaceum *Maur. Hofm.* Agrostis, ἄγρωστις, Rehgras, Queckengras, Hundegras, Pedengras, Wurmgras, Tzwecken, Rechgras. IV.

Die Wurzel und Kraut ist kalt im ersten und trocken im andern Grad, öfnet, hält gelinde an, dienet wider Verstopfungen der Leber, Milz, Harngänge, Blutspeichel, Würme, Wassersucht, Milzbeschwerungen, Abzehrung der Glieder, Hüftweh, Stein und Durchfall. Aeußerlich in starken Kopfwehtagen, Entzündung der Augen, Rinnen und Vereiterung der Ohren, Zahnschmerzen, Schwulst der Füße im Podagra. Mit dem gebrannten Wasser pfleget man im Durchlauf der Kinder den Leib zu waschen. Das Decoctum der frischen Wurzel curiret das Malum hypochondriacum, Verstopfung der Milchgefäße, die Dürrsucht, das Abnehmen, den Scorbut und Zahnbeschwerungen.

Gramen caninum aruense, v. Gramen caninum.

Gramen caninum longius radicatum marinum alterum, v. Gramen caninum.

Gramen caninum maritimum spica foliacea, v. Gramen caninum.

Gramen caninum nodosum, v. Gramen caninum.
Gramen caninum supinum, v. Gramen caninum.
Gramen caryophyllatae foliis, Näglein gras, v. Gramen.
Gramen ceruinum, v. Coronopus.
Gramen Conchroides, v. Gramen miliaceum.
Gramen *Cyperinum*, Cyprisch Gras. VI.
Gramen *Cyperinum* maius, v. Gramen *Cyperinum*.
Gramen *Cyperinum* nemorosum, v. Gramen *Cyperinum*.
Gramen *Cyperinum* palustre minus, v. Gramen *Cyperinum*.
Gramen *Cyperinum* pilosum, v. Gramen *Cyperinum*.
Gramen *Cyperoides*, v. Gramen *Cyperinum*.
Gramen dactylon angustifolium, v. Gramen sanguinarium.
Gramen dactylon aquaticum, v. Gramen aquaticum.
Gramen dactylon esculentum, v. Hepatica alba, v. Vnifolium.
Gramen dactylon foliis latioribus, v. Gramen sanguinarium.
Gramen dactylon *Ischaemon Plinii*, v. Gramen sanguinarium.
Gramen dactylon spicis villosis, v. Gramen sanguinarium.
Gramen *Dalechampii*, v. Gramen *Cyperinum*.
Gramen *Dioscoridis*, v. Gramen.
Gramen epigonatocaulon, v. Gramen Junceum.
Gramen eriophorum, v. Linaria.
Gramen esculentum, v. Gramen Mannae.
Gramen exile, v. Gramen.
Gramen floridum, Blumengras. II.
Gramen fluitans, v. Gramen aquaticum.
Gramen fluuiatile, Fluthgras. II.
Gramen fluuiatile album, v. Gramen fluuiatile.
Gramen fluuiatile spicatum, v. Gramen fluuiatile.
Gramen foliolis junceis breuibus minoribus, v. Gramen auenaceum.
Gramen fruticosum, v. Gramen caninum.
Gramen geniculatum, v. Agrostis.
Gramen harundinaceum, v. Gramen arundinaceum, v. Juncus.
Gramen harundinaceum aruense, v. Gramen arundinaceum.
Gramen harundinaceum maius, v. Gramen arundinaceum.
Gramen harundinaceum minus, v. Gramen arundinaceum.
Gramen harundinaceum montanum, v. Gramen arundinaceum.
Gramen harundinaceum panniculatum, v. Gramen aquaticum.
Gramen hederaceum, v. Hepatica alba, v. Vnifolium.
Gramen hirsutum, v. Gramen Mannae.

Gramen hirsutum capitulis Psyllii, v. Gramen *Cyperinum*.
Gramen hirsutum latifolium maius, v. Gramen Paniceum.
Gramen hirsutum nemorosum, v. Gramen paniceum.
Gramen *Hispanicum*, v. Gramen.
Gramen hordaceum, v. Aegilops.
Gramen Ischaemum, v. Gramen sanguinarium.
Gramen Junceum, Binsengras, v. Juncus. VI.
Gramen junceum aquaticum, v. Juncus.
Gramen junceum aquaticum maius, v. Juncus.
Gramen junceum aquaticum minus, v. Juncus.
Gramen junceum folio articulato aquatico, v. Juncus.
Gramen junceum folio articulato siluestri, v. Juncus.
Gramen junceum folio spica junci, v. Juncus.
Gramen junceum marinum dense stipatum, v. Juncus.
Gramen junceum nemorosum, v. Juncus.
Gramen junceum polystachion, v. Juncus.
Gramen junceum spicatum, v. Juncus.
Gramen junceum siluestre, v. Juncus.
Gramen junceum triquetrum, v. Gramen *Cyperinum*.
Gramen laniferum, v. Linaria.
Gramen leporinum et tremulum, *Tab.* v. Aegilops *Plin.*
Gramen Leucanthemum, Caryophyllus aruensis, glaber flore maiore, Alsine pratensis gramineo flore ampliore, Blumengras. III.
Kühlet, trocknet und curirt die Entzündungen der Augen.
Gramen Leucanthemum spica longiore, v. Lolium IV.
Gramen loliaceum, v. Lolium IV.
Gramen maius aquaticum, v. Gramen arundinaceum.
Gramen Mannae, Himmelsthau, Manna, Schwaden. II.
Der Samen hat einen überaus lieblichen Geschmack, giebt gute Nahrung, laxiret gelinde, wird zu Suppen oder Müsern verbrauchet, wächset in Pohlen, Schlesien und Preussen.
Gramen Mannae alterum, *Dod.* v. Panicum siluestre, *Matth. Tab.*
Gramen Mannae puniceum spina diuisa, v. Gramen Mannae alterum *Dod.*
Gramen Mannae siluestre, s. alterum, v. Panicum.
Gramen Mariae, Mariengras, Frauengras.
Ist ein überaus fettes und öhlichtes Gras, welches vielen Saft in sich enthält, folglich auch zur Viehfütterung ungemein bequem ist. Es wächset an manchen Orten über zwey Schuh hoch,

giebt also viel Viehfütterung. Der Samen, welchen dieses Gras in großer Menge giebt, giebt Oel zum schmelzen und zum Brennen. Es wird in 5 bis 6 Wochen von der Zeit der Aussaat des Samens zum Abhauen, und in 8 Wochen zu Abnehmung des Samens reif, kan bey gutem und schlechtem Boden angebracht werden, und ziehet denselben nicht so, wie andere Gewächse, aus. Es ist daher in der Oeconomie von großem Nutzen, maßen die Felder nach Einerndung des Getreydes damit sogleich können besäet, und folglich allezeit genutzet werden. vid. Oeconomische Nachrichten 34 Stück p. 731. Bey genauerer Untersuchung hat man endlich befunden, daß dieses Gras zu dem Spergula oder Spary zu rechnen sey.

Gramen marinum maius, v. Juncus.

Gramen marinum minus, v. Juncus.

Gramen marinum spicatum, v. Juncus.

Gramen maritimum, v. Juncus.

Gramen medicatum, v. Gramen caninum.

Gramen Miliaceum, Hirsengras, v. Gramen.

Gramen minus duriusculum, v. Gramen auenaceum.

Gramen minus rubrum seu album, v. Gramen auenaceum.

Gramen montanum auenae semine, v. Gramen auenaceum.

Gramen montanum auenaceum spicatum, v. Gramen siluestre.

Gramen murorum, v. Aegilops.

Gramen nemorosum, v. Gramen siluaticum.

Gramen nemorosum caliculis paleaceis, v. Gramen junceum.

Gramen nemorosum spica rufescente molli, v. Gramen siluestre.

Gramen nemorosum spica subnigra recurua, v. Gramen *Cyperinum*.

Gramen nemorosum spicis paruis asperis, v. Gramen siluestre.

Gramen nigrum, v. Gramen.

Gramen nodosum auenacea particula, v. Gramen tuberosum.

Gramen Ossifragum, Beingras aus Norwegen.

Wächset in Norwegen. v. Simon. Paul. et Acta Hafn.

Gramen palustre *Cyperoides*, v. Gramen *Cyperinum*.

Gramen palustre paniculatum altissimum, v. Gramen aquaticum.

Gramen Paniceum, Fennichgras. III.

Gramen paniceum spica aristis longis armata, v. Gramen paniceum.

Gramen paniceum spicis nigris, v. Gramen paniceum.

Gramen panniculatum minus rubrum, v. Gramen.

Gramen

Gramen panniculatum pratense, v. Gramen.
Gramen panniculatum pratense minus, v. Gramen auenaceum.
Gramen panniculatum variegato folio, v. Gramen.
Gramen *Parnassi* v. Hepatica alba, v. Vnifolium.
Gramen *Parnassi* albo pleno flore, v. Hepatica alba.
Gramen *Parnassi* duplicato flore, v. Hepatica alba.
Gramen *Parnassi* flore albo simplici, v. Hepatica alba.
Gramen *Parnassi* maius, v. Hepatica alba, v. Vnifolium.
Gramen Phaleroides, v. Phalaris.
Gramen Phaleroides alterum, v. Alopecuros.
Gramen Phaleroides maius s. Italum, v. Alopecuros.
Gramen pictum, v. Gramen.
Gramen plumeum, Federgras, v. Gramen.
Gramen polyanthemum, v. Juncus.
Gramen polyanthemum maius, v. Juncus.
Gramen polyanthemum minus, v. Juncus.
Gramen polyanthos, v. Aegilops.
Gramen pratense maius, v. Gramen.
Gramen pratense tormentosum pannicula sparsa, v. Linaria.
Gramen pratense *Trag.* loliaceum, v. Gramen arundinaceum.
Gramen puniceum spica diuisa, v. Panicum.
Gramen Rabinum, v. Gramen.
Gramen rauisum, v. Gramen caryophyllatae foliis.
Gramen rauisum montanum, v. Gramen caryophyllatae foliis.
Gramen regium minus, v. Cataputia minor.
Gramen *Sabaudum*, v. Gramen.
Gramen sanguinarium, Blutgras. II.
Gramen sarsapillaceum, v. Gramen caninum.
Gramen sederaceum, v. Vnifolium.
Gramen segetale, v. Gramen caninum.
Gramen segetale panniculatum, v. Gramen caninum.
Gramen segetum altissima pannicula sparsa, v. Gramen caninum.
Gramen segetum pannicula arundinacea, v. Gramen arundinaceum.
Gramen segetum pan[illegible]ula speciosa latiore, v. Gramen caninum.
Gramen serpentinum, v. Coronopus.
Gramen siluaticum, Waldgras. IV.

Gramen sorghi effigie, v. Sorghum.
Gramen sorghi pannicula erectum, v. Sorghum.
Gramen sorghinum, v. Sorghum.
Gramen sparteum, Pfriemengras. VI.
Gramen sparteum Juncifolium, v. Gramen sparteum.
Gramen sparteum pannicula comosa, v. Gramen sparteum.
Gramen sparteum spicatum foliis mucronatis longioribus, v. Gramen sparteum.
Gramen spicatum, v. Gramen auenaceum.
Gramen spicatum alterum, v. Juncus.
Gramen spicatum foliis Veronicae, v. Gramen caryophyllatae foliis.
Gramen striatum, bunt Gras, v. Gramen.
Gramen sulcatum, v. Gramen caninum.
Gramen terram erodens, v. Gramen caninum.
Gramen tomentarium, v. Linaria.
Gramen tomentosum spicatum, v. Gramen sparteum.
Gramen tremulum, v. Juncus.
Gramen triglochinum, v. Juncus.
Gramen tuberosum, Knollengras.
Gramen Typhynum, Lieschgras. III.
Gramen Typhoides asperum alterum, v. Gramen Typhynum.
Gramen Typhoides culmo relicto, v. Gramen caninum.
Gramen Typhoides molle, v. Gramen Typhynum.
Gramen Typhoides alopecuroides, v. Alopecuros.
Gramen viride, v. Gramen caninum.
Gramen Virgineum, v. Gramen floridum.
Gramen vulgo cognitum, v. Gramen.
Granadilla, v. Flos passionis.
Grana Kermes, v. Kermes.
Grana Paradisi, v. Cardamomum.
Granata, Malus Punica, Malus granata, punica satiua *C. Bauh.* Mucaegranata Punica, quae malum granatum fert, *Caes.* Malogranatum, Granata arbor, Granaten, Margaranten, Margranten, fruchtbare Granaten. V.

Wächset in Italien und Frankreich, auch hin und wieder in deutschen Gärten, ist warm im ersten, und trocken im andern Grad. Die Aepfel dienen dem Magen, werden aber selten gebrauchet. Die süßen Aepfel curiren den lange anhaltenden Husten; die sauren kühlen, ziehen zusammen, und bekommen dem Magen wohl, vertreiben den Samenfluß, gal-

lichte

lichte Fieber, Appetit zu ungereimten Dingen, (als Kohlen, Mist, Kreide, Holz, Schuhsohlen,) Mundfäule, und stillen den allzustarken Abgang der güldenen Ader. Die weinsäuerlichen Granaten, so man gemeiniglich Grana Muzae zu nennen pfleget, stärken das Herz und Haupt, und sind ein bewährtes Remedium in Ohnmachten und Schwindel. Die Blüte von denen wilden Granaten heißet Balaustium, und von denen Gartengranaten, so den Namen Cytinus führet, hält an und verdicket, ist warm und trocken im andern Grad, heilet den Durchfall, rothe Ruhr, den monatlichen Tribut des Frauenzimmers, allerhand Blutflüsse, das lockere Zahnfleisch und Brüche. Die Schalen von denen Aepfeln oder Malicorium, item Psidium (vielleicht σίδιον) stillet den weiblichen Abgang, Nasenbluten, Samenfluß, allzustarkes Erbrechen, die verderbliche Lust und unordentlichen Appetit der Schwangern. Sie pflegen auch äußerlich in Entzündungen und Vereyterung der Schaam gut zu thun, halten die güldene Ader zurück, verwahren die Augen vor den Blattern und Pocken, und befestigen die wacklenden Zähne. Die Kern sind kalt, und halten an. Man hat von denen Granaten unterschiedene Präparata, denn es sind der fließende Saft, der süße und saure Syrup, und andere Medicamenten davon zu bekommen.

Granatiglia, v. Ricinus *Americanus*.

Granatilla, v. Flos passionis.

Granatilli, v. Ricinus *Americanus*.

Granella, v. Santonicum.

Granum, ein Korn im Getreyde.

Granum *Auincennae*, v. Piper *Aethiopicum*.

Granum cordis, v. Pisum vesicarium.

Granum Gnidium, v. Thymelaea.

Granum Parnassi, vulgo Heidekorn, v. Frumentum *Saracenicum*.

Der aus dem grünen Heydekorn ausgepreßte Saft thut gut im Rinnen der Augen. v. Jonston. in Syntagm. Pract. Part. III. Lib. II. Cap. III. p. m. 761.

Granum regium maius, v. Ricinus vulgaris.

Granum regium minus, v. Cataputia minor.

Granum tinctorum, v. Kermes.

Grassula, v. Fabaria.

Gratia Dei coerulea, v. Geranium *Robertianum*.

Gratia Dei *Germanorum*, v. Geranium batrachoides s. *Robertianum*, v. Gratiola, v. Meum.

Gratia Dei minor, v. Geranium *Robertianum*.

Grati Gallinae, v. Lactuca agnina.

Gratiola angu ifolia *Park.* v. Hyssopifolia.

Gratiola centauroides, v. Gratiola.

Gratiola caerulea, Lysimachia caerulea galericulata, Tertianaria, Scutellaria palustris *Morison*. Fieberkraut. IV.

Curirt die Fieber, insonderheit das dreytägige.

Gratiola, Limnesium, Centauroides, Gratia Dei, Centaurium aquaticum *Gesn.* Digitalis minima, Eupatorium *Mesues*, Aurina alba, wild Aurin, weis Aurin, Grazede, Gottes Gnad, Gnadenkraut, Gnade Gottes, Gottes Hülfe, Erdgalle, Niesekraut. II.

Die Blätter sind warm im dritten, und trocken im andern Grad, führen oben und unten die wässerichte, zähe und gallichte Materie ab, curiren die Wasser- und gelbe Sucht, Würme, lange anhaltende Fieber, und das Hüftwehe. Man hat hiervon das Extract, destillirte Wasser, die in Zucker eingesetzten Blätter und das Salz.

Gratiola minor *Gesn.* v. Hyssopifolia.

Grielum, v. Leuisticum.

Grossularia, Stachelbeerstrauch. IX.

Grossularia acinis hirsutis, v. Grossularia.

Grossularia multiplici acina, siue non spinosa hortensis rubra, v. Grossularia.

Grossularia non spinosa fructu nigro *C. Bauh.* v. Ribes nigra *Lob. Tab.*

Grossularia rubra, v. Ribes vulgaris.

Grossularia simplici acino, v. Grossularia.

Grossularia spinosa siluestris, v. Grossularia.

Grossus, v. Ficus.

Gruaria, v. Geranium.

Gruina, v. Geranium cicutae folio.

Gruinalis, v. Geranium.

Guaacan, v. Guajacum.

Guabus.

Eine Peruvianische Frucht, die unter dem Namen Pacars bekannt ist. Es ist eine Schote, die auf beyden Enden platt ist, fast wie das Johannisbrod. Die Guaba ist ganz mit einer glatten Schale umgeben. Die verschiedenen Höhlen, in welche

diese

diese Schote eingetheilet ist, enthalten alle ein gewisses schwammichtes, sehr leichtes und weißes Mark, wie Baumwolle.

Guadarella, v. Antirrhinum, *Trag.*

Guadum, v. Glastum.

Guajabara, die Seetraube. III.

Guajacana, *Eyst.* v. Lotus *Africana*, *Matth.*

Guajacum, Lignum Indicum s. sanctum, Guaacan, Guaiacan, Hujacum, Palus sanctus, ἁγιόξυλον, Hagioxylon *Forest.* Lignum benedictum, Lignum vitae, Palma sancta, Lignum Gallicum, Franzosenholz, heilig Holz, Pockenholz, Blatterholz, Bladerholz III.

Wächset in denen Americanischen Insuln St. Dominici und Nicaragoa. Man brauchet hiervon das Holz und die Rinde, welche warm sind im ersten Grad. Das Gummi dieses Holzes ist warm im andern und trocken im dritten Grad, treibet Schweis und Urin, reiniget das Geblüte, widerstehet der Fäulung, dem Scorbut, der Krätze, giftigen Krankheiten, Milz- Mutter- und Herzensbeschwerungen, Verstopfung des Gekröses, der Schwindsucht. NB. Etliche wollen unter dem Guajaco und Ligno sancto einen Unterscheid suchen, weil das Guajacum weißer als das Lignum sanctum zu seyn pfleget; aber es ist ein Baum, denn was vom Stamme abgehauen wird, und schwarz aussiehet, heißet Lignum sanctum, das andere aber wird Guajacum genennet. Sie haben einerley Wirkungen, und werden allen Medicamenten in der Cachexie vorgezogen. Man hat hiervon das Oel und den Spiritum, welche äußerlich in der Gicht gut thun, inwendig aber die dicke Materie durchschneiden und verdünnen, den zähen Schleim zertheilen, die feuchten Theile mit ihrer trocknenden und zusammenziehenden Kraft austrocknen und stärken, und dienen deswegen im Abnehmen der [illegible]er, Gicht, Wassersucht, Flüssen und andern Beschwerungen, so von einem wässerichten und tartarischen Wesen oder Blehungen entstehen, und in denen Franzosen. Ferner pflegt auch aus dem Guajac ein Decoctum simplex et compositum, ein einfacher, und mit andern Hölzern vermischter Trank verfertiget zu werden. Hiervon pfleget die erste Abkochung einen starken Schweis zu erwecken, wenn man aber auf erwehnte Hölzer noch einmal Wasser gießet, und aufkochen lässet, so pflegen die Patienten dieses statt des ordinairen Trankes in mir gedachten Krankheiten zu brauchen. Wenn das Holz im Munde gehalten wird, so vergehen hiervon die Zahnschmerzen. Das Extract und rectificirte Oel curiren die fallende Sucht, Zahnbeschwerungen, das ausgetretene Geblüt in den Augen, treiben Geburt und Nachgeburt, ja es wird dieses Oel auch mit unter die Mercurialsalben in der Franzosenkrankheit vermenget. Die Essenz und der Spiritus sind ein bequemer Saft, die rothen Corallen aufzulösen, und zerschmelzen Perlen ꝛc. Das gemeine Salz und Harz curiren die Franzosen, den Samenfluß und die Schwindsucht.

Guajacum, *Lon.* v. Lotus Africana, *Matth.*

Guajacum *Patavinum Fallopii*, *Lob.* v. Lotus Africana, *Matth.*

Guajava, Cujava aus America. II.

Guajucan, v. Guajacum.

Guanabanus, Flaschenbaum, Cherimonias aus America, *Plum.* III.

Guazuma, die Bastardceder in Jamaica. III.

Guidonia, Guidonia. V.

Gummi, Gummi. LXV.

Ist ein dicker Saft, so aus einem Baum oder Staude rinnet, und von einem Menstruo aqueo oder wässerichten Scheidesaft kan in einen dicken Schleim zertheilet werden, da hergegen die Resina von spirituosen und ölichten Dingen zerfließet.

Gummi Acanthinum, v. Acacia vera.

Gummi Acatiae, Acatiensaft, v. Acacia.

Gummi Ammoniacum, v. Ammoniacum.

Gummi Anime, v. Anime gummi.

Gummi *Arabicum*, v. Acacia vera.

Gummi Asphaltum, v. Asphaltum.

Gummi *Babylonicum*, v. Acacia vera.

Gummi Bdellium, v. Bdellium.

Gummi Carannae, v. Caranna.

Gummi Cerasorum, v. Cerasus.

Hat fast eben die Wirkungen, wie das Gummi Arabicum.

Gummi Copal, ein Gummi aus America.

Gummi *de Goa*, v. Gummi Gutta.

Gummi Draconis, v. Palma.

Gummi Elemi, v. Elemi, v. Agnus castus.

Gummi Galbanum, v. Narthex.

Gummi Gotta, v. Gummi Gutta.

Gummi Gutta, Ghitta Jemou, Gutta gamandra s. de Peru, Gutta Gemau, Guttigamba, Chrysopum Reinesii, Succus

Cambici oder Cambrici, Gemanugutta, Gummi Gotta, Gummi purgans Peruuianum vel Peruanum, Gummi de Goa, Gommi Gitta, Gutta Gommi, Gutta Gambae, Gutta Gambaica, Gummi de Jemu, Cattagauma, Chattejemou, Chattecemou, Gutta Cambodia, Succus Gambici, Scammonium Orientale, Gummi Gutta. II.

Wächset im Königreich Cambaja bey China, welches auch Cambodia genennet wird, und woher dieses Gummi seinen Namen hat. Es ist ein gummöschter Saft, so aus dem Tithymalo, oder, nach Joh. Bontii Meynung, aus der Javanischen Esula gesammlet wird, siehe beym Fr. Hofmann in Schroed. Es purgiret gewaltig die wässerichte Feuchtigkeit oben und unten aus, wird in der Wassersucht, Fiebern, Krätze, Jücken und Zipperlein gerühmet. Hiervon findet man das Extract, Magisterium und Essenz.

Gummi Hederae, Epheuharz, v. Hedera.

Ist ein grün, schwarz, dürres, hartes und inwendig wie braun Glas anzusehendes Gummi, eines scharfen etwas anhaltenden und guten Geschmacks, kömmt in kleinen Stückgen, so dicke Bohnen präsentiren, aus Indien und der Provinz Languedoc in Frankreich. Wird von Ephen oder Baumeppich gesammlet. Es muß fein trocken und durchsichtig seyn, und einen balsamischen Geruch bey sich führen. Man machet hieraus einen guten Wundbalsam.

Gummi de Jemou, v. Gummi Gutta.

Gummi Juniperi, Sandaracha Arabum, Vernix sicca, Wachholderharz.

Wird zum räuchern im Nerven- und Gliederwehe gebrauchet. Man kan es auch, mit dem weißen vom Ey vermischet, in allzuheftigem Nasenbluten auf die Schläfe legen.

Gummi Lacca, v. Lacca Gummi.

Gummi Laudanum, Gummi Laudanum aus Africa. II.

Gummi Lycium, v. Catechu.

Gummi Mastix, v. Lentiscus.

Gummi Myrrhae, v. Myrrha.

Gummi Olibanon, v. Thus. II.

Gummi Oppoponacum, v. Angelica. II.

Gummi Panacis, v. Panax Asclepium.

Gummi purgans *Peruuianum*, v. Gummi Gutta.

Gummi Sanderaca, v. Lentiscus.

Gummi Sarcocolla, v. Anemone.

Gummi Serapini, v. Narthex.

Gummi Storax, v. Storax.

Gummi Tacamahac, v. Gummi.

Gummi *Thebaicum*, v. Acacia vera.

Gummi Tragant, Gummi Tragant. III.

Gumphena, v. Symphonia.

Gunabanus fructu virescente, reticulato, *Plum.* noua plant. *Americ.* genera, v. Guanabanus.

Gundelia, Gundelia aus der Levante. II.

Gutta ammoniaca, v. Ammoniacum.

Gutta Camboda, v. Gummi Gutta.

Gutta Gamandra, v. Gummi Gutta.

Gutta Gamba, v. Gummi Gutta.

Gutta Gambac, v. Gummi Gutta.

Gutta Gemau, v. Gummi Gutta.

Gutta Gomi, v. Gummi Gutta.

Gymnocrython, v. Zea.

Gynus, v. Anethum.

Habilla de Cartagena.

Ist eine Frucht einer Weide in Südamerica, und wird die kleine Bohne von Carthagena genennet. Diese Bohne ist einen Zoll lang, sie ist platt, und wie ein Herz gestaltet. Sie hat eine etwas harte, aber doch dünne, weislichte und rauhe Schale. Inwendig ist ein Kern, wie ein Mandelkern, aber nicht so weis, und über die massen bitter. Dieser Kern soll das kräftigste Gegengift wider den giftigen Biß der Ottern und Schlangen seyn.

Habrotanum, v. Abrotanum.

Hab Zeli, v. Piper Aethiopicum.

Hacchiv, v. Catechu.

Hachal Indi, v. Mandragora, v. Flos mirabilis.

Haemanthus, Bluthlume. II.

Haematinomela, Blutapfel, v. Pomus.

Haemarodes, v. Sedum minus.

Haemorrhoidalis herba, v. Linaria.

Hagioxylum, v. Guajacum.

Halampu.

Ein Baum in Madagascar, dessen Holz wie Rosenwasser riecht, und nicht verdirbt.

Halica, v. Zea.
Hal cacabum, Halicacabus, v. Alkekengi.
Halicacabus peregrina, v. Corindum, v. Pisum vesicarium.
Halicacabus repens, v. Pisum vesicarium.
Halica olyrina, v. Zea.
Halica triticea, v. Zea.
Halimus, Meergewächs, Meerportulac. V.
Die Wurzel wird, das Grimmen im Leibe, Krampf und Brüche zu curiren, ingleichen die Milch zu vermehren, vorgeschlagen.
Halimus, v. Ligustrum.
Hamana, s. Hamama, v. Amomum.
Hamaticum, v. Phalaris.
Hammoniacum, v. Ammoniacum.
Handal, v. Colocynthis vera.
Hanghatsmah.
Ist eine kleine Pflanze in Madagascar, von einer sehr schönen Staudengestalt.
Haraone.
Ist ein großer Baum in Madagascar, aus welchem der Gummi kommt, den man Tamacha nennet. Seine gröste Kraft ist, daß er die kalten Geschwulste zertheilet, und die kalten Flüsse hemmet. Es ist auch ein vortreflicher Balsam vor die Wunden. Aus seinem Holze machet man Breter zu Schiffen und Barquen.
Harmala, wilde Syrische Raute, v. Ruta maior.
Harundo, v. Arundo.
Harundo aromatica, v. Acorus verus.
Harundo crassa, v. Arundo.
Harundo enodis, v. Arundo.
Harundo farcta, v. Arundo.
Harundo fistularis, v. Arundo.
Harundo *Hispanica*, v. Arundo.
Harundo lilifera, v. Cannacorus.
Harundo phragmites, v. Arundo.
Harundo saccharifera, v. Saccharum.
Harundo sagittalis, v. Arundo.
Harundo sepiaria, v. Arundo.
Harundo tropica, v. Arundo.
Harundo vallatoria, v. Arundo.
Hasta regia, v. Hastula regia.
Hastula regia, v. Pseudoasphodelus Alpinus.

Hastula regia minor, *Castor.* v. Asphodelus luteus *Dod.*

Hebenus, v. Ebenum.

Hecacantha, v. Carduus vulgaris *Matth.*

Hedera arborea, κισσὸς, (wird auch κιττὸς, von andern κορυμβήθρα, ας, ἡ, wie solches beym *Dioscoride* im Anhange l. 2. c. 210. zu sehen, genennet, und mag diese Denomination vielleicht daher entstanden seyn, weil sich dieses Kraut wie Kränze zusammen schließet, *vid. Henr. Stephan. Thes. Graec. Append. f. 1273.* Den Streit, so zwischen den *Nicol. Leonic.* und *Ang. Politian.* entstanden, *v. in epist. 6. a et b lib. 2.*) Hedera baccifera *Schwenkf.* Corymbosa communis *Lob.* Communis maior *Jo. Bauh.* Hedera scandens et Corymbosa nigra *Park.* Hedera Dionisia *Diosc.* Bacchia, Lasciua, Chenosiris, Hedera muralis, Epheu, Aeppich, Baumepheu, Mauerepheu, Mauerpfau, Mauerewich, Baumwinde, Jvenblätter, Eppich, Jloof, Jlaub, Wintergrün, Klimop, große Violen. IV.

Das Kraut ist warm und trocken, hat einen bittern, unangenehmen und harzigten Geschmack, ziehet den Mund zusammen, wärmet, trocknet, wird unter die balsamischen und Wundkräuter gezehlet, wie denn die Beere hiervon, zu 1 Quentgen in destillirten Eßig eingenommen, wider die Pest gerühmet werden. Sie vertreiben die große und ausgedehnte Milz. Man kan auch hiermit die Buckel der Kinder curiren, wenn nemlich außer diesem der Leib gebührender maßen gebunden wird. Das geschabte Holz hiervon thut, mit Schafgarbenblumen und Oel vermengt, in der rothen Ruhr gut, es schadet aber dem Haupt und Nerven. Aeußerlich curiret es die fließende Geschwäre der Kinder und Weixelzöpfe, und dienet in Fontanellen wider die Entzündungen, Nasen- und Ohrengeschwäre, und deroselben Schmerzen. Die Beere purgiren oben und unten, vornemlich in Fiebern. Das Gummi nimmt die Haare und Nüsse vom Haupte weg, und ist ein ätzendes Medicament.

Hedera assurgens, v. Hedera arborea.

Hedera bacchica, v. Hedera arborea.

Hedera baccifera, v. Hedera arborea.

Hedera *Cilicia*, v. Smilax aspera nostra.

Hedera communis maior, v. Hedera arborea.

Hedera corymbosa communis, v. Hedera arborea.

Hedera corymbosa nigra, v. Hedera arborea.
Hedera *Dionysia*, v. Hedera arborea.
Hedera helix, v. Hedera arborea.
Hedera humilis, v. Hedera terrestris.
Hedera lasciua, v. Hedera arborea.
Hedera maior, v. Hedera arborea.
Hedera muralis, v. Hedera arborea.
Hedera nigra, v. Hedera arborea.
Hedera palustris, v. Hederula aquatica.
Hedera Poëtica, v. Hedera arborea.
Hedera saxatilis magno flore, *C. Bauh.* v. Asarina s. Saxatilis hederula.
Hedera scandens, v. Hedera arborea.
Hedera spinosa, v. Smilax aspera nostra.
Hedera sterilis, v. Hedera arborea.

Hedera terrestris, χαμαίκισσος, Elatine, Chamaeclema, corona terrae, Gundelreb, Grundreb, Donnerreb, Grundermann, Gundermann, Erdepheu. IV.

Hat einen irdischen, starken, bitterlichen, scharfen Geschmack, welcher viel Speichel ziehet, und die Zunge reiniget. Dieses Kraut ist, wegen seines alcalischen und aromatischen Salzes, dem sauren zusammen rinnenden und faulen Wesen überaus zuwider, ziehet zusammen, ist ein bequemes Wundmittel, zertheilet das geronnene Geblüt, curiret die Ritzen derer Warzen, Gestank der Nase, Engbrüstigkeit, die scorbutische Schwindsucht, den Stein, Hauptschmerzen, eröfnet, hält rein, verdünnet, dringet durch, treibet Urin und Menses, dienet in Verstopfungen der Leber, Milzbeschwerungen, Wunden, den zähen Schleim auf der Lungen und Nieren wegzunehmen, der gelben Sucht, heilet die Zernagung und Wunden der Eingeweide. Im Bade resolviret es den Stein, in Clystiren aber thut es in der Colica gut. Man findet hiervon das destillirte Wasser, das im Zucker eingesetzte Kraut, welches Rauwolf entweder allein oder mit Rettichblättern, Angelickenwurz und Liebstöckeln, einen Schweis in der Pest zu erlangen, vorschlägt. Ferner den einfachen und zusammengesetzten Syrup und Saft, so den Durchfall innerlich, Holler. äußerlich aber den Gestank der Nase curiret. Poterius kochet ihn mit Schwefelblumen in Butter, und machet eine Krätzsalbe daraus.

Hederula aquatica *Lob.* palustris *Tab.* Lenticula aquatica trisulca

trisulca *C. Baub.* Lenticula hederacea *Maur. Hofm.* Wasserlinsen mit dreyspitzigen Blättern, Wasserepheu. IV.

Hederula palustris, v. Hederula aquatica.

Hedipnos maior, v. Taraxacon.

Hedipnois maior *Fuchs.* v. Taraxacon.

Hedypnois *Plinii*, v. Taraxacon.

Hedysarum alterum, v. Hedysarum.

Hedysarum equinum, v. Hedysarum.

Hedysarum glycyrrhizatum, v. Hedysarum.

Hedysarum legitimum, v. Hedysarum.

Hedysarum *Lon.* legitimum *Clus.* maius *Cam.* primum *Dod.* Securidaca maior *Matth. Lob.* lutea maior *C. Baub.* Linsenunkraut, gros Beilkraut, (weil der Samen die Gestalt eines Beils hat) gros Peltschen. XXII.

Der Samen treibet den monatlichen Brunn beym Frauenzimmer, ingleichen die Geburt, Nachgeburt und todte Frucht.

Hedysarum maius, v. Hedysarum.

Hedysarum minus, v. Hedysarum.

Hedysarum purpureum, v. Hedysarum.

Hedysarum saxatile siliqua leui, floribus purpureis, inodorum *Amm.* v. Hedysarum.

Hedysarum scorpiuron, v. Hedysarum.

Helbane *Arabum*, v. Cardomomum.

Heleniastrum, der Bastartalant aus America. II.

Helenicum Comagenium *Diosc.* v. Costus.

Helenium *Indicum* maximum, v. Corona solis.

Helenium *Indicum* minimum, v. Helenium.

Helenium *Indicum* ramosum, v. Corona solis.

Helenium *Theophrasti*, v. Maiorana.

Helenium vulgare, Enula Campana, Elenion, Ἑλένιον, Inula *Plin.* Panax chironium *Theophr.* Nectarium et Nepenthes Gorraei, Alant, Alantwurz, Oltwurz, Glockenwurz, Helenakraut. XXX.

Ist warm und trocken im andern, warm im dritten, und trocken im ersten Grad, reiniget, zertheilet, eröfnet, dienet der Lunge, dem Magen, treibet Schweis, widerstehet dem Gift, vermehret die Galle, und laxiret zuweilen gelinde. Man brauchet diese Wurzel in der Colic, im Scorbut, Husten und Zittern der Glieder, so von Mercurialibus entstanden. Es wird auch hieraus eine Resina colligiret. Sie zertheilet das geronnene Geblüt, vertreibet das Seitenstechen und Engbrüstigkeit, stärket Haupt und Gedächtnis, curiret das Schneiden des Urins und die Melancholie, so von Milzbeschwerungen entstanden, das Blutspeien, treibet Masern und Pocken aus, besänftiget das Hüftenwehe, Schmerz und Schwulst derer Brüste. Die gebräuchlichsten Praeparata aus dem Helenio seynd das Decoctum, Pulver, Extract, Lattwerge, die eingemachten Blumen, welche das Unrichtiggehen verhüten, die eingemachte Wurzel, das aus der Wurzel destillirte Wasser, der Wein; Die Salbe nimmt den Schleim auf der Lunge und denen Nieren weg, curiret den Husten, Engbrüstigkeit, verbessert den Unrath im Magen, öfnet die Mutter, wird in der Krätze, Pest, und ansteckenden Seuchen gebrauchet.

Helianthemum, v. Chamaecistus.

Helianthemum album *Germanicum*, v. Chamaecistus vulgaris flore luteo *C. Bauh.*

Helianthemum *Anglicum* luteum *Ger.* v. Chamaecistus vulgaris flore luteo *C. Bauh.*

Helianthemum luteum *Germanorum*, v. Chamaecistus vulgaris flore luteo *C. Bauh.*

Helianthemum *Offic.* v. Chamaecistus vulgaris flore luteo *C. Bauh.*

Helianthemum *Peruuianum*, v. Corona solis.

Helianthemum *Sabaudicum*, v. Chamaecistus vulgaris flore luteo *C. Bauh.*

Helianthemum vulgare, v. Chamaecistus vulgaris flore luteo *C. Bauh.*

Helianthes species rara, Figura leguminosa, floribus luteis *Lob.* Cistus folio maioranae, Cistus mit Majoranblättern. III.

Helianthos, v. Chamaecistus.

Helichryso craterae similis, v. Colchicum Orientale.

Helichrysos, v. Anethum.

Helichrysos, v. Linaria.

Helichrysos impia, v. Filago.

Helichrysos *Italica*, v. Stoechas citrina.

Helichrysos siluestris, v. Filago.

Helichrysum, v. Stoechas citrina.

Helichrysum *Creticum*, v. Stoechas citrina.

Helichrysum Italicum *Matth. Cam.* Millefolium minus s. Stratiotes chiliophyllos *Dod.* Millefolium tomentosum luteum *C. Bauh.* luteis floribus *Gesn.* Stratiotes millefolia

lia flauo flore *Clus.* Daucus magnus *Turnb.* gele Garbe. III.

Heliodrosium, v. Alchimilla.

Helioselinum, v. Apium.

Heliotropii altera species, v. Auricula muris.

Heliotropium coeruleum, v. Auricula muris.

Heliotropium coeruleum, v. Cichorium siluestre.

Heliotropium erectum, v. Heliotropium maius.

Heliotropium humifusum flore minimo, v. Heliotropium maius.

Heliotropium humisparsum, v. Heliotropium maius.

Heliotropium maius, Herba cancri, Verrucaria, Scorpioides, Solisequium, Cauda scorpionis, Campoides *Riuini*, Vermaria, Helioscopium, Heliostrophium, Sonnenwürbel, Scorpionkraut, Sonnenwende, Warzenkraut, Scorpionschwanz, kleine Krebsblume. V.

Man stößet dieses Kraut, und leget es wider den Krebs und Würme auf. Der Saft wird auf die Hände gerieben, und vertreibet die Warzen. Er erweichet auch, und dringet durch die Schweislöcher der Pferde und Maulthiere, nimmt die Unreinigkeiten der Haut und alles anwachsende Fleisch hinweg.

Heliotropium minus folio ocymi, v. Auricula muris.

Heliotropium minus in palustribus *Caesalp.* v. Auricula muris.

Heliotropium minus supinum, v. Heliotropium.

Heliotropium minus tricoccum, v. Heliotropium.

Heliotropium paruum, v. Heliotropium.

Heliotropium repens, v. Heliotropium.

Heliotropium supinum, v. Heliotropium.

Heliotropium tricoccum *Plin.*, v. Heliotropium.

Heliotropium vulgare, v. Heliotropium maius.

Heliustrum, v. Ammoniacum.

Helkine cissampelos, v. Smilax leuis.

Helleborastes, v. Helleborus.

Helleborastrum nigrum, v. Helleborus niger.

Helleborastrum magnum, v. Crista galli.

Helleborine, v. Elleborine.

Helleborine, v. Helleborus.

Helleborine, Frauenstühle, Nieswurz, breitblätterichte wild Nieskraut. XIX.

Hat einen scharfen Geschmack, eröfnet, zertheilet den Schleim in denen Drüsen, und curirt die Wassersucht.

Helleborine angustifolia, v. Helleborine.
Helleborine flore albo, v. Helleborine.
Helleborine latifolia montana, v. Helleborine.
Helleborine montana angustifolia purpurascens, v. Helleborine.
Helleborine nigra herbariorum, v. Helleborus niger.
Helleborine saniculae facie, v. Helleborus niger.
Helleborine tenuifolia, v. Helleborus niger.
Helleboroides hiemalis, v. Aconitum hiemale.
Helleboro-Ranunculus, die Kugelranunkel, v. Ranunculus.
Helleborum ferulaceum *Theophrasti*, v. Helleborus niger.
Helleborus vel Helleborum albus vel album, Veratrum album mas et femina, weis Nieswurz, Wendewurz. II.
Ist warm und trocken im dritten Grad. Die Wurzel purgiret sehr stark, und wird in Raserey, Melancholie, Quartan Fiebern, Schwindel und Schlafkrankheiten gegeben. Aeußerlich braucht man sie zu Niespulver, vertreibet die Krätze, absonderlich die trockene um sich fressende Geschwäre und Schlafsucht. Man machet Mutterzäpfgen daraus, welche den verschlossenen Brunn weiblichen Geschlechts eröfnen. Man verordnet sie auch in Infusis et Nodulis, und wirft sie ins Trinken, womit aber behutsam umzugehen. Denn eine kleine Quantität purgiret schon sehr stark.
Helleborus *Hippocratis*, v. Helleborus niger.
Helleborus hortorum, v. Helleborus niger.
Helleborus niger adultus domesticus, v. Helleborus niger.
Helleborus niger ferulaceus *Theophr.* v. Helleborus niger.
Helleborus niger flore roseo, v. Helleborus niger.
Helleborus niger foetidus, v. Helleborus niger.
Helleborus niger hortorum flore viridi, v. Helleborus niger.
Helleborus niger nostras, v. Helleborus niger.
Helleborus niger saniculae flore minore, v. Imperatoria nigra.
Helleborus niger tenuifolius flore buphthalmi, v. Helleborus niger.
Helleborus niger, Veratrum nigrum, Melampodium *Diosc.* schwarze Nieswurz, Christwurzel. X.
Die beste wächset in Syrien, ist warm und trocken im dritten Grad. Die Blätter werden vom Paracelso Daura genennet. Man sagt, sie sollen zum langen Leben contribuiren. Man pfleget auch die Wurzel im May und Junio auszugraben, und den holzigten Mark heraus zu ziehen. Die Wurzel treibet

stark die wässerichte Feuchtigkeit, Raserey, das Malum hypochondriacum, den Aussatz, Haarwurm, Krebs, Quartanfieber, Schwindel, Schlagflüsse und Krätze, erreget etwas Convulsiones, curiret das Bleichfieber, Wassersucht, die Besessenen, Engbrüstigkeit, und verlängert das Leben. Man hat hiervon das Extract, den Balsam, Syrup, Oxymel, Wein und Essenz.

Helleborus saniculae facie, v. Helleborus niger.

Helleborus vulgaris, v. Helleborus niger.

Helxine, v. Parietaria.

Helxine altera atriplicis effigie, v. Voluulus terrestris.

Helxine caule erectiusculo inermi, foliis cordato sagittatis, seminibus subdentatis *Linn.* v. Parietaria.

Helxine cisampelos, v. Voluulus terrestris.

Helxine hederacea, v. Voluulus terrestris.

Helychrysis, v. Filago.

Helymus, v. Panicum.

Hemeris etymodrys, v. Gallae.

Hemerocalis, v. Lilium.

Hemerocalis *Dioscoridis*, v. Archythyrsus.

Hemerocalis *Valentina*, v. Scilla.

Hemionitis, v. Scolopendrium vulgare.

Hennephyllum, v. Vnifolium.

Henophyllum, v. Vnifolium.

Hepatica, v. Hepatica nobilis.

Hepatica alba, Gramen Parnassi albo flore simplici, Hepaticus flos *J. B. Chabr.* Enneadyramis Polonorum et Vnifolium palustre *Gesn.* Parnassia palustris et vulgaris *Tournef.* Cistus palustris et humilis hederae folio, Perfoliata nostras, Leberblümlein, Parnasser Gras, weis Leberkraut, weiße Leberblümlein, Steinblume, weiße Herzblume. II.

Temperiret die hitzige Leber, und ist ein gut Wundkraut. Der ausgedruckte Saft kan in allzustarken Nasenbluten in die Nase gezogen werden. Sie curiret auch den Durchfall und die rothe Ruhr.

Hepatica alba aurea, v. Hepatica nobilis.

Hepatica aquatica, v. Ranunculus aquaticus.

Hepatica aurea, v. Chrysosplenium.

Hepatica aurea multiflora, v. Hepatica nobilis.

Hepatica aurea pleno flore coeruleo, v. Hepatica nobilis.

Hepatica cordialis, v. Hepatica stellata.

Hepatica fluviatilis, v. Ranunculus aquaticus.

Hepatica fontana, v. Lichen petraeus.

Hepatica jecoraria, v. Lichen petraeus.

Hepatica nobilis alba aurea, Trifolium aureum, Trinitas, Herzkraut, Leberkraut, Leberblümlein, edel Leberkraut, gülden Leberkraut. XIV.

Die Blätter und Blumen sind warm und trocken im ersten Grad, (kalt im andern, trocken im ersten Grad) halten gelinde an, reinigen das Geblüt, eröfnen die Verstopfungen der Leber, der Milz und des Urins; Sie spühlen von der Niere, curiren Blasenbeschwerungen und Brüche. Man hat hiervon ein destillirtes Wasser.

Hepatica palustris, v. Chrysosplenium.

Hepatica saxatilis, v. Lichen petraeus.

Hepatica silvestris, v. Hepatica stellaria.

Hepatica stellaria vel stellata, Matrisilua, Asperula, Aperine silvestris quaedam s. laeuis *Lob.* Aspergula odorata, Rubedo vel Rubeola, montana odora, Caprifolium, Sternleberkraut, Herzfreud, Waldmeister, Mäsle, Waldwinde. III.

Ist temperiret im warmen und trocknen, (warm und trocken im dritten Grad,) dienet in Hauptbeschwerungen, Verwundung und Verstopfung der Leber, des Herzens und der Galle, curiret die gelbe Sucht, weil sie viel balsamische Theile bey sich führet, und verdünnet das Geblüte. Aeußerlich wird diese Hepatica als ein Umschlag auf die Leber und andere Theile und hitzige Schwulsten geleget, und als ein Amulet in Zahnschmerzen angehangen. Wegen der Schlafbringenden Ausdünstung hält sie die unruhigen Lebensgeister zurück.

Hepatica iecoraria, v. Lichen petraeus.

Hepatica terrestris, v. Hepatica nobilis, v. Pulmonaria.

Hepatica trifolia, edel Leberkraut. V.

Hepatica trifolia coeruleo flore pleno, v. Hepatica trifolia.

Hepatica trifolia polyanthos, v. Hepatica trifolia.

Hepaticus flos, v. Hepatica alba, v. Vnifolium.

Hepatitis *Diosc.* v. Eupatorium.

Hepatorium, v. Eupatorium.

Hephaestium, v. Ranunculus.

Heptachoum, s. Heptachrum, v. Jacea.

Heptaphyllon, v. Tormentilla.

Heracantha *Tab:* v. Carduus vulgaris *Matth.*
Heraclea, v. Sideritis *Offic.* v. Vrtica vrens.
Heracleon, v. Abrotanum.
Heracleon, v. Nymphaea.
Heracleotica, v. Corylus.
Heracleoticum, v. Maiorana.
Heracleoticum, v. Origanum Heracleoticum.
Heracleoticum *Graecorum*, v. Origanum Heracleoticum.
Heraclia, v. Parietaria.
Heragrostris, gramen amoris, v. Gramen.
Heranthemum, v. Chamomillum.
Herba alba. v. Absinthium.
Herba alba *Plin.* v. Gramen Paniceum.
Herba *Alexandrina*, v. Hipposelinum.
Herba *St Antonii*, v. Molybdena.
Herba Apoplectica, v. Chamaepitys.
Herba Apostematica, v. Scabiosa *Offic.*
Herba Arthritica, v. Primula veris.
Herba articularis, v. Lychnis.
Herba *St. Barbarae Trag.* v. Barbara *Dod. Tab.*
Herba Basilica et herba regia, v. Basilica maior *Trag.*
Herba benedicta. v. Caryophyllata.
Herba benedicta, v. Valeriana.
Herba Benzuini. v. Imperatoria.
Herba botri, v. Botrys.
Herba *Brittannica*, kleiner Moser oder weicher Ampfer, v. Lapathum. II.
Wird, nach etlicher Meynung Lapathum aquaticum minus genennet, und hat hiervon Mundingil einen besondern Tractat geschrieben.
Herba caballina, v. Equisetum.
Herba camphorata, v. Abrotanum.
Herba cana, v. Senecio.
Herba cancri, v. Bursa pastoris, v. Heliotropium maius.
Herba cancri minor, v. Herniaria.
Herba canicularis, v. Hyosciamus albus.
Herba capillaris, v. Trichomanes.
Herba capriola, v. Gramen mannae.
Herba casta, v. Herba sensitiua, v. Poeonia.
Herba cati, v. Nepeta.
Herba caustica, v. Ranunculus.

Herba cephalica, v. Verbena.
Herba cerui, v. Pastinaca silvestris.
Herba cerui, v. Chamaedrys alpina.
Herba *St Christophori*, v. Christophoriana.
Herba *St. Clarae*, v. Valeriana.
Herba clauellata, v. Jacea, v. Hepatica nobilis.
Herba Clytiae, v. Auricula muris.
Herba columbaris, v. Verbena.
Herba contusa, v. Sanicula.
Herba coralli, v. Aspargus.
Herba costae, Costenkraut, v. Hieracium.
Ist eine Species vom Hieracio. Es wird wider die Schwindsucht gerühmet, und hieraus eine Conserua gemachet.
Herba crucis, v. Nicotiana.
Herba cuniculi, v. Sonchus leuis.
Herba Daneta, v. Galega.
Herba donna Bella, v. Solanum.
Herba Doria, v. Virga aurea angustifolia, v. Panax *Theophr.*
Herba equinalis, v. Equisetum.
Herba eruina, v. Geranium *Robertianum.*
Herba felis, v. Nepeta.
Herba fistula, v. Damasonium.
Herba fortis, v. Absinthium.
Herba fragae, v. Fragaria.
Herba fullonum, v. Saponaria.
Herba fumida, v. Fumaria.
Herba furiosa, v. Hyosciamus vulgaris.
Herba *Galeni*, v. Galega.
Herba *Gallica*, v. Galega.
Herba gattaria, v. Nepeta.
Herba *St. Georgii*, v. Valeriana.
Herba Gerhardi, Angelica siluestris erratica, Pestis hortorum, Giersa, Podagraria siluestris Germanica, Pycnocomus, Aegipodium, Elaphoboscum *Wigand*, sed falso, Giersch.
Ist warm und trocken, ein gut Wundkraut, curiret das Podagra, und wird im Frühling wie andere Kräuter gekochet.
Herba *Germanica*, v. Herba *Gerhardi.*
Herba Gruis, v. Geranium *Robertianum.*
Herba *Herculis*, v. Trichomanes.
Herba hirundinalis, v. Chelidonium maius.

Herba *St. Jacobi*, v. Jacobaea.
Herba immortalis, v. Artemisia.
Herba Imperatoris, v. Taraxacon.
Herba impetiginaria, v. Chelidonium maius.
Herba impia *Dod.* v. Filago.
Herba incensoria, v. Rorismarinus.
Herba insana, v. Hyosciamus vulgaris.
Herba *St Johannis* v. Hypericum.
Herba *Judaica*, v. Sideritis.
Herba *Judaica* altera, v. Gratiola coerulea.
Herba *Julia*, v. Ageratum.
Herba *Kunigundis* v. Eupatorium.
Herba lactis, v. Ocymum aquaticum.
Herba *St. Laurentii*, v. Chelidonium maius, v. Nummularia, v. Vincedoxicum.
Herba *St. Laurentii*, v. Consolida media.
Herba *St. Laurentii*, v. Sanicula *Offic.*
Herba Liburnica, v. Argemone.
Herba lucis, v. Chelidonium maius.
Herba lutea, v. Antirrhinum.
Herba maniaca, v. Hyosciamus vulgaris.
Herba *Mariae*, v. Artemisia, v. Spergula.
Herba *St Mariae Magdalenae*, v. Valeriana.
Herba *Martanica*, v. Galega.
Herba *Medicaea*, v. Chelidonium maius, v. Nummularia, v. Vincedoxicum.
Herba Melancholifuga, v. Fumaria.
Herba *Mercurii*, v. Mercurialis *Offic.*
Herba miliaris, v. Millefolium *Offic.*
Herba millefolia, v. Millefolium *Offic.*
Herba moschata, v. Fumaria.
Herba moschata, v. Geranium odoratum.
Herba moschata maior, v. Jacea.
Herba muralis, v. Parietaria.
Herba muscata maior, v. Jacea.
Herbe Nesa, v. Galega.
Herba Origano vulgari similis, v. Clinopodium.
Herba *St. Otiliae*, v. Calcatrippa.
Herba Papogalli, v. Amaranthus.
Herba Pappa, v. Senecio.
Herba paralyseos, v. Primula veris.

Herba

Herba Paris, v. Paris Herba.
Herba pectoris, v. Cardiaca.
Herba pedicularis, v. Staphisagria.
Herba perdicalis, v. Parietaria.
Herba peregrina folio Acanthi, v. Eryngium.
Herba perforata, v. Hypericum.
Herba perforata, v. Perfoliata.
Herba *Peruuiana* magnae admirationis, v. Mandragora *Theophr.* v. Viola.
Herba petrella, v. Senecio.
Herba *St. Petri*, v. Gentiana minor.
Herba pudibunda, v. Herba sensitiua.
Herba pulicaris, v. Psyllum.
Herba, quae pro Seseli *Aethiopico* ostenditur, v. Seseli.
Herba *St. Quirini*, v. Tussilago.
Herba rarina, v. Ranunculus.
Herba regia, v. Artemisia, v. Basilica maior *Trag.*
Herba reginae, v. Nicotiana.
Herba rena, v. Imperatoria.
Herba *D. Roberti*, v. Geranium *Robertianum*.
Herba Rubea, v. Geranium *Robertianum*.
Herba *Ruperta*, s. *D. Ruperti*, v. Geranium *Robertianum*.
Herba rutinalis, v. Branca vrsina.
Herba sacra, v. Peucedanum, v. Verbena.
Herba sagminalis, v. Verbena.
Herba saliualis, v. Pyrethrum.
Herba sampsucho cognata, v. Marum.
Herba sancta et sana facta, v. Nicotiana.
Herba santonica, v. Santonicum.
Herba *Saracena*, v. Galega.
Herba *Sardoa*, v. Pulsatilla.
Herba *Sardoa*, v. Ranunculus.
Herba satibunda, v. Dipsacus satiuus *Dod. C. Bauh.*
Herba scanaria, v. Chaerefolium aculeatum.
Herba scelerata, v. Ranunculus.
Herba sensitiua s. Casta aut pudibunda *αισχυνόμενος*, Caaco *Pison.* Keuschkraut. XI.
Wenn man dieses Kraut anrühret, so ziehet es sich zusammen. Es wird von etlichen zu Liebestränken gebrauchet.
Herba *Siciliana*, v. Androsemum maximum frutescens.
Herba *Sicula*, v. Psyllum, v. Climenum.

Herba *Simeonis*, v. Alcea,
Herba solis perforata, v. Hypericum.
Herba Sophia, v. Sophia Chirurgorum, v. Ros solis.
Herba stataria, v. Peucedanum.
Herba stella, v. Coronopus.
Herba sternutatoria, v. Ptarmica.
Herba stramen, v. Ranunculus.
Herba studiosorum, v. Scoparia, v. Genista.
Herba Sulphurata, v. Peucedanum.
Herba superba, v. Chamomilla.
Herba tauri, v. Orobranche.
Herba taurina, v. Galega.
Herba terrae crepolae similis, v. Chondrilla.
Herba terribilis *Narbonensium, Lob.* v. Hippoglossum *Valentinianum Clus. Tab.*
Herba testiculi Galli, v. Hieracium.
Herba Tetrahit, v. Sideritis.
Herba Theriaca, v. Valeriana.
Herba *Tholosana*, v. Anethum.
Herba thuris, v. Peucedanum.
Herba tremula, v. Tormentilla.
Herba Trinitatis, v. Hepatica nobilis.
Herba Trinitatis, v. Jacea.
Herba *Tunica*, v. Caryophyllus hortensis.
Herba *Turca*, *s. Turcica*, v. Herniaria.
Herba vaccae, v. Orobranche.
Herba *Valentina*, v. Valeriana.
Herba *Veneris*, v. Verbena.
Herba venti, v. Parietaria, v. Pulsatilla.
Herba vinosa, v. Ambrosia.
Herba virginea, v. Matricaria.
Herba vitri, v. Parietaria.
Herba vlceraria, v. Ranunculus.
Herba *Vngarica*, v. Alcea vesicaria.
Herba vrinalis, v. Linaria.
Herba vterina, v. Matricaria.
Herba vulneraria, v. Buphthalmon, v. Conizae affinis *Germanica, C. Bauh.*
Herba Zea, v. Rorismarinus.
Herbariorum silvestre, *Lob.* v. Panicum silvestre *Matth. Tab.*
Herbula bursae pastoris affinis, v. Alsine.

Her-

Herbulum, v. Senecio.

Hercularia, v. Anserina, v. Sideritis.

Hermanniana, *Tournef.* Hermanniana von Capo bonae spei. VII.

Hermines, v. Coronopus.

Hermionitis, v. Scolopendrium.

Hermodactylus, Colchicum non venenatum vel album, Iris tuberosa, weisse Zeitlosen. III.

Führet das Wasser durch den Mund und Stuhlgang ab, wird in der Wassersucht und Staar gebrauchet. Die Wurzel, welche aus Syrien gebracht wird, treibet aus denen Gelenken den zähen Schleim und die dicken Säfte, curiret alle Arten der Gicht und Podagra, führet das Wasser ab, und heisset deswegen Anima articulorum, die Seele der Gliedmaßen und Gelenke. Man präpariret hieraus die Pillen, das Infusum, Extract, Pulver und zusammengesetzten Saft.

Hermodactylus, Colchicum perniciosum, v. Dens caninus.

Wird nicht gebrauchet.

Hermodactylus Cyclamen, v. Hermodactylus.

Hermodactylus mesuaei folio maculoso, v. Dens caninus.

Hermodactylus *Offic.* v. Hermodactylus.

Hermodactylus Satyrium, v. Hermodactylus.

Sind in denen Apothecken nicht bekannt.

Hermodactylus verus, *Matth.* v. Hermodactylus.

Heisset bey andern Iris tuberosa.

Hernandia, Hernandia aus Jamaica.

Herniaria, Polygonum minus, Millegrania maior *Bauhin.* Herba cancri minor, Herba Turca s. Turcica, Empetrum, Holleriana, Harnkraut, Tausendkörner, Bruchkraut. V.

Ist kalt im andern und trocken im dritten Grad, heilet Brüche, und hebet des Magens und anderer Theile zähen Schleim auf, curiret die gelbe Sucht, treibet die Galle, Wasser und Urin, zermalmet Blasen- und Nierenstein, dienet wider Otter- und Schlangengift.

Herniaria multigrana serpillifolia, v. Herniaria.

Heroa crina, v. Chamaedrys altera.

Herpyllum, Herpyllus, v. Serpillum.

Hesperis, Gartennachtviole. IX.

Hexaphyllum, v. Leucoium bulbosum.

Hieracia, v. Hieracium.

Hieracioides, v. Hieracium.

Hieracium, Habichtkraut. XXXII.
Hieracium *Alpinum* hirsutum, v. Hieracium.
Hieracium *Alpinum* latifolium hirsutum incanum flore magno, v. Hieracium.
Hieracium *Alpinum* latifolium villosum magno flore, v. Hieracium.
Hieracium alterum grandius, v. Hieracium.
Hieracium aphneoides, v. Hieracium.
Hieracium arborescens folio Sonchi, v. Sonchus.
Hieracium asperrimum, v. Hieracium.
Hieracium barbatum, v. Hieracium.
Hieracium Condrylloides, v. Hieracium.
Hieracium chondrillae folio glabro, v. Chondrilla.
Hieracium chondrillae folio hirsuto, v. Chondrilla.
Hieracium Dentis leonis folio monoclenon, v. Dens Leonis.
Hieracium Dentis Leonis folio obtuso maius, v. Dens Leonis.
Hieracium *Diosc.* v. Hieracium.
Hieracium Echioides, v. Hieracium.
Hieracium Echioides foliis Cardui benedicti, v. Hieracium.
Hieracium folio et facie chondrillae, v. Chondrilla.
Hieracium folio Sonchi, v. Sonchus.
Hieracium hirsutum foliis caulem ambientibus, v. Cichorium, v. Taraxacon.
Hieracium intybaceum, v. Hieracium.
Hieracium laciniato folio, v. Hieracium.
Hieracium laciniatum lanuginoso folio, v. Hieracium.
Hieracium latifolium, v. Cichorium.
Hieracium latifolium murorum folio oblongo, v. Pulmonaria.
Hieracium leporinum, v. Hieracium.
Hieracium longius radicatum, v. Hieracium.
Hieracium macrorrhizon, v. Hieracium.
Hieracium magnum, v. Hieracium.
Hieracium maius, v. Taraxacon.
Hieracium minus, *Gesn.* v. Taraxacon.
Hieracium minus alterum, v. Taraxacon.
Hieracium minus dentis leonis folio, v. Hieracium.
Hieracium minus folio subaspero, v. Hieracium.
Hieracium minus folio subrotundo, v. Hieracium.
Hieracium minus praemorsa radice, v. Hieracium.
Hieracium montanum, v. Hieracium.

Hieracium montanum angustifolium foliis cichoraceis, v. Hieracium.

Hieracium montanum angustifolium nonnihil incanum, v. Hieracium.

Hieracium montanum angustifol. dente leonis, v. Dens leonis.

Hieracium montanum folio Lycopsis, v. Hieracium.

Hieracium montanum latifolium, v. Hieracium.

Hieracium *Narbonense*, v. Hieracium.

Hieracium *Narbonense* falcatum, v. Hieracium.

Hieracium *Narbonense* murorum foliis pilosissimis, v. Pulmonaria.

Hieracium *Narbonense* murorum laciniatum, v. Hieracium.

Hieracium paruum, *Cord.* v. Taraxacon.

Hieracium Phlomoides. v. Hieracium.

Hieracium *Sabaudum*, v. Hieracium.

Hieracium siliqua falcata, v. Hieracium.

Hieracium stellatum, v. Hieracium.

Hieranthemum, v. Chamomilla.

Hierichuntica Rosa, v. Rosa Hierichuntica.

Hierobatane, v. Verbena, v. Teucrium.

Hierobatane femina, v. Teucrium, v. Erysimon.

Hierobrincas, s. Hierotrincas, v. Geranium.

Higuero forte, der Higuerobaum in denen Caribischen Eilanden.

Hin, v. Asa foetida.

Hioseris, v. Hieracium.

Hipophaeston *Dalechampii*, v. Kali.

Hippekoana, v. Ipecacoanha.

Hippia minor, v. Alsine media.

Hippocanna *Offic.* v. Ipecacoanha.

Hippocastanum, Roß oder Erdcastanien, v. Bulbocastanum.

Hippochaeris, v. Hieracium.

Hippoglossum, v. Polygonatum.

Hippoglossum, Vuula, Zungenblatt, Zapfenkraut, Kehlkraut. V.

Wächset in schattichten Orten auf Bergen. Die Wurzel ist in Brüchen der Kinder ein bequemes Remedium, und in Aufstoßung der Mutter und schwerem Geblüt auch nicht zu verachten. Sonst wird das Pulver der Wurzel mit der Radice Consolida abgekochet, und ganz unvergleichlich wider die Brüche gelobet.

Hippoglossum Valentinum *Clus. Tab.* Alypum Monspeliensium *C. Bauh.* Alypum montis Ceti s. Herba terribilis Narbonensium *Lob.* Thymelaea foliis acutis capitulo succisae, Kellershals mit spitzigen Blättern und Teufelsabbißknospen oder Blumen, Zungenblat.

Hippolapathum, Lapathum folio rotundo. II.

Ist eine Art fast wie Rhabarbar, und wächset in Gärten. Man brauchet hiervon die Wurzel und Blätter. Die Blätter sind etwas rund, glatt und adericht, auch eines anhaltenden Geschmacks; die Wurzel ist dicke, länglicht, von aussen braunlicht, inwendig aber sehr gelbe. Sie wird mit der Mönchs-Rhabarbar öfters verwechselt, und verrichtet fast eben die Wirkung, wie jene thut.

Hippolapathum rotundifolium, v. Hippolapathum.

Hippolapathum satiuum, v. Hippolapathum.

Hippolapathum siluestre, v. Hippolapathum.

Hippomanes, v. Solanum.

Hippomanes *Cratermae*, v. Solanum.

Hippomarathrum, v. Foeniculum.

Hippomarathrum *Anglicum*, v. Foeniculum.

Hippophaes et Hippophaestum, Spina purgatrix, Tithymalus marinus spinosus, Stechdorn, stachlichte Wolfsmilch.

Wächset in Morea; der Saft hiervon führet den zähen Schleim von unten aus.

Hippophaestum, v. Tithymalus.

Hipporisum, v. Verbena.

Hipposelinum, v. Leuisticum.

Hipposelinum, Seleri, Smirnium *Diosc.* Leuisticum, olus atrum. Liebstöckel. VII.

Wird als ein Salat genossen. Der Samen dienet wider den Scorbut, treibet den Urin, und ist in Verstopfung des Harnes ein bequemes Remedium.

Hipposeta, v. Equisetum.

Hippuris, v. Equisetum.

Hippuris altera *Trag.* maior *Thal.* minor absque flore, fontalis *Lob.* Equisetum alterum *Matth.* pratense longissimis setis *C. Bauh.* palustre maius *Tab.* Katzenschwanz, Katzenzagel, Katzenwedel, Wasserschwanz, Wiesenschwanz, Roßschwanz. III.

Hippuris aruensis, v. Hippuris.

Hippuris fontalis, *Lob.* v. Hippuris altera *Trag.*

Hippuris maior, v. Hippuris sine foliis et nuda.
Hippuris minor absque flore, v. Hippuris altera *Trag.*
Hippuris sanguinali feminae similis, v. Hippuris sine foliis et nuda.
Hippuris sine foliis, v. Equisetum.
Hirare.
Ist eine Art von Solanum Soporiferum in Madagascar, deren Blume weis in Gestalt eines Glöckgens, aber etwas länger ist. Ihre Frucht, welche der von dem Strammonio gleichet, hat eben diese Kraft. Man hält es mit der Daturà einerley.
Hirci spina, v. Tragacantha.
Hircotriticum, v. Frumentum *Saracenicum.*
Hircusus veterum, Cretischer Nard, v. Spica *Celtica.*
War ein Kraut, an dessen Stelle öfters die Nardus Celtica verwechselt wurde.
Hirundinaria, v. Chelidonium maius, v. Nummularia, v. Vincedoxicum.
Hispidula, Aeluropus, Pes Cati, Pilosella montana vel hispida, Katzenfus, Katzenpfötlein, Hasenpfötlein, Mausöhrlein, Feldkätzlein, Engelblümlein, Frauenblumen, Tag- und Nachtblumen, Bergruhrkraut mit runder Bluthe. IV.
Wird wie die Pilosella in Lungengeschwären und Blutspeyen gebrauchet. Hiervon ist das Wasser und der einfache und mit andern Dingen vermischte Syrup zu bekommen.
Holcus, v. Aegilops.
Holestium, v. Holostium.
Holleriana, v. Herniaria.
Holochrysum, v. Millefolium.
Holoschoenus, v. Juncus.
Holosteo affinis, v. Melampyrum, v. Myosurus.
Holosteum, v. Gramen Junceum.
Holosteus, v. Osteocolla.
Holostium alterum, v. Muscus corniculatus.
Holostium arvense, v. Holostium *Offic.*
Holostium Caryophyllatum, v. Holostium *Offic.*
Holostium hirsutum albicans maius, *C. Bauh.* v. Holostium *Offic.*
Holostium hirsutum album minus, v. Holostium *Offic.*
Holostium maius, v. Holostium *Offic.*

Holo-

Holostium *Massiliense*, v. Coronopus.

Holostium *Offic.* vel Holostium *Chab.* Salmanticum *Germ. Park.* hirsutum albicans maius *C. Bauh.* Plantagini simile *J. Bauh.* Plantago mollis s. Holostium hirsutum albicans maius *Ox.* montana Holostium dicta tomentosa angustifolia albida *Dod.* Spanischer Wegerich, Wegebreit. III.

Wächset in sandigten Gegenden, blühet im April und May. Das Kraut ist ein gutes Vulnerarium, und kan vornemlich in zerborstener Haut gebrauchet werden.

Holostium Plantagini simile, v. Holostium *Offic.*

Holostium *Salmanticense Clus.* v. Holostium *Offic.*

Hombuc,

Ein kriechendes Kraut in Madagascar, davon man die Wurzel gebrauchet.

Honette, Houatte, v. Apocymum *Matth.* v. Bombax.

Ist eine Art Baumwolle, so auf dem Kraut Apocymum Cynocrambe gefunden wird, wächset um Alexandria in Egypten an feuchten und sumpfichten Orten.

Honnitsancason,

Ist eine Staude in Madagascar, welche eine Blume von den Geruch des Jasmins träget; der Stiel der Blume, der auch weis ist, hat mehr als sechs Daumenbreit in der Länge.

Horaea, Sommerfrucht.

Hordeum χριθη, Hordeum polystichon verum *C. Bauh.* Hordeum minus *Trag.* polystichon aestiuum et trimestre *Tab.* hexastichon pulchrum *J. Bauh.* Gerste, nackende Gerste, vielzeilete Sommergerste, kleine Gerste. IV.

Hiervon brauchet man den Saamen und das Mehl, sie sind kalt und trocken im ersten Grad, reinigen, zeitigen, eröfnen, erweichen, treiben Schweis und Urin, lindern die Schmerzen, machen die Geschwäre reif, dienen im Blutspeyen, hitzigen und bößartigen Fiebern, Pocken und Masern. Man brauchet sie zu Clystiren in der Darmgicht. Sie geben auch gute Nahrung. Man hat hiervon ein destillirtes Wasser, ingleichen ein Wasser vom Gras überzogen, so die Hitze dämpfet, und äußerlich in Kopfschmerzen und warmen Flüssen der Augen gut thut. Die noch nicht abgehülsete Gerste mit Wasser abgekochet, reiniget und trocknet; die abgehülsete Gerste aber zeitiget, stillet die Hitze u. s. w. giebt einen angenehmen Trank, so Gesunden und Kranken zu statten kom-

kommet, auch eine kräftige und nahrhafte Speise, welche Gersten, Graupen, Grütz, wovon die kleinere Ulmer Gerste, Perlgraupen genennet werden. Der ausgedruckte Saft hiervon, oder der dicke Milchsaft, bekommet denen, so an hectischen Fiebern und der Schwindsucht laboriren, wohl, curiret die Pocken, hitzige und bösartige Fieber, dämpfet die Galle, vermehret die Milch und den Saamen. Hiervon wird auch das beste Bier gekochet, z. E. zu Naumburg, meinem Vaterlande, und anderswo.

Hordeum aestiuum et trimestre, v. Hordeum.

Hordeum binis versibus, v. Hordeum distichon *Dod.* v. Oryza.

Hordeum cantherinum, v. Hordeum distichon *Dod.* v. Oryza.

Hordeum distichon *Dod. Cord. C. Bauh*, Galaticum, Hordeum aestiuum et trimestre maius *Tab.* Hordeum binis versibus *Cam. Matth.*

Hordeum festuca, v. Aegilops.

Hordeum galeatum, v. Oryza *Offic.*

Hordeum glabrum, v. Zea.

Hordeum hexasticum pulchrum *Bauh.* v. Hordeum.

Hordeum hiemale, Wintergerste. II.

Hordeum integrum, v. Hordeum.

Hordeum maius *Trag.* v. Hordeum hiemale *Cord.*

Hordeum minus *Trag.* v. Hordeum *Dod. Cord.*

Hordeum murinum, v. Lolium IV.

Hordeum polystichon aestiuum trimestre, v. Hordeum aestiuum.

Hordeum polystichon hibernum *Bauh.* v. Hordeum hiemale.

Hordeum polystichon verum *Bauh.* v. Hordeum aestiuum.

Hordeum *Siciliense*, v. Oryza *Offic.*

Hordeum spontaneum, v. Lolium quartum.

Hordeum sterile, s. Phoenix, v. Lolium IV.

Hordeum trimestre polystichum, v. Hordeum.

Horminum et Sclarea *Offic.* Horminum satiuum, Gallitrichum satiuum, oruala, Orminum satiuum *Fuchs.* Gallitrichum hortulanum, Matrisaluia maior, Tota bona, Saluia transmarina, Scopo regum, Scordium alterum, Scharleien, Scharlachkraut, Gartenscharlach, große Salbey, Römische Salbey, Muscatellerkraut, Mutterkraut, Horlsecken. XVI.

Die Blätter und Blumen sind warm und trocken im andern Grad, reinigen, verdünnen, stimuliren die Venus. In denen Blättern findet man einen bitterlichen und irdischen Geschmack, welcher am Ende etwas zusammen ziehet, und balsamisch ist; am Geruch gleichen sie angebranntem Schwefel, sind sehr stark, und geben dem Weine einen Muscatellergeruch. Die Wurzel ist herbe, warm und trocken, eröfnet, verdünnet, reiniget, curiret den weißen Fluß der Weiber, Mutterbeschwerungen, Colic, reiniget die Wunden, und hält sie zusammen. Die Kern vertreiben die Wolken in denen Augen. Das Decoctum hieraus, der Spiritus und des Cratonis Salbe dienen in Mutterkrankheiten.

Horminum maius, v. Horminum.

Horminum minus, v. Horminum.

Horminum pratense foliis serratis, *Baub.* v. Saluia agrestis.

Horminum satiuum, v. Horminum.

Horminum siluestre, v. Oculus *Christi.*

Hota.

Ein Kraut in Madagascar mit drey Blättern, welches die Kraft hat, das Blut zu stillen.

Hottonia, Wasserveile.

Houatte, v. Honette.

Humines.

Sind kleine Wurzeln in Madagascar von der Größe eines Daumens, die sich sehr stark vermehren, und fast wie Steckrüben schmecken.

Humirubus, v. Chamaebatos.

Humulus, v. Lupulus.

Hunabanale.

Ist ein Baum in Madagascar, dessen Blätter sechse und sechse Strausweise kommen. Er ist eine gute Herzstärkung wegen seines vortreflichen Geruchs.

Hura, der Streubüchsenbaum aus America.

Husai, s. Lilium *Persicum,* v. Archythyrsus.

Huyacum, v. Guaiacum.

Hyacinthus, Hyacinth. XXX.

Wächset in Wäldern und Dornhecken, blühet im April. Hiervon brauchet man die Wurzel und den Samen. Die Wurzel kochet man mit Wasser ab, wodurch der Stuhlgang und Urin befördert, und die gelbe Sucht curiret wird.

Hyacinthus *Africanus* tuberosus, Africanischer Hyacinth.

Hyacinthus albo flore, v. Hyacinthus.
Hyacinthus *Belgicus* albus, v. Hyacinthus.
Hyacinthus albus *Anglicus*. v. Hyacinthus.
Hyacinthus botryoides *Chalcedonicus* dictus, v. Hyacinthus *Orientalis*.
Hyacinthus botryoides coeruleus, v. Hyacinthus.
Hyacinthus botryoides incarnatus. v. Hyacinthus.
Hyacinthus botryoides lacteus, v. Hyacinthus.
Hyacinthus botryoides vulgaris, v. Hyacinthus.
Hyacinthus candidus, v. Fumaria.
Hyacinthus coeruleus, v. Hyacinthus.
Hyacinthus coeruleus amoenus, v. Hyacinthus.
Hyacinthus coeruleus maximus, v. Hyacinthus.
Hyacinthus comosus, v. Hyacinthus.
Hyacinthus comosus minor, v. Hyacinthus.
Hyacinthus comosus purpureus, v. Hyacinthus.
Hyacinthus *Constantinopolitanus*, v. Hyacinthus.
Hyacinthus *Diosc.* v. Hyacinthus.
Hyacinthus flore coeruleo, v. Hyacinthus.
Hyacinthus *Fuchsii*, v. Hyacinthus.
Hyacinthus *Germanicus*, v. Hyacinthus.
Hyacinthus maior, s. maximus, v. Hyacinthus.
Hyacinthus medius, v. Hyacinthus.
Hyacinthus neotericorum, v. Hyacinthus.
Hyacinthus non scriptus flore candido, v. Hyacinthus.
Hyacinthus oblongo flore coeruleo maiore, v. Hyacinthus.
Hyacinthus odoratus, v. Hyacinthus.
Hyacinthus *Orientalis*, Orientalischer Hyacinth. XX.
Wenn man den Samen unter den Theriac nimmt, so pflegt er im allzustarken Durchfall gut zu thun. P. Lauremberg in Appar. Plant. l. 1. c. 11.
Hyacinthus *Orientalis* caule folioso, v. Hyacinthus *Orientalis*.
Hyacinthus *Orientalis* coeruleus, v. Hyacinthus *Orientalis*.
Hyacinthus *Orientalis Graecorum*, v. Hyacinthus *Orientalis*.
Hyacinthus *Orientalis* maior polyanthos, v. Hyacinthus *Orientalis*.
Hyacinthus poetarum luteus, v. Iris.
Hyacinthus polyanthos, v. Hyacinthus.
Hyacinthus purpureus, v. Hyacinthus *Orientalis*.
Hyacinthus racemosus albus, v. Hyacinthus.

Hyacinthus racemosus coeruleus, v. Hyacinthus.
Hyacinthus racemosus juncifolius, v. Hyacinthus.
Hyacinthus racemosus moschatus, wohlriechender Traubenhyacinth, v. Bulbus vomitorius.
Hyacinthus spurius, v. Hyacinthus.
Hyacinthus stellaris folio et radiis lilii, v. Hyacinthus.
Hyacinthus stellaris latifolius et trifolius, v. Hyacinthus.
Hyacinthus stellatus, Sternhyacinth. V.
Hyacinthus tertius, v. Fumaria.
Hyacinthus tuberosus, Tuberose, Herbsthyacinth. III.
Hydnum, v. Boletus.
Hydragrostis, v. Gramen aquaticum.
Hydrocharis, v. Nymphaea alba.
Hydrocotyle, Wassernabel, v. Buphthalmos.
Hydrogerum, v. Senecio.
Hydrolapathum, v. Lapathum.
Hydrophyllon, Wasserblatt.
Hydropiper, v. Eupatorium.
Hydropiper, v. Persicaria mitis.
Hydropiper aliud, v. Eupatorium.
Hydropiper lanceolatum, v. Ranunculus.
Hydropiper rubeum *Fuchs.* v. Dracunculus aquaticus *Matth. Dod. Cam. Eyst.*
Hyosciamus albus, Herba canicularis, weis Bilsenkraut, weiße Saubohnen, weis Tollkraut, weis Schlafkraut. III.
Wächset in einigen Gärten. Man brauchet den Samen, so klein und rund eingebogen, dunkelgrau, am Geschmack fett, und etwas schleimigt ist, auch einen unangenehmen und starken Geruch hat. Er dienet im Blutspeyen, und ist weit gelinder als der Hyosciamus niger.
Hyosciamus foliis ouatis integerrimis calicibus inflatis subglobosis *Linn.* v. Hyosciamus albus.
Hyosciamus Jusquiamus, v. Hyosciamus vulgaris.
Hyosciamus luteus, v. Nicotiana, v. Solanum.
Hyosciamus niger, v. Nicotiana, v. Solanum.
Hyosciamus *Peruuianus*, v. Nicotiana, v. Solanum.
Hyosciamus vulgaris, Jusquianus, Faba suilla, Herba canicularis, Dens caballinus, Apollinaris, Altercum, Faba Jouis, Herba insana, furiosa, manica, Faba porcina, Bilsen, Tollkraut, Schlafkraut, Bilsenbohne, Saubohne, Rindswurz, Ziegeunerkraut, gemein Bilsenkraut, schwarze Bilsen,

Bilsen, Bilsam, Saukraut, Raasewurz, tolle Dille, Teufelsaugen. XI.

Die Wurzel und der Samen sind kalt im dritten, trocken im andern Grad, die Blätter kalt im dritten, und trocken im ersten Grad, erweichen, machen die Glieder unempfindlich, bringen Schlaf, verwirren die Vernunft, und werden innerlich selten wider das Blutspeyen gebrauchet. Aeußerlich dienen sie wider hitzige Schwulsten, Zipperlein und Zahnwehe. Man hänget die Wurzel im Podagra an. Wenn man das Kraut und die Blumen hie und da in den Gemächern und Kammern herum streuet, so weichen die Mäuse ohnfehlbar. Wenn der Rauch vom ganzen Leibe aufgefangen wird, soll er Hexerey vertreiben. Es pfleget auch im warmen Brande, so von der Wassersucht entstanden, mit Nachtschatten und Hollunderblüten, Psyllen, Lein, Foenu. Graec-Samen und Froschleich abgekochet zu werden, und sonderliche Dienste zu thun. Wie er dann in Milch abgekochet, auf den schmerzhaften Magen, und in der Colic auf den Leib geleget, nicht zu verachten. Man hat hiervon mancherley Medicamenten, als das Wasser aus denen Blättern, Blumen und unreifen Samen; das ausgepreßte Oel auf die Schläfe gestrichen, erwecket Schlaf; ferner das Extract, den Saft, ingleichen das Schmerzstillende und erweichende Pflaster.

Hyoseris, v. Hieraceum.

Hypecacuanha, v. Ipecacoanha.

Hypecoi altera species *Bauh.* v. Cuminum alterum *Diosc.*

Hypecoum *Matth.* v. Alcea vesicaria.

Hypecoum *Dod. Clus. Bauh.* v. Cuminum siluestre alterum *Matth.*

Hypecoum forte, v. Ruta maior.

Hypericum, Herba perforata, Ascyron, Androsemum minus, Fuga Daemonum, ὑπέρικον, ὑπέρεικον, Hypericum vulgare, Perforata caule rotundo, foliis glabris *J. Bauh.* Chamaepytis, Herba solis perforata, Ruta Solis perforata, Herba St. Johannis, St. Johanniskraut, St. Johannisblut, Harthau, Jageteufel, Teufelsflucht, Feldhopfe, Waldhopfe, wild Gartheil, unsers HErrn GOttes Wundkraut. XXX.

Die Blätter und Blumen sind warm im ersten, und trocken im andern Grad, eröfnen, widerstehen der Fäulung und vergifteten Schäden, haben einen anhaltenden Geschmack, auch ein trocknendes balsamisches Wesen bey sich, und sind deswegen den Urin zu treiben, und Wunden zu heilen, ganz unvergleichlich, und thun vornemlich, in verwundeten Nerven, wider den Krampf, Zittern der Glieder, Bezauberung, Verstockung des Harns, offenen Schäden, u. d. g. vortrefliche Dienste. Sie machen Fleisch, zertheilen das geronnene Geblüt, treiben den Stein und monatlichen Fluß. Aeußerlich dienen sie wider Zerquetschung, Zittern der Glieder, schwere Geburt u. d. g. werden zu gewisser Zeit eingetragen, und alsdenn wider Hexerey gerühmet. Es wird hiervon das Oel (durch Aufgießung anderes Oels) aus dem Samen und Blumen, ingleichen das gemeine Salz, die Tinctur und Essenz, welche die Melancholie, so von Milzbeschwerungen entstanden, curiret, verfertiget, v. Act. Hafn. Vol. I. n. 40.

Hypericum *Alexandrinum*, v. Hypericum.

Hypericum aliud, v. Hypericum.

Hypericum aliud tomentosum, v. Hypericum.

Hypericum Frutex, Spierstaude. V.

Hypericum *Monspeliensium*, v. Hypericum.

Hypericum non perforatum, v. Hypericum.

Hypericum *Orientale* Ptarmicae foliis, *Tournef.* v. Hypericum, v. Ptarmica.

Hypericum supinum s. tomentosum, v. Hypericum.

Hypericum *Syriacum*, v. Hypericum.

Hypericum tomentosum, v. Hypericum.

Hypericum vulgare, v. Hypericum.

Hypnum, v. Muscus terrestris.

Hypochoeris, v. Hieracium.

Hypochoeris *Dalechampii*, v. Cichorium.

Hypocistis, Limodorum, Robethron, Hypocist. IV.

Ist ein dicker, schwarzer und etwas harzigter Saft, hat einen herben, sauren und zusammenziehenden Geschmack, wird aus der Cistwurzel in Frankreich bereitet. Das Männgen hiervon wächset häufig auf dem Berge Apennino in Italien. Man brauchet an dessen Stelle den Saft von unsern teutschen Schlehen. Er ist kalt und trocken, hält an, verdicket, kan in allen Flüssen, dem Durchfall, der rothen Ruhr, allzustarken Abgang der güldenen Ader, Monatfluß, Brechen und Blutspeichel (absonderlich wenn er durch einen Fall oder Stoß verursachet werden,) verschrieben werden. Aeußerlich stärket dieser Saft den Magen und die Leber.

Hypociſtis, Limodorum, ein Saft aus der Eiſtwurzel.
Hypogloſſum, v. Hippogloſſum.
Hypophaeon, v. Cuminum ſilueſtre.
Hypopitis *Riuini*, v. Orobranche.
Hyſſopifera, klein Schlangenkraut.
Hyſſopifolia, klein Schlangenkraut, v. Lyſimachia.
Hyſſopifolia aquatica, *Bauh.* v. Hyſſopifolia.
Hyſſopum, ſ. Hyſſopus agreſtis, v. Satureja.
Hyſſopum l. Hyſſopus hortenſe l. hortenſis, coerulea ſ. ſpicata *C. Bauh.* vulgaris *Dod. Park.* vulgaris ſpicatus anguſtifolius flore coeruleo *J. Bauh.* Arabum, Iſop, Iſopra, Winteriſop, Eiſop, Iſpen, Kloſteriſop, Kirchiſop, Eiſewig. IV.

Wird vom Ammanno Euphraſia caerulea genennet. Die Blätter und Blumen ſind warm und trocken im dritten Grad, haben einen aromatiſchen Geruch, ſo ſcharf und hitzig iſt, einen bittern, ſcharfen und hitzigen Geſchmack, dringen durch, verdünnen, eröfnen, reinigen, nehmen den tartariſchen Schleim von der Lunge weg, curiren das Keuchen, Engbrüſtigkeit, das ſchwere Odemholen und Klingen der Ohren. Aeuſſerlich brauchet man ſie, blaue Flecken in den Augen zu vertreiben, in Gurgelwaſſern, zu Reinigung und Abſpühlung des Mundes, die Mutter zu ſäubern, und den Magen zu ſtärken. Die gebräuchlichſten Medicamenten vom Iſop ſeynd, das in M. B. deſtillirte Waſſer, das deſtillirte Oel, der in Zucker eingeſetzte Iſop, die Species und der einfache und zuſammengeſetzte Syrup.

Hyſſopus *Arabum*, v. Hyſſopum hortenſe.
Hyſſopus campeſtris *Trag.* Panax Chironium *Matth.* Flos ſolis *Dod.* Melianthemum *Lob.* Heydeniſop, Sonnen- oder gülden Günſel. XI.

Dieſes Kraut wird alſo genennet, weil die Blumen gelb wie das Gold anzuſehen, und ſich nach der Sonne richten. Es iſt ein gut Wundkraut, heftet, ziehet zuſammen, ſtillet das Blut. Man ſiedet dieſen Iſop in Weine, und wäſchet ſich damit, wodurch alle Geſchwäre und Beſchädigung des Mundes und an heimlichen Orten glücklich curiret werden. Von dergleichen Decocto können auch alle diejenigen, ſo Blut auswerfen, an der rothen Ruhr, Durchfall und andern Bauchflüſſen laboriren, trinken, und ſich gewiſſe Hülfe verſprechen. Mit dieſem Kraute pflegen auch die Weiber, wenn ſie allzuſtarke Einbuße des ordinairen leiden, mit Geſchwulſt und Lähmung incommodiret sind, und stinkende Füße haben, sich fleißig zu baden, und warm überzulegen. Es kann auch der Heydenisop innerlich, als eine gute Magenstärkung paßiren.

Hyssopus coerulea, v. Hyssopum hortense.

Hyssopus communis, v. Hyssopum hortense.

Hyssopus flore albo, v. Satureja.

Hyssopus flore coeruleo, v. Satureja.

Hyssopus genuina *Graecorum*, v. Majorana.

Hyssopus *Hebraeorum*, v. Rorismarinus.

Hyssopus hortensis, v. Hyssopum hortense.

Hyssopus nemorosa et lutea, v. Melampyrum.

Hyssopus *Offic.* coerulea seu spicata, v. Hyssopum hortense.

Hyssopus rubro flore, v. Hyssopum hortense.

Hyssopus satiuus, v. Hyssopum hortense.

Hyssopus spicata, v. Hyssopum hortense.

Hyssopus vulgaris, v. Hyssopum hortense.

Hyssopus vulgaris spicatus angustifolius flore coeruleo, v. Hyssopum hortense.

Jabora, v. Mandragora.

Jaca *Indica*, Panax Chamaecistus, die Ostindische Yucca. IV.

Heißet auf Arabisch Panax, in der Persianischen Sprache Funax, ist ein überaus großer Baum, träget zu oberst an seinem Stamm (nicht aber an denen Aesten) eine ziemlich große Frucht, die öfters denen großen Melonen gleichet; von außen ist sie grün, inwendig aber gelblicht, mit vielen Spitzgen, wie Igelspitzen, so aber weicher sind, versehen. Inwendig zeiget sich eine große Nuß mit einer harten Schale, diese Schale nimmt man weg, hernach wird die Frucht wie Castanien gebraten. Sie erwecket zwar fleischliche Begierde, ist aber hart zu verdäuen, und beschweret den Magen. Der Baum wird hie und da an den Seeküsten gefunden.

Jacea, v. Cyanus.

Jacea aculeata, v. Jacea herba.

Jacea albo flore, v. Jacea herba.

Jacea altera minior, v. Jacea herba.

Jacea aromatica, v. Serratula tinctoria.

Jacea caryophyllata, v. Serratula tinctoria.

Jacea Herba s. Flos vel Viola Trinitatis, viola tricolor s. flammea, Coloria, viola bicolor aruensis s. siluestris, Nouerca

uerca puerorum *C. Hofm. l. 1. Medic. Offic. c. 41.* wild Fronsamkraut, Freisamkraut, Dreyfaltigkeitsblum, Siebenfarbenblumen, unnütze Sorge, je länger je lieber, Hungerkraut, Jesusblümlein, Gedenkblümlein, Denkeli, Stiefmütterlein, Tag- und Nachtblumen, kriechende Viole mit drey Farben. XLVIII.

Ist warm und trocken im andern und dritten Grad, reiniget, dringet durch, schneidet ein, zertheilet, ist ein gut Wundkraut, heilet die Brüche, treibet den Schweis, dämpfet die Hitze, curiret die Krätze, das Jücken, den zähen Schleim auf der Lunge, und dienet in Verstopfungen der Mutter. Aeußerlich aber dienet dieses Kraut im Jücken und Wunden. Hiervon hat man ein destillirtes Wasser, wovon in der Franzosenkrankheit, neun Tage nach einander, alle Tage früh und Abends, drey Unzen getrunken werden.

Jacea Intybacea *Jo. Bauh. Volkam.* v. Stoebe *Offic.*

Jacea lutea, v. Jacea herba.

Jacea lutea capitulo spinoso, v. Jacea herba.

Jacea lutea *Clusii*, v. Jacea herba.

Jacea maior folio cichoraceo mollibus floribus, v. Stoebe *Offic.*

Jacea maior lutea, v. Stoebe *Offic.*

Jacea montana, v. Jacea herba.

Jacea montana incana odora, v. Jacea herba.

Jacea montana *Narbonensis*, v. Jacea herba.

Jacea moschata, v. Jacea herba.

Jacea nigra, v. Succisa.

Jacea nigra maior laciniosa, v. Scabiosa.

Jacea Trinitatis, v. Jacea.

Jacea tuberosa, v. Jacea aculeata.

Jacea vulgaris vel nigra *Offic.* Flockenblume. VI.
Wird vornemlich in geschwollenen Mandeln gerühmet.

Jacobaea, Herba St. Jacobi, (weil es um diese Zeit blühet) Senecio maior, St. Jacobsblum, St. Jacobskraut. XXIII.

Ist warm, zertheilet, reiniget, schließet die Wunden, curiret die Entzündung der Kehle, Inflammationes der Mandeln und die rothe Ruhr. Man brauchet auch dieses Kraut in Umschlägen wider die Schmerzen des Leibes, Wunden und alte Schäden.

Jacobaea marina, v. Jacobaea.

Jacobaea nigra, v. Succisa, v. Jacea vulgaris.

Jaifolium, v. Macer.

Jalapium, Jalappa, Gialappa, Cheleopa, Celopa, Jelapa, Jelapu, Mechoacanna nigra, Conuoluulus Mexicanus, Americanus, Mechoacanna nigricans, Bryonia, Mechiocanna nigricans *C. Bauh.* *J. B.* Bryonia Indica, Rhabarbarum nigrum, schwarze Rhabarbar, schwarze Mechoacanwurzel. VII.

Purgiret gelinde alle schädliche Feuchtigkeiten, und vornemlich das Wasser, und dient deswegen in Verstopfungen der Mutter. Man hat hieraus ein Extractum, Magisterium und Pulver.

Jalappa, v. Jalapium.

Jalappa *Offic.* v. Conuoluulus.

Jamboli, v. Jambos.

Jambos Acostae, ein Indianischer Baum.

Ist ein Baum, so groß wie ein Pflaumenbaum, hat grüne Blätter, vier Finger breit, lang, und eine rothe Blüte, welche überaus angenehm, und fast wie eine Rose riecher. Die Frucht ist wie ein Gänseey groß. Sie wird das ganze Jahr über gesammlet, aber manche wächset zu einer Zeit hervor, die andere wird reif, und die dritte ist schon zur völligen Reife gelanget, und sind öfters einerley Aeste mit Blüten, grünen und reifen Früchten versehen.

Jambus *Linschottanni*, Tuphat, Alma, ein Indianischer Baum.

Dieser Baum ist um ein merkliches von dem Jambo acostae unterschieden. Die Früchte, so bey denen Malabaren und Canariern Jamboli, bey denen Arabern Tulpa, bey denen Indianern und Persern Tuphat, in Türkischer Sprache aber Alma heißen, werden zu Anfange der Mahlzeit gegessen. Man machet auch die Früchte und Blüthen ein.

Japonica terra, v. Catechu.

Jasione, v. Ranunculus.

Jasmin, Jasmine, v. Jasminum.

Jasmin large, v. Jasminum *Hispanicum*.

Jasmin Roage, v. Jasminum *Hispanicum*.

Jasminoides, unächter, oder Bastartjasmin. VI.

Jasminum album, v. Jasminum.

Jasminum, Ἴασμον, Josmenum, Jeseminum, Apiaria, Gelseminum, *Arab.* Sambach, Zambach, Jesemin, Jasmine, Veielreben. XVI.

Das Oel aus denen Blumen digeriret, ist warm im andern Grad, erwei-

erweichet, öfnet die Mutter, wärmet, laxiret, erleichtert die Gebart, curiret Husten, Engbrüstigkeit, Seitenstechen und harte Schwulst der Mutter, die Schmerzen des Magens, der Därme und stinkenden Odem, so von überhäuften Essen und Trinken entstanden. Ruellius rühmt es wider Flüsse. Aeusserlich dienet es in kalten Flüssen und contracten Gliedmassen, auch der Colica.

Jasminum *Alpinum*, Sambach *Arabum*, Arabischer Jasmin. III.

Hat einen Rebenstamm und Blätter, so denen Pomeranzenblättern gleichen. Er wächset bey Cairo in Egypten.

Jasminum arboreum, v. Plumaria.

Jasminum bacciferum, v. Galega.

Jasminum candidum, v. Jasminum.

Jasminum coeruleum, v. Jasminum.

Jasminum coeruleum *Mauritanorum*, v. Syringa.

Jasminum *Hispanicum*, Spanischer Jasmin. II.

Kömmt fast mit dem gemeinen Jasmin überein; doch sind die Blüten weit stärker. Er wird Jasmin roage et Jasmin large genennet.

Jasminum humile luteum, v. Alkanna.

Jasminum humilius magnum florens, v. Alkanna.

Jasminum *Indicum*, *Mexicanum*, Indianischer Jasmin. IX.

Jasminum luteum et coeruleum, v. Alkanna.

Jasminum luteum vulgo dictum, v. Galega.

Jasminum *Mexicanum*, v. Jasminum *Indicum*, v. Bignonia.

Jasminum *Persicum*, s. Lilac, v. Syringa.

Jasminum *Punicum*, v. Jasminum.

Jasminum rubrum, v. Mandragora.

Jasminum vulgarius, v. Jasminum.

Jausial *Indi*, v. Nux Moschata.

Iberide, v. Iberis.

Iberis, Lepidium, *Gall.* Passerage, Iberide, Gauchblumen, wilde Kresse. VIII.

Man stößet die Wurzel, und brauchet sie im Hüftenweh.

Iberis, v. Thlaspi.

Iberis Cardamantica, v. Iberis.

Iberis folio rotundiore, v. Ilex arborea *Lob.*

Iberis *Fuchs.* Nasturtium silvestre, Sysimbrium, Sium, Flos Cuculi, Gauchblumen, wilde Kresse. X.

Hat eben die Kraft, wie die andere Iberis.

Iberis

Iberis nasturtii folio, v. Iberis.
Ibiscus, v. Althaea.
Ibiscus *Theophr.* v. Malua siluestris.
Ibn Tsine, v. Eupatorium odoratum.
Icaco, der Americanische Pflaumenbaum. IV.
Icaiba, v. Jetaiba.
Ichnopodium, v. Ranunculus dulcis.
Icica, v. Elemi Gummi.
Idaea, v. Hippoglossum.
Idaea ficus nostra, vulgo Frangula, v. Caprifolium.
Idaea radix, v. Ribes.
Jecoraria, v. Lichen petraeus.
De Jericho Rosa, v. Rosa Hierichuntica.
Jeramia, v. Artemisia.
Jesemin, v. Jasminum.
Jetaiba, Icaiba, der Gummi Anime Baum in America.
Ist ein Ostindianischer Baum, so in Neuspanien hervor kömmt. Wenn man hinein schneidet, so fließet ein harzigter Saft heraus, so gemeiniglich Gummi Anime, besser Amine genennet wird. Etliche sagen, es sey das Cancanum Graecorum. Der Geruch von diesem Saft ist lieblich, die Farbe hell und durchsichtig, dienet in allerhand Schwachheiten der Nerven. Er ist warm im andern und trocken im ersten Grad, wird als ein Pflaster und Räucherpulver gebraucht, und dem Orientalischen vorgezogen, verdünnet, zertheilet, hält an, stärket das Haupt. Aeußerlich thut er auch gut in allerhand kalten Beschwerungen des Hauptes, derer Glieder, Schmerzen, Flüssen, Blähungen, der Gicht, Lähmung und Contracturen, ingleichen in Verrenkungen und Zerquetschung derer Gliedmaßen. Man verfertiget hiervon ein Oel.
Igname, Inhame, die Amerikanische Zuckerwurzel. v. Battata *Hispanorum.*
Ist eine fremde Wurzel, so in America wächset, und gar angenehm zu essen.
Igpecaia, v. Ipecacoanha.
Ilatrum, v. Alaternus.
Ilatrum folio ad Ilicem accedente, v. Alaternus.
Ilex aculeata baccifera, v. Agrifolium.
Ilex angustifolia *Tab.* v. Ilex arborea *Lob.*
Ilex aquifolia *Lon.* v. Agrifolium.

Ilex arborea *Lob.* oblongo serrato folio *C. Bauh*, angustifolia *Tab.* Stecheiche, Steineiche, Steinpalme. V.

Die Blätter, Rinden und Eicheln von diesem Baume sollen an Kräften mit dem andern Eichbaume übereinkommen, und wollen etliche Autores gewiß behaupten, daß vornemlich die Mistel von diesem Baume im bösen Wesen vortreflich sey, und den Mistel von andern Eichbäumen bey weitem übertreffe.

Ilex coccigera, s. Coccifera, v. Kermes.

Ilex cocciglandifera, v. Kermes.

Ilex maior, v. Ilex.

Ilex oblongo serrato folio, *C. Bauh.* v. Ilex arborea *Lob.*

Ilex quinte aculeata baccifera folio sinuato, *Bauh.* v. Agrifolium.

Ilex tinctoria, v. Ilex arborea.

Illecebra, v. Fabaria.

Illecebra, v. Vermicularis.

Illecebra maior, v. Vermicularis.

Illos, v. Hedera arborea.

Impatiens, Balsamina lutea, Noli me tangere, Mercurialis silvestris altera, Persicaria siliquosa, Jüdenhütlein, Springkraut. III.

Dieses Kraut wird von etlichen vor giftig gehalten. Es lindert die Schmerzen im Zipperlein. Man findet hiervon das Männgen und Weibgen. Jenes ist kalt und trocken. Es heilet die Wunden und güldene Ader. Aeußerlich thut sie in Verwundung der Nerven, Brüchen und Brandschäden gut. Das Weibgen aber pfleget wegen ihres scharfen und etwas ätzenden Salzes die Haut roth zu machen, treibet den Urin gewaltig, so, daß er öfters unvermerkt, oder in extraordinairer Quantität fortgehet, und muß, den Stein der Nieren abzutreiben, behutsam gebrauchet werden.

Imperatoria, Astrutium, Ostrutium, Astrensium, Astrantia, Magistrantia, Laserpitium Germanicum, Smyrnium hortense, Laserpitium Gallicum, Lasarum Galaticum, Herba Benzuini, Spiritus Sancti Radix, Meisterwurz, Magistranz, Ostritz, Kayserwurz, Astranz, Oustritze, Wolstand. III.

Die Wurzel, so warm und trocken im andern Grad, widerstehet dem Gift, treibet Schweis, eröfnet, verdünnet, heilet die giftigen Krankheiten und Bisse, resolviret und verdünnet den tartarischen Schleim auf der Lunge, curiret die Winde und

Trom-

Trommelsucht, Colica, Mutterbeschwerungen, den üblen Geruch, so aus dem Munde gehet, Hauptbeschwerung, Flüsse, Lähmung, den Schlag, das unverdauliche Wesen im Magen, und das Quartanfieber. Aeußerlich pfleget sie die Zahnschmerzen und Flüsse zu lindern, den Grind am Haupte zu trocknen, kalte Schwulsten, Gicht, und den eingewurzelten Haarwurm zu heilen, auch Pfeile und Kugeln auszuziehen. Es ist von dieser Wurzel vornemlich das Wasser, so aus dem blühenden Kraut abgezogen wird, bekannt.

Imperatoria *Alpina*, v. Imperatoria minor.

Imperatoria mas, v. Imperatoria minor.

Imperatoria minor, mas, kleine Meisterwurzel. II.

Imperatoria nigra, schwarze Meisterwurzel. II.

Impia, v. Filago.

Impiae species, v. Gnaphalium.

Incensuaria, v. Abrotanum mas.

Incensum, v. Thus.

Incorruptibilis genitura, v. Buphthalmon.

Indico s. Indigo, Nil, Indorum color Xiuhquilith, Polygala Indica, Phaseolus Americanus vel Brasilianus sextus, Isatis Indica, blau Indig. V.

Hiervon ist die ausgesottene blaue Farbe bekannt.

Indicum Balsamum, v. Balsamum *Peruuianum*.

Indicum Sal, v. Saccharum.

Indigo, v. Indico.

Indigo *Dominigo*, v. Indico.

Indigofera, v. Glastum.

Indigo *Guatimala*, v. Indigo.

Indigo *Lauro*, v. Indigo.

Indorum color, v. Indico.

Inga, der Ingabaum in Jamaica und Vera Crux.

Inguinalis, v. After *Atticus*.

Inguinalis, v. Eryngium.

Inguinaria, v. Cruciata.

Inhame, v. Igname.

Intubus, v. Intybus.

Intybus, v. Cichorium, v. Endiuia, v. Hieracium.

Intybus agrestis, v. Cichorium siluestre.

Intybus angustifolius, v. Endiuia.

Intybus crispa, v. Hieracium.

Intybus domesticus, v. Endiuia.

Intybus erraticus, v. Cichorium siluestre.
Intybus hibernus, v. Endiuia.
Intybus hortensis, v. Endiuia.
Intybus latifolius, v. Cichorium siluestre.
Intybus platyphyllos Harcinica, v. Sonchus coeruleus.
Intybus rusticus, v. Cichorium siluestre.
Intybus satiuus, v. Endiuia.
Intybus siluaticus, v. Cichorium siluestre.
Inuersa Vua, v. Paris.
Inula *Plin.* v. Helenium.
St. Johannis persica pumila, v. Cerasus.
Jondraba, v. Thlaspi bisacutum.
Jon porphyron, v. Pinguicula.
Jonthlaspi, kleiner Bauernsenf, v. Thlaspi. III.
Jonychron, v. Pinguicula.
Josmenum, v. Jasminum.
Jouis barba, v. Barba *Jouis.*
Jouis flos, v. Aquileia.
Jouis herba, *Plin. Baub.* v. Sedum maius vulgare.
Jouis radius, v. Antirrhinum.
Ipecacoanha, Ipecacuanha, siue Pygaya, Herba Paris, Brasiliana polycoccos, Periclymenon paruum Brasilianum alexipharmacum, Hypecacuanha, Hippekoana, Hippoacanna *Offic.* Radix dysenterica Brasiliana, Brasilianische Einbeer, Brasilianisch Ruhrkraut. III.
Wird vornemlich in der rothen Ruhr gebraucht.
Iphion *Theophr. Anguil.* forte, v. Asphodelus luteus *Dod.*
Iphium *Theophr.* v. Caryophyllus flos.
Ireos *Offic.* v. Iris nostras.
Iria, v. Erysimum.
Irio, v. Erysimum.
Irion, v. Lampsana, v. Rapistrum.
Iris agria foetida, v. Spatula foetida.
Iris alba, v. Iris nostras.
Iris alba *Florentina*, v. Iris nostras.
Iris alia perpusilla latifolia, v. Iris nostras.
Iris *Anglica*, v. Iris nostras.
Iris angustifolia altera, v. Iris nostras.
Iris angustifolia prunum redolens maior, v. Iris nostras.
Iris *Asiatica* coerulea, v. Iris nostras.
Iris *Asiatica* coerulea polyanthos, v. Iris nostras.

Iris

Iris biflora, v. Iris nostras.
Iris bulbosa angustifolia luteo flore, v. Iris nostras.
Iris bulbosa flore pallido, v. Iris nostras.
Iris bulbosa s. Xiphion, v. Machaeronium.
Iris bulbosa inodora maior, v. Iris nostras, v. Lirium mas.
Iris bulbosa lutea, v. Iris nostras.
Iris bulbosa praecox, v. Hermodactylus verus.
Iris Cerealis, v. Frumentum *Saracenicum*.
Iris *Chalcedonica*, Constantinopolitanische Veilwurzel. II.
Iris coerulea, v. Iris nostras.
Iris communis, v. Iris nostras.
Iris *Dalmatica*, v. Iris nostras.
Iris dilute coerulea inuolucro albo, v. Iris nostras.
Iris domestica, v. Iris nostras.
Iris flore ex toto candido, v. Iris nostras.
Iris *Florentina*, Florentinische Violwurzel.
Hat eben die Kräfte, wie die Iris Illyrica, ist aber schwächer.
Iris *Germanica*, v. Iris nostras.
Iris hortensis alba *Germana*, v. Iris nostras.
Iris hortensis latifolia, v. Iris nostras.
Iris hortensis pallide coerulea, v. Iris nostras.
Iris humilis, v. Iris nostras.
Iris *Illyrica*, Violwurzel aus Dalmatien. III.
Ist warm im ersten und dritten, und trocken im andern Grad, erreget Brechen, treibet Schweis, befördert den Durchfall, bekömmt denen Wassersüchtigen wohl, setzet frisch Fleisch an; wird in schwerem Odem gerühmet. Sie dringet durch, verdünnet, löset von der Brust, reiniget, erweichet den zähen Schleim auf der Lunge, curiret Husten, Engbrüstigkeit, Verstopfung des monatlichen Flusses, und das Grimmen der Kinder im Leibe. Aeußerlich nimmet sie die Flecken und Linsen oder Sommersprossen der Haut, ingleichen den üblen Geruch aus dem Munde hinweg, und wird zu Haarpuder verbrauchet. Man hat hiervon unterschiedene Präparata, als das Extract, die Species diaireos simplices et Salomonis.
Iris latifolia maior vulgaris, v. Iris nostras.
Iris lutea, v. Acorus adulterinus.
Iris nostras, ἶρις, ἴριον, [illegible], Gladiolus coeruleus maior, Xiphion, Iris siluestris *Matth.* Germanica *Fuchs.* purpurea s. vulgaris *Park.* latifolia maior vulgaris *Clus.* vulgaris

garis

garis Germanica, vulgaris violacea s. purpurea silvestris *Jo. Bauh.* Radix consecratrix, Radix Marica vel Neronica, Lilium coeleste, Lilium coeruleum, Radix violacea, Veilwurzel, Himmelschwertel, blau Gilgen, gemein Schwertel, blau Schwertel, Gilgenschwertel, blaue Lilien oder Gilgen, Violenwurz. LXI.

Ist warm und trocken im dritten Grad, führet das Wasser ab, und ziehet den Schleim aus der Nase, dienet in der Wassersucht. Wenn die Wurzel in der Höhe stehet, heilet sie Wunden, Helvet. Sie hat einen sehr herben Geschmack, in welchem eine zusammenziehende Wärme verborgen stecket, und ein eins schneidendes, fermentirendes, und der Seife gleichkommendes Salz bey sich, erwecket Speichel, trocknet und wärmet. Aeusserlich nimmt sie allerhand Flecken der Haut weg, schadet aber dem Magen. Die bekanntesten Präparata aus dieser Iride sind folgende: als der Saft, die Fecula, und das infundirte Oel, welches Oleum irinum genennet wird. Wenn man unter dieses Oel ein oder mehr Tropfen vom Majorandl menget, so ziehet es gewaltigen Schleim aus der Nase. Es kan auch, die Kröpfe zu zertheilen, und den Leib etwas zu eröfnen, aufgestrichen werden.

Iris palustris lutea, v. Acorus adulterinus.
Iris *Pannonica* colore multiplici, v. Iris nostras.
Iris pratensis angustifolia, v. Iris nostras.
Iris purpurea, v. Iris nostras.
Iris purpurea silvestris, v. Iris nostras.
Iris sativa floribus niveicoloribus, v. Iris nostras.
Iris sativa nostra, v. Iris nostras.
Iris silvestris, v. Lilium convallium.
Iris silvestris, v. Spatula foetida.
Iris silvestris angustifolia maior, v. Iris nostras.
Iris silvestris *Byzantina*, v. Iris nostras.
Iris silvestris maior, v. Iris nostras.
Iris silvestris *Matth.* v. Iris nostras.
Iris silvestris minor latifolia, v. Iris nostras.
Iris *Susiana*, v. Iris nostras.
Iris tenuifolia, v. Iris nostras.
Iris tuberosa, v. Hermodactylus verus.
Iris violacea, v. Iris nostras.
Iris uvaria, v. Aloë.
Iris vulgaris, v. Iris nostras.

Iris vulgaris *Germanica*, v. Iris nostras.
Iris vulgaris violaceus, v. Iris nostras.
Isatis, v. Glastum.
Isatis agrestis, v. Glastum.
Isatis domestica, v. Glastum.
Isatis *Indica*, v. Indico.
Isatis satiua, v. Glastum.
Isatis siluestris, v. Glastum.
Isatis Vaccaria, s. Vallaria, v. Vaccaria.
Ischoemon, v. Panicum siluestre.
Ischoemon alterum, v. Gramen sanguinarium.
Ischoemus, v. Geranium sanguineum.
Isophyllon, v. Bupleurum.
Isopyron, *Diosc.* v. Trifolium fibrinum.
Isopyrum, v. Nigella *Offic.*
Isopyrum, v. Trifolium *Americanum*, s. palustre.
Isora, der Indianische Schraubenbaum. III.
Itea, v. Salix.
Iua Arthetica, s. Arthritica, v. Chamaepitys.
Iua Moschata, x. Chamaepitys.
Iua Moschata, v. Fumaria bulbosa.
Iua Moschata *Monspeliensis*, v. Chamaepitys.
Iua Moschata, *Tab.* v. Chamaedrys altera *Matth.*
Jucca, Manchot, Cassada, oder Cassariwurzel. VI.
Judaica arbor, v. Siliquastrum.
Judaicum Gummi, v. Asphaltum.
Juglans, Nux regia, Nußbaum, welsche Nuß. X.

Die frischen Nüsse sind warm im ersten, und trocken im andern Grad, schwer zu verdauen, nähren wenig, schaden dem Magen, machen Galle, Hauptwehe, Husten, und präserviren vor der Pest. Aeußerlich werden die ausgeschälten welschen Nüsse mit Hanfsaamen als ein Umschlag in Hauptschmerzen, Schwindel und Zittern der Glieder appliciret. Das ausgepreßte Oel von diesen Nüssen dienet wider Brandschäden und Feigwarzen des s. v. Steißes und der Mutter. In der Unterpfalz und Elsas brauchen sie dieses Oel in die Lampen, die Armen aber zur Speise. Mit denen äußerlichen grünen Schalen, welche vitriolischer Natur seynd, pflegt man Wolle und Haare zu färben. Andere ziehen aus der Rinde ein Magenwasser über, welches auch zugleich dem Gift widerstehet, und aus noch vielen andern Stücken componiret wird. Die innere Rinde des Baums erwecket, wenn sie trocken und dürre worden, Erbrechen. Die Kätzgen oder Lämmgen thun in der Colic, dem Nierenwehe und Durchfall gut. Die eingemachten Nüsse, das Wasser, und der aus der ausgehöhlten Wurzel gesammlete Saft vertreibet das Fieber, Podagra und Schmerzen des Hauptes. Der dicke Saft von denen Nüssen (Rob. seu Diacorium) stillet die dünnen Flüsse, das ausgepreßte Oel die Blähungen und Colic, äußerlich aber zertheilet es die Schwulsten, heilet die contracten Nerven und lange anhaltende Krätze. Ferner hat man auch die berühmte Nußlattwerge. Der Baum hat eine gute Gestalt, die Blätter riechen stark, und nehmen den Kopf dermaßen ein, daß sie gleichsam Verstopfung der kleinen Gefäsgen des Hauptes, wodurch der Umgang der Säfte zurück bleibet, nach sich ziehet, vornemlich, wenn man sich darunter schlafen leget. Die Blätter schlagen die Weiber auf, wenn sie die Milch vertreiben wollen. Es soll auch dieser Baum eine natürliche Feindschaft mit der Eiche haben. conf. Nux Juglans.

Juiubae, v. Zizipha vel Ziziphus, Juiuba Arabum, Juiuba maior, Ziziphus rutila *Clus.* rubra *Cam.* Juiubae maiores oblongae, Juiubus, Pruneola pectoralis rubra, Brustbeerlein, Ziezerleinsbaum, rothe Brustbeerlein, welsche Hanbutten, Schwiezerleinsbaum. IV.

Kommen aus Italien und Frankreich, sind temperirt im warmen im ersten, und feucht im andern Grad. Sie curiren die Rauhigkeit der Lungen, Seitenstechen, den scharfen Urin, Aufwallung des Geblütes, und Zerfressung der Blase und Nieren. Hieraus verfertiget man den Syrupum de Jujubis.

Juiubae *Arabum*, v. Juiubae.

Juiuba *Indica*, v. Laccae Gummi.

Juiuba maior, v. Juiubae.

Juiubus, v. Juiubae.

Julia herba, v. Ageratum.

Julus, Juli, die Kätzlein, oder Knospen an denen Nußbäumen und Haselstauden.

Juncago, s. Triglochin v. Gramen junceum, v. Juncus.

Juncaria *Salmaticensis*, fremd Binsenkraut, v. Rubia.

Juncea aruensis, v. Chondrilla altera.

Juncellus, v. Typha.

Juncispartium, v. Gramen sparteum.

Juncus, Binse. VI.

Hat einen zusammenziehenden Geschmack, und dienet dieserwegen in Wunden, weil das Acidum mit diesem Alcali corrigiret wird. Das weiße Mark hievon brauchet man zu Wiecken in denen Wunden, desgleichen die Fontanellen zu erweitern, deren fressende Schärfe es in sich ziehet und verbessert. Dieses Mark muß auch in der Elsaß und Schweitz in den Lampen statt eines Dochts dienen. Die mit Wasser abgekochten Binzen, vornemlich die Wurzeln, pflegen im Durchfall gut zu thun.

Juncus acutus, v. Oxyschoenos.
Juncus aquaticus maximus, *Lob.* v. Mariscus *Plin.*
Juncus aromaticus, v. Schoenanthum.
Juncus auellana, v. Cyperus.
Juncus bombycinus, v. Linaria.
Juncus cyperoides, v. Sparganium.
Juncus cyperoides floridus paludosus, v. Sparganium.
Juncus floridus, v. Schoenanthum, v. Butomus.
Juncus floridus maior, v. Schoenanthum.
Juncus lanigerus, v. Linaria.
Juncus leuis, v. Mariscus *Plin.*
Juncus leuis glomerato flore, v. Mariscus *Plin.*
Juncus leuis pannicula sparsa, v. Mariscus *Plin.*
Juncus lychanthemos maior, v. Gramen arundinaceum.
Juncus marinus gramineus, v. Gramen sparteum.
Juncus maritimus, v. Oxyschoenos.
Juncus maritimus gramineus folio Schoenanthi, v. Schoenanthum.
Juncus maximus, v. Mariscus *Plin.*
Juncus odoratus, v. Schoenanthum.
Juncus odoratus aquatilis, v. Filipendula.
Juncus oxyschoenos femina, v. Mariscus *Plin.*
Juncus palustris maior, *Trag.* v. Mariscus *Plin.*
Juncus papyri *Aegyptiae* genus, v. Arundo, v. Papyrus.
Juncus pungens, v. Oxyschoenos.
Juncus rotundus, v. Schoenanthum.
Juncus siluestris, v. Gramen arundinaceum.
Juncus villosus, v. Gramen cyperoides.
Jungermannia, v. Lichen.
Juniperus *Offic.* vulgaris *Clus.* vulgaris fruticosa *C. Bauh.* vulgaris baccis paruis purpureis *J. Bauh.* Juniperus baccifera *Tab.* humilis *Gesn.* Cedrus Veterum, *Jo. Bauh.*

Rechbaum, Reckbaum, Wegbaum, Wachholderbaum, Krammetbaum, Machandel, Jachandel, Kattickbaum, Knirk. XII.

Das Holz ist warm und trocken im dritten Grad, wird zu Haupt- und Nervenstärkenden Kräutermützgen, ingleichen wider Wassersucht und Franzosen gebrauchet. Die Beere sind warm im dritten, und trocken im andern Grad. Sie werden jährlich zweymal reif, und am Tage Remigii, oder den ersten October gesammlet, zertheilen, dringen durch, verdünnen, eröffnen, treiben Schweis und die Monatzeit, curiren Verstopfungen der Milz, Beschwerungen des Haupts, der Nerven und der Brust, Husten, Windcolic, den Schleim, so in denen Nieren sich ansetzet, der Blase, die Flüsse, wobey ein schwacher Magen vorhanden, und die Wassersucht; äußerlich dienen sie wider geschwollene Füße und Schlangenbiß, stärken das Gehirn, den Magen, zertheilen Blähungen, verlängern das Leben. Es wird diese Frucht Juniperus, qs. Juniores pariens, weil sie jung machen soll, genennet, erhält das Gesicht und andere Verrichtungen unsers Lebens. Aeußerlich kan man auch die Beeren in der Wassersucht und Gicht mit Umschlägen appliciren. Der Rauch von den Beeren und Holz thut in der Pest gut. Das Wachholderharz heißet Sandaracha Arabum, Vernix, Gelatina, Gluten, auf deutsch, trockener Firnis, fließet bey denen dicken Knötgen des Holzes, in Gestalt eines dünnen Wassers heraus, thut in Contracturen und Gichtbeschwerungen ungemeine Dienste. Es ist warm und trocken im ersten und andern Grad, machet fest, zertheilet, stärket die Schwachheit der Nerven, so von Kälte entstanden. Wenn man dieses Harz in Leinöl zerschmelzet, so kan es in Brandschäden und Schmerzen der güldenen Ader appliciret werden. Die Künstler nehmen es auch zum Färben. Der Schwamm ist denen Augen gut. Der Saft, so von freyen Stücken aus dem Schwamm heraus fließet, und in der Sonne in einem Ameisenhaufen geläutert wird, ist ein treffliches Augenmedicament, und thut in Lähmung der Glieder große Dienste. Das Wasser und der Spiritus aus denen Beeren werden sonderlich zu Verhütung des bösen Wesens gelobet. Das Oel stillet den allzustarken Hunger, dämpfet innerlich und äußerlich die Colic, Entzündung der Nieren und Wassersucht. Aus dem Holz und Beeren kan man auch ein Salz, dicken Saft und gummösichtes Extract bekommen; aus denen tro-

ckenen Beeren entstehet ein bequemes Schweiß- und Bezoar-
mittel, so wider das böse Wesen, die Pest, ansteckende Krankheiten, einen sonderlichen Ruhm erhält. Das Elixir ist in Steinbeschwerungen ein trefliches Medicament, und stärket den Magen. Die Asche curiret die Wassersucht.

Juniperus baccifera, v. Juniperus.

Juniperus humilis, v. Juniperus.

Juniperus maior bacca rufescente, v. Thuia.

Juniperus maior *Illyrica*, v. Juniperus.

Juniperus vulgaris fruticosa, v. Juniperus.

Junispartium, v. Gramen sparteum.

Junonis lacrymae, v. Verbena.

Juraia, v. Lolium.

Jureum, s. Jurum, v. Lolium.

Jusquiamus, v. Hyosciamus.

Justicia, die Americanische Justicia. II.

Ixine *Theophr.* v. Carlina.

Ixocaulon album, v. Antirrhinum, v. Lichnis siluestris.

Ixocaulon alterum, v. Caryophyllus siluestris.

Ixocaulon, Hesperis quorundum, v. Antirrhinum, v. Lychnis siluestris.

K

Kahvve, Kahvvee, v. Coffée.

Kakile, s. Eruca marina, Meerraucke, Meersenf. IV.

Wächset zu Montpelier und Genev. Das hiervon destillirte Wasser wird in der Colic gerühmet.

Kali, Glasschmalz. XVIII.

Kali *Aegyptiaca*, v. Ficoides.

Kali album *Dod.* minus album semine splendente, Blanchette Narbonensium *Lob.* klein Grasekraut. II.

Kali cochleatum maius *Cam.* Kali magnum *Lob.* Kali maius cochleato semine *C. Baub.* Herba vitri, groß Glasekraut. II.

Kali frutescens roseum rorismarini, Kali Hispanicum Menzelianum, Spanisch Salzkraut. XI.

Dieses Kraut soll am Mittelländischen Meer, nahe bey Calicut, wachsen.

Kali geniculatum rectum, Glasschmalz, Salzkraut. II.

Kali *Hispanicum*. v. Kali frutescens roseum foliis rorismarini.

Kali magnum *Lob.* v. Kali cochleatum minus.

Kali maius cochleato semine, *Casp. Bauh.* v. Kali cochleatum maius *Cam.*
Kali minus album semine splendente, v. Kali album *Dod.*
Kali rectum, v. Kali geniculatum.
Kali spinoso affinis, *C. Bauh.* v. Digitalis.
Kali spinosum, v. Digitalis.
Kali spinosum cochleatum, *Bauh.* v. Drypis *Theophr.* spinosum.
Kalmes, Calmus, v. Acorus verus.
Kapnos, v. Fumaria.
Karatas, die wilde Indianische Ananas.
Kardamine, v. Nasturtium aquaticum.
Kardamon, v. Nasturtium hortense.
Karnub, v. Siliqua dulcis.
Karos, v. Carum.
Karphi, v. Petroselinum vulgare.
Karulu.

Eine knollichte Wurzel in der Americanischen Landschaft Guiana, v. Ketmia Brasil.

Katsiula Kalengu, eine Pflanze aus China und Malabar.
Kebuli, v. Myrobalani Chebuli.
Kempfera frutescens, die staudige Kempfera aus Jamaica.
Kenchros, v. Milium.
Kepros, v. Ligustrum.
Keratia, v. Siliqua dulcis.
Kermes, Chermes, Coccum vel Coccus infectorium, l. riabaphicum l. ca, Granum tinctorum, Scarlatum, Grana Kermes. II.

Die Staude oder der Baum wird Ilex coccifera s. aculeata cocciglandifera, die Frucht aber Grana Kermes, auf deutsch Scharlachbeer, Kermeskörner, genennet. Daher kömmt Karmasin, Kermesinfarbe, Scharlachfarbe. Sie wächset in Creta, Spanien, Frankreich, Navarra, Italien und andern Orten. Die Beere hiervon, nemlich die berühmten Kermeskörner, sind mit schönem rothen Saft angefüllet, aus welchen, wenn sie allzureif worden, alles voll kleine Würmgen von gleicher Farbe generiret werden, so davon fliegen, wenn man sie nicht in Zeiten tödtet. Damit aber ihre Erzeugung verhindert werde, so pflegen die Einwohner die Körner nicht zu pressen, sondern mit Eßig oder weißen Wein anzufeuchten. Es sind aber diese Beere warm im ersten und trocken im andern Grad, dienen dem Herzen, halten an, helfen denen

Gebährenden, heilen die Wunden, treiben die Masern aus, curiren Ohnmachten, Entkräftung, Herzklopfen, Melancholey, verhüten die unzeitige Geburt, stärken das Gedächtnis, und curiren das Schlucken. Hieraus wird eine Essenz, Tinctur und das Magisterium, ingleichen die Confectio Alkermes mit und ohne Mosch; (diese ist vor die Männer, jene aber vor die Weiber, ein ganz unvergleichliches Medicament in allerley Leibesbeschwerungen innerlich und äußerlich,) ferner das Extractum oder Essenz aus der gestoßenen Frucht mit Spiritu Vini, oder Rosenwasser mit Spiritu Vitrioli, oder Sulphuris, verfertiget.

Ketmia, die Althäenstaude. XXXI.

Ketmia *Aegyptiaca*, s. Africana, v. Ketmia.

Ketmia *Americana*, v. Ketmia.

Ketmia *Arabica*, v. Ketmia.

Ketmia *Brasiliensis*, folio ficus, fructu pyramidato sulcato, *Tournef.* v. Ketmia.

Ketmia *Syrorum*, v. Ketmia.

Ketule.

Ist ein Baum in Ceylon. Man zapfet einen süßen und angenehmen Saft von ihm, welcher in der Landessprache Tellege genennet wird, von dem man alle Tage bis 12 Kannen bekommen kan. Rob. Kox.

Keuri, v. Levcojum luteum.

Keyri, v. Levcojum luteum.

Keyri luteum vulgare, v. Levcojum luteum.

Keyri purpureum et album, v. Levcojum luteum.

Keyri silvestre foliis Hieracii, v. Levcojum luteum.

Kiki, v. Ricinus vulgaris.

Kinkina, v. China Chinae.

Kioelassa, v. Butomus.

Kirpitschno tschai, v. Thée.

Kissos, v. Hedera.

Kleinia, die Kleinia aus Indien, v. Tithymalus.

Klematis daphnoedys, v. Vinca per Vinca.

Klemaris daphnoedys, v. Bardana.

Klinotrogos, v. Acer.

Knavvel, s. Millegrana, v. Herniaria.

Knjascheniza Russorum, v. Rubus vulgaris.

Knikos *Plin.* v. Carthamus.

Knikos *Theophr.* v. Carthamus.

Koccomila, v. Prunus domesticus.
Kolokynthis, v. Colocynthis.
Komaron, v. Fragaria.
Konion, v. Cicuta.
Korymbithra, v. Herba arborea.
Kosa Trava, Sichelkraut, welches in Siberien wachsen und Eisen zerbrechen soll.
Kosteniza Russorum, v. Chamaerubus.
Kotylidon, v. Vmbilicus Veneris.
Krasnoje derevvo, v. Spina infectoria.
Krithi, v. Hordeum.
Krinon, v. Lilium album.
Kynanchitis, v. Abrotanum.
Kynorrostos, v. Cynosbatos.
Kynosbatos, v. Cynosbatos.
Kypiros, v. Cyperus.

Lablab, v. Faba.
Labrum *Veneris* alterum, v. Dipsacus siluestris *Dod.*
Labrum *Veneris* flore purpureo, *Caes.* v. Dipsacus siluestris flore purpureo, *Caes.*
Labrum *Veneris Lob.* v. Dipsacus siluestris, *Dod.* v. Carduus fullonum.
Labrum *Veneris Matth.* flore candido, *Caes.* v. Dipsacus.
Labrusca, Vitis siluestris, wilder Weinstock, v. Vitis.
Wächset an unbehaueten Orten, nahe bey dem zahmen Weinstock. Sein Samen und Blüthen seynd dem zahmen Weinstock sehr ähnlich; die Trauben sind klein, und werden nicht reif. Er hat eine große Säure bey sich, ziehet den Leib gewaltig zusammen, und kan nicht sonderlich gebraucht werden. Aeußerlich rathen theils Medici den Labruscum propter insignem vim detergentem und constringentem, (weil er sehr reiniget und zusammen ziehet,) Grind und Krätze zu vertreiben.
Laburnum, welsche Linsen. v. Lens. II.
Wachsen in Syrien und Cypern. Es sollen von dem bloßen Geruch die Mäuse sterben.
Laburnum, *Dod.* s. Anagyris non foetida, Baumbohnen ohne Gestank. III.
Werden von einigen, Vomitus oder Brechen zu erwecken, gebrauchet, sind aber nicht sicher.
Laburnum *Lugdunensium*, v. Anagyris I. *Matth.*

Laburnum *Lugdunensium* alterum, v. Anagyris *Matth.*

Laccae Gummi Indicum, Lacca *Offic.* Lacca Arabum *Lob.* Cainlacca, Lachetta, Gummi Lacca, Kermes Arabum, Lack, Gummilacke, II. v. Jujuba.

Der Baum, wovon dieses Harz genommen wird, soll, wie viele meynen, die Jujuba Indica Casp. Bauh. oder Jujubus Indica rotundifolia spinosa, foliis maioribus subtus lanuginosus et incanis Jac. Breyn. oder der Portugiesen ihr Malus Indica, seyn. Wir aber glauben, daß es von keinem Baume entstehe, sondern von geflügelten Ameisen herkomme. Es treibet Schweis und Urin, dienet in Verstopfungen, Wassersucht und kurzen Odem. Aeußerlich aber wird es in allzulockern und faulem Zahnfleisch und üblen Geruch des Mundes gebrauchet. Die Künstler bedienen sich dessen zum Zusiegeln, und wird daher Siegellack genennet. Hiervon ist die Tinctura Laccae Mynsichti im lockern und geschwornen Zahnfleisch zuträglich, ingleichen die Trochisci Laccae maiores. Mesue recommendiret sie in übler Beschaffenheit des Magens und der Leber. Sie treiben den Urin, und curiren die Wassersucht.

Lacca *Florentina*, Florentiner Lack. v. Laccae Gummi.

Lacca Musica, Lackmus, blaue Tornis. II.

Ist eine blaue Farbe, heisset bey denen Mahlern Tornis, kömmt aus Holland und Flandern. Das Kraut, wovon diese Farbe genommen wird, heißet Heliotropium tricoccum oder Sonnenwende, wächset in Frankreich und Italien. Man kan auch aus Heidelbeeren und andern Dingen dergleichen Lack verfertigen.

Lacca in rotulis, Lackküchlein, v. Laccae Gummi.

Lachetta, v. Laccae Gummi.

Lachryma, der herausfließende Saft an einigen Gewächsen.

Heißet eigentlich eine Thräne oder Zähre in denen Augen; die Botanici aber zeigen hierdurch einen gewissen Saft an, welcher entweder von sich selbst, oder durch Kunst aus einem Vegetabili fließet. Dergleichen sind Drachenblut, (Sanguis Draconis) Kirschharz, (Gummi Cerasorum) u. a. m.

Lachryma *Christi*, *Jobi*, Hiobsthränen. III.

Ist ein fremd Gewächse.

Lachryma *Cyreniaca*, v. Asa dulcis.

Lachryma Draconis, v. Sanguis Draconis.

Lachryma Ferulae, v. Ammoniacum.

Lachryma ferulae Medicae, v. Laserpitium *Massiliaticum.*
Lachryma ferulae *Syriacae*, v. Narthex.
Lachryma *Jobi*, v. Milium Solis.
Lachryma *Mariae*, v. Milium Solis *Offic.*
Lachryma Medica, v. Laserpitium *Massilioticum.*
Lachryma Metopii, v. Narthex.
Lachryma Sagapeni, v. Laserpitium *Massilioticum.*
Lachryma *Syriaca*, v. Narthex.
Lachryma Vitis, v. Vitis.
Lactaria herba, v. Esula.
Lactriola altera, v. Taraxacon *Offic.*
Lactero, v. Sonchus spinosus.
Lactoris, v. Ocymum aquaticum.

Lactuca *Offic.* satiua *Dod. Tab. C. Bauh.* satiua folio Scariolae *Lob.* florescens *Matth.* satiua vulgaris non capitata *J. Bauh.* Lattich, Lactucke, Latschke, Salatlattich, Schmalzkraut. LXII.

Die Blätter und Samen sind warm im dritten, und trocken im andern Grad. Man mag sie äußerlich oder innerlich brauchen, so werden sie allezeit das allzustarke Ferment im Geblüte, welches durch allerhand Dünste verursachet, und mit dem Umlauf der Säfte dem Herzen zugeführet wird, zurück halten. Sie kühlen in Fiebern, lindern die Scharfe des Geblütes und anderer Feuchtigkeiten, bringen Schlaf und Ruhe, dämpfen die Galle und übernatürliche Hitze, vermehren die Milch, purgiren gelinde, sind dem Magen gar zuträglich, und geben gute Nahrung. Aeußerlich curiren sie die großen Schmerzen des Hauptes, Brandschäden und Zittern der Glieder. Sie dienen auch in Fußbädern wider allzugroße Hitze, Mattigkeit der Glieder, allzulangem Wachen und Raserey beym Fieber. Der Same curiret den Samenfluß und Brennen des Urins. Sonst sind hiervon in denen Apothecken folgende Stücke, als das Wasser, der dicke Saft, item die mit Zucker überzogenen Stengel zu bekommen.

Lactuca accipitrina, v. Hieracium, v. Taraxacon.

Lactuca agnina, Olus album, Valeriana campestris, inodora maior, Locusta *Gesn.* Valeriana aruensis, praecox, humilis, semine compresso *Mousson.* Phu minimum *Lob.* alterum, Lämmerlattich, Ackerlattich, Lämmerweid, Feldkropf. XII.

Bestehet aus einer gemäßigten Kälte und Feuchtigkeit, welche warm und feucht im ersten Grad, laxiret ein wenig, curiret Fieber und Stein.

Lactuca agrestis, v. Lactuca *Offic.*

Lactuca *Anglica* odore opio similis, v. Lactuca *Offic.*

Lactuca aruensis, v. Lactuca agnina.

Lactuca canina, v. Taraxacon.

Lactuca capitata, v. Lactuca *Offic.*

Lactuca capitata crispis brassicae foliis, v. Lactuca capitata.

Lactuca capraria, v. Esula.

Lactuca caputia nominata, v. Lactuca capitata.

Lactuca crispa, v. Lactuca *Offic.*

Lactuca florescens, v. Lactuca *Offic.*

Lactuca foliis Endiuiae maior, *Trag.* v. Lactuca crispa.

Lactuca hiemalis, v. Lactuca *Offic.*

Lactuca Intybacea, v. Lactuca *Offic.*

Lactuca leporina, v. Hieracium.

Lactuca leporina *Apuleii*, v. Sonchus spinosus.

Lactuca marina, v. Lactuca *Offic.*

Lactuca moerorum, v. Sonchus spinosus.

Lactuca montana purpurea coerulea, v. Rorismarinus, v. Libanotis, v. Lactuca *Offic.*

Lactuca montana rotunda, v. Lactuca *Offic.*

Lactuca odore viroso, v. Lactuca *Offic.*

Lactuca *Sabaudica* crispa, v. Lactuca crispa.

Lactuca satiua, v. Lactuca *Offic.*

Lactuca satiua maior, quae in caput coit, v. Lactuca capitata.

Lactuca satiua scariolae foliis, v. Lactuca *Offic.*

Lactuca sessilis, *Gesn.* v. Lactuca capitata.

Lactuca siluestris, v. Hieracium, v. Taraxacon.

Lactuca siluestris perennis, v. Chondrilla prima.

Lactuca siluestris viminea, v. Chondrilla altera.

Lactuca vulgaris non capitata, *Bauh.* v. Lactuca *Offic.*

Lactucella, v. Sonchus spinosus.

Lacuturris, v. Brassica raposa.

Ladanum cum hypoladano, v. Ladanum segetum.

Ladanum Gummi, Gummi von Cistus, v. Cistus.

Ist ein harzigtes Gummi, so aus der Cyprischen Pflanze, welche Cistus oder Ledum genennet wird, hervor kömmt. Ob aber dieses Gummi aus der Frucht oder aus denen Blättern gesammlet werde, ist ungewiß. Man brauchet es wider das feuchte Gehirn und kalte Flüsse. Das hieraus verfertigte Pflaster lindert die Schmerzen, erweichet, zertheilet und curiret die Milzbeschwerungen, so von Blähungen entstanden. Man hat auch hieraus das durch die Retorte überzogene Oel. Das Ceratum (die Wachssalbe) hiervon wird vom Cratone in allerhand Beschwerungen und Schmerzen des Magens, und in der Melancholie, so von Blähungen herkömmt, gerühmet. In Mutterzäpfgen befördert es die Nachgeburt, und curiret die allzugroße Verhärtung der Mutter.

Ladanum segetum *Plinii*, Sideritis aruensis, angustifolia rubra, Terrabit angustifolium, Alyssum flore purpureo *Galeni*, **Kornwürth, klein Berufskraut.** VI. v. Alysson.

Laffa.

Ein Baum in Madagascar, woraus man eine Art von Fasern ziehet, die denen Pferdehaaren gleichen, woraus man Fischleinen machet.

Lagea lupi, v. Arnica.

Lagophthalmus, v. Caryophyllata.

Lagopodium, Lagopus, Λαγώπυρον, Pes leporinus, Trifolium leporinum, **Hasenklee, Katzenklee, Hasenpfötlein.** v. Trifolium.

Das Kraut mit denen Aehren ist warm im ersten, und trocken im dritten Grad, hält an, dienet in allerhand Flüssen des Leibes, dem Durchfall, Blutgang der Weiber, der rothen Ruhr, im Blutspeichel, beschwerlichen Urinlassen und Geschwären der Blase. Aeußerlich kan man das Lagopodium wider Blutflüsse, die güldene Ader, Schwulst der Schamtheile oder des Schooßes, Brüche und Sommersprossen brauchen.

Lagopodium album, v. Lagopodium.

Lagopodium flore luteo, v. Lagopodium.

Lagopodium *Tab.* v. Anthyllis leguminosa.

Lagopoides, v. Lagopodium.

Lagopum, v. Caryophyllata.

Lagopum maximum, v. Lagopodium.

Lagopus, v. Lagopodium.

Lagopus alter, *Dod.* v. Cytisus *Trag.*

Lagopus folio pinnato, *Lob.* v. Cytisus *Trag.*

Lagopus minor *Eyst.* v. Cytisus *Trag.*

Lagopus primus, v. Melilotum *Germanicum.*

Lagopus secundus, v. Gnaphalium.

Lagopus tertius, v. Hieracium, v. Taraxacon.

Lagopus vulgaris, v. Lagopodium.

Lagopyron, v. Lagopodium.

Laheric.

Ist ein Baum in Madagascar, dessen Stamm gerade und hohl ist. Die Blätter wachsen in der Gestalt einer Schneckenlinie herum.

Lalondasecats.

Ist ein Bastart Jasmin mit kleinen Blumen in Madagascar.

Lalonde, v. Jasminum.

Lamium, Galeopsis, Vrtica mortua, taube oder todte Nessel. XII.

Lamium album, todte oder taube weiße Nessel. V.

Schließet die Wunden, stillet Verblutungen, und dienet der Miltz. Die Conserua, oder in Zucker eingesetzte Nessel, curiret den weißen Fluß, der Syrup aber allerhand Brustbeschwerungen.

Lamium album non foetens folio oblongo, v. Lamium album.

Lamium cannabinum, v. Lamium, v. Galeopsis.

Lamium exoticum, v. Scrophularia maior.

Lamium foliis caulem ambientibus maius, v. Alsine.

Lamium luteum, v. Lamium.

Lamium maculatum, v. Lamium.

Lamium maximum silvestre foetidum, v. Vrtica vrens.

Lamium montanum Melissae folio, v. Lamium.

Lamium *Pannonicum*, v. Scrophularia maior.

Lamium purpureum, v. Vrtica mortua.

Lampata *Chinensium*, v. China Radix.

Lampsana, v. Armoracia, v. Rapistrum.

Lampsana, v. Sonchus.

Lampsana, *Dod.* Papillaris, Rheinkohl, wilder Kohl. III.

Dienet wider Vereiterung der Brüste.

Lampsana domestica folio Sonchi, v. Sonchus.

Lampsana flore melino, v. Rapistrum.

Lampuca, v. Hieracium.

Lana pratensis, v. Filago.

Lana pratensis, Gnaphalium, Tomentum, Linum pratense, Centunculus, Centuncularis, Mattenflachs, Wiesenwolle. v. Gnaphalium.

Ist eine Art Binsen, womit die Armen ehemals die Betten gestopfet haben; denn es giebt Wolle, fast wie Baumwolle. Das Mark aus den Stengeln können die Chirurgi zu Ampeln in denen Wieken brauchen.

Lanaria,

Lanaria, v. Saponaria.
Lanaria, v. Verbascum.
Lancea *Christi*, v. Ophioglossum.
Lanceola, v. Plantago minor.
Lanceola minor, v. Plantago maior.
Lanceolaris, v. Lonchitis.
Lanceolata, v. Plantago minor.
Lancisia *Africana* repens Ponderer, die Africanische Lancisia.
Lanruaz, v. Galanga.
Langhare.

Ist eine Staude in Madagascar, welche buschigt wächst. Ihre Blätter sind lang und gekerbt. Ihr Holz ist gerade. Ihre Blumen wachsen ohne Stiel an der Rinde ihres Stammes. Sie sind so roth als Blut, und von einem etwas beissenden Geschmack, welcher den Speichel erwecket, wenn man sie käuet. Sie führen stark ab, daher sie die Negern vor Gift halten.

Langu.

Ist eine Art von viereckigten Nüssen, die auf einem kriechenden Kraute wachsen. Man kauet sie in Madagascar, um sich die Zähne, das Zahnfleisch und die Lippen dadurch zu schwärzen, und einen lieblichen Athem zu bekommen.

Lantana, v. Viburnum *Matth.*
Lantor, Lantorbaum.

Ein Baum auf der Insul Java. Seine Blätter sind so lang, als ein Mann, und so glatt, daß man mit einem Bleystift oder Griffel darauf schreiben kann.

Lanugo artemisiae *Japonensis*, v. Moxa.
Lanx, v. Ophioglossum.
Lapathiolum, v. Acetosa.
Lapathon, v. Acetosa.
Lapathum, Mengelwurz, Ampferkraut. XVII.
Lapathum acidum, v. Acetosa.
Lapathum acutum, v. Lapathum silvestre.
Lapathum aquaticum minus, v. Herba *Britannica*.
Lapathum aquosum, v. Rumex aquaticus.
Lapathum *Chinense* latifolium, v. Rhabarbarum.
Lapathum *Dioscoridis*, v. Lapathum.
Lapathum domesticum, v. Lapathum.
Lapathum equinum, v. Rumex aquaticus.

Lapathum foliis rotundis, v. Hippolapathum.
Lapathum folio acuto rubente, v. Lapathum rubens.
Lapathum folio subrotundo, v. Lapathum rubens.
Lapathum hortense, v. Spinachia.
Lapathum maximum *Sinense*, v. Rhabarbarum verum.
Lapathum maximum *Thracicum*, v. Rhabarbarum verum.
Lapathum per excellentiam, v. Rhabarbarum verum.
Lapathum rubens, v. Lapathum.
Lapathum sanguineum, v. Rumex rubens.
Lapathum satiuum, v. Acetosa, v. Rhabarbarum.
Lapathum silvestre angustifolium, Lapathum acutum, Rumex acutus, Oxylapathum, Zitterwurz, Mängelwurz, Grindwurz, Streifwurz, wilder Mangold, Ampfer, Pubenkraut, Lendenkraut, spitzige Ochsenzungenwurz. XVII.

Die Wurzel hat einen herben, bitterlichen, und dem Wermuth gleichenden Geschmack, bringet Speichel hervor, welcher gelb aussiehet, hält an, trocknet, reiniget die Krätze, curiret die gelbe Sucht, Geschwäre und Jücken. Der Samen wird selten gebrauchet, temperirt und trocknet, (ist kalt im andern Grad,) verstopfet und vertreibt den Durchfall. Die Blätter ziehen den Leib zusammen. Die Wurzel purgiret die Wasser der Wassersüchtigen. Wenn man die Wurzel äußerlich im Decocto oder Bädern appliciret, so reiniget und trocknet sie die Krätze, und curiret die Flecken und Blättergen der Haut, welche Alphi, Jonthi, Vitiligines, Lichenes, u. s. w. genennet werden.

Lapathum silvestre latifolium, v. Rhabarbarum Monachorum.
Lapathum silvestre vmbrosum, v. Bonus Henricus, v. Chenopodium.
Lapathum silvestre vnctuosum, v. Bonus Henricus.
Lapathum *Tartaricum*, v. Rhabarbarum verum.
Lapis Leoninus, v. Milium solis *Offic.*
Lapis Ossifragus, v. Osteocolla.
Lapis Sabuli, s. sabulosus, v. Osteocolla.
Lappa, v. Bardana.
Lappa agrestis, v. Caucalis, wilder Kerbel.
Lappa campestris, v. Caucalis, wilder Kerbel.
Lappago mollis, v. Mollugo montana.
Lappago *Plin.* v. Alsine.
Lappa inuersa, v. Eupatorium odoratum.

Lappa maior, v. Bardana.
Lappa minor, v. Xanthium.
Lappa personata, v. Bardana.
Lappula aruensis, v. Bardana.
Lappula aruensis rubra, v. Bardana.
Lappula *Canaria*, v. Bardana.
Laria lutea, v. Crista galli.
Larix, der Lerchenbaum. II.
Lasarum *Galaticum*, v. Imperatoria.
Laser, v. Laserpitium veterum, v. Leuisticum.
Laser *Cyreniacum*, v. Arnica, v. Asa dulcis.
Laser foetidum, v. Arnica.
Laser *Gallicum*, v. Leuisticum.
Laser Medicum, v. Arnica.
Laser *Syriacum*, v. Arnica, v. Narthex.
Laserpitium, v. Angelica.
Laserpitium, v. Imperatoria.
Laserpitium *Cyreniacum*, v. Asa dulcis.
Laserpitium *Diosc.* v. Arnica.
Laserpitium *Europaeum*, v. Leuisticum.
Laserpitium *Europaeum Germanicum*, v. Leuisticum.
Laserpitium *Gallicum*, *C. Bauh.* v. Laserpitium *Lob.* v. Imperatoria.
Laserpitium *Germanicum*, v. Imperatoria, v. Leuisticum.
Laserpitium *Lob. Massilioticum*, Maßilisch Laserkraut.
Laserpitium *Syriacum*, v. Arnica, v. Narthex.
Laserpitium *Theophrasti*, v. Leuisticum.
Laserpitium Veterum *C. Bauh.* Angelica magna, Silphium, Maspeton *Turnb.* Silphion *Theophr.* et *Diosc.* Liebstöckel, v. Leuisticum.

Die Wurzel soll beym Frauenzimmer überaus starken Appetit zum Beyschlaf machen, auch bey den Männern die Venerem über alle maßen excitiren.

Latac Anghome Lahe.

Ist die Frucht von einem kriechenden Kraute in Madagascar, welche man im deutschen Ochsenhode nennen kan, weil sie eine Aehnlichkeit damit hat. Das Kraut trägt weiße Blumen, die wie Jasmin riechen, aber viel größer und straußweise sind.

Lathraea, v. Dentaria.
Lathyris, v. Cataputia minor, v. Tithymalus.

Lathyrus, v. Tithymalus.

Lathyrus, Pisum Graecorum, Kichern, wilde Erbsen, Platterbsen. XX.

Ist kalt und trocken, stillet das Blutspeyen, und den allzustarken Abgang des monatlichen Tributs beym Frauenzimmer.

Lathyrus angustifolius, v. Lathyrus.

Lathyrus aruensis repens tuberosus, *Bauh.* v. Apios, *Trag.*

Lathyrus latifolius, *C. Bauh.* v. Climenum *Matth.*

Lathyrus latifolius, v. Cicer.

Lathyrus leguminosus angustifolius, v. Cicer.

Lathyrus maior, v. Cataputia minor.

Lathyrus *Narbonensis* latiore folio, *Lob. Eyst.* v. Climenum *Matth.* v. Cicer.

Lathyrus purpureus, *Thal.* v. Climenum *Matth.*

Lathyrus siluestris, v. Legumen terrae.

Lathyrus siluestris latifolius, v. Cicer.

Lathyrus siluestris luteus foliis viciae, v. Vicia.

Lathyrus siluestris maior, *Thal.* v. Climenum *Matth.*

Lauacantha, v. Dipsacus siluestris.

Lauacrum *Veneris*, v. Dipsacus satiuus *Dod. C. Bauh.*

Lauandoa, v. Galanga.

Lauandula, v. Lauendula, v. Spica *Celtica.*

Lauatera, die Lavatera aus Indien. III.

Lauatera *Africana*, v. Lauatera.

Laubingue.

Ist ein vortrefliches Kraut in Madagascar, wider den Durchfall, wenn man es als einen Trank brauchet.

Lauendula, Lavendel. X.

Lauendula alba, v. Lauendula.

Lauendula altera, v. Lauendula, v. Spica *Celtica.*

Lauendula angustifolia, v. Spicanardus *Germanica.*

Lauendula hortensis, v. Lauendula.

Lauendula latifolia, v. Spica *Celtica*, v. Lauendula.

Lauendula minor, v. Spicanardus *Germanica.*

Lauendula vulgaris, v. Lauendula.

Lauer, v. Beccabunga.

Lauer *Dioscoridis* Olusatri folio, v. Beccabunga.

Lauer maius odoratum, v. Nasturtium aquaticum, v. Iberis.

Lauer minus, v. Filipendula.

Lauerula, v. Nasturtium aquaticum, v. Iberis.

Laurea, v. Laurus.

St. Laurentii herba, v. Chelidonium maius, v. Nummularia v. Vincedoxicum.

St. Laurentii herba, v. Consolida media.

St. Laurentii herba, v. Sanicula *Offic.*

Laureola, v. Mezereum, v. Euonymus.

Laureola maior, v. Mezereum.

Laureola semper virens folio viridi, v. Mezereum.

Lauro affinis, jasmini folio alato, Eisenholz.

Lauro affinis terebinthi folio alato, Americanisch Rhodiserholz.

Lauro-Cerasus, Cerasus folio laurino, Cerasus trapezuntina, Nerion *Trag. Tab.* Nerion floribus rubescentibus *C Bauh.* Nerium *Matth.* Rhododendron, Rhododaphne *Gesn. Cam.* Laurus Trapezuntina, Oleander, Laurierkirschen, Lorbeerrosen, Unholdenkraut. IV.

Wächset von ihm selbst um Tripoli, und wird in unsern Gärten reichlich fortgepflanzet. Die Früchte hiervon werden von einigen wider den Scorbut gerühmet. v. Dale Pharmacolog. p. 288.

Laurus, Laureus maior, s. latifolia *Park.* Laurus vulgaris *C. Bauh. Graec.* Δάφνη, olim Laudea et Laurea dicta, Lorbeerbaum, Lorbaum, Laurier. XII.

Die Blätter und Beeren sind warm und trocken im andern und dritten Grad, erweichen und zertheilen. Die Beere treiben den Monatfluß und Urin, curiren die Nervenbeschwerungen, Gicht, Lähmung, Colic, treiben Blähungen, lindern den Schmerz, befördern den Stein, bringen durch und verdünnen. Aeußerlich brauchet man sie in Entzündung des Magens, Lähmung, Contracturen, Krampf, Schlucken, Darmgicht, schmerzhaften, beschwerlichen und Tropfenweisen Urinlassen, Nachwehen und zurück gebliebenen Speisen im Magen. So thun auch die Blätter, wenn man sie äußerlich auf die Wespenstiche leget, gut. Sie erweichen die Geschwulsten, treiben den monatlichen Abgang des Geblütes, stillen Schmerzen und Zahnbeschwerungen. Man findet in denen Apothecken von Lorbeeren folgende Präparata, als das Pflaster, ausgepreßte, aus gekochte und destillirte Oel, die Lattwerge aus denen Beeren, welche Blähungen zertheilen, die Colic stillen, die vom Schlag gerührten Glieder wieder in Bewegung bringen, die Schmerzen der Ohren lindern, das Gehör stärken, die Krätze, Sommersprossen, Flecken des Gesichts, den bösen Grind am

 Haupte,

Haupte und die Läusekrankheit wegnehmen. Ferner wird aus denen Beeren eine Essenz verfertiget.

Laurus *Alexandrina*, v. Polygonatum, v. Hippoglossum.

Laurus *Alexandrina Matth.* v. Trachelium.

Laurus *Alexandrina* fructu pediculo insidente, v. Laurus, v. Trachelium.

Laurus baccifera, v. Laurus.

Laurus foecunda, v. Laurus.

Laurus foemina, v. Laurus.

Laurus *Graeca Plin.* v. Sycomorus.

Laurus latifolia, v. Laurus.

Laurus mas, v. Laurus.

Laurus racemosa, v. Lunaria maior.

Laurus regia, v. Laurus-Tinus.

Laurus rosa, v. Nerium.

Laurus siluatica, v. Laurus-Tinus.

Laurus taxa, v. Trachelium, v. Hippoglossum.

Laurus-Tinus, wilder Lorbeerbaum. VII.
Die Blätter und Früchte trocknen.

Laurus Tinus coerulea bacca, v. Laurus Tinus.

Laurus Tinus *Lusitanica*, v. Laurus Tinus.

Laurus Tinus *Virginiana*, v. Laurus Tinus.

Lectipes, v. Clinopodium.

Ledon, v. Ladanum.

Ledum *Alpinum*, Bergröslein, v. Chamaerhododendron. IV.
Ist entweder rauh, und wird vom Geßnero und Clusio Balsamum Alpinum genennet, oder das Ledum Alpinum, welches gleichsam von einem irdischen Rost gefärbet ist, oder Rosa Alpina Gesn. s. Nerion Alpinum, und dieses heißet auch Ledum glabrum. Wächset auf den Graubünder Bergen, auf dem Berge Jura bey Venedig, auf dem Gotthardsberge, dem Berge Fracto und andern Alpen.

Ledum *Clusii*, wilde Rosmarie. IX.

Ledum foliis rorismarini alterum, *Lob.* v. Ledum *Silesiacum Clus.*

Ledum glabrum, v. Ledum *Alpinum.*

Ledum hirsutum, v. Ledum *Alpinum.*

Ledum rorismarini folio, *Tab.* v. Ledum *Silesiacum.*

Ledum Silesiacum *Clus.* Ledum et Rorismarinum silvestre *Matth.* et *Offic.* Chamaepeuce *Cord.* Ledum rorismarini folio *Tab.* foliis rorismarini alterum *Lob.* Cistus Ledon foliis

foliis rorismarini ferrugineis *C. Bauh.* Melissa solitudinum, Rorismarinum Bohemicum, wilder Roßmarin, Post, Granze, Wanzenkraut, Gichttannen, Mottenkraut, Heldenbienkraut, Sautannen, Saugranze, Kühnrost, Postkraut, Boruss. Porsch. III.

Dieses Kraut wird von denen betrüglichen Bierbrauern, weil es den Kopf einnimmt, auch tumm und trunken machet, unter das Bier gehangen, verursachet aber schreckliche Kopfschmerzen, absonderlich bey denen, die es nicht gewohnt, auch zum Schwindel, Schlage und Schwachheit des Hauptes von Natur geneigt seyn. Es soll auch wider die Schaben und Motten in Kleidern, nicht weniger wider die Wanzen in Betten und alten Gebäuden, ingleichen die Läuse bey den Schweinen zu vertreiben dienen.

Ledum siluestre, *Matth. et Offic.* v. Ledum *Silesiacum Clus.*

Ledum tridactylites tectorum, v. Myagrum siluestre.

Legir, v. Eruca.

Legos, v. Ageratum.

Legumen terrae, Lathyrus siluestris luteus, foliis Viciae, Pisum Graecorum siluestre *Trag.* Vicia *Tab.* gelbe Wicke. III.

Leimonium, v. Limon.

Lekithos, v. Pisum.

Lemna *Theophr.* v. Lens palustris.

Lena, v. Colutea.

Lens agrestis, v. Lens vulgaris satiua.

Lens aquatica, v. Lens palustris.

Lens *Italica*, v. Lens vulgaris satiua.

Lens lacustris, v. Lens palustris.

Lens maculosa, v. Lens palustris.

Lens maior repens, v. Lens vulgaris satiua.

Lens Medica paruo flore, v. Lens vulgaris satiua.

Lens minor, v. Lens vulgaris satiua.

Lens palustris s. lacustris, Lenticula lacustris s. aquatica, palustris *Tab.* viperalis vulgaris *C. Bauh.* Muscus aquaticus s. palustris Lenticulae folio, Meerlinsen, Wasserlinsen, Wassermoos, Entengrütze, Entenlinsen. IV.

Sind kalt und feucht im andern Grad, haben ein nitrösichtes Wesen bey sich, kühlen, curiren die gelbe Sucht, Entzündungen, Rose, das Podagra, sie mögen nun an und vor sich selbst, oder in Mehl aufgeleget werden, heilen auch den Darmbruch und Augen-

Augenbeschwerungen der Kinder. Man kochet sie auch in Milch, und appliciret sie wider die rothen Geschwülste der Kehle. Das destillirte Wasser treibet die Feuchtigkeiten zurück. Wenn diese Linsen neun Tage lang in Wein geleget, und täglich zu sechs Unzen gebrauchet werden, sind sie innerlich ein bewährtes Remedium in der gelben Sucht, Inflammationen und erhitztem Geblüt, äusserlich aber wider die Krätze.

Lens palustris altera, v. Lens vulgaris satiua.

Lens viperalis, v. Lens palustris.

Lens vulgaris aquatica, v. Lens palustris.

Lens vulgaris satiua, Lens *Offic.* et *Jo. Bauh.* Lens agrestis, Φακός, Linsen, kleine Linsen. III.

Sind kalt und trocken, (haben eine gemäßigte Wärme im warmen, und trocknen im andern Grad,) schwer zu verdauen, geben keine sonderliche Nahrung, schaden denen Augen, Nerven und Haupt. Man kochet sie mit Wasser, da sie die Pocken und Masern austreiben, und den Leib gelinde eröfnen; die Linsen aber an und vor sich selbst machen Verstopfungen. Das Mehl von den Linsen pflegt in Eßig gekochet, und in Schwulst der Brüste und Testiculorum aufgeleget zu werden.

Lentago, v. Laurus Tinus.

Lentibularia, v. Millefolium aquaticum.

Lenticula aquatica, v. Lens palustris.

Lenticula aquatica trisulsa, v. Hedera aquatica.

Lenticula hederacea, *Hofm.* v. Hederula aquatica, *Lob.*

Lenticula marina Serapionis, v. Lens palustris.

Lenticula marina serratis foliis, v. Lens palustris.

Lenticula palustris, v. Lens palustris.

Lenticula palustris quadrifolia, v. Lens palustris.

Lenticula palustris vulgaris, v. Lens palustris.

Lentigo, v. Lens palustris.

Lentiscus *Offic.* et *Matth. Dod.* vulgaris *C. Bauh.* Σχῖνος, Mastixbaum, Zahnstöhrerbaum. III.

Kömmt aus Chio in Egypten, Italien, Frankreich, der Normandie ꝛc. Von diesem Baum (der voller Harz ist) wird der Mastix gesammlet, welcher ein trefliches Wundmittel ist, auch zu Räucherpulver wider die Flüsse dienen kan. Er stärket das Haupt und die Nerven, heilet alle Beschwerungen des Mundes und Zahnfleisches, ist ein gutes Käumittel, (Masticatorium) stärket den Magen, curiret das Erbrechen, den Durchfall, die rothe Ruhr, und kann innerlich in Wasser gekochet und eingenommen, äußerlich aber im Räucherpulver appliciret werden. Das Pflaster hievon zertheilet Geschwulsten und Flüsse, und heilet die Wunden. Ferner hat man auch hiervon einen Spiritum, oder das aquam vitae Mastichis, den Syrup, Pillen, das Oel und Balsam. Aus dem Holze werden die besten Zahnstocher gemachet.

Lentiscus foliis minoribus, v. Terebinthus.

Lentiscus *Peruuianus*, v. Balsamus Indicus.

Lentiscus vulgaris, v. Lentiscus.

Leo, v. Aquileia.

Leo ferax, eine Art Disteln in Italien, v. Carduus.

Leonis osculum, v. Aquileia siluestris.

Leontice, v. Cacalia.

Leontice veterum, v. Tussilago.

Leontobotanos, v. Orobranche.

Leontodon, v. Taraxacum.

Leontopetalon, Löwentrappe.

Leontopetalon alterum, v. Fumaria bulbosa.

Leontopodium, Löwenfus. XIII.

Wächset auf Bergen. Man glaubet, es soll dieses Kraut wenn es angehangen wird, die Liebe zuwege bringen, und Schwulsten zertheilen.

Leontopodium alterum vulgare, v. Leontopodium.

Leontopodium *Diosc.* v. Alchimilla.

Leontopodium *Diosc.* v. Quinquefolium.

Leontopodium herbariorum, v. Alchimilla.

Leontopodium, *Lon.* v. Euphragia.

Leontopodium *Matth.* v. Leontopodium.

Leontopodium paruum, v. Leontopodium.

Leontopodium verum, v. Leontopodium.

Leontostomium, v. Aquileia.

Lepidium, v. Iberis.

Lepidium *Aeginetae*, s. Raphanus siluestris, v. Armoracia.

Lepidium campestre, v. Iberis.

Lepidium Dentellaria dictum, v. Molybdena.

Lepidium *Diosc.* v. Armoracia.

Lepidium maius, v. Armoracia.

Lepidium minus, v. Cardamine.

Lepidium *Orientale* Nasturtii crispi folio, *Tournef.* v. Iberis.

Lepidium *Pauli et Plinii*, v. Armoracia.

Lepidocarpodendron, Lepicarpodendron von Capo bonae spei. III.
Leporis auricula vulgo, v. Heliotropium maius, v. Catanance.
Leporis pabulum, v. Sonchus spinosus vulgatior.
Leptophyllon purpureum, v. Caucalis.
Leuca, v. Populus.
Leucacantha, v. Carlina.
Leucacantha, v. Carduus Mariae.
Leucacantha *Loniceri*, v. Acanthium.
Leucantha, v. Acanthium.
Leucantha veterum, spina solstitialis, v. Acanthium.
Leucanthemum, Rindsaug, Maßlieben. XI.
Leucanthemum, v. Gramen Leucanthemum.
Leucanthemum alterum, v. Holostium.
Leucanthemum *Diosc.* v. Chamomilla.
Leucanthemum foliis Aconiti, v. Aconitum.
Leucanthemum niueum *Anglorum*, v. Chamomilla.
Leucanthemum, odoratius *Romanum*, v. Chamomilla.
Leucanthemum odoratum, v. Chamomilla.
Leucanthemum *Plinii* v. Chamomilla.
Leucanthium, v. Acanthium.
Leucas *Diosc.* v. Chamaedrys montana.
Leucas montana, v. Lamium album.
Leucas montana *Diosc.* v. Chamaedrys montana.
Leucographis *Plin.* v. Carduus *Mariae.*
Leucoium, Nägelein, Veil, Levcoje. XXVII.
Leucoium album, v. Leucoium.
Leucoium album hortense fruticosum, v. Leucoium.
Leucoium album purpureum, v. Leucoium bulbosum vulgare.
Leucoium alterum latifolium, v. Leucoium marinum.
Leucoium angustifolium, v. Leucoium marinum.
Leucoium aureum, v. Leucoium luteum.
Leucoium autumnale minimum, v. Leucoium bulbosum autumnale.
Leucoium baeticum, v. Leucoium.
Leucoium bulbosum autumnale *Casp. Bauh.* autumnale minimum *Dod.* minus, tenuifolium *Clus.* Leuconarcissolirion minimum autumnale *Lob.* kleine Herbstzeitlosen. II.
Leucoium bulbosum maius, v. Narcissus autumnalis minor, v. Leucoium bulbosum.
Leucoium bulbosum multiflorum, v. Leucoium bulbosum.

Leucoium bulbosum polyanthos, v. Leucoium bulbosum.

Leuçoium bulbosum vulgare, Viola alba *Theophr.* Narcissus 7. *Matth.* Merzenblumen, Sommerthiergen. XII.

Man hat das Levcojum tryphyllum und hexaphyllum, (das dreyblätterichte und sechsblatterichte) Schneeglöcklein, Hornungblumen. Hiervon ist das destillirte Wasser, welches in Augenbeschwerungen gut thut, zu bekommen.

Leucoium candidum maius, v. Leucoium album.

Leucoium duplici flore, v. Leucoium luteum.

Leucoium flore albo simplici, v. Leucoium album.

Leucoium flore pleno minus, v. Leucoium luteum.

Leucoium hexaphyllon, v. Leucoium bulbosum.

Leucoium incanum maius, v. Leucoium album.

Leucoium incanum siliquis rotundis, v. Leucoium marinum.

Leucoium lunaticum, v. Bulbonach.

Leucoium luteum, Flos Cheiri, Viola lutea, gelbe Violen, Nägelviolen. X.

Hiervon sind unterschiedene Farben, nemlich die gelben, blauen und rothen (lutei caerulei et purpurei). Die gelben werden Cheiri genennet, haben einen überaus aromatischen Geruch, sind warm und trocken im andern Grad, dienen dem Herzen, verdünnen, zertheilen, reinigen, öfnen, curiren allerhand Beschwerungen der Mutter und Nerven, Gicht, Schlagflüsse, und das böse Wesen, stillen die Schmerzen, treiben die Menses, Frucht und Nachgeburt. Das starke Riechen an die Blumen erreget Hauptweh und Mutterbeschwerungen. Man hat von dem Levcojo luteo unterschiedene Praeparata, als die Conservam, oder die in Zucker eingesetzten Blumen. Auf die Blumen wird gemein Oel gegossen, welches eine Zeitlang fein warm drauf stehen muß, womit der Leib gestrichen, und der Schmerz nach der Geburt gehemmet wird. Dieses Oel kan auch unter die Mutterclystir vermenget werden. Der Eßig, welcher denen, so von der Mutter Noth leiden, zuträglich ist, und das Wasser aus der ganzen Pflanze ꝛc.

Leucoium luteum flore multiplici, v. Leucoium luteum.

Leucoium maculatum, v. Leucoium.

Leucoium marinum, Meerviolen. IV.

Leucoium marinum angustifolium, v. Leucoium marinum.

Leucoium marinum coeruleo-purpureum, v. Leucoium marinum.

Leucoium marinum luteum maius, v. Leucoium marinum.

Leucoium marinum minimum, v. Leucoium marinum.
Leucoium marinum purpureum, v. Leucoium marinum.
Leucoium marinum *Patauinum*, v. Leucoium marinum.
Leucoium marinum sinuato flore, v. Leucoium marinum.
Leucoium minimum, v. Leucoium bulbosum autumnale.
Leucoium pleno flore minimum, v. Leucoium luteum.
Leucoium praecox, v. Leucoium bulbosum.
Leucoium purpureum, s. rubrum, v. Leucoium album.
Leucoium purpureum secundum, v. Leucoium album.
Leucoium satiuum luteum, v. Leucoium luteum.
Leucoium serotinum maius, v. Leucoium bulbosum.
Leucoium serotinum seu maius, v. Narcissus autumnalis minor.
Leucoium siluestre angustifolium, v. Leucoium maritimum.
Leucoium siluestre s. minimum, v. Leucoium bulbosum.
Leucoium *Theophr.* v. Leucoium bulbosum.
Leucoium triphyllum, v. Leucoium bulbosum.
Leucoium violaceum, v. Leucoium.
Leucoium violaceum tertium, *Tabern.* v. Leucoium.
Leucoium vulgare, v. Leucoium bulbosum.
Leuconarcissolirion minus autumnale, *Lob.* v. Leucoium bulbosum autumnale, *C. Bauh.*
Leuconymphaea, v. Nymphaea alba.
Leucopis, v. Artemisia.
Leuiographis *Plin.* v. Carduus *Mariae.*
Leuisticum, Ligusticum vulgare, Laserpitium Europaeum, Germanicum, Lybisticum vulgare Smyrnium, Hipposelinum, Pseudoligusticum, Liebstöckel, Liebstock, Badekraut, grosser Eppich. VII.
Die Blätter, Wurzel und Samen sind warm und trocken im dritten Grad, bringen durch, eröfnen, treiben Gift, den Urin, dienen in Wunden, stärken den Magen, lösen von der Brust, treiben die Menses, Geburt, Nachgeburt, tode Frucht, curiren die Colic und Mutterbeschwerungen, befördern die Blähungen, zertheilen den zähen Schleim, lindern die Schmerzen, eröfnen die Verstopfungen der Leber, Milz, und heilen die Wassersucht. Aeußerlich werden sie zu Bädern und Umschlägen in denen Krankheiten der Mutter und Harngängen gebrauchet. Man hat hiervon ein destillirtes Wasser und Oel, ingleichen ein Salz.
Libani et *Palaestinae* praecelsa, v. Cedrus.

Libanotidis alterum genus, v. Rosmarinus.
Libanotidis prima *Diosc.* ferulacea, v. Narthex.
Libanotidis primum genus, v. Narthex,
Libanotidis tertia, v. Rosmarinus.
Libanotis alba, v. Rosmarinus.
Libanotis alba minima, v. Rosmarinus.
Libanotis altera, v. Rosmarinus.
Libanotis cachryfera, *Theophr.* v. Rosmarinus.
Libanotis ceruina, v. Rosmarinus.
Libanotis coronaria, v. Rosmarinus.
Libanotis ferulacea, v. Rosmarinus.
Libanotis foeniculi folio, v. Rosmarinus, v. Panax.
Libanotis folio et semine ferulae, v. Panax Asclepium.
Libanotis fructifera, v. Rosmarinus.
Libanotis herbacea, v. Rosmarinus.
Libanotis in rugifera, v. Rosmarinus.
Libanotis lactucea, v. Rosmarinus niger *Theophr.*
Libanotis latifolia, v. Rosmarinus.
Libanotis maior et minor, v. Rosmarinus.
Libanotis nigra, v. Rosmarinus niger *Theophr.*
Libanotis panacea, v. Rosmarinus, v. Panax.
Libanotis sterilis, v. Rosmarinus.
Libanotis *Theophr.* alba, v. Rosmarinus.
Libanotis *Theophr.* maior, v. Rosmarinus.
Libanotis *Theophr.* lactucea, v. Rosmarinus.
Libanotis *Theophr.* minor, v. Rosmarinus.
Libanotis *Theophr.* nigra, v. Rosmarinus.
Libanotis *Theophr.* sterilis, v. Rosmarinus.
Libanotis vmbellifera, v. Rosmarinus.
Libysticum, v. Leuisticum.
Lichen agaricus, v. Pulmonaria arborea.
Lichen arboreus, v. Pulmonaria arborea.
Lichenastrum, v. Lichen.
Lichenis quoddam genus, v. Lichen arboreus.
Lichen marinus, v. Lichen petraeus.
Lichenoides, v. Lichen.

Lichen petraeus s. saxatilis, Muscus s. Hepatica saxatilis, hepatica fontana, Jecoraria, Leberkraut, Steinleberkraut, Steinflechte, Mooskraut, Brunnenkraut. VII.
Ist kalt, warm und trocken, dienet wider Verstopfungen der Leber, Galle und Blase, curiret hecticam, die gelbe Sucht, Krätze, Flech-

Flechten, Schwinden, Schwind- und Lungensucht, den Husten, Brustgeschwäre, den Samenfluß und Fieber. Aeusserlich stillet es das Geblüt in Wunden. Man hat hiervon ein destillirtes Wasser.

Lichen petraeus latifolius et stellatus, v. Lichen petraeus.

Lichen petraeus saxatilis et vmbellatus, v. Lichen petraeus.

Lichnis, v. Lychnis.

Lichnis segetum maius, v. Nigellastrum.

Lichenoides pulmoneum reticulatum vulgare, marginibus peltiferis, *Dill.* v. Pulmonaria.

Licopnus, v. Ranunculus.

Lienaria, v. Vrtica mortua.

Ligisticum, v. Leuisticum, v. Imperatoria.

Lignum Aloës, v. Agallochum.

Lignum benedictum, v. Guaiacum.

Lignum *Brasilicum*, v. Fernambuc.

Lignum *Campechianum*, v. Campechia.

Lignum Colubrinum, v. Colubrinum lignum.

Lignum crucis St. v. Agallochum.

Lignum Dei, v. Abrotanum.

Lignum de Neroli, ein ausländisches wohlriechendes Holz. Einige wollen es pro Agallocho albo halten. Es riechet überaus stark. Man pfleget es unter den Schnupftoback zu mengen, und ihm den Namen Tabaco de Neroli zu geben, auch unter Kräuterthee, so aus Ehrenpreiß, Johanniskraut, u. d. g. bestehen, zu vermischen, welche es sehr annehmlich machet. So kan auch das geraspelte Holz in Wein gethan, und zu Hauptmützgen gebrauchet werden. v. Dissert. nostr. de morbo Q. Ennii Poëtae, Cap. 6. §. 10. Einige rauchen auch das Lignum de Neroli unter den Toback.

Lignum Ebenum, v. Ebenum.

Lignum Ferol. v. Ferolinum Lignum.

Lignum *Gallicum*, v. Guaiacum.

Lignum Guaiacum, v. Guaiacum.

Lignum *Indicum*, v. Guaiacum.

Lignum Juniperi, v. Juniperus.

Lignum Lentisci, v. Lentiscus.

Lignum Nephriticum, Griesholz, v. Nephriticum.

Lignum odoratum, v. Santalum.

Lignum Paradisi, v. Agallochum.

Lignum Pauonum, v. Sassafras.

Lignum *Rhodium*, v. Rhodium lignum.
Lignum rorum, v. Lauro-affinis.
Lignum sanctum, v. Guaiacum.
Lignum Santalum, v. Santalum, v. Santolinum lignum.
Lignum serpentinum, v. Colubrinum lignum.
Lignum sympatheticum, v. Fraxinus.
Lignum vitae, v. Guaiacum.
Ligusticum adulterinum, v. Leuisticum, v. Laserpitium.
Ligusticum alterum, v. Leuisticum, v. Sesseli *Offic.*
Ligusticum alterum herbariorum, v. Libanotis.
Ligusticum *Belgarum*, v. Leuisticum.
Ligusticum *Diosc.* v. Leuisticum.
Ligusticum latifolium, v. Leuisticum.
Ligusticum *Matth.* v. Foeniculum.
Ligusticum, quod Sesseli, *Offic.* v. Sesseli *Offic.* v. Leuisticum.
Ligusticum satiuum, v. Leuisticum.
Ligusticum Sesselifolium, v. Sesseli *Offic.*
Ligusticum siluestre, v. Cicutaria palustris tenuifolia.
Ligusticum tertium herbariorum, v. Leuisticum.
Ligusticum verum, v. Sesseli *Offic.*
Ligusticum vulgare, v. Leuisticum.
Ligustrum *Aegyptiacum*, v. Alkanna.
Ligustrum *Germ.* κύπρος, Phillyrea *Arab.* Kenne, Hartriegel, Reinweiden, Beinholz, Beinenhölzlein, Schulweiden, Reinwunder, Mundweide, Mundholz, Kehlholz, Heckholz, Geisholz, Kerngerten, Ringerten VII.
Die Blätter und Blumen sind temperiret im kalten, und trocken im ersten Grad. Die Blätter haben einen herben Geschmack, irdische und brennende Trockenheit bey sich. Sie ziehen zusammen, dringen durch, curiren die Entzündungen, Fäulung, Geschwäre des Mundes und der Kehle, den Vorfall und Geschwulst des Zapfens, und die Lockerheit des Zahnfleisches. Innerlich werden die Blätter wider den Scorbut gerühmet, sie stillen auch den Durchfall. Die Blumen thun, wenn man sie in Eßig weichen lässet, und an die Stirn bindet, in großen Kopfschmerzen gut. Das Oel verrichtet dergleichen, und dienet auch in Kröpfen und allerhand faulen Geschwären. Das hiervon destillirte Wasser stillet die Entzündung und Röthe derer Augen. Man bereitet auch hieraus durch Draufgießung Baumöles ein Oel.

Ligustrum maius, v. Ligustrum *Germanicum*.

Ligustrum Indicum, Alcariae radix, Mundholz. II.

Wird also genennet, weil es denen Kindern in Mundblättergen (oder aphthis) dienet. Es färbet überaus schön roth, doch müssen öfters (in färben) die Radices Buglossae et Anchusae, oder Ochsenzungen dessen Stelle verrichten.

Ligustrum *Orientale*, v. Jasminum luteum.
Ligustrum Phillyrea, v. Ligustrum *Germanicum*.
Ligustrum silvestre, v. Cicutaria palustris tenuifolia.
Ligustrum verum, v. Sesseli *Offic.*
Ligustrum vulgare, v. Levisticum.
Lilac, der Springenbaum, v. Syringa, v. Sambucus.
Liliago, v. Plumbago.
Liliago maior, Asphodelo affinis, v. Lilio-Asphodelus.
Liliastrum, v. Lilium.

Lilio-Asphodelus, Affodillilien. VIII.

Lilio-Asphodelus *Punicus*, v. Lilio Asphodelus.
Lilio-Fritillaria, v. Fritillaria.

Lilio-Hyacinthus, Lilienhyacinth. III.

Lilio-Narcissus, Narcißlilien. XVII.

Lilio-Narcissus *Bononiensis* luteus, v. Tulipa *Offic.*
Lilio-Narcissus Hemerocallidis facie, v. Narcissus, v. Leucoium bulbosum maius.
Lilio-Narcissus *Narbonensis* luteus montanus, v. Tulipa minor.

Lilium album, Rosa Junonis Apulej. Lilium candidum, weiße Lilien, weiße Gilgen. XXXII.

Die Blätter sind warm im ersten Grad im feuchten und trockenen, sie stillen den Schmerzen, erweichen, zeitigen, und werden deßwegen in alten Schäden, dem heißen Brand, der Rose und Mutterbeschwerungen, (wenn man sie mit Wein überziehet, und hiervon 1. 2. 3. Löffel eingiebt,) gebrauchet. Die Wurzel, so warm im ersten Grad, bringet das Geblüt in gute Ordnung, erweichet, zeitiget, (wird selten innerlich verordnet) curiret die Schmerzen nach der Geburt, Entzündung der Nieren, den Blutspeichel, Entzündung des männlichen Gliedes, der Blase, Wunden, zerschnittene Nerven, die Raute, Krätze, Flechten, Ansprung, zeuget Haare, vertreibet die Finnen im Gesicht, und Verstopfung der güldenen Ader. Aeußerlich thut sie auch gut in Geschwulst der Beine, Hüneraugen, erweichet die Schaam derer Gebährenden, und heilet Brandschäden. Die gelben Gipfelgen der weisen

[V]on Lilien giebt man, die Geburt zu erleichtern, mit Eisenkrautwasser ein; Sie treiben den Monatsfluß, todte Frucht, und Nachgeburt. Die im Zucker eingesetzte Blumen, und das Wasser aus denen Blumen thun in Lungenbeschwerungen, Husten und Engbrüstigkeit gute Dienste. Die Blätter von denen Blumen mit Kampfer- und Weinsteinöl vermischet, ingleichen das einfache, und mit andern Speciebus vermischte Lilienöl, machen helle und klare Haut.

Lilium album flore erecto, v. Lilium album.

Lilium album *Nicandri*, v. Lilium album.

Lilium album vulgare, v. Lilium album.

Lilium aquaticum, v. Nymphaea alba.

Lilium aureum, Goldlilien. V.

Lilium bulbiferum angustifolium, Feuerlilie.

Lilium bulbiferum latifolium maius, v. Lilium montanum.

Lilium candidum, v. Lilium album.

Lilium coeleste, v. Iris nostras.

Lilium coeruleum, v. Iris nostras.

Lilium conuallium, Ephemerum non lethale, Gacilia, Mayenblümlein, Lilien Convallien, Thallilien, Zaucken, Zauchen, Zauschen, Springauf. VII.

Die Blumen sind warm und trocken im andern Grad, geben wegen ihrer flüchtigsalzigten mercurialischen und spiritudsen Theile, einen überaus lieblich- und annehmlichen Geruch, stärken unsere Lebensgeister, und werden im Krampf, schwachen Gedächtnis, und wenn die Sprache verfallen, gebrauchet. Ferner bringen sie die Milch bey denen Säugammen wieder, curiren das schmerzhafte Harnen, Gift, vergiftete Bisse der Thiere, den Stein, die kalten Beschwerungen des Hauptes, Schlagflüsse, das böse Wesen, Gicht, Schwindel, Ohnmachten. Man kan sie auch zu Pulver reiben, und als einen Schnupftoback brauchen. Von denen Mayenblümgen sind gar viele Praeparata, als das destillirte Wasser, der Eßig, der Spiritus, die in Zucker eingesetzten Blumen, das Oel, Pulver, Essenz, flüchtige Salz und Extract zu haben.

Lilium conuallium album, v. Lilium conuallium.

Lilium conuallium flore incarnato, v. Lilium conuallium.

Lilium conuallium flore rubente, v. Lilium conuallium.

Lilium conuallium flore subrubro, v. Lilium conuallium.

Lilium conuallium floribus suauerubentibus, v. Lilium conuall.

Lilium conuallium minus, v. Vnifolium.

Lilium conuallium rubrum, v. Vnifolium.
Lilium croceum, v. Lilium aureum.
Lilium cruentum latifolium, v. Lilium aureum.
Lilium duplici corona, v. Corona Imperialis.
Lilium fatuum, v. Asphodelus.
Lilium floribus reflexis alterum lanugine hirsutum, v. Lilium montanum.
Lilium gramineum, v. Phalangium.
Lilium inter spinas, v. Caprifolium.
Lilium luteum, v. Asphodelus.
Lilium luteum Asphodeli radice, v. Asphodelus.
Lilium marinum, v. Lilium montanum.
Lilium marinum album, v. Scillae.
Lilium marinum luteum, v. Lilium montanum.
Lilium montanum s. siluestre, Berglilien. IX.
Sie werden auch Hyacinthus Poetarum Trag. Asphodelus, foemina Fuchs. Marthagon, Matthioli u. s. w. genennet, Hiervon brauchet man die Wurzel zu zeitigenden Umschlägen.
Lilium non bulbosum luteum, v. Asphodelus.
Lilium non bulbosum obsoleto colore rubens, v. Asphodelus.
Lilium *Persicum*, I. *Clus.* v. Archithyrsus, v. Corona Imperialis, v. Fritillaria.
Lilium polyrrhizon, v. Phalangium.
Lilium purpureo croceum maius, v. Lilium aureum.
Lilium purpureum, v. Lilium aureum.
Lilium reflexis floribus montanum, v. Lilium montanum.
Lilium rubens harundinaceum, v. Asphodelus.
Lilium rubrum, v. Lilium aureum.
Lilium rubrum Asphodeli radice, v. Asphodelus.
Lilium rubrum non bulbosum, v. Asphodelus.
Lilium *Saracenicum* mas et femina, v. Lilium montanum.
Lilium *Sarniense*, v. Lilio-Narcissus.
Lilium siluestre, v. Lilium montanum.
Lilium siluestre croceo flore, v. Lilium aureum.
Lilium siluestre primum et maius, v. Lilium montanum.
Lilium siluestre purpureo flore, v. Lilium montanum.
Lilium siluestre tenuifolium, v. Lilium montanum.
Lilium superbum, s. Methonica, die Prachtlilie.
Lilium *Theophr.* verum, v. Lilium conuallium.

Lillach, v. Syringa.

Limeum *Pardal.* vero folio et *Plinii*, v. Thora.

Limnesium, v. Gratiola.

Limnopelice, Limnopeuce, v. Polygonum femina.

Limodorum, v. Hypocistis, v. Orobanche.

Limones, Mala Limonia, Malus limonia acida *Casp. Bauh.* Limonien, Lemonen, Lemonenäpfel. XIV.

Sind eine Frucht von wilden Citronen, kalt und trocken, werden in Fiebern, hitzigen Krankheiten und Stein gerühmet. Man hat hiervon den Saft und Syrup, und selten das aus der Blüthe abgezogene Wasser.

Limonia *Theophr. Gesn.* v. Carduus pratensis *Trag. Lob.*

Limoniosum Bistortae cognatum, v. Pyrola.

Limonium, v. Pyrola, v. Bistorta.

Limonium, v. Plantago.

Limonium, v. Behen album et rubrum.

Limonium alterum, v. Pyrola.

Limonium *Diosc.* v. Bistorta.

Limonium maritimum maius et minus, v. Pyrola.

Limonium *Matth.* v. Pyrola.

Limonium *Monspel.* v. Valeriana.

Limonium oleae folio, v. Pyrola.

Limonium paruum *Narbonense*, v. Pyrola.

Limonium pratense, v. Trifolium febrinum.

Limosella, v. Plantago.

Linagrostis, v. Linaria.

Linaria, Osyris, Tabinaria maior, Pseudolinum, Vrinaria, Haemorrhoidalis herba, Esula adulterina, wilder Flachs, Leinkraut, Hanfkraut, Harnkraut, Stallkraut, Flachskraut, Scheiskraut, Nabelkraut, Frauenflachs, Waldflachs, wilder Flachs, Marienflachs, Krötenflachs, Feigwarzenkraut, Feigblatternkraut, Catharinenkraut. XX.

Die Blätter sind warm im ersten Grad, und trocken, treiben den Urin, und werden wider die gelbe Sucht, Verstopfung der Leber, des Urins und der Wassersucht gebrauchet. Man leget auch äußerlich das Kraut, wenn der Urin nicht gebührender maßen fortgehen will, vorn auf den Nabel, und den Schmerz der güldenen Ader zu stillen auf den s. v. Steiß. Das destillirte Wasser treibet den Urin, und curiret die Wassersucht.

Linaria adulterina, v. Linaria.

Linaria *Alpina*, v. Linaria.
Linaria altera botryoides montana, v. Linaria.
Linaria aurea minor, v. Linaria.
Linaria *Austriaca*, v. Linaria.
Linaria bellidis folio, v. Linaria.
Linaria Elatine dicta, v. Linaria. III.
Linaria flore pallido, rictú aureo, v. Linaria.
Linaria folioso capitulo, v. Linaria.
Linaria hederulae folio, v. Hedera terrestris.
Linaria montana, v. Linaria.
Linaria odorata, v. Linaria.
Linaria *Pannonica*, v. Linaria.
Linaria passerina, v. Linaria.
Linaria pumica, v. Linaria.
Linaria purpurea, v. Linaria.
Linaria quadrifolia supina, v. Linaria.
Linaria quarta, v. Linaria.
Linaria quinta, v. Myagrum.
Linaria scoparia, v. Chenopodium.
Linaria *Styriaca*, v. Linaria.
Linaria *Valentina*, v. Linaria.
Linaria vulgaris, v. Linaria.
Linckia, v. Lichen.
Linghiruts, v. Vahon-ranu.
Lingua anseris, v. Fraxinus.
Lingua auis, v. Fraxinus.
Lingua bouis, s. bubula, v. Buglossa vulgaris.
Lingua canina, v. Cynoglossum.
Lingua ceruina, v. Scolopendrium vulgare.
Lingua maior *Dalechampii*, v. Consolida media.
Lingua ouina, v. Plantago media.
Lingua pagana, v. Hippoglossum.
Lingua passeris, v. Fraxinus.
Lingua *Plin.* v. Ranunculus flammeus.
Lingua sanguinea, v. Virga sanguinea.
Lingua serpentaria, v. Ophioglossum, v. Coris.
Lingua viperaria, v. Ophioglossum.
Lingua vulneraria, *Cord.* v. Ophioglossum.
Linodrys, v. Chamaedrys.
Linoschoenus, v. Linaria.
Linospartium, v. Gramen sparteum.

Linostrophum, v. Marrubium album.

Linosyris, v. Linaria.

Linozosis, v. Mercurialis.

Linum annuum, v. Linum *Offic.*

Linum catharticum, pratense, purgirender Flachs, klein Leinkraut. IX.

Blühet im Junio und Julio. Das Kraut purgiret, und wird deswegen im dreytägigen Fieber verordnet.

Linum *D. Mariae*, v. Aegilops *Plin.*

Linum *Offic.* Linum annuum coeruleum satiuum *Morison.* Linum satiuum *Trag. Dod.* vulgare coeruleum, Flachs, Flas, Flachskraut, zahmer Flachs, deutscher Flachs, Lein, Lien, Himmelblauer Lein. VI.

Der Samen ist warm und temperiret im trocknen, digeriret, erweichet, reifet, dienet wider den Husten, Seitenstechen und Schwindsucht. Aeußerlich aber zeitiget er die Schwulsten, lindert Schmerzen, und treibet die Frucht. Man machet hiervon, wenn der Samen in Wasser geweichet oder abgekochet wird, einen Schleim. Das Mehl kan zu erweichenden Umschlägen gebrauchet werden. Das ausgepreßte Oel aber curiret die Felle in Augen, das Seitenstechen, Colic, Härtigkeit der Milz, Stein, Husten, kurzen Odem, Engbrüstigkeit, Durchfall, Brandschäden, Schmerzen der güldenen Ader u. d. g. Das Oel vom Papier, so aus dem Flachs verfertiget wird, ist ein gut Mittel, Zahnschmerzen zu vertreiben. Es schließet die Wunden, und lindert den Schmerz.

Linum pratense, v. Linum catharticum.

Linum pusillum candicantibus floribus, v. Linum catharticum.

Linum satiuum, v. Linum *Offic.*

Linum siluestre, v. Linum catharticum.

Linum siluestre angustifolium, v. Linum catharticum.

Linum siluestre angustifolium floribus rarioribus, v. Linum catharticum.

Linum siluestre angustis et densioribus floribus, v. Linum catharticum.

Linum siluestre, coeruleo flore, v. Linum catharticum.

Linum siluestre floribus albis, v. Linum catharticum.

Linum siluestre latifolium, v. Linum catharticum.

Linum siluestre luteum foliis subrotundis, *C. Bauh.* v. Campanula lutea latifolia montis lupi, *Lob.*

Linum siluestre minus, v. Linum catharticum.

Linum siluestre *Pannonicum*, v. Linum catharticum.

Linum siluestre tenuifolium, v. Linum catharticum.

Linum vmbilicatum, Nabelsamenkraut. III.

Linum vulgare coeruleum, v. Linum *Offic.*

Linuraven.

Ist ein Baum in Madagascar, dessen Blätter fünfe und fünfe wachsen, und denen Blättern von einem Castanienbaume gleichen. Ihre Kraft ist herzstärkend.

Lippia arborescens, der Lippiabaum aus Vera Crux.

Liquidambra, Liquidambra, weicher Ambra, v. Ambra grisea, v. Storax.

Ist ein öhlichtes Harz, so aus einer Americanischen Baumrinde, die entweder geritzet oder nicht geritzet wird, hervor rinnet. v. Ococol. Dieser Liquidambra zertheilet Blähungen und Schwulsten, stärket den Magen, und dienet in Mutterkrankheiten. Es brauchen auch dieses Harz die Mahler, Tischer und andere Künstler.

Liquiritia, v. Glycyrrhiza.

Liriasphodelus luteus latiflorus, v. Asphodelus.

Liriasphodelus *Phoeniceus*, v. Asphodelus.

Lirium alterum *Theophr.* v. Colchicum.

Lirium mas, v. Iris bulbosa lutea.

Lirium verum, v. Iris bulbosa lutea.

Lithospermon, v. Milium solis.

Lithospermon aruense, v. Milium solis.

Lithospermon commune, v. Milium solis.

Lithospermon *Diosc.* v. Phalaris.

Lithospermon legitimum, v. Milium solis.

Lithospermon linariae folio germano, v. Linaria.

Lithospermon erectum, v. Milium solis.

Lithospermon maius, v. Milium solis.

Lithospermon minus, v. Linaria, v. Milium solis.

Lithospermon nigrum, v. Milium solis.

Lithospermon primum, v. Milium solis.

Lithospermon siluestre maius, v. Milium solis.

Lithospermon siluestre minus, v. Linaria.

Lithospermon simile, v. Milium solis.

Lithospermon vulgare minus, v. Milium solis.

Lithothlaspi, v. Thlaspi.

Lobelia frutescens, *Plum.* die staudigte Lobelia aus America.

Lobus echinatus, v. Bonduc.
Loca, v. Triticum.
Locusta, *Gesn.* v. Lactuca agnina.
Loliacium, v. Aegilops *Plin.*
Lolii decimum genus, v. Aegilops *Plin.*
Lolii nonum genus, v. Gramen aquaticum.
Lolii primum genus, v. Aegilops *Plin.*
Lolii quartum genus, v. Lolium IV.
Lolii sextum genus, v. Gramen paniceum.
Lolii tertium genus, v. Aegilops *Plin.*
Lolium, v. Melampyrum.
Lolium, v. Zizania.
Lolium album, v. Zizania.
Lolium decimum *Trag.* v. Aegilops *Plin.*
Lolium *Fuchs.* v. Nigellastrum.
Lolium IV. *Trag.* Hordeum murinum, Phoenix, *Matth. Dod. Lon.* Lulch, Taubkorn, Trespe. II.
Lolium murinum, v. Lolium IV. *Trag.*
Lolium rubrum, *Lob.* v. Lolium IV. *Trag.*
Lolium siluestre, v. Lolium IV. *Trag.*
Lolium temulentum, v. Zizania.
Lolium verum, v. Zizania.
Lonchitis, v. Tulipa.
Lonchitis adulterina, Spicant, Milzwurzel. III. Ist eine Art vom Faren, und ein gutes Wundkraut.
Lonchitis altera, v. Lonchitis adulterina.
Lonchitis altera Maranthae, v. Lonchitis adulterina.
Lonchitis altera mas, et femina, v. Lonchitis adulterina.
Lonchitis aspera maior, et minor, v. Lonchitis adulterina.
Lonchitis folio Ceterach, v. Lonchitis adulterina.
Lonchitis maior, v. Hermodactylus, v. Iris.
Lonchitis Maranthae, v. Lonchitis adulterina.
Lonchitis minor, v. Lonchitis adulterina.
Lonchitis secunda *Dalmatica*, v. Lonchitis adulterina.
Longina, v. Lonchitis adulterina.
Longuse, v. Cardamomum.
Lon *Saracenicum*, v. Frumentum *Saracenicum*.
Loto affinis coryli folio singulari, *Dodart.* Steinklee mit dem Haselblat.
Loto affinis vulneraria pratensis, v. Lagopodium.
Lotoides, v. Lotus.

Lotophyllon marinum, v. Corallium.

Lotus, Siebengezeit XIV.

Lotus Africana *Matth.* latifolia *C. Bauh.* Guaiacum *Lon.* Guaiacum Patauinum *Fallopii Lob.* Pseudolotus *Matth. Tab.* Guaiacana *Eyst.* Africanischer Lotusbaum, Franzosenholz, vermeynter Zürgelbaum, grün Ebenholz. VI.

Wird oft statt des Ligni sancti gebrauchet, muß aber in doppelter Dosi verordnet werden, treibet Schweis und dienet wider allerhand giftige Krankheiten. Die Beeren werden als was sonderliches in Geschwären des Mundes gerühmet, denn sie halten an, stillen das Bluten, und dienen deßwegen in desperaten Blutstürzungen, als fluxu mensium nimio, häufigen Nasenbluten, allzustarken Abgang der güldenen Ader, rothen Ruhr, u. d. g.

Lotus *Africana* angustifolia, v. Lotus *Africana*.

Lotus *Africana* latifolia altera, v. Melilotum.

Lotus arbor, s. Celtis, v. Lotus Africana.

Lotus campestris, v. Lagopodium.

Lotus corniculata, v. Lotus vrbana.

Lotus hortorum, v. Lotus vrbana.

Lotus latifolia, *C. Bauh.* v. Lotus Africana *Matth.*

Lotus *Lybica*, v. Lotus vrbana.

Lotus *Monspeliaca*, v. Lotus vrbana.

Lotus *Narbonensis*, v. Lotus vrbana.

Lotus odora, v. Lotus vrbana.

Lotus pentaphyllos siliquosa, *C. Bauh.* v. Oxytriphyllon alterum *Scribonii Matth.*

Lotus pratensis siliquosa, v. Lotus vrbana.

Lotus quadrifolia, v. Lotus vrbana.

Lotus satiua, v. Lotus vrbana.

Lotus siliquosa, v. Lotus vrbana.

Lotus siluestris, v. Lotus vrbana.

Lotus tetragonolobus, v. Melilotus *Offic.* v. Lotus vrbana.

Lotus trifolia corniculata, v. Lotus vrbana.

Lotus trifolia siliquosa *Monspeliaca*, quinta, v. Lotus vrbana.

Lotus vrbana, v. Oxys *Plin.*

Lotus vrbana s. satiua, Trifolium odoratum *Diosc.* Lotus siluestris *Matth.* Lotus hortorum odorata *Lob.* Trifolium caballinum, Trifolium odoratum alterum *Dod.* Melilotus coerulea, *Riuin.* maior odorata violacea *Moris.* vera. Siebengezeit, (weil es täglich siebenmal den Geruch verändern åndern soll,) zahmer Steinklee, Gartenklee, wohlriechender Klee, Wetterkraut, Stundenkraut, Nardes, Schabzunkraut, Schabzüger. XIV.

Ist warm, temperiret im trocknen, digeriret, reiniget, widersteht denen giftigen Krankheiten, lindert den Schmerz, treibet den Urin, heilet die Wunden. Man brauchet dieses Kraut in Seitenstechen, beschwerlichen Fortgang des Urins, bösen Wesen, so von der Mutter entstehet, und der Wassersucht. Aeusserlich aber curiret es die Entzündung und Verletzung der güldenen Ader und die Felle in denen Augen. Das destillirte Wasser und infundirte Oel leimen die Wunden zusammen, erweichen, zeitigen Geschwulste, und heilen die Brüche.

Luceola *Gesn.* v. Ophioglossum.

Luctoni species altera, v. Napellus.

Luffa, Egyptische Cucumern oder Gurken, v. Cucumer.

Luffa *Malabarica*, v. Luffa.

Luiula, v. Acetosella.

Lumbus *Veneris*, v. Millefolium.

Lunaria, Mondkraut. XIII.

Lunaria annua, *Eyst.* Graeca *Lob.* Bulbonach (a radicibus bulbosis) *Gesn.* Viola lunaria maior siliqua rotunda *C. Bauh.* Viola latifolia *Dod.* Griechisch Mondkraut, Mondveiel, Pfennigblum, (wegen seiner runden weissen Schötlein) Silberblum, Flittern. II.

Man brauchet hiervon den gestoßenen Samen mit aquis appropriatis im bösen Wesen.

Lunaria arthritica *Gesn.* v. Auricula ursi.

Lunaria bisulcata, v. Thlaspi.

Lunaria botrytis, v. Lunaria minor.

Lunaria foliosa capitulo luteo maiore, v. Lunaria.

Lunaria *Graeca*, Griechisch Mondkraut, v. Bulbonach. II.

Wird sehr selten gefunden. Es ist ein starkes Pellens, und deswegen im Stein und verhaltener monatlicher Reinigung der Weiber zuträglich.

Lunaria *Graeca Lob.* v. Lunaria annua, *Eyst.*

Lunaria jecoraria, v. Lunaria maior, v. Bulbonach.

Lunaria Italica, Paronychia, welsch Mondkraut, oder Nagelkraut. VI.

Den Namen Mondkraut hat es daher, weil seine Blätter des Nachts beym Mondenschein glänzen sollen, bekommen, wie es denn auch Nagelkraut daher genennet worden, weil es die

Nagelgeschwäre und harte Schwulsten an den Fingern heilen soll. Es ist durchgehends ein gutes Wundkraut.

Lunaria lutea, v. Thlaspi.

Lunaria lutea *Monspeliensium*, v. Thlaspi.

Lunaria maior siliquosa rotunda, v. Bulbonach.

Lunaria minor, v. Nummularia *Offic.*

Lunaria minor, botrytis, Mondkraut, Mondraute. II.

Wächset in wüsten Einöden und Wäldern, ist ein gut Wundkraut, auch im weißen und rothen Fluß der Weiber zu gebrauchen.

Lunaria minor racemosa vel vulgaris, Ruta lunaria vel iecoraria *Tab.* Taura *Gesn.* Mondkraut, Mondraute, Mayenträublein, Leberraute, Leberkraut, Wundkraut, Knabenkraut, weisser Wiederthon, Walpurgiskraut, Mayenstrauben, Treublätter, Erdstern. II.

Ist kalt und trocken, hält an, wird in der Ruhr, und wenn ein und ander Glied zerborsten ist, gebrauchet. Es heilet die Wunden zusammen, curiret den weißen Fluß, und die allzustarke Monatzeit.

Lunaria odorata, v. Bulbonach.

Lunaria petraea, v. Bulbonach, v. Lunaria maior.

Lunaria pratensis, v. Linaria.

Lunaria racemosa, v. Lunaria minor racemosa.

Lunaria Raphanitis, v. Bulbonach.

Lunaria *Rivini*, v. Lunaria.

Lunaria rotunda, v. Bulbonach.

Lunaria siliquis oblongioribus, v. Bulbonach.

Lunaria tertia, v. Linaria.

Lunaria trifolia pratensis, siliquosa *Monspel.* v. Lotus vrbena.

Lunaria vulgaris, v. Lunaria minor racemosa.

Luparia lutea *Trag.* v. Aconitum lycoctonum.

Lupi crepitus, v. Crepitus lupi.

Lupinus albus, v. Lupinus satiuus.

Lupinus communis, v. Lupinus satiuus.

Lupinus flauo flore, v. Lupinus satiuus.

Lupinus flore coeruleo, v. Lupinus satiuus.

Lupinus *Hispanicus* flore luteo, v. Lupinus satiuus.

Lupinus luteus, v. Lupinus satiuus.

Lupinus minor, v. Lupinus satiuus.

Lupinus odoratus, v. Lupinus satiuus.

Lupinus satiuus flore albo, Lupinus satiuus *Dod.* satiuus albus *Park.* vulgaris semine et flore albo satiuus, Faba lupina,

Faba ficulnea, Wolfsbohnen, Feigbohnen, türkische Wicken, weiße Feigbohnen, Feigbohnen mit weißen Blumen, Wickbohnen, Aschbohnen, Welfsschoten. VII.

Hiervon findet man vielerley Gattungen; die gelben werden ihres annehmlichen Geruchs halber auch Studentenveilgen, Türkischer Veiel genennet. Das Mehl von denen weißen reiniget, ist warm und trocken im andern Grad, und dienet zu Umschlägen, wenn die Kinder Würme haben.

Lupinus siluestris, v. Lupinus satiuus.

Lupinus siluestris angustifolius, v. Lupinus satiuus.

Lupinus siluestris flore coeruleo, v. Lupinus satiuus.

Lupinus siluestris flore luteo, v. Lupinus satiuus.

Lupinus siluestris rusticus, v. Onobrychis.

Lupinus vulgaris, v. Lupinus satiuus.

Lupinus vulgaris et smilax hortensis, v. Lychnis.

Lupulinum, Hopfenklee, v. Trifolium.

Lupulus *Offic.* mas *C. Bauh.* salictarius, reptitius, vitis septentrionalium *Lob.* Conuoluulus perennis heteroclitus, Volubilis magna, Volubilis foliis asperis, floribus herbaceis, capsulis foliaceis strobuli instar, Hopfe, Hoppe, βρύον. II.

Die Blumen sind warm und trocken im andern Grad, (warm im ersten, trocken im andern Grad,) stillen den Schmerz, zertheilen die Verstopfungen der Lunge, Leber, Monatzeit, des Urins, und curiren die gelbe Sucht. Aeußerlich brauchet man sie in Zerquetschungen, Verrenkungen und Schwulsten. Die Hopfenkeimgen (Turiones) bewahren vor der Krätze. Man hat hiervon das Wasser aus denen Blüthen und den Saft.

Lupulus salictarius, v. Lupulus *Offic.*

Lupulus satiuus et siluestris, v. Lupulus *Offic.*

Lupulus siluestris *Americana*, wilder Hopfensamen.

Lutea, v. Glastum.

Lutea *Vitruuii*, v. Antirrhinum primum *Matth.*

Luteola, Antirrhinum *Trag.* Pseudostruthium *Matth.* Lutum herba, Catanance, *Tab.* Theriacalis, Sternkraut. V.

Widerstehet dem Gift, ist warm und trocken, zertheilet, treibet den Urin und Schweis. Aeußerlich pfleget man hiermit die Tücher und das leinene Zeug, wenn es weis ist, gelb, ist es aber grün, blau zu färben. Es differiret ein wenig von der Reseda.

Luteola *Lob.* v. Antirrhinum primum, *Matth.*
Lutetiana, v. Campanula.
Luteum *Vitruvii*, v. Antirrhinum primum *Matth.*
Lutum herba, v. Luteola.
Lybisticum adulterinum, v. Leuisticum.
Lybisticum verum, v. Leuisticum.
Lybisticum vulgare, v. Leuisticum.
Lychnide, v. Verbascum.
Lychnidis antiquorum tertium genus, v. Armerius flos.
Lychnis, Lychnis, Sammtröslein. XXX.
Lychnis agria, v. Cyanus.
Lychnis alba multiplex, v. Scrophularia maior.
Lychnis alba siluestris, v. Scrophularia maior.
Lychnis alia inter triticum, v. Nigellastrum.
Lychnis *Anglica*, v. Lychnis.
Lychnis aquatica purpurea simplex, v. Scrophularia maior.
Lychnis aruensis, v. Nigellastrum.
Lychnis *Byzantina*, minuto flore, v. Lychnis coronaria.
Lychnis *Chalcedonica*, v. Lychnis, v. Nigellastrum.
Lychnis *Constantinopolitana* miniata, v. Lychnis coronaria.
Lychnis coronaria *Offic. Chab.* coronaria satiua flore rubro *H. Ox.* Coronaria vulgo *J. B.* Coronaria vulgaris *Park.* Coronaria rubra *Germ.* coronaria *Diosc.* Spielspelten, Rosenlychnis. IV.
Wächset in den Gärten, blühet im Junio. Der Same führet die Galle unten ab, und heilet den Scorpionstich.
Lychnis coronaria alba, v. Lychnis coronaria.
Lychnis coronaria hirsuta flore coccineo maiore, v. Lychnis coronaria.
Lychnis coronaria rubra, v. Lychnis coronaria.
Lychnis coronaria satiua, v. Lychnis coronaria.
Lychnis hirsuta, v. Lychnis coronaria.
Lychnis maior, v. Nigella, v. Nigellastrum.
Lychnis marina *Anglica*, v. Lychnis.
Lychnis marina repens, v. Lychnis.
Lychnis Monachorum, v. Caryophyllus.
Lychnis montana viscosa alba latifolia, v. Lychnis, v. Iberis.
Lychnis montana viscosa alba latifolia, v. Nasturtium pratense.
Lychnis multiflora *Anglica*, v. Scrophularia maior.
Lychnis muscipula, v. Lychnis.

Lychnis nigella, v. Nigella, v. Nigellastrum.
Lychnis noctiflora, v. Lychnis.
Lychnis ocymoides, v. Scrophularia maior.
Lychnis *Orientalis* maxima Buglossi folio vndulato, *Tournef.* v. Lychnis.
Lychnis Orientalis Bupleuri folio, *Tournef.* v. Lychnis.
Lychnis pulmaria IV. v. Lychnis.
Lychnis quibusdam, nonnullis perfoliata rubra, *Gesn.* v. Myagrum.
Lychnis rosae marinae similis, tertia, quarta, v. Scrophularia maior.
Lychnis rosaria, v. Lychnis coronaria.
Lychnis rubello flore, v. Scrophularia maior.
Lychnis rubra, v. Scrophularia maior.
Lychnis segetum maior, v. Nigella, v. Nigellastrum.
Lychnis segetum minus, v. Alsine.
Lychnis segetum foliis perfoliata, v. Myagrum.
Lychnis siluestris, v. Antirrhinum, v. Lychnis.
Lychnis siluestris, v. Nasturtium pratense, v. Iberis.
Lychnis siluestris, v. Scrophularia maior.
Lychnis siluestris, v. Chondrilla prima.
Lychnis siluestris alba, v. Scrophularia maior.
Lychnis siluestris flore albo, v. Nasturtium pratense, v. Iberis.
Lychnis siluestris alba simplex, v. Scrophularia maior.
Lychnis siluestris flore rubeo, v. Nasturtium pratense, v. Iberis.
Lychnis siluestris hirta maior et minor, v. Nasturtium pratense, v. Iberis.
Lychnis siluestris incana, v. Nasturtium pratense, v. Iberis.
Lychnis siluestris lanuginosa maior, v. Nasturtium pratense, v. Iberis.
Lychnis siluestris lanuginosa minor, v. Nasturtium pratense, v. Iberis.
Lychnis siluestris latifolia caliculis turgidis striatis, v. Nasturtium pratense, v. Iberis.
Lychnis siluestris minima, v. Lychnis, v. Antirrhinum.
Lychnis siluestris pluribus floribus simul iunctis, v. Nasturtium pratense, v. Iberis.
Lychnis siluestris purpurea, v. Scrophularia maior.
Lychnis siluestris purpurea VI. v. Lychnis, v. Hesperis.
Lychnis siluestris viscosa rubra altera, v. Scrophularia maior.

Lychnis silueſtris viſcoſa rubra anguſtifolia, v. Scrophularia maior.

Lychnis silueſtris viſcoſa rubra flore muſcoſo, v. Chondrilla prima.

Lychnis ſtruthio ſimilis, v. Scrophularia maior.

Lychnis viſcoſa purpurea latifolia leuis, v. Armerius flos, v. Lychnis silueſtris.

Lychnis vulgaris, v. Nigella, v. Nigellaſtrum.

Lychnoides ſextum, v. Nigellaſtrum.

Lycium Gummi, v. Catechu.

Lycium, Pyxacantha; Italiäniſcher Burdorn. VI.

Wächſet in Spanien und andern warmen Orten. Man brauchet hiervon den dicken aus denen Blättern und Aeſten ausgekochten Saft.

Lycium *Alpinum*, v. Buxus.

Lycium Buxi folio, v. Buxus.

Lycium facie pruni silueſtris; ſ. Italici, v. Buxus.

Lycium *Italicum*, v. Lycium, ſ. Pyxacantha.

Lycoctonon aconitum, v. Aconitum lycoctonon.

Lycoctonon coeruleum, v. Napellus.

Lycoctonon luteum, v. Aconitum lycoctonon.

Lycoctonon maius, v. Aconitum lycoctonon.

Lycoctonon *Ponticum*, v. Aconitum lycoctonon.

Lycoctonon primum, v. Helleborus niger.

Lycoctonon ſextum, v. Napellus.

Lycoctonon tertium, v. Napellus.

Lycoctonon vulgatius, v. Aconitum lycoctonon.

Lycoperdon, Bubenfiſt, v. Crepitus lupi.

Lycoperſicon, der Liebesapfel. VIII.

Lycoperſium, v. Flos *Africanus*.

Lycoperſium *Galeni*, v. Lycoperſicon.

Lycopodium, v. Muſcus terreſtris.

Lycopſia, v. Bugloſſa vulgaris.

Lycopſis *C. Bauh.* v. Onoſma, v. Bugloſſa vulgaris.

Lycopſis, v. Cardiaca, v. Cynogloſſa.

Lycopſis *Anglica*, ſ. Borrago, v. Bugloſſa.

Lycopſis *Anglica*, v. Onoſma.

Lycopſis *Offic. Chabr.* Aegyptiaca *C. Bauh.* Echium Orientale longioribus floribus *H. Ox.* Wallochſenzunge. XVI.

Iſt ein gut Wundkraut.

Lycopus, Wolfsbein, Waſſerandorn.

Lycostaphylus mascula, v. Sambucus vulgaris.
Lynosyris nuperorum, v. Linaria.
Lysimachia altera, v. Lysimachia *Offic.*
Lysimachia campestris, v. Lysimachia *Offic.*
Lysimachia coerulea galericulata, v. Gratiola coerulea.
Lysimachia corniculata, v. Onagra.
Lysimachia falsa, v. Lysimachia *Offic.*
Lysimachia flore galericulato, v. Cassida.
Lysimachia flore galericulato, v. Gratiola coerulea.
Lysimachia flore purpurascente, v. Gratiola coerulea.
Lysimachia galericulata, v. Cassida, v. Gratiola coerulea.
Lysimachia galericulata adulterina, v. Stachys.
Lysimachia humifusa, folio rotundiore, *Tournef.* v. Nummularia *Offic.*
Lysimachia lutea, v. Lysimachia *Offic.*
Lysimachia lutea communis, maior et minor, v. Lysimachia *Offic.*
Lysimachia minor tertia, v. Lysimachia *Offic.*
Lysimachia *Offic.* Lytron, Galericulata *Lob.* Lysimachia altera *Matth.* spicata, purpurea, *C. B.* purpurea, *Lob. Tab.* purpurea spicata Lysimachium purpureum *Thal.* Pseudolysimachium purpureum alterum *Lob.* Weiderich, Weidenkraut, Aehrenweiderich mit Purpurblumen. XXXVI.

Ist kalt im andern und trocken im dritten Grad, widerstehet denen Schlangen und Fliegen, hält an, trocknet, stillet das Geblüt, Nasenbluten, die rothe Ruhr. Wenn dieses Kraut zu gewisser Zeit eingetragen und an den Hals gehangen wird, so curiret es den Scorbut im Munde. Es kan auch solches in Zahnschmerzen, so von einer hitzigen Constitution und Ursache entstehen, auf das Haupt geleget werden, weil es die Flüsse hemmet. Der Weiderich mit der blauen Blüthe in Wasser gekochet, und in Entzündung des Halses eingenommen, ist auch nicht zu verachten.

Lysimachia purpurea, v. Lysimachia *Offic.*
Lysimachia purpurea spicata, v. Lysimachia *Offic.*
Lysimachia siliquosa, v. Chamaenerion, v. Onagra.
Lysimachia siliquosa, v. Lysimachia *Offic.*
Lysimachia siliquosa glabra, v. Lysimachia *Offic.*
Lysimachia siliquosa hirsuta magno flore, v. Lysimachia *Offic.*
Lysimachia siliquosa hirsuta paruo flore, v. Lysimachia *Offic.*
Lysimachia *Orientalis*, v. Lysimachia *Offic.*

Lysimachia siluestris, v. Lychnis.

Lysimachia spicata purpurea, v. Lysimachia *Offic.*

Lysimachia spicata purpurea, v. Kali geniculatum.

Lysimachia vera, v. Lysimachia *Offic.*

Lysimachium purpureum, v. Lysimachia *Offic.*

Lythospermum, v. Milium solis.

Lytron, v. Lysimachia.

Lytrum, v. Glastum.

Macaerinthe, v. Libanotis.

Macaleb, *Lob. Gesn.* Steinkirschen, Dintenbeeren, v. Cerasus siluestris. II.

Wachsen in felsichten Bergen. Man brauchet die Kern, welche wärmen und erweichen. Der Baum ist dem Kirschbaum gleich.

Macalepulbum, v. Balanus Myrepsica.

Macalepum *Matth.* v. Macaleb, *Lob.*

Macalepum *Serapionis*, v. Macaleb *Lob.*

Macer, der Macer oder Muscatbaum in Malabar.

Macerone, groſser Eppich, v. Leuisticum.

Hat eine dicke Wurzel, so in- und auswendig weis aussiehet. Sie wächset auf Gottesäckern und fettigten Erdreich, riechet wohl, schmecket scharf und etwas bitterlich, und hat eben die Kraft, wie das Apium.

Macheronium. Gladiolus segetalis, Xiphion, Phasganon, klein blau Schwertel. XXXIV.

Wenn man die Wurzel warm auf Schwulsten leget, so zertheilet sie selbige, nimmt die Hitze weg, vertreibet den Wurm am Finger, ziehet die Hitze aus, und ist ein gut Wundkraut. Sie dienet auch in Fisteln, auch innerlichen um sich fressenden und bösartigen Geschwären.

Macholebum, v. Macaleb, *Lob.*

Macis *Offic.* Muscatenblüthe, v. Macer.

Macropiper, v. Piper.

Magalepp, s. Semen Magaleppae, v. Macaleb.

Ist ein Kern von einer kleinen Frucht, so einem Kirschkern nicht ungleich scheinet. Er lieget in einer grünen und sehr dünnen Schale. Die Frucht wächset in Engelland, Frankreich, und muß noch frisch, dick, und grobkörnicht seyn. Die Perfumirer brauchen sie zu den wohlriechenden Savonetten. v. Macaleb.

Magistrantia, v. Imperatoria.

Magnolia, der Tulpenbaum mit Lorberblättern. III.
Magnum Medicorum vulgo, v. Cacao.
Magydaris, v. Laserpitium *Massilioticum*.
Mahaleb, v. Macaleb.
Mahaut.

Ein Baum in America, v. Ampufutchi.

Maiorana *Offic.* Ἀμάρακος, Σάμψυχον, Amaracus, Marum Syriacum, Sampsuchus *Lob.* Maiorana latifolia annua vulgaris *C. Bauh.* maiori folio ex semine nata *C. B.* vulgaris aestiua *Park.* Majoran, Masoran, Masóran, Meiran, Margran. VI.

Ist warm und trocken im dritten Grad, verdünnet, dringet durch, dienet in allerhand Beschwerungen des Hauptes, der Nerven, im Schwindel, Zittern der Glieder, Mutter- und Magenbeschwerungen, treibet die Menses, stärket das Gehirn, zertheilet die Blähungen, und ziehet den Schleim ab. Man hat hiervon das destillirte Wasser, die mit Zucker überzogene und eingesetzte Blätter, das Oel und Balsam.

Maiorana *Anglica*, v. Maiorana *Offic.*
Maiorana *Cretica*, v. Maiorana *Offic.*
Maiorana gentilis, v. Maiorana *Offic.*
Maiorana latifolia, v. Maiorana *Offic.*
Maiorana maior, v. Maiorana *Offic.*
Maiorana maior *Anglica*, v. Maiorana *Offic.*
Maiorana maiori folio ex semine nata, v. Maiorana *Offic.*
Maiorana nobilis, v. Marum.
Maiorana satiua, v. Maiorana *Offic.*
Maiorana siluestris, v. Maiorana *Offic.* v. Origanum *Offic.*
Maiorana *Syriaca*, v. Maiorana *Offic.*
Maiorana tenuifolia, v. Maiorana *Offic.*
Maiorana tenuior et minor, v. Maiorana *Offic.*
Maiorana vrbana, v. Maiorana *Offic.*
Maiorana vulgaris, v. Maiorana *Offic.*
Mais *Indicum*, v. Frumentum *Saracenicum*.
Maizium, Meizum, v. Frumentum *Saracenicum*.
Mala, v. Malus.
Mala *Aethiopica*, v. Lycopersicon.
Mala *Armeniaca* maiora, v. Armeniaca Malus *Matth.*
Mala canina, v. Mandragora *Offic.*
Mala Cotonea, v. Cydonia.
Mala *Cydonia*, v. Cydonia.

Mala insana *Offic.* Melongena, Melanzana, Solanum pomiferum fructu oblongo *C. Bauh.* Solanäpfel, Melanzenäpfel, Dolläpfel. IV.

Sie heißen Mala insana, oder Dolläpfel, entweder deswegen, weil sie insaniam verursachen, oder weil sie sehr ungesund seyn; denn sie geben wenig Nahrung, dicke und melancholische Säfte, verursachen Blähungen, Fieber und Kopfschmerzen. Man kan sie in Eßig oder Honig legen, und zum Gebrauch verwahren.

Mala *Persica*, v. Persica malus.

Mala *Punica*, v. Granata.

Mala *Sodomae*, v. Pomus.

Mala terrestria, v. Mandragora *Offic.*

Malabathrum, Folium Indi seplasiariorum, Cassiae folium, Tamalapatra, *Arab.* Cadegi Indi, Indianisch Blat, Samenkraut.

Wird corrupte malabathrum genennet, schwimmet, nach Dioscoridis Meynung, gleich wie die Wasserlinsen, auf dem Wasser, wiewol Garzias ab Horto dieses Kraut von einem Indianischen Baum in der Landschaft Cambaja, und nicht aus Syrien und Egypten herleiten will. Es ist warm im ersten, und trocken im andern Grad, hat mehr Stärke bey sich, als die Spicanard, treibet den Urin gewaltig, erfreuet das Gemüth, stärket, dienet in warmen Schwulsten der Augen. Man pfleget die Blätter ihres angenehmen Geruchs wegen, ingleichen weil sie die Motten vertreiben sollen, unter die Kleider zu legen, auch wider übeln Geruch des Mundes zu gebrauchen. Einige vermengen das Malabathrum mit der Frucht des Balsambaumes.

Malaci, v. Malua siluestris.

Malacocissus, v. Hedera terrestris.

Malacocissus maior, v. Caltha palustris flore simplici.

Malacocissus minor Eunuch. ranunculus latifolius *Lugd.* Chelidonium minus *Trag. Matth. Fuchs. Dod. Lob. Tab.* Ficaria, Chelidonia rotundifolia minor.

Malacoides, Malacoides.

Mala herba, v. Orobranche.

Malaspermum, v. Nigella.

Malathram, v. Bdellium.

Maldacon s. Madelium, v. Bdellium.

Maldiuiensis nux, v. Coccus de Maldiuia.

Maleagris, v. Fritillaria.
Maleguetta, v. Cardamomum.
Malicorium, v. Granata.
Malium, v. Chamomilla.
Malogranatum, v. Granata.
Malpighia, die Kirsche von Barbados, v. Cerasus.
Malta, Maltum, Malz, v. Hordeum.
Malua agrestis, v. Malua *Offic.* v. Alcea.
Malua agrestis minor, v. Malua *Offic.*
Malua altera ad Malopen accedens, v. Althaea.
Malua alterum genus, v. Alcea.
Malua arborea, hortulana, hortensis s. Romana, Aerintrosen, Baumrosen, Herbstrosen, Winterrosen, Gartenrosen. III. v. Althaea.

Die Blumen sind warm und feucht, halten ein wenig an, und werden in der Mundfäule, geschwornen Mandeln, und alle zu starken Mensibus gebrauchet.

Malua arborea flore nigro multiplici, v. Malua arborea.
Malua arborea multiflora, v. Malua arborea.
Malua crispa, v. Malua *Offic.*
Malua crispatis oris, v. Malua *Offic.*
Malua equina, v. Malua *Offic.*
Malua erratica, v. Malua *Offic.*
Malua flore rubente, v. Malua *Offic.*
Malua foliis crispis, v. Malua *Offic.*
Malua hortensis, v. Malua Rosea.
Malua hortensis multiplici flore, v. Malua Rosea.
Malua *Italica* flore eleganter stellato, v. Malua *Offic.*
Malua Limonia, v. Limones.
Malua maior, v. Malua *Offic.*
Malua maior vnicaulis multifolia, v. Malua Rosea.
Malua *Mauritania*, das Bienenkraut, v. Malua *Offic.*
Malua minor, v. Malua *Offic.*
Malua *Offic.* siluestris, μαλάχη, agrestis s. siluestris minor *Tab.* siluestris folio rotundo, siluestris flore minore albo, siluestris perennis procumbens, vulgaris flore minore, folio rotundo *Jo. Baub.* siluestris pumila *Dod.* siluestris repens pumila *Lob.* Pappeln, Käsepappeln, Hasenpappeln, Käslingkraut, Pappelkraut mit runden Blättern, Feldpappeln, Gänsepappeln. XIII.

Die Blätter und Blumen sind temperiret im warmen, (warm und kalt im ersten Grad) und feucht im andern Grad. Die Blätter haben mit der Wurzel einen gleichen Geschmack, nur daß die Wurzel nicht so sehr nach Kräutern schmecket. Sie ziehen Speichel, heilen den Samenfluß, erweichen, nehmen den Schmerz weg, laxiren, dämpfen den allzuscharfen und beissenden Urin, die Schwindsucht, Husten, Rauhigkeit, den Stein, lindern die Zernagung der Blase, und Zerfressung derer Därme, und werden in Verhärtung der Mutter und Fiebern gebrauchet. Aeußerlich nimmt man sie zu Clystiren und Bädern wider die Krätze und Aussatz, auch zu Bähungen, der Colic, Schmerzen, und den Leib gelinde zu machen. Sie vertreiben den bösen Grind, zeitigen die Geschwäre, stillen die Schmerzen, und vornemlich in Entzündungen der Lungen. Die Wurzel hat einen süßlichen, mehlichten und schleimichten Geschmack, mäßiget, befeuchtet, erweichet, besänftiget die allzugroße Schärfe des Urins. Man pfleget sie auch zu kochen, und die Schuppen des Hauptes wegzunehmen, aufzulegen. In denen Apothecken wird aus denen Blättern ein Wasser und Conserva verfertiget.

Malua paluſtris, v. Althaea.
Malua *Romana*, v. Malua arborea.
Malua *Romana* multiplex, v. Malua arborea.
Malua Roſea, Rosenpappel, Gartenpappel. X.
Malua roſea foliis ficus, v. Malua Roſea.
Malua roſea folio ſubrotundo, v. Malua Roſea.
Malua roſea fruticoſa, v. Malua Roſea.
Malua roſea multiplex, v. Malua Roſea.
Malua roſea ſimplex peregrina, v. Malua Roſea.
Malua roſea ſimplici flore, v. Malua Roſea.
Malua ſilueſtris elatior, v. Malua *Offic.*
Malua ſilueſtris flore minore, v. Malua *Offic.*
Malua ſilueſtris foliis ſinuatis, v. Malua *Offic.*
Malua ſilueſtris folio rotundo, v. Malua *Offic.*
Malua ſilueſtris maior, v. Malua *Offic.*
Malua ſilueſtris minor, v. Malua *Offic.*
Malua ſilueſtris perennis procumbens, v. Malua *Offic.*
Malua ſilueſtris prima, v. Malua *Offic.*
Malua ſilueſtris procerior, v. Malua *Offic.*
Malua ſilueſtris pumila, v. Malua *Offic.*
Malua ſilueſtris recta, v. Malua *Offic.*

Malua siluestris repens pumila, v. Malua *Offic.*
Malua siluestris satiua, v. Malua Rosea.
Malua siluestris satiua lanciniosa, v. Malua *Offic.*
Malua specie sinuosa, v. Malua *Offic.*
Malua *Theophrasti*, v. Malua *Offic.* v. Althaea *Theophr.*
Malua trimestris purpurascens, v. Malua *Offic.*
Malua Veneta, v. Alcea vesicaria. v. Malua arborea, v. Ketmia.
Malua verbenaca, v. Alcea Vesicaria.
Malua viscus, v. Althaea.
Malua vulgaris flore minore, v. Malua *Offic.*
Malua vulgaris maior, v. Malua *Offic.*
Malua vulgaris procerior, v. Malua *Offic.*
Malua vulgatissima, v. Malua *Offic.*
Malua vulgo, v. Malua *Offic.* v. Althaea.
Maluauiscus, v. Althaea.
Malus, v. Pomus.

Malus Adami *C. Bauh.* et *Offic.* Pomum Adami *Matth.* Malus Assyrica *Dod.* Malus Limonia, fructu superficie aurantii *Cord.* Pomum Assyrium *Lob.* Malus citria altera, Adamsapfelbaum, Paradiesapfel. V.

Die Rinde an diesem Apfel ist uneben und gerumpfet, mit etlichen tiefen Ritzen und Schrunden gleich als wenn man mit denen Zähnen hinein gebissen hätte. Der gemeine Mann hält diese Frucht vor den Apfel des Paradieses, von welchem unsere ersten Eltern den Tod bekommen haben.

Malus aestiua, Sommerapfel, v. Pomus.
Malus *Aethiopica*, v. Solanum fruticosum.
Malus agrestis, v. Malus siluestris.
Malus *Armeniaca*, v. Armeniaca.
Malus *Assyria*, v. Malus Adami, v. Limon.
Malus *Augustea*, v. Lycopersicon, v. Pomus.
Malus Aurantia, v. Aurantia.
Malus Aurea, v. Aurantia.
Malus carbonaria, v. Pomus.
Malus carbonaria longa, v. Pomus.
Malus Citria altera, v. Malus Adami, v. Limon, v. Citrus.
Malus Cottonea, v. Malus Gydonia.
Malus *Cydonia*, v. Gydonia.
Malus domestica, v. Pomus.
Malus Granata, v. Granata.
Malus Hesperica, v. Aurantia.

Malus hortensis, v. Pomus.
Malus *Indica*, v. Laccae Gummi.
Malus insana, v. Lycopersicon.
Malus Limonia, v. Malus Adami, v. Limon.
Malus *Magdalenae*, v. Malus Augustea.
Malus Medica, v. Citrus.
Malus Nerantia, v. Aurantia.
Malus *Offic.* v. Pomus.
Malus *Persica*, v. Persica maius.
Malus *Peruuiana*, v. Dutroa.
Malus poma ferens, v. Pomus.
Malus praecox, v. Armoniaca.
Malus praecox rubra. v. Pomus.
Malus *Punica*, v. Granata.
Malus rubens, v. Pomus.
Malus siluestris s. agrestis, wilder Apfelbaum, Holzapfelbaum, Waldapfelbaum, Sauapfelbaum. III.

Der ausgepreßte Saft erhält die Hülsenfrüchte, als Erbsen, Bohnen u. d. g. ein ganzes Jahr.

Malus siluestris rubens, v. Malus siluestris.
Malus spinosa, v. Solanum foetidum.
Malus terrae, v. Cyclamen.
Malzum Indicum, v. Frumentum *Saracenicum.*
Mambu, v. Saccharum.
Mamei, der Westindische Mameibaum.
Mamolaria, v. Acanthus.
Mananghamette.

Ist ein rothbraunes Holz in Madagascar, welches wie Ebenholz schwärzet.

Mancanilla, der Manchineelenbaum in Westindien. III.
Mandragora, v. Solanum.
Mandragorae tertia species, v. Solanum.
Mandragora femina, v. Mandragora *Offic.*
Mandragora fructu pyri, v. Mandragora *Offic.*
Mandragora fructu rotundo, v. Mandragora *Offic.*
Mandragora mas, v. Mandragora *Offic.*
Mandragora nigra, v. Mandragora *Offic.*
Mandragora *Offic.* Mandragora mas *Trag. Matth. Dod. J. Bauh.* fructu rotundo *C Bauh.* Mandragoras albus s. Masculus *Cord.* Jabora *Arab.* Dudaim *Hebr.* Mala canina,

terre-

terrestria, Allraun, Schlafäpfel, Hundsäpfel, Erdäpfel, vid. Mylii Hortum. Philosoph. pag. 513. IV.

Die Rinde ist kalt im dritten, trocken im ersten Grad, erweichet, machet Schlaf, purgiret oben und unten gewaltig. Die Wurzel curiret das viertägige Fieber und böse Wesen; ward vor Zeiten bey Ablösung der Glieder, die Frucht zu treiben, auch wider Zahnschmerzen, äußerlich aber bey rothen schmerzhaften Augen, der Rose, harten Schwulsten und Kröpfen gebrauchet. Hiervon ist das Oel zu haben.

Mandragora *Theophrast.* Solanum μελανοκέρασον, s. hortense nigrum, Morion *Fuchs.* Solanum somniferum *Lob.* vel lethale *Dod.* Waldnachtschatten, Tollkraut. IV.

Dieses Kraut ist im allerhöchsten Grad unsern Lebensgeistern zuwider, und dahero tödtlich.

Mandragoras albus, v. Mandragora *Offic.*

Mandragoras masculus, v. Mandragora *Offic.*

Mandrise.

Ist ein marmorirtes Holz in Madagascar, inwendig glatt, und hat kleine Blätter, wie das Ebenholz.

Manduanatte.

Ist eine Staude in Madagascar, deren Holz zu den Handgriffen der Assagayen gebraucht wird. Sie trägt eine Frucht, die denen Haselnüssen gleichet.

Mangles, der Manglebaum in America.

Mangles aquatica foliis subrotundis et punctatis, *Plum.* v. Mangles.

Mani.

Eine Frucht in Südamerica. Sie wächst auf kleinen Pflanzen, hat die Gestalt und Größe der Fichtenäpfel, und wird entweder geröstet gegessen, oder eingemacht. Doch ist sie sehr hitzig.

Maniguette, v. Cardamomum.

Manihot, die Westindische Cassada. VI.

Manilot, v. Jucca.

Manna, Manna, Himmelsthau. III.

Ist ein Saft, so aus einem Calabrischen Eibisch oder Eichbaume, oder dessen Blättern gesammlet wird. Dieser Saft fließet entweder von sich selbst heraus, oder kommt erstlich nach Verwundung des Baumes hervor; er ist entweder in kleinen Körnern oder Blättern, und heißet Manna foliorum; oder siehet aus wie Tropfen von Mastix, und wird Mastichina, item Manna na Corporis, (weil er aus den Aesten des Baumes hervor fließet,) genennet, und vor den besten gehalten. Er temperiret und lindert den Hals, die Kehle, Gurgel, die Brust, laxiret, reiniget die Galle und wässerichte Feuchtigkeit. Man hat hiervon die Lattwerge, Mannam liquidam, und den Spiritum, so in langwierigen Krankheiten gut thut. Ferner kan auch aus der Manna ein besonderer Scheidesaft, wovon die Chymici viel Rühmens machen, verfertiget werden. Der Syrupus von der Manna ist auch zu haben.

Manna coelestis, v. Gramen Mannae.

Mannae gramen, v. Gramen Mannae.

Manonarive,

Ist eine herzstärkende Pflanze in Madagascar.

Manus *St. Mariae*, v. Cardiaca.

Manus *Martis*, v. Quinquefolium.

Manzanilla.

Ein Baum in Südamerica, welchen man wegen seiner Frucht den Namen Apfelbäumgen beyleget, denn diese gleicht denen Aepfeln an Gestalt, Farbe und Geruch, ist aber etwas kleiner. Ihre Eigenschaften sind denen Eigenschaften derer Aepfel ganz entgegen, und der Gesundheit höchst schädlich. Unter der schönen Schale, die ein so gutes Ansehen hat, liegt ein gefährliches Gift verborgen, daß man die schlimmsten Wirkungen desselben schon spüret, ehe man noch etwas von der Frucht genossen hat. Der Baum ist groß, hat einen runden Wipfel, und das Holz hat, wenn es noch frisch ist, eine gelbliche Farbe. Er hat, wenn er aufgeschnitten wird, einen weißen sehr giftigen Saft bey sich, welcher, wenn er das Fleisch berühret, Schmerzen und Entzündung verursachet. Daher lässet man ihn, wenn er gefället worden, eine Zeitlang liegen und austrocknen, damit man ihn hernach ohne Gefahr bearbeiten könne. Das Holz sieht gut aus, indem es mit gelblichen Adern gestreifet ist. Wenn jemand aus Versehen eine solche Frucht isset, so geschwillet ihm unmittelbar hernach der Leib dergestalt, daß er zerplatzen und sterben muß. Der gemeine Eßig soll ein bewährtes Mittel seyn, wenn man diese Frucht genossen hat.

Marabilles, vel Piru, v. Medium *Diosc.*

Maracoc, v. Flos passionis.

Marantha, Indianische Pfeilwurzel. II

Marathris, v. Foeniculum.

Marathron, v. Foeniculum.

Marathron vulgatius dulce, v. Foeniculum.
Maratriphyllum palustre, v. Millefolium.
Maratriphyllum tertium, v. Millefolium.
Marchantia, v. Lichen *Matth.*
Marcinella, v. Valeriana.
Marcobell, v. Marrubium album.
Marconella, v. Valeriana.
Marella, v. Matricaria.
Margaritina, v. Iberis *Fuchs.* v. Nasturtium pratense.
D. Mariae Chirotheca, v. Baccharis.
Mariana laciniatis foliis peregrina, v. Medium.
Marificus, v. Ficus.
Marinella, v. Valeriana.
Mariscus, v. Ficus.
Mariscus *Plinii*, Juncus aquaticus maximus *Lob.* s. Palustris maior *Trag.* Scirpus maior, grosse Weiherbinz. II.
Marmarites, v. Fumaria.
Marmorilla, v. Eupatorium odoratum, v. Agrimonia.
Marointsi.

Ist ein Kraut in Madagascar, welches zum Blutstillen und den Durchfall aufzuhalten gut ist.

Maronium, v. Rhaponticum.
Marrubiastrum, schwarzer Andorn. IV.
Marrubium acutum, v. Panax *Colon.*
Marrubium agreste, v. Stachys.
Marrubium album *Offic.* s femina, *πράσιον*, Prasium *Offic.* marrubium candidum *Trag.* Linostrophum, Vlceraria, weisser Andorn, Marobel, Lungenkraut, Gottvergess, Gutvergess, Gotteshülfe, Helfkraut, Mutterkraut, wilder Taurant. XIII.

Die Blätter sind warm im andern, trocken im dritten Grad, eröfnen, reinigen, verdünnen, dienen in Verstopfungen der Lungen, Leber, Milz, Mutter und des Gekröses. Sie curiren die gelbe Sucht, harte Schwulst der Leber, Schwindsucht, Blutspeichel, verschaffen eine fröliche Entbindung, und treiben die Wasser nach der Geburt, schaden aber, wegen ihrer großen Schärfe, der Blase, und müssen deswegen mit Süßholz oder kleinen Rosingen verbessert werden. Man lässet sie mit Most gähren, und brauchet sie im Podagra. Aus diesem Kraute hat man ein gebranntes Wasser, den Syrup de Prasio und die Species de Prassio.

Marrubium album angustifolium peregrinum, v. Marrubium album.
Marrubium album latifolium peregrinum, v. Marrubium album.
Marrubium album odoratum, v. Marrubium album.
Marrubium album vulgare, v. Marrubium album.
Marrubium alterum *Pannonicum*, v. Marrubium album.
Marrubium aquaticum, v. Panax *Colon*.
Marrubium aquaticum acutum, v. Panax *Colon*.
Marrubium candidum, v. Marrubium album.
Marrubium cardiaca dictum, v. Cardiaca.
Marrubium *Creticum* aliud, v. Marrubium album.
Marrubium *Creticum* angustifolium, v. Marrubium album.
Marrubium femina, v. Marrubium album.
Marrubium *Hispanicum*, v. Marrubium album. II.
Marrubium *Hispanicum* candidum, v. Marrubium album.
Marrubium maius, v. Marrubium nigrum.
Marrubium mas, v. Cardiaca.
Marrubium montanum alterum, v. Stachys.
Marrubium montanum primum, *Thal.* v. Saluia *Alpina*, s. coccifera.
Marrubium nigrum, Ballote. III.
Wird selten gefunden, und kömmet mit dem Marrubio albo überein.
Marrubium nigrum foetidum, v. Marrubium nigrum.
Marrubium primum, v. Marrubium nigrum.
Marrubium tertium, v. Stachys.
Marrubium vulgare, v. Marrubium nigrum.
Marsilea, v. Lichen.
Martagon, Türkischer Bund. IX.
Martagon, v. Lilium.
Martagon *Matth.* v. Cicum montanum.
Martagon bulbiferum maius, v. Lilium.
Martagon chymistarum, v. Lilium.
Martagon primum, v. Lilium.
Martagon radice alterum, v. Lilium.
Martagon rubrum, v. Lilium.
Martagon vulgare, v. Lilium.
Martanica herba, v. Galega.
Martynia, die Westindische Martinia. III.
Maru herba, v. Cerinthe.

Marum *Diosc.* v. Eupatorium.
Marum ex *Sicilia* allatum, v. Marum *Offic.*
Marum Mastichen redolens, v. Marum *Offic.*
Marum *Matthioli* tertium, v. Marum *Offic.*
Marum *Offic.* Verum *Lugd.* Marum mastichen redolens *Casp. Bauh.* Mastiche Gallorum et Anglorum *Lob.* Marum vulgare, Clinopodium f. Marum vulgare *Dodon.* Clinopodium Thymi maiore folio verticillis lanuginosis, Mastichen olens, Maiorana nobilis, Mastichina Gallorum *J. Bauh.* Sampsuchus, Marum, ausländisch Maioran, Edelmaioran, Mastichkraut, Amberkraut. IV.

Ist eine ausländische Pflanze, so dem Majoran am Ansehen und Kräften gleich kömmet, und selbigen an guter Würkung noch übertrift. Sie hat einen überaus starken Geruch und Geschmack, und pfleget eine ziemliche Zeit, wenn man sie angerühret hat, der Geruch verspühret zu werden; wächset in Egypten, Asien und Italien, und wird auch in unsern Gärten durch Fleiß und Wartung fortgebracht, ist denen Katzen angenehm, und kan leicht durch unreine Luft verdorben werden. Sie passiret als ein gutes Bezoarmittel, treibet den Schweis, eröfnet, bringet durch, erquicket die Lebensgeister, und widerstehet der Fäulung. Man brauchet dieses Kraut zum Theriac, Andromach; äußerlich zu Kräutermützgen. Die Pilulae Marocostinae Mindereri dienen dem Haupt, stärken den Magen, die Leber, Milz und Brust ꝛc.

Marum repens verticillatum, v. Marum *Offic.*
Marum *Syriacum*, v. Maiorana.
Marum supinum, v. Maiorana.
Marum verum, v. Marum *Offic.*
Marum vulgare, v. Marum *Offic.*
Maseluc, Maselne *Turcarum*, v. Cardiaca.
Maspeton, *Turnb.* v. Laserpitium veterum *C. Bauh.*
Mastiche, v. Lentiscus.
Mastiche *Anglorum*, v. Marum *Offic.*
Mastiche *Gallorum*, v. Marum *Offic.*
Mastiche redolens, v. Marum *Offic.*
Mastiche verum, v. Marum *Offic.*
Mastiche vulgare f. Clinopodium, v. Marum *Offic.*
Mastichine, Mastichthymian. II.
Mastichine *Gallorum*, v. Marum *Offic.*
Matalista, die Wurzel Matalista aus Batavia, v. Jalappa.

Ist eine ausländische Wurzel, so die Holländer zu uns gebracht haben. Sie gleichet der Radici Bryoniæ oder Mechoacannae albae, und hat mit der Salappa gleiche Wirkungen.

Matapalo.

Ein Baum in Südamerica, welcher allemal bey einem starken Baum wächset, an demselben hinauf gehet, ihm die Sonnenstrahlen und den Saft benimmt, folglich denselben auszehret, und daher der Pfahlmörder genennet wird. Sein Holz wird so stark, daß man große Kähne daraus hauen kan.

Mater herbarum, v. Artemisia.

Mater violarum, v. Viola.

Matricaria, v. Artemisia.

Matricaria, Artemisia tenuifolia f. nostras, Parthenium, Amaracus *Gall.* Crispula *Manard.* Marella, Solis oculus, Pseudoparthenium, Matronella, Matronaria, Herba vterina, Herba virginea, Herba febrifuga, Metram, Mäter, Mutterkraut, Feberkraut, Mäterkraut, Metter, Mettram, Matronkraut, Metterich, Magdeblum, Fieberkraut. IX.

Die Blätter und Blumen haben einen scharfen aromatischen Geruch, auch scharfen unangenehmen Geschmack, welcher Speichel erwecket, und durch sein beißend aromatisch und flüchtiges Salz einige Schärfe und Trockenheit auf der Zunge zurück lässet. Es ist dieses Kraut warm im dritten, und trocken im andern Grad, verdünnet, schneidet ein, curiret die kalten und blähenden Mutterkrankheiten, Verstopfung des Monatflusses und der Reinigung nach der Geburt, das männliche Unvermögen, Franzosen, Wassersucht, faule Fieber, Nierenstein und Schwindel. Aeußerlich machet man von der Matricaria ein Dunstbad, so in Verhärtung und Entzündung der Mutter gut thut. Wenn man es in den Händen träget, so weichen Bienen und Flöhe. Es dienet wider Mutterbeschwerungen, verhärtete Brüste, febrilische Hitze und Gichtschmerzen. Das destillirte Wasser kan man in Verstopfungen der monatlichen Reinigung, Engbrüstigkeit, allerhand Zufällen der Mutter, Wassersucht, Würmen, todten Frucht und Melancholie brauchen. Das Pulver des gestoßenen Krautes reiniget die am Fieber laborirenden Frauenzimmer, welche eine kalte Mutter haben. Man hat hiervon unterschiedene Präparata, als den Syrup, das Extract und Salz, welches letztere aus der Asche bestehet, und in der Wassersucht auch Zufällen der Mutter pfleget verordnet zu werden. Das destillirte Oel wird in Erkältung

tung des Magens, der Mutter, der Colica und die Frucht fortzutreiben, aufgestrichen.

Matricaria altera ex Ilua, v. Matricaria, v. Artemisia.

Matricaria duplici flore, v. Matricaria, v. Artemisia.

Matricaria *Hispanica*, v. Matricaria, v. Artemisia.

Matricaria lutea, v. Matricaria, v. Artemisia.

Matricaria multiflora, v. Matricaria, v. Artemisia.

Matricaria odorata, v. Matricaria, v. Artemisia.

Matricaria odoratior, v. Matricaria, v. Artemisia.

Matricaria Parthenii specie, v. Matricaria, v. Artemisia.

Matricaria siluestris, v. Matricaria, v. Artemisia.

Matricaria vulgaris, v. Matricaria, v. Artemisia.

Matricariae secunda species, v. Tanacetum odoratum.

Matrisaluia maior, v. Horminum.

Matrisilua, v. Caprifolium, v. Hepatica stellata.

Matronalis, die Mutter- oder Winterviole, v. Viola.

Matronaria, v. Matricaria.

Matronella, v. Matricaria.

Maturella, v. Valeriana.

Maturesia, v, Valeriana.

Manondre.

Eine Wurzel auf der Insul Madagascar, welche sehr angenehm schmecket, und fast so dick als ein Hünerey wächset. Die Haut ist bitter, aber die Rübe schmeckt vollkommen wie Castanien.

Mays, v. Frumentum *Saracenicum*.

Mays granis aureis, v. Frumentum *Saracenicum*.

Mays granis rubris, v. Frumentum *Saracenicum*.

Mays granis ex violaceo seu coeruleo, v. Frumentum *Saracenicum*.

Mechoacana nigra, v. Jalappa.

Mechoacan radix, v. Jalappa.

Mechoacan *Peruuianum*, v. Jalappa.

Meconium, v. Anemone.

Medesusium, v. Vlmaria.

Medica *Anglica*, v. Medica cochleata, v. Trifolium.

Medica cochleata, Schneckenklee, v. Trifolium. IV.

Medicago, Mondklee, v. Trifolium. III.

Medica herba, Foenum Burgundiense, Burgundisch Heu, Burgundisch Gras, Medisch Heu. IV.

Wächset in Burgundien und Meden, ist ein gut Futter das Vieh zu mästen, und die Felder zu düngen. Etliche Autores glauben, daß dieses Kraut, wenn einmal die Felder damit gedünget würden, den Boden dermassen fruchtbar erhalten solle, daß man zehen Jahr nach einander, jedes Jahr fünf- oder sechsmal mähen könne. Das grüne Kraut giebet eine gar angenehme Kühlung ab, und der gedörrte Same wird von denen Weibern statt des Salzes verbrauchet.

Medica lunata, v. Trifolium.

Medica maritima, v. Media cochleata, v. Trifolium.

Medica minor, v. Trifolium.

Medica platycarpos, v. Trifolium.

Medica species III. siliqua glomerata, v. Trifolium.

Medica turbinata, v. Trifolium.

Medium, Mariana laciniatis foliis peregrina, Viola mariana, Syrisch Milchglöcklein mit zerkerbeten Blättern. XIV.

Wächset in Syrien und Griechenland. Die Wurzel stillet die Menses, der Samen aber treibet sie.

Medium *Diosc.* v. Trachelium.

Medulla Cassiae, v. Cassia fistula.

Medusium, v. Vlmaria.

Mehenlalchale, Mehenbethene, v. Moschata.

Mekon, v. Papauer satiuum.

Mel arundinaceum, v. Saccharum.

Mel calaminum, v. Saccharum.

Mel cannae, v. Saccharum.

Mel frugum, v. Panicum.

Mel harundinaceum, v. Saccharum.

Mel Saccharinum, v. Saccharum.

Melamphyllon, v. Acanthus.

Melampodium *Diosc.* v. Helleborus niger.

Melampyrum, Triticum nigrum s. vaccinum, Milium siluestre 1. et 2. Tab. Waldhirse, Kuhweitzen. VI.

Hiervon hat man das rothe und gelbe. Es hat dieses Kraut einen blähenden Spiritum bey sich, dehnet den Leib auf, und verursachet Verstopfungen.

Melampyrum luteum, v. Melampyrum.

Melampyrum luteum latifolium, v. Milium siluestre.

Melampyrum luteum minimum, v. Melampyrum.

Melampyrum luteum perpusillum, v. Melampyrum.

Melampyrum montanum, v. Melampyrum.

Melampyrum *Plin.* genuinum, v. Ocymastrum.
Melampyrum *Plin.* v. Buphthalmon.
Melampyrum primum, v. Milium siluestre.
Melampyrum purpurascente coma, v. Melampyrum.
Melampyrum siluaticum, v. Melampyrum.
Melaneatis, v. Mariscus *Plin.*
Melangula, v. Citrus.
Melanspermum. v. Melanospermum, v. Nigella *Offic.*
Melanchia, v. Anagallis.
Melanthium, v. Nigella *Offic.*
Melanthium agreste, v. Nigella.
Melanthium agreste alterum, v. Foeniculum aquaticum.
Melanthium alterum, v. Foeniculum aquaticum.
Melanthium aruense, v. Nigella siluestris.
Melanthium calice et flore minore, v. Nigella *Offic.*
Melanthium capitulis reflexis Aquileiae, v. Nigella siluestris.
Melanthium citrinum, v. Nigella siluestris.
Melanthium citrinum multiflorum, v. Nigella siluestris.
Melanthium *Damascenum*, v. Nigella.
Melanthium *Damascenum*, s. Isopyrum, v. Nigella.
Melanthium *Damascenum* alterum, v. Nigella.
Melanthium ex tritico, v. Nigella.
Melanthium flore pleno, v. Nigella siluestris.
Melanthium satiuum, *Matth.* v. Nigella *Offic.*
Melanthium segetale, v. Nigella segetalis, siue siluestris.
Melanthium segetale *Hippocr.* v. Nigella siluestris.
Melanthium siluestre, v. Nigella siluestris.
Melanzana, v. Mala insana.
Melapia, Honigling (ein Apfel,) v. Pomus.
Melaspermum, v. Nigella.
Meleagris, v. Fritillaria.
Melega, v. Sorghum.
Meleguetta, v. Cardamomum, v. Piper *Indum.*
Melianthemum, *Lob.* v. Hyssopus campestris.
Melianthus, die Honigblume II.
Melica, v. Sorghum, v. Cardiaca.
Meliclaminon, v. Saccharum.
Melilotum, Melilotus *Offic.* Lotus vrbana, Saxifraga lutea, Trifolium odoratum, Sertula, Campanica serta, (weil es, wenn es in Kränze gewunden wird, der Trunkenheit widerstehet, v. Mercurial. L. III. 9.) Melilotus vulgaris,

Ger-

Germanica, fruticosa lutea vulgaris *Morif.* Melilotus silvestris, Melilotus saxifraga, Saxifraga lutea *Fuchs.* Trifolium vrsinum, Pratellum, Honigklee, Steinklee, edler Steinklee, Siebengezeit, Meliloten, gemeiner Steinklee, deutscher gelber Steinklee, geeler Klee, Schotenklee, Schuchlen, unser lieben Frauen Schüchlein, Bärenklee. XIV.

Das Kraut, Blätter und Samen sind warm im ersten Grad, und temperiret im trockenen. Sie erweichen, zertheilen, lindern den Schmerz im Podagra. Aeußerlich dienen sie wider Schwulsten, Schmerzen, rothe Augen, item zum Clystiren. Das destillirte Wasser stärket das Haupt, Gehirn und Gedächtnis, hemmet die Schmerzen des Magens und der Mutter, eröfnet die Verstopfung der Leber und des Urins, wärmet die Blase, Nieren und Geburtsglieder. Sie nehmen auch die Hitze und Schmerzen der Augen weg, erweichen die Geschwäre, vornemlich s. v. des Steißes und der partium genitalium. Den Dunst von diesem Kraute kan man in großen Schmerzen und Brausen der Ohren in die Ohren gehen lassen, auch das Kraut selbst aufs Haupt, die Schläfe und Stirn binden. Wenn man es auf den Magen leget, so wird hierdurch der Schmerz und die Schwulst desselben gestillet. In Decoctis dienet es wider die Wassersucht, Seitenstechen, schmerzhaftes Harnen, Verstopfungen der weiblichen Zeit, und empfangenen Gift. Das Pflaster, welches Zwelfer und Fabricius hieraus verfertigen, lindert die Schmerzen, erweichet, zeitiget die alten Schäden des Bauches, der Därme, Mandeln und Hypochondriorum. Das Oel ist ein gar gutes Mittel wider das Zittern der Glieder, so vom allzuvielen Trinken entstanden.

Melilotus, v. Melilotum.

Melilotus alia, v. Melilotum.

Melilotus coerulea *Riuini*, v. Lotus vrbana.

Melilotus corniculis reflexis, v. Melilotum.

Melilotus coronata, v. Melilotum.

Melilotus fruticosa, v. Melilotum.

Melilotus *Germanica*, v. Melilotum.

Melilotus *Italica*, v. Melilotum.

Melilotus maior, v. Lotus vrbana.

Melilotus maior altera, v. Lens.

Melilotus minor, v. Trifolium.

Melilotus nobilis, v. Melilotum.
Melilotus pentaphyllea minor glabra, v. Trifolium.
Melilotus quartum genus, v. Melilotum.
Melilotus quinta, v. Hedysarum.
Melilotus saxifraga, v. Melilotum.
Melilotus siluestris, v. Melilotum.
Melilotus tertia species, v. Melilotum.
Melilotus vera, v. Lotus vrbana.
Melilotus vrbana, v. Melilotum.
Melilotus vulgaris, v. Melilotum.
Melilotus vulgaris maior, v. Melilotum.
Melilotus vulgaris vulgo, v. Trifolium.
Meline, v. Panicum.
Melinum alterum breuius, v. Saluia coccifera.
Meliphyllum, v. Melissa hortensis.
Melissa *Constantinopolitana*, v. Cardiaca.
Melissa domestica, v. Melissa hortensis.
Melissae genus ex *Oriente*, v. Melissa hortensis.

Melissa hortensis, μελιττοφυλλον Messophyllum, Apiastrum, Citrago, Melissa vulgaris *Park.* domestica *Trag.* Cedronella, Melittaena, Melitis, Melittaeum, Meliphyllon, Mellifolium, Melissen, Ivenblat, Bienensaug, Herzensfreud, Wintermelisse, Bienenkraut, Honigblum, Herzkraut, Mutterkraut, Immenblat, Citronenblat, Wanzenkraut. XIII.

Ist warm im andern, trocken im ersten Grad, dienet dem Herzen, der Mutter und Magen, curiret die Melancholie, unruhigen Schlaf, Lähmung, Schlagflüsse, die fallende Sucht, Schwindel, Ohnmachten, verbessert die noch rohen Speisen im Magen, treibet die Nachgeburt, Menses, Erstickung der Mutter, und stinkenden Odem. Aeusserlich brauchet man sie zu Mutterbädern und Umschlägen, giftigen Stichen der Bienen und Wespen. Hieraus werden gar viele Medicamenten, als das gebrannte Wasser, das Oel, Extract, das in Zucker eingesetzte Kraut, der einfache und mit andern Dingen zusammengesetzte Syrup, die Essenz, der Spiritus und das feste Salz verfertiget.

Melissa *Moldauica*, v. Melissa hortensis.
Melissa *Moluccana* odorata, v. Cardiaca.
Melissa nostras, v. Melissa hortensis.
Melissa *Offic.* v. Melissa hortensis.

Melissa peregrina folio oblongo, v. Melissa hortensis.
Melissa silvestris, v. Cardiaca.
Melissa solitudinum, v. Ledum *Silesiacum.*
Melissa *Turcica,* v. Cardiaca, v. Melissa hortensis.
Melissa *Turcica,* Türkische Melisse. VIII.
Melissa vulgaris, v. Melissa hortensis.
Melissophyllum, v. Melissa hortensis.
Melissophyllum adulterinum, v. Melissa hortensis.
Melissophyllum *Constantinopolitanum,* v. Cardiaca.
Melissophyllum *Turcicum,* v. Melissa hortensis.
Melissophyllum vulgare, v. Melissa hortensis.
Melitis, v. Melissa hortensis.
Melittaena, v. Melissa hortensis.
Melittaeum, v. Melissa hortensis.
Melitrophyllon, v. Melissa hortensis.
Melligettum, v. Cardamomum.
Mellifolium, v. Melissa hortensis.
Mellimorbium, v. Scrophularia.

Melo, *minor,* Melopepo, Cucumis antiquorum, Pepo, Sycion *Theophr.* Melonen, Pfeben, Melaunen, Pluzer. XXXIX.

Die Frucht oder das innerliche Mark ist kalt und feucht im andern Grad, giebt schlechte Nahrung, faulet leicht, erwecket Grimmen im Leibe. Wenn diese Frucht gekochet wird, so schadet sie so viel nicht, wenn sie mit Wein oder Pfeffer verbessert wird, so stillet sie den Schmerz, Franzosen, Samenfluß und Hectic. Der Samen ist kalt im andern, und trocken im ersten Grad, eröfnet, reiniget, dienet der Leber, den Nieren, curiret den Husten, die Schwindsucht, Fieber, Harnwinde, Brennen des Urines, den Stein, und löschen den Durst. Hiervon hat man die überzogenen Melonen.

Melo citrullus species, v. Melo.
Melo clipeiformis, v. Melo.
Melo compressus, v. Melo.
Melo *Diosc.* v. Melo.
Melo *Galeni,* v. Melo.
Melo *Hispanicus,* v. Melo.
Melo *Indicus* minor, v. Melo.
Melo *Indicus* minor angulosus, v. Melo.
Melo *Indicus* minor clypeatus, v. Melo.
Melo *Indicus* minor oblongus, v. Melo.

Melo *Indicus* minor rotundus, v. Melo.
Melo maximus oblongus, v. Melo.
Melo oblongus, v. Melo.
Melo pyriformis, v. Melo.
Melo pyromelo, v. Melo.
Melo reticulatus, v. Melo.
Melo rotundifolius fructu longissimo, tereti, non sulcato, *Amman*.
Eine Kalmuckische Melone, v. Melo.
Melo rotundifolius, fructu oblongo, tereti, non sulcato, ex flauo et viridi colore vario, *Amman*. Kalmuckische Gurke. II.
Melo rotundus paruus, v. Melo.
Melo Saccharatus, v. Melo.
Melo Saccharinus, v. Melo.
Melo teres, v. Melo.
Melo vulgaris, v. Melo.
Melo vulgi, v. Melo.
Melocactus, v. Opuntia.
Melocarduus, v. Opuntia.
Melocarduus echinatus *Indiae occiduae*, v. Opuntia.
Melocarduus echinatus Penae, v. Opuntia.
Melochia, v. Corchorus, v. Anagallis.
Melongena, v. Mala insana.
Melopepo, Melonenkürbis. XIV.
Melopepo clypeata, v. Melopepo.
Melopepo *Hungarica*, v. Melopepo.
Melopepo *Italica*, v. Melopepo.
Melophyllum, v. Millefolium.
Melukie, v. Mercurialis.
Melyne, v. Panicum.
Memecylon, v. Arbutus.
Memiren, v. Chelidonium minus.
Menanonbe.
Ist ein zusammenziehendes Kraut in Madagascar.
Menianthes, der Biber- oder Wasserklee, v. Trifolium aquaticum.
Menispermum, Mondsamenkraut. III.
Mentha, v. Cerinthe.
Mentha acuminata, v. Mentha acuta.
Mentha acuta, s. crispa, Balsamita, μίνθα ἡδύοσμος, Mentha hor-

hortensis *Offic.* satiua altera *Matth. Dod.* rotundifolia altera flore spicato *Lob.* rotundifolia crispa spicata *C. B. J. B.* Sisymbrium satiuum s. hortense, Mintha, Münzbalsam, Gartenmünze, Krausemünze, krauser Balsam, Braunheilig, Deümenthen, Minte. VI.

Das Kraut und die Blumen sind warm und trocken im dritten Grad, dringen durch, halten etwas an, stärken den Magen, zertheilen die unverdaueten Speisen im Magen und Sood, übeln Appetit, schlechte Dauung, allzustarkes Purgiren, die Jungferkrankheit, Bleichsucht, den weißen Fluß, verringern den Samen, (daher das Sprichwort entstanden: Mentham ne serito, du sollt keine Münze säen,) tödten die Würme. Die wohlriechende Münze stärket die Nasenlöcher, dienet wider die Colic, das Blutspeyen, ist der Leber zuträglich, eröfnet den Leib, heilet die starken Kopfschmerzen, den Schwindel, zertheilet die geronnene Milch. Man kan sie auch wider die Würme brauchen. Sie reiniget die Mutter, und befördert die Geburt. Aeußerlich leget man sie auf in Schwachheit des Magens, der Colic, Verhärtung der Brüste, geronnenen Milch und Schuppen auf dem Haupt. Sie pfleget auch in allzustarkem Nasenbluten in die Nase gestecket, und wenn Würmer in den Ohren vorhanden, mit Honig in die Ohren geleget zu werden. In Kräutermützgen dienet dieses Kraut wider den Schnupfen, so von Kälte entstanden. Die Lauge hiervon nimmt den Grind am Haupte weg. Das aus dieser Mentha destillirte Wasser vertreibet das Reißen im Leibe bey den Kindern. Man findet hiervon unterschiedene Präparata, als den Syrup, das in Zucker eingesetzte Kraut, das destillirte Oel, das in Wein, Bier oder Wasser eingeweichte Kraut, den Balsam, das Salz und die Quintam Essentiam.

Mentha altera, v. Nepeta.

Mentha angustifolia spicata, v. Mentha acuta.

Mentha angustis foliis, v. Calamintha.

Mentha aquatica, v. Sisymbrium.

Mentha aquatica maior, v. Sisymbrium.

Mentha caballina, v. Mentha siluestris.

Mentha cattaria, v. Nepeta.

Mentha cattaria angustifolia maior, v. Nepeta.

Mentha cattaria latifolia, v. Nepeta.

Mentha cattaria vulgaris et maior, v. Nepeta.

Mentha catti, v. Nepeta.

Mentha corymbifera maior, v. Mentha *Saracenica*, v. Ageratum.

Mentha corymbifera minor, v. Ageratum.

Mentha costina altera, v. Ageratum.

Mentha crispa, v. Mentha acuta.

Mentha equina, v. Mentha siluestris.

Mentha felina, v. Nepeta.

Mentha felina satiua angustifolia, v Nepeta.

Mentha felina satiua latifolia, v. Nepeta.

Mentha *Graeca*, v. Mentha *Saracenica*.

Mentha hortensis, v. Mentha *Saracenica*.

Mentha hortensis oblongis foliis, v. Mentha *Saracenica*.

Mentha hortensis quarta; v. Nepeta.

Mentha hortensis tertia, v. Mentha acuta.

Mentha hortensis verticillata ocimi odore, v. Nepeta.

Mentha lutea, *Lon.* v. Conyza media *Matth. Dod. Lon. et Offic.*

Mentha Moschata, Bisammünze.

Ist ein vortreflicher Magenkraut. Die Essenz mit Spiritu Vini, verbessert die unverdauten Speisen überaus wohl, zertheilet die Blähungen, erwecket Appetit, dienet wider die Colicam, und reiniget, wenn sie nach überstandenen Fieber verordnet wird, das Geblüt.

Mentha non odorata, v. Nepeta.

Mentha odorata angustifolia. v. Mentha acuta.

Mentha palustris, s. rotundifolia, *C. Bauh.* v. Balsamina agrestis *Trag.*

Mentha peregrina angustifolia, v. Nepeta.

Mentha peregrina latifolia, v. Nepeta.

Mentha praestantior, v. Calamintha.

Mentha *Romana*, v. Mentha *Saracenica*.

Mentha *Romana* angustifolia, v. Nepeta, v. Calamus vulgaris.

Mentha *Romana* V. praestantior angustifolia, v. Mentha acuta.

Mentha rotundifolia, *C. Bauh.* v. Balsamina agrestis *Trag.*

Mentha rotundifolia altera, v. Mentha acuta.

Mentha rotundifolia crispa, v. Mentha acuta.

Mentha rotundifolia palustris, v. Calamintha agrestis.

Mentha rubra, *Brunf.* v. Balsamina agrestis.

Mentha rubra, v. Mentha satiua.

Mentha *St. Mariae*, v. Mentha *Saracenica*.

Mentha *Saracenica*, corymbifera maior vel Graeca siue hortensis corymbifera s. Romana s. St. Mariae Balsamita, Aisma, Costus hortorum, Frauenmünze, Marienmünze, Pfannenkuchenkraut. II.

Wird selten gebrauchet. Ist warm im dritten, trocken im andern Grad, eröfnet, verdünnet, zertheilet, reiniget, dienet in Mutterkrankheiten, treibet die Menses, stärket die Leber, widerstehet des Opii und anderer Gifte schädlichen Wirkungen. Aeußerlich nimmt man sie zu Bädern in Verstopfung der Monatzeit.

Mentha satiua altera *Matth.* v. Mentha acuta.

Mentha satiua quarta, v. Calamintha vulgaris montana.

Mentha satiua rubra, v. Calamintha.

Mentha Serapion, v. Musae fructus.

Mentha siluestris, Menthastrum *Offic.* hortense spicatum *Chabr.* folio longiore candicante *J. Bauh.* Mentha equina, Mentha caballina, Pferdemünze, Roßbalsam, wilde Münze, Herzenstrost. IX.

Wird nicht leicht gebrauchet.

Mentha siluestris altera aquatica, v. Calamintha agrestis.

Mentha siluestris rotundifolia, v. Mentha acuta.

Mentha spicata folio variegato, v. Mentha acuta.

Menthastrum, v. Mentha siluestris.

Menthastrum *Anglicum* niueum, v. Mentha acuta.

Menthastrum *Anglicum* niueum et cinereum, v. Mentha acuta.

Menthastrum folio longiore candicante, v. Mentha siluestris.

Menthastrum folio orbiculato, v. Mentha acuta.

Menthastrum hortense, v. Mentha siluestris.

Menthastrum spicatum, v. Mentha siluestris.

Menyanthes, v. Trifolium palustre.

Menzelia, die Africanische Menzelia.

Meon, v. Meum.

Mera.

Ein Baum in Madagascar, der Blätter wie Olivenblätter, und einen gelben Kern im Holze hat, das so hart, als Buxbaum ist, aber keinen Geruch hat.

Mercurialis, λινόζωστις, Mercurialis *Offic.* mas et femina *Matth.* *Dod.* testiculata et spicata *C. Bauh.* Herba Mercurii, Mercurii herba, Bingelkraut, Wintergrün, Bengelkraut,

Scheißkraut, Clystirkraut, Mercuriuskraut, Scheißmelte, Hundesmelte, Speckmelte, Weingartengrün, Kühwurz. XI.

Das Männgen wird sonst Phyllon arthenogonon Theophrast. oder Mercurialis testiculata genennet. Das Weibgen aber heißet Mercurialis spicata. Die Blätter sind warm und trocken im ersten Grad. Sie reinigen, lariren, und führen die Galle und das Wasser ab. Wenn man dieses Kraut äußerlich an die Schaam bindet, so führet es die Menses und Nachgeburt ab, erweichet die Geschwäre. Es kan mit unter die Clystire genommen, und denen Kindern, das Reißen im Leibe zu vertreiben, in ihrem ordentlichen Mus oder Brey gegeben werden. Hiervon sind nachfolgende Präparata, als das abgezogene Wasser, der Syrup aus dem Saft und das Honig zu bekommen.

Mercurialis canina femina, v. Cynocrambe femina, *Matth.*

Mercurialis canina mas, v. Cynocrambe femina, *Matth.*

Mercurialis femina, *Columb.* v. Cynocrambe femina *Matth.*

Mercurialis femina, siluestris, v. Cynocrambe femina *Matth.*

Mercurialis florens, v. Mercurialis.

Mercurialis fructum ferens, v. Mercurialis.

Mercurialis herba, v. Mercurialis, v. Quinquefolium.

Mercurialis mas, v. Mercurialis.

Mercurialis montana spicata, *C. Bauh.* v. Cynocrambe femina, *Matth.*

Mercurialis montana spicata femina, v. Mercurialis.

Mercurialis montana testiculata, v. Mercurialis.

Mercurialis sanguis, v. Verbena.

Mercurialis siluestris altera, v. Impatiens.

Mercurialis siluestris femina, *Cord.* v. Cynocrambe femina, *Matth.*

Mercurialis siluestris mas, v. Cynocrambe, v. Mercurialis.

Mercurialis spicata, v. Mercurialis.

Mercurialis testiculata, v. Mercurialis.

Mercurii digitus, v. Quinquefolium.

Mercurii genitura, v. Buphthalmon.

Mercurii herba, v. Mercurialis.

Merda daemonis, v. Arnica.

Mergus, eine eingesenkte Weinrebe.

Merthris, v. Myrrhis.

Merum, v. Marum *Offic.*

Mesereum, v. Mezereum.
Mesophyllon, v. Millefolium *Offic.*
Mespilus *Offic.* vulgaris *Clus.* vulgaris minor *Park.* Germanica folio laurino non serrato s. Mespilus silvestris, Mispelbaum, Mespelbaum, Nespelbaum. XV.
Die Frucht ist kalt im andern, trocken im andern Grad, hält an, ziehet zusammen, die harten Mispeln schaden dem Magen, die weichen und teigen aber werden im Durchfall und der rothen Ruhr gebrauchet. Aeußerlich stillen sie das Erbrechen und den Durchfall. Die Steingen oder Kern treiben den Stein, Die Blätter kommen mit der Frucht überein. Man hat hiervon die mit Honig eingemachten Mispeln.
Mespilus altera, v. Mespilus *Offic.*
Mespilus apii folio laciniato, v. Mespilus.
Mespilus apii folio non spinosa, v. Sorbus.
Mespilus apii folio silvestri spinosa, v. Berberis.
Mespilus Aronia, v. Mespilus *Offic.*
Mespilus *Germanica* folio laurino non serrato, v. Mespilus.
Mespilus *Orientalis* Tanaceti folio villoso magno fructu, *Tournef.* v. Mespilus.
Mespilus silvestris, v. Mespilus, v. Berberis.
Mespilus vulgaris, v. Mespilus.
Messophyllon, v. Melissa hortensis.
Meluaeo, v. Ricinus Americanus.
Metel, N Metella, v. Nux Metel.
Diese Frucht halten einige pro nuce vomica, andere pro Datura et Solano somnifero, und noch andere pro Stramoniae fructu, v. infra Nux Metel.
Methonica, die Prachtlilie, v. Lilium superbum.
Meroplum, v. Ammoniacum Gummi.
Meu, v. Meum *Offic.*
Meum adulterinum, v. Meum *Offic.*
Meum *Alpinum*, v. Meum *Offic.*
Meum alterum spurium *Italicum*, v. Meum *Offic.*
Meum aquaticum, v. Lilium montanum.
Meum athamanticum, v. Meum *Offic.*
Meum foliis anethi, v. Meum *Offic.*
Meum latifolium adulterinum, v. Meum *Offic.*
Meum nostras, v. Meum *Offic.*
Meum *Offic.* μῆον, Meu, Tordylium, Daucus Creticus, Seseli Creticum, Meum vulgare tenuifolium *Clus.* Foliis Anethi,

Bärwurz, Herzwurz, Mutterwurz, wilde Bärendill, Bärenfenchel, Beerwurz, Beerenfönchel, Saufönchel, Beermutterwurz, Gebeerwurz, Herzwurz. II.

Ist zweyerley, nemlich das Athamanticum und nostras. Die Wurzel ist warm im andern, und trocken im dritten Grad, verdünnet, eröfnet, dienet wider den Husten, zertheilet, curiret die Entzündung, das Aufsteigen des Magens und der Därme, treibet die Menses, den Urin, hemmet die Mutterbeschwerungen, das Grimmen im Leibe, lindert die Flüsse, und zertheilet den zähen Schleim auf der Brust. Es kan auch äußerlich in Bädern und Umschlägen verordnet werden.

Meum paluſtre ſ. Apium ſilueſtre *Dod.* Thyſſelinum *Plin. Lob.* Olſenichium, Alsnack, Eißnach, Olsnich, wilder Eppich. II.

Die Wurzel widerstehet der Pest, löset den Schleim von der Lunge, und treibet den Harn.

Meum ſecundum, v. Meum *Offic.*

Meum ſpurium, v. Meum *Offic.*

Meum vulgare tenuifolium, v. Meum *Offic.*

Mezereum, Laureola maior ſ. femina, Daphnoides, Chamaelea Germanica, Thymelaea, Piper montanum, Seidelbast, Kellerhals. XI.

Die Beeren werden Grana ſe Cocci gnidii genennet. Die Wurzel, Rinde, Blätter und Beeren sind warm und trocken im vierten Grad, machen Eiter, erwecken Fieber, entkräften den Leib, und führen die Galle und gallichte Materie gewaltig fort. Hiervon sind die Pillen und das dicke eingekochte Extract im Brauch.

Mezereum *Arabicum*, v. Chamaelea.

Mezereum *Germanicum*, v. Chamaelea.

Microleuconymphaea, v. Nymphaea.

Mihohats.

Ist eine Staude in Madagascar, deren herzstärkende Kraft man rühmet.

Mileum, v. Ranunculus.

Miliaria herba *Plin.* v. Gramen Paniceum.

Militaris, v. Millefolium.

Militaris aquatica, v. Millefolium.

Milium, v. Ranunculus.

Milium, κέγχρος, Milium *Offic.* vulgare *Gesn.* semine luteo vel albo, *C. Bauh.* Herba Herculea, Hirse, Herse. V.

Der Samen und das Mehl sind kalt im ersten und trocken im dritten Grad, hält an, ist schwer zu verdauen, nähret wohl. Wenn er gekochet wird, so treibt er Schweis und Urin, und trocknet äußerlich die Flüsse, dienet in Schmerzen des Hauptes und Magens, vermehret die Milch, treibet den Nierenstein, und wird vornemlich im Durchfall der Kinder gerühmet. Das destillirte Wasser präserviret vor den Stein, und D. Ambrosii Decoctum hiervon curiret das dreytägige Fieber.

Milium agreste, v. Panicum *Indicum.*

Milium alterum genus e colore nigro deterius, v. Milium nigrum.

Milium alterum *Theophr.* v. Phalaris *Matth. Lob. Dod. Tab.*

Milium arundinaceum, v. Lachryma *Christi*, v. Sorghum.

Milium aureum et album, v. Milium *Offic.*

Milium commune, v. Milium *Offic.*

Milium *Diosc.* v. Milium *Offic.*

Milium exiguum, v. Panicum.

Milium *Indicum*, v. Frumentum *Saracenicum.*

Milium *Indicum*, v. Foeniculum *Saracenicum.*

Milium *Indicum*, v. Sorghum, v. Panicum.

Milium *Indicum Plinianum*, v. Frumentum *Saracenicum.*

Milium *Indicum Portae*, v. Frumentum *Saracenicum.*

Milium Jubae subinde coloris nigricantis, v. Milium nigrum.

Milium nigrum, schwarzer Hirse, v. Milium *Offic.*

Milium nigrum species, v. Milium nigrum.

Milium Saburrum, v. Sorghum.

Milium *Saracenicum*, v. Sorghum.

Milium semine albo; v. Milium *Offic.*

Milium semine luteo, v. Milium *Offic.*

Milium semine nigro, v. Milium nigrum.

Milium semine nigro et latiore iuba, v. Milium nigrum.

Milium siluestre, *Clus.* v. Panicum siluestre, *Matth. Dod.*

Milium siluestre et supinum, v. Panicum *Indicum.*

Milium siluestre Ischaemum, v. Panicum *Indicum.*

Milium siluestre primum et secundum, Waldhirse, Kuhweitzen. H.

Machet Elatus, Obstructiones, und treibet den Leib auf.

Milium soler, v. Milium solis.

Milium solis *Offic.* λιθόσπερμον, Saxifraga tertia, Milium solis

solis satiuum *Trag.* Lithospermum minus *Matth. Dod.* vulgare minus, maius erectum *C. Bauh.* alterum fruticosum *Thal.* aruense *Tab.* legitimum *Clus.* Lachryma Mariae *Ital.* Milium Soler, Lapis Leoninus, Gonoleta, Semen petraeum, Columba, Meerhirse, Steinsamen, Steinhirse, Perlkraut, Perlhirse, weißer Steinbrech. XXIV.

Der Samen und die Blätter sind warm und trocken im andern Grad, treiben den Stein, Urin und Frucht, stillen den Samenfluß, die viertägigen Fieber, und reinigen die Nieren. Der Samen curiret diejenigen Fieber, so alle Tage sich einstellen. Man hat aus denen Blättern ein destillirtes Wasser.

Milium solis satiuum, *Trag.* v. Milium solis *Offic.*

Milium supinum, *Clus.* v. Panicum siluestre, *Matth. Dod.*

Milium vulgare, v. Milium *Offic.*

Millefolium album, v. Millefolium *Offic.*

Millefolium aquaticum alterum, v. Millefolium *Offic.*

Millefolium aquaticum cornutum, v. Millefolium *Offic.*

Millefolium aquaticum flore albo, v. Millefolium luteum.

Millefolium aquaticum flore luteo galericulato, v. Millefolium *Offic.*

Millefolium aquaticum foliis Abrotani, Ranunculi flore et capitulo, v. Millefolium *Offic.*

Millefolium aquaticum foliis foeniculi Ranunculi flore et capitulo, v. Millefolium *Offic.*

Millefolium aquaticum galericulatum, v. Millefolium *Offic.*

Millefolium aquaticum lenticulatum, v. Millefolium *Offic.*

Millefolium aquaticum pennatum, v. Millefolium *Offic.*

Millefolium aquaticum Peucedani foliis, v. Millefolium *Offic.*

Millefolium aquaticum stellatum, v. Millefolium *Offic.*

Millefolium aquaticum vmbellatum capiallaceo, breuique folio, v. Millefolium *Offic.*

Millefolium flore albo, v. Millefolium *Offic.*

Millefolium luteis foliis, *Gesn.* v. Helichrysum Italicum *Matth. Cam.*

Millefolium luteum, *Lob. Tab.* v. Helichrysum Italicum, *Cam. Matth.*

Millefolium luteum tormentosum, v. Millefolium luteum.

Millefolium magnum, v. Anserina *Offic.*

Millefolium maius, v. Millefolium luteum.

Millefolium minus, v. Helichrysum Italicum, v. Millefolium *Offic.*

Millefolium nobile, v. Millefolium *Offic.*

Millefolium *Offic.* Achilleum, Σιδηρίτης μυριόφυλλον, Στρατιώτης, Millefolium maius *Matth.* album *C. Baub.* vulgare *Trag.* terrestre maius *Cord. Tab.* flore albo *Lob.* Millefolium Stratiotes pennatum terrestre *J. Baub.* Stratiotes millefolia *Fuchs.* Melophyllum, Supercilium Veneris, Herba militaris, fortissimus miles, Myriophyllon, Sideritis, Garbe, Tausendblat, Garbenkraut, Schafgarbe, Schafrippe, Garve, Gerbel, Karvenkraut, Schabab, Kelken. XV.

Die Bätter und Blumen sind kalt im ersten, trocken im dritten Grad, widerstehen dem Gift, halten an, dienen in Wunden, Schwülsten, Entzündungen, allerhand Blutflüssen, als der Nasen, Mutter, güldnen Ader, Wunden und Blutauswerfen; ingleichen im Erbrechen und Samenfluß. Sie zertheilen das geronnene Geblüt, treiben Urin und Stein. Aeusserlich curiren sie die schrecklichen Kopfschmerzen, das Fell im Auge, Zahnbeschwerungen, allzustarken Fortgang des Monatflusses, den weißen Fluß, Durchfall, Brüche, giftigen Stich, Contracturen, Geschwulst am männlichen Gliede u. dergleichen. Das hieraus destillirte Wasser pfleget in verfaultem Zahnfleisch gut zu thun.

Millefolium palustre, v. Millefolium aquaticum.

Millefolium paruum, v. Millefolium *Offic.*

Millefolium purpureo flore, v. Millefolium purpureum.

Millefolium purpureum, v. Millefolium *Offic.*

Millefolium purpureum minus, v. Millefolium purpureum.

Millefolium purpureum tertium, v. Millefolium purpureum.

Millefolium seu Viola aquatica caule nudo, v. Millefolium *Offic.*

Millefolium stratiotes pennatum terrestre, v. Millefolium *Offic.*

Millefolium terrestre, v. Millefolium *Offic.*

Millefolium terrestre *Diosc.* v. Millefolium *Offic.*

Millefolium terrestre maius, v. Millefolium *Offic.*

Millefolium terrestre minus secundum, v. Millefolium *Offic.*

Millefolium terrestre purpureo flore, v. Millefolium purpureum.

Millefolium tertium, v. Ptarmica.

Millefolium tomentosum luteum, v. Helichrysum Italicum, *Matth. Cam.*

Millefolium vulgare, v. Millefolium *Offic.*

Millefolium vulgare album, v. Millefolium terrestre minus.

Millefo-

Millefolium vulgare maius, v. Millefolium terrestre maius.
Millefolium vulgare minus, v. Millefolium terrestre minus.
Millefolium vulgare purpureum minus, v. Millefolium purpureum.
Millegrana maior, v. Herniaria.
Milleguetta, v. Cardamomum.
Millemorbia, v. Scrophularia maior.
Milzatella, v. Vrtica mortua.
Mimbuhe.

Ist ein Baum in Madagascar, dessen Blätter einen starken Geruch von sich geben, und für eine gute Herzstärkung gehalten werden.

Mimosa, das Fühlkraut, v. Impatiens. XI.
Mintha, v. Mentha acuta.
Minthe, v. Mentha.
Mirabilis *Peruuiana*, v. Mandragora *Teophr.*
Mirasole *Italis*, v. Ricinus *Americanus.*
Mitella, die Bischofsmütze. IV.
Mitridatium crateruae *Plinii*, v. Hermodactylus.
Mium, v. Foeniculum.
Mixtura, v. Ammoniacum.
Mizatella, v. Vrtica mortua.
Mnion, v. Muscus capillaris.
Mochus *Diosc.* v. Orobus *Offic.*
Moehringia, v. Alsine.
Moldauica, v. Melissa *Turcica.*
Moldauica *Americana* trifolia odore graui, *Tournef.* Americanische dreyblätterige Melisse, oder Balsam aus Gilead.
Molle, der Indianische Mastixbaum.
Mollis arbor, v. Lentiscus *Peruuianus*, v. Balsamus *Indicus.*
Mollugo montana angustifolia, v. Mollugo montana.
Mollugo montana latifolia, v. Mollugo montana.
Mollugo montana, s. Rubia siluestris, wilde Färberröthe. X.
Mollugo prima, v. Mollugo montana.
Mollugo vulgatior herbariorum, v. Mollugo montana.
Molochia Serapionis, v. Anagallis terrestris.
Molospinus, v. Paracoculi.
Molucca, die Moluckische Melisse. II.
Molucca altera, v. Cardiaca.

Molucca asperior *Syriaca*, v. Cardiaca.
Molucca *Constantinopolitana*, v. Cardiaca.
Molucca leuis, v. Cardiaca.
Molucca leuis inodora, v. Cardiaca.
Molucca minus aspera, v. Cardiaca.
Molucca odorata spinosa, v. Cardiaca.
Molucca spinosa, v. Cardiaca.
Molucca *Syriaca*, v. Cardiaca.
Molucca *Turcica*, v. Cardiaca.
Moluccense Lignum I. Panaua.

Ist das Holz eines Baumes Ricini, welcher von den Indianern Gappula genennet wird. Das Holz ist schwammicht, leicht, zart, helle, hat eine dünne und aschenfarbige Rinde, das frische hat einen sehr scharfen und brennenden Geschmack, und eckeln Geruch. Das Holz bekommen wir nicht mehr. Die Frucht dieses Baumes sind die Grana Tilli. Sie führen das Wasser unten und oben gewaltig ab, treiben Schweis, curiren die Wasser- und weiße (Leucophlegmatia) Sucht, ingleichen die giftigen Stiche der Ottern und Scorpionen.

Moly, die Zwiebel. XIV.
Moly *Asiaticum*, v. Harmala.
Moly *Cappadocicum*, v. Harmala.
Moly *Galatium*, v. Harmala.
Moly *Galeni*, v. Harmala.
Moly *Indicum*, Indianisch Moly, v. Moly. II.
Moly marinum, v. Juncus.
Moly montanum, v. Ruta maior.
Moly P. *Aeginetae*, v. Harmala.
Moly *Plinianum*, v. Phalangium.
Molybdena *Plin.* v. Armoracia.
Molybdena, Plumbago *Plinii*, Dentillaria Rondeletii, Herba St. Antonii, Crepanella Italis, Curcurida, Bleywurzel, Zahnkraut. V.

Dieses brennende und ätzende Kraut wächset in Illyria, und wird in Zahnschmerzen an den Puls gebunden, oder in der Hand gehalten. conf. Dentaria, Dentillaria.

Momordica, Balsamina cucumerina punicea, Pomum mirabile vel Hierosolymitanum, Balsamäpfel. IV.

Die Blätter und Früchte oder Aepfel sind kalt und trocken, dienen in Wunden und Schmerzen, vornemlich der güldenen Ader,

Ader, äußerlich curiren sie die verwundeten Nerven, Brüche und Brandschäden. Hiervon ist das Oel zu haben.

Monachi caput, v. Taraxacon.

Monbin, der Schweinpflaumenbaum in America, v. Prunus.

Monococcon, v. Zea.

Monococcon minus, v. Zea.

Monophyllon, v. Vnifolium, v. Hepatica alba.

Monorchis, Knabenkraut mit einer Wurzel, v. Perfoliata.

Monteroh.

Ist ein sehr klebrichtes Kraut in Madagascar, dessen Kraft erweichend ist, wie die Malva und Heilwurz.

Monotapium, v. Petroselinum montanum.

Monotropa, v. Orobranche.

Montia, Westindische Montia.

Morbin, eine Pflaume in Cuba, v. Prunus.

Morbus Tritici, v. Vstilago.

Morella, v. Mandragora *Theophr.*

Morina, Orientalische Morina, *Tournef.*

Moringa, Indianische Moringa.

Morion *Fuchs.* v. Mandragora *Theophr.*

Morocarpos maior, v. Morus.

Morochtus, v. Osteocolla.

Moroficus, v. Sycomorus.

Moroschka Russorum, v. Chamaemorus.

Morsus diaboli, v. Succisa.

Morsus diaboli albo flore, v. Succisa.

Morsus diaboli alter, flore candido, v. Succisa.

Morsus Gallinae, v. Alsine.

Morsus Gallinae folio hederulae, v. Alsine.

Morsus Gallinae genus primum, v. Alsine.

Morsus Gallinae maior, v. Alsine.

Morsus Gallinae minor, v. Alsine.

Morsus Gallinae quarta species, v. Alsine.

Morsus Gallinae tertia species, v. Alsine.

Morsus Mulierum, v. Chamaedrys vulgaris *Trag. et Offic.*

Morsus ranae, v. Nymphaea.

Morum, v. Morus.

Morum *Cels.* v. Morus.

Morum terrestre, v. Fraga.

Morus

Morus *Offic.* alba et nigra *Cord. J. B.* nigra vulgaris, *Park.* *regia* Morus celsa, fructu nigro, Maulbeerbaum, schwarzer und weisser Maulbeerbaum. VI.

Die Rinde und Wurzel sind warm und trocken, reinigen, halten an, öfnen die Leber, Milz, laxiren den Leib, und tödten die breiten Würme im Leibe. Die schwarzen und unreifen Früchte sind kalt im andern, und trocken im dritten Grad, ziehen gewaltig zusammen, und dienen deswegen in allen Bauchflüssen, Durchfall, der rothen Ruhr, starken Monatfluß, und Blutspeichel. Aeußerlich aber heilen sie die Entzündungen und Geschwäre des Mundes und der Kehle. Die reifen Früchte sind warm und kalt im ersten, und temperiret im dritten Grad. Wenn man sie zum Anfange der Speise genießet, so pflegen sie den Leib zu eröfnen, Durst zu stillen, Appetit zu erwecken, geben wenig Nahrung und faulen leicht. Die Blätter kan man entweder allein oder mit der Rinde abkochen, und in Zahnschmerzen anwenden. Aus denen unreifen Maulbeeren ist ein Wasser, auch einfacher und mit andern Dingen vermischter Saft zu haben.

Morus alba; v. Morus *Offic.*

Morus arbor fructu nigro, v. Morus *Offic.*

Morus candida, v. Morus *Offic.*

Morus celsa *Officinis*, v. Morus *Offic.*

Morus nigra, v. Morus *Offic.*

Morus rubra, v. Morus *Offic.*

Morus siue Rubus, v. Rubus vulgaris.

Morus siue Rubus Idaei, v. Rubus Idaeus.

Morus vulgaris, v. Morus *Offic.*

Mosanthos, v. Lychnis coronaria.

Moscata acus, v. Geranium.

Moschata, Muscata, Nux aromatica, Moschocarion, Moschocarydion, Nux myristica et myrista l. vnguentaria, Nucista, Muscatennuß. II.

Die innerliche zarte Rinde wird Macis, Muscatenblüte, die Folia aber oder Blätter hiervon werden Muscatenblumen genennet. Die Nuß ist warm und trocken im andern Grad. Das Männgen heißet Palmetbiri, das Weibgen ist kleiner, und die Königsnuß, (Nux Regia) am allerkleinesten. Sie kömmt aus der Insul Banda. Alle drey Sorten haben einen aromatischen Geschmack, dienen dem Haupt, Magen und der Mutter, zertheilen die Blähungen, befördern die Dauung, corri-

corrigiren den übelriechenden Odem, stärken die Frucht, hemmen Ohnmachten, und das Herzklopfen, verringern die Milz, curiren Durchfall, Erbrechen, die rothe Ruhr, Brennen und Schneiden des Urins, bösartige Fieber, Lähmung, das beschwerliche Hinterschlucken, die Erkältungen der Mutter und des Magens, lindern den Schmerz, treiben die Monatzeit, machen Ruhe, und nehmen den Kopf ein; denn wenn man die Muscaten allzustark pfleget zu gebrauchen, so machen sie dumm, daumlicht, und gleichsam trunken. Die Muscaten-blüten, Macis, wärmen und trocknen im dritten Grad. Sie verrichten eben das, was die Nüsse thun, sind aber penetranter und kräftiger, treiben Urin und Stein. Man hat von der Muscatennuß unterschiedene Präparata, nemlich die überzogenen und eingemachten Nüsse und Blumen, das mit der Nuß überzogene Wasser; das destillirte und ausgepreßte Oel vertreibet das Reißen im Leibe, unordentlichen Appetit, und Nierenbeschwerungen. Aeußerlich dienet es, Schlaf und Ruhe zu erwecken, ingleichen bey den Kindern das Bauchgrimmen und den Durchfall wegzunehmen. Ferner sind auch das gemeine Salz, das destillirte und ausgepreßte Oel aus denen Blüten, der Muscatenbalsam, das Magisterium und Extract, womit die Cörper einbalsamiret werden. Das mit Zucker vermengte Oel ist im Reißen und Schmerzen des Leibes, auch in der Colic ein bewährtes Remedium.

Moschata herba, v. Geranium odoratum.

Moschatellina, das Bisamkräutlein.

Moschocaridion, Moschocarydion, v. Moschata.

Moschocarion, v. Moschata.

Moxa, Lanugo Artemisiae Japonensis, Chinesischer Moxa.

Ist eine zarte und trockene Wolle, so durch Zerreibung eines Indianischen Krautes hervor kömmt. Dieses Kraut soll entweder unser Beyfuß seyn, oder ihm ziemlich gleich sehen. Man reibet hieraus eine Cylindrische oder oben breite und unten schmale Wiecke, und leget sie auf den schmerzhaften Theil, zündet sie in der Gicht und andern ihr verwandten Leibesbeschwerungen, in Schlagflüssen, dem bösen Wesen, Raserey, krampfmäßigen Engbrüstigkeit, Blähungen, Kröpfen, Schwulsten, der Schlafsucht, Lähmung, Zahnschmerzen, Unbeweglichkeit, u. d. g. an, und suchet hiervon gewisse Hilfe. v. Buschoff.

Dolaeum, Geilfus. Th. Bartholinum Act. Hafn. Er. Maur. Elsholz.
Mucilago, v. Lichen arboreus.
Mucka, v. Bistorta.
Mucor, v. Lichen arboreus.
Muku.
Ein Gewächse in Westindien, welches daselbst statt des Korkholzes gebraucht wird. v. Arum arborescens spinosum.
Multibibia, v. Calamintha.
Mundubi, das Mundubi aus Brasilien.
Muntingia, die Muntingia aus Jamaica. III.
Murallium, v. Parietaria.
Murina spina, v. Ruscum.
Muriola, v. Ammi.
Muriparum, v. Mercurialis.
Murrha, v. Hipposelinum.
Murtus, v. Myrtus.
Murucaia, Americanische Murucaja.
Murucaia, v. Flos passionis.
Musa arbor, v. Musa fructus.
Musa fructus *Matth. Lob. Tab.* Musa cum fructu *Jo. Bauh.* Palma humilis longissimisque foliis, der Pisang. II.
Ist eine Frucht eines Indianischen Baumes, so auch Musa heisset, soll in denen Fiebern, Brust- und Lungenbeschwerungen, Keichen und Husten zuträglich seyn.
Musa Serapionis, v. Musa fructus.
Muscari *Clus.* v. Bulbus Vomitorius.
Muscari flauo colore, v. Bulbus Vomitorius.
Muscari flauum, v. Bulbus Vomitorius.
Muscari luteo flore, v. Bulbus Vomitorius.
Muscari *Turcarum*, v. Bulbus Vomitorius.
Muscari *Turcarum* flore luteo, v. Bulbus Vomitorius.
Muscata, Muscate, v. Moschata.
Muschatella, Muschatellina, v. Fumaria.
Muscipula, v. Lychnis.
Muscipula, v. Sesamum, s. Sesamoides.
Muscipula altera flore muscoso, v. Sesamoides.
Muscipula flore muscoso, v. Lychnis.
Musculus, v. Mandragora.
Musculus montanus, v. Muscus.
Muscus, Bryon, Vsnea, Moos. XXIV.

Ist

Ist vielerley. Es wächset in dicken Wäldern, theils an denen Bäumen, und heisset Baummoos, theils auf der Erden, und wird Muscus terrestris genennet; noch eine Art wächset an denen Steinen, und heisset Muscus saxatilis.

Muscus alabastrites, v. Muscus fungosus.

Muscus aquaticus, v. Lens palustris.

Muscus arboreus, v. Muscus capillaris.

Muscus arboreus cum orbiculis. v. Muscus capillaris.

Muscus candidus coralloides squammatus, v. Muscus marinus.

Muscus capillaceus multifido folio albibus, v. Muscus marinus.

Muscus capillaris, arboreus, capillaceus, cinereus, Haaricht Baummoos, graues. IV.

Weil dieses Moos gleichsam als eine Haare an den Rinden der Bäume wächset, so heisset es Haarmoos, hält an, dienet in der gelben Sucht, im Erbrechen, Durchfall, der rothen Ruhr, und eine unzeitige Geburt zu verhindern. Aeusserlich aber kan man das Zahnfleisch hiermit befestigen, und den allzuheftigen Fluß der güldenen Ader stillen. Wenn es in Lauge gesotten, und das Haupt damit gewaschen wird, so befestiget es das Haar und machet es wachsend. Man pfleget aus diesem Moos den sogenannten Moospoudre zu verfertigen, welcher, seiner Güte wegen, dem kräftigsten Poudre vorzuziehen, aber nicht in solcher Menge und um so einen wohlfeilen Preis zu bekommen.

Muscus clavatus, Katzenleiterlein, v. Muscus terrestris.

Muscus clavatus folio cupressi, v. Cupressus herba.

Muscus corallinus, v. Corallina.

Muscus coralloides, v. Corallina.

Muscus coralloides squammulis loricatus, v. Corallina.

Muscus corniculatus, gehörnt Moos, v. Muscus.

Muscus cornutus montanus, v. Corallina.

Muscus cranii humani, s. Usnea, Hirnschedelmoos eines unbegrabenen Menschen. II.

Hält an, und wird zur Waffensalbe und zu des Helmontii Medicament, so vom Autore Lapis Butler genennet wird, gebrauchet. Es heilet die Wunden, hemmet allerhand Blutstürzungen, die rothe Ruhr und den Durchfall.

Muscus denticulatus, v. Muscus.

Muscus denticulatus maior, v. Muscus.

Muscus denticulatus minor, v. Muscus.
Muscus erectus, v. Muscus.
Muscus erectus racemosus pallidus, v. Muscus.
Muscus filicinus, Farrenmoos, v. Muscus.
Muscus filicinus maior, v. Muscus filicinus.
Muscus foeniculatus, v. Muscus arboreus.
Muscus fungosus pyxidatus, Muscus pyxidatus, pyxioides terrestris, Muscus alabastrites l. trochiscatus, Erdmoos mit kleinen Büchslein, Büchsenförmiger Erdmoos, Kelchmoos, Fieberkraut. II.
Wird in feuchten Wäldern, sonderlich bey alten Bäumen und verfauleten Stämmen, auch auf feuchten Hügeln, gefunden, und in Nachtfiebern gebrauchet.
Muscus hyacinthus, wohlriechender Traubenhyacinth, v. Bulbus Vomitorius.
Muscus marinus, v. Corallina.
Muscus marinus alter, v. Lactuca.
Muscus marinus candidus coralloides, v. Corallina.
Muscus marinus herbaceus mollior, v. Corallina.
Muscus marinus lactucae, v. Lactuca.
Muscus marinus virens latifolius, v. Lactuca.
Muscus marinus vulgatissimus, v. Corallina.
Muscus minor denticulatus, v. Muscus terrestris.
Muscus montanus, v. Muscus terrestris.
Muscus palustris, v. Lens palustris.
Muscus pulmonaris, v. Muscus capillaris.
Ist eine Art des Musci arborei, oder Baummooses.
Muscus quernus, v. Muscus arboreus.
Muscus quernus fruticosus, v. Muscus arboreus.
Muscus racemosus, v. Muscus arboreus.
Muscus racemosus floridus, v. Muscus arboreus.
Muscus repens, v. Muscus terrestris.
Muscus saxatilis, v. Lichen petraeus.
Muscus scoparius, v. Muscus erectus.
Muscus tegularis, Dachmoos, v. Muscus.
Muscus terrestris clauellatus, v. Lichen arboreus.
Muscus terrestris denticulatus alter, v. Muscus terrestris.
Muscus terrestris *Lusitanicus*, v. Muscus terrestris.
Muscus terrestris minor, v. Muscus terrestris.
Muscus terrestris repens, clauatus vel clauellatus, Lycopodium, Pes lupi, Plicaria, Pes leonis, Aurum horizontale vegetabile,

le, Spica Celtica quorundam, Pes vrsinus, Weinkraut, Bärlapp, St. Johannisgürtel, Gürtelkraut, Neunheil, Teufelsklau, Seilkraut, Neungleich, Truttenfus, Druttenfus, Drüdenkraut, Zigeunerkraut, Löwenfus, Wolfsklauen, Krähenfus, Harschaar, Läusekraut, Schukraut, Jungferkraut, Kölerkraut, Schlangenmoos, Katzenleiterlein, Sautannen. VII.

Hat einen irdischen, bitterichten, trockenen und adstringirenden Geschmack, ziehet den Speichel, kühlet, trocknet mäßig, hält an, treibet den Stein, ziehet die Wunden zusammen, und thut im Durchfall und Entzündungen gut. Die gelbe Blume und das Mehl sind kalt und trocken. Die Blume dienet wider den Stein, Durchfall und Weixelzopf; äußerlich aber wider Hexerey und Zauberwerk, und wird den schalen Wein zu verbessern eingehangen, auch die Zähne zu befestigen gebrauchet. Das Mehl aber, welches man im Julio und Augusto sammlet, giebt einen starken Knall von sich, wie das Donnergold; wenn es aufgestreuet wird, so ziehet es die Wunden zusammen, trocknet selbige aus, und kan in einem weichen Ey in Steinbeschwerungen und der Schwindsucht getrunken werden. Das Pulver oder Mehl thut man in ein Röhrgen und bläset es in die Flammen des Lichtes, da es dann alsobald anfänget zu blitzen, und dafern etwas von Mastix, Benzoin, u. d. g. darzu kömmet, pfleget es im ganzen Gemach einen angenehmen Geruch zu erwecken. Andere kochen dieses Mehl mit Wasser, und waschen in Weixelzöpfen den Kopf damit.

Muscus terrestris scoparius, v. Muscus erectus.

Muscus terrestris tertius, v. Cupressus herba.

Muscus terrestris vulgaris, v. Muscus terrestris.

Muscus *Theophr.* v. Lactuca.

Muscus trochisatus, v. Muscus fungosus.

Muscus vrsinus, v. Lichen arboreus.

Mustelae sanguis, v. Verbena.

Mustum, v. Vitis vinifera.

Mutellina *Heluetica*, v. Meum *Alpinum*.

Muyta.

Ein Kraut in Madagascar, welches am Wasser und an sumpfigten Orten wächset, die Negern bedienen sich desselben vor das Kopfweh. Flacour hält es vor den Cyperus Orientalis s. Indicus.

Muzaegranata, v. Granata.
Myacantha, *Aegin.* v. Aspargus petraeus.
Myacanthos *Theophr.* v. Eryngium.
My e, v. Sebesten.
Myagrium, v. Myagrum.
Myagrostis, v. Myosurus.
Myagrum, Dort, Dotter. VI.
Einige halten es pro Sesamo, weil der Some hiervon jenem ziemlich gleich siehet, viel Oel in sich führet, und deswegen auch pfleget gesäet zu werden. Es hat dieser Same einen lieblichen, süßen und angenehmen Geschmack, giebt gute Nahrung, und kömmt denen Hecticis überaus wohl zu statten. Er wächset auch unter dem Flachs.
Myagrum alterum Thlaspi effigie, v. Myagrum.
Myagrum *Lob.* v. Myagrum.
Myagrum satiuum, v. Myagrum.
Myagrum siliqua longa, v. Myagrum.
Myagrum silvestre, Pseudomyagrum alterum *Cam.* Paronychia 2. *Tab.* wilder kleiner Leindotter. II.
Myagrum tertium, v. Myagrum.
Myosota *Diosc. Matth.* v. Auricula muris.
Myosota hirsuta repens, v. Auricula muris, v. Heliotropium.
Myosota parua, v. Alsine.
Myosotis scorpioides partim repens, partim erecta, *Lob.* v. Auricula muris.
Myosura, v. Myosurus.
Myosurus, Mäuseschwänzlein.
Wächset in Feldern und an Wegen. Das Kraut kömmt mit der Plantagine überein.
Myotum, v. Auricula muris.
Myreptica, v. Tamariscus.
Myreptica circa *Monspelium*, v. Tamariscus.
Myreptica humilis, v. Tamariscus.
Myreptica prima, v. Tamariscus.
Myreptica s. Tamariscus *Gallica*, v. Tamariscus.
Myreptica siluestris, v. Tamariscus.
Myrica, v. Moschata, v. Tamariscus.
Myrica humilis, v. Erica.
Myriomorphum, v. Millefolium.
Myriophyllon, Wasserfänchel. XIII.

Wächset an sumpfichten Orten, und blühet im April. Das Kraut ist ein gut Wundkraut.

Myriophyllon, s. Myriophyllum, v. Millefolium.

Myriophyllon alterum, v. Millefolium.

Myriophyllon aquaticum flore albo, v. Millefolium.

Myriophyllon *Diosc.* v. Millefolium.

Myriophyllon s. Maratriphyllum palustre, v. Millefolium.

Myriophyllon species colliculis fluitantibus, v. Millefolium.

Myristica nux, v. Moschata.

Myrobalani Bellerici, Bellirici, Belletzici *Offic.* Myrobalana Belletzica, s. Bellesica, Bellerische Mirobalanen. V.

Myrobalani Bellirici, Bellirische Mirobalanen, v. Myrobalanus.

Myrobalani Bellirici *Apothecarum*, v. Myrobalani.

Myrobalani Bellirici recentiores, v. Myrobalani.

Myrobalani Bellirici siccae, v. Myrobalani.

Myrobalani Chebuli, Kebuli, Cebuli, *Offic.* große und schwarze Mirobalanen.

Myrobalani citrini s. lutei *Offic.* Myrobalanae flauae, citrinae, luteae *Tab.* gelbe Mirobalanen.

Myrobalani Emblici, Embelirici *Offic.* Emplicae *Tab.* Aschfarbene Mirobalanen.

Myrobalani flauae, v. Myrobalani.

Myrobalani *Indicae*, v. Myrobalani.

Myrobalani Kebuli, v. Myrobalani Chebuli.

Myrobalani lutei, v. Myrobalani.

Myrobalani maximi oblongi angulosi pituitam purgantes, v. Myrobalani.

Myrobalani nigri et *Indi*, Indianische oder schwarze Mirobalanen.

Die Myrobalanen sind Früchte eines Javanischen Baumes, so fast einem Oel oder Kirschbaume gleichet. Die Emblicae und Bellíricae führen den Schleim ab; die Chebulae erstlich den Schleim, hernach die Galle; die Indianischen purgiren die schwarze Galle; die Citrinae führen die gelbe Galle aus. Alle Arten der Myrobalanen laxiren gelinde, und ziehen hernach zusammen, und dienen deswegen im Durchfall, der Ruhr, Malo Hypochondriaco und Scorbut. Die gelben stärken die Eingeweide. Man findet aus denen Myrobalanen unterschiedene Präparata, als Pillen, Extract, Syrup.

Myrobalani nigri octangulares, v. Myrobalani nigri.

Myrobalani rotundi belliricae, v. Myrobalani Bellirici.
Myrobalani teretes citrinae bilem purgantes, v. Myrobalani citrini.
Myroballnon, v. Balanus Myrepsica.
Myrrha, Myrrhe, ein Gummi.
Ist ein harzigtes Gummi eines Arabischen Baumes. Die Troglodytica ist die beste, welche sonst Amminaea oder Minaea genennet wird. Der Myrrhensaft oder Stacte, (die fließende Myrrhe,) und die Myrrhe selbst fließet von freyen Stücken aus dem Baum. Sie zertheilet die Verstopfungen der Mutter, der Monatzeit, und befördert die Geburt, curiret den Husten, Engbrüstigkeit, bösartige Fieber, Schmerzen, resolviret das geronnene Geblüt, und schließet die Wunden. Aeusserlich brauchet man sie in der Rose und stinkenden Odem.
Myrrhida *Plin.* v. Geranium.
Myrrkida *Plin.* rostrum ciconiae, v. Geranium.
Myrrhina, v. Geranium odoratum.
Myrrhis, Myrrhenkerbel, v. Chaerefolium. III.
Wird in Gärten gezeuget. Er blühet im Junio, die Blätter kommen mit dem Chaerefolio ziemlich überein.
Myrrhis altera, v. Myrrhis.
Myrrhis altera parua, v. Myrrhis.
Myrrhis anisata, v. Myrrhis.
Myrrhis cicutaria, v. Myrrhis maior.
Myrrhis lappa, v. Caucalis.
Myrrhis maior, cicutaria odorata *Bauh.* Deutscher, großer oder Spanischer Kerbel. II.
Ist warm im andern, trocken im ersten Grad, schneidet ein, zertheilet den zähen Schleim auf der Brust, treibet den Stein, die Menses und curiret die bösartigen Fieber.
Myrrhis maior semine longo sulcato, v. Myrrhis.
Myrrhis minor, v. Myrrhis.
Myrrhis palustris latifolia alba, v. Myrrhis.
Myrrhis satiua minor, v. Myrrhis.
Myrsineum, v. Daucus.
Myrsinites, v. Tithymalus.
Myrsinites altera, v. Tithymalus.
Myrsinites angustioribus foliis, v. Tithymalus.
Myrtacantha, v. Ruscus.
Myrtidanum, v. Myrrhis angustifolia minor.
Myrtifolius, v. Rhus coriaria.

Myrtillus, Vitis idaea vel nigra, Vaccinia nigra, Heidelbeer, schwarze oder blaue Heidelbeer, Preusselbeer, Prausselbeer, rothe Steinbeer, Griffelbeer, Kräubeer, Staudelbeer, Roßbeer, Drumpelbeer, Krackbeer, schwarze Beer, Pickelbeer, schwarze Besinge, Kuhthecken. VI.

Die Beeren sind kalt im andern Grad, und trocken, stillen den Durst, curiren Fieber, Erbrechen, Durchfall und die rothe Ruhr.

Myrtillus grandis, v. Myrtillus.

Myrtocistus. *Clus.* v. Myrtus.

Myrtus, Myrthenbaum, welscher Heidelbeerbaum. XIV.

Ist kalt und temperiret im trocknen, (kalt im ersten und trocken im andern Grad,) hält an, dienet im Durchfall und Blutspeichel. Die Blätter verbessern den üblen Geruch unter den Achseln und der Schaam, treiben den Schweis gewaltig, und die Flüsse aus denen Gliedern. Sie defendiren vor dem Haarwurm, curiren Mundfäule, Nasenbluten, und die unförmliche dicke Geschwulst der Nase. Die Beeren dienen wider Entzündung der Augen, Contracturen, Beinbrüche, Vorfall der Mutter, des Mastdarmes, böse Köpfe, Schuppen u. d. g.

Myrtus acuta, v. Ruscus.

Myrtus angustifolia minor, kleiner Myrthenbaum. III.

Ziehet zusammen. Die Beeren sind kalt und trocken im ersten Grad, und machen überaus starke Verstopfungen. Hieraus wird der bekannte Myrtenwein verfertiget.

Myrtus Boeotica angustifolia, der Myrthenbaum mit Lorbeerblättern.

Ist eine Art fast wie unsere Myrthen, nur daß die Aeste sehr enge in einander stehen, träget eine längliche Frucht, so von einem langen Zweige herunter hänget, und eine weiße Blüte hat. Sie wird die Gärten zu zieren gebrauchet.

Myrtus Boeotica latifolia, der breitblätterige Spanische Myrthenbaum.

Wird vom Clusio Myrtus Mauritanica genennet, hat ziemlich dicke Aeste, und große Blätter, welche in doppelter Ordnung gar sparsam gefunden werden, und überaus wohl riechen. Dieser Myrtenbaum träget seine Früchte und Blätter, und wird die Zäune zu befestigen employret.

Myrtus *Brabantica*, v. Chamaeleagnos.

Myrtus *Italica*, der Italiänische Myrtenbaum.

Myrtus latifolia *Belgica*, v. Myrtus.

Soll unter allen Myrten der gröste seyn.

Myrtus latifolia *Belgica* altera, der gröste, oder Holländische Myrtenbaum.

Myrtus minor, v. Myrtus.

Myrtus minor vulgaris, v. Myrtus.

Myrtus *Romana*, der Römische Myrtenbaum. II.

Myrtus siluestris, *Diosc.* v. Ruscus.

Myrtus *Tarentina*, Myrtenbaum, Welsch oder frembder Heydelbeerbaum. II.

Wird also genennet von Tarent, einer Stadt in Apulien, wo er häufig wächset. Die Blätter kommen mit unsern Myrten ziemlich überein, sind aber weit grösser und stärker, die Früchte aber kleiner, so an ihrer äussersten Gegend viele Spitzen haben, und aus der schwarzen Farbe in purpurrothe fallen. In Italien und Frankreich wird dieser Baum auch gezeuget, selten aber in Deutschland, weil die Gegend des Erdbodens zu kalt ist.

Mysineum, v. Foeniculum.

Myxae, v. Sebesten.

Myxaria, v. Sebesten.

Myxos arbor, v. Sebesten.

Myxus alba, v. Sebesten.

Naba, v. Oenoplia.

Nabea folio Rhamni, vel Iuiubae, v. Oenoplia.

Nacarzcal, v. Datura.

Nampi, v. Acacia vera.

Nardilla, v. Valeriana maior.

Napaea, v. Oenoplia.

Napaea alba, v. Oenoplia.

Napeka, f. Ziziphus siluestris, v. Ziziphus.

Napellus, Aconitum coeruleum, Prasatella *Paracelf.* Cucullus Monachi, Vulparia, Vulpicida, blau Eisenhütlein, Teufelswurz, Narrenkappen, blaue Wolfswurz, Kappenblumen, Münchskappen, Fuchswurz, Würgling, Ziegentod. IX.

Ist ein giftig und schädlich Kraut.

Napellus arboreus, v. Napellus.

Napellus *Auincennae*, v. Anthora.

Napellus Ibn-Tsinae vulgo *Auincennae*, v. Anthora.

Napellus luteus, Aconitum luteum, Wolfswurzel. II.

Na-

Napellus maior angustifolius, v. Napellus.

Napellus maior latifolius, v. Napellus.

Napellus *Mosis*, v. Anthora.

Napellus primum genus, v. Napellus.

Napellus racemosus, v. Christophoriana.

Napellus reticulatus, *Caes.* v. Napellus.

Napellus verus coeruleus, v. Napellus.

Napha, v. Aurantia.

Naphtha, ein mineralisch Oel, das sich von selbst entzündet.

Napot, v. Naput.

Napum, v. Napus.

Napus, Βουνιάς, Rapum satiuum alterum et Napus veterum, Napus satiuus, Steckrüben, Stickelrüben, Napen. VI.

Der Samen ist warm im ersten, und trocken im andern Grad, reiniget, öfnet, digeriret, verdünnet, schneidet ein, dienet wider den Gift, giftige Fieber und Fleckfieber. Wenn man hieraus eine Milch machet, so treibet sie die Pocken und Masern aus, curiret die gelbe Sucht, den verstockten Urin, Lähmung, das Hüftenweh und die Colic. Das ausgepreßte Oel lindert die Schmerzen im Leibe der Kinder. Der Spiritus, so aus diesem Samen durch die Gährung entstanden, wird in lange anhaltenden Krankheiten, Scorbut, Melancholie und Milzbeschwerungen gebrauchet.

Napus aestiuus, v. Napus.

Napus siluestris s. hiemalis, v. Napus.

Naput, Napot, Narot.

Eine runde Wurzel, so in Norwegen wächset, hat rauhe Knötgen, ist inwendig porös oder löcherischt, der Farbe nach weisgelblicht, hat einen weder scharfen, noch unangenehmen Geschmack. Wenn man sie käuet, so schmecket sie zwar erstlich unangenehm, wie Rettich, hernach folget ein lieblicher Nachgeschmack, so der Angelicae gleichet. Der Geruch ist aromatisch. Die Wurzel ist warm und trocken im andern Grad, curiret die Colic und den Scorbut. Th. Bartholin. in Act. Hafn.

Narcaphtum, Narcaphton, ein wohlriechend Gewürz zum Räuchern wider Mutterbeschwerungen.

Narcisso-Leucoium, v. Leucoium bulbosum.

Narcisso-Lilium luteum, v. Tulipa *Offic.*

Narcissus, Narcissenröslein. XCIX.

Die Wurzel brauchet man in Brandschäden, Podagra und Entzündung der Augen.

Narcissus *Africanus*, s. exoticus bifolius, *Lob.* v. Narcissus.
Hat zwey Blätter, so fast wie zwey Hände breit seyn, und vier Hände breit lang, sie sind grün und weich.

Narcissus *Africanus* folio rotundiore, v. Narcissus.
Kömmt mit der andern überein, und soll im Vorgebürge guter Hofnung wachsen.

Narcissus *Africanus* praecox, v. Narcissus juncifolius flore luteo.

Narcissus albidus medio luteus, v. Narcissus albus medio luteus.

Narcissus albus autumnalis minor, v. Narcissus autumnalis minor.

Narcissus albus circulo croceo minor, v. Narcissus medio croceus.

Narcissus albus circulo croceo polyanthos, v. Narcissus medio croceus.

Narcissus albus circulo purpureo, v. Narcissus albus medio purpureus.

Narcissus albus maior, v. Narcissus flore singulari albo pleno.

Narcissus albus magno flore circulo pallido, v. Narcissus luteus, s. pallidus.

Narcissus albus medio luteus *Pisanus* plures ferens flores, weisgelblichte Narcisse. V.
Hat breite und sehr schöne Blätter, soll zuerst aus Constantinopel gekommen seyn.

Narcissus albus polyanthos, v. Narcissus albus medio luteus.

Narcissus amplo flore, corona aurea, *Clus.* große Narcisse. IV.
Hat einen annehmlichen Geruch.

Narcissus aquaticus, v. Leucoium bulbosum.

Narcissus autumnalis minimus, v. Narcissus autumnalis minor.

Narcissus autumnalis minor cum calice flauo, *Clus.* kleine Herbstnarcisse. III.
Wächset in Spanien.

Narcissus autumnalis quorundam, v. Colchicum luteum.

Narcissus calice praelongo anguloso, v. Narcissus luteus siluestris.

Narcissus *Chalcedonicus* et multiplex, v. Narcissus albus medio luteus.

Nar-

Narcissus circulo rubeo, v. Narcissus albus medio purpureus.
Narcissus *Constantinopolitanus*, v. Narcissus *Orientalis*.
Narcissus *Constantinopolitanus*, v. Narcissus albus medio luteus.
Narcissus cum pluribus floribus plenis, Coralla lutea, gelbe Tazette. IV.
Wächset um Constantinopel. Camerarius nennet ihn Narcissum exoticum Constantinopolitanum.
Narcissus cum pluribus floribus totus albus, *Clus.* weiße Tazette. II.
Hat drey oder vier Blätter, und zuweilen Blumen, riechet sehr wohl.
Narcissus ex luteo pallidus flore pleno, v. Narcissus luteus vel pallidus.
Narcissus exoticus *Constantinopolitanus Cam.* v. Narcissus cum pluribus floribus plenis.
Narcissus flore coeruleo, *Clus.* v. Narcissus vernus praecocior.
Narcissus flore multiplici, v. Narcissus albus medio luteus.
Narcissus flore singulari albo pleno, v. Narcissus.
Wächset auf Bergen in Frankreichs Narbonna, und riechet sehr lieblich.
Narcissus *Illyricus*, liliaceus, v. Narcissus albus medio luteus.
Narcissus Juncifolius albus, v. Narcissus.
Ist eine fremde Art.
Narcissus juncifolius croceus, die Jonquille.
Narcissus Juncifolius flore luteo, *Clus.* die gelbblümigte Jonquille. IV.
Bringet drey, vier bis fünf Blumen hervor.
Narcissus juncifolius flore rotundo roseo, *C. Bauh.* v. Narcissus juncifolius flore luteo.
Narcissus juncifolius latifolius, v. Narcissus juncifolius planus amplo calice.
Narcissus juncifolius maior, v. Narcissus juncifolius planus amplo calice.
Narcissus juncifolius planus amplo calice. II.
Ist auch eine fremde Art.
Narcissus juncifolius praecox, v. Narcissus juncifolius planus amplo calice.
Narcissus juncifolius prior, v. Narcissus juncifolius planus amplo calice.

Nar-

Narcissus juncifolius serotinus, v. Narcissus juncifolius planus amplo calice.

Narcissus latifolius albus medio luteus, v. Narcissus albus medio luteus.

Narcissus latifolius septimus, v. Narcissus juncifolius flore luteo.

Narcissus luteus, v. Narcissus luteus siluestris.

Narcissus luteus juncifolius, v. Narcissus juncifolius flore luteo, *Clus.*

Narcissus luteus multiplex calice carens, *C. Bauh.* v. Narcissus juncifolius croceus.

Narcissus luteus siluestris, gelber Ysopsstock, gelbe Hornungsblume. XIV.

Wird niemals in der Medicin gebrauchet.

Narcissus luteus vel pallidus, foliis angustis *Thracicus*, gelbe Narcissen. IX.

Wird Thracicus genennet, weil er aus Thracien kömmet, und ist dem Narcisso albo ziemlich gleich.

Narcissus maior, v. Leucoium bulbosum.

Narcissus maior flore multiplici, v. Narcissus albus medio luteus.

Narcissus *Matthioli*, v. Leucoium bulbosum maius, v. Narcissus.

Narcissus *Matthioli* nonus, v. Narcissus.

Narcissus marinus, v. Scilla.

Narcissus martius, v. Leucoium bulbosum.

Narcissus medio croceus. IV.

Bringet im May zwey oder vier Blumen von einem Stamm, welcher sechs, sieben bis neun Stengel hat. Es soll dieses Kraut in Engelland von sich selbst wachsen und herkommen.

Narcissus medio croceus tenuifolius, *Lob.* II.

Ist ein gut Wundkraut. Man kan es mit Honig zerstampfen, und auf Brandschäden, ingleichen auf verstauchte und verrenkte Glieder legen.

Narcissus medio luteus copioso flore odore graui, v. Narcissus albus medio luteus.

Narcissus medio luteus *Pisanus*, plures ferens flores. VII.

Hat breite und überaus schöne Blätter und Blumen.

Narcissus medio luteus polyanthos, v. Narcissus albus medio luteus.

Narcissus medio luteus septimus, v. Leucoium bulbosum.

Narcissus

Narcissus medio purpureus flore purpureo, v. Narcissus. II.
Ist ebenfals bekannt.

Narcissus medio purpureus flore simplici, v. Narcissus. II.
Ist gar bekannt.

Narcissus medio purpureus praecox, v. Narcissus medio purpureus.

Narcissus minore flore, Corona tota lutea, *Clus.* V.
Riechet gar lieblich.

Narcissus minor serotinus medio croceus, v. Narcissus medio croceus.

Narcissus multiplex flore, v. Narcissus medio luteus.

Narcissus multiplici flore, v. Narcissus luteus vel pallidus.

Narcissus niueus serotinus, v. Narcissus medio croceus.

Narcissus *Orientalis*, Orientalische Narcisse. XVII.

Narcissus pallidus, v. Narcissus luteus vel pallidus.

Narcissus pallidus circulo luteo, v. Narcissus medio luteus.

Narcissus paruus, v. Narcissus autumnalis minor.

Narcissus *Persicus* croci flore melino, Colchidi affinis, *Clus.* II.
Soll um Constantinopel wachsen.

Narcissus Poeticus, v. Narcissus albus purpureus.

Narcissus Polyanthos, *Matth.* v. Narcissus.

Narcissus prior, v. Narcissus juncifolius flore luteo.

Narcissus purpureus, v. Narcissus medio purpureus flore purpureo.

Narcissus roseo maior, v. Narcissus juncifolius flore luteo.

Narcissus roseo minor, v. Narcissus juncifolius flore luteo.

Narcissus septimus *Matth.* v. Leucoium bulbosum vulgare.

Narcissus serotinus albus, v. Narcissus albus medio croceus.

Narcissus siluestris multiplex, v. Narcissus luteus siluestris.

Narcissus siluestris multiplex calice carens, v. Narcissus juncifolius croceus.

Narcissus siluestris pallidus calice luteo, v. Narcissus autumnalis minor.

Narcissus *Thracicus*, v. Narcissus luteus.

Narcissus totus albus, v. Narcissus medio croceus.

Narcissus totus albus maior, v. Narcissus.

Narcissus totus albus minor, v. Narcissus.

Narcissus totus luteus montanus, v. Narcissus luteus siluestris.

Narcissus vernus praecocior flauo flore, Narcissus flore coeruleo, *Clus.* III.

Soll in Spanien wachsen.

Nardi *Celticae* species, v. Saponaria.

Nardi *Gallicae* species, v. Saponaria.

Nardo *Celticae* similis surculus, v. Spica *Celtica.*

Nardus, v. Arnica.

Nardus adulterina, *Tab.* v. Nardus Gigantis spuria *Narbonae*, *Lob.*

Nardus agrestis, v. Valeriana.

Nardus *Bohemica*, v. Nigella *Offic.*

Nardus *Celtica*, v. Spica *Celtica.*

Nardus *Celtica* altera, v. Arnica, v. Damasonium.

Nardus *Celtica* repens, v. Nardus montana.

Nardus *Cretica*, v. Valeriana.

Nardus falsa, v. Nardus Gigantis.

Nardus *Germanica*, v. Lauendula, v. Spica *Celtica.*

Nardus Gigantis, spuria *Narbonae*, falscher oder Narbonischer Nardus. X.

Nardus *Indica*, v. Spica *Indica.*

Nardus *Italica*, v. Spica *Celtica*, v. Lauendula.

Nardus montana, Bergspinarde. XII.

Wächset auf dem Neapolitanischen Gebürge. Man brauchet die Wurzel und Blätter, so eben die Kraft haben, wie Nardus Celtica.

Nardus *Narbonensis* adulterina, v. Nardus Gigantis spuria.

Nardus rustica, v. Asarum.

Nardus siluestris, v. Valeriana.

Nardus spuria *Narbonensis*, v. Nardus Gigantis spuria.

Nardus vulgo dicta, v. Spica *Celtica*, v. Lauendula.

Narot, v. Naput.

Narthecia, v. Narthex.

Narthex ferula galbanifera, Ferulago *Dod.* latiore folio *C. Bauh.* Ferulago Narthetica, Syriaca, Galbankraut, Syrisch Ferulkraut. VII.

Ist eine ausländische Staude, woraus das Gummi Galbani fließet. Sie wächset in Syrien, und das Gummi dienet vornemlich wider verstockte Monatzeit, Engbrüstigkeit, Husten und alte Geschwäre, befördert die Geburt, ist warm und trocken im andern Grad, erweichet, zertheilet, ziehet Splitter und Gift aus. Man brauchet es äußerlich in Mutterbeschwerungen,

gen, Schwindel, Flecken, Bläsgen, es treibet den Urin, und reiniget. Das Oel zeitiget die einfachen und pestilentialischen Geschwäre, wird mit Terpentin in der Retorte destilliret, wider die Colic und drauf erfolgte Starrheit der Glieder und anderer Contracturen, Schwachheit der Nerven, Mutterbeschwerungen und dergleichen gebrauchet. Man kan auch aus diesem gelben Kraute unterschiedene Präparata, als die Essenz, so in allerhand Zufällen der Mutter gut thut, den Spiritum, das Galbanaeum Paracelsi et Zvvelf. und das Emplastrum de Galbano Mynsichti bekommen. v. Galbanum.

Nastos *Clus.* v. Arundo.

Nasturtiaria, v. Nasturtium aquaticum.

Nasturtiodes, v. Nasturtium silvestre.

Nasturtiolum, v. Cardamine.

Nasturtium, Kresse, Kerse. XVI.

Nasturtium, v. Cardamine.

Nasturtium album, v. Armoracia.

Nasturtium *Alpinum* Bellidis folio minus, v. Cardamine.

Nasturtium *Alpinum* tenuissime diuisum, v. Cardamine.

Nasturtium *Alpinum* trifolium, *C. Bauh.* v. Cardamine.

Nasturtium aquaticum *Offic.* καρδαμίνη, Cresso, Lauer odoraratum, Sisymbrium, Cardamine aquaticum primum, Sion, Sium *Crateuae* vel maius, Nasturtium aquaticum supinum *C. Bauh.* aquaticum vulgare, aquaticum spurium, Pseudonasturtium supinum aquaticum flore albo *Volckamer.* Flor. Nor. Nasturtium fontanum, Nasturtiaria, Wasserkresse, Brunnkresse. III.

Das Kraut und die Blumen sind warm und trocken im andern Grad, (trocken im dritten Grad) verdünnen, eröfnen, treiben Stein und Sand, zertheilen die Verstopfungen der Milz, Leber und Monatzeit, sind ein sonderliches Remedium im Scorbut. Der Samen von der Brunn- und Gartenkresse aber ist in Brüchen und Pocken zu brauchen. Aeußerlich stampfet man diese Kresse, und leget sie als ein Pflaster in Entzündungen auf. Der Succus inspissatus oder dick angeschossene Saft kan mit Eßig in die Nase gestrichen, wider allzulanges Wachsen und heßliche Schwulst der Nase, so Polypus genennet wird, verordnet werden. Man hat hiervon das abgezogene Wasser und den Spiritum.

Nasturtium aquaticum spurium, v. Nasturtium aquaticum *Offic.*

Nasturtium aquaticum supinum, *C. Bauh.* v. Nasturtium aquaticum *Offic.*

Nasturtium aquaticum vulgare, v. Nasturtium aquaticum *Offic.*

Nasturtium *Babylonicum*, v. Arabis s. Draba, *Lon. Matth. Lob.*

Nasturtium Crispum, v. Nasturtium.

Nasturtium *Hispanicum*, v. Nasturtium.

Nasturtium hortense, *κάρδαμον*, *λάρδαμον*, Gartenkresse, Kars. V.

Der Samen und Kraut sind warm und trocken im vierten Grad, (die grüne ist gelinder) verdünnet, eröfnet, reiniget, dienet in geschwollener Milz, treibet die Menses und todte Frucht, zertheilet den zähen Schleim auf der Lunge, curiret den Scorbut. Wenn diese Kresse gekochet, oder mit Eßig eingemacht, und statt des Salats gegessen wird, so dienet sie wider die Schlafsucht. Forestus recommendiret diese Kresse in Wein wider verstockte Milch, Weickart aber brauchet sie zum purgiren. Aeußerlich dienet sie den Schleim des Hauptes abzuführen, in Niesepulvern, Röthe in der Haut zu erwecken, auch die Schuppen und Grind im Haupte wegzunehmen.

Nasturtium hortense latifolium, v. Nasturtium hortense.

Nasturtium hortense vulgatissimum, v. Nasturtium hortense.

Nasturtium hybernum, Sisymbrium Erucae folio, flore luteo, Winterkresse, St. Barbenkraut. X.

Wächset auf den Mauern, Aeckern und Bächen, blühet im May und Junio. Ist warm und scharf, treibet den Urin, und passiret vor ein gutes Mittel wider den Scorbut, und alle daher entstehende Krankheiten, und kömmt in vielen Stücken der Brunnkresse gleich.

Nasturtium *Indicum*, Indianische Kresse. V.

Kan ebenfals mit gutem Vortheil im Scorbut gebrauchet werden.

Nasturtium montanum, Bergkresse. V.

Nasturtium Myriophyllon, v. Sophia Chirurgorum, v. Ros solis.

Nasturtium *Orientale*, v. Arabis, s. Draba *Lon. Matth. Lob.*

Nasturtium palustre, v. Barbarea *Dod.*

Nasturtium petraeum foliis bursae pastoris, v. Nasturtium.

Nasturtium pratense, flos cuculi, sive Nasturtium pratense magno

magno flore, Wiesenkresse, Gauchblume, Guckucksblume. XIII.

Kömmt mit denen andern Nasturtiis überein.

Nasturtium pratense folio rotundiore, flore maiore, v. Cardamine.

Nasturtium pratense magno flore, v. Cardamine.

Nasturtium quartum, v. Thlaspi.

Nasturtium quintum, v. Thlaspi.

Nasturtium siluestre, v. Iberis, v. Sophia Chirurgorum.

Nasturtium siluestre, v. Cardamine, v. Thlaspi.

Nasturtium siluestre Osyridis folio, v. Thlaspi.

Nasturtium siluestre tenuissime diuisum, v. Sophia Chirurgorum.

Nasturtium tertium, v. Cardamine.

Nasturtium verrucarium, v. Coronopus.

Nasturtium verrucatum, v. Ambrosia I. *Matth.*

Natrix herbariorum, v. Ononis.

Natrix *Plinii*, v. Fraxinella.

Nautea, ein Kraut mit schwarzen Beeren, denen Gerbern dienlich.

Naxiae amygdalae, v. Amygdalae.

Nectarium, v. Helenium vulgare.

Negundo, ein Indianischer Baum.

Nemorosa, Waldhähnlein, v. Anemone quinta.

Nenuphar, v. Calamintha, v. Nymphaea alba.

Nenuphar album, v. Nymphaea alba.

Nenuphar luteum, v. Nymphaea lutea.

Nenuphar *Officinarum*, v. Nymphaea lutea.

Neottia, v. Orchis.

Nepa *Theophrasti*, v. Genista spinosa.

Nepentes, v. Helenium vulgare.

Nepeta, v. Calamintha.

Nepeta, Mentha felina, Cattaria, Herba gattaria, Calamintha montana, Nepeta vulgaris *Trag.* maior *Park.* Mentha Cattaria *Lob.* Vulgaris et maior *C. Bauh.* felina *Tab.* Herba Gattaria *Matth.* Herba felis, Herba Cati, Katzenkraut, Katzennept, Katzenmünze, Katzensterz, Bergmünze, Steinmünze, Borussis, Steinnessel. VIII.

Das Kraut ist warm und trocken im dritten Grad, verdünnet, eröfnet, dienet wider allerhand Beschwerungen der Mutter, Verstopfungen, Unfruchtbarkeit, zähen Schleim auf der

Brust, und treibet die todte Frucht ab. Aeußerlich braucht man es in Bädern vor die Mutter, wird aber wegen seines starken Geruchs selten verordnet.

Nepeta agrestis, v. Nepeta.

Nepeta altera, v. Saluia agrestis.

Nepeta fruticosa, v. Nepeta.

Nepeta *Germanica*, v. Nepeta.

Nepeta maior *Riuini*, v. Nepeta.

Nepeta minor, v. Nepeta.

Nepeta montana, v. Calamintha.

Nepeta peregrina, v. Nepeta.

Nepeta quarta, v. Calamintha aruensis.

Nepeta tertia *Trag.* v. Balsamina agrestis, v. Calamintha.

Nepeta vulgaris, v. Nepeta.

Nephriticum lignum, Griesholz aus America.

Ist ein Holz, so aus der neuen Welt gebracht wird, und einem Birnbaum gleichet. Wenn man Wasser drauf gießet, so giebt es dem Wasser eine blaue Farbe. Es kömmet aus Neuspanien und Brasilien. Man findet weis und schwarzes Griesholz. Der Geschmack hiervon ist süslich. Es wärmet und trocknet im ersten Grad, dringet durch, verdünnet, dienet wider die Wassersucht, treibet den Stein, heilet Entzündungen der Nieren, curiret allerhand Gebrechen der Nieren und des Urins, ingleichen Verstopfungen der Leber und Milz. Man kan auch dieses Holz in Wein und Wasser weichen.

Nephrium, v. Pastinaca siluestris.

Nerantia poma, v. Aurantia.

Nerio similis arbor, v. Nerium.

Nerita, eine Meerbohne, v. Faba marina.

Nerium, Rhododaphne, Rhododendron, Oleandrum vulgo, Oleander. VII.

Dienet dem Menschen wider Schlangenbiß, und ist dem Vieh ein Gift. Mit dem Saft hieraus pflegen die Spanier ihre Pfeile zu vergiften, damit sie tödtlich verwunden mögen. Der Ibn-Tsina will hiermit Krätze und Rauhigkeit der Haut curiren.

Nerium flore albo, v. Nerium.

Nerium flore rubescente, v. Nerium.

Nerium flore rubro, v. Nerium.

Neroli lignum, v. Lignum de Neroli.

Nickel, v. Nigellastrum.

Nicotiana, Tabacum, Tubacum, Petum, Herba S. Crucis, Herba

regi-

reginae, Herba Matris, Herba Catharinae, Herba Medicea, Sana sancta, Torna bona, Hyosciamus Peruuianus, Hyosciamus niger, Hyosciamus luteus, Petume, Pycielt, Symphitum, Indicum, Indianische Beinwelle oder Wundkraut, heilig Wundkraut, Toback, Peruanisch Wundkraut, Heil aller Welt, das heilsame Kraut, das Kraut des heiligen Kreutzes. IX.

Das frische Kraut und der Samen sind warm im ersten und trocken im andern Grad, sonst kalt. Sie reinigen, dringen durch, zertheilen, halten ein wenig an, verbessern die Fäulnis, machen Niesen, ziehen den Schleim aus dem Haupt, stillen Schmerzen, heilen Wunden, machen Brechen, trocknen die Flüsse, heben Engbrüstigkeit und kurzen Athem, nehmen die Mattigkeit nach hart ausgestandener Arbeit weg, dienen wider Mutterbeschwerungen, Pest, (zum Räuchern) Zahnschmerzen, Schwulst des Gaumens (in Gurgelwassern) den Haarwurm, Läusesucht, Grind, Schuppen, Schaben, Wunden und alte Schäden, heilen, reinigen, löschen den Brand. Wenn man den Toback kauet, so folget Brechen, wodurch die Wassersucht gehoben wird. Es muß aber behutsam damit umgegangen werden. Er schadet jungen und gallichten Leuten, vertreibet das Bettharn. Aeußerlich curiret dieses Kraut die Krätze, stinkende Geschwäre und Schwulsten, ingleichen das Geschwär auf der Brust, Seitenstechen, Zahnbeschwerungen und Scorbut. Man hat hiervon das aus denen Blättern destillirte Wasser und den Syrup, so in Fiebern, Engbrüstigkeit und den zähen Schleim von der Lunge abzuführen, gut thut, wie denn das destillirte Oel, infusum, Salz und der Balsam auch nicht zu verachten. Unter allen Sorten sind der sogenannte Virginer, Cartus und der Cartuß-Toback der beste, diejenigen Sorten, welche in Teutschland gebauet werden, verdienen wegen ihrer Crudität und Gestanks kein Lob.

Nicotiana maior, v. Nicotiana.

Nicotiana maior angustifolia, v. Nicotiana.

Nicotiana maior latifolia, v. Nicotiana.

Nicotiana minor, v. Hyosciamus luteus et niger.

Nidus auis, v. Pastinaca siluestris.

Nigella *Offic.* μελάνθιον, Melanthium, Cuminum nigrum, Nigella hortensis *Trag.* Romana odora *Lob.* Romana satiua *Park.* flore minore simplici candido *C. Bauh.* Melalanthium satiuum *Matth.* Calice et flore minore, semine nigro et luteo *Jo. Bauh.* Melanspermum, schwarzer Coriander oder Kümmich, Schwarzkümmel, Römischer Coriander, Nardenkraut, Nonnenneglein, St. Catharinenkraut, Nardensamen, Böhmischer Nardus, Schabab. XI.

er Samen ist warm und trocken im dritten Grad, verdünnet, eröffnet, führet den zähen Schleim von der Brust, vermehret die Milch, treibet den Urin, die Menses, dienet wider den Biß giftiger Thiere, das viertägige und alltägige Fieber. Aeußerlich brauchet man diesen Samen in starken Kopfschmerzen, Schwindel, Zittern der Glieder, und Blutspeyen. Es trocknet die Flüsse. Die Wurzel heilet die güldene Ader. Der unpräparirte Samen und das destillirte Wasser, Oel und Infusum aus dem Samen ersetzen den verlohrnen Geruch; das ausgepreßte Oel befördert die Geburt.

Nigella altera, v. Nigella *Offic.*

Nigella angustifolia flore maiore simplici coeruleo, v. Nigella *Offic.*

Nigella aruensis cornuta, v. Nigellastrum.

Nigella citrina, v. Nigella *Offic.*

Nigella citrina multiflora, v. Nigella *Offic.*

Nigella cornuta, v. Nigella *Offic.*

Nigella *Damascena*, v. Nigella *Offic.*

Nigella flore albo multiplici, v. Nigella *Offic.*

Nigella flore candido, v. Nigella *Offic.*

Nigella flore maiore pleno coeruleo, v. Nigella *Offic.*

Nigella flore minore pleno et albo, v. Nigella *Offic.*

Nigella flore minore simplici candido, *C. Bauh.* v. Nigella *Offic.*

Nigella flore pleno, v. Nigella *Offic.*

Nigella hortensis *Trag.*, v. Nigella *Offic.*

Nigella Melanthium *Damascenum*, v. Nigella *Offic.*

Nigella *Orientalis*, v. Nigella.

Nigella peregrina flore multiplici, v. Nigella *Offic.*

Nigella *Romana* odorata, *Lob.* v. Nigella *Offic.*

Nigella *Romana* satiua *Park.* v. Nigella *Offic.*

Nigella satiua, v. Nigella *Offic.*

Nigella segetalis, s. aruensis, v. Nigella *Offic.*

Nigella segetalis altera, v. Nigella *Offic.*

Nigella siluestris, v. Nigellastrum.

Nigella vulgo, v. Nigella.

Nigellastrum, Lychnis Segetum maior, Pseudomelanthium, Githago *Trag.* Lolium *Fuchs.* Lychnis aruensis, Nigella aruensis cornuta vel siluestris, Cuminum siluestre alterum *Fuchs.* Melanthium agreste, Lychnoides segetum, Raden, Kornnägelblumen, Nägleinrosen, Kornnäglein, wild Marienrosen, Nichel. II.

Man pfleget die Wurzel im allzustarken Verbluten unter die Zunge zu legen.

Nil, v. Indigo.

Nil *Arabum*, *Eyst.* v. Campana coerulea.

Nilleum, v. Ranunculus.

Nilofar, v. Nymphaea alba.

Nimbo, v. Olea Nimbo dicta.

Ninsin, Ninsing, v. Ninzin.

Ninufar, v. Nymphaea alba.

Ninzin vel Nisi, Ginseng, Ninsing, Jensing, Ninsin, Gensing, Radix Gensingh, Zingin, Ginszeng, Ginsem, Jinzem, Som, Japonische Kraftwurz. II.

Ist eine Japonische und Chinesische Pflanze, so Ginsing genennet wird, dessen Wurzel sehr hoch zu stehen kömmt. Sie ist gelb, länglich, eines kleinen Fingers dick, und zuweilen in zwey, öfters auch in mehr Theile gespalten, unten am Ende fasicht, gelblicht, würzhaft, etwas süssäuerlich, und eines angenehmen und lieblichen Geschmacks, wird in lange anhaltenden und zweifelhaften Krankheiten, als Ziehung der Glieder, Krampf, der Colica, Ohnmachten, schwachen Gedächtnis, Schwindel, Schwachheit des Magens u. d. g. über alle maßen gerühmet. Man hat hiervon ein Infusum, Pulver und Lattwerge. Die Wurzel stärket unsere Lebensgeister ganz ungemein, und wird deswegen gleichsam halbsterbenden verordnet. Sie soll auch die fleischlichen Begierden erregen.

Nissolia, Nissolia, Carmesinfarbene Graswicke. III.

Nisyris, v. Branca vrsina.

Nizin, v. Ninzin.

Nobilis Chamaepytis, v. Abrotanum.

Nola culinaria, v. Pulsatilla.

Nola siluestris, v. Digitalis.

Noli me tangere, v. Impatiens.

Nopal.

Eine Peruvianische Pflanze, worauf die Scharlachwürmer wachsen, woraus die Cochenille bereitet wird. Die Blätter der Pflanze haben einige Aehnlichkeit mit dem Indianischen Feigenbaum.

Nozilicha maior, v. Crocus verus.

Nozilicha minor, v. Crocus verus.

Nubaea, v. Oenoplia.

Nucamentum, das Kätzlein an denen Nußbäumen.

Nuci *Indicae* affinis fructu, v. Arecca, v. Catechu.

Nucista, v. Moschata.

Nucleus Acini, Weinbeerkern, v. Vitis.

Nucleus Allii, Knoblauchszehe, v. Allium.

Nucleus Amygdali, Mandelkern, v. Amygdalum.

Nucleus Cerasorum, Kirschkern, v. Cerasus.

Nucleus Dactylorum, Dattelkern, v. Dactylus.

Nucleus Persicorum, Pfirschkern, v. Persica malus.

Nucleus Sebestarum, v. Sebesten.

Nucula *Indica*, v. Moschata.

Nucula terrestris septentrionalium, v. Bulbocastanum.

Numerdum, v. Zea.

Nummularia maior flore luteo, *Moris.* v. Nummularia *Offic.*

Nummularia maior lutea, *C. Bauh.* v. Nummularia *Offic.*

Nummularia mas, v. Anagallis. II.

Nummularia minor, v. Nummularia *Offic.*

Nummularia *Offic.* Centummorbia, Hirundinaria, Serpentaria, Nummularia vulgaris *Park.* maior lutea *C. Bauh.* maior flore luteo *Moris.* Lysimachia humifusa folio rotundiore *Tournef.* Serpentaria minor, Lunaria minor, Egelkraut, Schlangenkraut, klein Natterkraut, Pfennigkraut, Egelpfennig, klein Mondkraut, Kreisendwundkraut, Wasserpolen, Wiesengeld. III.

Das Kraut ist kalt im ersten, und trocken im dritten Grad, hält gelinde an, dienet in Geschwär der Lungen, zerborstenen Adern, trocknen Husten der Kinder, wider allerhand Flüsse, Durchfall, rothe Ruhr, Blutspeichel, Scorbut und Brüche. Hiervon hat man ein destillirtes Wasser. Der Saft von der Nummularia pfleget mit kleinen Gänseblümgensaft, Habergrützsuppe und ein wenig Honig vermenget, und hiervon täglich zweymal zwey Löffel voll eingegeben zu werden, und soll ein unvergleichliches Mittel in der Schwindsucht seyn.

Nummularia sylvatica, v. Anagallis. III.

Nummu-

Nummularia vulgaris, *Park.* v. Nummularia *Offic.*

Nux amygdala, v. Amygdalum.

Nux aquatica, v. Tribulus aquaticus.

Nux aromatica, v. Moschata.

Nux Been, v. Balanus myrepsica.

Nux caballina, v. Nux Juglans.

Nux caria, v. Nux Juglans.

Nux catharctica, v. Ricinus *Americanus.*

Nux cocos, v. Cocos.

Nux cupressi, v. Cupressus.

Nux equina, v. Nux Juglans.

Nux *Graeca,* v. Amygdalum.

Nux *Heracleotica,* v. Corylus.

Nux *Indica,* v. Moschata.

Nux *Indica* Grandis, v. Moschata.

Nux juglans *Offic.* vulgaris *Park.* Nux Cariae, Nux Persica *Theophr.* Nuß, Welsche Nuß, Wallnuß, Baumnuß, v. D. Hufers kleine Hausapotheck zu Kempten in duod. gedruckt, Tab. 46. pag. 154. seqq. X.

Es werden bey uns dreyerley Geschlechter der welschen Nüsse gefunden, als 1) Nuces caballinae, equinae, maximae, die grossen Roßnüsse, Schaafnüsse, sind fast einer kleinen Faust groß, sehr ungesund, und wachsen mehr in die Schaalen, als Kerne, 2) die andern sind mittelmäßig, und werden ordinär welsche Nüsse, gemeine Nüsse, item Wallnüsse, Lat. Nuces vulgares, Mediocres genennet, zu welchen auch die dünnschälichte und gesundeste Art, Nux Mollusca, gehöret, 3) die kleinesten werden Nuces minimae surdae, Steinnüsse, Grübelnüsse genennet.

Nux juglans maior, die Pferdenuß, v. Nux juglans.

Nux *Lampertiana,* Blutnuß, Adernuß, Lampertsnuß. VI.

Ist eine länglichte Haselnuß, hat inwendig um den Kern eine blutrothe Schale, wird also genennet, weil sich der gemeine Mann einbildet, wenn sie nach Lamperti Tag kurz zuvor oder hernach gesetzet werden, sie viel und grosse Nüsse bekommen.

Nux maxima, v. Nux Juglans.

Nux medica *Maldiuiensis,* v. Coccus de *Maldiuia.*

Nux mediocris, v. Nux Juglans.

Nux Metella, v. Solanum.

Nux Metella *Auincennae,* v. Solanum.

Nux Metel, *Offic.* Solanum somniferum, Krähenaugen. XIX.

Wächset in Indien. Ist grösser als Nux Vomica, aber nicht so rauch und rund, am Rande etlichemal eingebogen, kömmt fast mit der Nuce Vomica überein, machet den Kopf dumm, erwecket Eckel und Brechen. Man hält sie gemeiniglich vor einen orientalischen Schwamm, Cäsalpinus aber, Fuchsius und Rissius nennen sie Tithymalum Mitsiniten. v. supra Metel.

Nux minima, v. Nux juglans.

Nux mollusca, v. Nux juglans.

Nux Moschata regia, Königsnuß. II.

Einige glauben, es sey eine Art der Muscatennuß, welche an Figur zwar der Muscatennuß gleiche, aber nicht grösser, als eine Erbse sey. Sie ist sehr rar.

Nux myristica, v. Moschata.

Nux odorata et aromatica, v. Moschata.

Nux *Persica*, v. Nux Juglans.

Nux Pinea, v. Pinea.

Nux *Pontica*. v. Corylus.

Ist eine Art von der Haselnuß, und wird von der Landschaft Ponto also genennet. Sie kömmt aus Italien, ist sehr groß, dick, und beynahe wie ein Herz formiret.

Nux purgans, v. Been magnum.

Nux regia, v. Nux Juglans, v. Moschata.

Nux regia vulgaris, v. Nux Juglans.

Nux surda, v. Nux Juglans.

Nux terrae, v. Apios *Trag.*

Nux *Thasia*, v. Amygdalum.

Nux vesicaria *Trag. Dod.* Pistacia *Germ. Lon.* Pistacia silvestris *C. Bauh.* Staphylodendron *Matth. Lob. Eyst.* deutsche Pimpernüsse. V.

Hiervon werden weder die Blätter, noch die Rinde, noch die Frucht, noch die Wurzel in den Apothecken verhandelt. Die Frucht schmecket widerlich.

Nux *Virginiana*, Virginische Nuß, v. Nux Vesicaria.

Ist ein gut Mittel wider den Scorbut. Sie eröfnet den Leib, und kan deswegen in Gichtbeschwerungen, der gelben Sucht, verstopften Haupte, Mangel des Stuhlganges, wenn die monatliche Reinigung und Nachgeburt beym weiblichen Geschlecht sitzen bleibet, verstockten Urin u. d. g. gegeben werden.

Nux vnguentaria, v. Moschata.

Nux vomica, Krähenaugen. II.

Wird zur Ungebühr vom Cäsalpino unter die Schwämme gerechnet.

rechnet. Sie ist ein Baum oder Staude, so in Malabarien wächset, und von denen Einwohnern Conyram genennet wird. Der Kern von dieser Nuß oder Frucht ist rund, oben eingebogen, und so hart als ein Horn, hat eine falbe Farbe, so gleichsam aus dem blauen in das aschenfarbichte fällt. Der Geschmack ist überaus bitter und eckel. Sie machet heftiges Erbrechen, und kömmt mit zum Electuario de Ovo. Unsere Vorfahren haben dieses Gewächs vor ein Giftreibendes Medicament, wiewol ohne Grund, gehalten, denn es tödtet Hunde, Wölfe und Vögel, erwecket Convulsiones, und soll die Schmerzen lindern. Einige wollen es vor die Frucht des Ligni Colubrini ausgeben. Aeußerlich leget man diese Nuß mit etwas Salz und Zwiebelsaft wider die Warzen auf, und brauchet sie auch innerlich, die Brüche zu heilen. v. Vomica Nux, it. Lignum Colubrinum.

Nux vulgaris, v. Nux Juglans.

Nympha, v. Sideritis.

Nymphaea alba *Matth. Dod. Lob. Tab.* maior *Casp. Bauh.* Candida *Trag.* Nymphaea alba et Nenuphar *Offic.* Lilium aquaticum, Nilofar, Nilufar et Ninufar, Heracleon, weiße Seeblumen, Seekandelwurz, Mürmelken, Harzwurz, Wasserlilien, Seeplumpen, Nix- oder Nixenblumen, Wasserrosen, Weyherrosen, Keelwurz, Haarwurz, Haarstrang, Kollerwurz, Seepuppen, weiße Seekannen, weiße Mummelen, Wassermänngen, weiße Seerosen, Keulwurz, Kolbwurz, Kellerwurz, Wassermohnblumen, Tollingen. VII.

Die Wurzel und Samen sind kalt im andern, und trocken im dritten Grad, (kalt im dritten Grad) die Blumen und Blätter kalt und feucht im andern Grad, dienen wider den Durchfall, nächtliche Besudelung, Schärfe des Samens, Hitze im Geblüt, verdicken das Geblüt, curiren die Raserey, Entzündungen der Nieren und Blase, allzugroße Geilheit, die Hectic, den Stein und Flecken des Gesichts. Aeußerlich brauchet man die Blätter und Blumen, febrilische Hitze zu dämpfen, auch Schlaf und Ruhe zu bringen. Man hat aus der Nymphaea unterschiedliche Medicamenten, als das destillirte Oel, den Syrup, die eingemachten Blumen, das Oel aus denen Blumen, so durch Aufgießung etwas Baumöles verfertiget wird, und die Salbe. Aus dem Samen werden auch Emulsiones (Milche) verfertiget.

Nymphaea alba maior, v. Nymphaea alba.
Nymphaea alba minor, v. Nymphaea alba.
Nymphaea alba minima, s. Ranae morsus, v. Nymphaea alba.
Nymphaea altera lutea, v. Nymphaea lutea.
Nymphaea candida, v. Nymphaea alba.
Nymphaea citrina, v. Nymphaea lutea.
Nymphaea ex toto lutea, v. Nymphaea lutea.
Nymphaea lutea, gelbe Wasserlilie. III.
Ist gar häufig hier und da in Flüssen, vornemlich stehenden Wassern anzutreffen, und blühet im Julio. Hiervon brauchet man die Wurzel, Blätter und Blüten, welche mit der Nymphaea alba überein kommen.
Nymphaea lutea maior, v. Nymphaea lutea.
Nymphaea lutea minor, v. Nymphaea lutea.
Nymphaea lutea minor magno flore, v. Nymphaea lutea.
Nymphaea lutea minor paruo flore, v. Nymphaea lutea.
Nymphaea lutea minor prima, v. Nymphaea lutea.
Nymphaea lutea minor secunda, v. Nymphaea lutea.
Nymphaea lutea septentrionalis, v. Nymphaea lutea.
Nymphaea maior alba. *C. Bauh.* v. Nymphaea alba.
Nymphaea minor alba. *C. Bauh.* v. Nymphaea alba.
Nymphaea parua, v. Nymphaea alba minor.
Nymphaea Rosae, ein Rosenknopf, v. Rosa.

Oa, v. Ebulus.
Obeliscotheca, die kleine Americanische Sonnenblume. II.
Oca.
Eine längliche Peruvianische Wurzel, 2 bis 3 Zoll lang, und einen halben Zoll dicke. Die Wurzel ist mit einer sehr dünnen und zarten Haut überzogen, die bey einigen gelblich, bey andern roth ist. Die Wurzel wird zum Essen gekocht oder gebraten, sie schmeckt beynahe wie Castanien, nur etwas süßer. Aus dieser Wurzel verfertiget man einen Syrup.
Ochrus, die geflügelte Erbse, v. Faba. V.
Ocimastrum, Ocimoides, v. Ocymastrum.
Ococol, ein Baum in Westindien, daraus der Liquidambra gemacht wird.
Dieses Gummi ist ein treflisches Magenmittel und Confortativ. Aeußerlich wird es in der Krätze gebrauchet. Man hat hiervon ein destillirtes Oel.

Ocularia, v. Euphragia.
Oculus bouis, *Brunſ.* v. Bellis minor, *Trag.* v. Buphthalmum.
Oculus Chriſti, breitblätterigt Scharley, v. Horminum.
Oculus *Chriſti* minor, v. After.
Oculus Daemonis, v. Chamomilla.
Oculus leporis, v. Caryophyllata vulgaris.
Oculus vaccae, v. Buphthalmum.
Ocymaſtrum, v. Scrophularia maior, v. Clinopodium.
Ocymaſtrum, v. Behen album et rubrum.
Ocymaſtrum alterum, v. Scrophularia maior.
Ocymaſtrum bulboſum, v. Scrophularia maior.
Ocymaſtrum maius, v. Scrophularia maior.
Ocymaſtrum multiflorum, v. Lychnis ſilueſtris.
Ocymaſtrum multiflorum tertium, v. Lychnis ſilueſtris.
Ocymaſtrum primum, v. Lychnis ſilueſtris.
Ocymaſtrum rubrum ſecundum, v. Lychnis ſilueſtris.
Ocymaſtrum *Tragi*, v. Scrophularia minor.
Ocymaſtrum Valerianthon, v. Valeriana.
Ocymoides, v. Scrophularia maior.
Ocymoides hortenſe rubrum, v. Scrophularia maior.
Ocymoides Lychnitidis reptante radice *Offic. Chabr.* Ocymoides ſilueſtris flore albo *Ger. Park.* ſilueſtris hirſuta perennis alba ſimplex *H. Ox.* ſilueſtris alba ſimplex *Caſp. Bauh.* weiße wilde Lüchnis, weißer Wiederſtos. V.
Wächſet unter der Saat, und hier und da an Zäunen, blühet im Sommer. Der Samen trocknet und curiret die Schlangen- und Otterſtiche, und das Hüfftwehe.
Ocymoides maius, v. Scrophularia maior.
Ocymoides minus ſeu album, v. Lychnis ſilueſtris.
Ocymoides peregrinum, v. Lychnis ſilueſtris.
Ocymoides purpureum, v. Scrophularia maior.
Ocymoides repens, v. Scrophularia minor.
Ocymoides ſilueſtris alba ſimplex, *C. Bauh.* v. Ocymoides Lychnitidis reptante radice *Offic.*
Ocymoides ſilueſtris flore albo, *Caſp. Bauh.* v. Ocymoides Lychnitidis reptante radice *Offic.*
Ocymoides ſilueſtris hirſuta perennis alba ſimplex *H. Ox.* v. Ocymoides Lychnitidis reptante radice, *Offic.*
Ocymum, breite, krauſe Baſilien. XXIV.
Ocymum alterum tenuifolium, v. Ocymum.

Ocymum aquaticum, Lactoris, Herba lactis, Anabula, militaris, Wasserbasilien.

Wächset an sumpfichten und feuchten Orten, hat Blätter wie das Basilicum, stillet die fließenden Augen, Schmerzen der Ohren, und ist ein gut Wundkraut.

Ocymum caryophyllatum, Nelkenbasilie. III.

Ocymum caryophyllatum maius, v. Ocymum caryophyllatum. II.

Ocymum caryophyllatum minimum, klein Basilienkraut. v. Ocymum caryophyllatum.

Ocymum Catonis, v. Fagopyrum.

Ocymum Cereale, *Tab.* v. Frumentum *Saracenicum*.

Ocymum citri odore, v. Basilicum.

Ocymum citratum, v. Basilicum.

Ocymum *Columellae*, v. Fagopyrum.

Ocymum crispum, v. Basilicum.

Ocymum *Dioscoridis*, v. Fagopyrum.

Ocymum exiguum *Fuchs.* v. Basilicum.

Ocymum latifolium Crispum, v. Basilicum.

Ocymum latifolium maculatum crispum, v. Basilicum.

Ocymum magnum, v. Basilicum.

Ocymum maximum citratum, v. Basilicum.

Ocymum mediocre, v. Basilicum.

Ocymum medium, v. Basilicum.

Ocymum minimum, v. Basilicum, v. Ocymum caryophyllatum.

Ocymum minimum amaraci figura, v. Basilicum, v. Ocymum caryophyllatum.

Ocymum minus, v. Basilicum.

Ocymum odoratum, wohlriechend Basilienkraut. VII.

Ocymum paruum, v. Clinopodium.

Ocymum silueſtre, v. Clinopodium.

Ocymum tertium, v. Basilicum.

Ocymum veterum *Trag.* v. Frumentum *Saracenicum*, v. Fagopyrum.

Ocymum vulgatius, v. Basilicum.

Odonitis *Plin.* v. Caryophyllus silueſtris.

Odontites, v. Euphragia.

Odontites *Riuini*, v. Euphrasia.

Odorata *Riuini*, v. Caryophyllus silueſtris, v. Triorchis *Offic.*

Oe,

Oe, v. Sorbus.
Oenanthe, v. Filipendula, *Trag. Matth. Dod. Lob. Lon.*
Oenanthe altera montana, v. Filipendula altera.
Oenanthe angustifolia, v. Filipendula altera.
Oenanthe Apii folio, v. Filipendula altera.
Oenanthe aquatica, v. Filipendula aquatica.
Oenanthe aquatica bulbosa, v. Filipendula aquatica.
Oenanthe aquatica bulbulis carens, v. Ruta palustris.
Oenanthe aquatica repens, v. Ruta palustris.
Oenanthe Chaerephylli, v. Filipendula tertia.
Oenanthe cicutae facie, v. Filipendula tertia.
Oenanthe Leucantha, v. Filipendula tertia.
Oenanthe *Myconii*, v. Filipendula tertia.
Oenanthe prima, v. Bulbocastanum.
Oenanthe quarta, v. Filipendula.
Oenanthe secunda, v. Filipendula.
Oenanthe Selinophylla, v. Filipendula tertia.
Oenanthe tertia, v. Filipendula.
Oenanthe vulgaris, v. Leucanthemum, v. Filipendula.
Oenomela, v. Pomus.
Oenoplia *Offic.* spinosa et non spinosa, siue Napaea, siue Ziziphus albus *Park.* Paliurus Africana *Chabr.* Nubaea fo- folio Rhamni vel Jujubae, grosse Jujuben, weiße Brustbeer. IV.

Wächset in Egypten und Creta. Die unreife Frucht hält an, und stärket den Magen.

Offeque.

Ist eine sehr bittere Wurzel in Madagascar. Sie wird aber von denen Einwohnern dennoch geliebet, und in Wasser gekocht, damit der Geschmack von ihr komme. Man trocknet sie hernach an der Sonne, und erweichet sie im Wasser wenn man sie genießen will.

Olgi, v. Acorus verus.
Oldenlandia, die Oldenlandia aus America.
Olea *Aethiopica*, v. Rhodium lignum.
Olea *Bohemica*, v. Olea *Offic.*
Olea domestica, v. Olea *Offic.*
Olea *Nimbo* dicta, die Malabarische Nimbo, v. Nerium.
Olea *Offic.* et *Dod.* Ἐλαία, satiua *Matth.* Vernicoma, Oelbaum, Olivenbaum. VI.

Wäch-

Wächset in Italien, Frankreich, Narbonna und denen Spanischen Provinzen. Die Blätter sind kalt im andern, und trocken im dritten Grad, halten an, kühlen, dienen im Durchfall, Monatsfluß. Haarwurm und Hauptschmerzen. Die unreifen Früchte oder Oliven sind kalt und trocken im andern Grad, machen guten Appetit zum Essen, und erhalten einen gelinden Leib. Sie werden bey den Römern Drupae, in griechischer Sprache κολυμβάδες, das ist natantes (v. Cael. Aurel.) genennet, und sind nichts anders, als eingemachte Oliven, so mit Fönchel und Salz eingeleget werden, v. Mercurialis l. 3. allwo der Autor zugleich mit meldet, was durch Pausia Oliva verstanden werde. Etliche brauchen diese Oliven wider Völlerey, damit sie hernach desto tapferer saufen können. Aus denen reifen Früchten presset man ein Oel, so wir Deutschen Baumöl nennen, welchem aber das von freyen Stücken hervor fließende weit vorgezogen, und Flos Olei, Carceröl, genennet wird. Das aus denen unzeitigen Früchten und Trauben gepreßte Oel wird gemeiniglich Omphacium genennet. Es ist warm und feucht, aber temperiret, erweichet, digeriret, laxiret, curiret das Reißen im Leibe, die Trockenheit, Brustwunden, erleichtert die Geburt, und tödtet die Würme. Aeußerlich dienet es zu Clystiren, wider harte und heiße Schwulsten und Brandschäden. Hieraus verfertiget man das Oleum Philosophorum.

Olea satiua, v. Olea *Offic.*

Olea siluestris, v. Oleaster.

Olea siluestris folio duro subtus incano, v. Olea *Offic.*

Oleander, v. Nerium, v. Lauro-Cerasus.

Oleander flore albo, v. Nerium.

Oleander flore rubro, v. Nerium.

Oleandrum, v. Nerium.

Oleapellum, v. Chamaelea tricoccos.

Oleaster, Olea siluestris, wilder Oel- oder Olivenbaum. II. Wächset in Italien, Spanien und andern Orten. Die Blätter sollen mit denen Blättern vom andern Oelbaum überein kommen.

Oleaster Germanicus *Offic.* Rhamnus secundus *Clus. Ger.* Rhamnus primus *Dioscoridis. Lob.* siue litoralis *Park.* Rhamnoides fructifera foliis Salicis, baccis leuiter flauescentibus *T. Coroll.* Rhamnus Salicis folio angusto, fructu flauescen-

flauescente *C. Bauh.* deutscher Stechdorn, Weidendorn. v. Rhamnus II.

Wächset nahe am Gestade des Meeres auf dem Sande, blühet im Junio. Die Frucht wird im September reif. Aus denen Beeren wird ein saures Muß gekochet, so in der rothen Ruhr gut thut.

Oleastrifolia, v. Chamaerhododendros *Alpina.*

Oleastrum lignum, v. Rhodium lignum.

Oleum Laurini, Lorberöl, v. Laurus.

Oleum Oliuarum, v. Olea.

Oleum Omphacinum, Oel aus unzeitigen Oliven oder Trauben, v. Olea.

Olibanon, v. Thus.

Oliua, v. Olea.

Olsenichium, v. Meum palustre.

Olsenicum, v. Olsnicium.

Olsnicium, Alsenicum, Olseneck, Olsenich, v. Apium.

Olus agninum, v. Plantago *Offic.*

Olus album, v. Lactuca agnina.

Olus alterum, v. Hipposelinum.

Olus anserinum, v. Sonchus asper.

Olus atrum, v. Hipposelinum.

Olus ceruinum, v. Pastinaca siluestris.

Olus chordum, v. Crithmus.

Olus *Hispanicum*, v. Spinachia *Offic.*

Olus leporinum, v. Sonchus asper.

Olus regium, v. Artemisia.

Olus spinaceum, v. Spinachia *Offic.*

Olusatrum, v. Hipposelinum.

Olusatrum peregrinum, v. Hipposelinum.

Olyra, eine ausländische Frucht, v. Oryza, v. Frumentum, v. Zea.

Olysatrum, v. Hipposelinum.

Olyxatrum, v. Hipposelinum.

Omelysis, v. Hordeum.

Omphacites, v. Gallae.

Omphacium, v. Vitis vinifera.

Omphacium oleum, v. Olea.

Omphalocarpus, v. Aparine, *Trag. Matth. Dod. Lob. Lon.*

Omphalodes, Nabelsamenkraut. III.

Onagra,

Onagra Chamaenerium, große Weiderichröslein, Milchkraut. XIV.

Wächset auf erhabenen Bergen, blühet im Julio. Die Wurzel hiervon soll wilde Thiere zahm und bändig machen.

Onagra genus alterum, v. Onagra.

Onanthemum, v. Artemisia.

Oneselinum, v. Chaerefolium.

Onicanthe, v. Artemisia.

Onitophorus, v. Triorchis.

Onitis maior, v. Origanum.

Oninau.

Ist ein Baum in Madagascar, welcher eine Art Mandeln hervorbringet, woraus man ein Oel vor die Haare, und zum Essen machet.

Onobletum Hippocratis, v. Vmbilicus *Veneris*.

Onobrychis, Caput Gallinaceum, Crista gallinacea, Polygala *Gesn.* Hahnenkopf, Hahnenkamm. VI.

Wächset auf trockenem Erdreich, und vornemlich auf Wiesen. Es blühet im Junio und Julio. Das Kraut hiervon pfleget zerstoßen, um die Hübelgen in der Haut zu vertilgen applicirt, und wider Verstockung des Urines gebrauchet zu werden.

Onobrychis, v. Galega, v. Viola.

Onobrychis altera Belgarum *Lob. Eyst.* Onobrychis aruensis *C. Bauh.* Campanula aruensis minima *Dod.* Speculum Veneris Brabantorum, Viola pentagona *Thal.* Viola aruensis et pentagonia *Tab.* Frauenspiegel, Ackerviole. Saintfoin. IV.

Onobrychis aruensis, *C. Bauh.* v. Onobrychis altera *Belgarum Lob.*

Onobrychis *Clus.* I. II. III. IV. v. Onobrychis.

Onobrychis *Dodonaei* flore rubro, v. Onobrychis.

Onobrychis flore Viciae dilute coeruleis, v. Onobrychis.

Onobrychis folio Tragacanthae, v. Onobrychis.

Onobrychis folio Viciae fructu echinato maiore, v. Onobrychis.

Onobrychis folio Viciae maiori coeruleo purpurascente, v. Onobrychis.

Onobrychis montana quarta, v. Onobrychis.

Onobrychis *Orientalis* frutescens spinosa Tragacanthae facie, *Tournef.* v. Onobrychis.

Onobrychis prima, v. Viola, v. Onobrychis.

Onobrychis quarta, v. Onobrychis.

Onobrychis secunda, v. Onobrychis.

Onobrychis spicata flore pallido nigris radiis notata, v. Onobrychis.

Onobrychis spicata flore purpureo, v. Onobrychis.

Onobrychis tertia, v. Onobrychis.

Onocardium, v. Dipsacus satiuus, *Dod. C. Bauh.*

Onochilis, v. Alkanna.

Onogyros, v. Acanthium.

Ononis et Resta bouis *Offic.* Ἄνωνις, Ὄνωνις, Anonis, Ononis spinosa flore purpureo *C. Bauh.* Ononis purpurea vulgaris spinosa, flore purpureo siliquis erectis lentiformibus *Moris. Hist.* 2. Vrinaria, vrinalis, Hauhechel, Stuhlkraut, Ochsenbreche, Ochsenkraut, wilde Ochsenzungen, Heckelkraut, Stachelkraut, Heuheckel, Hartelheu, Harnkraut, Stallkraut, Katzensperr, Questenkraut, Pflugsterz, Weixen, Schmalhefen, Weiberkrieg. XXVI.

Die Wurzel und ihre Rinde ist warm und trocken im dritten Grad, (warm im dritten, und trocken im andern Grad) abstergiret, verdünnet, zertheilet, nimmt die Säure weg, dienet wider Fleischbrüche der Kinder, curiret die Verstopfungen des Harnes, Läusekrankheit, gelbe Sucht, Verstopfung der Leber, Fleisch- und Wasserbrüche, Borrich. in Act. Hafn. Vol. 1. die geschwollene güldene Ader und Feigwarzen, (wenn man das Infusum etliche mal getrunken.) Aeußerlich heilet sie die scorbutische Fäulnis im Munde und Zahnschmerz. Man hat hiervon ein destillirtes Wasser.

Ononis flore albo, v. Ononis.

Ononis montana, v. Ononis.

Ononis non spinosa purpurea, v. Ononis.

Ononis perpetuo leuis, v. Ononis.

Ononis purpurea vulgaris spinosa, v. Ononis et resta bouis *Offic.*

Ononis sine spina lutea, v. Ononis.

Ononis sine spinis, v. Ononis.

Ononis spinosa flore purpureo, v. Ononis et resta bouis *Offic.*

Onopordon, v. Acanthium, v. Carduus.

Onopordon Athenaei *Angu.* Acanthium *Matth. Dod. Lob.* vulgare *Tab.* Spina alba tertia *Trag.* Spina tomentosa latifolia siluestris *C Bauh.* Spina alba siluestris *Fuchs. Lon.* Acanthium chium *Matth. Dod. Lob.* vulgare *Tab.* weis Wegedistel, (weil sie nahe am Wege pfleget zu stehen, und ihre Stengel und Blätter weisgrau sind, sie sehen fast aus, als wären sie mit Wolle oder Spinnewebe überzogen,) Webedistel. XI.

Hiervon recommendiret Borellus den Saft, auch die Blätter selbst in Krebsschäden der Nase und Brüste, als ein sonderliches Arcanum.

Onopordon I. et II. v. Acanthium.

Onopteris femina, v. Adianthum, v. Filicula.

Onopteris maior, v. Filicula.

Onopteris mas, v. Adianthum, v. Filicula.

Onopteris nigra, v. Filicula.

Onopyxus *Dalechamp.* v. Acanthium.

Onosina *Matth.* v. Onosma.

Onosma Lycopsis *C. Bauh.* Anglica *Ger, Park.* Echium alterum *J. Bauh.* alterum s. Lycopsis Anglica *Mer. Pin.* Latissimo folio Lycopsis dictum flore diluto purpurascente *Herm. Cat.* Steinochsenzungen, v. Lycopsis.

Dieses Kraut hat der gelehrte Sherardus LL. D. in der Insul Jerseia observiret. Hiervon pfleget man die Blätter in Wein zu kochen, und in schwerer Geburt vorzuschlagen, v. Samuel Dale in Pharmacolog. Supplement. Sect. XI. No. VI. p. 106.

Ophioctonon, v. Pastinaca silvestris.

Ophiogenium, v. Pastinaca silvestris.

Ophioglossum enneaphyllum, v. Ophioglossum *Offic.*

Ophioglossum monophyllum, v. Ophioglossum *Offic.*

Ophioglossum vnifolium, v. Ophioglossum *Offic.*

Ophioglossum *Offic.* Vulgatum *C. Bauh.* Ophioglossum enneaphyllum *C. Bauh.* monophyllum s. vnifolium *Amat. Lusit.* Lingula Vulneraria *Cord.* Lingua serpentina, Lancea Christi vel Luceola *Gesn.* Lingua Viperina, Natterzunge, Natterzünglein, Schlangenzünglein, Einblat, Speerkraut, Wiederthon mit Zünglein, *Siles.* Natterwurz. VIII.

Dieses ganze Kraut ist warm im andern, und trocken im dritten Grad, reiniget die Geschwäre, und heftet selbige, wie auch die Brüche, zusammen. Die zu Pulver gestoßene Wurzel pfleget man in versehrten Beinen einzustreuen.

Ophioglossum vulgatum, v. Ophioglossum *Offic.*

Ophioscordium, v. Allium.

Ophioscorodon, v. Victorialis.

Ophris, B. folium Satyrium decimum *Trag.* Pseudorchis, Perfoliata siluestris femina *Brunf.* Zweyblat. V.

Hat einen zusammenklebenden Schmack, ist ein gut Wundkraut, dienet wider Brüche und erwecket Schweis.

Ophris bifolia, v. Ophris.

Ophris trifolia, v. Ophris.

Ophthalmica, v. Euphragia.

Opium, v. Papauer satiuum.

Opobalsamum, v. Balsamum.

Opopanacium, v. Panax.

Opopanax, v. Panax.

Opoparthia, v. Laserpitium *C. Bauh.*

Opoparthicum, v. Laserpitium *C. Bauh.*

Opos Kyrinaikos, v. Asa foetida.

Opos medicus, v. Asa foetida.

Opos *Syriacus*, v. Asa foetida.

Opulus *Gesneri*, v. Acer.

Wird vom Herrn Autore unter die Species des wilden und krausen Ahorns gerechnet, v. Acer.

Opulus flore globoso, der Schneeball, v. Sambucus aquatica.

Opulus montana, v. Acer.

Opulus, *Ruell. I. Turnef.* v. Sambucus aquatica.

Opuntia *Lon. Cam.* Tune et Tunas Indorum *Lugd.* Ficus Indica *Matth. Dod.* Anapellus *Bellon.* Ficus Indica folio spinoso *C. Bauh.* stachlichte Indianische Feigen. XIV.

Der Saft aus denen Blättern wird in alten Schäden gebrauchet.

Opuntia *Plinii*, v. Opuntia *Lon. Cam.*

Orantium, v. Antirrhinum.

Orbicularis fungus s. Chirurgorum, *Belg.* Bovist, v. Crepitus lupi.

Orcanette *Orientalis*, v. Anchusa.

Ist eine dicke, gleichsam aus vielen Blättern, wie Toback zusammen gesponnene rothe Wurzel, und wird vor eine Species Anchusae gehalten.

Orchiastrum, v. Orchis.

Orchis, v. Satyrium.

Orchis abortina, v. Pastinaca siluestris, v. Orobranche.

Orchis adrachmites, v. Triorchis *Offic.*

Orchis altera Patyrion vulgo, v. Triorchis *Offic.* v. Satyrium.
Orchis Batrachites, v. Satyrium.
Orchis bifolia altera, v. Satyrium, v. Triorchis *Offic.*
Orchis castrata, v. Satyrium, v. Triorchis *Offic.*
Orchis flore albo odorato, v. Triorchis *Offic.*
Orchis femina, v. Triorchis *Offic.*
Orchis femina altera, v. Ricinus *Americanus.*
Orchis femina altera, v. Ricinus vulgaris.
Orchis femina altera, v. Cynosorchis.
Orchis femina minor, v. Triorchis *Offic.* v. Satyrium.
Orchis *Frisia,* v. Triorchis *Offic.*
Orchis *Frisia* littoralis, v. Triorchis *Offic.*
Orchis fucum referens flore subuirente, v. Triorchis lutea.
Orchis fucum referens maior foliolis superioribus candidis et purpurascentibus, v. Triorchis *Offic.* v. Satyrium.
Orchis Hermophroditica, v. Triorchis *Offic.*
Orchis latifolia altera, v. Triorchis *Offic.* v. Satyrium.
Orchis *Leodiensis,* v. Triorchis alba odorata.
Orchis lutea, v. Triorchis lutea.
Orchis lutea hirsuto folio, v. Triorchis lutea.
Orchis mas angustifolia, v. Cynosorchis mas.
Orchis mas latifolia, v. Triorchis *Offic.*
Orchis mas minor, v. Cynosorchis mas.
Orchis melitius, v. Triorchis *Offic.*
Orchis militaris, v. Cynosorchis mas.
Orchis minor odorata, v. Cynosorchis, v. Satyrium, v. Triorchis *Offic.*
Orchis montana *Italica* flore ferrugineo, lingua oblonga, v. Triorchis *Offic.*
Orchis morio mas foliis maculosis, v. Cynosorchis maculosa.
Orchis morio mas foliis sessilibus maculosis, v. Cynosorchis maculata.
Orchis Museae corpus referens minor, v. Triorchis Serapias.
Orchis muscam referens lutea, v. Triorchis Serapias.
Orchis muscam referens maior, v. Triorchis Serapias.
Orchis Myodes alter, v. Triorchis *Offic.*
Orchis Myodes lutea, v. Triorchis *Offic.*
Orchis Myodes minor, v. Triorchis *Offic.*
Orchis *Narbonensis*, v. Triorchis *Offic.*
Orchis Ornithophora, v. Triorchis *Offic.* v. Cynosorchis.

Orchis Ornithophora folio maculoso, v. Triorchis *Offic.* v. Cynosorchis.

Orchis palmata angustifolia *Alpina* nigro flore, v. Satyrium, v. Cynosorchis.

Orchis palmata angustifolia minor, v. Satyrium, v. Cynosorchis.

Orchis palmata femina, v. Satyrium, v. Cynosorchis.

Orchis palmata minor, calcaribus oblongis, v. Satyrium, v. Cynosorchis.

Orchis palmata montana altera, v. Triorchis *Offic.*

Orchis palmata montana maculata, v. Cynosorchis, v. Satyrium.

Orchis palmata palustris altera, v. Triorchis alba.

Orchis palmata palustris latifolia, v. Cynosorchis, v. Satyrium.

Orchis palmata palustris maculata, v. Cynosorchis, v. Satyrium.

Orchis palmata palustris tertia, v. Cynosorchis, v. Satyrium.

Orchis palmata pratensis latifolia longis calcaribus, v. Cynosorchis, v. Satyrium.

Orchis palmata pratensis maculata, v. Cynosorchis, v. Satyrium.

Orchis Papilionem referens foliis maculatis, v. Triorchis femina.

Orchis Papilionem expansam herbacei coloris referens, v. Cynosorchis.

Orchis Psychodes diphylla, *Lob.* v. Cynosorchis.

Orchis Serapias, v. Satyrium, v. Cynosorchis.

Orchis Serapias femina, v. Satyrium, v. Cynosorchis.

Orchis Serapias odoratissima flore minore *Alpina*, v. Satyrium, v. Cynosorchis.

Orchis Sphegodes, v. Triorchis femina.

Orchis spiralis, v. Triorchis *Offic.*

Orchis strateumatica maior, v. Triorchis femina.

Orchis testiculata v. Triorchis *Offic.*

Orchis trifolia maior, v. Satyrium, v. Triorchis *Offic.*

Orchios genus humile, v. Triorchis Serapias.

Orchios primum genus, v. Satyrium.

Orchios quartum genus, v. Satyrium.

Orchios quintum genus, v. Triorchis Serapias.

Orchios tertium genus, v. Cynosorchis femina, v. Satyrium.

Orchios vndecima species, v. Triorchis lutea.
Orci Tunica, v. Anemone.
Ordelium, v. Meum, v. Seseli *Creticum*.
Ordylium, v. Meum, v. Seseli *Creticum*.
Orellana, v. Mitella.
Oreoselinum, v. Petroselinum montanum, v. Apium.
Oreoselinum, v. Chaerefolium.
Oreoselinum nigrum, v. Petroselinum montanum.
Oreoselinum primum, v. Petroselinum montanum.
Oreoselinum secundum, v. Petroselinum montanum.
Oreoselinum tertium, v. Petroselinum montanum.
Origanum *Anglicum*, v. Origanum *Offic*.
Origanum aquaticum, v. Clinopodium, v. Origanum *Offic*.
Origanum *Creticum*, Onites, Cretischer Wohlgemuth. IV.
Wächset in der Insul Creta, blühet im Junio. Hiervon dienen die Blumen in allerley Verstopfungen der Augen, Leber und des Gekröses.
Origanum fistulosum, v. Crista galli altera.
Origanum folio subrotundo, v. Origanum *Offic*.
Origanum Heracleoticum, Cunila gallinacea, unächter Majoran, wilde Dosten. II.
Wächset in Gärten, blühet im Sommer, erwärmet, curiret den Schlangenbiß, das Verbrechen, böse Wesen, und die Wassersucht.
Origanum *Heracleoticum* I. II. v. Origanum *Heracleoticum*.
Origanum *Italicum*, v. Origanum *Offic*.
Origanum maius, v. Origanum *Offic*.
Origanum *Monspeliacum*, v. Origanum *Offic*.
Origanum *Offic*. Agrioriganum, Onitis maior, Cunila bubula *Plin*. Origanum vulgare *Trag*. Origanum vulgare spontaneum *Jo. Bauh*. siluestre *Dod. Tab*. Anglicum, Maiorana siluestris, Dosten, Wohlgemuth, großer und kleiner Drant, rothe Dosten, wilder Majoran, gemeiner Majoran. XV.
Ist warm im andern und trocken im dritten Grad, eröfnet, reiniget, hält an, wird in Verstopfung der Lungen, Leber und Mutter, ingleichen, wider Husten, Engebrüstigkeit, gelbe Sucht, und Milch zu vermehren, gebrauchet, reiniget durch den Schweis die Unreinigkeit des Geblütes, das Gliedwasser, und andere Leibesbeschwerungen. Aeußerlich dienet dieses Kraut in Bädern, so in Mutter- und Hauptkrankheiten,

ten, auch der Krätze gut thun. Sonst hat man vom Origano ein destillirtes Wasser und Oel. Das gemeine Salz vom Origano, wenn es in Wein oder einem andern Vehiculo getrunken wird, soll, nach Hippocratis Aussage, denen Augen und Zähnen schaden, v. Epid. 22. §. 15.

Origanum Onites, v. Maiorana.

Origanum Onitis *Galliae* prouinciae maius, v. Origanum *Offic.*

Origanum Onitis maius, v. Origanum *Offic.*

Origanum primum album, v. Origanum *Offic.*

Origanum quartum, v. Origanum *Offic.*

Origanum quartum vulgare, v. Origanum *Offic.*

Origanum quintum *Monspeliense*, v. Origanum *Offic.*

Origanum siluestre, v. Origanum *Offic.*

Origanum siluestre album, v. Origanum *Offic.*

Origanum silu estre potius quam Maiorana, v. Maiorana.

Origanum siluestre seu vulgare, v. Origanum *Offic.*

Origanum tertium, v. Origanum *Offic.*

Origanum verticillatum, v. Clinopodium.

Origanum vulgare spontaneum, v. Origanum *Offic.*

Origanum vulgare *Trag.* v. Origanum *Offic.*

Orisum, v. Oryza.

Oriza, v. Oryza.

Oriza *Germana*, v. Typha.

Orleana, Orlean. II.

Ist eine Fecula, oder besichtes Salz einer Tinctur, so von einem fremden Samen gemachet wird, hat eine dunkle und röthlichte Farbe, Violengeruch, und etwas anhaltenden Geschmack, kömmet aus Westindien, theils in viereckigten Kuchen, theils in runden Klumpen. Dieser Same rühret von einem kleinen Baume her, welchen die Wilden Achiotl und Urucu, die Holländer aber Orleana nennen. Er hat einen Stamm, welcher dem Pomeranzenbaum an Gestalt und Grösse nahe kommt, ist äußerlich mit einer gelben, und inwendig mit einer grünen Rinde umgeben, träget weiße und etwas röthlichte Blumen, wie der Helleborus niger, so inwendig voller gelben und rothgespitzten Zäserlein sind, nach welchen rauhe, doch nicht stechende Igeln oder Schoten, in der Grösse einer grünen Mandel folgen. Diese Igel platzen endlich von sich selbsten auf, und zeugen kleine Körner oder Samen, welche fast wie die Steinlein in denen Weintrauben anzusehen, und schön roth sind. Sie wer-

werden im Frühling, nachdem der Baum durchs ganze Jahr grün verblieben, gesammlet. Die Indianer pflanzen den Baum neben ihre Häuser, und drehen aus dessen Rinde Seile, so an Stärke unsere hanfene Stricke bey weitem übertreffen. Man findet zweyerley Orlean, nämlich Orleanam humidam, oder den feuchten Orlean, und Orleanam siccam, den trockenen. Der erste ist ein dicker Teig, von Oranienfarbe, und viel wohlfeiler als der trockene, so wiederum unterschiedene Sorten unter sich begreifet. Der beste riechet wie Violenwurzel, ist recht trocken, und hoch an der Farbe, und wird meistentheils um Cayenna gefunden. Er pfleget zur Medicin selten, gemeiniglich aber zur Pomeranzenfarbe gebraucht zu werden. v. Valentini Natur- und Materialienkammer, p. 9. seqq. it. Woit. Gazophyl. Med. Phys. p. 658 seq.

Orminum, v. Horminum.

Orminum minus, v. Horminum.

Orminum satiuum, v. Horminum.

Orminum verum, v. Horminum.

Orni hes folio leui, v. Cynosorchis.

Ornithogalum, s. Bulbus, Erdnüßlein, Stern aus Bethlehem, Vogelmilch, Feld- oder Ackerzwiebeln. XXV.

Die Wurzel pfleget man zu dörren, und in die flüßige und um sich fressende Schäden zu streuen. Bey theurer Zeit brauchen solche die Armen, sich damit zu sättigen. Man findet hiervon die gelbe und weiße Art.

Ornithogalum alterum minus, v. Ornithogalum.

Ornithogalum candidum, v. Ornithogalum.

Ornithogalum candidum vulgare, v. Ornithogalum.

Ornithogalum exoticum magno flore minore innato, v. Narcissus.

Ornithogalum luteum, gelbe Acker- oder Feldzwiebeln. VII.

Ornithogalum luteum flore albo, v. Ornithogalum luteum.

Ornithogalum maius, v. Ornithogalum.

Ornithogalum *Nepolitanum*, v. Narcissus.

Ornithogalum purpureum, v. Apios.

Ornithogalum secundum, v. Ornithogalum.

Ornithogalum spicatum flore viridi lactescente, v. Ornithogalum luteum.

Ornithogalum vmbellatum medium angustifolium, v. Ornithogalum.

Orni-

Ornithoglossum, v. Fraxinus.

Ornithophora candida, v. Cynosorchis.

Ornithopodios affinis hirsuta flore stellata, gestirnte Wicken, v. Vicia.

Ornithopodium, Vogelpfote, Vogelfus. VIII.

Wächset auf sandichtem und trockenem Boden, und thut in Steinbeschwerungen und Brüchen gut.

Ornithopodium maius quoddam, v. Ornithopodium.

Ornithopodus, v. Ornithopodium.

Ornus, v. Sorbus siluestris.

Ornus, *Trag. Lon.* v. Carpinus, *Matth. Dod. Lob. Tab.*

Orobranche, Sonnenwurz, Hanfmann. XIII.

Hiervon hat man die große, so wie eine Nelke riechet, wird vom Dodonaeo Limodorum genennet; oder sie ist ästicht (ramosa) oder hat an der Wurzel große Zacken, (radice dentata maior) wovon oben unter dem Titul Dentaria gedacht worden. Wenn die Kuh von dieser Wurzel gefressen, so suchet sie ihren Ochsen.

Orobranche leguminosa, v. Vicia.

Orobranche maius, caryophyllum olens, v. Orobranche.

Orobranche prima, v. Orobranche.

Orobranche radice corallide, v. Dentaria siliquosa.

Orobranche radice dentata, v. Dentaria siliquosa.

Orobranche *Ruellii*, v. Voluulus terrestris.

Orobranche secunda, v. Orobranche.

Orobranche septima, v. Dentaria.

Orobranche *Theophrasti*, v. Voluulus terrestris.

Orobus *Creticus*, v. Orobus *Offic.*

Orobus s. Eruum *Offic.* siliquis articulatis semine maiore *C. Bauh.* Orobus vulgaris, Herbariorum *Park.* Orobus satiuus, siue Eruum semine anguloso siliquis inter grana iunctis *Moris. H. 2.* Eruum *Matth. Tab.* verum *Cam.* Mochus *Dioscoridis Dod.* Erbum et Kersene *Arab.* Gartenorobus, Erwen, Erven. XIV.

Der Samen kömmt wegen seines mehlichten Wesens mit dem Fönugräc überein, und weil er ein häufig Urintreibendes Salz bey sich führet, treibet er den Stein.

Orobus receptus herbariorum, v. Orobus *Offic.*

Orobus siliquis articulatis semine maior, v. Orobus *Offic.*

Orobus siluestris foliis oblongis, v. Orobus *Offic.*

Orobus viciae foliis, v. Orobus *Offic.*

Orvala, v. Horminum.

Orvalae species quarta, v. Horminum.

Orula.

Ist ein Baum in Ceylon, ohngefähr so groß als ein Apfelbaum, welcher kleine Früchte fast wie Oliven träget. Ihre Schaale ist röthgrünlicht, und inwendig lieget ein rother Kern. Stößet man denselben, und lässet ihn in Wasser weichen, so nimmt dieses Wasser den stärksten Rost über Nacht von dem Eisen weg. Rob. Kox.

Orysa, v. Oryza.

Oryza *Offic.* Italica *C. Bauh.* peregrina *Trag.* Hordeum Galaticum, Siciliense, Risum vel Rizum, Reiß. II.

Giebt gute Nahrung, vermehret den Samen, verstopfet und schadet denen Miltzsüchtigen.

Oryza *Matth.* v. Oryzae.

Oryza *Germana*, v. Typha.

Oryzae species v. Gramen Mannae.

Os Leonis alterum, v. Antirrhinum.

Os Leonis *Caesalp.* v. Antirrhinum.

Osmunda *Latinorum*, v. Vicia, v. Faba sylvestris.

Osmunda regalis *Offic.* Filix florida, Filix ramosa non dentata, blühend Farenkraut aus America, v. Filix.

Die Wurzel hiervon ist nicht sonderlich von der radice Filicis maris unterschieden, die übrige Pflanze aber gehet ganz und gar hiervon ab. Glissonius hält sie in Rachitide (oder der in Engelland bekannten Krankheit, da einige Theile ausdorren und abnehmen, die andern aber über die maßen größer werden und zunehmen,) vor ein unvergleichliches Remedium. Sonst wird auch der Schleim, welchen man aus der Wurzel ziehet, in Brühen sonderlich recommendiret.

Osmundula, v. Lonchitis.

Ospria, v. Lathyrus.

Ossea, v. Cornus femina.

Ossifragum, Beengras aus Norwegen.

Ist ein Norwegisches Gras, so unserer Iridi etwas gleich kömmt, wird von denen Einwohnern selbigen Landes Beengras genennet, weil es die Ochsen und andere Thiere, wenn sie hiervon fressen, dermaßen schwächet und ausmergelt, daß ihre Beine die natürliche Härte verliehren, nicht aus der Stelle gehen können, und zuweilen gar crepiren müssen. Es pfleget der Effect unter andern Medicamenten, so hierbey nöthig, auch mit

mit dem Pulver der Knochen eines Viehes, das dergleichen Krankheit ausgestanden und daran verreckt ist, curiret zu werden, wovon Herr D. Kyllings, Botanici Viridarium pag. 12. nachzuschlagen. Er nennet obige Pflanze Asphodelum luteum palustrem Dod. in dänischer Sprache Beenbrod, gelben Sumpfasphodill. Sonst hat auch Herr Nicolaus Juel, Königl. Dänischer Großadmiral, mich versichert, daß eben dieses Kräutlein in Jütland, bey der Stadt Wipurg anzutreffen sey, und im Junio blühen solle, da denn die Leute selbiger Gegend ihrem an dieser Krankheit laborirenden Viehe ein oder zwey Löffel fließend Pech oder Theer mit etwas Theriac in einem Pfund Milch eingießen, und hiervon gewisse Hülfe versprechen. In Norwegen heißet es Störregras, wie Thomas Bartholinus in Act. Haf. Vol. 2. Obs. 43. versichert, und wird hierwider als ein Gegengift, außer jetzt erzehlten Knochen, auch die Radix Tormentilla oder Tormentillwurzel hochgehalten und verordnet. Den wunderlichen Effect, warum das Ossifragum die Beine, Spann- und Bandadern, auch die Nerven angreife, schreibet Simon Pauli in Quadripartito Botanico p. m. 591. sq. einer Minerae Plumbi oder Mercurii currentis, worauf die Pflanze vielleicht wachse, zu. Er hält es diesfalls mit dem Becher, welcher vorgiebt, daß die Vegetabilia zuweilen die Essentias metallicas zu imitiren pflegen.

Ossisana, v. Osteocolla.

Ossis gluten, v. Osteocolla.

Osteites, v. Osteocolla.

Osteocolla, Osteocollus *Offic.* Osteolithus, Lapis ossifragus, Lapis Sabuli vel sabulosus, Morochtus, Holosteus, Ossina, Ossisana, Flos arenae, Osteites, Stelechites, Enosteos lapis, Wallstein, Steinbein, Beinheil, Bruchstein, Beinwelle, Beinbruch, Asiatischer Stein, Sandstein, Beinbrechstein, Steinwelle, Griesstein, Knochenstein.

Wächset an sandigten Orten in der Mark, ist fast wie ein Menschenbein anzusehen, und wird zu Anfange des Sommers häufig gesammlet. Das abergläubige Volk suchet dieses Kraut am Johannistage zur Mittagsstunde, und bildet sich gänzlich ein, man könne solches zu einer andern Zeit selten, oder wohl gar nicht finden. Es ist ein gut Wundkraut, und wird sonderlich in Beinbrüchen gerühmet.

Osteolithus, v. Osteocolla.

Osteritium montanum, v. Imperatoria nigra.
Osteritium siluestre, v. Herba *Gerhardi*.
Ostrutium, v. Imperatoria nigra.
Ostrutium nigrum, v. Imperatoria nigra.
Ostrya, v. Ostrys.
Ostrya, vlmo similis fructu in vmbilicis follaceis, v. Carpinus.
Ostrys, Heck, Hage, oder Steinbuche. V.
Ostrys *Theophrasti*, v. Ostrys, v. Carpinus.
Osturtium, v. Imperatoria.
Osyris, v. Linaria scoparia.
Osyris, Poetenrosmarin. XX.
Wächset in Italien und Narbonna in Frankreich. Die Staude hiervon ziehet zusammen.
Osyris *Austriaca*, v. Linaria folioso capitulo luteo maior.
Osyris flaua siluestris, v. Linaria.
Osyris frutescens baccifera, v. Cassia fistula.
Osyris maior, v. Linaria, v. Osyris.
Osyris minor, v. Linaria, v. Osyris.
Osyris odorata purpurea, v. Linaria, v. Osyris.
Osyris purpureo-coerulea, v. Linaria folioso capitulo luteo minor.
Othona, Tragetes Indicus, Tanacetum Africanum, Indianisch Näglein, Sammet oder Studentenblume. VIII.
Wächset in Gärten. Den dicken Saft hiervon brauchet man in Augenbeschwerungen, denn er soll die Dunkelheit wegnehmen.
Othona *Dioscoridis*, v. Flos *Africanus*.
Othona *Dioscoridis et Plinii*, v. Flos *Africanus*.
Othona maior Polyanthos, v. Flos *Africanus*.
Othonium, v. Chelidonia maior.
Otites, Ohrlöffleinkraut, v. Lychnis siluestris.
Oualidia, v. Chamomilla.
Ouaria, v. Plantago *Offic*.
Ouilla, v. Plantago *Offic*.
Oxalis crispa, *Ger*. v. Acetosa aruensis.
Oxalis franca, v. Acetosa rotundifolia *C. Bauh*.
Oxalis maior, v. Acetosa pratensis.
Oxalis minima, v. Acetosa scutata seu rotundifolia *C. Bauh*.
Oxalis minor, v. Acetosa scutata seu rotundifolia *C. Bauh*.
Oxalis quina, v. Acetosa scutata seu rotundifolia, *C. Bauh*.

Oxalis prima, v. Acetosa.
Oxalis quarta crispa, v. Acetosa aruensis lanceolata.
Oxalis quinta, v. Acetosa aruensis lanceolata.
Oxalis *Romana*, v. Acetosa scutata seu rotundifolia, *C. Bauh.*
Oxalis rotundifolia, v. Acetosa scutata seu rotundifolia, *C. Bauh.*
Oxalis rotundioribus foliis, v. Acetosa scutata s. rotundifolia *C. Bauh.*
Oxalis satiua franca rotundifolia repens, v. Acetosa scutata s. rotundifolia, *C. Bauh.*
Oxalis secunda tuberosa, v. Acetosa tuberosa.
Oxalis septima minima, v. Acetosa aruensis minima.
Oxalis sexta, v. Acetosa lanceolata.
Oxalis sponte nascens, v. Acetosa aruensis lanceolata.
Oxalis tenuifolia, v. Acetosa aruensis lanceolata.
Oxalis tenuifolia sinuata veruecina, v. Acetosa aruensis lanceolata.
Oxalis tertia rotundifolia, v. Acetosa rotundifolia, *C. Bauh.*
Oxalis tuberosa, v. Acetosa scutata.
Oxalis veterum, v. Acetosa rotundifolia, *C. Bauh.*
Oxicoccus, s. vaccinia palustris, Tourn. v. Oxycoccos.
Oxyacantha, v. Berberis, v. Vua crispa.
Oxyacantha *Galeni*, v. Berberis.
Oxyacanthus, v. Berberis.
Oxya *Graecorum*, v. Fagus.

Oxycedrus, kleiner Cederbaum. II.

Hat ein röthlichtes Holz, riechet wie Cypressen. Die Blätter sind schmal und sehr spitzig, tragen in der Mitten eine Frucht, so denen Myrtenbeeren gleich kömmt, und wie eine Haselnuß groß ist, hat eine röthlichte Farbe und angenehmen Geschmack, und wird dieserwegen von denen Einwohnern zum Brode gegessen. Aus diesem Baume fließet ein helles und durchsichtiges Gummi, welches der rothe und wahre Sandarach, aber so rar ist, daß man sich an dessen statt des gemeinen Wachholdergummies bedienen muß. Es wird auch ein gewisser Saft, so man Cedria zu nennen pfleget, hieraus verfertiget und destilliret; weil er aber auch gar nicht zu haben, so muß dessen Stelle das Wachholderöl vertreten. Dieses Oel dienet wider die Zitter- und Feuermähler, auch allerhand Grind und Unrath an Ochsen und Pferden. v. Valentini Museum Museorum p. 273.

Oxycedrus *Lycia*, v. Oxycedrus.

Oxycedrus *Phoenicea*, v. Oxycedrus.

Oxycoccos, Vaccinia paluſtris, Oxycoccum, Vitis idaea paluſtris, Moosbeeren, Viehebeſinge. V.

Wächſet auf ſumpfigten unflätigen Gegenden. Die Frucht ſtillet Durchfall und Erbrechen, ſtärket den Magen, und giebt in hitzigen Fiebern eine gute Kühlung.

Oxylapathon *Gall.* v. Acetoſa.

Oxylapathum, v. Acetoſa, v. Lapathum ſilueſtre anguſtifolium.

Oxymela, v. Pomus.

Oxymyrſine, v. Ruſcus.

Oxyphoenix, v. Tamarindi.

Oxyphyllum, v. Geranium.

Oxys, v. Acetoſella.

Oxys, Mählerkraut, Sauerklee. XIV.

Wird alſo genennet, weil es in weißer Leinwand die Flecken vertilget. Wenn hiervon und mit der Odermennig ein Waſſer deſtilliret wird, ſo pfleget es in allerhand Verwundungen gut zu thun.

Oxys alba, v. Oxys, v. Acetoſa.

Oxys flauo flore, v. Oxys, v. Acetoſa.

Oxys flore luteo, v. Oxys, v. Acetoſa.

Oxys lutea corniculata repens, v. Oxys, v. Acetoſa.

Oxys *Plinii*, v. Acetoſa.

Oxyſchoenos, Juncus acutus, pungens, maritimus, Stechend große Seepinze, v. Juncus. IV.

Wächſet am Seegeſtade.

Oxytriphyllon, v. Acetoſa.

Oxytriphyllum alterum *Scribonii*, *Lob.* fünfblätterricht Lotus, v. Lotus.

Ozymum, v. Ocymum.

Pabulum anſeris, v. Anſerina, v. Agrimonia.

Pabulum Cerui, v. Meum.

Pacars, v. Guabas.

Padus, Ceraſus auium nigra, ſchwarze Vogelkirſchen, v. Ceraſus.

Wachſen auf hohen Bergen. Die Frucht pfleget im böſen Weſen der Kinder gut zu thun, v. Sam. Dale Pharmacalog. p. 288.

Paederos, v. Acanthus.
Paederotta, v. Acanthus.
Paenaces Heracleon, v. Panax Heracleus I.
Paeonia, v. Poeonia.
Pala, v. Musa fructus.
Palatum leporis, v. Sonchus spinosus vulgatior.
Palea Camaelorum, v. Schoenanthum.
Paliuro, Paliurus, Rhamnus tertius *Diosc*. Rhamnus folio subrotundo fructu compresso, Stechdorn, Palm- oder Dattelbaum, Christsdorn. IV.

Ist ein wilder Dornstrauch, wächset in Italien, blühet im May und Junio. Im Herbst wird die Frucht hiervon reif. Man brauchet die Wurzel, Blätter und Beeren. Die Blätter und Wurzeln halten an, digeriren, und dienen wider entzündete Schwulsten im Nacken. Die Früchte verdünnen die Säfte, zertheilen den Stein, und sind in Brustbeschwerungen zu gebrauchen.

Paliurus, v. Paliuro, v. Agrifolium.
Paliurus *Africana*, v. Oenoplia, v. Mespilus.
Palladia, v. Hyosciamus.
Palma aculeata, v. Agrifolium.
Palma chamerops, *Plin.* v. Palma dactylifera.
Palma chamerops, *Plin.* v. Musae fructus, *Matth. Lob. Tab.*
Palma *Christi*, v. Serapias, v. Satyrium, v. Cynosorchis. Wird in denen Apothecken unter die Orchides gerechnet, q. v.
Palma *Christi*, v. Ricinus *Americanus*, v. Ricinus vulgaris.
Palma *Christi* altera, v. Ricinus *Americanus*, v. Ricinus vulgaris.
Palma *Christi* femina, v. Satyrium femina, v. Orchis palmata angustifolia etc.
Palma *Christi Gallorum*, v. Ricinus vulgaris.
Palma *Christi* maculata, v. Cynosorchis, v. Satyrium.
Palma *Christi* maculata montana, v. Cynosorchis, v. Satyrium.
Palma *Christi* maior, v. Cynosorchis, v. Satyrium.
Palma *Christi* mas, v. Cynosorchis, v. Satyrium.
Palma *Christi* minor, v. Cynosorchis, v. Satyrium.
Palma *Christi* minor femina, v. Cynosorchis, v. Satyrium.
Palma *Christi* minor mas, v. Cynosorchis, v. Satyrium.
Palma *Christi* palustris, v. Cynosorchis palustris altera.

Palma *Christi* paluſtris ſecunda, v. Cynoſorchis, v. Satyrium.

Palma *Christi* paluſtris tertia, v. Cynoſorchis paluſtris, v. Satyrium.

Palma coccifera, v. Palma oleoſa.

Palma conifera, v. Palma dactylifera.

Palma cuius fructus ſeſſilis *Fauſel* dicitur, v. Catechu.

Palma dactylifera, φοῖνιξ, Palma Tamara, Dactyliſcum, Caryotae, Palmula, Caritides, Dattel- oder Dactelbaum, Palmenbaum. XXV.

Wächſet in Judäa, Syrien, Arabien, Perſien und Egypten. Die Früchte werden Dactyli, item Palmulae genennet, wovon die Pulpa oder das Mark zur Medicin dienet. Es iſt warm im erſten, trocken im andern Grad, hält gelinde an, lindert die Rauhigkeit des Halſes, ſtillet den Huſten, Heiſcherkeit, Flüſſe, beſchwerlichen Gang des Urins, Harnwinde, ſtärket die Frucht im Mutterleibe, hemmet den Durchfall, und allerhand Beſchwerungen der Nieren und Blaſe. Aeußerlich kan man ein Cataplaſma oder Umſchlag draus machen, ſo zuſammen ziehet. Die Datteln ſind ſchwer zu verdauen, machen Hauptſchmerzen, zeugen dicke und melancholiſche Feuchtigkeiten. Die Kern hiervon oder Dattelkern befördern die Frucht und Stein. Die bekannteſten Präparata aus der Frucht ſind die Species, Electuarium Diaphoenicon (das aus unterſchiedenen Dingen zuſammengeſetzte Dattelpulver und die Lattwerge) Meſuae et Fernelii.

Palma elata, v. Palma dactylifera.

Palma *Guinea*, v. Palma oleoſa.

Palma humilis, v. Palma dactylifera.

Palma humilis longis latisque foliis, v. Muſae fructus, *Matth. Lob. Tab.*

Palma *Japonica*, v. Sagou.

Palma *Indica*, v. Moſchata.

Palma *Indica* coccifera anguloſa, v. Moſchata.

Palma *Indica Garciae*, v. Moſchata.

Palma Juncus, v. Sanguis Draconis.

Palma maior, v. Palma dactylifera.

Palma minor, v. Palma humilis.

Palma nucifera, v. Palma oleoſa.

Palma oleoſa, Palmbaum, Oelbaum. II.

Wächſet

Wächset in Guinea ohne Pflegung. Hiervon braucht man das Oel, oder vielmehr die dicke Salbe, welche einen guten Geruch von sich giebt und frisch wie Butter sich präsentiret, eine Pomeranzenfarbe hat, und sehr annehmlich riechet. Dieses Oel stillet die Schmerzen im Podagra, stärket die Nerven, entkräftete Glieder, und dienet in Contracturen.

Palma pinus, v. Sanguis Draconis.

Palma prunifera, v. Sagou.

Palma prunifera foliis juccae, v. Sanguis Draconis.

Palma sancta, v. Guaiacum.

Palma Tamara, v. Palma dactylifera.

Palmae species pumila, quae Musas fert, v. Musa fructus.

Palmaria, v. Vmbilicus Veneris.

Palmata, die Creutzblume, v. Polygala.

Palmestri, v. Moschata.

Palmetis, v. Palma humilis.

Palmite.

Ein Baum in Madagascar, welcher oben auf seinen Stamme einen Schößling von Blättern treibet, den er hervorbringen muß, und man Palmitenkohl nennet. Dieser Kohl hat den Geschmack von Kartendisteln oder gemeinen Kohlstrunken.

Palmites, v. Palma humilis.

Palmula, v. Balanus myrepsica, v. Palma.

Palo de *Calenduras*, v. China Chinae.

Palo de Luz.

Eine Peruvianische Pflanze, welche ordentlich zwey Schuh hoch wächset. Ein jedes Stäbgen wächst gerade in die Höhe, und oben wachsen kleine Blätter an kleinen Stengeln herfür. Diese Pflanze brennet, wie ein Licht, wenn man sie anzündet, da sie noch grün ist, daher sie auch obigen Namen Lichtstock bekommen hat.

Paludapium, v. Apium palustre.

Palus sanctus, v. Guaiacum.

Pampinaria, v. Pimpinella saxifraga.

Pampinella, v. Pimpinella saxifraga.

Pampinium, v. Vitis vinifera.

Pampinula, v. Pimpinella saxifraga.

Panacea, v. Nicotiana.

Panaces, v. Panax Herculeus I.

Panaces *Aesculapii*, v. Panax Asclepium.

Panaces *Asclepium*, v. Panax Asclepium.
Panaces Chironium quorundam, v. Helenium vulgare.
Panaces Costinum, v. Costus adulterinus.
Panaces Herculeum, v. Panax Herculeus, v. Angelica.
Panaces Herculeum aliud genus, v. Panax Herculeus.
Panaces peregrinum, v. Panax Herculeus.
Panaces silvestre, v. Branca vrsina.
Panacia silvestris, v. Branca vrsina.
Panacis lacryma, v. Panax Herculeus.
Panacis succus, v. Panax Herculeus.
Panaritium, v. Lamium album.
Panaua, v. Lignum Moluccense.
Panax, v. Pastinaca.
Panax altera recentiorum Olusatri aut Pastinacae folio, v. Panax Herculeus.
Panax Asclepium, Panaxkraut, Allheil des Asclepias.
Wächset in Istrien, blühet im Sommer, die Blüten und der Samen werden zerstoßen mit Honig aufgeleget, und wider um sich fressende Geschwäre gerühmet. Man kan sie auch innerlich in Wein trinken, da sie den Schlangenbiß curiren.
Panax *Asclepium* Ferulae facie, v. Panax Asclepium.
Panax chamaecistus, v. Jaca Indica.
Panax chironium, v. Helenium vulgare.
Panax chironium, *Matth.* v. Hyssopus campestris.
Panax chironium minus, v. Hyssopus campestris, v. Helianthemum.
Panax chironium *Theophrasti*, v. Panax Asclepias.
Panax chironium *Theophrasti*, v. Helenium vulgare.
Panax chironium *Theophrasti*, v. Virga aurea.
Panax Coloni, Marrubium aquaticum, acutum, Galeopsis angustifolia foetida palustris betonicae folio, flore variegata, Stachys palustris foetida, aquatica, Sideritis Anglica strumosa radice, brauner Wasserdorn, v. Sideritis.
Wächset in sumpfigten Gegenden, nahe an Flüssen, blühet im Julio. Das Kraut ist ein gut Wundkraut.
Panax Costinum, v. Costus adulterinus.
Panax Heracleon *Diosc.* v. Geranium.
Panax Herculeus maior, v. Panax Herculeus primus.
Panax Herculeus I. Heracleum *Matth. Lob. Dod.* Heracleum I. *Tab.* Spondylii folio *C. Bauh.* Sphondylium alterum *Dod.*

Impera-

Imperatoria femina, Panaxkraut, Panaxwurz, Heilwurz. III.

Der gummösichte Saft, so aus der verwundeten Wurzel oder Stengel dieses Krautes zur Sommerszeit herausläuft, wird in Macedonien und andern Orten Opopanax, Opopanacium, Panacis Lachryma, Panacis succus und Gummi Panacis, auf deutsch Panaxsaft, Panaxgummi und Opopanac genennet. Er wärmet, zertheilet, zeitiget, erweichet, treibet den zähen und groben Schleim aus, dienet wider Schlag, Krampf, Schwindel, das böse Wesen, Seitenstechen, Husten, Keuchen, Harnwinde, Versehrung der Blase, befördert den Urin, die Geburt und Nachgeburt. Aeußerlich erweichet es die harten Schwulsten und Beulen, hält die Wunden zusammen, heilet alle Schäden und Fisteln, dienet wider Gicht, Hüftwehe und Podagra, vertreibet Zauberey, und soll ein gutes Antidotum wider Hexen und Blendwerk des Satans seyn.

Panax Herculeus secundus, v. Panax Herculeus primus.

Panax *Offic.* v. Chamaecistus vulgaris flore luteo, *C. Bauh.* v. Jaca *Indica.*

Panax palustris, v. Panax Coloni.

Panax Pastinacae folio, v. Panax Herculeus primus.

Panax Sphondylii folio, quod Heracleum, v. Panax Herculeus primus.

Pancaseolus vulgo, v. Bulbocastanum.

Panchromum, v. Verbena *Offic.*

Pancopal, v. Copal.

Pancratium, v. Hyacinthus, v. Scilla.

Pancratium floribus lilii, v. Lilium marinum.

Pancratium floribus rubris, v. Lilium marinum.

Pancratium marinum, v. Lilium marinum.

Pandionia radix, v. Chelidonia maior.

Panicastrella, v. Gramen paniceum.

Panicastrellae similis alia, v. Panicum.

Panica, v. Panicum.

Panicula, v. Panicum.

Panicula *Hispanica*, v. Panicum *Americanum.*

Panicula *Italica* maior vulgo, v. Panicum *Americanum.*

Panicula *Italica* minor vulgo, v. Panicum *Americanum.*

Panicula siluestris, v. Panicum siluestre.

Panicum, Buchweitzen, Welscher Hirse, Heidekorn. IX.

Wird in Deutschland auf denen Aeckern gesäet. Der Samen giebt wenig Nahrung, kühlet, trocknet, hält an, und wird in der Ruhr, Blutspeyen und nächtlicher Besudelung verordnet.

Panicum aliud *Indicum*, panicula villosa, v. Panicum *Americanum.*

Panicum Americanum *Clus.* spica obtusa coerulea *C. Bauh.* Panicum Indicum *Dod. Lob. Tab.* blau Indianischer Fönich oder Fuchsschwanz. V.

Panicum coeruleum *Indicum, Lob. Tab.* v. Panicum *Americanum Clus.*

Panicum *Diosc. et Plinii.* v. Sorghum.

Panicum domesticum, v. Panicum *Americanum Clus.*

Panicum *Germanicum*, v. Panicum.

Panicum herbariorum siluestre, v. Panicum siluestre.

Panicum *Hispanicum*, v. Panicum *Americanum Clus.*

Panicum *Indicum*, v. Panicum *Americanum Clus.* v. Sorghum.

Panicum *Indicum* spica obtusa coerulea, v. Panicum *Americanum Clus.*

Panicum *Italicum*, v. Panicum *Americanum Clus.*

Panicum loculare, v. Sorghum.

Panicum peregrinum, v. Frumentum *Saracenicum.*

Panicum siluestre *Matth. Tab.* Gramen Mannae alterum *Dod.* puniceum spica diuisa *C. Bauh.* Milium siluestre et spinum *Clus.* Herbariorum siluestre *Lob.* wilder Fench oder Fenich, wild Manngras. VI.

Panicum spica obtusa coerulea, *C. Bauh.* v. Panicum *Americanum Clus.*

Panicum villosum, v. Panicum *Americanum Clus.*

Panis Cuculi, Guckucksklee. III.

Ist eine Art von Trifoliis. Guckgucksklee wird dieses Kraut genennet, entweder weil der Guckguck gern hiervon frisset, oder, weil er um diese Zeit pfleget zu rufen, da dieser Klee hervor kömmt. Das ganze Kraut kühlet, lindert das Brennen im Magen, und stärket das Herz.

Panis Leporinus, v. Aegilops *Plin.*

Panis Porcinus, v. Cyclamen.

Panis Porcinus. v. Apios *Trag.*

Pannachia *Persianorum*, v. Archythyrsus, v. Corona Imperialis, v. Frittillaria.

Panonica, v. Anemone.

Panque.

Ist eine Pflanze in Peru, die vier bis fünf Schuh hoch wächst. Die Blätter sind rund, und mit rauhen und etwas dicken Spitzen versehen. Den Saft saugen die Einwohner daselbst aus der Pflanze, ehe sie noch reif wird, und bedienen sich desselben zu einer Kühlung. Wenn die Blätter verwelken wollen, schneidet man die Pflanze von der Erde ab, schälet die Schaale von dem Hauptstengel, und schneidet denselben in runde dünne Schnitte. Diese trocknet man an der Sonne, und bedienet sich hernach derselben zum Gerben des Leders.

Papas *Americanum*, Virginischer Nachtschatten, v. Solanum. II.

Ist ein ausländischer Baum, so in Virginien wächset.

Papas fructus et radix, v. Solanum.

Papas *Indicum*, v. Solanum.

Papauer, Mohn, Mohnsamen. XVIII.

Papauer album, v. Papauer satiuum.

Papauer album, seu polyanthon, seu multiflorum, v. Papauer satiuum.

Papauer alterum, v. Papauer erraticum.

Papauer campestre spinosum, wilder Mohn mit Stacheln, v. Papauer.

Der rothe wird Rhoeas genennet.

Papauer candiolum, v. Papauer satiuum.

Papauer candiolum alterum, v. Papauer satiuum.

Papauer corniculatum, s. Glaucium, gehörnter Mohnsamen. VI.

Träget kleine schwarze Samenkörner, wächset um die See herum, und auf rauhen Gegenden. Man findet dessen viererley Gattungen, den gelben, blauen, und zwey Arten von Purpurrothen. Er blühet im May und Junio.

Papauer corniculatum alterum, v. Papauer corniculatum.

Papauer corniculatum luteum, v. Papauer corniculatum.

Papauer corniculatum maius, v. Papauer corniculatum.

Papauer corniculatum *Phoeniceum*, Purpurroth gehörnter Mohn. III.

Soll in Mähren und Böhmen auf denen Aeckern herum wachsen.

Papauer corniculatum primum, v. Papauer corniculatum.

Papauer corniculatum rubrum, v. Papauer corniculatum *Phoeniceum*.

Papaver corniculatum secundum, v. Papaver corniculatum.

Papaver corniculatum violaceum, blaugehörnter Mohn. III. Wächset häufig in Spanien unter der Saat, und in Frankreichs Narbonnischen Gebiet auf denen Aeckern.

Papaver cornutum, v. Papaver corniculatum.

Papaver cornutum albis floribus rubrum, v. Papaver corniculatum *Phoeniceum*.

Papaver cornutum rubrum, v. Papaver corniculatum *Phoeniceum*.

Papaver cristatum album, v. Papaver sativum.

Papaver cristatum floribus et semine albo, v. Papaver sativum.

Papaver domesticum *Diosc.* v. Papaver sativum.

Papaver erraticum alterum, v. Anemone.

Papaver erraticum maius, v. Papaver erraticum rubrum.

Papaver erraticum minus, v. Papaver erraticum rubrum.

Papaver erraticum primum, v. Papaver erraticum rubrum.

Papaver erraticum rubrum s. Rhoeas, Μήκων, Ῥοιάς, Klapperrosen, Kornrosen, Feldmagsamen, Grindmagen. VIII. Ist kalt und feucht im vierten Grad, stillet die Schmerzen, bringet Ruhe, wird in Fiebern, Taubheit, Seitenstechen und Keuchen gebrauchet, und stillet die monatliche Blume. Wenn man das Kraut äußerlich auf die Leber leget, so pfleget es das Nasenbluten zu hemmen. Aus diesem Mohn werden unterschiedene Medicamenten, als das Wasser, der Syrup, die in Zucker eingesetzte Frucht, die Tinctur und der Eßig bereitet.

Papaver fimbriatum, v. Papaver sativum.

Papaver flore fimbriato, v. Papaver sativum.

Papaver flore multiplici, v. Papaver sativum.

Papaver flore multiplici numero denso, v. Papaver sativum.

Papaver flore niveo, v. Papaver sativum.

Papaver fluidum, v. Papaver erraticum rubrum.

Papaver *Heracleum*, v. Cyanus flos.

Papaver hortense, v. Papaver sativum album.

Papaver hortense semine albo, v. Papaver sativum album.

Papaver hortense simplex, v. Papaver nigrum.

Papaver luteum, v. Papaver corniculatum luteum.

Papaver Memphriticum floribus multifidis, v. Papaver sativum.

Papaver multiflorum purpureum, v. Papaver sativum.

Papauer nigrum *Offic.* satiuum simplex nigrum *Park.* nigrum satiuum *Dod.* hortense simplex semine nigro, schwarzer Mohn, grauer Mohn. II.

Kommt mit dem weißen Mohn ziemlich überein, doch ist der weiße besser.

Papauer niueum, v. Papauer satiuum.

Papauer *Orientale* hirsutissimum flore magno *Tournef.* v. Papauer satiuum.

Papauer *Phoeniceum*, v. Papauer corniculatum *Phoeniceum.*

Papauer flore pleno albo, v. Papauer satiuum.

Papauer polyanthos I. II. III. IV. V. VI. VII. VIII. IX. v. Papauer satiuum.

Papauer primum satiuum, v. Papauer satiuum.

Papauer prius, v. Papauer erraticum.

Papauer Rhoeas, v. Papauer erraticum.

Papauer rubeum, v. Papauer erraticum rubrum.

Papauer rubrum, v. Papauer erraticum rubrum, v. Anemone.

Papauer satiuum album *Plin. Trag. Dod. Offic.* domesticum *Diosc. Matth. Tab.* hortense semine albo *C. Bauh.* album satiuum *Lob.* μήκων, *Arab.* Phaxthax, Magsamen, Oelmagen, Oelsamen, Mon, Mohn, Mohnsaat, Gartenmohn, weißer Mohn. II.

Die Blumen und der Samen sind kalt und feucht im dritten und vierten Grad, erwecken Schlaf, dienen in Brust- und Lungenbeschwerungen, Husten, Rauhigkeit, Schwindsucht und Durchfall. Aeußerlich lindern sie die Schmerzen und bringen Ruhe. Der dickeingekochte Saft wird Opium genennet, so nach etlicher Autorum Meynung kalt ist, aber unrecht, denn es allzeit warm befunden, und aus denen zerschnittenen Mohnhäuptern gesammlet wird. Vor Zeiten bekamen wir es aus der Landschaft Thebaica, heut zu Tage aber wird es von denen Kaufleuten aus der Egyptischen Hauptstadt Cairo und Arabien, ingleichen aus Ostindien, Cambaja und Decan gebracht. Es besänftiget die Lebensgeister, lindert die Schmerzen, hält den allzustarken Zufluß der Feuchtigkeiten, den Durchfall, die rothe Ruhr, und allzustarkes Erbrechen zurück, curirt das allzuviele Wachen, machet Appetit zum Beyschlaf, treibet Schweis, muß aber im Abfall der Kräfte nicht gerathen werden. Innerlich und äußerlich dienet dieser Saft zu Clystiren wider die Colic. Man pfleget aus dem Opio unterschiedene Präparata zu verfertigen, als da sind das Extractum, das Laudanum opiatum ſiccum et liquidum, ſo von einigen Chimicis Nepenthes genennet wird. Sotirellam paruam Auctoris pfleget man in Zahnſchmerzen in den hohlen Zahn zu ſtecken. Das Meconium iſt der dickere Saft, ſo aus den Mohnhäuptern und der ganzen Pflanze exprimiret und ausgedrücket worden. Maslach heißet bey denen Türken alles, was trunken machet und den Kopf einnimmt, dergleichen die Datura iſt, u. d. g. und inſonderheit verſtehet man hierdurch den Saft, ſo aus den aufgeritzten Häuptern des weißen Mohnes hervor rinnet. So iſt auch hieraus ein Extract, deſtillirtes Waſſer, ein einfacher und zugleich aus andern Dingen beſtehender Syrup, eine Latwerge, dicker Saft, und ein Oel zu bekommen.

Papauer ſatiuum, cuius ſpecies foliis diſſectis, v. Papauer ſatiuum album.

Papauer ſatiuum nigrum, *Ger.* grauer und ſchwarzer Mohn, v. Papauer nigrum *Offic.*

Papauer ſatiuum purpureum, v. Papauer ſatiuum nigrum.

Papauer ſatiuum ſemine candido, v. Papauer ſatiuum album.

Papauer ſextum, v. Papauer ſatiuum.

Papauer ſpinoſum, Glautium, Argemone, ſtachlichter Mohn, purgirende Diſtel. V.

Der Saft hieraus wird nur gebraucht, und Glaucium genennet.

Papauer ſpumeum, Marienröslein, v. Lychnis.

Papauerculum, v. Anemone.

Papaya, der Papanabaum in America. III.

Papaya fructu maxime cucumeris effigie, *Plum.* v. Papaya.

Papillaris, v. Lampſana.

Pappa, v. Senecio.

Pappus herbariorum, v. Senecio.

Papyri ſpecies, v. Typha.

Papyrum, v. Papyrus.

Papyrus, Papierbaum, oder Staude in Egypten.

Iſt ein Baum, ſo in Egypten am Nilo, it. am Euphrate bey Babylonien, auch in Syrien wächſet. Von dieſem Baum ſoll das Papier ſeinen Namen überkommen haben, weil die Alten ihn an ſtatt des Papiers brauchten. Und ſoll das Papier erſt nach dem Siege Alexandri Magni, wie er Alexandriam in Egypten erbauet hat, erfunden ſeyn. Denn erſtlich hat man auf Palmenblätter geſchrieben, hernach auf etlicher Bäume Rinden, ferner ſind auch Tafeln in Bley und

Wachs getraben worden. Von denen Zeiten des Trojanischen Krieges sind die Schreibtafeln, wie aus Homero zu erweisen, aufkommen, v. Lonicer. Kräuterbuch, p. 84.

Papyrus *Aegyptiaca* v. Papyrus.

Papyrus *Nilotica*, v. Papyrus.

Papyrus *Siciliana*, v. Papyrus.

Papyrus *Syriaca*, v. Papyrus.

Paracoculi, Molospinus, Straminea, Rauchäpfel, Stechäpfel. II.

Ist nicht eben sonderlich bekannt.

Paradisi grana, v. Cardamomum.

Paralysis *Alpina*, v. Auricula vrsi.

Paralysis vulgaris pratensis, v. Primula veris, *Offic*.

Paralytica *Alpini*, *Lob.* v. Auricula vrsi. v. Bellis hortensis.

Paralytica *Alpini*, v. Primula veris, *Offic*.

Pardalianches aconitum, v. Doronicum.

Pardalianches aconitum monococcon, v. Paris herba.

Pareira brava, v. Caapeba.

Parietaria, ἑλξίνη, Vrceolaris, Perdicium, Vitraria, Herba venti, Herba muralis, Vitriola, Heraclia, Sanitas agrestis, Herba vitri, Vineago, Herba perdicalis, Muralium, Mauerkraut, Tag und Nacht, St. Peterskraut, Glaskraut, Petermeilandskraut, Wandkraut, Rebhünerkraut, Trauffkraut, Tropfkraut. III.

Wächset um die Zäune, Mauren und Wände, blühet im Julio. Die Blätter kühlen im andern, und trocknen im ersten Grad, erweichen, reifen, reinigen, ziehen etwas zusammen, dienen im Schleim auf der Brust, Husten, beschwerlichen Abgang des Urins, und reinigen die Nieren. Nach Heluetii Meynung macht das Kraut innerliche Entzündungen. Aeußerlich kan man hiermit Schwulste, die Rose, Brandschäden und Wunden curiren, auch dieses Kraut unter die Clystire und Umschläge mengen. Wenn es zerquetschet und mit Eßig aufgeleget wird, so heilet es die Brüche. Hiervon ist auch ein destillirtes Wasser zu haben.

Parietaria *Diosc.* v. Parietaria.

Parietaria *Lipsiensium*, v. Melampyrum.

Parietaria maior, v. Parietaria.

Parietaria *Officinalis*, v. Parietaria.

Parietaria siluestris, v. Milium siluestre.

Parietaria siluestris tertia, v. Melampyrum.

Parietaria vulgaris, v. Parietaria.

Paris herba, Herba Paris, Brasiliana polycoccos, Aconitum salutiferum, Pardalianches monococcon, Solanum tetraphyllon, quadrifolium bacciferum, Vua versa, Vua inuersa, Vua vulpina, Sigillum Veneris et Crux Christi, Einbeerkraut, Wolfsbeer, Einbeer, Sternkraut, Pariskraut. IV.

Man braucht hiervon die Beere, die Blätter aber selten. Sie sind kalt und trocken, widerstehen dem Gift und giftigen Krankheiten, wenn man auch, wie einige wollen, Gift und Rattenpulver bekommen hätte. Aeußerlich dienen sie wider Pestbeulen, hitzige Schwulste, den Wurm am Finger und alte Schäden. Ein Umschlag hieraus pfleget in Schwulsten des Scroti und anderer Theile gut zu thun.

Parizataco, v. Chamaerrhododendros.

Parkinsonia, die stachlichte Parkinsonia in America.

Parmirum *Pythagorae*, v. Sideritis.

Parnassi granum, v. Gramen Parnassi.

Parnassi recentiorum hederaceum, v. Hepatica alba.

Parnassia flore albo, v. Hepatica alba.

Parnassia palustris, v. Hepatica alba.

Parnassia vulgaris, v. Hepatica alba.

Paronychia, Gänseblumen, Nägelkraut. IX.

Heilet die Niednägel an Fingern.

Paronychia, v. Ruta muraria, v. Adianthum album.

Paronychia Alsinefolia, v. Alsine.

Paronychia altera, v. Alsine corniculata, v. Paronychia.

Paronychia *Hispanica*, v. Polyganum minus candicans.

Paronychia laciniata, v. Alsine corniculata, v. Paronychia.

Paronychia latifolia, v. Alsine.

Paronychia *Matthioli*, v. Paronychia.

Paronychia rutaceo folio, v. Alsine corniculata, v. Paronychia.

Paronychia secunda, v Myagrum siluestre.

Paronychia vulgaris, v. Alsine.

Parreira braua, v. Caapeba.

Partheniastrum, Bastardmutterkraut in Westindien. II.

Parthenii sexta species, v. Mercurialis *Offic.*

Parthenion vel virginea, v. Cotula foetida *Brunf.*

Parthenium, v. Matricaria, v. Tanacetum, v. Parietaria.

Parthenium *Fuchs. Tab.* v. Cotula foetida, *Brunf. et Offic.* v. Artemisia.

Parthenium adulterinum, v. Artemisia.

Parthe-

Palthenium Leucanthemum, v. Cotula foetida, *Brunf.*
Parthenium Masculum, v. Artemisia.
Parthenium nobile, v. Chamomilla.
Parthenium nobilis Chamomilla, v. Chamomilla.
Parthenium pleno, seu polyphyllo flore, v. Artemisia.
Parthenium primum, v. Cotula foetida, *Brunf.*
Parthica, v. Viola matronalis.
Parthantemum, v. Bellis.
Paspale, v. Milium.
Paspalus *Hippocratis*, v. Milium.
Passerina, v. Scoparia.
Passerina herbatiorum vnicaulis, v. Scoparia.
Passerina linaria, v. Scoparia.
Passiflora, v. Granadilla.
Passulae, v. Vitis vinifera.
Passulae Corinthiacae, v. Corinthiacae vuae.
Passulae *Damascenae*, v. Corinthiacae vuae, v. Vitis *Offic.*
Passulae maiores, v. Vitis vinifera.
Passulae minores, v. Vitis vinifera.
Pastinaca, Rüben, Möhren. XIX.
Pastinaca adulterina, v. Pastinaca.
Pastinaca alba, v. Pastinaca domestica.
Pastinaca aquatica, v. Nasturtium aquaticum.
Pastinaca aquatica maior latifolia, v. Nasturtium aquaticum.
Pastinaca aquatica media, v. Nasturtium aquaticum.
Pastinaca asinina, v. Pastinaca erratica.
Pastinaca ceruina, v. Pastinaca domestica.
Pastinaca ceruina latifolia, v. Pastinaca domestica.
Pastinaca crocea, v. Pastinaca domestica.
Pastinaca domestica, s. satiua, Carota lutea, Siser alterum *Matth.* Schaphylinus satiuus, Scharrotam, gelbe Möhren, Pastenach, Pasternack, Palsternack, Pastenen, Pastenade, Mohrrüben, Mohren, Carotten, gelbe Rüben, gelbe Möhren, Möhrwurzeln. XI.

Wird in den Gärten gezeuget. Die Wurzeln sind entweder gelb, und heißen eigentlich Pastinaca domestica, oder Carota lutea, gelbe Rüben, Möhren, Möhrrüben; oder sie sind weis, und werden Pastinaca alba oder schlechtweg Pastenachwurzeln, Hirschmöhren, weiße oder zahme Möhren genennet; oder sie sehen roth, und heißen Carotae, rothe Rüben oder Rauen. Das Kraut und der Samen sind warm und tro-

trocken im dritten Grad, dienet in Wunden, Seitenstechen, Reissen im Leibe, Mutterbeschwerungen, treiben den Stein und verhaltene Monatzeit beym Frauenzimmer.

Pastinaca domestica latifolia, v. Pastinaca domestica.

Pastinaca erratica, wilder Pastinack, v. Pastinaca.

Pastinaca *Gallica*, v. Pastinaca domestica.

Pastinaca lutea, v. Pastinaca domestica.

Pastinaca maior, v. Caruum.

Pastinaca maritima, s. marina, *Lob.* v. Crithmum II. *Matth.*

Pastinaca nigra, v. Pastinaca domestica.

Pastinaca palustris, v. Nasturtium aquaticum.

Pastinaca pratensis *Theophrasti*, v. Foeniculum.

Pastinaca quarta *Plin.* v. Pastinaca erratica.

Pastinaca radicibus purpureis, v. Pastinaca domestica.

Pastinaca rustica, v. Pastinaca erratica.

Pastinaca satiua, v. Pastinaca domestica.

Pastinaca satiua altera, v. Pastinaca domestica.

Pastinaca satiua atrorubens, v. Pastinaca domestica.

Pastinaca satiua *Dioscoridis*, v. Pastinaca domestica.

Pastinaca satiua flaua, v. Pastinaca domestica.

Pastinaca satiua latifolia, v. Pastinaca siluestris.

Pastinaca satiua rubra, v. Pastinaca domestica.

Pastinaca siluestris, Daucus *Offic.* vel agrestis vel siluestris, Elaphoboscum *Matth.* Siser siluestre *Fuchs.* Nidus auis, Spondylium, Vogelnest, Mohrenkümmel. IX.

Es verrichtet dieses Kraut eben das, was der Daucus Creticus thut. Der Samen ist warm und trocken im dritten Grad, verdünnet, eröfnet, treibet Blähungen, Urin, Stein und schwere Geburt, dienet in Entzündungen der Nieren, Schmerzen nach der Geburt, Tropfenweise und sehr sparsamen Abgang des Urines, eröfnet Leber, Milz und Harngänge, treibet die Monatzeit und Mondkälber aus, curiret die Erstickung der Mutter, Blähungen, und erregt fleischliche Begierden zum Beyschlaf. Aeußerlich brauchet man die Wurzel in Mutterclystiren. Das Kraut trocknet die Flüsse, und treibet die Geburt. Sonst hat man von diesem Kraut den mit Zucker überzogenen Samen, ingleichen das destillirte Wasser und Oel aus dem Samen.

Pastinaca siluestris, v. Branca vrsina.

Pastinaca siluestris *Gallica*, v. Pastinaca siluestris.

Pastinaca siluestris *Germanica*, v. Pastinaca erratica.

Pastinaca siluestris latifolia, v. Pastinaca siluestris.
Pastinaca siluestris maior, v. Chaerefolium.
Pastinaca siluestris nigra, v. Foeniculum.
Pastinaca sponte orta, v. Pastinaca siluestris.
Pastinaca *Syriaca*, v. Secacul.
Pastinaca tenuifolia, v. Daucus, v. Pastinaca domestica.
Pastinaca tenuifolia satiua radice alba, v. Pastinaca domestica.
Pastinaca tenuifolia satiua radice atro-rubente, v. Pastinaca domestica.
Pastinaca tenuifolia satiua radice lutea, vel alba, v. Faba.
Pastinaca tenuifolia siluestris, v. Pastinaca erratica.
Pastinaca vulgi, v. Pastinaca siluestris.
Pastinaca vulgo *Caratta* radicibus albis, v. Pastinacá domestica.
Pastinaca *Dioscoridis* tenuifoliae, v. Pastinaca siluestris.
Pastinaces Angelicum, v. Angelica.
Pastoris bursa, v. Bursa pastoris.
Pastum Camelorum, v. Schoenanthum.
Pastura Gamelorum, v. Schoenanthum.
Pastus agnorum, v. Lactuca agnina.
Pastus anserinus, v. Anserina.
Pastus camelorum, v. Schoenanthum.
Patientia *Italorum*, v. Lapathum.
Patientia vulgi, v. Lapathum.
Patonicichia, v. Lamium album.
Pauame, v. Sassafras.
Pauia, der Roßcastanienbaum in America mit scharlachfarbener Blume.
Pausia Oliua, v. Oliua.
Pecten *Veneris*, v. Chaerefolium aculeatum.
Pedes Gallinacei, v. Fumaria.
Pedicularia campestris, *Trag.* II. v. Crista Galli.
Pedicularia herba, v. Staphysagria.
Pedicularia lutea, v. Crista galli.
Pedicularia tertia, v. Helleborus niger.
Pedicularis bulbosa, *J. Bauh.* v. Filipendula montana.
Pedicularis pratensis lutea, v. Crista galli altera.
Pedicularis pratensis purpurea, v. Crista galli altera.
Pediculus Elephantinus, v. Anacardium.
Pedina *Poenorum*, v. Flos Africanus.
Pedinum, v. Apium.

Pedua *Poenorum*, v. Flos *Africanus*.
Peduncularia, v. Staphisagria.
Peganion *Narbonense*, v. Ruta maior.
Peganium siluestre, v. Ruta maior.
Peganum, v. Ruta hortensis, v. Ruta maior.
Peganum montanum, v. Ruta maior.
Peganum siluestre, v. Harmala.
Pelecinum, s. Pelecinus, v. Hedysarum, *Lon.*
Pelonitis, v. Geranium tuberosum.
Peloria, die Peloria.

Wird in Norden gefunden, und wird von denen Botanicis vor eine Species der Linariae gehalten, maßen sie auch viele Gleichheit mit derselben hat. vid. Linnaeus Diss. Acad. I. de Peloria.

Pempedula, v. Quinquefolium.
Pendre.

Ist eine Planze in Madagascar, die ein stechendes Blat hat, und zehen oder zwölf weiße Blumen von einem wundersamen Geruch treibet.

Penidia, Penidiae, Penidii, v. Saccharum.
Penpinella, v. Pimpinella.
Pentacoenum, v. Quinquefolium.
Pentactylus, v. Quinquefolium.
Pentafolium petraeum minus, v. Quinquefolium.
Pentagonia, v. Viola pentagonia.
Pentapetes, v. Quinquefolium.
Pentaphylli quinta species, v. Sanicula.
Pentaphylloides, Fünffingerkraut, Bastard. II.
Pentaphyllon, v. Quinquefolium.
Pentaphyllos, *Gesn.* v. Trifolium filiquosum.
Pentaphyllum, v. Quinquefolium.
Pentaphyllum album, v. Quinquefolium luteum, *Fuchs.*
Pentaphyllum album rectum, v. Quinquefolium purpureum.
Pentaphyllum *Alpinum*, v. Quinquefolium *Alpinum*.
Pentaphyllum *Alpinum* petrosum minimum, v. Quinquefolium *Alpinum*.
Pentaphyllum argenteum, v. Quinquefolium *Alpinum*.
Pentaphyllum canum, v. Quinquefolium *Alpinum*.
Pentaphyllum exiguum alterum, v. Quinquefolium *Alpinum*.
Pentaphyllum floribus albis, v. Quinquefolium luteum maius.

Penta-

Pentaphyllum luteum maius, v. Quinquefolium luteum rectum.
Pentaphyllum luteum minus, v. Quinquefolium luteum minus.
Pentaphyllum maius, v. Quinquefolium luteum maius.
Pentaphyllum maius flore albo, v. Quinquefolium album maius alterum.
Pentaphyllum minus, v. Quinquefolium maius repens.
Pentaphyllum minus luteum, v. Quinquefolium luteum minus.
Pentaphyllum paluſtre, v. Quinquefolium paluſtre.
Pentaphyllum petraeum maius, v. Quinquefolium petraeum maius.
Pentaphyllum petraeum minus, v. Quinquefolium petraeum minus.
Pentaphyllum primum, v. Quinquefolium maius repens, *C. Bauh.*
Pentaphyllum purpureum rectum, v. Quinquefolium purpureum rectum.
Pentaphyllum rectum maius, v. Quinquefolium luteum rectum.
Pentaphyllum rectum minus, v. Quinquefolium luteum minus.
Pentaphyllum repens, v. Quinquefolium maius repens, *C. Bauh.*
Pentaphyllum rubrum, v. Quinquefolium paluſtre.
Pentaphyllum rubrum paluſtre, v. Quinquefolium paluſtre.
Pentaphyllum ſilueſtre, v. Quinquefolium ſilueſtre.
Pentaphyllum ſupinum Tormentillae facie, v. Quinquefolium fragiferum ſupinum.
Pentaphyllum tertium, v. Quinquefolium petraeum maius.
Pentaphyllum *Theophraſti*, v. Quinquefolium maius album.
Pentaphyllum verum ac nobile, v. Quinquefolium ſilueſtre.
Pentaphyllum vulgare, v. Quinquefolium album maius.
Pentaphyllum vulgare, v. Quinquefolium luteum rectum.
Pentapteron, v. Quinquefolium.
Pentapterophyllum, v. Quinquefolium.
Pentatomum, v. Quinquefolium.
Peperi, v. Piper.
Peplion, *Dalechamp.* v. Chamaeſyrce.
Pepelis, Peplium, Peplus, v. Tithymalus, v. Eſula.
Peplis *Dioſc.* v. Sanicula.

Peplis humilis, v. Chamaesyrce.
Peplis maritima folio obtuso, v. Chamaesyrce.
Peplis minor, v. Chamaesyrce.
Peplis minor, *Dalechamp.* v. Tithymalus, v. Esula vulgaris.
Peplis serpens, v. Chamaesyrce.
Peplis terrestri, v. Chamaesyrce.
Peplium, v. Chamaesyrce.
Peplus, v. Esula.
Peplus minor, v. Esula vulgaris.
Pepo, v. Melo.
Pepo amarus, v. Colocynthis vera.
Pepo grandis melo, v. Melo.
Pepo *Indicus* fungiformis, v. Melo.
Pepo *Indicus* minor angulosus, v. Melo.
Pepo *Indicus* minor clypeatus, v. Melo.
Pepo *Indicus* minor oblongus, v. Melo.
Pepo *Indicus* minor rotundus, v. Melo.
Pepo latior clypeiformis, v. Melo.
Pepo latioribus fructibus, v. Melo.
Pepo latus, v. Melo.
Pepo magnus, v. Melo.
Pepo maior oblongus, v. Melo.
Pepo maior siluestris, v. Melo.
Pepo maximus compressus, v. Melo.
Pepo maximus oblongus, v. Melo.
Pepo maximus rotundus, v. Melo.
Pepo minor angulosus, v. Melo.
Pepo minor clypeatus, v. Melo.
Pepo oblongus, v. Melo.
Pepo oblongus, rotundus, luteus, viridis, v. Melo.
Pepo rotundus compressus, Melonis effigie, v. Melo.
Pepo rotundus Melonis effigie, v. Melo.
Peponella, v. Sanguisorba.
Pera pastoris, v. Bursa pastoris.
Percepier aut Perchepier Anglorum *Lob.* Scandix minor *Tab.* Alchimilla montana minima *Columellae*, Saxifraga minor, kleiner Steinbrech, klein Nadelkraut. II.
Von diesem Kraut hat man das gebrannte Wasser mit andern vermischet, den Gries und Sand abzuführen, gut befunden.
Perdicion *Theophr.* v. Chondrilla.
Perdicium, v. Parietaria.

Peregri-

Peregrina, v. Viola matronalis.
Perenne angustifolium, v. Bupleurum.
Perenne longis et angustis foliis incuruis, v. Bupleurum.
Pereskia, Pereskia, die Americanische Stachelbeere.
Perfoliata et Perfoliatum *Offic.* vera *Thal.* vulgaris *Park.* vulgatissima s. aruensis *C. Baub.* maior *Trag.* Durchwachs, Bruchwurz, Stopsloch, Nabelkraut, Knabenkraut. X.
Die Blätter und der Samen sind warm und trocken, haben eine adstringirende Kraft, fast wie die Plantago, heilen die Wunden, Brüche, aufgeschwollene Gliedmaßen, Kröpfe, Ueberbeine und Zerquetschungen. Hiervon hat man das destillirte Wasser.
Perfoliata altera, v. Hipposelinum.
Perfoliata aruensis, v. Perfoliata *Offic.*
Perfoliata caule rotundo, v. Hypericum.
Perfoliata foliis glabris, v. Hypericum.
Perfoliata maior, v. Perfoliata *Offic.*
Perfoliata minor, v. Perfoliata *Offic.*
Perfoliata Napifolia, v. Perfoliata *Offic.*
Perfoliata napifolia *Anglorum* siliquosa, v. Perfoliata *Offic.*
Perfoliata nostras, v. Hepatica alba.
Perfoliata siluestris femina, v. Ophris, v. Bifolium.
Perfoliata vera, v. Perfoliata *Offic.*
Perfoliata vulgaris, v. Perfoliata *Offic.*
Perfoliata vulgatissima, v. Perfoliata *Offic.*
Perfoliatum, v. Perfoliata *Offic.*
Perfoliatum vulgatius flore luteo, folio vmbilicato, v. Perfoliata *Offic.*
Perforata, v. Hypericum.
Pergalium, v. Anemone.
Periclimeni species, cuius folia vnita, v. Caprifolium *Brunf.*
Periclimeno cognatus frutex, v. Caprifolium. *Brunf.*
Periclimenum *Allebrogum*, v. Caprifolium *Brunf. et Offic.*
Periclimenum *Allobrogum* alterum, v. Caprifolium, *Brunf. et Offic.*
Periclimenum alterum, v. Caprifolium *Brunf. et Offic.*
Periclimenum *Germanicum*, v. Caprifolium, *Brunf et Offic.*
Periclimenum humile, v. Caprifolium *Brunf. et Offic.*
Periclimenum minus, v. Caprifolium, *Brunf. et Offic.*

Periolimenum non perfoliatum, v. Caprifolium, *Brunſ. et Offic.*
Periclimenum paruum, v. Ipecacoanha.
Periclimenum perfoliatum, v. Caprifolium *Brunſ. et Offic.*
Periclimenum primum, v. Caprifolium, *Brunſ. et Offic.*
Periclimenum quartum, v. Caprifolium, *Brunſ. et Offic.*
Periclimenum rectum, v. Caprifolium, *Brunſ. et Offic.*
Periclimenum ſecundum, v. Caprifolium, *Brunſ. et Offic.*
Periclimenum tertium, v. Caprifolium *Brunſ. et Offic.*
Periclimenum, *Trag. Fuchſ. Tab.* v. Caprifolium, *Brunſ. et Offic.*
Periclimenum vulgare Septentrionale, *Cluſ.* v. Caprifolium, *Brunſ. et Offic.*
Perimonia, v. Geranium.
Periploca, Virginiſche Rebe, oder Seide, v. Apocymum *Matth.* X.
Periploca altera, v. Apocymum repens, *Matth.*
Periploca minor, v. Vincedoxicum.
Periploca prior, v. Soldanella.
Periploca repens, *Dod.* v. Apocymum *Matth.*
Peristerium, v. Verbena.
Perpedium, v. Ammi, ſ. Ammioſelinum.
Perpenſa, v. Aſarum.
Perſea, der Avogatobaum aus Weſtindien.
Perſicae primum genus, v. Perſica malus.
Perſicae quartum genus, v. Perſica malus.
Perſicae tertium genus, v. Perſica malus.
Perſica aeſtiua Armeniacis ſimilis, v. Perſica malus.
Perſica buxea a cotoneis denominata, v. Perſica malus.
Perſica carata, v. Perſica malus.
Perſica *Cidoniaria*, v. Perſica malus.
Perſica *Cottonea*, v. Perſica malus.
Perſica dura carne candida, aliquando ex albo ſubrubente, v. Perſica malus.
Perſica duracina, v. Perſica malus.
Perſica *Hermolai*, v. Viola matronalis.
Perſica lutea, v. Perſica malus.
Perſica malus, Pfirſichbaum. XXXIV.
Die Frucht heiſset Pferſinge, Pfirſichen, Pfirskern, Perſicken, iſt kalt und feucht im andern Grad, nähret wenig, giebt Gelegenheit zur Fäulung, laxiret den Leib, die gedörrete aber

hält

hält an und wird im Durchfall gebrauchet. Die Blüten und Blätter, so warm und trocken, reinigen die Haut. Die Blüten tödten die Würme der Kinder, erweichen den Leib, heben die Verstopfungen des Gekröses, und führen das Wasser ab. Die Kern sind warm im andern und trocken im ersten Grad, treiben Urin und Stein, eröfnen die Leber, und curiren den Sood. Sie werden auch äußerlich wider Hauptschmerzen, auch Schlaf und Ruhe zu schaffen, gebrauchet. Die eingemachten Früchte und das Wasser aus denen Blüten vertreibet die Würme bey Kindern, und das Wasser aus denen Kernen befördert den Stein. Den Syrup aus denen Blumen, pfleget man die Galle, das Wasser und den Gekrössaft abzuführen, zu rathen. Die im Zucker eingesetzten Blumen und das Oel curiren die Schmerzen der Ohren, güldenen Ader, die Schwulst und Colic.

Persica molli carne, viridi et alba, v. Persica malus.

Persica praecox, v. Persica malus.

Persica rubra, v. Persica malus.

Persica sanguinea, v. Persica malus.

Persica sanguineo succo madentia, v. Persica malus.

Persica secundum genus s. Duracina, v. Persica malus.

Persica succo quasi sanguineo, v. Persica malus.

Persica *Vngarica* colore aureo, v. Persica malus.

Persica *Vngarica* sanguineo succo, v. Persica malus.

Persicaria, Flöhkraut. VII.

Persicaria acris, v. Persicaria vrens.

Persicaria altera, v. Persicaria mitis.

Persicaria maculata nigra, v. Persicaria mitis.

Persicaria maculosa, v. Persicaria mitis.

Persicaria maior, v. Bardana maior.

Persicaria mascula, v. Persicaria mitis.

Persicaria minor, v. Persicaria mitis.

Persicaria mitis, maculosa *Lob.* et non maculosa *C. Bauh.* Pulicaria femina *Brunf.* Persicaria altera *Trag. Matth.* gelinde Flöhkraut, Persickkraut. V.

Hält ein wenig an, und zertheilet, dahero es denn als ein sonderlich Arcanum, alte Schäden zu heilen, in Umschlägen gebrauchet wird. Es dienet auch wider Fisteln und Feigwarzen, tödtet die Würme in Ohren, zertheilet die Schwulsten, und kan innerlich wider die rothe Ruhr und allerhand Bauchflüsse verordnet werden.

Persicaria mitis maculosa, v. Persicaria mitis *Lob.*

Persicaria mitis maculosa et non maculosa, v. Persicaria mitis, *Lob.*

Persicaria mordax, v. Persicaria vrens.

Persicaria non maculosa, v. Persicaria mitis.

Persicaria prima *Britannica, Plin.* v. Persicaria mitis.

Persicaria pumila, v. Persicaria mitis.

Persicaria siliquosa, v. Impatiens.

Persicaria vrens, acris *Lob. C. Bauh.* mordax *Thal.* Pulicaria acris, ὑδροπέπερι, Hydropiper, Pulicaria, Piper aquaticum, Herba Pauonis, Pauonaria. Pfersingkraut, Wasserpfeffer, scharf oder brennend Flöhkraut, Mückenkraut, Wasserblut, (weil es scharf und auf der Zunge brennet wie Pfeffer, und an wässerichten Orten wächset,) Pfauenspiegel, Rottich, Rassel.

Die Blätter sind warm und trocken, heilen die Wunden, alte Schwulste und Schäden. Es werden hierdurch Krankheiten fortgepflanzet, in Bäume oder andere Dinge eingespändet. Das Kraut dienet wider die rothe Ruhr und andere Bauchflüsse. Es ist eine vortrefliche Arzeney im malo ischiatico oder Hüftwehe, Io. Agricola in Chir. Parv. Tr. 7. Man kan auch im Monat September hiervon ein Wasser destilliren, welches in Heilung der Franzosen und anderer Flecken der Haut gut thut. Hartmann. Das Decoctum hiervon, oder, wenn man das Kraut mit Wasser kochet, ist ein bewährtes Remedium, die Entzündung und kleinen Blättergen an Schienbeinen, so Herpes, der Harwurm, genennet werden, zu tilgen. Wenn dieses Kraut unter einer gewissen Constellation gesammlet, über alte Schäden geleget, und hernach in Pferdekoth eingescharret wird, soll es alles schädliche binnen 24 Stunden heraus ziehen, und solchergestalt die ganze Cur zu Ende bringen.

Persicus alba et popularis, v. Persica malus.

Persicus praecox, vel Armenia, v. Armeniaca.

Persicus quartum genus, v. Armeniaca.

Persilium, v. Petroselinum vulgare.

Persilium nothum, v. Caucalis.

Personaria, Personata, v. Bardana maior.

Personata, v. Bardana.

Personata maior, v. Bardana.

Peruanum balsamum, v. Balsamum Indicum.

Peruinca, v. Vinca per vinca.

Peruanus cortex, v. China chinae.
Peruinca, Vinca per-vinca, Sinngrün. VII.
Pes alaudae, v. Calcatrippa.
Pes *Alexandrinus*, v. Pyrethrum.
Pes Anserinus, *Fuchs. Dod. Lon.* v. Atriplex siluestris tertia, *Matth.*
Pes Anserinus latifolius laceris laciniis, v. Atriplex siluestris tertia, *Matth.*
Pes Asininus, v. Alliaria, v. Muscus terrestris.
Pes Auis, v. Ornithopodium.
Pes Caprae, v. Herba *Gerhardi.*
Pes Cati, v. Nispidula.
Pes Columbinus, v. Geranium columbinum.
Pes Columbinus tertius, v. Geranium columbinum.
Pes Cornicis, v. Coronopus.
Pes Corui, v. Coronopus.
Pes Coruinus, v. Ranunculus.
Pes Gallinaceus, v. Caucalis, v. Fumaria.
Pes Leonis, v. Alchimilla, v. Muscus terrestris.
Pes Leonis, v. Pulmonaria arborea, v. Leontopodium.
Pes Leopardi, v Ranunculus.
Pes Leporinus, v. Lagopus.
Pes Locustae, v. Rapunculus, v. Sisarum.
Pes Locustae *Viennae*, v. Rapunculus, v. Sisarum.
Pes Lupi, v. Cardiaca, v. Muscus terrestris.
Pes Milui, v. Calcatrippa.
Pes Miluinus, v. Ranunculus.
Pes Miluinus, v. Coronopus.
Pes Pulli, v. Caucalis.
Pes Vituli, v. Aron.
Pes Vrsinus, v. Muscus terrestris.
Pesserage, v. Iberis.
Pestichiaria, v. Galega.
Pestis auenae, v. Vstilago secalina.
Pestis hortorum, v. Herba *Gerhardi.*
Petasitis *Offic.* Tussilago maior *Matth.* Neunkraft, Kraftwurz, Pestilenzwurz, Pestilenzkraut, Schweiswurz, Petasitenhäublein, Regenkraft, Roßpappeln, groß Roßhub, grosser Huflattig, deutscher Costus. V.
Die Wurzel treibet den Schweis, dienet wider die Pest, Engbrüstigkeit, giftige Krankheiten, widerstehet dem Gift, und

 stillet

stillet die Mutterbeschwerung. Man brauchet diese Wurzel zum Theriac, Bezoartincturen, und destillirt ein Wasser daraus. So ist auch der hieraus bereitete Bezoareßig nicht zu verachten.

Petasitis cum flore, v. Petasitis, *Offic.*

Petasitis flore punicante, v. Petasitis, *Offic.*

Petasitis galericia, v. Petasitis, *Offic.*

Petasitis maior, v. Petasitis *Offic.*

Petasitis vulgaris, v. Petasitis *Offic.*

Petechiaria, v. Galega.

Petiueria, die Petiveria in America.

Petrella, v. Senecio.

Petroeon, v. Symphitum.

Petroselini vitium, v. Cicuta.

Petroselino similis, v. Cicuta.

Petroselinum, Petersilie. XXXIX.

Petroselinum Alexandrinum, v. Hipposelinum.

Petroselinum aruense, v. Caucalis.

Petroselinum aruense rubrum, v. Caucalis.

Petroselinum asininum, v. Chaerefolium aculeatum.

Petroselinum caninum, v. Cicuta.

Petroselinum ceruinum, v. Petroselinum montanum.

Petroselinum *Cilicium*, v. Hipposelinum.

Petroselinum commune vel maius, v. Apium hortense.

Petroselinum crispum, v. Apium hortense.

Petroselinum equinum, v. Hipposelinum.

Petroselinum *Estreaticum*, v. Petroselinum *Macedonicum*.

Petroselinum hircinum, v. Pimpinella.

Petroselinum Macedonicum s. verum et veterum, Apium hortense, saxatile, Peterlein, Steinpeterlein, Steinäppich, zahmer Steinbrech, Peterling. XIV.

Die Wurzel ist selten im Brauch, öfters aber der Samen, so warm und trocken im dritten Grad, reiniget, verdünnet, eröfnet, und widerstehet dem Gift. Denen, so an der fallenden Sucht und Schwindel laboriren, und hierzu geneigt sind, ist dieses Kraut wegen seines starken Geruchs schädlich, dienet wider den Husten der Kinder, treibet die Monatzeit, den Urin, und widerstehet der Zauberey.

Petroselinum *Macedonicum* verum, v. Hipposelinum.

Petroselinum marinum, v. Critimum marinum.

Petroselinum montanum, ὀρεοσέλινον, Apium montanum, Elaphophoselinum, Polychreston, valde bona, Veelgutta *Dod.* Montapium *Swenckfeld.* Bergpeterlein, Eppich, Hirschpeterlein, wild Peterlein, wild Petersilien, Vielgut, Blödewurz. III.

Die Wurzel und Samen sind warm und trocken im dritten Grad, widerstehen dem Gift, treiben Schweis, Urin und den Stein, curiren die Pest, blähende Krankheiten und Harnwinde.

Petroselinum silvestre, v. Caucalis *Matth.* v. Filipendula.

Petroselinum *Syriacum*, v. Secacul.

Petroselinum verum, v. Petroselinum *Macedonicum.*

Petroselinum veterum, v. Petroselinum *Macedonicum.*

Petroselinum vulgare, Apium hortense, Persilium, Oreoselinum *Arab.* Karphi, Peterlein, Petersilig, Garteneppich. III.

Die Wurzel, Samen und Blätter sind warm und trocken im andern Grad, verdünnen, eröfnen, reinigen, treiben den Schweis, dienen in Verstopfungen der Lungen, Leber, Milz, Nieren, Blase, der Monatzeit, curiren den Husten, die gelbe Sucht, Cacherie, den Stein, Gries und Engbrüstigkeit. Aeußerlich resolviren und zertheilen sie die hitzigen Schwulste, das blauunterlaufene Geblüt in Augen, verhindern das Haarausfallen, und können, die Milch zu vertreiben, auf die Brüste geleget werden. Hiervon hat man ein destillirtes Wasser.

Petrosilium, v. Apium hortense.

Petrosindula, v. Pimpinella.

Petum, Petume, v. Nicotiana.

Petum angustifolium, v. Nicotiana maior.

Petum *Clusii*, v. Nicotiana maior.

Peucedanum, v. Foeniculum.

Peucedanum *Offic.* Foeniculum porcinum, Foeniculum, Pinastellum, Haarstrang, Saufönchel, Schwefelwurz, Himmelgalle, Himmeldille, Himmelkraut, Himmelgelbe. VI.

Die Wurzel ist warm und trocken im dritten Grad, verdünnet, eröfnet, führet den zähen Schleim und die Galle ab, dienet in Brustbeschwerungen, Husten, Aufblähungen des Magens, wider den Scorbut, Mutterbeschwerungen, Verstopfung der Leber, Milz, Nieren, den Urin und Stein. Aeußerlich hat diese Wurzel auch ihren Nutzen in halben oder ganzen Kopfschmerzen, Schwulsten, Geschwären, vermehret die Haare. Hieraus wird ein Salz und destillirtes Oel, aber selten, verfertiget.

Peucedanum aquaticum, v. Foeniculum aquaticum.
Peucedanum foliis longioribus. v. Peucedanum *Offic.*
Peucedanum *Germanicum*, v. Peucedanum *Offic.*
Peucedanum *Italicum* v. Peucedanum *Offic.*
Peucedanum maius *Italicum*, v. Peucedanum *Offic.*
Peucedanum palustre, v. Foeniculum aquaticum.
Peucedanum vulgi. v. Peucedanum *Offic.*
Pexasis, v. Artemisia.
Peziza, v. Fungus.
Phaenis, v. Anemone.
Phaenium, v. Anemone.
Phaeotium, v. Ranunculus.
Phagas, Phagus, v. Esculus.
Phakos, v. Lens vulgaris.
Phalangites. v. Phalangium.
Phalangites nostras, v. Phalangium.
Phalangitium, v. Phalangium.
Phalangium, v. Branca ursina.
Phalangium, Liliago, Erdspinnenkraut. VII.

Hat eine trocknende und subtile Kraft bey sich. Wenn man die Blüten hiervon in den Wein thut, und den Wein austrinket, so sollen sie die Schmerzen in den Därmen, auch Scorpionen- und Spinnenstich curiren.

Phalangium alterum genus, v. Phalangium.
Phalangium *Cretae Salonensis*, v. Phalangium.
Phalangium *Dalechampii*, v. Phalangium.
Phalangium magno flore, v. Phalangium.
Phalangium maius, v. Phalangium.
Phalangium *Matthioli*, v. Phalangium.
Phalangium *Narbonense*, v. Phalangium, v. Asphodelus minor.
Phalangium non ramosum, v. Phalangium.
Phalangium paruo flore non ramosum, v. Phalangium.
Phalangium ramosum, v. Phalangium.
Phalaris *Matth. Lob. Dod. Tab.* Canariense Semen *Gesn.*, Milium alterum *Theophr.* Canariengras. VI.

Wird deswegen Canariengras genennet, weil der Samen denen Canarienvögeln zur Speise gegeben wird.

Phalaris herbariorum, v. Phalaris.
Phalaris semine albo, v. Phalaris.
Phalaris pratensis, v. Aegilops, *Plin.*

Phalaris pratensis minor, *Lob.* v. Aegilops, *Plin.*
Phaliris, v. Phalaris.
Phaseoli *Americi* purgantes, v. Faba.
Phaseoli *Brasiliani*, v. Indigo.
Phaseoli *Brasiliani* alteri fructu nigro, pisi magnitudine, v. Faba.
Phaseoli *Brasiliani* foliis molli lanugine obsitis fructu magno, v. Faba.
Phaseoli *Brasiliani* minores, v. Faba.
Phaseoli *Brasiliani* primi, v. Faba.
Phaseoli *Brasiliani* secundi, v. Faba.
Phaseoli *Brasiliani* tertii, v. Faba.
Phaseoli cochleati, v. Faba.
Phaseoli genus peregrinum, v. Faba.
Phaseoli primi generis, v. Pisum.
Phaseolorum XII. genera, v. Faba.
Phaseolus, v. Faba.
Phaseolus *Aegyptiacus*, v. Faba.
Phaseolus albus *Americanus*, v. Indigo.
Phaseolus alter *Indicus*, v. Faba.
Phaseolus *Americanus*, v. Indigo.
Phaseolus *Americanus* purgans, v. Faba purgans.
Phaseolus *Brasiliensis*, v. Indigo.
Phaseolus *Indicus* maior, v. Faba.
Phaseolus maior, v. Faba.
Phaseolus noui orbis, v. Faba, v. Indigo.
Phaseolus orthocarpos, v. Faba.
Phaseolus paruus ex *America*, v. Faba, v. Indigo.
Phaseolus peregrinus, *Bell.* v. Faba.
Phaseolus peregrinus *Indicus*, v. Faba.
Phaseolus quintus, v. Faba.
Phaseolus satiuus, v. Faba.
Phaseolus siluestris, v. Pisum siluestre.
Phaseolus *Turcicus*, v. Faba.
Phaseolus Venereus, v. Faba.
Phaseolus vrens, v. Faba.
Phaseloides, der Phaseolenbaum in Carolina.
Phaselus, v. Faba.
Phasiolus, v. Trifolium fibrinum, v. Faba.
Phasiolus albus, v. Faba.
Phasiolus maior, v. Faba.

Phasiolus vulgi, v. Faba.
Phasganum, v. Machaeronium.
Phegopyrum, v. Frumentum *Saracenicum*.
Phegos, v. Esculus.
Phellandrion, v. Cicuta.
Phellandrion *Hispanicum*, v. Talictrum maius.
Phellandrion minus, v. Talictrum maius.
Phellandrion *Plinii*, v. Talictrum maius.
Phellandrion tenuifolium, v. Talictrum maius.
Phellodrys, Korcheiche, v. Quercus. V.
Phellodrys alba angustifolia folio serrato, v. Phellodrys, v. Quercus.
Phellodrys candicans angustifolia serrata, v. Phellodrys, v. Quercus.
Phellos, v. Phellodrys.
Phersephonium, v. Verbena.
Philadelphos, v. Aparine.
Philadelphus *Apollodori*, v. Syringa.
Philanthropos, v. Aparina aspera.
Phileterion, v. Aparine.
Philipendula, v. Filipendula.
Philippensium Insularum Anisum, v. Anisum stellatum.
Phillum arrhenogonon, v. Mercurialis.
Phillyrea, v. Ligustrum, v. Tilia.
Phillyrea angustifolia, v. Alaternus, v. Tilia.
Phillyrea folio leuiter serrato, v. Alaternus, v. Tilia.
Phillyrea humilior, v. Alaternus.
Phillyrea latifolia leuis, v. Macaleb, *Lob.*
Phillyrea *Narbonensis*, v. Alaternus, v. Tilia.
Phillyrea quarta, v. Alaternus, v. Tilia.
Phillyrea secunda, v. Alaternus, v. Tilia.
Phillyrea serrata, v. Alaternus, v. Tilia.
Phillyrea tertia, v. Alaternus, v. Tilia.
Phillyrea *Theophrasti* mas, v. Alaternus.
Phillytis, v. Scolopendria vulgaris.
Philomedium, v. Chelidonia maior.
Philtrum, v. Pastinaca erratica.
Phistacia, v. Pistacia.
Phistici, v. Pistacia.
Phleo, v. Stoebe maior.
Phleos femina, v. Sparganium alterum.

Phleos mas latifolius, v. Sagitta maior.
Phleos *Theophrasti*, v. Sagittaria.
Phleum, v. Stoebe maior.
Phlogion, v. Jacea.
Phlomitis, v. Turbith.
Phlomos, v. Verbascum.
Phlomos Lychnitis, v. Verbascum.
Phlomos mas alter, v. Verbascum.
Phlox *Theophrasti*, v. Amaranthus purpureus.
Phoenicea corulea, v. Anagallis terrestris.
Phoenicea herba, v. Lolium IV. *Trag.*
Phoenicopteron, v. Lolium IV. *Trag.*
Phoenix, *Diosc.* v. Lolium IV. *Trag.*
Phoenix *Matth.* v. Lolium IV. *Trag.* v. Leo ferox.
Phoinix, v. Palma.
Phragmites, *Dod.* v. Capnos *Plin.*
Phragmitis, v. Arundo vulgaris.
Phthirion, v. Crista galli.
Phthitium, *Lugd.* v. Crista galli altera.
Phthora *Waldensium*, v. Crista galli.
Phu, v. Valeriana.
Phu, *Dioscoridis*, v. Valeriana maior.
Phu folio Olusatri, *Diosc.* v. Valeriana hortensis.
Phu *Germanicum Fuchs.* v. Valeriana hortensis.
Ph *Graecum*, v. Valeriana *Graeca*, s. coerulea.
Phu hortense, *Gesn* v. Valeriana hortensis.
Phu magnum, v. Valeriana hortensis, s. coerulea.
Phu maius commune, *Gesn.* v. Valeriana hortensis.
Phu maius *Offic.* v. Valeriana hortensis.
Phu minimum, v. Valeriana pratensis.
Phu minimum alterum, *Lob.* v. Lactuca agnina.
Phu minus, v. Valeriana minor.
Phu minus *Apulum*, v. Valeriana minor.
Phu minus montanum, v. Valeriana minor.
Phu minus petraeum, v. Valeriana minor, s. saxatilis.
Phu *Offic.* s. paruum, *Matth.* v. Valeriana *Offic.*
Phu *Ponticum*, v. Valeriana hortensis.
Phu similitudine Elephobosci, v. Valeriana hortensis.
Phu verum, *Cord.* v. Valeriana hortensis.
Phu vulgare, *Tab.* v. Valeriana *Offic.*
Phycon triphyllon, *Theophr.* v. Corallina.

Phylica elatior, v. Alaternus.
Phyllanthos *Americana* planta, Americanische Phyllanthos.
Phyllirea, v. Tilia, v. Ligustrum.
Phyllirea angustifolia prima, v. Ligustrum.
Phyllirea arbor *Galliae* prouinciae, verior Macaleb Serapion, v. Macaleb, *Lob.*
Phyllirea *Clusii*, II. III. IV. v. Ligustrum.
Phyllirea folio Ligustri, v. Ligustrum.
Phyllirea latiore folio, v. Ligustrum.
Phyllites, v. Scolopendria vulgaris.
Phyllites laciniata, v. Scolopendria vulgaris.
Phyllites mucronata, v. Scolopendria vulgaris.
Phyllites multifida, v. Scolopendria vulgaris.
Phyllites multifido folio, v. Scolopendria vulgaris.
Phyllites vulgaris, v. Scolopendria vulgaris.
Phyllon arrhenogonon, *Theophr.* v. Mercurialis.
Phyllon primum, v. Vmbilicus Veneris.
Phyllon spicatum, v. Mercurialis.
Phyllon testiculatum, v. Mercurialis.
Phyllon Theligonon, *Theophr.* v. Mercurialis.
Phyllum, v. Mercurialis.
Phyllum feminificum, v. Mercurialis.
Phyllum marificum, v. Mercurialis.
Phyllum mas, v. Mercurialis.
Phyma, v. Ammoniacum.
Phyrama, v. Ammoniacum.
Phyteuma, *Dod.* v. Antirrhinum I. *Matth.*
Phyteuma alterum montanum, v. Rapunculus siluestris.
Phyteuma, *Diosc.* v. Scabiosa mas.
Phyteuma foliis Rapunculi, v. Rapunculus siluestris.
Phytolacca, Americanischer Nachtschatten. III.
Picea, v. Abies mas.
Picea altera, s. siluestris, v. Pinus siluestris.
Picea maior prima, v. Abies mas.
Picea Phthoropynos, v. Pinus siluestris.
Pichamaul.

Ist eine Blume in Ceylon, die fast wie Jasmin riechet, aber zu nichts anders, als zum Putze daselbst gebraucht wird. Rob. Kox.

Picea, *Plin.* v. Abies mas.
Picnomos *Cretae*, v. Carlina vulgaris.

Picnomos *Salonensis Gallo-prouinciae*, v. Carlina vulgaris.
Picris, *Dalechamp.* v. Cichorium siluestre.
Picris siluestris, v. Cichorium siluestre.
Piganum, v. Ruta maior, v. Ruta hortensis.
Pila marina, v. Spongia.
Pilosella, Auricula muris, Mauseöhrlein, Nagelkraut, Katzenpfötlein. IV.

Ist warm im ersten und andern, und trocken im andern Grad, hält an, reiniget, ziehet zusammen, machet Riesen, heilet die Wunden, curiret die rothe Ruhr, Bauch- und Mutterflüsse, die gebrannte Galle, Brüche und Schwindsucht. Aeußerlich dienet dieses Kraut, wenn man es in Kofend kochet, und sich fleißig damit den Hals ausspühlet, in Wunden des Mundes und Zahnschmerzen. Wie denn auch dessen Rauch, den Ohrenzwang zu lindern, durch einen Trichter in die Ohren gelassen, und das Pulver wider heftiges Nasenbluten in die Nase gestreuet wird. Sonst ist hiervon ein destillirtes Wasser zu haben.

Pilosella coerulea, v. Auricula muris. v. Echium.
Pilosella flore coeruleo, v. Auricula muris, v. Echium.
Pilosella hispida, v. Hispidula.
Pilosella maior, v. Pulmonaria aurea, v. Auricula muris.
Pilosella maior altera, v. Auricula muris.
Pilosella maior erecta, v. Auricula muris.
Pilosella maior *Gallorum*, v. Pulmonaria aurea.
Pilosella maior repens, v. Auricula muris.
Pilosella maior secunda, v. Auricula muris.
Pilosella media, v. Auricula muris.
Pilosella minor, v. Gnaphalium.
Pilosella minor altera, v. Leontopodium.
Pilosella montana, v. Hispidula.
Pilosella *Syriaca*, v. Auricula muris.
Pilosella *Syriaca* maior, v. Auricula muris.
Pilosella *Syriaca* maxima, v. Auricula muris.
Pimpinella *Offic.* Saxifraga *Matth.* Saxifraga maior, Tragoselinum maius *Tab.* Bibernell, Bibinell, Steinpeterlein, Steinbock-peterlein, rother Steinbrech, teutscher Theriac. XII.

Man findet hiervon die große und kleine Pimpinellam. Die Wurzel, Blätter und Samen sind warm und trocken im dritten Grad, verdünnen, eröfnen, reinigen, treiben Schweis und den

Stein, dienen in Wunden, wider Gift, ansteckende Seuchen, Verstopfung der Leber, Milz, Lungen und Monatzeit, führen den Sand und Stein ab, curiren die Harnwinde, Colic, den Husten, Engbrüstigkeit, Entzündung der Lungen, die Röhigkeit und Schwachheit des Magens, Franzosen, widerstehen dem Queckfilber, und verwahren den menschlichen Cörper vor pestilenzialischer Infection. Sie nehmen auch äußerlich Finnen und Flecken des Gesichts hinweg, vermehren die Milch, zeitigen Geschwäre und Beulen, reinigen die Geschwulste und Krebsschäden, heilen die Wunden. Man hat hiervon nachfolgende Compositiones, als die eingemachte Wurzel, den mit Zucker überzogenen und darinnen eingesetzten Samen, das destillirte Wasser aus der Wurzel und dem Kraute, das destillirte Oel und Salz.

Pimpinella, v. Sanguisorba.

Pimpinella alba, v. Pimpinella *Offic.*

Pimpinella crispa, v. Pimpinella saxifraga.

Pimpinella hircina, v. Pimpinella *Offic.*

Pimpinella *Italica*, v. Sanguisorba.

Pimpinella *Italica* maior, v. Sanguisorba.

Pimpinella *Italica* minor, v. Sanguisorba.

Pimpinella maior, v. Pimpinella *Offic.*

Pimpinella maior altera, v. Sanguisorba.

Pimpinella minor, v. Pimpinella saxifraga.

Pimpinella minor, v. Sanguisorba.

Pimpinella nostras communis maior, v. Pimpinella *Offic.*

Pimpinella petraea, v. Pimpinella saxifraga.

Pimpinella *Romana*, v. Sanguisorba, v. Seseli *Creticum.*

Pimpinella sanguinaria maior, v. Sanguisorba.

Pimpinella sanguinaria minor, v. Sanguisorba.

Pimpinella sanguisorba, v. Sanguisorba.

Pimpinella sanguisorba maior, v. Sanguisorba.

Pimpinella sanguisorba minor, v. Sanguisorba.

Pimpinella sanguisorba minor hirsuta, v. Sanguisorba.

Pimpinella saxatilis, v. Pimpinella saxifraga.

Pimpinella saxifraga, Tragoselinum, Steinpetersilie, Bockspetersilie. X.

Pimpinella saxifraga maior umbella candida, v. Pimpinella saxifraga.

Pimpinella saxifraga minor, v. Pimpinella saxifraga.

Pimpinella saxifraga tenuifolia, v. Pimpinella saxifraga.

Pimpinella siluestris, v. Sanguisorba.

Pimpinella tertia species, v. Sanguisorba.

Pina nigra, *Cam.* v. Faba siluestris, *Matth.*

Pinastel a, v. Peucedanum.

Pinastellum, v. Peucedanum.

Pinaster, Pinus siluestris, Bergzirbelbaum, Kienbaum, Kiefernbaum, wilder Fichtenbaum. VII.

Die Rinde und Blätter sind kalt und trocken, und halten an. Aeußerlich pflegt man sich in der rothen Ruhr hiermit zu räuchern. Das aus denen grünen Zapfen destillirte Wasser ist ein admirabel Remedium, alte Weiber schön und jung zu machen, denn es pfleget die Runzeln des Gesichts wegzunehmen, und schlaffe und hängende Brüste zusammen zu ziehen, mit einem Tüchlein appliciret und aufgeleget zu werden. Das Oel wird aus dem Holz per descensum (unter sich) wie Tannenöl gerieben, und in der Krätze und Warzen gerühmet.

Pinaster, v. Abies.

Pinaster tenuifolius iulo purpurascente, Thæda, Kiefernbaum, v. Pinaster.

Pinaster tertia *Austriaca*, v. Pinaster.

Pinea, Pinus *Offic.* Pinus satiua *C. B.* domestica *Matth. Tab.* vrbana *Park.* Pinus ossiculis duris, foliis longis *J. B. Arab.* Sonabar, Fichten, Harzbaum, Förenholz, Pinienbaum, Zirbelbaum, zahmer Fichtenbaum. XIX.

Ist ein Baum, so wider den Scorbut dienet. Die Nüsse oder Früchte hiervon wurden von denen Alten Strobuli, Coni, Coccali, Conara, genennet, und zu Michaelis Tinctura antiscorbutica genommen. Sie sind warm im ersten, und trocken im andern Grad, reifen, lindern, heilen zusammen, zertheilen, machen fett, curiren die Schwindsucht, den Husten, Brennen und Schneiden des Urins, reitzen zu Liebeswerken, und reinigen die Geschwüre der Nieren. Die Rinde und Blätter kommen mit denen Waldfichten überein. Von diesem Förenholz ist die mit Zucker überzogene Frucht und das ausgepreßte Oel zu haben. Die obersten Gipfelgen vom Baum pfleget man als ein Decoctum im Scorbut zu brauchen. Das aus der Frucht destillirte Oel vertreibet innerlich die laufende Gicht. Aeußerlich dienet es in dergleichen Beschwerungen, in Unempfindlichkeit der Glieder, der Gicht, Hüft- und Nierenwehe, der Colic u. d. g. Innerlich curiret es auch die Wassersucht und vier-

viertägige Fieber. Die nach der Destillation des Oels zurück gebliebene Materie, wenn sie durch ein Löschpapier oder zartes Tüchelgen geschlagen, hieraus Pillen formiret, und in die holen Zähne gestecket wird, kan als ein trefliches Mittel in desperaten Zahnschmerzen paßiren, auch hieraus mit Brunnenwasser ein Gurgelwasser, so der Entzündung des Halses widerstehet, verfertiget werden. Hagendorn. in Eph. Germ. Cur. II. 3. 32. seq.

Pinguicula, v. Abies.

Pinguin, v. Karatas.

Pinguſcula, Viola humida ſ. paluſtris cucullata, ιόνυχρον, Butterwurz, Schmeerwurz, Kibitzfett. v. Viola.

Aus der Wurzel macht man einen Umschlag, so das Hüftweh und andere Schmerzen lindert, auch Wunden und Brüche heilet.

Pini ſilueſtris genus, cui hieme folia decidunt, v. Agaricum.

Pinus altera, v. Pinea.

Pinus domeſtica, v. Pinea.

Pinus foliis quinis, cono erecto, nucleo eduli, pumila conis minoribus, die kleine Ceder in Siberien. v. Cedrus.

Pinus Idaea *Theophraſti*, v. Pinea.

Pinus *Italica*, v. Pinea.

Pinus maritima, v. Pinea.

Pinus maritima altera, v. Pinea.

Pinus maritima maior, v. Pinea.

Pinus montana, v. Pinea.

Pinus montana minor, v. Pinea.

Pinus mugo, v. Pinea.

Pinus ſatiua, v. Pinea.

Pinus ſilueſtris, v. Pinaſter.

Pinus ſilneſtris altera, v. Pinaſter.

Pinus ſilueſtris cembo, v. Pinaſter, v. Pinea.

Pinus ſilueſtris fructifera, v. Pinaſter.

Pinus ſilueſtris minor, v. Pinaſter.

Pinus ſilueſtris montana, v. Pinaſter.

Pinus ſilueſtris montana altera, v. Pinaſter.

Pinus ſilueſtris montana tertia, v. Pinaſter.

Pinus ſilueſtris mugo, v. Pinaſter.

Pinus ſilueſtris quarta, v. Pinaſter.

Pinus ſilueſtris tertia, v. Pinaſter.

Pinus sponte prouenìens, v. Pinea.
Pinus triuia, v. Astragaloides *Lusitanica*.
Pinus tubulus, v. Pinaster.
Pinus vrbana, v. Pinea.
Pinus vulgarissima, v. Pinea.
Piper, πέπερι *Arab.* Fulfel, Filfel, Piper Indicum Pisoni Malegueta, Pfeffer. XXI.

Der runde Pfeffer ist entweder schwarz oder weis, wird innerlich in Wechselfiebern, äußerlich aber in Verstopfungen der Nerven gebrauchet. Der lange Pfeffer ist entweder der Orientalische kleine, oder der große Occidentalische. Er wächset in Bengala, Malabar, Bantam, Sumatra, Java, und wird im September und October reif, aber in den drey folgenden Monaten gesammlet, ist warm und trocken im dritten Grad, dringet durch, verdünnet, eröfnet, zertheilet, dienet in Erkältung und Schwachheit des Magens und Blähungen. Wenn man etliche Tage nach einander 9 Pfefferkörner verschlucket, so soll das viertägige Fieber weichen. Man braucht ihn auch äußerlich, den Schleim aus denen Drüsen des Mundes zu ziehen, zu Gurgelwassern, Niesen zu erwecken, in Zahnschmerzen, wenn der Zapfen geschwollen, und die Nerven erkältet seyn. Wenn das Pulver vom Pfeffer ins Pelzwerk gestreuet wird, so kommen keine Motten hinein. Aus dem Pfeffer sind unterschiedene Praeparata, als die Species diatrion pipereon, die Tragaea oder Species fortes zu bekommen. Das destillirte Oel ist sehr penetrant, zertheilet die Blähungen, und hält die Paroxismos des dreytägigen Fiebers zurück, doch muß der Leib zuvor wohl gereiniget werden. Das destillirte Oel und Species diatrion pipereon curiren den unordentlichen Appetit und die Rohigkeit des Magens, und werden in Fiebern äußerlich auf den Rücken gestrichen.

Piper *Aethiopicum*, Mohrenpfeffer, v. Piper.
Piper *Americanum* vulgatius, *Clus.* v. Siliquastrum.
Piper aquaticum, v. Persicaria vrens.
Piper *Brasilianum*, v. Siliquastrum.
Piper *Calecuticum*, v. Siliquastrum.
Piper caudatum, v. Piper.
Piper Eunuchorum, v. Agnus castus.
Piper *Hispanicum*, v. Siliquastrum.
Piper *Jamaicense*, v. Caryophyllum, *Plin.*

Piper *Indicum*, v. Siliquaſtrum.
Piper *Indicum* longioribus ſiliquis, *Lob.* v. Siliqu…
Piper *Indicum, Matth.* v. Siliquaſtrum.
Piper *Indicum* rubrum, v. Piper.
Piper *Indicum* ſurrectis corniculis, v. Siliquaſtrum.
Piper *Indicum* vulgatiſſimum, v. Siliquaſtrum.
Piper longum maius, v. Piper.
Piper longum minus, v. Piper.
Piper, *Lugd.* v. Ribes nigra.
Piper maius et minus, v. Siliquaſtrum.
Piper montanum, v. Mezereum.
Piper murinum, v. Staphiſagria.
Piper Nigrorum, v. Piper *Aethiopicum*.
Piper nigrum et album, *Matth.* v. Piper.
Piper oblongum nigrum, v. Piper *Aethiopicum*.
Piper odoratum *Jamaicenſe*, v Amomum, *Plin.*
Piper rubrum, v. Piper.
Piper vulgatiſſimum, v. Siliquaſtrum.
Piperacium, v. Agnus caſtus.
Piperella, v. Agnus caſtus.
Piperitis, v. Armoracia.
Pirola, v. Mandragora, *Theophr.*
Pirola alba, v. Mandragora, *Theophr.*
Pirola minor, v. Mandragora, *Theophr.*
Pirola pratenſis, v. Mandragora, *Theophr.*
Piſa Italica grandia, v. Piſum maius.
Piſa nigra, v. Faba.
Piſhamin, v. Guajacum.
Piſi tertia ſpecies, v. Piſum ſilueſtre.
Piſonia, die Piſonia, Fingrigo in Weſtindien. II.
Piſorum primum genus, ſ. ſpecies, v. Piſum maius.
Piſſaſphaltum, v. Aſphaltum.
Piſtachia, v. Terebinthus.

Piſtacia *Offic.* Piſtacea, Terebinthus Indica *Theophr.* Pi[illegible]cienbaum, Syriſch oder Welſch Pimpernüß[illegible]baum. VIII.

Die Frucht wird Piſtacia, Fiſtacia, Phiſtacia, [illegible], [illegible] Pimpernüßlein, Piſtacien, genennet. Sie wachſen [illegible]rica, Indien, Perſien ꝛc. ſind warm im andern, und [illegible] im erſten Grad, verdünnen, eröfnen, führen den [illegible] Schleim von der Lunge, dienen in Verſtopfung der [illegible]

ſtarken

stärken den Magen, benehmen den Eckel, hemmen das Erbrechen, machen guten Appetit, geben gute Nahrung, vermehren den Samen und die fleischlichen Begierden gewaltig, curiren die Entzündungen des Mundes, Schwindsucht, die Darre und febrilische Auszehrung der Glieder. Man hat aus denen Kernen ein Oel.

Pistacia *Germanica*, v. Nux vesicaria.

Pistacia peregrina fructu racemoso, v. Pistacia, v. Terebinthus *Indica*.

Pistaciarum arbor, v. Pistacia *Offic*.

Pistacia siluestris, v. Nux vesicaria.

Pistacium, v. Pistacia.

Pistana, *Plin.* v. Sagitta maior.

Pistolochia, v. Fumaria bulbosa.

Pistum, v. Milium.

Pisum, Erbsen, Erdballen. XVI.

Die grünen sind kalt und feucht, bekommen im Sommer denen Biliosis wohl, machen aber Blähungen. Die dürren Erbsen sind kalt und trocken, und schwer zu verdauen. NB. Simon Pauli saget: Wenn die Wöchnerinnen wollen Erbssuppen essen, so sollen sie, nach Hippocratis Rath, die Flatulenz zu dämpfen, etwas Kümmel, Zitwer und Muscatenblumen drunter mengen: welche aber vom Nierenstein incommodiret werden, müssen die Erbsen mit Anis, Fönchel und Wacholderbeeren corrigiren. Wenn der Stein im Becken der Nieren mit einem zähen Schleim überzogen ist, und die Patienten essen Erbssuppen, so werden sie allezeit große Schmerzen darauf empfinden, weil der Stein von der Erbsbrühe zertheilet wird, und seine rauhe Materie die Harngänge continuirlich prickelt, und also Schmerzen verursachet.

Pisum agreste, v. Pisum siluestre.

Pisum angulosum, v. Pisum quadratum.

Pisum aruense, v. Pisum siluestre.

Pisum campestre, v. Pisum.

Pisum *Chinense* viride, v. Faba.

Pisum cordatum, v. Corindum.

Pisum de Gratia Dei, v. Pisum.

Pisum *Graecorum*, v. Lathyrus, v. Legumen terrae.

Pisum hortense, v. Pisum.

Pisum *Indicum* maius, v. Faba, v. Pisum, v. Voamenes.

Pisum *Indicum* minus coccineum, *C. Bauh.* [illegible], v. Faba.

Pisum in aruis humi serpens, v. Pisum siluestre.

Pisum Leptolobum, Zuckerschoten, v. Pisum hortense.

Pisum magnum peregrinum, v. Pisum maius.

Pisum maius, v. Pisum Leptobolum.

Pisum maius quadratum, v. Pisum maius.

Pisum minus, v. Pisum siluestre.

Pisum minus ex luteo virescens, v. Pisum siluestre.

Pisum nanum, v. Pisum.

Pisum nigrum, v. Pisum siluestre.

Pisum *Pannonicum*, v. Pisum siluestre.

Pisum proliferum, v. Pisum.

Pisum pumilum, die Zwercherbse, v. Pisum.

Pisum pumilum purgans, v. Nux vesicaria.

Pisum quadratum, *Plin.* v. Pisum maius.

Pisum siluestre, v. Pisum siluestre *Pannonicum*.

Pisum siluestre minus, v. Pisum siluestre *Pannonicum*.

Pisum siluestre *Pannonicum*, Darmkraut, Gichtkraut, Darmgichtkraut. IV.

Wird innerlich und äußerlich wider die Colicam verordnet.

Pisum siluestre perenne, v. Pisum siluestre *Pannonicum*.

Pisum vesicarium, Herzsamen, Münchsköpflein, v. Alkekengi.

Pisum vesicarium fructu nigro alba macula notatum, v. Corindum.

Pitta, v. Ananas.

Pittonia, die Pittonia aus America. VII.

Pituitaria. v. Staphisagria.

Pityusa, *Diosc.* v. Esula.

Pityusa grandis, v. Esula.

Pityusa maior, v. Esula.

Pix liquida, arida, naualis, Pech, v. Pinus.

Plantaginella, v. Plantago.

Planta *Hispanica* Marrubio similis, v. Alysson.

Planta *Indica*, v. Mandragora *Theophr.* v. Flos mirabilis.

Planta Leonis, v. Alchimilla, v. Helleborus niger.

Planta *Peruana* visco similis, v. Viscus *Offic.*

Planta vrsina, v. Branca vrsina.

Plantago *Alpina*, v. Arnica.

Plantago *Offic.* maior *Offic.* Plantago rubra *Trag.* septineruia *Caes.*

Caes. Olus agninum, Ouaria, Ouilla, al. Centumneruia, Wegerich, Wegebreit, Wegeblat, breitblätterichter Wegerich, großer Wegerich, rother Wegerich, Schafszunge. XV.

Der Samen, die Blätter und Wurzel sind kalt und trocken im andern Grad, reinigen, verdicken, dienen der Leber, heilen die Wunden und Brüche, curiren den Durchfall, Blutspeichel, Samenfluß, den unvermutheten Fortgang des Urins, allzustarken Monatfluß, Fieber, Hitze des Geblüts, Brennen, und Schneiden des Harns, Schärfe der Galle, rothe Ruhr, und weißen Fluß. Aeußerlich dienen sie wider alte Schäden und Geschwäre, heften zusammen und reinigen. Die aus dem Wegebreit verfertigten Medicamente sind, der dicke angeschossene Saft und das Extractum aus denen Blättern, das destillirte Wasser, und der Syrup aus dem Saft.

Plantago angustifolia albida, *Dod.* v. Holostium, *Offic.*

Plantago angustifolia maior, *C. Bauh.* v. Plantago minor.

Plantago angustifolia minor, v. Plantago minor.

Plantago aquatica *Trag. Matth. Dod.* latifolia *C. Bauh.* Barba siluana, Waldsbart, Wasserwegerich, Froschlöffelkraut. III.

Blühet im Junio, Julio und Augusto. Wenn man die Wurzel klein gestoßen in Erdbeerwasser einnimmt, oder aber in Wein siedet und trinket, so soll sie im Nieren- und Blasenstein dienen. Aus dem hieraus gebrannten Wasser machet Lonicerus ein sonderliches Arcanum in Brüchen.

Plantago aquatica angustifolia, v. Plantago aquatica.

Plantago aquatica humilis, v. Plantago aquatica.

Plantago aquatica latifolia, v. Plantago aquatica.

Plantago aquatica minor, v. Plantago aquatica.

Plantago humilis angustifolia et latifolia, v. Plantago minor.

Plantago incana, v. Plantago aquatica.

Plantago lanceolata, v. Plantago minor.

Plantago latifolia, v. Plantago aquatica.

Plantago latifolia leuis, v. Plantago aquatica.

Plantago latifolia minor, v. Plantago aquatica.

Plantago latifolia minor glabra, v. Plantago aquatica.

Plantago latifolia minor incana, v. Plantago aquatica.

Plantago latifolia rosea foliis quasi in spica dispositis, v. Plantago aquatica.

Plantago latifolia sinuata, v. Plantago aquatica.

Plantago longa, *Matth.* v. Plantago minor.
Plantago maior, v. Plantago *Offic.*
Plantago maior incana, v. Plantago aquatica.
Plantago maior latifolia, v. Plantago aquatica.
Plantago marina, v. Coronopus, v. Plantago aquatica.
Plantago media, v. Plantago aquatica.
Plantago minor, *Diosc.* v. Plantago minor.
Plantago minor *Offic.* longa *Matth.* lanceolata *Trag.* Quinqueneruia *Apulej. Lob.* angustifolia maior, kleiner Wegerich, schmalblätterichter oder spitziger Wegerich, Roßrippe, Hunderippe. V.
Ist ein vortrefliches Leber- und Lungenkraut. Aeußerlich heilet es allerhand Wunden, böse, faule und fließende Schäden, den Krebs, Flechten, Fäulnis u. d. g.
Plantago mollis, s. holostium hirsum albicans, v. Holostium, *Offic.*
Plantago montana, v. Holostium *Offic.*
Plantago multiplex, v. Plantago *Offic.*
Plantago palustris, v. Plantago aquatica.
Plantago pentaneuros minor, v. Plantago minor.
Plantago quinqueneruia, *Apulej. Lob.* v. Plantago minor.
Plantago rosea, v. Plantago aquatica.
Plantago rosea spicata, v. Plantago aquatica.
Plantago rubra, v. Plantago *Offic.*
Plantano septineruia, v. Plantago *Offic.*
Plantago tomentosa, v. Holostium *Offic.*
Planta Leonis, v. Alchimilla.
Planta Vrsina, v. Branca Vrsina.
Plantula Cardamines aemula, v. Cardamine.
Plaste, v. Myrrha.
Plantanaria, v. Sparganium.
Platanella, v. Branca Vrsina.
Platanus, Ahorn, fremd Ahorn, Orientalischer Ahorn, oder Waldescherbaum, Masholder. VI.
Wenn die Blätter hiervon im Wein gesotten und übergeleget werden, so pflegen sie in fließenden Augen gut zu thun, befestigen die Zähne, curiren den Schlangenbiß und die Brandschäden.
Platanus, *Trag.* v. Acer.
Platarchapia, v. Pomus.
Plataria altera, v. Sparganium alterum.

Platii cyminum, v. Platycyminum, v. Seseli *Marsilioticum.*
Platomela, v. Pomus.
Platycyminum, v. Seseli *Marsilioticum.*
Platyphyllos, Platyphyllon, v. Esculus.
Platyphyllos *Hispanicus*, v. Esculus.
Platyphyllos *Plinii* tricoccos, v. Heliotropium maius.
Plicaria, v. Muscus terrestris.
Plinia, die Plinia mit der Safranblume in Westindien.
Plumbago, *Plin.* v. Molybdena.
Plumbago quorundam, v. Molybdena.
Plumeria, der Jasminbaum. VI.
Pneumonanthe, v. Gentiana.
Poa, *Theophr.* v. Gramen aquaticum.
Poaz, v. Catechu.
Podagra lini, v. Cuscuta.
Podagraria, v. Herba *Gerhardi.*
Podagraria silvestris *Germanicæ*, v. Herba *Gerhardi.*
Poeonia, Paeonia, Selenogonum, Rosa fatuina, Rosa asinina, Rosa benedicta, Rosa sancta, Rosa lunaris, Rosa regia, Rosa basilica, Herba casta, Rosa St. Mariae, Pöonien, Benigrosen, Pfingstrosen, Gichtrosen, Königsblume, Bathenien, Pöonienrosen, St. Marienrosen, gesegnete Rosen, Keuschrosen. XII.

Hiervon hat man zweyerley, nemlich das Männgen und Weibgen. Die Wurzel muß im Frühling bey abnehmenden Monden den dritten Tag vor dem Neumond gesammlet und ausgegraben werden. Andere holen sie, wenn die Sonne im Löwen stehet, und zwar an einem solchen Tage und Stunde, da die Sonne regieret, der Mond aber abnimmt. Schröder meynet, man solle sie im Merz in den drey letzten Tagen des abnehmenden Monden, vor dem Neumond, nach Mitternacht vor der Sonnen Ausgang, da die Sonne und Mond im Widder stehet, eintragen. Fr. Hofmann saget, es müsse eben die Sonne in die Wage treten, L. Strauss. p. 79. holet sie im May im zunehmenden Mond, J. Wolf. Den Samen oder Körner sammlet man im Augusto, Schröder. Die Blumen müssen im May gepflücket werden, Schröder. Dieses Kraut hat seinen Namen von dem Medico Poeone, welcher nach Homeri Bericht des Plutonis Wunde, die er von dem Hercule bekommen, mit diesem Kräutgen curiret haben soll, v. Jo. Rud. Camerar. Memorabil.

bil. Med. Cent. [illegible] partic. 30. p. 135. ist warm [illegible] im andern Grad, hält gelinde an, dienet in starken [illegible] schmerzen, dem bösen Wesen, Alp, Mutterkrankheiten, [illegible] die Menses und die Reinigung nach der Geburt, Ver[illegible] gen der Leber, hält etwas an, stillet den Schwindel, [illegible] das Zittern und Ausfahren der Kinder. Aeußerlich [illegible] man den Samen und Wurzel in der fallenden Sucht [illegible] die Corallen durchbohren und an den Hals zu [illegible] Sonst sind auch von diesem Kraut unterschiedene Praeparata, als das destillirte Wasser aus denen Blumen, der Syrup per Infusionem, auch aus denen Blumen, das Extract aus den Blumen, die im Zucker eingesetzten Blumen, das gemeine Salz, das hefigte Salz, (Fecula) aus der Wurzel und das destillirte Oel zu bekommen.

Poeonia communis s. femina, v. Poeonia.

Poeonia femina, v. Poeonia.

Poeonia femina altera, v. Poeonia.

Poeonia femina flore albo, v. Poeonia.

Poeonia femina flore pleno rubro maiore, v. Poeonia.

Poeonia femina flore simplici, v. Poeonia.

Poeonia femina multiplex, v. Poeonia.

Poeonia femina multiplici flore, v. Poeonia.

Poeonia femina polyanthos, v. Poeonia.

Poeonia femina polyanthos flore albo, v. Poeonia.

Poeonia mascula, v. Fraxinella, v. Poeonia.

Poeonia mas folio nucis, v. Poeonia.

Poeonia nobilior, v. Poeonia.

Poeonia polyanthos flore rubro, v. Poeonia.

Poeonia rubra flore simplici, v. Poeonia.

Poeonia rubra folio nigricante splendido, quae mas, v. Poeonia.

Poeonia secunda, v. Poeonia nobilior.

Poeonia vulgaris femina, v. Poeonia.

Poinciana, Pfauenschwanz. IV.

Polemonium, v. Fraxinella, v. Saluia agrestis, [illegible] Baldrian. IV.

Polemonium *Diosc.* v. Galega, v. Jasminum luteum, v. Be-hen rubrum.

Polemonium *Monspeliensium*, v. Galega.

Polemonium petraeum, v. Lychnis montana.

Polemonium pratense nostrum altera species, v. Valeriana.

Polenta, v. Hordeum.
Polii altera species, v. Absinthium.
Polimonium, v. Fraxinella.
Polium, v. Abrotanum femina, v. Cupressus herba.
Polium, Poley, XXXVIII.
Polium alterum, v. Polium.
Polium campestre, v. Polium.
Polium *Hispanicum*, Spanischer Poley. XV.
Polium Lauendulae, v. Polium.
Polium *Lusitanicum*, v. Polium *Hispanicum*.
Polium luteum, v. Polium.
Polium maius, v. Polium.
Polium maritimum, Meerpoley. IV.
Polium maritimum supinum *Venetum*, v. Polium minus.
Polium mediterraneum, v. Polium.
Polium minus, v. Polium.
Polium montanum, Bergpoley. XVI.
Polium montanum album, v. Polium montanum.
Polium montanum alterum, v. Polium montanum.
Polium montanum luteum, v. Polium montanum.
Polium montanum purpureum, v. Polium montanum.
Polium montanum repens, v. Polium montanum.
Polium montanum supinum minimum, v. Polium montanum.
Polium montanum tertium, v. Polium montanum.
Polium *Pannonicum* maius, v. Polium.
Polium *Pannonicum* minus, v. Polium.
Polium *Pannonicum* primum, v. Polium.
Polium primum, v. Polium.
Polium recentiorum femineum Lauendulae folio, v. Polium.
Polium repens tertium, v. Polium.
Polium silvestre, v. Polium montanum.
Polium *Venetum*, v. Polium minus.
Polta, v. Aguacate.
Polyacantha *Theophr.* v. Primula veris, v. Carduus stellatus.
Polyanthemum, v. Ranunculus.
Polyanthemum aquatile, v. Ranunculus aquaticus.
Polyanthemum multiplex, v. Ranunculus.
Polyanthemum palustre, v. Ranunculus aquaticus, v. Sagitta maior.

Polyanthemum simplex, v. Ranunculus.
Polyanthos, v. Primula veris.
Polycanthus, v. Carduus.
Polycarpona, v. Polygonum minus.
Polycarpum, v. Melampyrum.
Polygala, Creutzblümlein. XXV.

Die Polygala, besonders diejenige, so in Jamaica wächset, und die von den Engelländern Rattle-Snakeroot genennet wird, ist ein bequemes Mittel zu Vertreibung derer langwierigen Fieber.

Polygala altera, v. Polygala, v. Coronilla, v. Coluтеа.
Polygala maior, v. Polygala.
Polygala maior alba prima. v. Polygala.
Polygala maior coerulea, v. Polygala.
Polygala maior *Massiliotica*, v. Polygala.
Polygala maior purpurea, v. Polygala.
Polygala *Matth.* v. Polygala.
Polygala multorum, v. Onobrychis.
Polygala purpurea flore coeruleo et floribus rubris, v. Onobrychis.
Polygala recentior, v. Onobrychis.
Polygala repens, v. Onobrychis.
Polygala repens niuea, v. Onobrychis.
Polygala *Valentina, Clus.* v. Coronilla.
Polygala *Valentina* prima, v. Coronilla.
Polygala *Virginea Tournef.* v. Polygala.
Polygala vulgaris, v. Polygala.
Polygala vulgaris maior, v. Polygala.
Polygala vulgaris minor, v. Polygala.
Polygalon, *Gesn.* v. Onobrychis.
Polygalon *Rhaeticum*, v. Onobrychis.
Polyganon, v. Polygala repens, v. Onobrychis.
Polygonato affinis planta, v. Polygonatum.
Polygonato similis in *Alpibus*, v. Polygonatum.
Polygonatum, Sigillum Salomonis, Sigillum St. Mariae, Weißwurz. XVIII.

Die Blätter, Wurzel und Beere haben eine temperirende Kraft, halten etwas an, reinigen, dienen im weißen Fluß, und führen den zähen Schleim ab. Sie werden dieserwegen in etlichen Officinen mit Zucker überzogen, vertreiben äußerlich die Flecken im Gesicht, machen schöne klare und weiße Haut, zerthei-

len

len das ausgetretene Geblüt und Schwulsten, curiren die Sommersprossen, grindigte Köpfe, Narben, Muttermähler, und die nach überstandenen Pocken überbliebenen Flecken. Das aus der Wurzel destillirte Wasser hat gleiche Würkung, und können es die Weiber mit warmen Tüchern, als eine Schminke überschlagen, auch nicht weniger in verhaltener Monatzeit, in Stein und schwerer Geburt sich dessen mit gutem Vortheil auch innerlich bedienen. Borellus und andere lassen diese Wurzel sehr klein stoßen, und im Podagra, Gonagra, blau unterlaufenen Flecken, Muttermählern, Hüftwehe u. d. g. appliciren. Das Kraut und die Wurzel in rothen Wein gesotten, curiren den Stuhlzwang, (Tenesmum.) Die Beergen purgiren oben und unten.

Polygonatum alterum, v. Polygonatum.
Polygonatum angustifolium, v. Polygonatum.
Polygonatum angustifolium quartum, v. Polygonatum.
Polygonatum angustifolium non ramosum, v. Polygonatum.
Polygonatum angustifolium ramosum, v. Polygonatum.
Polygonatum *Clusii*, v. Polygonatum.
Polygonatum *Clusii* tertium, v. Polygonatum.
Polygonatum erectum, v. Polygonatum.
Polygonatum flore odoro, v. Polygonatum.
Polygonatum flore rubicundo, v. Polygonatum.
Polygonatum latifolium, v. Polygonatum.
Polygonatum latifolium flore maiore odoro, v. Polygonatum.
Polygonatum latifolium quartum ramosum, v. Polygonatum.
Polygonatum latifolium ramosum, v. Polygonatum.
Polygonatum latifolium vulgare, v. Polygonatum.
Polygonatum latiore folio, v. Polygonatum.
Polygonatum maius, v. Polygonatum.
Polygonatum minus, v. Polygonatum.
Polygonatum primum, v. Polygonatum.
Polygonatum quartum latifolium, v. Polygonatum.
Polygonatum quintum, v. Polygonatum.
Polygonatum ramosum, v. Polygonatum.
Polygonatum ramosum et acutum, v. Polygonatum.
Polygonatum secundum, v. Polygonatum.
Polygonatum sextum, s. angustifolium, v. Polygonatum.
Polygonatum tenuifolium maius, v. Polygonatum.
Polygonatum tenuifolium minus, v. Polygonatum.

Polygonatum vulgatius, v. Polygonatum.
Polygoni *Hispanici* genus, v. Polygonum minus.
Polygonium femina, v. Equisetum.
Polygonoides *Orientale* Ephedrae facie *Tournef.* v. Ephedra.
Polygonum, Wegetritt. XXIV.
Polygonum angustissimo et acuto, vel gramineo folio, minus repens, v. Polygonum.
Polygonum bacciferum maritimum maius, v. Vua marina.
Polygonum bacciferum maritimum minus, v. Vua marina.
Polygonum breui angustoque folio, v. Polygonum.
Polygonum cocciferum, v. Herniaria.
Polygonum femina, v. Herniaria, v. Equisetum.
Polygonum femina semine vidua, v. Hippuris altera, *Trag.*
Polygonum folio angusto oblongo, v. Polygonum.
Polygonum gramineo folio maius erectum, v. Herniaria.
Polygonum latifolium, v. Polygonum maius.
Polygonum maius, Centumnodia, Wassertritt, Wegegras, Wegetritt, Tenngras, Blutkraut. III.
Das Kraut ist kalt im andern, und trocken im dritten Grad, adstringiret, heilet die Wunden, stillet die Bauchflüsse, den Durchfall, die rothe Ruhr, Monatzeit, das Brechen und Nasenbluten. Aeußerlich wird es in Wunden, Geschwären und Entzündungen der Augen gerühmet, vertreibet die Schwulst der Brüste, und das dreytägige Fieber. Hieraus wird ein Wasser destilliret.
Polygonum marinum, v. Vua marina.
Polygonum marinum secundum, v. Vua marina.
Polygonum mas, v. Polygonum.
Polygonum mas minus, v. Polygonum.
Polygonum mas vulgi, v. Polygonum.
Polygonum minus, v. Herniaria.
Polygonum minus alterum, v. Herniaria.
Polygonum minus candicans, v. Polyganum.
Polygonum minus Herniaria appellata, v. Herniaria.
Polygonum minus polycarpon, v. Herniaria.
Polygonum minus seu femina, v. Herniaria.
Polygonum montanum minimum niueum et sericeum, v. Herniaria.
Polygonum montanum quartum, v. Herniaria.
Polygonum polycarpon, v. Herniaria.
Polygonum primum, v. Herniaria.

Polygo-

Polygonum primum maius, v. Herniaria.

Polygonum quartum *Plinii* maius, v. Herniaria.

Polygonum scandens, esculentum, radice alba crassissima, Tgniame Indis, v. Polygonum.

Polygonum secundum, v. Herniaria, v. Polygonum.

Polygonum theli, v. Herniaria, v. Equisetum.

Polygonum vulgare, v. Polygonum, v. Herniaria.

Polypodium *Offic.* Filicula, Polyrrhizon, Scolopendron, Preris. Steinwurz, süß Farnenwurz, Engelsüs, Baumfarren, Kropfwurz, Tropfwurz, Süßwurz, Süßfarn, Steinlackr tzen, Steinfarenwurz. IX.

Dieses Kraut grünet durchs ganze Jahr, bringet aber allezeit im Frühlinge neue Blätter hervor. Ist mittelmäßig warm und trocken im andern und dritten Grad, wird Süßwurz wegen seines süßen Geschmacks genennet. Wenn man die Blätter ein wenig von ferne hält, so präsentiren sich auf denenselben kleine gelbe Tröpflein, und dahero wird sie Tropfwurz genennet. Die Wurzel corrigiret die verbrannte Galle, und den zähen Schleim, curiret die Verstopfungen des Gekröses, der Milz, Leber, das Malum hypochondriacum, den Scorbut. Das Polypodium quernum oder das Engelsüs, so über den Wurzeln alter Eichen wächset, ist das beste, dienet in der rothen Ruhr, ingleichen wider die Lendenkrankheit (Rhagitiem, wenn ein Theil abnimmt, das andere aber sich weiter ausbreitet und größer wird,) Engbrüstigkeit, Mutterbeschwerungen u. d. g. Es machet auch das Polypodium die Zähne im Munde fest, und wird sowol an und vor sich selbst, als vornemlich im Infuso et Decocto in oberzehlten Leibesbeschwerungen gerühmet, aber allezeit, weil es dem Magen leicht schaden kan, mit Dauco, Fenchel, Ingber u. d. g. verbessert. Mercatus hält das Polypodium vor ein sonderliches Arcanum in unordentlichem Appetit der Weiber. In den Apothecken ist hiervon der Syrupus de Polypodio zu haben.

Polypodium *Iluense*, v. Lonchitis adulterina.

Polypodium maius, v. Polypodium.

Polypodium minus, v. Polypodium.

Polypodium primum, v. Polypodium.

Polypodium quercinum, v. Polypodium.

Polypodium vulgare, v. Polypodium.

Polypremon *Cassiani*, v. Lactuca agnina.

Polyrrhizos latifolia, v. Caryophyllata.
Polyspermon, v. Blitum.
Polysporon *Cassiani*, v. Blitum.
Polytmetum, v. Petroselinum montanum.
Polytricha, v. Aspargus silvestris.
Polytrichum *Apuleii*, v. Adianthum aureum.
Polytrichum *Apuleii* album, v. Ros solis.
Polytrichum *Apuleii* aureum, vel secundum, v. Adianthum aureum.
Polytrichum aureum, v. Adianthum aureum.
Polytrichum aureum medium, v. Adianthum aureum.
Polytrichum maius, v. Adianthum aureum.
Polytrichum medium, v. Adianthum aureum.
Polytrichum minus, v. Adianthum aureum.
Polytrichum nobile et primum, v. Adianthum aureum.
Polytrichum, *Offic.* v. Trichomanes.
Poma *Adami*, v. Adami poma, v. Malus *Adami C. Bauh.*
Poma amoris, v. Lycopersicon, *Gal.*
Poma Arangia, v. Aurantia.
Poma *Assyria*, v. Malus *Adami C. Bauh.*
Poma Aurantia, v. Aurantia.
Poma *Chinensia vel Sinensia*, Citria dulcia Ferrario, Sinnäpfel, Sinesische Aepfel, v. Aurantia
Sind eine Art von Pomeranzen, werden aus China und Portugall gebracht. Sie mäßigen, stärken das Herz und den Magen, resolviren die Blähungen, stillen den Durst und Fieber. Aus dem Fleisch, Saft und der braunen Rinde, wird mit Spiritu Vini ein Aqua Vitae präpariret, so die Winde treibet, den Magen stärket, und Urin befördert.
Poma citria dulcia, v. Poma *Chinensia.*
Poma *Portugallica*, v. Poma *Chinensia.*
Poma silvestria, Holzäpfel, v. Pomus.
Poma *Sinensia*, v. Poma *Chinensia.*
Pompedulum, v. Quinquefolium.
Pomum *Adami*, v. Malus *Adami.*
Pomum *Adami*, quod *Gallis Poncires*, v. Malus *Adami C. Bauh.*
Pomum Amoris, v. Lycopersicon, *Gal.*
Pomum Arangium, v. Aurantia.
Pomum *Assyricum*, *Lob.* v. Malus *Adami*, *C. Bauh.*
Pomum Aurantium, v. Aurantia.

Pomum aureum, v. Lycoperſicon, *Gal.*
Pomum *Hieroſolymitanum*, v. Momordica.
Pomum mirabile, v. Momordica.
Pomum ſpinoſum, v. Solanum foetidum.
Pomus, ſ. Malus, Apfelbaum, zahmer Apfelbaum. CCLIX.

Die ſauren Aepfel ſind kalt, und halten an; wenn ſie mit Butter gekochet werden, kan man ſelbige in Fiebern brauchen, aber die ſüßen temperiren im warmen im erſten Grad, und laxiren. Die ſäuerlichen oder Weinäpfel ſind vermiſchter Natur, ſtärken den Magen und das Herz. Die wilden Aepfel oder Holzäpfel ſind kalt im andern, und trocken im dritten Grad, halten an. Das Waſſer von Holzäpfeln heilet den Durchfall, die rothe Ruhr, und dämpfet die übernatürliche Hitze; daher es denn in Febribus continuis, auch wohl malignis, als eine gute Labung und kräftiges Stärktränkgen paßiren kan. Die ſüßen Aepfel haben auch ihren äußerlichen Nutzen; denn wenn man einen ſüßen Apfel unter heißer Aſche bratet, und zwiſchen doppelten Tüchlein über die Augen leget, ſo pflegt er die darinnen vorhandenen Schmerzen zu lindern, und kan mit Myrrhen im Seitenſtechen auf den ſchmerzhaften Theil geleget werden. Es ſind von denen Aepfeln vielerley Präparata, als der Succus fermentatus, der ausgegorne Saft oder Aepfelwein, und der Syrup von ſüßen und ſäuerlichen Aepfeln, ſo in Beſchwerungen des Herzens, Ohnmachten, Herzklopfen und Fiebern gut thun, die ſchwarze Galle dämpfen, den Durſt löſchen, und den Magen ſtärken. Die Borsdorfer Aepfel temperiren die widernatürliche Säure, dienen in affectibus Melancholicis, Malo hypochondriaco, laxiren und löſen die Efferueſcentias hypochondriacas. Die faulen Aepfel reſolviren mit ihrer Fäule den Schmerz, ſtillen die Schwulſt, und werden in Augenſchäden, wenn das Auge entzündet, zerquetſchet und zerſtoßen iſt, als ein Umſchlag appliciret, welches durch Zuſetzung von etwas Kampfer noch größern Effect thut. Das aus denen faulen Aepfeln deſtillirte Waſſer iſt im heißen Brande und faulen ſtinkenden Geſchwären auch nicht zu verachten. Ferner hat man von ſüßen und wohlriechenden Aepfeln ein Extract und dick eingekochten Saft, ingleichen ein Extract von der Wurzel des ſauren Apfelbaumes, welches die Bauchflüſſe, rothe Ruhr, Durchfall und den Leberfluß hemmet.

Pon-

Pontica nux, v. Corylus.
Ponticum, veterum Rha, v. Rhaponticum.
Ponticum, v. Rhaponticum.
Populago, v. Caltha palustris flore simplici.
Populago maior, v. Caltha palustris flore simplici.
Populago minor, v. Caltha palustris flore simplici.
Populago multiflora, v. Caltha palustris flore simplici.
Populi albae alia species, v. Populus alba.
Populi tertia species, v. Populus *Lybica*.
Populo albae similis in *Alpibus*, v. Betula.
Populo nigrae similis in *Alpibus*, v. Populus *Lybica*.
Populus, Pappelbaum. VI.

Populus alba, Leuce, Sarbachsbaum, weiße Pappelweiden, Pellenbaum, Aspen, weis Alberbaum, Sarbaum, Populus nigra, schwarz Espenbaum, schwarz Pappelbaum. III.

Beyde seynd vermischter Natur, aber feucht und trocken. Die Blüte von dem schwarzen Baume ist warm im ersten Grad, und temperirt im trocknen. Die Rinde vom weißen Baume wird in Hüftwehe innerlich und äußerlich, item im Brennen des Urins und Brandschäden gerühmet. Die Oculi, Gemmae, (Pappelknospen und Aeuglein) στίγματα, von schwarzen Pappeln, werden Alberknöpfe genennet, und geben das Vnguentum oder Oleum populeum oder Aegirinum, so auf Deutsch Alberbrustsalbe oder Pappelsalbe genennet wird, und wenn man es an die Fussohlen streichet, die Podagrischen Schmerzen lindert, auch so man die Stirn und Schläfe hiermit schmieret, Schlaf und Ruhe bringet. Sonst vermehren diese Pappelknospen das Hauothaar, stillen, wenn sie in Eßig gekochet, und im Munde gehalten werden, das Zahnwehe. Der Saft, so zuweilen in denen Löchern und Hölen dieses Baums verhanden, vertreibet die Warzen, Schwinden und Schuppen der Haut.

Populus alba latifolia, v. Populus alba.
Populus alba maiori folio, v. Populus alba.
Populus *Alpina*, v. Populus *Lybica*, v. Betula.
Populus *Americana* s. *Peruana*, Americanischer Pappelbaum, v. Populus.

Populus Lybica, Lybischer Pappelbaum, Zitterbaum, Pappelweiden, Aspen und Espen.

Weil die Blätter an langen und dünnen Stielen hangen, so zittern sie continuirlich, wenn auch schon kein Wind gehet,

daher

daher ist das Sprichwort: Du zitterst wie ein Espenlaub, entstanden.

Populus nigra, schwarzer Pappel- oder Aspenbaum. II.

Populus noui Orbis, v. Populus *Americana*.

Populus *Peruuiana*, v. Populus *Americana*.

Populus rotundifolia *Americana* v. Populus *Americana*.

Populus tremula, v. Populus *Lybica*.

Porcellana, v. Portulaca.

Porcellia, v. Hieracium, *C. Bauh*.

Porro tonsili cognatum, v. Porrum sectiuum.

Porrum, πράσον, Porrum arcinum, capitatum, Gethyllis commune *Matth.* vulgare *Lob.* Läuchel, Eschlauch, Porrum sectile, sectiuum, Tarentinum, Schoenoprassum, Cepa sectilis juncifolia perennis, Prieslauch, Schnittlauch, (dieweil man ihn oft abschneidet, und zu Suppen, Salat, Eyerkuchen, u. d. g. brauchet) Hollauch (von denen hohlen Stengeln,) Binzenlauch, (weil seine Pfeifgen denen Binzen gleich, am Geschmack aber und Geruch dem Lauch beykommen.) VI.

Die Wurzel, Kraut und Samen sind warm und trocken im dritten Grad. Es hat dieses Kraut, wie die Zwiebel, ein Salz bey sich, so dem Scorbut widerstehet, verdünnet, eröfnet, dringet durch, zertheilet, curirt den Schlangenbis, die Brandschäden und den zähen Schleim auf der Lunge. Aeußerlich aber wird es wider Ohrenklingen, Geschwäre, und die geschwollene und schmerzhafte güldene Ader gerühmet. Der Samen treibet den Urin, wenn man ihn aber öfters genießet, schadet er dem Gesicht, und machet unruhige Nächte.

Porrum agreste, wilder Lauch, v. Porrum.

Porrum arcinum, v. Porrum.

Porrum capitatum, v. Porrum.

Porrum capitatum vulgare, v. Porrum.

Porrum commune, v. Porrum.

Porrum commune capitatum, v. Porrum.

Porrum folio latissimo, v. Porrum.

Porrum sectile, Schnittlauch, v. Porrum.

Porrum sectiuum, v. Porrum.

Porrum sectiuum juncifolium, v. Porrum.

Porrum siluestre, v. Ampeloprassum.

Porrum siluestre gemino capite, v. Ampeloprassum.

Porrum siluestre latifolium, v. Ampeloprassum.

Porrum siluestre primum, v. Ampeloprassum.
Porrum siluestre secundum, v. Ampeloprassum.
Porrum *Syriacum*, v. Porrum.
Porrum *Tarentinum*, v. Porrum.
Porrum vinearum, v. Ampeloprassum.
Porrum vitigineum, v. Ampeloprassum.
Porrum vulgare, v. Porrum.
Porrus *Paladii*, v. Ampeloprassum.
Portentilla, v. Anserina, v. Agrimonia.
Portulaca, ἀνδράχνη, Porcellana, Burzel, Porzel, Gensel, Burgel, Burzelkraut, Purgel, Portulack. VII.
Die Blätter und Samen sind kalt im dritten, und trocken im andern Grad, halten ein wenig an, geben gute Nahrung, tödten die Würme, v. Ant. le Grand. in Compend. Phys. p. 93. tilgen die Hitze der Galle und des Fiebers, stillen die Schärfe des Urins, vertreiben den Scorbut und das Abnehmen der Glieder. Hiervon brauchet man den dick angeschossenen Saft, das destillirte Wasser aus dem Kraut, den Syrup aus dem Safte, und die im Zucker eingesetzten Blätter.
Portulaca agrestis, v. Fabaria.
Portulaca angustifolia, seu siluestris, v. Portulaca.
Portulaca angustioribus foliis, v. Portulaca.
Portulaca aruensis, v. Fabaria, v. Portulaca.
Portulaca domestica, v. Portulaca.
Portulaca hortensis, v. Portulaca.
Portulaca latifolia, s. satiua, v. Portulaca.
Portulaca latiori folio, v. Portulaca.
Portulaca maior, v. Portulaca, v. Fabaria.
Portulaca marina, Meergewächse, Meerburzel. V.
Wächset auf denen Seegestaden in warmen Landen, blühet im Sommer. Die Wurzel stillet das Bauchwehe, und erwecket Milch.
Portulaca marina, *Lob.* v. Portulaca marina.
Portulaca minor, v. Portulaca.
Portulaca satiua, v. Portulaca.
Portulaca sponte nascens, v. Portulaca.
Portulaca siluestris, v. Portulaca.
Portulaca tertia, v. Sedum maius vulgare.
Potamogeiton, Samenkraut. XII.
Ist öfters in stehenden Wassern und Teichen anzutreffen, blühet

het im Junio und Julio. Das Kraut kühlet, dienet wider Zucken und alte Geschwäre.

Potamogeiton angustifolium, v. Potamogeiton.
Potamogeiton *Dalechampii*, v. Potamogeiton.
Potamogeiton latifolium, v. Potamogeiton.
Potamogeiton rotundifolium, v. Potamogeiton.
Potamogeiton salicis folio, v. Potamogeiton.
Potamogeti similis, rotundiore folio, v. Potamogeiton.
Potentilla, v. Anserina, v. Pentaphylloides.
Potentilla primum, v. Vlmaria.
Potentilla secundum, v. Barba caprina siluestris.
Poterium, v. Tragacantha.
Pothel *Theueti*, v. Ficus.
Pothos coeruleus, v. Clematis altera.
Pothos *Theophrasti*, v. Aquileia.
Potus, v. Aquileia.
Praecocia, v. Armeniaca.
Praemorsa, v. Succisa.
Prasatella, v. Napellus.
Prasion, v. Marrubium album.
Prasion foetidum, v. Marrubiastrum.
Prata lupina, v. Cardiaca.
Prenanthes, Klapperschlangenkraut in America. III.
Priapea, v. Nicotiana.
Priapria, v. Hyosciamus.
Primula *Alpina* angustifolia, v. Auricula vrsi, v. Primula veris.
Primula *Alpina* latifolia, v. Auricula vrsi, v. Primula veris.
Primula hortensis, v. Primula veris, *Offic.*
Primula media, v. Auricula vrsi, v. Primula veris *Offic.*
Primula pratensis, v. Primula veris, *Offic.*
Primula siluestris floribus obscure virentibus fimbriatis, v. Primula veris *Offic.*
Primula siluestris quarta flore viridi, v. Primula veris, *Offic.*
Primula siluestris tertia, v. Primula veris *Offic.*
Primula veris, v. Bellis, v. Hyacinthus *orientalis.*
Primula veris albo flore, v. Primula veris. *Offic.*
Primula veris *Alpina*, v. Primula veris, *Offic.*
Primula veris altera, v. Primula veris, *Offic.*
Primula veris flauo flore elatior, v. Primula veris, *Offic.*
Primula veris flore gemino, altero alteri innato, v. Primula veris, *Offic.*

Primula veris flore rubro, v. Primula veris, *Offic.*

Primula veris floribus coeruleo-rubentibus, v. Pulmonaria latifolia.

Primula veris luteo flore, v. Primula veris, *Offic.*

Primula veris maior, v. Primula veris, *Offic.*

Primula veris maiore flore albido inodoro, v. Primula veris *Offic.*

Primula veris maioribus floribus luteis odoratis, v. Primula veris, *Offic.*

Primula veris minor, v. Primula veris *Offic.*

Primula veris minor, altera species, v. Primula veris, *Offic.*

Primula veris multiflora secunda, v. Primula veris, *Offic.*

Primula veris multiflora tertia, v. Primula veris silvestris.

Primula veris multiplici flore, v. Primula veris *Offic.*

Primula veris odorata, v. Bellis *Offic.*

Primula veris *Offic.* φλομις, Herba Paralyseos, Verbasculum odoratum, Arthriticum, Primula veris odorata flore luteo simplici *J. B.* Primula veris maior floribus luteis odoratis *Dod.* Primula pratensis *Lob.* Paralysis vulgaris pratensis flore flauo simplici odorato, Clauis St. Petri, Betonica alba, **Schlüsselblumen, Himmelsschlüssel, St. Petersschlüssel, weis Betonien, Fastenblumen, wohlriechend Wollkraut, Lerchenblümlein.** X V.

Die Blätter und Blumen sind gelinde, warm im ersten Grad, trocknen stark, (warm und trocken im andern Grad) halten gelinde an, lindern die Schmerzen, dienen in Hauptbeschwerungen, Schlage, Lähmung und Schmerzen der Glieder. Aeußerlich heilen sie die Gicht, Schwulsten, und giftigen Stiche der Thiere. Wenn man die Wurzeln und Blumen lässet eine Zeitlang in Eßig weichen, selbige in die Nase hält, so machet er Niesen, und nimmt die Zahnschmerzen ohnfehlbar hinweg. Sonst sind auch von diesem Kraut das destillirte Wasser und die in Zucker eingesetzte Blumen bekannt.

Primula veris pachyphyllos, v. Auricula vrsi.

Primula veris pallido flore elatior, v. Primula veris, *Offic.*

Primula veris pallido flore humilis, v. Primula veris *Offic.*

Primula veris pratensis inodora luteo-pallida, v. Primula veris, *Offic.*

Primula veris pratensis odora lutea, v. Primula veris *Offic.*

Primula veris pratensis pallida, v. Primula veris *Offic.*

Primula veris prima, v. Primula veris *Offic.*
Primula veris prolifera, v. Primula veris *Offic.*
Primula veris ſilueſtris flore pallido, v. Primula veris *Offic.*
Primula veris ſilueſtris flore pleno ſpecioſo, v. Primula veris *Offic.*
Primula veris ſilueſtris flore viridi, v. Primula veris *Offic.*
Primula veris ſimplex luteo flore, v. Primula veris *Offic.*
Primus Myrobalanus rotundus, v. Prunus.
Primus prunus Myrobalanus, v. Prunus.
Prinomos *Cretae Salonenſis Galloprouinciae*, v. Carduus, v. Carlina.
Probatica, v. Verbena.
Procampylon, v. Abrotanum.
Proſerpina herba, v. Chamomilla.
Protentilla, v. Anſerina, v. Agrimonia.
Protomedia, v. Sideritis, *Offic.*
Pruna amygdalina, v. Prunus domeſtica.
Pruna auenaria, v. Prunus domeſtica.
Pruna *Brignolenſia*, v. Prunus domeſtica.
Pruna cerea, v. Prunus domeſtica.
Pruna cerea et ceriola, v. Prunus domeſtica.
Pruna cerea maiora, v. Prunus domeſtica.
Pruna *Chemeſia*, v. Prunus domeſtica.
Pruna coloris cerae ex candido in luteum palleſcente, v. Prunus domeſtica.
Pruna *Damaſcena*, v. Prunus domeſtica.
Pruna *de Brignioles*, v. Prunus domeſtica.
Pruna *Hungarica*, v. Prunus domeſtica.
Pruna parua praecocia, v. Prunus domeſtica.
Pruna praecocia a tempore *Auenacea* dicta, v. Prunus domeſtica.
Pruna prunellus, v. Prunus domeſtica.
Pruna pruniolana, v. Prunus domeſtica.
Pruna ſilueſtria, v. Acacia *Germanica.*
Prunella alba ſecunda, v. Prunella *Offic.*
Prunella altera hirſutior, v. Prunella, *Offic.*
Prunella coerulea, v. Conſolida media.
Prunella flore minore vulgaris, *Cluſ.* v. Prunella *Offic.*
Prunella maior folio non diſſecto, v. Prunella *Offic.*
Prunella *Offic.* Conſolida minor, Symphitum petraeum, Herba St. Antonii, Prunella flore minore vulgaris *J. Bauh.*

Prunella maior, folio non dissecto, Prunellen, Gottheil, St. Antoniikraut, Braunelle. XVI.

Dieses Kraut wird Braunelle genennet von der Würkung, weil es in der Bräune gut thut, ingleichen Gottheil, wegen seiner heilsamen Kraft. Die Blätter und Blumen sind warm im ersten, und trocken im dritten Grad, reinigen, heften zusammen, heilen die Wunden, dienen in Brüchen, und resolviren das geronnene Geblüt. Aeußerlich braucht man sie zu Umschlägen in der Bräune und andern Zufällen des Mundes. Crollius will mit dieser Wurzel die allerheftigsten Zahnschmerzen per transplantationem ohnfehlbar vertreiben, und Schröder erzählt die ganze Fortpflanzungscur folgender Gestalt, und spricht: Man reibe mit der dürren Wurzel das Zahnfleisch so lange, bis es blute, und wenn man diese Wurzel annoch voller Blut in einer Weide verspündet, so sollen alsobald die Zahnschmerzen weichen. NB. Man findet in der Chemie ein Sal Prunellae, welches nicht von diesem Kraute, sondern ein wohlgereinigtes Nitrum ist, und in der Bräune ebenfalls, wie auch in bösartigen Fiebern gut thut.

Prunella purpurea, v. Consôlida media.

Prunella quarta, v. Consolida media.

Prunella secunda, v. Prunella *Offic.*

Prunella sexta, v. Prunella *Offic.*

Prunella tertia, v. Prunella *Offic.*

Prunella vulgaris, v. Prunella *Offic.*

Prunellus silvestris, v. Acacia *Germanorum.*

Pruneola, v. Prunus domestica.

Pruneolus, Schlehdorn, v. Acacia *Germanorum.*

Prunifera, vel Nucifera, der Mastixbaum aus Barbados.

Prunus cognominata Myrobalana, v. Prunus domestica.

Prunus domestica, fructus κοκκομήλα, Pflaumenbaum. XXXII.

Man findet sehr viel Arten der Pflaumen, welche alle nach der Größe, Gestalt, Farbe, Geschmack, Geruch, dem Ort, wo sie wachsen, denen Würkungen und Beschaffenheit des innern Fleisches zu unterscheiden. Und sind in denen Apothecken die Pruna Damascenica und Hungarica, Damascener oder Zwetschen, Ungarischen und unsere süßen Pflaumen, die bekanntesten. Sie sind kalt und feucht im andern Grad, laxiren, dämpfen die Säure der Säfte, hemmen den Durst, und erhalten die Zunge feuchte. Die ausgeschälten und ausgetrockneten

Provinz- oder Weinpflaumen, so aus der Fremde in kleinen Fäßgen oder Kästgen zu uns gebracht, und Prunellen, Pruneolen, Brigniolen, Pruneola, Pruna prunella, Pruna pruniolana, Pruna Chemesina, und von dem Ort, wo sie wachsen, nemlich Brignole, einer Stadt der Landschaft Provence in Frankreich, Pruna Brignolensia, Pruna de Brignoles, Brignolae genennet werden, sind allen andern vorzuziehen, v. Zorn. Botanolog. Med. p. m. 544. aber mehr kalt als feucht, laxiren nicht, geben eine angenehme Kühlung in Fiebern. Man hat von denen Pflaumen die eingemachten Spillinge (condita pruna cerea) das Fleisch von denen Pflaumen, und die einfache oder mit andern Dingen vermischte Pflaumenlatwerge. Die abgetrockneten und gebackenen Pflaumen, als in welchen die rohe Feuchtigkeit verringert ist, sind die gesündesten zum essen. Die Spillinge aber, und die großen gelben, so man Eyerpflaumen, Pruna cerea maiora nennet, können, wegen ihres rohen und wässerichten Saftes, große Krankheiten, als die Ruhr und andere Maladien, nach sich ziehen. Von D. Elzholz werden 172 Sorten angeführet, deren Namen aber nicht angemerkt sind.

Prunus fructu nigro purpureo dulci, v. Prunus domestica.

Prunus satiua, v. Prunus domestica.

Prunus Sebesten, v. Sebesten.

Prunus siluestris, v. Acacia *Germanica*.

Prunus siluestris florescens, v. Acacia *Germanorum*.

Pseudoacacia, unächter Schotendorn, Virginischer Schotendorn. VII.

Pseudoaconitum parthalianthes, v. Thora.

Pseudoacorum, v. Iris.

Pseudoacorus, v. Acorus adulterinus.

Die Wurzel hält gewaltig an, ihr dick angeschossener Saft wird in der rothen Ruhr und allerhand Verblutungen gebrauchet. Paracelsus meynet, man solle sie im May an einer Mittwoche frühe vor der Sonnen Aufgang sammlen, und wider den Krampf anhängen.

Pseudoambrosia, v. Ambrosia I. *Matth.* v. Coronopus.

Pseudoapios, *Matth.* v. Apios *Trag.*

Pseudoapium, v. Apios *Americana Cornuti.*

Pseudoarisarum, *Cost. Durant.* v. Arisarum alterum, *Lon. Matth.*

Pseudoasphodelus *Alpinus*, Hastula regia, Goldwurz. III.

Dienet wider die gelbe Sucht. Der Saft dieser Wurzel wird mit Myrrhen und Safran gekocht, und in Beschwerungen der Augen gerühmet.

Pseudoasphodelus luteus palustris, v. Asphodelus luteus.

Pseudoasphodelus palustris *Anglicanus*, v. Aspho. elus luteus.

Pseudobunias, *Lob.* v. Barbata, *Dod.*

Pseudobunium, Napus silvestris Cretica, Candische wilde Rüben. II.

Wächset in der Insul Creta. Das Kraut stillet die Schmerzen des Leibes, der Seiten, und Brennen des Urins.

Pseudocassia, wilder Zimmt, oder Caneelbaum, v. Arbor baccifera laurifolia. II.

Pseudochamaedrys, *Phal.* v. Chamaedrys vulgaris, *Trag.* et *Offic.*

Pseudochamaepytis *Gallica*, v. Chamaepytis.

Pseudoclinopodium, v. Clinopodium.

Pseudocolocynthis pyriformis, v. Colocynthis.

Pseudocoronopus, v. Coronopus.

Pseudocostus, v. Costus.

Pseudocrania, v. Cornus femina.

Pseudocyperi species pumila, v. Gramen *Cyperinum.*

Pseudocytisus, staudigter Geisklee mit rauhen Blättern, Esparcette. IV.

Wächset in Italien und Sicilien.

Pseudocytisus alter, *Gerard.* v. Cytisus IV. *Clus.*

Pseudocytisus hirsutus, *Gerard.* v. Cytisus IV. *Clus.*

Pseudocytisus Leuconlu eus, v. Cytisus IV. *Clus.*

Pseudocytisus prior, v. Cytisus IV. *Clus.*

Pseudodictamnus, falscher Diptam, unächte Eschwurzel. VIII.

Wird in Gärten gezeuget, blühet im Julio. Das Kraut kömmet der äußerlichen Gestalt nach mit dem Marrubio überein, und hat eben dergleichen Würkungen.

Pseudoepios, v. Apios *Trag.*

Pseudofumaria, v. Fumaria.

Pseudofumaria *Indica*, v. Fumaria.

Pseudogelseminum, v. Bignonia.

Pseudoglycyrrhiza, v. Glycyrrhiza.

Pseudohelleborus, v. Helleborus.

Pseudohelleborus niger, v. Helleborus niger.

Pseudohepatorium femina, v. Eupatorium.

Pseudohepatorium mas, v. Eupatorium.
Pseudohermodactylus, *Matth.* v. Dens canina.
Pseudohermodactylus *Matth. et Italorum*, v. Dens canina.
Pseudoiris, v. Acorus adulterinus.
Pseudoiris palustris, v. Acorus adulterinus.
Pseudoligustrum, v. Leuisticum.
Pseudolinum, v. Linaria.
Pseudolotus, *Matth. Tab.* v. Lotus *Africana Matth.*
Pseudolysimachium purpureum, v. Lysimachia *Offic.*
Pseudolysimachium purpureum alterum, v. Lysimachia *Offic.*
Pseudomarum, v. Marum *Syriacum.*
Pseudomelanthium, v. Nigellastrum.
Pseudomelilotus, v. Lotus vrbana, v. Trifolium.
Pseudomoly, v. Juncus.
Pseudomyagrum, v. Myagrum siluestre.
Pseudomyagrum alterum, v. Myagrum siluestre.
Pseudonarcissus, v. Narcissus.
Pseudonarcissus *Anglicus et Hispanicus*, v. Narcissus.
Pseudonarcissus floribus pluribus, v. Narcissus.
Pseudonarcissus luteus, v. Narcissus luteus.
Pseudonarcissus luteus polyanthos, v. Narcissus luteus,
Pseudonarcissus luteus simplici et gemino flore, v. Narcissus luteus.
Pseudonarcissus vulgaris, v. Narcissus.
Pseudonardus, v. Spicanardus.
Pseudonardus femina, v. Spicanardus, *Germ.*
Pseudonardus mas, v. Spica *Celtica.*
Pseudonardus, quae Lauendula vulgo, *J. Bauh.* v. Spicanardus *Germ.*
Pseudonasturtium, v. Nasturtium aquaticum.
Pseudoparthenium, v. Matricaria.
Pseudopinus, v. Pinaster.
Pseudopolygala, v. Polygala.
Pseudoponax Chironium, v. Chamaecistus flore simplici.
Pseudopyrethrum, v. Ptarmica.
Pseudorchis, v. Bifolium.
Pseudosandalum, v. Sandalum.
Pseudosandalum Croceum, Brasilienholtz, v. Sandalum.
Pseudoselinum, caucalis minor, Hecken, wilde Petersilie, Ackerkletten. XVI.
Wächset in Dornen und an Zäunen, blühet im Julio und August.

Pseudostachys, v. Stachys.

Pseudostachys *Alpina, C. Bauh.* v. Saluia silueſtris.

Pseudoſtruthium, v. Luteola.

Pseudoſycomorus, weißer Bruſtbeerleinſtrauch, v. Sycomorus, *Offic.*

Pseudozedoaria quorundum, v. Zedoaria.

Psiadum cordi, v. Alchimilla.

Psillium, v. Psyllum.

Psittacus, v. Tulipa.

Psora *Aetii*, v. Scabioſa *Offic.*

Psylleris, v. Psyllum.

Psyllum, v. Conyza minor.

Psyllum alterum, v. Psyllum maius erectum, *Offic.*

Psyllum herba pulicaris, v. Psyllum maius erectum, *Offic.*

Psyllum maius, v. Psyllum maius erectum, *Offic.*

Psyllum maius erectum, *Offic.* Sicelion, Pſillenkraut, Flöhkraut. IV.

Blühet im Julio. Iſt kalt im andern Grad, temperiret im feuchten, reiniget die gelbe Galle, temperiret die ſcharfen Feuchtigkeiten, dienet in der rothen Ruhr, in Zernagung der Därme. Der Samen von dieſem Kraut curiret die Bräune, Trockenheit im Munde, den Huſten; äußerlich aber Brandſchäden, Entzündung der Augen, und die güldene Ader. Es wird aus dieſem Samen eine Lattwerge verfertiget.

Psyllum minus, v. Psyllum maius erectum, *Offic.*

Psyllum *Plinianum* forte radice perenni ſupinum, v. Psyllum maius erectum *Offic.*

Psyllum primum, v. Psyllum maius erectum *Offic.*

Psyllum ſecundum, v. Psyllum maius erectum *Offic.*

Psyllum tertium, v. Psyllum maius erectum *Offic.*

Ptarmica, Draco ſilueſtris, Tanacetum album ſ. acutum, Herba ſternutatoria, Pyrethrum, Pſeudopyrethrum, Dracunculus pratenſis ſerrato folio, weißer oder ſpitziger Rheinfaren, wilder Bertram, Wieſen- oder wilder Dragun, weißer Dorant, Nieſekraut. XIX.

Die Wurzel und Blätter ſind warm und trocken, machen ihrer Schärfe wegen Nieſen, aber ſelten. Wenn die Blätter zerſtampfet und übergelegt werden, ſo ziehen ſie die blauen Flecken aus denen Wunden und zerquetſchten Gliedern.

Ptarmica foliis Taraxonis, v. Ptarmica.

Ptarmica incana pinnulis criſtatis, v. Ptarmica.

Ptarmica montana, v. Arnica, v. Damasonium.

Ptarmica silvestris *Germana*, v. Ptarmica.

Ptarmica vulgaris, v. Ptarmica.

Ptelea, v. Vlmus.

Pteridion mas v. Lonchitis.

Pterion, Pteris, v. Filix.

Ptisana halicacea, v. Zea.

Ptisana triticea, v. Zea.

Puchiri.

Eine Gattung von Gewürzbäumen in Südamerica. Die Frucht kommt an Größe einer Olive nahe, und reibet man sie als Muscatennüsse, und gebraucht sie auch also.

Puchugchu.

Ein Peruanisch Kraut, welches runde Blätter hat, wie Damascusrosen. Die Blätter liegen dicht auf einander. Inwendig bleiben nur die Wurzeln. Je mehr dieselben wachsen, desto mehr schwillt das Kraut, welches einem hiesigen Krautkopf ähnlich sieht, auf, bis es die Gestalt eines runden Brods bekommt.

Pudibunda herba, v. Herba sensitiua.

Pulegium, Polen, Flöhkraut. IV.

Wird also genennet, weil dessen Rauch die Flöhe vertreiben soll. Die Blätter sind warm und trocken im dritten Grad, verdünnen, schneiden ein, eröfnen, zertheilen, treiben die Monatzeit, Frucht und den Stein, dienen der Leber und der Lunge, curiren den Eckel, das Reißen im Leibe, die gelbe und Wassersucht. Aeußerlich thun sie gut in Beschwerungen des Hauptes, vertreiben den Schlaf, Schwindel, Gichtschmerzen, reinigen die Zähne, und lindern das Jücken der Haut. Aus diesem Kraute werden unterschiedene Composita, als die in Zucker eingesetzten Blätter, das destillirte Wasser und Oel bereitet.

Pulegium alterum foliis oblongis, v. Pulegium.

Pulegium angustifolium, v. Marum *Offic.* v. Pulegium.

Pulegium aquaticum, v. Pulegium.

Pulegium Ceruinum, v. Pulegium.

Pulegium *Creticum*, v. Pulegium.

Pulegium femineum, v. Pulegium.

Pulegium *Germanicum*, v. Pulegium.

Pulegium latifolium, v. Pulegium.

Pulegium mas et regium, v. Pulegium.

Pulegium *Massilioticum*, v. Pulegium.
Pulegium montanum, v. Clinopodium.
Pulegium petraeum, v. Clinopodium.
Pulegium regium, v. Pulegium.
Pulegium silvestre, v. Calamintha agrestis.
Pulegium vulgatum, v. Pulegium.
Pulicaria, v. Conyza, v. Persicaria.
Pulicaria acris, v. Persicaria vrens.
Pulicaria femina, v. Persicaria mitis.
Pulicaria pusilla repens, v. Persicaria mitis.
Pulmo marinus, v. Spongia.
Pulmonalis, v. Pulmonaria.
Pulmonaria, v. Dentaria.
Pulmonaria, Lungenkraut. XXVI.
Pulmonaria albis maculis notata, v. Pulmonaria latifolia.
Pulmonaria angustifolia, v. Pulmonaria.
Pulmonaria angustifolia coerulea, v. Pulmonaria.
Pulmonaria angustifolia coeruleo flore, v. Pulmonaria.
Pulmonaria angustifolia rubente coeruleo flore, v. Pulmonaria.
Pulmonaria arborea, Muscus pulmonarius, Lungenkraut. IV.
Ist temperirt im kalten und trocknen, (sonst warm und trocken im andern Grad,) dienet wider Lungenbeschwerungen, Husten, Engbrüstigkeit, Mutter und Bauchflüsse. Aeußerlich curiret dieses Kraut die güldene Ader.
Pulmonaria aurea, *Gallica*, Buchlattich, Franz- oder gülden Lungenkraut. XVII.
Wächset in Wäldern auf alten Gemäuern und schattichten Dämmen, blühet im Junio und Julio. Das Kraut kömmt mit der Pulmonaria latifolia an Kräften gleich.
Pulmonaria *Echis*, v. Pulmonaria aurea.
Pulmonaria fungosa, v. Pulmonaria.
Pulmonaria *Gallica*, v. Pulmonaria aurea.
Pulmonaria *Gallica* angustifolia, v. Pulmonaria aurea.
Pulmonaria *Gallica* femina, v. Pulmonaria aurea.
Pulmonaria *Gallica* flore Hieracii, v. Pulmonaria aurea.
Pulmonaria *Gallica* mas, v. Pulmonaria aurea.
Pulmonaria *Gallica* tenuifolia, v. Pulmonaria aurea.
Pulmonaria *Italorum*, v. Pulmonaria latifolia.
Pulmonaria latifolia maculosa *Offic.* albis maculis notata *Lob. Tab.* Symphitum maculosum *C. Bauh.* Pepanos, Pulmonaria

naria latifolia vulgaris *Park.* Pulmonaria Italorum ad Buglossum accedens *J. Bauh.* Primula veris floribus coeruleo-rubentibus, Hirschkohl, Fleckenkraut, Lungenkraut, fleckicht Lungenkraut, Hirschmangolt, kleine Schlüsselblumen, Backkraut, klein Wallwurz, oder Beinwelle, Unser Frauen Milchkraut, Waldochsenzunge. V.

Die Blätter sind kalt, (warm) und trocken, heften und ziehen die Wunden zusammen, dienen in Beschwerungen der Brust, der Lunge und dem Blutspeichel. Aeußerlich braucht man das Kraut in Verwundungen, und sind zuweilen, aber selten, ein Syrup und die im Zucker eingesetzten Blumen zu haben.

Pulmonaria maculosa, v. Pulmonaria latifolia.

Pulmonaria maior, v. Pulmonaria latifolia.

Pulmonaria *Pannonica*, v. Pulmonaria latifolia.

Pulmonaria *Plinii* femina, v. Pulmonaria latifolia.

Pulmonaria *Plinii* mas, v. Pulmonaria latifolia.

Pulmonaria prisca, v. Pulmonaria.

Pulmonaria *Romana*, v. Cerinthe.

Pulmonaria secunda, v. Pulmonaria.

Pulmonaria tertia, v. Pulmonaria.

Pulmonaria tertia *Austriaca*, v. Pulmonaria.

Pulmonaria *Vegetii*, v. Crista Galli, v. Helleborus.

Pulmonaria vulgaris, v. Pulmonaria latifolia.

Pulmonaria vulgaris maculosis foliis, v. Pulmonaria latifolia.

Pulmonaria vulgata, v. Pulmonaria, v. Pulmonaria aurea.

Pulmonariae tertiae species, v. Pulmonaria.

Pulmonia, v. Geranium tuberosum.

Pulsatilla *Offic.* Nola culinaria, Küchenschell, Schlottenblumen, Bocksbart, Hackelkraut, Osterblum, Weinkraut, Mutterblum, Osterblumen, Bietzwurz. XVII.

Das Kraut hat eine ätzende Kraft. Wenn man es auf die Handwurzel (wo der Puls von denen Medicis pfleget erforschet zu werden) leget, ziehet es Blasen, welche im dreytägigen Fieber gut thun. Die Wurzel dienet wider die Pest und allerhand giftige Krankheiten und Stiche der Thiere. Das Wasser hiervon wird in dreytägigen Fiebern, der Saft aber, Warzen wegzubeitzen, gebrauchet.

Pulsatilla alba, v. Pulsatilla *Offic.*

Pulsatilla altera, v. Pulsatilla *Offic.*

Pulsatilla anemones folio, v. Pulsatilla *Offic.*
Pulsatilla coerulea, v. Pulsatilla *Offic.*
Pulsatilla coerulea minor, v. Pulsatilla *Offic.*
Pulsatilla flore albo, v. Pulsatilla *Offic.*
Pulsatilla flore candido, v. Pulsatilla *Offic.*
Pulsatilla flore clauso, v. Pulsatilla *Offic.*
Pulsatilla flore luteo, v. Pulsatilla *Offic.*
Pulsatilla flore minore nigricante, v. Pulsatilla *Offic.*
Pulsatilla flore rubro obtuso, v. Pulsatilla *Offic.*
Pulsatilla folio crassiore et maiore flore, v. Pulsatilla *Offic.*
Pulsatilla lutea, v. Pulsatilla *Offic.*
Pulsatilla Pedemontia, v. Pulsatilla *Offic.*
Pulsatilla petraea, v. Pulsatilla *Offic.*
Pulsatilla recentiorum, v. Pulsatilla *Offic.*
Pulsatilla rubra, v. Pulsatilla *Offic.*
Pulsatilla tertia *Alpina*, v. Pulsatilla *Offic.*
Pulsatilla virginis, v. Pulsatilla *Offic.*
Pulsatilla vulgata, v. Pulsatilla *Offic.*
Pulsatilla vulgata et dilutior, v. Pulsatilla *Offic.*
Pulsatilla vulgata saturatior, v. Pulsatilla *Offic.*
Pulsatilla vulgata saturatiore flore, v. Pulsatilla *Offic.*
Pulsatillus, v. Pulsatilla *Offic.*
Puluerina, v. Peta.
Pumilus ranunculus gramineis foliis, v. Ranunculus.
Punica, der Granatenbaum, v. Granata.
Pupilla oculi, v. Beccabunga, v. Apium.
Purgamentum milii, v. Milium.
Pycielt, v. Nicotiana.
Pycnocomon, v. Angelica siluestris.
Pycnocomus, v. Herba *Gerhardi*, v. Valeriana hortensis.
Pygaya, v. Ipecacoanha.
Pyra, v. Pyrus.
Pyra Cydonia, v. Pyrus.
Pyra Jacobaea, v. Pyrus.
Pyra insana, v. Mala insana.
Pyra Muscatella, v. Pyrus.
Pyra Palatina, v. Pyrus.
Pyra pedicularia, v. Pyrus.
Pyra praecocia, v. Pyrus.
Pyra prassina, v. Pyrus.
Pyra prassina hiemalia, v. Pyrus.

Pyra

Pyra regalia, v. Pyrus.
Pyra rotunda, v. Pyrus.
Pyra siluestria, v. Pyrus.
Pyra siluestria maiora, v. Pyrus.
Pyra siluestria minima, v. Pyrus.
Pyra strangulatoria, v. Pyrus.
Pyra superba, v. Pyrus.
Pyracantha, v. Mespilus.
Pyramidalis, v. Campanula maior.
Pyrethrum herba saliualis, Dentaria, Saliuaris Radix, Pes Alexandri, Bertram, Zahnwurz, Geiferwurz, Speichelwurz, Alexandersfuß. XIV.

Ist zweyerley, nemlich die Italiänische und Deutsche. Sie thut in Verlierung der Sprache, Schlafkrankheiten und Zahnbeschwerungen gut. Die Wurzel ist warm im vierten, und trocken im dritten Grad, verdünnet, dringet durch, treibet starken Schweis und Urin, machet flüchtig Geblüte, zertheilet den zähen Schleim, reitzet zu Liebeswerken, curiret das dreytägige Fieber, den Schlag, und wird äußerlich in Zahnschmerzen, so vom Erkälten entstehen, und Flüssen gebrauchet, ziehet gewaltigen Schleim, vertreibet die halben Kopfschmerzen, Lähmung, Unempfindlichkeit, Schauer in Fiebern.

Pyrethrum, v. Ptarmica.
Pyrethrum alterum, v. Pyrethrum.
Pyrethrum *Caesalpini* forte, v. Pyrethrum.
Pyrethrum *Dioscoridis* primum, v. Pyrethrum.
Pyrethrum flore Bellidis, v. Pyrethrum folio Bellidis.
Pyrethrum folio Bellidis, Spanischer Bertram, v. Pyrethrum.
Pyrethrum *Germanicum*, v. Pyrethrum.
Pyrethrum *Italicum*, v. Pyrethrum.
Pyrethrum maius, v. Pyrethrum.
Pyrethrum *Offic.* v. Pyrethrum.
Pyrethrum siluestre, falscher Bertram, v. Pyrethrum. VIII.
Pyrethrum siluestre, v. Ptarmica.
Pyrethrum siluestre et paruum, v. Ptarmica.
Pyrethrum verum, v. Pyrethrum.
Pyrethrum vmbelliferum, v. Pyrethrum.
Pyrinum, v. Pyrethrum.
Pyrithes Antimonium, v. Pyrethrum.

Pyrola, Limonium, Wintergrün, Waldmangold, Holzmangold, Wiesenmangold, Winterpflanzen, Steinpflanzen, wilde Bete, Bieberklee. XXVII.

Wächset an schattichten und feuchten Oertern. Die Blätter sind kalt im ersten, und trocken im dritten Grad, halten an, und heilen die Wunden zusammen.

Pyrola alia in campestribus, v. Pyrola.

Pyrola maior, v. Pyrola.

Pyrola rotundifolia maior, v. Pyrola.

Pyrola vulgatior, v. Pyrola.

Pyromelo, v. Melo pepa.

Pyros, v. Triticum.

Pyrothum, v. Pyrethrum.

Pyrum, v. Pyrus.

Pyrum insanum, v. Mala insana.

Pyrum librale, v. Pyrus.

Pyrum silvestre, Holzbirnen, v. Pyrus.

Pyrus, ἄπιος, ἄππιος, Birnbaum oder Pyrenbaum. CCC.

Die Früchte sind kalt, halten an, und geben schlechte Nahrung. Die abgebrochenen seynd die besten, die süßen laxiren, die sauren und herben halten an. Die getrockneten, wenn sie gebrochen, und nicht vom Baume herunter gefallen, pflegen in Bauchflüssen gut zu thun. Man hat von dieser Frucht den Birnwein, Birneßig und die eingemachten Birn. Die gekochten Birn lassen sich eher, als die rohen, verdauen, und verlangen die Doctores der Salernitanischen Schule, man solle besserer Sicherheit wegen einen Schluck Wein drauf trinken, und lauten ihre Worte im 39. Cap. also:

Fert Pyra nostra Pyrus, sine vino sunt Pyra virus;
Si Pyra sunt virus sit maledicta Pyrus.
Dum coquis, antidotum Pyra sunt: Sed cruda venenum;
Cruda grauant stomachum, releuant sed cocta grauatum.

Das ist:

Wenn die Birn ohne Wein gegessen werden, so sind sie höchst schädlich Die rohen beschweren den Magen, die gekochten aber erleichtern den beschwerten Magen. Man soll die Birn auch nicht nüchtern essen, denn sie halten an, trocknen und geben üble Dauung, nach der Mahlzeit aber schließen sie den Magenmund zu. v. Io. Sperling. Carpologia Phys. p. 66. Hiervon ist auch die Brühe von gedörrten Birnen, welche Hutzelbrühe genennet wird, bekannt, giebt eine gute Kühlung in hitzigen Fiebern

bern ab, löschet den Durst, und wird in Bononien und andern Orten den ganzen Sommer über auf öffentlichem Markt verkauft, v. W. Gabelhouer Cent. 6. Curat. et Obs. medic. annotat. ad Obs. 87. Der Autor des Buchs L'abregé de bons Fruits führet 750. Namen derer Birnen an, die in Frankreich wachsen. Davon aber die meisten Synonyma sind.

Pyrus satiua, v. Pyrus.

Pyrus silvestris, v. Pyrus.

Pyxacantha, v. Lycium.

Quabebae, v. Cubebae.

Quacanda, Pilsenkraut, v. Hyosciamus.

Quadragesima, v. Viola Martis.

Quadrifolium hortorum album, v. Lotus vrbana.

Quadrifolium phaeum fuscum, v. Lotus vrbana.

Quahielt, v. Alkekengi.

Quaiacum lignum, v. Guaiacum.

Quamoclit, Quamoclit, Bartnäglein aus Westindien.

Quartus testiculus, *Trag.* v. Cynosorchis palustris altera.

Quameos, Meerzwiebel, v. Cepa sterilis.

Quercula calamandrina, v. Chamaedrys.

Quercula peregrina, v. Botrys.

Quercula *Turcica*, v. Botrys.

Quercus Aegilops, v. Quercus, *Offic.*

Quercus altera, quae *Cerrus*, v. Quercus, *Offic.*

Quercus calice echinato glande maiore, v. Quercus, *Offic.*

Quercus calice hispido glande minore, v. Quercus, *Offic.*

Quercus cum Gallis, *Chabr.* v. Galla maior.

Quercus cum longo pediculo, v. Quercus, *Offic.*

Quercus foliis murciatis minor, *C. Bauh.* v. Galla minor.

Quercus foliis murciatis non lanuginosis galla superiori simili, v. Galla minor.

Quercus Gallam exigua nucis magnitudine ferens, *C. Bauh.* v. Galla maior.

Quercus gallifera, v. Galla maior.

Quercus humilis, v. Galla minor, v. Quercus, *Offic.*

Quercus latifolia, v. Quercus, *Offic.*

Quercus marina, Meereiche, v. Quercus *Offic.* II.

Quercus *Offic.* Δρῦς, Quercus latifolia, vulgaris, longis pediculis *J. B.* latifolia *Park.* auf deutsch eine Eiche. XXXVI.

Die Blätter hiervon sind kalt im andern und trocken im dritten

Grad. Die Eckern, Rinde, Näpfgen und Stiele halten an, stillen den Bauch- Mutter- Samen- und güldenen Aderfluß, vertreiben Sood, Wunden und Entzündungen der Kehle, und werden äußerlich in Zahnbeschwerungen und allerhand Flüssen der Mutter gerühmet. Viscum quercinum, Mistel von diesem Baume oder die Eichenmistel, wärmet und trocknet im dritten Grad, erweichet, zertheilet, curiret die fallende Sucht, dämpfet die Säure, hält die allzustarken Bewegungen des Geblütes zurück, hemmet den Durchfall, und pfleget dieserwegen in Blutstürzungen, dem weißen Fluß, heftigen Abgang der monatlichen Reinigung, innerlichen Inflammationibus, Seitenstechen, und der rothen Ruhr gut zu thun, äußerlich aber die Geschwulsten und Geschwäre der Ohrendrüsen und anderer Theile, wenn man sie mit Harz und Wachs vermischet, reif und zeitig zu machen. Aus dem Holz kan man einen sauren Liquorem oder Spiritum extrahiren. Der Fungus oder Schwamm und das Wasser, so im May aus denen jungen Eichen gesammlet wird, dienet wider allerhand Verblutungen, Durchfall und die rothe Ruhr. Der Vogelleim, (Gluten) oder das klebrichte Extract aus der Mistel dienet zu etlichen Pflastern. Wenn man die Stücke vom eichenen Holz, so ehemals das Wetter gerühret hat, verbrennet, und in denen Gemächern und Häusern hier und da herum streuet, so weichen Ratten und Mäuse. NB. Es soll das Creutz unsers HErrn Christi aus eichenen Holz bestanden seyn. Bey denen alten Heyden ist dieser Baum in hohen Ehren gehalten, und dem Gott Jupiter, wovon er auch den Namen Arbor Jouis überkommen, gewidmet worden. Wann aber von theils Auctoribus verlauten will, daß die eichene Mistel aus dem Samen gewisser Vögel, als Krammetsvögel, so auch dieserwegen Mistler genennet werden, Ringeltauben u. d. g. entstehe, so scheinet solches, immaßen wir Gewißheit haben, daß an vielen andern Bäumen, so itzterzehlte Vögel ebenfalls zum öftern betreten, keine Mistel zu erlangen, auch in der Gegend Ferrara viele Mistler und Ringeltauben, aber keine Misteln anzutreffen, schlechten Grund zu finden, v. Brovvn. Pseudodox. Med.

Quercus parua, v. Ebulus.

Quercus pedem vix superans, v. Galla minor.

Quercus pumila fruticis specie fronte Ilicis molliore, v. Galla minor.

Quercus vulgaris, v. Quercus *Offic.*

Quinca.

Ein Peruvianisches Gesäme, denen Linsen gleich, aber kleiner. Die Farbe ist weis. Das Wasser, worinnen dieses Gesäme gekocht wird, ist sehr gesund zum Trinken. Ueberhaupt ist dieses Gesäme so heilsam, daß man es daselbst vor die beste Arzeney wider allerhand Geschwäre und Eiterbeulen hält.

Quinquefolii albi species quaedam, v. Quinquefolium album.

Quinquefolii minimum seu primum genus, v. Quinquefolium petraeum maius.

Quinquefolii quarti prima species, v. Quinquefolium petraeum maius.

Quinquefolio fragifero affinis, v. Quinquefolium fragiferum.

Quinquefolium, Quinquepeta, Quinquepenna, πενταφυλλον, Pentaphyllum *Offic.* Pentapteron, Fünffingerkraut, Fünfblat. XVI.

Das Kraut, die Blumen und Wurzel, sind temperiret im warmen und kalten, halten an, heilen die Wunden, stillen das Geblüt, treiben Schweis und Urin, dienen in Wechsel und viertägigen Fiebern, Blutharnen, allerhand Leibesbeschwerungen, so von Flüssen ihren Ursprung haben, Lähmung, Schwindsucht, Gicht, Zipperlein, Feuchtigkeiten der Mutter, Blutspeyen, Husten, der gelben Sucht, Verstopfung der Leber, Milz, ic. in Schärfe der verbrenneten Galle und Durchfall, curiren den allzustarken Abgang der güldenen Ader, das starke Nasenbluten, den Stein, Zernagung der Nieren und die Brüche. Das Decoctum hiervon, oder wenn das Kraut im Wasser gekochet wird, so hat es eben die Kräfte und Wirkungen wie das Guajacholz, treibet Schweis, und stillet die fallende Sucht. Wie dann die Wurzel und das Extract hiervon wider die rothe Ruhr gerühmet wird, und äußerlich pfleget auch das Kraut, die Wurzel und ihr Saft in Entzündung der Augen, Mundfäule, Wackeln der Zähne, weißen Geschwäre und Blätterlein im Munde gut zu thun. Man hiervon ein destillirtes Wasser.

Quinquefolium album, weis Fünffingerkraut, v. Quinquefolium.

Quinquefolium album alterum, *C. Bauh.* v. Quinquefolium album.

Quinquefolium album maius alterum, v. Quinquefolium silvestre.

Quinquefolium album minus, v. Quinquefolium album.
Quinquefolium *Alpinum*, v. Tormentilla Alpina.
Quinquefolium alterum vulgare, v. Quinquefolium luteum *Theophrasti*.
Quinquefolium aquatile, v. Quinquefolium palustre.
Quinquefolium *Dioscoridis et Galeni*, v. Quinquefolium vulgare.
Quinquefolium folio argenteo, v. Quinquefolium petraeum maius.
Quinquefolium fragiferum, Erdbeer, Fünffingerkraut, v. Quinquefolium.
Quinquefolium fragiferum quintum, v. Quinquefolium fragiferum.
Quinquefolium fragiferum rectum, v. Quinquefolium fragiferum.
Quinquefolium fragiferum repens, v. Quinquefolium fragiferum.
Quinquefolium fragiferum septimum, v. Quinquefolium fragiferum.
Quinquefolium fragiferum sextum, v. Quinquefolium fragiferum.
Quinquefolium *Italicum* album, v. Quinquefolium purpureum rectum.
Quinquefolium luteis floribus rectum, v. Quinquefolium maius.
Quinquefolium luteum maius, v. Quinquefolium maius primum.
Quinquefolium luteum minus, v. Quinquefolium petraeum maius.
Quinquefolium luteum rectum, *Theophr.* v. Quinquefolium maius primum.
Quinquefolium maius album, v. Quinquefolium minus secundum.
Quinquefolium maius candidum, v. Quinquefolium silvestre.
Quinquefolium maius primum, v. Quinquefolium.
Quinquefolium maius repens, v. Quinquefolium vulgare.
Quinquefolium minus, v. Quinquefolium petraeum minus.
Quinquefolium minus, klein Fünffingerkraut, v. Quinquefolium. II.
Quinquefolium minus repens luteum, v. Quinquefolium petraeum minus.

Quinque-

Quinquefolium minus Tormentillae facie, v. Quinquefolium petraeum maius, v. Tormentilla.

Quinquefolium palustre, Wasserfünffingerkraut, v. Quinquefolium.

Quinquefolium palustre rubens, v. Quinquefolium palustre.

Quinquefolium petraeum maius, groß Steinfünffingerkraut, v. Quinquefolium.

Quinquefolium petraeum maius decimum, v. Quinquefolium petraeum maius.

Quinquefolium petraeum minus, klein Steinfünffingerkraut, v. Quinquefolium.

Quinquefolium potentillae facie, v. Quinquefolium fragiferum.

Quinquefolium primum, v. Quinquefolium siluestre.

Quinquefolium purpureum *Italicum*, v. Quinquefolium purpureum rectum.

Quinquefolium purpureum maius, v. Quinquefolium maius secundum.

Quinquefolium purpureum rectum, Welsch Purpurroth Fünffingerkraut, v. Quinquefolium.

Quinquefolium quintum, v. Quinquefolium fragiferum.

Quinquefolium secundum minus, albo flore, v. Quinquefolium album.

Quinquefolium siliquosum, v. Sinapistrum Indicum.

Quinquefolium siluestre, Waldfünffingerkraut, v. Quinquefolium.

Quinquefolium siluestre quintum, v. Quinquefolium siluestre.

Quinquefolium supinum, v. Quinquefolium fragiferum repens.

Quinquefolium tertium serpens, v. Quinquefolium fragiferum repens.

Quinquefolium *Theophrasti* album, v. Quinquefolium album.

Quinquefolium *Theophrasti* luteum, v. Quinquefolium maius.

Quinquefolium *Theophrasti* purpureum, v. Quinquefolium purpureum.

Quinquefolium vulgare, gemein Fünffingerkraut, v. Quinquefolium.

Quinqueneruia, v. Plantago minor.

Quinquepenna, v. Quinquefolium.

Quinquepeta, v. Quinquefolium.

Quinquina, v. China Chinae.

Quinua prima, Blitum maius *Peruanum*, v. Blitum.

Quinua prima, Blitum maius *Peruanum*, v. Amaranthus maior floribus paniculosis.

Quinual.

Ein Peruvianischer Baum, dessen Höhe mittelmäßig, der Wipfel rund und das Holz hart ist. Die Blätter sind klein von Umfange, dicke anzufühlen, und dunkelgrün.

Quisquillum *Plinii*, v. Kermes.

Radicula, v. Saponaria, v. Raphanus.

Radicula maior, v. Raphanus marinus, v. Raphanus rusticanus.

Radicula satiua, v. Raphanus rotundus.

Radicula satiua minor, v. Raphanus minor.

Radicula siluestris, v. Raphanus rusticanus.

Radix alexipharmaca, v. Contrayerua.

Radix Bezoardica, v. Contrayerua.

Radix caua herbariorum, v. Fumaria bulbosa.

Radix caua maior, v. Fumaria bulbosa.

Radix caua minima, v. Fumaria bulbosa.

Radix caua minor, v. Fumaria bulbosa.

Radix caua viridi flore, v. Fumaria bulbosa.

Radix ceruina, v. Rosmarinus.

Radix ceruina nigra, v. Rosmarinus.

Radix consecrationis, v. Iris nostras.

Radix *Drakena*, v. Contrayerua.

Radix dulcis, v. Glycyrrhiza.

Radix dysenterica *Brasiliana*, v. Ipecacoanha.

Radix Gin Sem, seu Nisi, v. Ninzin.

Radix Idaea *Dioscoridis*, v. Hippoglossum.

Radix Idaea fructu nigro, v. Myrtillus.

Radix *Mariae*, v. Iris nostras.

Radix *Neronica*, v. Iris nostras.

Radix Rhodia, rosea, *Offic.* Telephium radice rosam spirante maius, luteum minus, radice rosam redolente, Rhodiserwurz, Rosenwurz. II.

Wird, wegen ihres angenehmen Rosengeruchs, Rosenwurz, und weil sie zuerst aus der Insul Rhodis kommen, Rhodiserwurz genennet. Sie ist gemäßiget, warm und trocken im andern Grad,

Grad, stärket das Haupt, lindert die Schmerzen desselben, und pfleget mit Rosenwasser zerstoßen, und mit Pulver vom Eisenkraut verordnet zu werden.

Radix rosea, v. Radix *Rhodia*.

Radix silvestris v. Rapistrum.

Radix *S. Spiritus*, v. Angelica siluestris.

Radix squammata, v. Dentaria siliquosa.

Radix *Venerea*, v. Acorus.

Radix Violacea, v. Iris nostras.

Radix Vrsina, v. Meum.

Radix vulgo, v. Raphanus maior.

Radix Terua, v. Contrayerua.

Ragante.

Ein Kraut in Madagascar, welches die Einwohner wider die Franzosen brauchen.

Ranae morsus, v. Nymphaea alba.

Randia die staudige Randia von Veracruz.

Ranella, v. Beccabunga.

Ranunculi altera species, v. Ranunculus aruensis, v. Flos *Adonis*.

Ranunculi *Dioscoridis* quarta species, v. Ranunculus nemorosus albus.

Ranunculi *Dioscoridis* secunda species, v. Pulsatilla.

Ranunculi duodecima species, v. Ranunculus lanceatus minor.

Ranunculi hortensis simplicis prima species, v. Ranunculus aruensis, v. Flos *Adonis*.

Ranunculi lutei tertia apud *Dioscoridem* species, v. Ranunculus nemorosus albus.

Ranunculi octaua species, v. Ranunculus dulcis.

Ranunculi pratensis cultura multiplex, v. Ranunculus albus.

Ranunculi quarta species latifolia, v. Ranunculus nemorosus albus.

Ranunculi quinta species vel segetalis, v. Ranunculus aruensis, v. Flos *Adonis*.

Ranunculi septima species coronaria, v. Ranunculus dulcis.

Ranunculi siluestris alterum genus, v. Ranunculus nemorosus luteus.

Ranunculi siluestris tertia species, v. Ranunculus nemorosus luteus.

Ranunculi tertii genus secundum flore citrina, v. Ranunculus nemorosus albus.

Ranunculi vndecima species, v. Anemone maior alba.
Ranunculoides, v. Ranunculus.
Ranunculus, Hahnenfus. XXXII.
Ranunculus albus, v. Ranunculus candidus.
Ranunculus albus flore denso, v. Ranunculus albus multiflorus.
Ranunculus albus flore simplici, v. Ranunculus candidus albus.
Ranunculus albus maior, v. Ranunculus candidus albus.
Ranunculus albus multiflorus, gefüllter weisser Hahnenfuss, v. Ranunculus candidus albus.
Ranunculus albus seu echinatus, v. Ranunculus aruensis, v. Flos *Adonis*.
Ranunculus *Alpinus*, Alphahnenfus, v. Ranunculus.
Ranunculus *Alpinus* albus, v. Ranunculus *Alpinus*.
Ranunculus *Alpinus* luteus, v. Ranunculus *Alpinus*.
Ranunculus alter hirsuto semine folio apii, v. Ranunculus aquaticus.
Ranunculus *Anglicus*, v. Ranunculus tuberosus *Anglicus*.
Ranunculus aquaticus, Wasserhahnenfus. VI.
Blühet im April und May, öfters auch im Junio, hat eine ätzende Kraft bey sich, und wird deswegen nicht leicht innerlich gebrauchet, weil leichtlich Inflammationes im Magen und der Därme davon zu besorgen. Man kan ihn auch äußerlich den Schleim auszuziehen, auf den Puls binden. Er verursachet Niesen, ist aber, weil bessere und sichrere Mittel vorhanden, nicht zu rathen.
Ranunculus aquaticus arnoglossophyllos maior, v. Ranunculus lanceatus minor.
Ranunculus aquaticus foeniculaceus trichophyllos, v. Millefolium aquaticum.
Ranunculus aquaticus folio rotundo et capillaceo, v. Ranunculus aquaticus.
Ranunculus aquaticus hepaticae facie, v. Ranunculus aquaticus.
Ranunculus aruensis, v. Flos *Adonis*.
Ranunculus aruensis aestiuus, v. Flos *Adonis*.
Ranunculus aruensis angustifolius, v. Flos *Adonis*.
Ranunculus aruensis echinatus, v. Flos *Adonis*.
Ranunculus aruensis floribus rubicundis, v. Flos *Adonis*.
Ranunculus aruensis latifolius, v. Flos *Adonis*.
Ranunculus *Asiaticus* pleno flore, v. Ranunculus *Turcicus*.

Ranunculus asphodeli radice flore sanguineo, v. Ranunculus *Turcicus*.

Ranunculus aureus, v. Ranunculus dulcis.

Ranunculus auricomos, v. Ranunculus dulcis.

Ranunculus autumnalis, v. Ranunculus *Lusitanicus*.

Ranunculus batrachoides, v. Ranunculus siluestris.

Ranunculus *Byzantinus*, v. Ranunculus *Turcicus*.

Ranunculus candidus albus, Martius, nemorosus, Anemone V. *Dod.* weis Merzenblümlein, weis Waldhütlein, Sommerthiergen, weiße Sommerthiergen.

Hat eine ätzende Kraft, wie alle Species Ranunculi, bey sich.

Ranunculus *Chalcedonicus*, v. Ranunculus *Turcicus*.

Ranunculus coeruleus, v. Geranium batrachoides.

Ranunculus *Constantinopolitanus*, v. Ranunculus *Turcicus*.

Ranunculus coronarius albus, v. Ranunculus albus multiflorus.

Ranunculus coronarius maximus, v. Ranunculus multiflorus maximus.

Ranunculus dulcis, süßer Hahnenfus. VI.

Ranunculus dulcis coronarius, v. Ranunculus dulcis.

Ranunculus dulcis flore pleno, v. Ranunculus dulcis.

Ranunculus dulcis multiflorus, v. Ranunculus dulcis.

Ranunculus dulcis nemorosus, v. Ranunculus dulcis.

Ranunculus dulcis pratensis maior, v. Ranunculus dulcis.

Ranunculus dulcis seu pratensis sub siluestri descriptione, v. Ranunculus dulcis.

Ranunculus echinatus, v. Flos *Adonis*.

Ranunculus erectus hortorum, flore pleno luteo, v. Ranunculus dulcis.

Ranunculus et Sardonia *Dioscoridis*, v. Ranunculus aquaticus.

Ranunculus exiguus et primus, v. Ranunculus minor.

Ranunculus flammeus, v. Flammula.

Ranunculus flammeus maior, v. Flammula.

Ranunculus flammula dictus, v. Flammula.

Ranunculus flore albo, v. Ranunculus albus.

Ranunculus flore globoso, v. Ranunculus Alpinus, v. Aconitum.

Ranunculus flore polyphyllo albo, v. Ranunculus multiflorus.

Ranunculus fluuiatilis, Fus, Hahnenfus, v. Ranunculus aquaticus.

Ranunculus folio aconiti flore albo multiplici, v. Ranunculus multiflorus.

Ranunculus folio graminis, v. Ranunculus gramineus II. multiplex.

Ranunculus globosus, v. Ranunculus *Alpinus.*

Ranunculus glomeratus, v. Ranunculus *Alpinus*, s. montanus.

Ranunculus gramineus, Grashähnlein. II.

Ranunculus gramineus coronarius, v. Ranunculus gramineus II. multiplex.

Ranunculus gramineus multiplex, gefüllt Grashähnlein, v. Ranunculus gramineus.

Ranunculus grumosa radice, v. Ranunculus *Lusitanicus.*

Ranunculus grumosa radice quartus, v. Ranunculus *Illyricus.*

Ranunculus grumosa radice tertius, v. Aconitum pardalianches.

Ranunculus holeraceus, v. Ranunculus dulcis.

Ranunculus holeraceus maior, v. Ranunculus dulcis.

Ranunculus hortensis, v. Sisarum.

Ranunculus hortensis alter, v. Ranunculus siluestris.

Ranunculus hortensis erectus flore pleno, v. Ranunculus siluestris.

Ranunculus hortensis erectus flore simplici luteo, v. Ranunculus nemorosus luteus.

Ranunculus hortensis primus, v. Ranunculus aruensis, v. Flos *Adonis.*

Ranunculus hortensis primus, v. Ranunculus dulcis.

Ranunculus *Illyricus*, windischer Hahnenfus.

Ranunculus in aquis nascens, folio parum scisso, v. Ranunculus aquaticus.

Ranunculus insectus primus, v. Ranunculus lanceatus maior.

Ranunculus lacteus, v. Ranunculus nemorosus albus.

Ranunculus lanceatus, langer Wasserhahnenfus. II.

Ranunculus lanceatus maior, v. Ranunculus lanceatus.

Ranunculus lanceatus minor, v. Ranunculus lanceatus.

Ranunculus lanuginosus angustifolius grumosa radice minor, v. Ranunculus *Illyricus.*

Ranunculus lanuginosus primus latifolius, v. Ranunculus lanceatus.

Ranunculus latifolius bullatus asphodeli radice, v. Ranunculus *Lusitanicus.*

Ranunculus latifolius maior, v. Ranunculus lanceatus.

Ranunculus leucanthemos flore pleno, v. Ranunculus albus multiflorus.

Ranunculus leucanthemos folio Aconiti, v. Ranunculus albus.

Ranunculus leuis, v. Ranunculus siluestris.

Ranunculus longifolius, v. Ranunculus lanceatus minor.

Ranunculus longifolius palustris maior, v. Ranunculus lanceatus maior.

Ranunculus longifolius palustris minor, v. Ranunculus lanceatus minor.

Ranunculus longifolius serratus, v. Ranunculus lanceatus serratus.

Ranunculus lupinus, v. Ranunculus.

Ranunculus *Lusitanicus*, Portugiesischer Hahnenfus. II.

Ranunculus *Lusitanicus* autumnalis, v. Ranunculus *Lusitanicus.*

Ranunculus *Lusitanicus Clusii*, v. Ranunculus *Lusitanicus.*

Ranunculus luteus, v. Ranunculus siluestris, v. Ranunculus dulcis.

Ranunculus magnus *Anglicus* polyanthos, v. Ranunculus tuberosus *Anglicus.*

Ranunculus *Martius*, v. Ranunculus candidus.

Ranunculus maximus leucanthemos, v. Ranunculus albus, v. Aconitum.

Ranunculus maximus multiplex, v. Ranunculus dulcis.

Ranunculus minimus *Septentrionalium* herbido muscoso flore, v. Fumaria bulbosa.

Ranunculus minor, kleiner Hahnenfus.

Ranunculus minor vel tertius, v. Ranunculus minor.

Ranunculus montanus, Berghahnenfus, v. Ranunculus *Alpinus.*

Ranunculus montanus aconiti flore globoso, v. Ranunculus *Alpinus*, v. Aconitum.

Ranunculus montanus aconiti folio albus flore maiore, v. Ranunculus albus, v. Aconitum.

Ranunculus montanus alter, v. Ranunculus *Alpinus.*

Ranunculus montanus glomeratus, v. Ranunculus *Alpinus*, v. Aconitum.

Ranunculus montanus gramineo folio, v. Ranunculus gramineus.

Ranunculus montanus luteus, v. Ranunculus *Alpinus*.

Ranunculus montanus magnus flore multiplici, v. Ranunculus albus.

Ranunculus montanus multiflorus, v. Ranunculus dulcis.

Ranunculus montanus multiplex, v. Ranunculus gramineus multiplex.

Ranunculus montanus multiplex maximus, v. Ranunculus dulcis.

Ranunculus montanus tertius, v. Ranunculus albus, v. Aconitum.

Ranunculus nemorosus, v. Ranunculus candidus, v. Ranunculus dulcis.

Ranunculus nemorosus, Waldhähnlein. IV.

Ranunculus nemorosus albus, weisses Waldhähnlein, v. Ranunculus nemorosus.

Ranunculus nemorosus flore albo stellato, v. Ranunculus nemorosus albus.

Ranunculus nemorosus luteus, gelbes Waldhähnlein, v. Ranunculus nemorosus.

Ranunculus nemorosus *Muscatellina* dictus, v. Fumaria bulbosa.

Ranunculus nemorosus purpureus, Lichtroth Waldhähnlein, v. Ranunculus nemorosus.

Ranunculus nemorosus vel siluestris flore rotundo, v. Ranunculus dulcis.

Ranunculus niueus polyanthos, v. Ranunculus albus multiflorus.

Ranunculus *Orientalis* Aconiti folio, *Tournef.* v. Ranunculus, v. Aconitum.

Ranunculus palustris, v. Sagitta maior.

Ranunculus palustris, Wasserhahnenfus, v. Ranunculus aquaticus.

Ranunculus palustris apii folio leuis, v. Ranunculus aquaticus.

Ranunculus palustris rotundiore folio, v. Ranunculus aquaticus.

Ranunculus *Pannonicus*, v. Ranunculus *Illyricus*.

Ranunculus paruus, v. Ranunculus minor.

Ranunculus peregrinus, v. Ranunculus *Illyricus*.

Ranunculus phragmitis, v. Ranunculus nemorosus albus.

Ranunculus phragmitis luteus, v. Ranunculus nemorosus luteus.

Ranunculus phragmitis purpureus, v. Ranunculus nemorosus purpureus.

Ranunculus platyphyllos, v. Ranunculus lanceatus maior.

Ranunculus polyanthemos, v. Ranunculus dulcis.

Ranunculus polyanthemos maculatus, v. Ranunculus dulcis.

Ranunculus polyanthemos primus, v. Ranunculus dulcis.

Ranunculus polyphyllos flore coccineo, v. Ranunculus *Turcicus*.

Ranunculus polyphyllos tertius erectus, v. Ranunculus dulcis.

Ranunculus pratensis causticus, v. Ranunculus.

Ranunculus pratensis erectus acris, v. Ranunculus siluestris.

Ranunculus pratensis erectus dulcis, v. Ranunculus dulcis.

Ranunculus pratensis hortensis, v. Ranunculus dulcis.

Ranunculus pratensis radice verticilli modo rotunda, v. Ranunculus minor.

Ranunculus pratensis repens hirsutus, v. Ranunculus dulcis.

Ranunculus pratensis reptante cauliculo hortensis, v. Ranunculus dulcis.

Ranunculus pratensis surrectis cauliculis, v. Ranunculus dulcis.

Ranunculus pratensis vel primus, v. Ranunculus dulcis.

Ranunculus primus, v. Ranunculus lanceatus minor, v. Ranunculus dulcis.

Ranunculus primus *Dioscoridis*, v. Ranunculus aquaticus.

Ranunculus primus *Matthioli*, v. Ranunculus dulcis.

Ranunculus purpureus, v. Anemone stellata purpurea et alba.

Ranunculus radice bulbosa vel tuberosa, v. Ranunculus tuberosus *Anglicus*.

Ranunculus repens dulcis, v. Ranunculus dulcis.

Ranunculus repens flore albo, v. Ranunculus albus multiflorus.

Ranunculus roseus, v. Ranunculus dulcis.

Ranunculus rotundus, v. Ranunculus aquaticus.

Ranunculus salutiferus, v. Ranunculus dulcis.

Ranunculus sanguineus, v. Ranunculus dulcis.

Ranunculus sanguineus multiplex, v. Ranunculus *Turcicus*.

Ranunculus *Sardonius*, v. Ranunculus *Illyricus*.

Ranunculus satiuus, v. Flos *Adonis*.

Ranunculus segetalis, v. Ranunculus aruensis, v. Flos *Adonis*.

Ranunculus siluestris, wilder Hahnenfus. II.

Ranunculus siluestris secundus, v. Ranunculus dulcis.

Ranunculus siluestris tertius, v. Ranunculus aruensis, v. Flos *Adonis*.

Ranunculus strumea et apiastrum, v. Ranunculus aquaticus.

Ranunculus surrectis cauliculis, v. Ranunculus dulcis.

Ranunculus tuberosus, v. Ranunculus minor.

Ranunculus tuberosus *Anglicus*, gefüllte Englische Drüswurzel, v. Ranunculus.

Ranunculus tuberosus flore multiplici, v. Ranunculus tuberosus *Anglicus*.

Ranunculus tuberosus radice flore pleno et prolifero, v. Ranunculus tuberosus *Anglicus*.

Ranunculus tuberosus vel bulbosus multiflorus, v. Ranunculus tuberosus *Anglicus*.

Ranunculus *Turcicus*, Türkischer Hahnenfus.

Ranunculus vinealis, v. Ranunculus dulcis.

Rapae semen albae, weiser Rübsamen, v. Rapa.

Rapae siseris semen, gelber Rübsamen.

Rapa vel Rapum satiuum, Rüben, Scheiberüben, Turnips, XIII.

Werden auf Aeckern und in Gärten gezeuget. Der Samen ist warm im andern, und trocken im ersten Grad. Er dienet wider den Gift, vermehret den Samen, machet Appetit zur fleischlichen Beywohnung, und treibet die Masern aus. Die Wurzel wird zum Zugemüsen gebrauchet, machet Blähungen, und giebt wenig Nahrung. Der Saft und das Decoctum hiervon, wenn man die Rüben im Wasser oder einer guten Brühe kochet, lindert die Schärfe der Galle, und die Rauhigkeit der Lunge, Luftröhre und Kehle. Aeußerlich dienen die gebratenen in einen Umschlag applicirte Rüben wieder erfrorne Glieder, und geben ein gut Gurgelwasser ab. Die im Wasser gekochte Rüben, wenn man sie in Fusbädern brauchet, pflegen den Schafhusten bey Kindern, und übernatürliche Hitze zu dämpfen. Ein Bad aus denen Rüben, wie auch das Decoctum hiervon, curiren das Auszehren der Glieder und die Lähmung, so von Scorbut entstanden, wie solches Herr Nicol. Juel, Ritter des Elephantenordens, Königl. Dännemärkischer geheimder Rath und Gros-

Grosadmiral, ehemals in den Niederlanden an einem jungen Menschen observiret, und gewiß befunden hat. Hieher gehören auch die Steckrüben. v. Napus. vide et Mylii Hortum Philos. p. 548. sqq.

Rapa longa, lange Rüben. II.

Rapa mas *Theophr.* v. Rapa satiua rotunda.

Rapa oblonga, v. Rapa longa.

Rapa satiua, v. Rapa.

Rapa satiua femina, v. Rapa.

Rapa satiua oblonga, v. Rapa longa.

Rapa satiua rotunda, runde Rüben. II.

Rapa siluestris, v. Rapa.

Rapa terrae, v. Cyclamen.

Raphanis magna, v. Raphanus marinus.

Raphanis siluestris, v. Raphanus marinus.

Raphanistrum, Hederich, v. Rapistrum.

Raphanus aquaticus, v. Raphanus rusticanus.

Raphanus aquaticus alter, v. Rapistrum.

Raphanus aquaticus foliis in profundas lacinias diuisus, v. Brassica raposa.

Raphanus aquaticus tertius, v. Raphanus rusticanus.

Raphanus condimentarius, v. Raphanus rusticanus.

Raphanus magnus, v. Raphanus rotundus.

Raphanus maior, v. Armoracia.

Raphanus maior orbicularis vel rotundus, v. Raphanus rotundus.

Raphanus marinus, v. Raphanus rusticanus.

Raphanus medicamentarius, v. Armoracia.

Raphanus minor, Radies. III.

Wird über Tische statt eines Nachessens zu Butter aufgetragen, in denen Apothecken aber nicht leicht verschrieben.

Raphanus niger, schwarzer Rettich. II.

Kömmt mit dem Raphano rotundo überein.

Raphanus obsoniorum, v. Armoracia.

Raphanus orbicularis secundus, v. Raphanus rotundus.

Raphanus *Officinarum* aquaticus, v. Raphanus rusticanus.

Raphanus primus, v. Raphanus rotundus.

Raphanus rotundus, ῥαφανὶς, ὁς, Radicula satiua, Rettich, Monatrettich. II.

Der Samen und die Wurzel sind warm im dritten, trocken im andern Grad. Es ist dieser Rettich scharf, wegen seines flüchtigen

gen Salzes beisend, schneidet ein, erwecket Brechen, Eckel, Blähungen und Aufstoßen, dienet im Scorbut, in verhaltener Monatzeit, krampfmäsiger Engebrüstigkeit, so von einem trockenen Wesen entstehet, eröfnet, reiniget, verdünnet, treibet den Stein und Urin, eröfnet die Leber und das Gekrös, verdünnet den zähen Schleim im Magen; Er hilft verdauen, und tödtet die Würme. Wenn er äußerlich auf die Fussohlen gebunden wird, so curiret er das Fieber; bindet man ihn aber hinten in Nacken, so hemmet er die heftigen Kopfschmerzen, so von bösartigen Fiebern entstanden. In denen Apothecken ist von diesem Rettich ein abgezogenes Wasser zu bekommen. Es meynet Avicenna, der Rettich verdaue zwar andere Speisen, und sey doch selbst unverdaulich. So pflegte auch der Kayser Ferdinandus zu sagen: Es sey eine große Gleichheit zwischen einem Rettich, Wetzstein und Alchimisten. Denn wie der Rettich andere Speisen verdaue, und sich selbst nicht verdauen könne, also machte der Wetzstein das Eisen scharf, und könne selbst nicht schneiden, und der Goldmacher verspreche andere reich zu machen, und sey doch selbst der ärmste Bettler, v. Marr. Mili hort. Philosoph. p. 568.

Raphanus rotundus primus, v. Raphanus rotundus.

Raphanus rusticanus, seu marinus, Armoracia, Radicula magna, Märrettig, Meerrettig. I.I.

Die Wurzel ist warm und trocken im dritten Grad, aber weit stärker, wenn sie mit dem Rettig (Raphano rotundo) gebrauchet wird, curiret den Scorbut, die Wassersucht, Schlafkrankheiten, Gicht, vermehren und vermindern den Appetit. Rajus und Robinsonius wollen mit dem Saft aus Meerrettig den Stein, so von einem Menschen gangen, auflösen. Aeußerlich thut der Raphanus rusticanus in drey und viertägigen Fiebern, Schmerzen und Schwulst der Gliedmaßen, ingleichen wider Zahnschmerzen und Rose, gut. Das aus der Wurzel abgezogene Wasser tödtet die Würme im Leibe.

Raphanus silvestris, v. Armoracia, v. Rapistrum, v. Raphanus rusticanus.

Raphanus silvestris et palustris, v. Raphanus rusticanus.

Raphanus silvestris *Officinarum*, v. Armoracia.

Raphanus vulgaris, v. Raphanus rusticanus.

Raphanus vulgaris et rusticanus, v. Raphanus rusticanus.

Rapicaulis, v. Brassica raposa.

Rapiens vitam, v. Thymelaea.

Rapirius Colis *Catonis*, v. Brassica raposa.
Rapi sextum genus, v. Rapunculus.
Rapi siluestris genus, v. Ceruicaria, v. Trachelium.
Rapi siluestris genus in siluis et montibus, v. Rapunculus.
Rapi siluestris genus maius folio fere vrticae, v. Trachelium.
Rapi siluestris genus maximum, v. Viola *Mariana*, v. Campanula hortensis.
Rapi siluestris genus, quod campanula coerulea, v. Rapunculus.
Rapistrum, Rübsamen, Rübsen. XIII.
Ist warm und trocken, hat einen scharfen Geschmack, und thut im Geblüt, wegen seines flüchtigen Salzes, starke Würckung, dringet durch, verdünnet, zertheilet, eröfnet, treibet Urin, den Stein, und dienet im Scorbut.
Rapistrum album, v. Armoracia.
Rapistrum aquaticum, v. Rapistrum, v. Raphanus rusticanus.
Rapistrum flore albo Erucae folio, v. Armoracia.
Rapistrum flore albo siliqua articulata, v. Armoracia.
Rapistrum flore luteo, v. Rapistrum.
Rapistrum flore purpureo, v. Rapistrum.
Rapium, v. Artemisia.
Raponcoli, v. Rapunculus.
Rapum *Diosc.* v. Rapa.
Rapum Genistae, v. Orobranche.
Rapum longum, v. Rapa.
Rapum longum minus, v. Rapa.
Rapum oblongum, v. Rapa longa.
Rapum orbiculatum, v. Rapa.
Rapum orbiculatum maius turbinatum, v. Rapa.
Rapum orbiculatum minus, v. Rapa.
Rapum rotundum, v. Rapa.
Rapum rotundum minus, v. Rapa.
Rapum rubrum, *Fuchs.* v. Beta rubra, *Matth.*
Rapum satiuum, v. Rapa.
Rapum satiuum alterum, v. Napus.
Rapum satiuum orbiculatum, v. Rapa.
Rapum secali rotunditate, v. Rapa.
Rapum siluestre, v. Rapa, v. Rapunculus.
Rapum siluestre maius, v. Rapunculus.
Rapum siluestre non bulbosum, v. Rapa.

Rapum tereti rotunda oblongaque radice, v. Rapa.
Rapum terrae, v. Cyclamen.
Rapum vulgare, v. Rapa.
Rapuncula, v. Rapunculus.
Rapunculi alti genus grandius, v. Campanula, v. Trachelium.
Rapunculum alopecuron, v. Rapunculus.
Rapunculus, Rapunzel. XXIV.
Rapunculus *D. Antonii*, v. Ranunculus dulcis.
Rapunculus campanulatus linifolius seu septimus, v. Rapunculus.
Rapunculus campanulatus Nerii folio, v. Trachelium, v. Campanula.
Rapunculus campanulatus Nerii folio tertius, v. Rapunculus.
Rapunculus esculentus, v. Rapunculus.
Rapunculus flore spicato purpureo et albo, v. Rapunculus.
Rapunculus hortensis, v. Sisarum.
Rapunculus maior, v. Rapunculus.
Rapunculus minor, v. Rapunculus.
Rapunculus nemorosus, v. Rapunculus.
Rapunculus nemorosus angustifolius magno flore, v. Rapunculus.
Rapunculus nemorosus angustifolius paruo flore, v. Rapunculus.
Rapunculus Persicis foliis magno flore, v. Trachelium, v. Campanula.
Rapunculus Pyramidalis, v. Trachelium, v. Campanula.
Rapunculus quintus nemorosus primus, v. Rapunculus.
Rapunculus scabiosus capitulo coeruleo, v. Scabiosa.
Rapunculus septimus nemorosus tertius, v. Rapunculus.
Rapunculus sextus nemorosus secundus, v. Rapunculus.
Rapunculus siluestris, v. Rapunculus.
Rapunculus siluestris flore albo quartus, v. Rapunculus.
Rapunculus siluestris flore ex purpureo candicante, v. Rapunculus.
Rapunculus siluestris maior, v. Rapunculus.
Rapunculus siluestris minor, v. Rapunculus.
Rapunculus siluestris minor secatus, v. Rapunculus.
Rapunculus siluestris spicatus, v. Rapunculus.
Rapunculus spicatus, v. Rapunculus.

Rapunculus *Vulcani*, v. Rapunculus minor.
Rapunculus vulgaris, v. Rapunculus.
Rapuntia, v. Rapuntium.
Rapuntium, die Cardinalsblume. XVII.
Rapuntium *Americanum*, die Americanische Cardinalsblume. VI.
Rapuntium maius, v. Rapuntium.
Rapuntium maius alopecuros comoso flore, v. Rapuntium.
Rapuntium paruum, v. Rapuntium.
Rattane.

Ist ein Baum in Ceylon, welcher mit einer stachlichten Rinde bedecket ist. Er trägt Früchte in der Größe und Gestalt derer Weintrauben, aber mit gelben und schuppichten Bälgen. Die Einwohner machen ein säuerliches und erfrischendes Getränke aus dieser Frucht. Rob. Kox.

Ravendzara.

Ist ein Baum auf der Insul Madagascar, von der Größe des Lorberbaumes, dem er auch an Blättern gleichet, ob sie gleich kleiner sind. Seine Frucht ist eine grüne Nuß, dessen Schale und Fleisch den Geschmack der Nägelein haben. Der Baum bringt in drey Jahren nur dreye hervor. Man unterscheidet das Männlein und Weiblein. Seine Blume gleicht auch der Nägleinsblume. Die Einwohner bedienen sich dieser Nuß, um ihre Fische damit, nebst dem Ingwer und Knoblauchsblättern, zu würzen.

Ravier.

Ist ein Indianischer Baum, dessen Stamm gerade und hohl ist, und dessen Blätter in einer Schneckenlinie um ihn herum wachsen.

Raum, v. Pastinaca domestica.
Rauvvolfia, die vierblätterige Rauwolfia in America. II.
Raxach, v. Ammoniacum.
Regalea, v. Galega.
Regallicum, v. Galega.
Regina prati, v. Vlmaria.
Remel, v. Saccharum.
Remora aratri, v. Ononis.
Reseda, Rheseda, Eruca peregrina vel Italica, vel Cantabrica, Orantt, Harnkraut. VIII.

Zertheilet und stillet die Schwulste, ingleichen wenn hier und da in unserm Leibe Collectiones humorum oder ausgetretene Säfte vorhanden seyn, und hier und da zusammen gelaufen sind, hat mit der Raucke eine ziemliche Verwandschaft.

Reseda alba minor, v. Chondrilla, v. Sesamoides.

Reseda latifolia, v. Reseda.

Reseda lutea maxima, v. Reseda.

Reseda *Plinii*, v. Reseda.

Reseda prima, v. Reseda.

Reseda recta, v. Reseda.

Reseda secunda, v. Reseda.

Reseda tenuifolia, v. Reseda.

Reseda vulgaris, v. Reseda.

Resina, Schusterpech, Kübelharz.

Bestehet aus dem weissen Harz, wenn es ohne Zusatz zu einer dicken Consistenz gekochet, und in Kübel oder Butten gegossen worden, muß schön, trocken, gelb, nicht voll Sand und andern Unrath seyn, wird von Barbierern öfters zu Pflastern gebrauchet. v. Woyd Gazophylac. Med. Phys. p. 79.

Resina, Harz.

Ist eine fette, ölichte, fliessende, auch trockene Materie, welche aus harzigten Bäumen und andern Vegetabilien fliesset. Will man dergleichen harzigtes Wesen zerschmelzen, so kan dasselbe in Spiritu Vini, Oelen oder Feuer, nicht aber, wie die Gummata, als Kirschharz, Pflaumenharz, Gummi Arabicum, Traganth und dergleichen in Wasser zergehen, präsiriret werden. Von dieser Gattung Harzen findet man unterschiedene in der Medicin, als die Resinam, Jalappae, Scammonii, u. a. m.

Resina abietis, Tannenharz, v. Abies.

Resina Jalappae, v. Jalappa.

Resina in vesicis, Fichtenharz, v. Pinus.

Resina scammonii, v. Scammonium.

Resta bovis, v. Ononis.

Rha, v. Rhaponticum verum.

Rha et Reum *Dioscoridis*, v. Rhaponticum verum *Offic.*

Rhaa.

Ein Baum in Madagascar, welcher das Drachenblut hervorbringt. Seine Frucht hat die Gestalt einer kleinen Birne. Sie hat einen Kern in sich, der eine etwas feste Haut hat, und in diesem Kern ist eine Mandel von der Gestalt, Farbe und Geruch einer Muscatennuß. Die Negern ziehen aus dieser Nuß ein Oel, welches

welches man für ein unfehlbares Mittel wider die Rose, Entzündung, und das Jücken der Haut hält. v. Sanguis Draconis.

Rhabarbarum adulterinum, v. Thalictrum maius.

Rhabarbarum album, v. Mechoacanna.

Rhabarbarum *Franciscanorum*, v. Lapathum, v. Rhabarbarum Monachorum.

Rhabarbarum *Indicum*, v. Mechoacanna.

Rhabarbarum maximum, v. Rhabarbarum verum.

Rhabarbarum Monachorum, v. Rhaponticum verum *Offic.*

Rhabarbarum *Moscouiticum*, v. Rhabarbarum verum, v. Mechoacanna.

Rhabarbarum nigrum, v. Jalapium.

Rhabarbarum primum, v. Rhabarbarum verum, v. Mechoacanna.

Rhabarbarum rusticorum, v. Esula vulgaris.

Rhabarbarum secundum, v. Rhabarbarum verum, v. Mechoacanna.

Rhabarbarum *Sinense*, v. Rhabarbarum verum.

Rhabarbarum *Tartaricum*, v. Rhabarbarum verum.

Rhabarbarum tertium, v. Rhabarbarum verum, v. Mechoacanna.

Rhabarbarum verum, Rivvand, Rhabarbarum s. Lapathum maximum, Sinense vel Tartaricum, Rhaponticum verum, Rhabarbar. III.

Ist warm und trocken im andern Grad, purgiret die gelbe Galle, den zähen und tartarischen Schleim des Magens, treibet den Urin, Samenfluß, (Gonorrhaeam) stillet den Schmerz, heilet die Wunden, dienet in der Melancholie und Verstopfung der güldenen Ader, schadet im Schwindel, curiret den Husten, Engbrüstigkeit, Blutspeichel, und nächtliche Besudelung. Es wächset diese Wurzel in denen Sinesischen Provinzien Socieu, Xensi und Suciven bey der bekannten langen Mauer, dienet in allerhand Beschwerungen der Leber, der gelben Sucht, rothen Ruhr und Durchfall, und werden aus der Rhabarbar unterschiedene Praeparata, als die überzogene Rhabarbar, der aus Hindläufte und Rhabarbar bestehende Syrup, der laxirende Syrup, die Kügelgen, Pillen und Extract, verfertiget.

Rhagadiolus, v. Hieracium.

Rhamnidia species, v. Oleaster *Germanicus*, *Offic.*

Rhamnoides catharticus minor, kleiner purgirender Stechdorn, v. Oleaster *Germanicus Offic.*

Rhamnoides catharticus minor folio longiore, v. Oleaster *Germanicus Offic.*

Rhamnoides floritera foliis salicis baccis leuiter flauescentibus, v. Oleaster *Germanicus*, *Offic.*

Rhamnoides fructifera foliis salicis baccis leuiter flauescentibus. v. Oleaster *Germanicus Offic.*

Rhamnus catharticus, v. Spina infectoria.

Rhamnus folio subrotundo fructu compresso, v. Paliuro.

Rhamnus litoralis. *Park.* v. Oleaster *Germanicus. Offic.*

Rhamnus primus *Dioscoridis*, v. Oleaster *Germanicus Offic.*

Rhamnus ramis spina terminatis floribus quadrifidis, diuisis, *Linn.*

Ist ein Baum in Siberien, welcher wie ein Vogelkirschbaum aussiehet. Die Blätter sind länger und dunkler, und haben fast so starke Adern, als ein Citronblat. Das Holz siehet röthlicht aus, und wird seiner Härte wegen zu Messerheften verarbeitet, v. Spina Infectoria.

Rhamnus, salicis folio angusto, fructu flauescente, *C. Bauh.* v. Oleaster *Germanicus Offic.*

Rhamnus secundus, v. Oleaster *Germanicus Offic.*

Rhamnus solutiuus. Kreutzbeer, v. Spina infectoria.

Rhamnus tertius *Clus.* v. Oleaster *Germanicus*, *Offic.*

Rhamnus tertius. *Diosc.* v. Paliuro.

Rhapontica, s. Centaurium maius, v. Rhaponticum vulgare.

Rhapontici altera icon ex vetusto codice, v. Rhaponticum verum.

Rhaponticum seu Rheiponticum vulgare, Centauria vel Centaurium maius, groß Tausendguldenkraut, Rhapontic. XV.

Die Wurzel ist warm im ersten Grad, temperiret im trocknen, hält an, ist ein gut Wundkraut, dienet im Durchfall, der rothen Ruhr, Brüchen, geronnenem Geblüt, Blutspeyen, Magenfieber, treibet und stillet den Monatfluß, eröfnet und stärket die Leber, curiret die Verstopfungen der Adern, des Gekröses und ungewisse Krankheiten.

Rhaponticum capitato folio Enulae, v. Rhaponticum verum.

Rhaponticum centaurii maioris facie, v. Rhaponticum verum.

Rhaponticum folio Heleni incano, v. Rhaponticum verum.
Rhaponticum *pharmacopolarum*, v. Rhaponticum verum.
Rhaponticum quartum, v. Rhaponticum verum.
Rhaponticum secundum, v. Rhaponticum verum.
Rhaponticum siccatum, v. Rhaponticum verum.
Rhaponticum verum, Rheum, Rha *Diosc.* Ponticum, Rha antiquorum, Rhabarbarum Monachorum vel Lapathum maximum Thracicum, Rhapontic, Münchsrhabarbar. II.

Purgiret gelinder, als die Rhabarbar, hält aber desto stärker an, dienet in allerhand Brustbeschwerungen, schweren Odem und geronnenen Geblüt, wird von der Rhabarbar an der äußerlichen Gestalt und innerlichen Kräften wenig unterschieden; Es muß aber hiervon eine stärkere Dosis, als von der Rhabarbar, verordnet werden. Sie wächset in Scythien und dessen mitternächtigen Gegend, bey dem Fluß Rha, ist warm und trocken im andern Grad, (trocken und temperiret) und bestehet aus einem irdischen feurichten Wesen, dienet dem Magen, der Milz und Leber, curiret die Gichtbeschwerungen, Fieber und giftige Stiche der Thiere. Aeusserlich stärket sie das Herz unvergleichlich.

Rhecoma et Rhacoma *Plin.* v. Rhaponticum verum.
Rheiponticum vulgare, v. Rhaponticum vulgare.
Rheobarbarum, v. Rhabarbarum verum.
Rheum, v. Rhaponticum verum.
Rhinanthus, v. Crista Galli.
Rhizocorallium, v. Dentaria.
Rhobethron, v. Hypocistis.
Rhodacina, v. Persica.
Rhodia radix, v. Radix *Rhodia*.
Rhodisium, v. Rhodium lignum.
Rhodium Lignum, Aspalathus, Aspalatum, (fälschlich) Agallochum, Olea Aethiopica, Xyloaloë solida, Rhodisium vel Oleastrum lignum, Erysisceptrum *Bauh.* Rhodiserholz. V.

Ist eine Art vom Agallocho. Man hat von diesem Ligno Rhodio unterschiedene Arten, denn einiges wird aus Sumatra, ein anders aus der Insul Rhodis, wieder eine andere Gattung aus den Canarien Insuln bracht, dienet in der Wassersucht und dem Stein, äußerlich aber in Zahnschmerzen. Es ist warm im ersten Grad, und trocken, hält an, curiret allerhand Geschwäre des

Mundes, stinkende, wässerichte und Krebsgeschwäre der Genitalium und anderer Theile, Bauchflüsse, die rothe Ruhr, den Nierenstein, und das böse Wesen. Das destillirte Oel machet einen lieblichen Geruch, wird zu Balsamen gebrauchet, und erquicket unsere Lebensgeister.

Rhododaphne, v. Nerium.

Rhododendron, v. Nerium.

Rhododendron *Alpinum*. v. Chamaerhododendron.

Rhododendron flore albo, v. Nerium.

Rhoe, v. Rhus coriaria.

Rhoeas erratica altera, v. Papauer erraticum.

Rhoeas minor, v. Papauer erraticum.

Rhoeas papauer, v. Papauer erraticum.

Rhoeas siue caduco flore puniceo, v. Papauer erraticum.

Rhombe.

Ist eine Art von wilder Münze mit großen Blättern in Madagascar, welche den doppelten Geruch von Zimmt und Nägelein hat, und zwey Ellen hoch wächset.

Rhososelinum, v. Ranunculus.

Rhu, v. Rhus.

Rhus coriaria, Sumach Arabum, Rhu, Rhoe, Färberbaum, Schlingbaum Sumach, Schmack. VII.

Der Samen und Blätter sind kalt im dritten, und trocken im andern Grad, halten an, dienen im Bauch- Weiber- und güldenen Aderflüssen, und mäsigen die Galle. Aeußerlich aber widerstehen sie dem warmen Brande im Wurm am Finger. Das Gummi hiervon stecket man in großen Zahnschmerzen in die Zähne. Der Saft aus dem Sumach, d. i. das innerliche Fleisch ohne dem steinichten Samen, ist auch bekannt. Die kleinen Körnergen oder Beergen brauchen die Gerber, weil sie heftig zusammen ziehen, ihr Leder fest zu machen, und wenn sie diesen Samen eine Zeitlang haben eingeweichet, und in zerstoßenen Vitriol giessen, so entstehet eine schwarze Farbe draus, dannenhero zu schließen, daß eine adstringirende Kraft unter dem Salz verborgen stecke. Vor Zeiten nahmen die Syrer und Egyptier dieses Sumach, ihre Speisen damit abzuwürzen, und dieses thun sie auch noch heut zu Tage. Ferner wird es in Eßig geweichet, die Materie der Pocken abzuhalten, und aus denen Augen zu treiben, appliciret. Die Franzosen curiren mit dem Decocto hiervon den Samenfluß.

Rhus folio vlmi, v. Rhus coriaria.
Rhus myrtifolia, v. Rhus coriaria.
Rhus obsoniorum similis *Americana*, gummi candidum fundens, non serrata foliorum rachi medio allata, der Gummi Copalbaum in Carolina. *Miller.*
Rhus *Plinii* myrtifolia, v. Rhus coriaria.
Rhus siluestris *Plinii*, v. Rhus coriaria.
Rhuselinum, v. Ranunculus.
Rhysimum, v. Ruta hortensis.
Rhyte, v. Ruta hortensis.
Ribes, Grossularia non spinosa, Vua vrsi, Ribesium fructu rubro, Johannisbeerlein, Johannisträublein, Ribes oder Ribesel, rothe St. Johannisbeerlein. XIV.
Sind kalt und trocken im andern Grad, halten ein wenig an, stärken den Magen, dienen wider allerhand Bauchflüsse, die rothe Ruhr, Gallenkrankheit, Gallenfieber, Fäulung und Durst. Hiervon hat man die eingemachten Johannisbeeren, den einfachen und mit andern Dingen vermischten Saft, und den Wein.
Ribes fructu albo, weisser Johannisbeerstrauch. V.
Ribes fructu rubro, rother Johannisbeerstrauch. III.
Ribes hortensis v. Ribes.
Ribes nigra *Lob. Tab.* Ribes siluestris *Trag. Lon.* Ribes vulgaris nigro fructu *Clus.* Ribesium fructu nigro *Dod.* Grossularia non spinosa fructu nigro *C. Bauh.* Piperella *Lugd.* wilde oder schwarze Johannisbeer, Alantbeer, Ahlbesinge, Pfefferbeerlein. III.
Man giesset hierüber Aquavit, und trinket sie wider den Stein; andere brauchen sie wider die Gicht, und nennen sie Gichtbeeren rc. v. Zorn. in Botanolog. Med. p. 572.
Ribes nigrum vulgo dictum, folio olente, v. Ribes nigra.
Ribes *Officinarum*, v. Ribes.
Ribes siluestris, *Trag. Lon.* v. Ribes nigra.
Ribes vulgaris acida rubra, v. Ribes fructu rubro.
Ribes vulgaris domestica, v. Ribes.
Ribes vulgaris nigro fructu, *Clus.* v. Ribes nigra, *Lob. Tab.*
Ribesium, v. Ribes, v. Ribes nigra.
Hierdurch werden die schwarzen und rothen Johannisbeeren verstanden, v. Ribes et Ribes nigra.
Ricinoides, die Purgiernuß. XVI.

Ricinoides *Americanus* Gossypii folio, v. Ricinus *Americanus.*

Ricinus, v. Cataputia maior.

Ricinus Americanus, Curcas, Nux cathartica, Grana Tilli, Granatiglia, Faba purgatrix, Ficus Infernalis, Ricinus Indicus, Syriacus *Cam.* Ricinoides Americanus Gossypii folio *Tournef.* Americanischer Wunderbaum mit schwarzen Samen, Purgiernüsse. VII.

Purgiret oben und unten, stärker als die Colocynthen, und wird deswegen in der Wassersucht gerühmet. Man hat hiervon ein Oel, Pillen und Extract. Aeußerlich dienet er in starken Verstopfungen der güldenen Ader und die Fleischgewächse zu vertreiben. Die Kern hiervon purgiren oben und unten.

Ricinus *Americanus*, caule virescens, v. Ricinus *Americanus.*

Ricinus *Americanus* maior seu niger, v. Ricinus *Americanus.*

Ricinus *Indicus*, v. Ricinus *Americanus.*

Ricinus maior, v. Ricinus *Americanus.*

Ricinus *Malabaricus*, v. Ricinus *Americanus.*

Ricinus *Syriacus*, v. Ricinus *Americanus.*

Ricinus vulgaris. κίκι, Cataputia maior, Granum regium maius, Palma Christi, Wunderbaum, Römischer Hanf, Türkischer Hanf, Kreutzbaum, Zeckenkörner, Mollenkraut, Wunderbaum, Reusische Bohnen, Römische Bohnen IV.

Der Samen oder die Kern sind warm und trocken im dritten Grad, führen die Galle und den Schleim oben und unten gewaltig ab, und werden in der Wassersucht und Podagra von etlichen gerühmet, sind aber nicht sicher. Amatus Lusitanus erzehlet ein Exempel eines gewissen Menschen, welcher den Ricinum vor Pistacien angesehen, darvon gegessen und gestorben sey. Das aus denen Körnern exprimirte Oel, so man Oleum Ricinum, Oleum de Kerua nennet, ist sehr zart; es zertheilet gewaltig, und wird deswegen allerhand Flecken der Haut, Flechten, Wundmähler und den fließenden Grind zu vertreiben, gebrauchet. Das Kraut sollen die Maulwürfe nicht leiden können. Sonst meynet Arias montanus, daß diese Art vom Ricinio dem Jonä habe zum Schatten dienen müssen.

Ricophora. die Ricophora in Ost- und Westindien. II.
Rincus marinus, v. Crithmum quartum.
Risum *Germanorum*, v. Oryza *Offic.*
Riuina.
Rizophora, v. Ricophora.
Rizum, v. Oryza *Offic.*
Robinia, v. Acacia.
Robur, v. Quercus, v. Galla maior.
Robur *Clusii* quartum, v. Quercus.
Robur *Clusii* quintum, v. Quercus.
Robur *Clusii* tertium, v. Galla maior.
Robur quartum, v. Galla maior.
Robur quintum, v. Galla maior.
Robur tertium, *Clus.* v. Galla maior.
Robus, v. Triticum.
Rocombole, Rockenpol, v. Allium.
Rogga, v. Secale.
Roiuc, eine unbekannte Pflanze.
Rombaue.

Ist eine Staude in Madagascar, woraus man gute Reifen machet, und die einen weissen Gummi treibet.

Rondeletia, die Baumartige Rondeletia in America, *Miller*.
Rorella, v. Ros solis.
Rorella minus prima, v. Ros solis.
Rorella minus secunda, v. Ros solis.
Rorida, v. Ros solis.
Rorismarinus, v. Rosmarinus.
Rosa, Rose. XLIX.
Rosa alba, weisse Rose, v. Rosa.
Rosa *Alpina*, *Gesn.* v. Ledum.
Rosa aperta et conclusa, v. Rosa Hierichuntica, v. Thlaspi.
Rosa aruensis, v. Cynosbatos.
Rosa asinina, v. Poeonia.
Rosa basilica, v. Poeonia.
Rosa benedicta, v. Poeonia.
Rosa canina, v. Cynosbatos.
Rosa coelestis, v. Lychnis coronaria.
Rosa domestica, hortensis, Rose, Gartenrose, zahme Rose. XX.

Die Blumen sind kalt im ersten, trocken im andern Grad, halten an und stärken. Die Fleischfarbenen laxiren, die übrigen dienen wider allerhand Flüsse, das Fieber, den Durst und verlehnen Appetit. Aeußerlich aber stillen sie das Brechen, Schmerzen des Hauptes, der Ohren, des Zahnfleisches und Mastdarmes, machen Schlaf und Ruhe, heilen die Geschwäre und Entzündungen des Mundes, der Kehle und Augen, und geben unterschiedene Medicamenten, als den Rosenessig, das Rosenwasser, die im Zucker eingesetzten Rosen, die Lattwerge, das destillirte Oel, das Infusum von Rosen, die Pillen, Species, den Syrup, das Honig, die Tinctur, Kügelgen und Salbe.

Rosa dominarum, v. Iberis *Fuchs.* v. Nasturtium pratense.

Rosa *Eglenteria* nona, v. Rosa.

Rosa fatuina, v. Poeonia.

Rosa hiemalis, v. Malua vulgaris.

Rosa Hierichuntica, s. de Jericho, St. Mariae, Rosa Sinica, Viola nocturna. III.

Ist eine Art vom Baurensenf, wächset in Wüstarabien, am Gestade des rothen Meeres, und im Königreich Sina. Sie eröfnet sich nicht nur in der Christnacht, sondern es geschicht auch zu einer andern Zeit, wenn man sie in Wein oder einen andern Liquorem eintunket. Man pfleget diese Blume, und das Wasser, worinnen diese Rose gestanden, gemeiniglich in schwerer Geburt zu brauchen, v. Sturm. in Tract. pecul. Erasm. Francisci, im Ost- und Westindischen, auch Chinesischen Lustgarten P. I. p. 357. Kircherus in China illustrata c. 4. part. 4. p. 176. Es verändert diese Rose ihre Farbe täglich zweymal, und pfleget bald purpurroth, bald weis hervor zu kommen, und ist ganz ohne Geruch, v. Valentin Andr. Moellenbroccii Cochlearia curiosa p. 2. sq.

Rosa Hierichuntica arida prima, v. Rosa Hierichuntica, v. Thlaspi.

Rosa Hierichuntica secunda, v. Rosa Hierichuntica.

Rosa Hierichuntica tertia. v. Rosa Hierichuntica.

Rosa *Hierosolymitana*, v. Rosa Hierichuntica.

Rosa *de Jericho* v. Rosa Hierichuntica.

Rosa *Indica* magna, v. Flos *Africanus*.

Rosa *Junonis*, v. Lilium album.

Rosa lunaris, v. Poeonia.

Rosa lutea, gelbe Rose, v. Rosa.
Rosa *St. Mariae* Monachis, v. Poeonia, v. Rosa Hierichuntica.
Rosa *Mariana*, v. Lychnis coronaria.
Rosa *Mariana* satiua, v. Lychnis coronaria.
Rosa menstrua, die Monatrose. v. Rosa.
Rosa muscata alba, v. Rosa alba.
Rosa muscata alba multifolia, v. Rosa alba.
Rosa nigra, schwarze Rosen.
Wenn hiervon die Elephanten fressen, so geben sie einen angenehmen Geruch von sich, ap. Achill. Tat. l. 4. de Clitoph. et Leucipp. Amor. Thom. Bartholin. Act. Hafn. Vol. 2. Obs. 43.
Rosa prouincialis maior, v. Rosa.
Rosa prouincialis minor, v. Rosa.
Rosa regia, v. Poeonia.
Rosa rubra, rothe Rosen, v. Rosa.
Rosa sine spinis, v. Rosa.
Rosa siluestris, v. Cynosbatos.
Rosa *Sinica*, v. Rosa Hierichuntica.
Rosa Vltramarina, v. Malua vulgaris.
Rosarum rubrarum finissimarum flores, rothe feine Ulmer Röslein, v. Rosa.
Rosae *Indicae*. v. Flos *Africanus*.
Rosea radix v. Radix *Rhodia*.
Rosmarinum, v. Rosmarinus.
Rosmarinum *Bohemicum*, v. Ledum *Silesiacum*.
Rosmarinum siluestre, *Matth. et Offic.* v. Ledum *Silesiacum*.
Rosmarinus *Offic.* λιβανῶτις, στεφανωματικὴ, Libanotis coronaria, Rosmarin, Weyhrauchwurz. Vl.
Hiervon sind die Blätter und Blumen bekannt. Ob aber die Roßmarin Samen trage, wird vom Schröder behauptet, vom Helvetio aber in Diatrib. Med. p. 144. verworfen. Der aus Provence verschriebene Samen gehet bey uns wohl auf, schwächet also des Helvetii Meynung. Sie ist warm und trocken im andern Grad, dringet durch, hält ein wenig an, dienet dem Haupt, der Mutter, curiret allerley Beschwerungen des Hauptes und der Nerven, als Schlagflüsse, das böse Wesen, Lähmung, Schwindel, Schlafsucht, stärket das Gesicht, corrigiret und verbessert den stinkenden Odem, Verstopfungen

der Milz, Leber und Mutter, ingleichen die gelbe Sucht, den weisen Fluß der Weiber, und stärket das Herz. Aeußerlich aber vertreibet sie die Flüsse und stärket die Mutter, der untere Theil von der Wurzel purgiret, der obere aber gegen den Stengel zu machet Brechen. Heluetius destilliret hieraus ein Wasser und Oel. Man hat auch noch mehr Praeparata von der Rosmarin, als den Balsam, die mit Zucker überzogene Rosmarin, und die Species dianthos. NB. Bey uns wird die Rosmarin in Gärten gezeuget, und muß, wenn sie den Winter über dauren soll, in steter Wärme gehalten werden. In Languedoc wächset sie als eine wilde Staude in Wäldern und Feldern häufig, und ist dermaßen gemein, daß sie statt des Brennholzes dienen muß, giebt auch zu gewissen Zeiten einen dermaßen lieblichen Geruch, daß die vorbeysegelnden Seefahrer selbige zu ganzen Meilen verspüren können. Die Blumen heißet man eigentlich Flores anthos.

Rosmarinus cachryfer, v. Rosmarinus *Offic.*

Rosmarinus ceruinus niger, v. Rosmarinus *Offic.*

Rosmarinus coronaria, v. Rosmarinus *Offic.*

Rosmarinus ferulaceus, v. Rosmarinus *Offic.*

Rosmarinus herbaceus, v. Rosmarinus *Offic.*

Rosmarinus hortensis angustifolius, v. Rosmarinus, *Offic.*

Rosmarinus siluestris minor, v. Chamaerhododendros *Alpina.*

Rosmarinus sterilis et infrugifer, v. Rosmarinus *Offic.*

Rosmarinus *Theophrasti* ferulaceus, v. Rosmarinus *Offic.*

Rosmarinus *Theophrasti* infrugifer. v. Rosmarinus *Offic.*

Rosmarinus *Theophrasti* niger, v. Rosmarinus *Offic.*

Rosmarinus *Theophrasti* vmbelliferus, v. Rosmarinus *Offic.*

Rosmarinus vmbelliferus alter, v. Rosmarinus.

Ros Solis, Rorella, Saluata, Sophia herba, Solaria, Salsirora, Sponsa Solis, Saluata, Artemilla, Sophia herba *Poten.* Sonnenthau, weil es allezeit, auch in der grösten Hitze, naß und feuchte, und also gleichsam mit einem Thau versehen ist, kleiner Sonnenthau, Sinbow. VI.

Wächset hin und wieder an unbebaueten, dürren und steinigten Oertern, wird von einigen Gelehrten Lunaria, aber nicht, wie andere wollen, Paronychia genennet. v. Conr. Gesner de raris et admirand. herbis pag. 68. seq. Blühet im Sommer, wärmet und trocknet im vierten Grad. Ob gleich dieses Kraut von einigen, als Camerario in Memorabil. Medic. Cent. VIII. par-

partic. 98. p. 619. und andern, wider die Schwindsucht gerühmet wird, so scheinet es doch darinnen mehr schädlich als nützlich zu seyn; denn wenn man es zerstampfet und überleget, ziehet es Blasen. Sonst ist es gut wider den Stein, die Pest, Wunden und schwere Noth, und befördert äusserlich die Geburt, stillet die Zahnschmerzen, die Tollheit und das viertägige Fieber. Wenn hiervon mit aqua vitae ein infusum gemacht wird, so stärket solches das Herz. Der Saft stärket auch das Herz, Leber und Magen, besänftiget die hitzigen Hauptschmerzen, und pflegt, die Pest abzuhalten und zu curiren, gebraucht zu werden. Aeußerlich heilet es die Schmerzen und Entzündungen der Augen. Man macht unterschiedene Amuleta aus dem Kraut, hänget solches in schwerer Geburt auf den Bauch; den Wahnwitz zu vertreiben, hänget man es an den Hals, und die Zahnschmerzen zu stillen, hält man es im Munde. Weil das Kraut eine schöne Tinctur giebt, bedienen sich dessen die Aquavitkrämer zu ihrem Ros Solis Aquavit.

Ros solis alia, v. Ros solis.

Ros solis folio oblongo, v. Ros solis.

Ros solis folio rotundo, v. Ros solis.

Ros solis maior, v. Ros solis.

Ros solis minor, v. Ros solis.

Rostrum ciconiae, v. Geranium *Robertianum*.

Rostrum ciconiae inodorum vulgatum, v. Geranium *Robertianum*.

Rostrum gruinum, v. Geranium *Robertianum*.

Rostrum porcinum, v. Ambubeia, v. Taraxacon *Offic*.

Rosula coelestis, v. Lychnis coronaria.

Rotula *D. Catharinae*, v. Nigella.

Rotula solis, v. Chamomilla.

Roucou.

Eine Materialistenwaare, und Art von dicken Hefen, den die Färber brauchen.

Rubea moschata, v. Geranium *Robertianum*.

Rubea tinctorum, v. Rubia tinctorum.

Rubedo montana odorata, v. Hepatica stellata.

Rubeola, *Tournef.* kleine Färberröthe. LX.

Rubeola arvensis repens, v. Rubeola.

Rubi alia species, v. Rubus Idaeus.

Rubia erecta flore albo, v. Rubia tinctorum.

Rubia hortenſis, v. Rubia tinctorum.

Rubia infectoria, v. Rubia tinctorum.

Rubia linifolia aſpera, v. Juncaria *Salmaticenſis*, v. Rubia tinctorum.

Rubia maior, v. Mollugo montana.

Rubia marina, v. Rubia tinctorum.

Rubia marina *Narbonenſis*, v. Rubia tinctorum.

Rubia ſatiua, v. Rubia tinctorum.

Rubia ſiluestris, v. Mollugo montana.

Rubia ſiluestris altera, v. Mollugo montana.

Rubia ſiluestris leuis, v. Rubia tinctorum.

Rubia ſiluestris minor, v. Rubia tinctorum.

Rubia Tinctorum, *ἐρυθρόδανον*, Rubia ſatiua *Matth.* maior ſatiua ſiue hortenſis, Röthe, Färberröthe, Färberwurtz, roth Färberkraut, Kliebenkraut. XXVI.

Wächſet entweder von freyen Stücken, oder wird geſäet. Dieſe findet man häufig in Schleſien, Italien, Frankreich, Spanien, denen Niederlanden. Die Wurzel iſt warm im andern Grad, (kalt) trocken im dritten Grad, wird im May und Junio geſammlet, eröfnet, zertheilet, hält etwas an, und dienet in Wunden, wenn man hoch herunter gefallen, in geronnenem Geblüt, Verſtopfung der Leber, Miltz und Mutter, der gelben und Waſſerſucht, Verhaltung des Urins, und geronnenen Geblüt. Aeuſſerlich braucht man ſie zu Verſtopfung der Monatzeit in Mutterclyſtiren.

Rubia tinctorum ſatiua, v. Rubia tinctorum.

Rubigo, v. Vſtilago ſecalina.

Rubus *Alpinus*, v. Chamaerubus.

Rubus aruenſis, v. Rubus vulgaris.

Rubus caninus, v. Cynosbatos.

Rubus ceruinus, v. Smilax aſpera noſtra.

Rubus foliis ternatis caule inermi vnifloro, *Linn.* v. Rubus vulgaris.

Rubus fructu nigro, v. Rubus vulgaris.

Rubus grandis, v. Rubus vulgaris.

Rubus hircinus, Bockbeeren, v. Rubus Idaeus.

Rubus humilis *Anglicus*, v. Chamaerubus.

Rubus idaeus, vel idaea ſpinoſus, Hindbeer, Holbeer, Himbeer. VII.

Verrich

verrichten eben das, was die Brombeeren thun, sie sind aber eine bessere Herzstärkung. Man hat aus denen Beeren ein Wasser, den Syrup, Eßig und Decoctum von den obersten Spitzen des Krautes, so in fressenden Geschwären der Mutter gut thut. Die Blätter werden in Wein und Wasser gekochet, und wider den Haarwurm aufgeleget.

Rubus Idaeus alter, v. Rubus Idaeus.

Rubus Idaeus leuis, v. Rubus Idaeus.

Rubus Idaeus minor, v. Fragaria.

Rubus Idaeus non spinosus, v. Rubus Idaeus.

Rubus Idaeus siue Idaea minor, v. Fragaria.

Rubus minor, v. Chamaebatos.

Rubus secundus, v. Rubus vulgaris.

Rubus tertius, v. Rubus vulgaris.

Rubus vulgaris s. aruensis, βάτος, Sentis, Brombeer, Bromen, Brombeerstrauch, schwarze Brombeer, Kratzbeer. XVI.

Ist kalt im andern, und trocken im dritten Grad. Die unreife Frucht hält sehr stark an, die reife aber führet eine temperirte Wärme bey sich; ziehet etwas zusammen, und dienet wider allerley Flüsse der Mutter, des Bauches, der Nase, und stillet das Erbrechen. Aeußerlich braucht man sie in Geschwären und Beschwerungen des Mundes, sie reiniget die Wunden, hält an, färbet die Haare schwarz, und trocknet die Krätze. Die Wurzel curirt den Stein. Aus denen Beeren wird ein dicker Stein (Roob) oder ein einfacher, oder zugleich aus andern Kräutern bestehender Syrup verfertiget.

Rucula marina maior, v. Eruca.

Ruellia, die Americanische Ruellia. III.

Rumex, v. Acetosa.

Rumex acutus, v. Lapathum siluestre angustifolium.

Rumex agrestis, v. Lapathum siluestre angustifolium.

Rumex aquaticus, Lapathum aquosum, Wasserampher, Grindkraut. III.

Wächset in Wassergräben und Pfützen. Die Blätter ziehen zusammen, und dienen wider Entzündungen, das Podagra, Krätze und Grind. Die Wurzel erweichet den Leib, und curirt die gelbe Sucht.

Rumex equinus, v. Rumex aquaticus.

Rumex latifolius, v. Rumex aquaticus.

Rumex maior, v. Rumex aquaticus.

Rumex palustris, v. Rumex aquaticus.

Rumex rubeus, Lapathum sanguineum, roth Mengelwurz, Drachenblut. III.

Die Blätter geben einen rothen Saft; der Samen aber dienet wider Bauch- und Mutterflüsse.

Rumex satiuus, v. Rhabarbarum Monachorum.

Rumicis quintum genus, v. Acetosa rotundifolia, *C. Bauh.*

Rumicis secundum genus, v. Chenopodium, v. Lapathum.

Rumicis species foliis rubentibus venis distinctis, v. Lapathum.

Rumicis tertium genus, v. Lapathum siluestre angustifolium.

Rumisaxum quorundam, v. Saxifraga altera Chelidonides.

Rupertiana, v. Geranium *Robertianum*.

Rusco affinis prima, v. Hippoglossum, v. Ruscum.

Rusco affinis tertia, v. Polygonatum.

Ruscum, Ruscus *Offic.* Ὀξυμυρσίνη, Myrtacantha, Bruscum, Brusca *Diosc.* Chamaemyrsine, Oxymyrsine, Myrtus acuta, Scopa regia, Mäusedorn, Rußken, Brüßken, Brüsch, Myrtendorn, stechende Palm, Brustwurz. V.

Man findet dieses Gewächs, welches in Italien statt der Kehr-Besen dienen muß, in unsern Gärten auch. Es will aber hier zu Lande eine ziemliche Wartung haben, und sind vornemlich die Beere, so im Herbst reif und roth werden, und die Wurzeln, welche mit unter die fünf eröfnenden Wurzeln gehören, im Brauch. Beyde werden vor warm und trocken im andern Grad gehalten. Die Wurzeln dringen durch, verdünnen, eröfnen, dienen in der Wassersucht, Husten und allerhand Lungenbeschwerungen. Der Samen curirt die kleinen fleischichten Anwächse im Harngange, Verstopfungen der Mutter, Monatzeit und Schneiden des Urins, Diosc. Die Blätter treiben den Urin, Stein und Monatzeit, stillen das große Hauptwehe und die gelbe Sucht.

Ruscus verus, v. Ruscum.

Ruta aquatica, v. Filipendula aquatica.

Ruta baccifera, v. Galega.

Ruta canina, v. Scrophularia.

Ruta canina vulgaris, v. Scrophularia.

Ruta capraria, v. Galega.

Ruta capraria *Gallorum*, v. Galega.

Ruta capraria *Monspeliensium*, v. Galega.

Ruta domestica, v. Ruta hortensis.

Ruta *Gallorum*, v. Galega.

Ruta graueolans hortensis, v. Ruta hortensis.

Ruta herbariorum, v. Thalictrum.

Ruta hortensis πήγανον, Ruta domestica, Ruta graueolens hortensis, Ruta satiua, Raute, Weinraute, zahme Raute, Creutzraute. V.

Das Kraut, die obersten Knöspgen und der Samen sind warm und trocken im dritten Grad, dringen durch, verdünnen, machen zeitig, zertheilen, widerstehen dem Gift, und saget hiervon die Salernitanische Schule also:

Saluia cum Ruta faciunt tibi pocula tuta, d. i.

Salbey und Raute vermengt mit Wein,
Läst dir den Trank nicht schädlich seyn.

So ist auch die Raute ein vortrefliches Medicament in Haupt- und Nervenbeschwerungen, treibet Urin und Schweis, und tödtet die Würme, curirt den Samenfluß, disponirt zum Schlaf, vertreibt die Krankheiten der Mutter, das böse Wesen, die Pest, Gift und giftige Krankheiten, stärket das Gesicht, welches der Poet Macer mit folgenden Worten bezeuget:

Ruta comesta recens oculos caligine purgat. d. i.

Wenn man die Raute frisch isset, so machet sie ein gut und helles Gesicht, und nimmt die Dunkelheit der Augen hinweg. Es pflegt auch die Raute die Geilheit wegzunehmen, das Seitenstechen zu stillen, den Magen zu stärken, auch in der Colica und toller Hunde Biß gut zu thun. Aeußerlich aber braucht man sie in Schlangenstichen, brennenden und sehr schmerzhaften Pestbeulen, Fiebern und Hauptschmerzen. Innerlich aber darf die Raute, vornemlich von schwangern Weibern nicht in Ueberfluß genossen werden. Sonst können hiervon gar viel Medicamente, als das destillirte Wasser und Oel, ein Infusum, Salz, Eßig und Balsam verfertiget werden.

Ruta hortensis altera, v. Ruta hortensis.

Ruta hortensis latifolia, v. Ruta hortensis.

Ruta hortensis minor, v. Ruta hortensis.

Ruta hortensis nobilitate praestans, v. Ruta hortensis.

Ruta jecoraria, v. Lunaria maior.

Ruta latifolia prima, v. Verbena.

Ruta lunaria, v. Lunaria maior.

Ruta maior, montana, siluestris, wilde Raute. III.

Wächset auf hohen Bergen, und kömmt mit der Gartenraute ziemlich überein, ist aber stärker.

Ruta minima, v. Ruta maior.

Ruta montana, v. Ruta maior.

Ruta montana minor, v. Ruta maior.

Ruta muraria, Capillus Veneris, Adianthum candidum s. album, l. nigrum, Saxifraga s. Empetrum, Paronychia, Saluia vitae, Mauerraute, Steinraute, Venushaar. IV.

Ist gemäßiget im warmen, kalt und trocken, (bey andern warm im ersten, und trocken im dritten Grad) digeriret, zertheilet den zähen Schleim auf der Lunge, Husten, Engbrüstigkeit, Seitenstechen, die gelbe Sucht, Verstopfungen der Milz, stillet die Schmerzen der Nieren und Blase, treibet den Urin und Stein gelinde, curirt die Brüche der Kinder und die Zauberey. Aeusserlich vermehret sie die Haare, heilet die rinnenden Geschwäre des Hauptes, zeitiget die Kröpfe und allerhand Eiterbeulen.

Ruta palustris, v. Galega.

Ruta pedicularis, Samenkraut, v. Crista Galli altera. II.

Ruta pratensis, v. Thalictrum.

Ruta pratensis minor, v. Thalictrum.

Ruta pratensis tenuifolia, v. Thalictrum.

Ruta satiua, v. Ruta hortensis.

Ruta satiua maior, v. Ruta hortensis.

Ruta satiua tenuifolia, v. Ruta hortensis.

Ruta selenitis, v. Lunaria maior.

Ruta siluestris, v. Ruta maior.

Ruta siluestris altera, v. Ruta maior.

Ruta siluestris floribus magis albis, v. Harmala, v. Ruta maior.

Ruta siluestris *Galatica*, v. Ruta maior.

Ruta siluestris graueolens, v. Ruta maior.

Ruta siluestris hypericoides, v. Hypericum.

Ruta siluestris maior, v. Ruta maior.

Ruta siluestris minor, v. Ruta maior.

Ruta siluestris minoribus foliis, v. Ruta maior.

Ruta siluestris montana, v. Ruta maior.

Ruta siluestris prima, v. Ruta maior.

Ruta siluestris tenuifolia, v. Ruta maior.

Ruta tenuifolia secunda, v. Verbena.

Ruta trifolia, v. Galega.

Ruta *Turcica*, v. Ruta maior.

Ruta vulneraria, v. Thalictrum.

Rutula, v. Ruta maior.

Ruyschiana *Boerhav.* die Ruyschiana.

Saa.
Ist ein niedriger Baum in Madagascar, von dessen Holze man die Hefte an denen Assageyen machet.

Sabdarisa, v. Aloea *Americana.*

Sabellica s. Crispa, v. Brassica crispa.

Sabina, Sauina, βςάθυς, Sevenbaum, Siebenbaum, Mägdebaum, Sagebaum, Sadebaum, Sageboom, Sevenpalmen, Stebenbaum, Kindermord. III.

Ist zweyerley, nemlich Sabina mas, oder das Männgen. Die Blätter gleichen denen Cypressen. Es wird dieses Bäumgen in Gärten wie Buxbaum gezeuget. Die andere Art heißet Sabina femina, oder das Weibgen, siehet fast aus wie Tamarisken. Die Blätter wärmen und trocknen im dritten Grad, dringen gewaltig durch, verdünnen, zertheilen, treiben die Menses, Frucht und werden in Engbrüstigkeit gerühmet. Aeußerlich dienen sie in Räuchpulvern wider Raserey, heilen allerhand Zufälle und Beschwerungen der Mutter, um sich fressende Schäden, böse Köpfe der Kinder, und Flecken des Angesichts. Sie werden zu Pulver gestoßen, und wenn die Eichel geschworen, oder von Franzosen inficiret worden, eingestreuet. Die aus der Sabina vorhandenen Praeparata sind das Wasser aus denen Blättern, und das Oel, welches Rolfinckius verfertiget. Der Saft nimmt den geschwornen Krebs und das auswachsende Fleisch weg; wenn dieser eingetrocknet, und in Pillen gegeben wird, so eröfnet er den weiblichen Brunn. So pfleget auch das Decoctum Sabinae, oder das im Wasser abgekochte Kraut, wenn man sich den Mund hiermit ausspület, die Zahnschmerzen, so von hohlen Zähnen entstanden, zu lindern.

Sabina altera, v. Sabina.

Sabina baccata, v. Sabina.

Sabina baccifera, v. Sabina.

Sabina cupressi, v. Sabina.

Sabina cupresso similis, v. Sabina.

Sabina folio cupressi, v. Sabina.

Sabina folio cupressi altera, v. Sabina.

Sabina folio Tamarisci, v. Sabina.

Sabina fructifera, v. Sabina.

Sabina maior, v. Sabina.

Sabina mas, v. Sabina.

Sabina miti folio, v. Sabina.

Sabina prima, v. Sabina.

Sabina sine baccis, sive sterilis, v. Sabina.

Sabina sterilis, v. Sabina.

Sabina Tamarisco similis, v. Sabina.

Sabina vera, v. Sabina.

Sabina vulgaris, v. Sabina.

Sabuca, v. Sambuccus.

Sacchara pyra, v. Pyrus.

Sacchari canna, Zuckerrohr, v. Saccharum, v. Arundo.

Saccharum, Σάκχαρ, Σακχαρον, Μέλι, καλάμινον, Ἅλς Ἰνδικὸς, Acia, Zaccharum, Arundo saccharifera, Mel arundinaceum, Mel cannae, Sal Inditus, heisset auf Arabisch Zazar, Sudur, Sutter, in Indianischer Sprache aber Mambu, Tabaxair, auf Deutsch Zucker. VII.

Ist der Saft der Zuckerstaude, und rinnet entweder von freyen Stücken aus dem Zuckerrohr heraus, oder wird ausgepresset oder ausgekochet, und hernach in eine Consistenz bracht. Man kan ihn aus Indien, Asia, Africa und etlichen Europäischen Provinzien, als Sicilien, Meßina, Catanea und Palermo bekommen. Er heißet von der Landschaft, woraus er kömmt, bald Mederjenser, bald Valentiner, bald Canarienzucker, bald Saccharum Thomaeum, brauner oder Thomaszucker, bald Melitense oder Meliszucker. Von der Elaboration oder Ausarbeitung pfleget er in den feinen und geringern unterschieden zu werden, wovon der feine Refinat, und wenn man Ambra darzu thut, Ambrabrod genennet wird. Der schlechtere aber ist entweder in Pulver, und heißet Poudrezucker, oder er wird in Kasten, worinnen wir ihn bekommen, eingepacket und Cassonada oder Castonada, item Saccharum Confusum vel Miscellaneum, genennet. Der in Crystallene Ecken zusammen geschossene Zucker heißet Saccharum Candum, Saccharum Candisatum, Saccharum Canthum (von denen Crystallinischen Ecken oder Spitzgen, die er hat) auf Deutsch Zuckerkant. Ist der Zuckerkant aus dem Canarienzucker, so präsentiret er sich schön weis, der aber aus dem Thomaszucker entstehet, siehet gelb aus. Weil aber der Zucker in gar vielen Dingen misbrauchet, und zu häufig genossen wird, so stehe ich billig, wie schon anderweit erinnert worden, bey mir an, ob ihn Gott zur Strafe und Züchtigung, oder als ein Gnadenzeichen gegeben habe. Und da einige den Zucker auf das allerhöchste herausstreichen, so sollen unpartheyische Gemüther dieses nur vom rechten Gebrauch des Zuckers, nicht aber von dessen Mißbrauch verstehen.

hen. Er ist warm und trocken, verdünnet, dringet durch, reiniget, lindert, machet die Gänge schlüpfericht, dienet in Brust- und Lungenbeschwerungen, Husten, Rauhigkeit der Kehle. Aeußerlich trocknet er, heilet zusammen, wird in Wunden und Augenkrankheiten gerühmet. Aller Zucker führet eine Säure bey sich, und schadet, weil er viel Aufwallung im Leibe machet, denen Scorbuticis und denen, so vom Fieber, Mutterbeschwerung, Blähung und Galle incommodiret werden, auch denen kleinen Kindern, weil vom Zucker Würme, ein lockeres Zahnfleisch, stinkender Odem, schwarze und gelbe Zähne und ein verfaultes Zahnfleisch zu vermuthen. Der Penitzucker entstehet aus Zucker, Kraftmehl und süs Mandelöl. Man hat auch andere Compositiones vom Zucker, als den Rosenzucker, Violzucker, Tafelzucker. Das vom Zucker überzogene Wasser, oder der saure Spiritus zerschmelzet Edelsteine, erweichet den Grind, und ist ein trefliches Mittel wider den Stein. Das Oel, Salz, der Syrup, die Essenz und Crystallen vom Zucker sind auch zu bekommen. Die Wurzel des Zuckerrohrs pflegen die Indianer mit einem sauren Liquore zu vermischen, und als was eingemachtes zu essen. Sie machet guten Appetit zum essen.

Saccharum *Canariense*, v. Saccharum.
Saccharum candisatum, v. Saccharum.
Saccharum candum, v. Saccharum.
Saccharum *Caribanum*, v. Saccharum.
Saccharum cibale, v. Saccharum.
Saccharum conditum, v. Saccharum.
Saccharum confusum, v. Saccharum.
Saccharum crystallinum, v. Saccharum.
Saccharum finum, v. Saccharum.
Saccharum liquidum ex refinatione, v. Saccharum.
Saccharum lucidum, v. Saccharum.
Saccharum *Maderiense*, v. Saccharum.
Saccharum *Maltanum*, v. Saccharum.
Saccharum *Meliscum*, v. Saccharum.
Saccharum *Melitaeum*, v. Saccharum.
Saccharum Miscellaneum, v. Saccharum.
Saccharum natiuum, v. Saccharum veterum.
Saccharum nostrum, v. Saccharum.
Saccharum Penidium, v. Saccharum.
Saccharum refinatum, v. Saccharum.

Saccharum rubrum, v. Saccharum.

Saccharum siccum, v. Saccharum.

Saccharum Tabarzeth, v. Saccharum *Maderiense*.

Saccharum *Thomaeum*, v. Saccharum.

Saccharum *Valentinum*, v. Saccharum.

Saccharum veterum, gediegener Zucker, v. Saccharum.

Sacoperium, v. Sagapenum.

Sacra herba, v. Verbena.

Safran das Indias, v. Cardamomum.

Sagapenum, Serapinsaft, Serapingummi.

Ist eine Indianische Ferulstaude, aus welcher Wurzel, wenn sie verwundet worden, ein balsamisches Harz, oder das harzigte Wesen; so im mittlern Theil dieser Wurzel verborgen lieget, hervor rinnet. Sie wächset in Meden, kömmt von dannen nach Alexandriam, weiter nach Venedig und andere Oerter, führet die dicken, wässerichten und zähen Feuchtigkeiten aus allen Theilen unsers Leibes in der Wassersucht, Engbrüstigkeit, Verstopfung der Milz, und des Monatflusses ab, zertheilet äußerliche Schwulsten, harte Kneutel, lindert die Schmerzen, curirt die Brüche, und wird zu dem Magnetischen Pflaster genommen.

Sagapenum existimatum, v. Panax *Herculeus* primus.

Sagina, v. Sorghum.

Sagitta aquatica, v. Sagitta maior.

Sagitta aquatica maior, v. Sagitta minor.

Sagitta aquatica minor angustifolia, v. Sagittaria.

Sagitta aquatica minor latifolia, v. Sagittaria.

Sagitta latifolia, v. Sagitta maior.

Sagitta maior, latifolia, aquatica, Ranunculus palustris folio sagittato, Pfeilkraut, gros Pfeilkraut.

Blühet im May und Junio. Das Kraut und der Samen kommen wegen ihrer Kraft und Würkung mit der Plantagine aquatica, oder dem Wasserwegerich fast überein.

Sagitta minor, v. Sagittaria.

Sagitta minor angustifolia, v. Sagittaria.

Sagittalis, v. Sagittaria.

Sagittaria, Sagitta minor, Sagittalis, Malaca quaedam toxicis sagittis resistens, klein Pfeilkraut, Spieskraut. II.

Die Wurzel ist oben rund und unten roth, dienet wider Gift und giftige Pfeile.

Sagittaria maior, v. Sagitta maior.

Sagitta-

Sagittaria minor, v. Sagittaria.

Sagou, Palma prunifera Japonica, Sagoubaum, Indianisch Brod. II.

Wird von einigen als ein gutes Nutriment und Stärkung, ingleichen wider allerhand Flüsse gelobet.

Saldits.

Ist eine angenehme Pflanze in Madagascar, und trägt scharlachrothe Blumen, in Gestalt derer Federbüsche. Ihr Korn ist von der Größe und dem Geschmack der Pinichen. Es ist ein starkes Brechmittel, welches für ein Gift kan gehalten werden. Die Wurzel davon als ein Pulver eingenommen, ist das Gegengift dawider.

Salicaria altera, v. Kali geniculatum, v. Lysimachia.

Salicaria, *Dod.* v. Kali geniculatum.

Salicaris herba, v. Pyrethrum.

Salicornia, das Glasschmalz. II.

Solidago *Saracenica* quarta, v. Serratula.

Sal *Indicus*, v. Saccharum.

Saliuaris herba, v. Pyrethrum.

Salix alba vulgaris, *Park.* v. Salix *Offic.*

Salix *Amerina*, v. Agnus castus.

Salix angustifolia siluestris, v. Salix *Offic.*

Salix arborea angustifolia, *Park.* v. Salix *Offic.*

Salix caprea latifolia, v. Salix *Offic.*

Salix caprea rotundifolia, v. Salix *Offic.*

Salix equinalis, v. Equisetum.

Salix ex qua perticae fiunt, v. Salix *Offic.*

Salix helice humilis capitulo squammoso, gelbe Baumweiden, kleine Weiden. IX.

Wächset an denen Bächen.

Salix humilis capitulo squammoso, v. Salix helice.

Salix maxima, fragilis alba hirsuta *J. Bauh.* v. Salix *Offic.*

Salix nigra folio splendente auriculato flexilis, glänzende Weiden, Glasweiden. III.

Wächset in Weidenwäldern.

Salix *Offic.* 1 *ria*, Salix alba vulgaris, arborea angustifolia *Park.* Salix vulgaris alba arborescens *C. Bauh.* Salix maxima fragilis alba hirsuta *J. Bauh.* Salix ex qua perticae fiunt *Matth.* perticalis *Cord.* Weide, Weidenbaum, Wasserweide, Baumweiden, weiße Weiden, Bruchweiden,

den, mürbe Weiden, Seidelweiden, Bandweiden, Welgen, Wilgenbaum. XXIV.

Die Blätter sind kalt im ersten und trocken im andern Grad, halten etwas an, dienen wider die fleischlichen Lüste, allzuvieles Wachen, hitzige Fieber, Blutstürzungen, kühlen und temperiren die Luft. Die Kätzgen oder Lämmgen von den Weiden stillen allerhand Verblutungen. Die Rinde hat dergleichen Kraft, und vertreibet die Warzen und Leichdorn an Füßen. Die Schola Salernitana oder Salernitanische Schule schreibet also:

Cortex verrucas in aceto cocta resoluet. d. i.

Die Rinde koche dir mit Eßig von den Weiden,
So wird die Warze dir den Leib und Fuß vermeiden.

Die Mistel hiervon erleichtert die Geburt. Der Schwamm vornemlich, wenn er im vollen Mond und Monat May gesammlet wird, wird entweder allein, oder vermittelst des Tragacanthes getrocknet und zu Pulver gestoßen. Er kan vor sich alleine oder mit andern Pulvern vermengt, oder mit der Consolida maiore und Ehrenpreis in Form einer Lattwerge gegeben werden. Man hat aus denen Blättern ein destillirtes Wasser, und vor diesem war auch das Oel, welches Rases aus denen Blumen verfertiget hat, wider allerhand Nervenbeschwerungen im Ruf.

Salix perticalis, *Cord.* v. Salix, *Offic.*

Salix pumila, v. Salix, *Offic.*

Salix Rosea, v. Salix helice.

Salix rubens, rother Weidenbaum.

Wächset an wässerichten Orten. Die Blätter und Rinden kommen mit denen ordinären Weiden überein.

Salix siluestris latifolia, v. Salix, *Offic.*

Salix viminea, die Bandweide, v. Salix *Offic.*

Salmantica, v. Stoebe.

Salonea.

Ist eine Art von Tithymalus in Madagascar.

Salpingium, v. Equisetum.

Salsa marina, v. Crithmus marinus.

Salsaparilla, Zarzaparilla, Sassaparillwurzel, v. Smilax aspera. II.

Wird vom Spanischen Medico Parillo also genennet. Bey andern heißet die Wurzel Vitis parua, Smilax aspera et Peruuiana, wächset in Peru und andern Indianischen Provinzen. Man findet die schwarze und weiße Sarsaparille. Das Wasser sel ist warm im ersten und trocken im andern Grad, dringet durch, treibet Schweis, schneidet ein, dienet in lange anhaltenden Leibesbeschwerungen, der Cacherie und verdorbenen Geblüt, Franzosen, Flüssen, und daher entstehenden Krankheiten, der Gicht u. s. w. Aeusserlich aber wird es in Zähnezäpfen gebrauchet. Sonst hat man aus dieser Wurzel ein Decoctum und Infusum.

Salsirora, v. Ros solis.

Salsolae genus aliud, v. Kali geniculatum rectum.

Saluaria, Saluata, v. Ros solis.

Saluia, v. Eupatorium.

Saluia, Salbey. XX.

Saluia acuta *Lon.* Saluia minor *Matth. Lob. Tab. et Offic.* angustifolia *Trag. Clus.* minor aurita et non aurita *C. Bauh.* pinnata *Eyst.* Saluia nobilis et cruciata, kleine Salbey, Edelsalbey, spitzige Salbey, Creutzsalbey. II.

Wird in der Küche und Apothecke täglich gebrauchet, und soll die Salbey allezeit bey der Raute gepflanzet stehen, wie solches Hildanus, Döring, Simon Pauli und andere Autores mit merkwürdigen Exempeln bezeugen. v. Ruta hortensis. Die Blätter und Blumen von der Salbey sind warm im ersten und andern Grad, halten ein wenig an, reinigen und treiben Schweis und Menses, und verbessern den allzustarken Zufluß derselben, dienen in der Gicht, Schwindel, Lähmung, Zittern der Glieder und Flüssen, und halten äußerlich die Geschwäre im Munde rein. Die bekanntesten Medicamenten aus der Salbey sind das destillirte Wasser und überzogene Oel, das Salz und die im Zucker eingesetzten Blumen.

Saluia agrestis Ambrosiana, (wird von einigen unrecht Ambrosia genennet,) Scordonia *Cord.* Boscisaluia *Gallis*, Polemonium *Ruell.* Waldsalbey. II.

Wird in Augenbeschwerungen gerühmet.

Saluia agrestis, v. Calamintha vulgaris.

Saluia agrestis flore albo, v. Horminum, *Offic.*

Saluia agrestis flore purpureo et Colus Jouis *Eyst.* Sclarea siluestris *Tab.* Polemium, Saluia siluestris vera *Trag.* Horminum siluestre *Lob.* pratense foliis serratis *C. Bauh.* wilde Salbey, wilder Scharlach. II.

Saluia Alpina *Tab.* siluestris nigrior *Caesalp.* Saluia siluestris *Theophr.* Marubium montanum primum *Thal.* Pseudostachys Alpina *C. Bauh.* Scordonia, Alpensalbey, v. Stachys.

Saluia angustifolia, *Trag. Clus.* v. Saluia acuta, *Lon.*
Saluia auriculata, v. Saluia minor,
Saluia baccata *Cretensis*, *Lob.* v. Saluia coccifera.
Saluia bosci, v. Saluia agrestis.
Saluia coccifera s. baccata Cretensis *Lob.* Cretica *Dod. Tab.* baccifera *C. Bauh.* fructum instar gallae referens *Matth.* Cretische Salbey. III.
Saluia *Cretica* baccifera, *Dod. Tab.* v. Saluia coccifera.
Saluia cruciata, v. Saluia minor, *Tab. Matth. Lob. Offic.*
Saluia domestica, v. Saluia latifolia, *Trag. Clus.*
Saluia folio tenuiore, v. Saluia *Alpina*, v. Stachys.
Saluia fructum instar Gallae ferens, v. Saluia *Cretica* baccifera.
Saluia *Graeca*, v. Saluia *Cretica* baccifera.
Saluia *Hispanica* flore albo, v. Saluia *Alpina*, v. Stachys.
Saluia *Hispanica* odoratissima, v. Saluia *Alpina*, v. Stachys.
Saluia hortulana, v. Saluia latifolia, *Trag. Clus.*
Saluia latifolia *Trag. Clus. Lon.* Saluia maior *Matth. Dod. Tab. C. Bauh. et Offic.* maior scabrior *Diosc. Lob.* Salbey, große breite Salbey. VII.
Saluia maior, *Matth. Dod. Tab. C. Bauh.* v. Saluia latifolia, *Trag. Clus.*
Saluia maior latifolia flore coeruleo, v. Saluia latifol. *Trag. Clus.*
Saluia minor, *Tab. Matth. Lob. Offic.* v. Saluia acuta, *Lon.*
Saluia minor aurita, et non aurita, v. Saluia acuta, *Lon.*
Saluia montana, v. Saluia agrestis.
Saluia nobilis, v. Saluia minor, *Tab. Matth. Lob. Offic.*
Saluia pinnata, v. Saluia acuta.
Saluia *Romana*, v. Mentha *Saracenica*.
Saluia scabrior *Diosc.* v. Saluia latifolia, *Trag. Clus.*
Saluia siluestris, v. Horminum, v. Stachys.
Saluia siluestris nigrior, v. Saluia *Alpina*, v. Stachys.
Saluia siluestris non Officinarum, Waldsalbey. III.
Kömmt an Kräften mit dem Scharleykraut überein.
Saluia siluestris tertia, v. Stachys.
Saluia siluestris vera, *Trag.* v. Saluia agrestis, v. Horminum.
Saluia tenuifolia auriculata, v. Saluia acuta, *Lon.*
Saluia transmarina, v. Horminum.
Saluia vitae, v. Ruta marina.
Salusandria, v. Nigella.
Salutaris herba, v. Rosmarinus.
Samale.

Jſt

Ist ein Kraut auf der Insul Madagascar, welches stark stinket, und die Geschwüre am Zahnfleische heilet. Man reibet denen Kindern daselbst das Zahnfleisch damit, um sie vor denen Zahnschmerzen zu verwahren.

Sambach *Arabum*, v. Jasminum *Alpinum*.

Sambuci alterum genus, v. Sambucus aquatica, v. Ebulus.

Sambucus aquatica vel palustris oder rosea Opulus, Schwelken, Schneeballen, Waldholder, Hirschholder. II.

Pfleget im May zu blühen und zu grünen. Die Beeren werden im Herbst reif. Tragus, Lonicer und andere geben vor, es sollen diese Beeren denen Haselhünern eine angenehme Speise seyn, welche Meynung aber Simon Pauli nicht gefallen will, denn er spricht: sie würden nicht in Feldern verdorren, wenn besagte Hüner davon fräßen. Sie machen Brechen, und beschweren den Magen.

Sambucus aquatica culta densissima, v. Sambucus aquatica.

Sambucus aquatica flore globoso pleno, v. Sambucus aquatica.

Sambucus aquatica flore simplici, v. Sambucus aquatica.

Sambucus campestris, v. Sambucus vulgaris.

Sambucus ceruina, v. Sambucus vulgaris.

Sambucus domestica. v. Sambucus vulgaris.

Sambucus femina, v. Sambucus vulgaris.

Sambucus fructu in vmbello nigro, v. Sambucus vulgaris.

Sambucus humilis, v. Ebulus.

Sambucus laciniato folio, v. Sambucus vulgaris.

Sambucus montana racemosa rubra, Wald- oder Bergholder, Bergelhorn.

Wächset in Gärten. Die Blätter kommen an Kräften der Belladonna gleich.

Sambucus palustris, v. Sambucus aquatica.

Sambucus palustris secunda vel mas, v. Sambucus aquatica.

Sambucus parua, v. Ebulus.

Sambucus racemosa rubra, v. Sambucus montana.

Sambucus rosea, v. Sambucus aquatica.

Sambucus secunda polyanthos, v. Sambucus aquatica.

Sambucus siluestris, v. Sambucus montana.

Sambucus vulgaris, Sabuca, ἀκτῆ, Holderbaum, Holunderbaum, Fliederbaum, Schipken. V.

Wärmet im ersten Grad, und trocknet, zertheilet, dienet in der Wassersucht. Die Blüte zertheilet, erweichet, treibet Schweis, stillet den Schmerz, nimmt aber den Kopf ein. Wenn man

von

von diesen Blüten etwas mit Hormino oder Scharley und Coriandersamen in den Wein thut, so bekommt der Wein einen angenehmen Muscatellergeschmack. Aeußerlich braucht man sie in Bauchgrimmen, der Colic und Brandschäden. Die Beeren treiben Schweis, widerstehen dem Gift, und machen einen gelinden Leib, sollen in der Wassersucht ungemeine Dienste thun, ingleichen die Rose, bösartige Fieber, Masern und Pocken vertreiben. Die innerliche Rinde (Liber s. Cortex interior) ist kalt im vierten Grad, kömmt mit der Blüte überein, führet äußerlich das Wasser aus. Wenn man sie mit Eßig kochet, so ziehet sie den Schleim aus dem Munde, und wenn sie im Wein eine Zeitlang weichen, so wird der Zahnschmerz gehemmet, auch das Wasser und der Speichel ausgezogen, und deswegen in der Rose und dem Podagra aufgebunden. Die Käumgen und Augen vom Holunder werden statt des Salates verspeiset, machen wegen ihres Eckel erweckenden und vitriolischen Schwefels einen gelinden Leib, zuweilen auch Brechen, und wohl gar allzuheftiges Purgiren. Das Pulver von den Holunderkeimen thut eben die Würkungen, wie der Salat. Wie denn der Schwamm, oder das Judasohr (Fungus s. auricula Judae) in allerley Krankheiten, Entzündungen und Schwulst der Augen, in ein bequemes Wasser eingeweichet, ebenfalls große Dienste thut, und im Infuso, die Wassersucht, Entzündungen der Mandeln, des Gaumes, Zapfen, Geschwäre des Mundes, der Rose und Fröschlein der Kinder, heilen soll. Innerlich aber schadet er dem Magen, ist giftig, erwecket Brechen, und kan nicht genommen werden. Der in der Weide gleichsam als eine Mistel hervorgewachsene Holunder ist ein gut Mittel wider das böse Wesen. Man findet hier und da vom Holunder unterschiedene Präparata. Aus denen Blüten sind das Wasser, der Spiritus und Wein vorhanden. Der Eßig wird in Umschlägen äußerlich auf den Puls gebunden, innerlich aber wider die Pest und zu Tütschen gegeben. Die in Zucker eingemachte Blüten curiren Contracturen, Engbrüstigkeit, Scorbut, Wassersucht, den Stein, die Gicht, Verstopfung der Monatzeit. Die Essenz zertheilet die Rose, das destillirte Oel und Infusum sind auch nicht zu verachten. Aus denen Beeren hat man den dicken Holundersaft, welcher den Schweis treibet, Mutterbeschwerungen, Wassersucht, den Friesel, bösartig und Fleckfieber curiret, und dem Gift widerstehet. Die Essenz treibet in der Rose einen ziemlichen Schweis.

Schweis. Wenn auf hart gebackenen Brod oder Zwieback der Saft aus den Beeren gegossen wird, so dienet er in der rothen Ruhr. Aeußerlich den Holundersaft in Fiebern auf die Fußsohlen gestrichen, giebt eine Kühlung ab. Die Tinctur und das Extract heben die Erstickung der Mutter. Der Spiritus und das Oel machen Brechen. Das Trisineth von denen Holunderkernen thut in der rothen Ruhr gut. Die Salbe heilet Brandschäden. Conf. Blochvviz et Becker Tract. pecul. et Drauitz.

Samoloides Cabritta, Westindischer Thee.

Samolus, *Plinii*, v. Pulsatilla.

Samolus, *Valerandi*, rundblätterige Wasserpimpernelle.

Sampetra, v. Saxifraga alba Chelidonides.

Sampsuchus, v. Maiorana, v. Marum, *Offic.*

Sampsucum, v. Maiorana.

Sampsychon, v. Maiorana.

Sanamunda, v. Caryophyllata.

Sanamunda, *Clus.* Sanamunda, v. Thymelaea *Offic.* II.

Sanaria, v. Sanicula.

Sana sancta, v. Nicotiana.

Sana sancta *Indorum*, v. Nicotiana.

Sanctolina, v. Abrotanum femina.

Sanctolinum, v. Santonicum.

Sandalum, Santalum, v. Sanctolinum Lignum, Sandelholz. III. Man findet es von dreyerley Sorten, nemlich das weiße, rothe und Citronenfarbige oder gelbe. Das gelbe ist das beste; es wächset aus drey besondern Bäumen in den dicksten Indianischen Wäldern, wird vornemlich in der Insel Timor gefunden, ist kalt im dritten (andern) Grad, trocken im andern Grad. Die Rinden des gelben sind warm im ersten Grad, eröfnen, dienen der Leber, dem Herzen, werden in Ohnmachten, Herzklopfen, Verstopfungen der Leber, und allzustarken Schweis gebraucht, dringen durch, treiben den Urin, halten an, stärken in Schweisfiebern, stärken das Herz und die Leber, stillen die allzugroße Aufwallungen des Blutes, nicht allein in Fiebern, sondern auch in andern Krankheiten, wo eine Kühlung erfordert wird. Der rothe Sandel widerstehet dem allzustarken Schweis in Fiebern, hält an, dämpfet die Hitze, stillet die Säure, curiret die Raserey, zehrende Fieber und Schwindsucht, äußerlich aber wird er wider Hauptschmerzen, Hitze der Fieber und Eingeweide, und wider die hitzige Leber gerühmet. Man findet

von

von dem Sandel unterschiedene Präparata, als das gummösichte Extract, die Species diatricon Sandalon, die Salbe, das Pflaster, die Sandelküchelgen und Tinctur. Wenn der Baum abgehauen wird, so giebt dessen grüne Rinde einen starken und schädlichen Geruch von sich, welcher den Kopf einnimmt, das Gehirn verletzet, stinkende Fieber, und einen Appetit zu ungewöhnlichen Speisen verursachet.

Sandaracha, v. Oxycedrus.

Sandaracha *Arabum*, v. Juniperus.

Sanghira.

Ist eine Art von Indigo in Madagascar, welche die Negern als ein Hülfsmittel wider die ansteckenden Krankheiten ansehen.

Sanguen vulgo, v. Cornus femina.

Sanguinalis femina, v. Polygonum.

Sanguinaria, v. Coronopus, v. Polygonum, v. Gramen Manna.

Sanguinaria *Neuenarae*, v. Gramen sanguinarium.

Sanguinaria Radix, v. Geranium sanguineum.

Sanguis, v. Agnus castus, v. Cornus femina.

Sanguis Draconis, Palma pinus, Palma prunifera foliis Juccae, Palmae Juncus, Drachenblut. IV.

Hiervon sind zwey Sorten bekannt, nemlich das natürlich gewachsene, und durch Kunst aus Rötelstein, Pech und Colophonien verfertigte, und in eine Massam zusammengebrachte Drachenblut bekannt. Das natürliche Drachenblut wächset in Mexico, Carthagina, Peru, u. d. g. Orten, und wird ebenfalls gleichsam in kleine Brödgen, oder eine gewisse Massam zusammen gebracht. Es hält an, trocknet, stopfet den Leib, dienet in Verblutungen, der rothen Ruhr, Durchfall, allzustarken Erbrechen, Flüssen, Blutspeichel, Schwindsucht, allzuheftigen Monatgang, wenn die Säuberung nach der Geburt nicht zu stillen ist. Es heilet auch die Wunden, das lockere Zahnfleisch, Wackeln der Zähne, und zerfließet oder solviret sich am allerbesten in Spiritu Vini, da es auch seine rothe Farbe behält. Im Wasser und Oel will es nicht zergehen.

Sanguis *Herculis*, v. Rhaponticum.

Sanguis hominis, v. Artemisia.

Sanguis *Martis*, v. Asarum.

Sanguis *Saturni*, v. Artemisia.

Sanguis *Titani*, v. Sideritis, *Offic.*

Sanguisorba, Pimpinella siue Italica Sorbaria, Sorbastula, Blutkraut, Herrgottsbärtlein, Welsch Bibernell. V.

Das

Das Kraut, Blumen und Wurzel sind temperiret im kalten und trocknen, halten an, dienen in Wunden, sind der Lunge gut, curiren allerhand Lungenbeschwerungen und derselben Flüsse, die Schwindsucht, innerliche Zernagungen, bösartige Fieber, Durchfall, die rothe Ruhr, den allzustarken Monatfluß und andere allzustarke Verblutungen. Von einigen wird diese Wurzel vor ein Antidotum des Mercurii gehalten, auch wider den güldenen Aderfluß recommendiret, C. Roelichen in Act. Hafn. Vol. Obs. 81. Sie verhütet auch die unzeitige Geburt, und stillet äußerlich allen starken Abgang des Blutes. Man hat hiervon ein destillirtes Wasser, den Syrup, und die in Zucker eingesetzte Wurzel.

Sanguisorba maior, v. Sanguisorba.

Sanguisorba minor, v. Sanguisorba.

Sanguisorba pratensis, v. Sanguisorba.

Sanicula aizoides foliis oblongis serratis, v. Vmbilicus *Veneris* alter, *Offic.*

Sanicula alba, v. Dentaria.

Sanicula alba purpurea, v. Primula veris, *Offic.*

Sanicula *Alpina*, Alpsanickel. II.

Sanicula *Alpina* angustifolia, v. Auricula vrsi.

Sanicula *Alpina* flore variegato, v. Auricula vrsi.

Sanicula *Alpina* lutea, *C. Bauh.* v. Auricula vrsi.

Sanicula *Alpina* minima, v. Sanicula *Alpina*.

Sanicula *Alpina* minima carnea, v. Sanicula *Alpina*.

Sanicula *Alpina* minima niuea, v. Sanicula *Alpina*.

Sanicula *Alpina* minor, s. media, v. Primula veris, *Offic.*

Sanicula *Alpina* rubescens, folio non serrato, v. Sanicula *Alpina*.

Sanicula *Alpina* rubra, v. Sanicula *Alpina*.

Sanicula *Alpina*, *Tab.* v. Caryophyllata *Veronensium*, flore saniculae vrsinae. *Lob.*

Sanicula angustifolia maior, v. Primula veris, *Offic.*

Sanicula *Brittanica*, v. Sanicula *Alpina*.

Sanicula Corallina, v. Dentaria.

Sanicula dentaria, v. Dentaria.

Sanicula femina, v. Imperatoria.

Sanicula femina adulterina, v. Imperatoria.

Sanicula flore purpureo, v. Primula veris, *Offic.* v. Sanicula *Alpina*.

Sanicula latifolia laciniata, *C. Bauh.* v. Caryophyllata *Veronensium* flore saniculae vrsinae, *Lob.*

Sanicula mas, v. Sanicula, *Offic.* mas.

Sanicula *Matth.* v. Auricula vrsi.

Sanicula minor, v. Ranunculus nemorosus albus.

Sanicula montana, *Clus.* v. Caryophyllata *Veronensium*, v. Imperatoria nigra.

Sanicula montana latifolia laciniata, v. Caryophyllata *Veronensium.* v. Imperatoria nigra.

Sanicula nigra, v. Imperatoria nigra.

Sanicula *Offic.* mas, Diapensia *Matth. Lob.* Sanickel, Schernäckel. II.

Die Blätter und Wurzel sind warm im andern, und trocken im dritten Grad, halten an, ziehen die Wunden zusammen, heilen die Geschwäre, Fisteln, auch innerliche und äußerliche Zersprengungen und Zernagungen. Man hat hiervon ein destillirtes Wasser.

Sanicula quinquefolia, v. Sanicula *Offic.* mas.

Sanicula radice granulosa, flore albo, v. Saxifraga alba Chelidonides.

Sanicula rupturarum, v. Jacea.

Saniculae *Alpinae* icon verior, v. Sanicula *Alpina.*

Saniculae et Ellebori nigri facie, v. Helleborine.

Saniculae folio maior, v. Imperatoria nigra, v. Helleborus niger.

Sanitas agrestis, v. Parietaria.

Santal, v. Spina infectoria.

Santalium, v. Sandalum.

Santalum *Alpinum*, v. Sandalum.

Santalum citrinum, v. Sandalum.

Santalum flauum et pallidum, v. Sandalum.

Santalum rubrum, v. Sandalum.

Santolina, v. Cupressus herba, v. Abrotanum femina.

Santonici species maiuscula, v. Absinthium Santonicum.

Santonicum, Semen sanctum l. Zeodoariae s. Cinae Barbotina, **Wurmkrautsamen, Zittwersamen, Wurmsamen, Santonisch Wermuth.** V.

Heißet auch beym Weickard Zina, Absinthium seriphium s. Alexandrinum, wächset im heiligen Lande, und der Landschaft Alexandria in Egypten. Der Samen ist warm im andern, und trocken im dritten Grad, tödtet allerhand Würme. Wenn er zu gewissen Zeiten gesammlet wird, so treibet er Gries und Stein. Sonst findet man in denen Apothecken Confectionem Seminis Cinae, überzogenen Wurmsamen.

Santonicum et latifolium, *Doden.* v. Absinthium vulgare.

Santonicum maius, v. Abrotanum femina.

Santonicum minus, v. Cupressus herba, v. Abrotanum femina.

Santonicum viride, grüner Wurmsamen, v. Santonicum.

Sapindus, der Seifenbeerenbaum in Westindien.

Sapinus, v. Abies mas.

Saponaria agrestis, v. Saponaria maior.

Saponaria maior, στρούθιον, στρῦθος, (obgleich *Jo. Rhod. ad Scrib.* dieses nicht *pro Saponaria* halten will) χυμίον, Viola agrestis, Radicula vrceolaris *Plin.* Alisma *Diosc.* Lanaria, Fullonum herba, Fullonia, Schlüsselkraut, Seifenkraut, Seifenwurz, Speitzenwurz, Waschkraut, Madenkraut, Speichelkraut, (weil sie, wenn man sie kauet, viel Feuchtigkeiten, Speichel und Schleim aus dem Haupt ziehet,) Hundesnägelein. II.

Dieses Kraut wird Seifenkraut, weil es reiniget und säubert, wie die Seife thut, genennet. Die Blätter und Wurzeln wärmen und trocknen im vierten Grad, verdünnen, eröfnen, reinigen, befördern den Schweis, curiren Engbrüstigkeit, die gelbe Sucht, heilen die Franzosen. Wenn sie in Wein geweichet und getrunken werden, so geben sie ein gelindes Laxativ ab, und machen äußerlich Niesen, dienen wider unerträgliche Kopfschmerzen, zertheilen Schwulste, vornemlich die Felle in Augen, nehmen den Unflath von Händen hinweg, und sind ein bequemes Mittel, die Tücher zu reinigen. Der Saamen von der Saponaria wird von etlichen berühmten Medicis, und sonderlich von Borello und andern wider das böse Wesen vorgeschlagen. Wächset gleichfalls in Syrien und Soria, Tournef.

Saponaria maior leuis, v. Saponaria maior.

Saponaria peregrina, v. Valeriana rubra.

Sapota, der Sapotabaum in Spanisch Westindien, um Panama.

Saracena, die Sattelblume, oder Saracena aus Canada.

Sarcacolla, Sarcacollagummi, Fischleim.

Ist ein körnichtes Gummi oder Harz, siehet gelblicht und röthlicht, kömmt aus Persien, allwo es von einem verwundeten dornichten Baume gesammlet wird. Es wärmet und trocknet im ersten Grad, hält an, heilet zusammen, verdauet, zeitiget, reifet, reiniget die Wunden und ziehet sie zusammen, dienet im Durchfall, Blutspeichel, Flüssen der Augen, Staar, starken

Blutflüssen und die dicken Feuchtigkeiten aus denen Gliedern zu ziehen. Man hat hiervon die Pillen.

Sarcacolla herba, v. Anemone.

Sardonia herba, v. Ranunculus Illyricus.

Sargazo *Acostae*, v. Lenticula marina.

Sarrana, v. Jacea.

Sarsaparilla, v. Salsaparilla.

Saffaff.

Ein Baum in Egypten, der dem Weidenbaum ähnlich ist.

Sassafras, Pauame, Xylomarathrum, Fönchelholz. II.

Wird aus Florida, Porta St. Helenae et Matthaei bracht. Die Rinde ist warm und trocken im dritten, das Holz warm und trocken im andern Grad, verdünnet, dringet durch, eröfnet, zertheilet, treibet Schweis, Stein und Urin, dienet in lange anhaltenden Krankheiten, der Wassersucht, Lähmung, Schlafsucht, Schwindsucht, Abnehmen der Glieder, Scorbut, dem weissen Fluß, aufgesprungenen Geschwären, der Gicht, Lungengeschwär, Husten, Blähungen, in allerhand Krankheiten und Verstopfungen, stärket die innerlichen Theile, machet fruchtbar, vertreibet die Franzosen, und vornemlich die Flüsse. Man hat hiervon ein Extract, destillirtes Oel und Essenz.

Sassifica *Italorum*, v. Barbula hirci.

Satarium, v. Peucedanum.

Satureja altera, v. Thymbra vera.

Satureja *Cretica*, v. Thymbra vera.

Satureja hortensis, v. Satureja satiua.

Satureja *St. Juliani*, v. Thymbra vera.

Satureja lutea, v. Panicum siluestre, *Matth. Dod.*

Satureja montana, v. Thymbra vera.

Satureja *Romana* secunda, v. Thymbra vera.

Satureja satiua s. hortensis, θύμβραν θύμβρον, Hyssopus agrestis, Saturey, Sengerkraut, Sadaney, Saturon, Satermann, Pfefferkraut. III.

Das Kraut und Blumen sind warm und trocken im dritten Grad, verdünnen, eröfnen, zertheilen, dienen wider allerhand Beschwerungen und Rohigkeit des Magens, schlechten Appetit, in Brustbeschwerungen, Engbrüstigkeit, treiben die Winde, und stärken das Gesicht. Aeußerlich aber zertheilen sie die Schwulsten, lindern die Schmerzen in Ohren, und töden die Flöhe. Man hat hiervon ein destillirtes Wasser und Salz.

Satureja spicata, v. Thymbra vera.

Satureja vera, v. Thymbra vera.
Saturni nutrimentum, v. Equisetum.
Satyrium, v. Hermodactylus, v. Dens caninus.
Satyrium, Orchis, Knabenkraut, (weil dieses Krautes Wurzel sonderlich gut ist zum Kinderzeugen) Stendelwurz. LXXXI.

Die Wurzel ist warm im ersten und andern, und feucht im ersten Grad. Es sind vielerley Sorten der Orchidum. Die gebräuchlichste und stinkende, welche einen spermatischen, dem Urin und der Mumie gleichenden Geruch hat, wird in männlicher Unvermögenheit, einen Erben zu erzielen, gebrauchet. Man glaubet, daß die Palma Christi dergleichen verrichten soll, sie kömmt aber mit dem Ricinio vulgari nicht überein, welches eine ganz andere Pflanze, und von dieser um ein merkliches unterschieden ist. Die Orchides haben sonst gemeiniglich einen süßen, schleimichten, klebrichten und gelinden Geschmack, wärmen und feuchten, reitzen zur ehelichen Lust, und stärken die Mutter. Die mit Zucker überzogene Wurzel und das Pulver hiervon stärken das Gedächtnis und Gehirn. In Summa das Satyrium dienet den Geburtsgliedern beyderley Geschlechtes, und befördert die Empfängnis. Man hat auch hiervon die Lattwerge oder Electuarium Diasatyrion und das Extract.

Satyrium alterum, v. Satyrium.
Satyrium basilicum, v. Satyrium.
Satyrium basilicum *Alpinum*, v. Satyrium.
Satyrium basilicum femina, v. Satyrium.
Satyrium basilicum foliosum vel tertium, v. Satyrium.
Satyrium basilicum maius, v. Satyrium.
Satyrium basilicum minus, v. Satyrium.
Satyrium castratum s. eunuchum, v. Cynosorchis.
Satyrium castratum Gemmae, v. Cynosorchis.
Satyrium decimum, *Trag.* v. Opulus.
Satyrium erythronium, *Dod.* v. Hyacinthus stellaris, v. Dens caninus.
Satyrium erythronium dente canino, v. Dens caninus.
Satyrium femina, v. Satyrium.
Satyrium mas, v. Satyrium.
Satyrium octauum, *Trag.* v. Elleborine s. Helleborine, *Dod. Lob.*
Satyrium primum, v. Satyrium.
Satyrium quartum, v. Cynosorchis.

Satyrium regium, v. Satyrium.
Satyrium rubrum, v. Hermodactylus verus.
Satyrium tertium, vel odoriferum, v. Satyrium.
Satyrium, *Trag.* v. Orchis, v. Satyrium.
Satyrium trifolium, v. Satyrium.
Sauina, v. Sabina.
Sauina femina maior, v. Sabina.
Sauina femina minor, v. Sabina.
Sauina siluestris, *Trag.* v. Cupressus herba.
Saururus, Eidexenschwanz. XIV.
Saxatilis hederula, v. Asarina.
Saxifraga, v. Ruta muraria.
Saxifraga alba, v. Saxifraga alba Chelidonides.
Saxifraga alba Chelidonides, Saxifraga *Offic.* Saxifraga alba vulgaris *Park.* alba tuberosa radice *Clus.* alba radi e granulosa *J. Bauh.* rotundifolia alba *C. Bauh.* Sanicula radice granulosa flore albo, Sedum foliis subrotundis, Sampetra et Rumpisaxum quorundam, Steinbrech, weißer Steinbrech. XXVI.
Saxifraga wird auch die Pimpinella genennet, und dienet in Schlafkrankheiten, Zittern der Glieder, so vom Mercurio entstanden, Schmerzen nach der Geburt, und vermehret die Milch. Die Blätter und Wurzeln sind warm und trocken im dritten Grad, eröfnen, treiben Stein und Gries, zerreiben und führen den Blasen- und Nierenstein ab, und verdünnen den darin befindlichen Schleim, und treiben die Menses. Aeußerlich werden sie zu Harntreibenden Bädern gebrauchet. Man hat hiervon ein destillirtes Wasser.
Saxifraga alba radice granulosa, v. Saxifraga alba Chelidonides.
Saxifraga alba tuberosa, v. Saxifraga alba Chelidonides.
Saxifraga alba vulgaris, v. Saxifraga alba Chelidonides.
Saxifraga altera, v. Melitum *Offic.*
Saxifraga *Anglica*, v. Foeniculum, v. Polygonum.
Saxifraga *Anglicana* facie Seseli *Monspeliensis*, v. Foeniculum.
Saxifraga aquatica, v. Filipendula.
Saxifraga aurea, v. Chrysosplenium.
Saxifraga aurea Lichenis facie et natalitiis, v. Chrysosplenium.
Saxifraga hircina, v. Pimpinella saxifraga.
Saxifraga hircina maior, v. Pimpinella saxifraga.
Saxifraga hircina minor, v. Pimpinella saxifraga.
Saxifraga lutea, v. Melilotum, v. Ruta pratensis.

Saxifraga magna, v. Pimpinella saxifraga.
Saxifraga maior, v. Sefeli *Marsilioticum*, v. Pimpinella saxifraga.
Saxifraga minor, v. Pimpinella saxifraga.
Saxifraga minor altera, v. Pimpinella saxifraga.
Saxifraga minor prima, v. Trichomanes.
Saxifraga montana, v. Sefeli *Marsilioticum*.
Saxifraga nostras communis minor, v. Pimpinella Saxifraga.
Saxifraga prima, v. Thymbra vera.
Saxifraga quarta, v. Alkekengi.
Saxifraga rotundifolia alba, *C. Bauh.* v. Saxifraga alba Chelidonides.
Saxifraga rotundifolia aurea, v. Chrysosplenium.
Saxifraga rubra, v. Alkekengi, v. Filipendula, v. Trichomanes.
Saxifraga secunda, v. Pimpinella Saxifraga, v. Thymbra vera, v. Ruta muraria.
Saxifraga secunda seu alba, *Matth.* v. Saxifraga alba Chelidonides.
Saxifraga tertia, v. Milium solis.
Saxifraga tertia, *Matth.* v. Saxifraga alba Chelidonides.
Saxifraga *Venetorum*, v. Rosmarinus.
Saxifraga vera, v. Thymbra vera.
Saxifraga vmbellifera *Anglica*, v. Foeniculum.
Saxifraga vulgaris minima, v. Foeniculum.
Saxifragae montanae alia species, v. Dentaria.
Saxifragia, v. Pimpinella saxifraga, v. Rosmarinus, v. Saxifraga alba Chelidonides.
Saxifragia lutea, v. Melilotum.
Saxifragia quarta, v. Saxifraga alba Chelidonides.
Scabies herba, v. Scabiosa *Offic.*
Scabiosa aestiua minor, v. Scabiosa *Offic.*
Scabiosa *Alpina*, v. Scabiosa *Offic.*
Scabiosa *Alpina* campestris, v. Scabiosa *Offic.*
Scabiosa *Alpina* centauroides, v. Scabiosa *Offic.*
Scabiosa *Alpina* folio centaurii maioris, v. Scabiosa *Offic.*
Scabiosa *Alpina* maxima, v. Scabiosa *Offic.*
Scabiosa *Alpina* maxima quarta, v. Scabiosa *Offic.*
Scabiosa angustifolia alba altera, v. Scabiosa *Offic.*
Scabiosa arborea *Cretica*, v. Scabiosa *Offic.*
Scabiosa arborescens, v. Scabiosa *Offic.*

Scabiosa aruensis, v. Scabiosa *Offic.*
Scabiosa aruensis sexta, v. Scabiosa *Offic.*
Scabiosa autumnalis radice succisa, *Maur. Hofm.* v. Succisa.
Scabiosa capitulo globoso maiore, v. Scabiosa *Offic.*
Scabiosa capitulo globoso minore, v. Scabiosa *Offic.*
Scabiosa communis, v. Scabiosa *Offic.*
Scabiosa dissecto folio maior, v. Scabiosa *Offic.*
Scabiosa femina, v. Scabiosa *Offic.*
Scabiosa folio Bellidis siluestris maioris, v. Scabiosa *Offic.*
Scabiosa folio Bellidis species minor, v. Scabiosa *Offic.*
Scabiosa folio integro, *Caesalp.* v. Succisa.
Scabiosa folio non dissecto stellato, v. Scabiosa *Offic.*
Scabiosa folio scisso, v. Scabiosa *Offic.*
Scabiosa fruticans angustifolia alba, v. Scabiosa *Offic.*
Scabiosa *Hispanica* maior, v. Scabiosa *Offic.*
Scabiosa latifolia, v. Scabiosa *Offic.*
Scabiosa latifolia *Austriaca*, v. Scabiosa *Offic.*
Scabiosa latifolia peregrina, v. Scabiosa *Offic.*
Scabiosa latifolia peregrina octaua, v. Scabiosa *Offic.*
Scabiosa latifolia rubra, v. Scabiosa *Offic.*
Scabiosa latifolia rubra non laciniata, v. Scabiosa *Offic.*
Scabiosa latifolia septima, v. Scabiosa *Offic.*
Scabiosa maior, v. Scabiosa *Offic.*
Scabiosa maior alba, v. Scabiosa *Offic.*
Scabiosa maior altera squammatis capitulis, v. Jacea.
Scabiosa maior flore ex coeruleo purpurea, v. Scabiosa *Offic.*
Scabiosa maior flore ex coeruleo purpurea secunda, v. Scabiosa *Offic.*
Scabiosa maior flore purpureo, v. Scabiosa *Offic.*
Scabiosa maior *Hispanica*, v. Scabiosa *Offic.*
Scabiosa maior *Hispanica* quinta, v. Scabiosa *Offic.*
Scabiosa maior squammosis capitulis, v. Scabiosa *Offic.*
Scabiosa mas, v. Scabiosa *Offic.*
Scabiosa maxima, v. Scabiosa *Offic.*
Scabiosa maxima leucanthemos, v. Scabiosa *Offic.*
Scabiosa media, v. Scabiosa *Offic.*
Scabiosa minor, v. Scabiosa *Offic.*
Scabiosa minor leuis, v. Scabiosa *Offic.*
Scabiosa minor prima, v. Scabiosa *Offic.*
Scabiosa minor quarta, v. Scabiosa *Offic.*
Scabiosa minor quinta, v. Scabiosa *Offic.*

Scabiosa minor secunda, v. Scabiosa *Offic.*
Scabiosa minor sexta, v. Scabiosa *Offic.*
Scabiosa minor tertia, v. Scabiosa *Offic.*
Scabiosa minima, v. Scabiosa *Offic.*
Scabiosa montana, v. Scabiosa *Offic.*
Scabiosa montana calidarum regionum, v. Scabiosa *Offic.*
Scabiosa montana minima, v. Scabiosa *Offic.*
Scabiosa montana minima capitibus squammatis, v. Scabiosa *Offic.*
Scabiosa montana peregrina, v. Scabiosa *Offic.*
Scabiosa montana repens, v. Scabiosa *Offic.*
Scabiosa *Narbonensis*, v. Scabiosa *Offic.*

Scabiosa *Offic.* vulgaris pratensis *Park.* pratensis hirsuta *C. Bauh.* Psora *Aëtii*, Scabies herba, Scabiosen, Apostemkraut, Grindkraut, Schwärkraut, Pastenemkraut, Pestenem, Nonnenkleppel, Oderlenge. XXXV.

Die Wurzel, Blätter und Blumen sind warm und trocken im andern Grad, (temperirt im trockenen und warm im ersten Grad,) verdünnen, zertheilen, treiben Schweis und Gift, dienen in Lungenbeschwerungen und innerlichen Geschwären, Seitenstechen, der Bräune, Husten, Engbrüstigkeit, der Pest, fistulirten and rinnenden Schäden der Brüste und Schienbeine u. s. w. Aeusserlich aber curiren sie die Krätze, das Jücken, Flecken im Gesicht, Sommersprossen, Mähler, Haarwürme, Grinder, bleyen Augen und Schmerzen der güldenen Ader. Die Wurzel von der Scabiosa maiore purpurea wird sonderlich in Franzosen gerühmet. Der Saft von der Scabiosa pflegt, wenn er warm auf die Wunden gestrichen wird, die Pfeile auszuziehen. Man hat auch von der Scabiosa das destillirte Wasser, den Syrup, das in Zucker eingesetzte Kraut und Salz.

Scabiosa ouilla, v. Scabiosa *Offic.*
Scabiosa peregrina, v. Scabiosa *Offic.*
Scabiosa peregrina folio non dissecto, v. Scabiosa *Offic.*
Scabiosa pratensis hirsuta, *C. Bauh.* v. Scabiosa *Offic.*
Scabiosa prior, v. Scabiosa *Offic.*
Scabiosa prolifera, v. Scabiosa *Offic.*
Scabiosa prolifero flore, v. Scabiosa *Offic.*
Scabiosa prolifero folio latiore, v. Scabiosa *Offic.*
Scabiosa pumilum genus, *Clus.* v. Bellis coerulea.
Scabiosa rubra *Austriaca*, v. Scabiosa *Offic.*
Scabiosa segetalis, v. Scabiosa *Offic.*

Scabiosa stellata folio laciniato maiore, v. Scabiosa *Offic.*
Scabiosa succisae similis, v. Scabiosa *Offic.*
Scabiosa virgae pastoris folio, v. Scabiosa *Offic.*
Scabiosa vulgaris pratensis, *Park.* v. Scabiosa *Offic.* v. Jacea.
Scala, v. Secale.
Scammonea, vel Scammoneum, Scammonie, Syrische Winde. II.

Ist ein Saft aus der Wurzel Scammonea, kömmt aus Antiochien, wärmet und trocknet im dritten Grad, führet die Galle und wässerichte Feuchtigkeit gewaltig aus, und pfleget, wenn ein schwacher Magen vorhanden ist, indem es wegen seiner brennenden Schärfe die Viscera verletzt, nicht gut zu thun, und in Milzbeschwerungen und Herzensangst mit Citronen corrigiret zu werden. Es heisset alsdenn Diacridium, besser *diaκρύδιον*, d. i. lacrymula, oder eine kleine Thräne. Man hat vom Scammonio das Extract, Magisterium, das Elixir, das Scammonium sulphuratum, rosatum, das Infusum, diacrydoniatum, lucidum scammoniatum, die Gelatinam, das Pulver des Grafen von Warvick, it. den Pulverem Syrium.

Scammonea maritima *Monspel.* v. Scammonea.
Scammonea minor, v. Cantabrica *Clus.*
Scammonea *Monspel.* v. Scammonea.
Scammonea *Monspeliensis* foliis rotundis, v. Scammonea.
Scammonea parua, v. Smilax leuis.
Scammonea *Patauina Cortus*, v. Cantabrica *Clus.*
Scammonea *Syriaca*, v. Scammonea.
Scammonea *Valentina*, v. Scammonea.
Scammoneae similis flore coeruleo, v. Smilax leuis.
Scammoneae *Monspeliacae* affinis foliis acutioribus, v. Scammonea.
Scammoneum minus, *Plin.* v. Cantabrica *Clus.*
Scammonii *Monspeliaci* varietas, v. Soldanella.
Scammonii quoddam genus, v. Soldanella.
Scammonium minimum *Plinii* primum, v. Scammonea.
Scammonium minimum *Plinii* secundum, v. Scammonea.
Scammonium *Monspeliense*, v. Scammonea.
Scammonium *Orientale*, v. Scammonea.
Scammonium *Syriacum*, v. Scammonea.
Scanaria herba, v. Chaerefolium aculeatum.
Scandix, v. Chaerefolium aculeatum.
Scandix *Diosc.* v. Chaerefolium aculeatum.

Scandix minor, *Tab.* v. Perpecier *Anglorum Lob.*

Scandix semine rostrato vulgaris, v. Chaerefolium aculeatum.

Scariola alba, v. Endiuia.

Scariola *Arabum*, v. Endiuia.

Scariola siluestris, v. Sonchus.

Scarlatum, v. Kermes.

Scea, Sceha, v. Absinthium vulgare.

Scelerata, v. Ranunculus.

Sceptrum morionis, v. Typha.

Schackarilla, Schackarille, China Chinae spuria, Schackarille, graue Fieberwurzel.

Ist aus Guiana von denen Franzosen An. 1713. am ersten nach Europa gebracht worden. Ist eine Indianische Rinde, und scheinet eine Art von der Fieberrinde zu seyn; sie hat auch eben dergleichen Wirkungen, aber etwas geringer. Einige mischen sie unter den Rauchtoback, dessen Kraft er, vornemlich die Flüsse zu lindern, vermehren soll, und stärket das Gedächtnis.

Schack, v. Acacia vera veterum.

Schamuth, v. Acacia vera veterum.

Scharrotam, v. Pastinaca domestica.

Scheuchzeria, v. Juncus aquaticus.

Schina, v. Chinae radix.

Schinanthum, v. Schoenanthum.

Schocolada, v. Chocolada.

Schoenagrostis, v. Gramen junceum, v. Juncus.

Schoenanthum, *σχοῖνος*, Juncus odoratus, floridus, aromaticus, Squinanthum, Foenum s. Stramen Camelorum, Foeniculum Camelorum, Pastum Camelorum, Cameelheu, Cameelstroh, Squinanth. IX.

Kommt aus dem Reich Arabien. Das Stroh, Blumen und Wurzel sind warm im dritten, und trocken im andern Grad, halten etwas an, dringen durch, zertheilen, dienen in Verstopfung der Monatzeit, Beschwerung der Leber, Milz, Aufblähungen des Magens, Erbrechen, Schlucken, beschwerlichen Harnen, lindern die Schmerzen der Nieren, Blase und Mutter, geben ein annehmliches Nachessen, und verbessern die Purgantia. Aeußerlich vertreiben sie den übeln Geruch im Munde, stärken das Haupt, den Magen, zertheilen die Geschwulst des Zapfens, und werden zu Bädern und Fußbädern gebrauchet.

Schoenanthum adulterinum, v. Schoenanthum.

Schoenioſtrophum, v. Equiſetum.
Schoenocalamus, v. Gramen arundinaceum.
Schoenopraſſum, v. Porrum ſectiuum.
Schoenus, v. Juncus.
Schoenus odoratus, teres, ac rotundus, v. Schoenanthum.
Scilla, Squilla, Scylla, Pancratium *Arab.* Haſpel, Meerzwiebeln. IV.

Wächſt in Sicilien, Apulien, Spanien, denen Balearischen Inſuln und andern Gegenden des Meeres. Die Wurzel iſt warm und trocken, verdünnet, reiniget, zertheilet, widerſtehet der Fäulung, treibet Schweis, machet gelindes Erbrechen, und laxiret auch ein wenig, iſt mehr denen Bilioſis zuträglich, curiret Engbrüſtigkeit, eröfnet die Verſtopfung der Leber, Milz, des Pori cholidochi, der monatlichen Reinigung, des Urines, zertheilet den zähen Schleim auf der Lunge, und ſtillet den Huſten. Aeußerlich heilet ſie die grindichten Köpfe und Schäden, ſo von Erfrierung und Erkältung der Gliedmaſen entſtanden. Wenn ſie an die Thüren gehenket wird, ſoll ſie, wie Dioſcor. II. 162. meldet, Zauberey vertreiben. Man findet von dieſer Wurzel unterſchiedene Präparata, als den einfachen und zugleich aus mehrern Dingen beſtehenden Syrup, den dicken Saft, Eßig, den aus Eßig und Honig bereiteten Saft, das Meelpulver und Extract.

Scilla alba, v. Scilla.
Scilla *Hiſpanica*, v. Scilla.
Scilla maior, v. Scilla.
Scilla minor ſ. Pancratium, v. Scilla.
Scilla pancratium, *Cluſ.* v. Scilla.
Scilla radice alba, v. Scilla.
Scilla rubentibus radicis tunicis folio Aloës carinato, v. Scilla.
Scilla vulgaris radice rubra, v. Scilla.
Scirpi primum genus, v. Gramen arundinaceum.
Scirpus, v. Typha, v. Juncus.
Scirpus maior, v. Mariſcus *Plin.* v. Juncus.
Scirpus maior paluſtris, v. Juncus.
Sciſſima, v. Fagus.
Sclarea, v. Horminum hortenſe.
Sclarea *Aethiopis*, v. Horminum hortenſe.
Sclarea *Hiſpanica*, v. Horminum hortenſe.
Sclarea ſilueſtris, *Tab.* v. Saluia agreſtis.

Sclarea silvestris flore albo, v. Horminum silvestre.

Scolopendria vel Scolopendrium, Ἀσπλήνιον, Ceterach, Asplenum, Asplenium, Milzkraut, kleine Hirschzungen, Nesselfaren, Zecht.

Die Blätter wärmen im ersten, und trocknen im andern Grad, reinigen, dienen der Milz, curiren das Malum Hypochondriacum, die gelbe Sucht, das Quartanfieber, treiben den Urin, Stein, Menses, und vermehren den Samen. Hieraus wird der Syrupus de Scolopendrio verfertiget. Es wächset auf alten Mauern und Steinritzen, widerstehet dem Gift, hat wenig Oel, ist aber nitrosisch, daher es in morbis chronicis das beste simplex ist.

Scolopendria vel Scolopendrium vulgare, Lingua Cervina officinis, Hemionitis, φιλλῖτις, Hirschzung. V.

Die Blätter, so kalt und trocken, halten etwas an, verdünnen, dienen der Milz und Leber, curiren die Geschwulst der Milz, den Durchfall und Blutspeichel. Aeußerlich aber reinigen sie die Wunden und Geschwäre. Man findet von diesem Kraut ein abgezogenes Wasser.

Scolopendria vera, v. Asplenium.

Scolopendria s. Scolopendrium vulgare, v. Scolopendria.

Scolopendrium maius, v. Lonchitis adulterina.

Scolopendrium verum, v. Asplenium.

Scolymocephalus, wilde Artischocke, v. Scolymus.

Scolymus s. Carduus non aculeatus, Strohbilddorn, Artischocke. X.

Die Wurzel vertreibet den Gestank des Leibes, vornemlich der Achseln, und giebt dem Urin einen übeln Geruch. v. Cinara.

Scolymus aculeatus, v. Scolymus.

Scolymus Chrysanthemus, v. Scolymus.

Scolymus *Dioscoridis*, v. Cinara.

Scolymus maior, v. Eryngium.

Scolymus non aculeatus, v. Scolymus.

Scolymus seu cinara maxima, v. Cinara.

Scolymus silvestris, Schönhärlein. II.

Scolymus silvestris, v. Carduus vulgaris, *Matth.*

Scolymus *Theophr.* v. Scolymus, v. Cinara.

Scopa regia, v. Ruscus, v. Barbara, *Dod. Tab.* v. Pulmonaria.

Scopa regia, *Plin.* v. Millefolium.

Scopa regis, *Fuchs.* v. Bardana, *Dod. Tab.*

Scoparia, Linaria scoparia, Herba studiosorum, Beluedere, Osyris,

Osyris, *Dod.* Chenopodium, Osyris *Graecorum*, *Ger.* Studentenkraut, Besenkraut. II.

Scoparia Genista, v. Genista.

Scoparia ruta, v. Abrotanum.

Scorbutica arbor, v. Pinea.

Scordioides *Monspeliaca* floribus luteis, v. Sideritis.

Scordium, Wasserbathenich, Lachenknoblauch. III.

Wächset auf sumpfichten Boden, und blühet im Junio. Die Blätter, so warm und trocken im andern Grad, reinigen, verdünnen, dringen durch, widerstehen der Fäulung, dem Gift, treiben Schweis, curiren die Pest, ansteckende Seuchen, bösartige Fieber, eröfnen die Verstopfungen der Milz und Leber, und führen das Eiter und den zähen Schleim von der Lunge. Aeusserlich aber reinigen sie die Wunden und Geschwäre, lindern den Schmerz im Podagra, stillen den überhäuften Blutgang des weiblichen Geschlechts, zu welchem Ende denn hieraus unterschiedene Präparata, als das destillirte Wasser, der dick eingekochte Saft, der einfache und zugleich aus andern Ingredienzien bestehende Syrup, die im Zucker eingelegten Blätter, die Lattwerge und das Salz verfertiget werden. Es präserviret auch dieses Scordium die Körper vor der Fäulung, und sollen, wie Galenus L. I. de Antidotis berichtet, die bey einer Schlacht zurück gebliebenen Leichname, wenn sie ohngefehr bey besagtem Kraute zu liegen kommen, eine ziemliche Zeit ohne Veränderung liegen bleiben.

Scordium alterum, *Plin. Lob.* v. Horminum, v. Saluia agrestis.

Scordum alterum, *W. F. Hildani*, v. Chamaedrys vulgaris *Trag. et Offic.*

Scordium commune, v. Scordium.

Scordium *Creticum*, v. Scordium.

Scordium maius, v. Scordium.

Scordium maius *Plin.* v. Saluia agrestis.

Scordium minus, v. Scordium.

Scordium *Ponticum*, v. Scordium.

Scordium verum, v. Scordium.

Scordonia *Cord.* v. Saluia agrestis.

Scorodathlaspi, v. Thlaspi.

Scorodolasarum, v. Laser Medicum.

Scorodonia, v. Saluia agrestis.

Scorodotis, v. Saluia agrestis.

Scorodoprassium, *Germ.* Aberlauch, Ackerknoblauch, v. Allium.

Blühet im Junio und Julio, kömmt dem ordinären Knoblauch an der Würkung ziemlich bey, und wird von den Türken unter die Speisen genommen.

Scorodoprasarum; v. Laser Medicum.

Scorpioides, v. Caltha vulgaris.

Scorpioides, v. Heliotropium maius.

Scorpioides album, v. Heliotropium maius.

Scorpioides aquaticum, v. Colutea.

Scorpioides bupleuri folio, v. Caltha vulgaris.

Scorpioides coeruleum, aquaticum, vel paluſtre, v. Auricula muris.

Scorpioides femina, v. Auricula muris.

Scorpioides humilius, v. Colutea.

Scorpioides maius, v. Colutea.

Scorpioides mas, v. Auricula muris, v. Heliotropium maius.

Scorpioides montanum, v. Colutea.

Scorpioides repens bupleuri folio, v. Caltha vulgaris.

Scorpion *Dioſc.* v. Digitalis.

Scorpiuron, v. Heliotropium maius.

Scorpius ſ. Nepa, v. Geniſta ſpinoſa.

Scorpius, v. Aſpalathus alter primus *Cluſ.*

Scorpius maritimus, v. Vua marina.

Scorpius primus *Tab.* v. Aſpalathus alter primus *Cluſ.*

Scorpius quartus, v. Aſpalathus alter primus *Cluſ.*

Scorpius ſecundus, v. Aſpalathus alter primus *Cluſ.*

Scorpius tertius, v. Aſpalathus alter primus *Cluſ.*

Scorzonera *Offic.* Hiſpanica, Viperaria, Scorzonera vel Tragopogon, Serpentaria ſiue Viperaria, Schlangenmord, Nattermilch, Vipergras, Spaniſch Schlangenkraut. XXIV.

Iſt ein beſonder Mittel in Maſern und Pocken, treibet Schweis und Urin, dienet in der gelben Sucht, Abzehrung der Kinder, Schwindſucht und Hectica. Die Wurzel iſt warm und feucht im erſten Grad, temperirt im warmen und trocknen, widerſtehet dem Gift, Schlangenbiß und der Peſt, curiret die Schwermüthigkeit, das böſe Weſen, Schwindel und Mutterbeſchwerungen. Wie denn hiervon das Waſſer, das Extract aus der Wurzel und die überzogene Wurzel in nur berührten Leibesbeſchwerungen gerühmet wird.

Scorzonera anguſtifolia prima, v. Scorzonera *Offic.*

Scorzonera *Bohemica*, v. Scorzonera *Offic.*

Scor-

Scorzonera folio neruoso, v. Scorzonera *Offic.*
Scorzonera *Germanica*, v. Scorzonera *Offic.*
Scorzonera *Germanica* angustifolia, v. Scorzonera *Offic.*
Scorzonera *Germanica* secunda, v. Scorzonera *Offic.*
Scorzonera *Graeca* saxatilis et maritima, *Tournef.* v. Scorzonera *Offic.*
Scorzonera *Hispanica*, v. Scorzonera *Offic.*
Scorzonera *Hispanica* prima, v. Scorzonera *Offic.*
Scorzonera humilis angustifolia, v. Scorzonera *Offic.*
Scorzonera humilis latifolia, v. Scorzonera *Offic.*
Scorzonera latifolia, v. Scorzonera *Offic.*
Scorzonera latifolia altera, v. Scorzonera *Offic.*
Scorzonera latifolia humilis neruosa, v. Scorzonera *Offic.*
Scorzonera latifolia sinuata, v. Scorzonera *Offic.*
Scorzonera maior, vel *Pannonica* prima, v. Scorzonera *Offic.*
Scorzonera montana, v. Scorzonera *Offic.*
Scorzonera *Pannonica* angustifolia, v. Scorzonera *Offic.*
Scorzonera *Pannonica* secunda, v. Scorzonera *Offic.*
Scorzonera *Pannonica* tertia, v. Scorzonera *Offic.*
Scotenum vulgo, v. Cotinus coriaria.
Scrophularia, v. Vrtica mortua.
Scrophularia aquatica maior, v. Scrophularia maior.
Scrophularia flore luteo, v. Scrophularia maior.
Scrophularia glauco folio in amplas lacinias diuiso, *Tournef.* v. Scrophularia maior.
Scrophularia lutea, v. Scrophularia maior.
Scrophularia maior, Ocymastrum, Ocymoides, Galeopsis, Ficaria, Ferraria, Millemorbia, Castrangula, Braunwurz, Sauwurz, Rauchwurz, Knotenkraut, gros Feigenkraut, Wurmkraut, Wurmwurz, Rankerwurz. XXIII.

Das Kraut und die Wurzel sind warm und trocken (temperirt), zeitigen, dringen durch, zertheilen die Kröpfe, die Feigwarzen s. v. des Steißes, krebsichte und um sich fressende Geschwüre, und die bösartige Krätze. Aeußerlich wird dieses Kraut in harten und widerspenstigen Geschwulsten und gefährlichen Beulen gerühmet. Es erweichet die Kröpfe. Wenn man das Kraut mit Salz vermenget, und öfters in Händen träget, so stillet es alle Flüsse, sie mögen Namen haben wie sie wollen, und hält an.

Scrophularia media, v. Fabaria.
Scrophularia minor, v. Chelidonium minus.

Scrophularia minor femina, v. Scrophularia maior.
Scrophularia montana maxima, v. Scrophularia maior.
Scrophularia nodosa foetida, v. Scrophularia maior.
Scrophularia secunda, v. Chelidonium minus.
Scrophulariae maioris altera species, v. Chelidonium minus.
Scrophulariae similis planta maior, v. Scrophularia maior.
Scutellaria palustris, v. Gratiola coerulea.
Sebesta, Sebesten, Prunus Sebestena, Myxae, Myxaria, Brustbeerlein. II.

Kommen aus Syrien, Egypten und Italien, sind temperirt im warmen und kalten, feucht im ersten Grad, erweichen, nehmen die Schärfe weg, die Rauhigkeit der Kehle und Lungen, und verdicken den dünnen und salzigten Schleim, stillen die Schärfe der Flüsse und des Urins, curiren die Gallenfieber und Verstopfungen des Leibes. Man hat hiervon eine Lattwerge.

Sebestena, v. Sebesta.
Sebestena domestica, v. Sebesta.
Sebestena nostra, v. Sebesta.
Secacul *Anguill.* v. Crithmum secundum *Matth.* Sisarum Syriacum, Pastinaca Syriaca, Apium Syriacum, Syrisch Zuckerrübgen, Zuckerwurz. II.

Ist ein fremdes Kraut, und nicht sonderlich bekannt.

Secala, v. Secale.
Secale, Ferrago, Rogga, Siligo, Rocken, Korn. VI.

Das Mehl und die Kleyen sind masig warm, und werden in der Küche gebrauchet. Sie erweichen, zertheilen, reinigen und wärmen mehr als der Weitzen, und bringen die Geschwäre zu ihrer Zeitigung und Reife. Das geröstete und warm übergeschlagene Mehl dienet in der Rose, Haupt Ohren: und Zahnschmerzen, und mindert das Zipperlein. Der Sauerteig zeitiget und öfnet die Geschwäre; er wird, die Hitze in Fiebern auszuziehen, unter die Fusohlen gebunden. Aeußerlich zertheilet er die Geschwulsten, und lindert die Schmerzen im Podagra und der Ruhr. Die Kleyen reinigen, erweichen und zertheilen. Das Brod pfleget man im Schmerzen, Schwachheit des Magens und Herzklopfen auszulegen, es stärket die Frucht, und zeitiget die Geschwulsten. Die geröstete Rinde giebt ein gut Zahnpulver. Das aus dem Brode destillirte Wasser curiret den Durchfall und die rothe Ruhr. Man hat auch mehr Präparata vom Korn, als da sind Aqua siliginis Offic. oder Rockenwasser, das Emplastrum de crusta panis, (Brodrindenpflaster)

ſtet) ſo im Erbrechen und ſchwachen Magen zuträglich, den flüchtigen Spiritum, und das rothe Oel.

Secum tridactylites tectorum, v. Alſine.

Securida, v. Hedyſarum *Lon.*

Securidaca altera, v. Hedyſarum, *Lon.*

Securidaca dumetorum maior flore vario ſiliquis articulatis, v. Hedyſarum.

Securidaca lutea maior, *C. Bauh.* v. Hedyſarum, *Lon.*

Securidaca lutea minor corniculis recuruis, v. Hedyſarum, *Lon.*

Securidaca maior, *Matth. Lob.* v. Hedyſarum, *Lon.*

Securidaca minor, v. Hedyſarum, *Lon.*

Securidaca montana, v. Hedyſarum, *Lon.*

Securidaca ſecunda, v. Hedyſarum, *Lon.*

Securidaca vera, v. Hedyſarum, *Lon.*

Securidacae alterum genus, v. Hedyſarum, *Lon.*

Securidacae ſimilis quaedam, v. Hedyſarum, *Lon.*

Sedi tertium genus, v. Sedum minus.

Sedoaire.

Eine Frucht auf der Inſul Madagaſcar.

Sedum, Barba *Jouis*, Semperuiuum, Vermicularis, Hauswurz, Donnerbar, Mauerpfeffer, Wunderbar. XXXV.

Sedum amarum *Columellae*, v. Aloë.

Sedum cancrinum, Hauslaub, v. Sedum.

Sedum foliis ſubrotundis, v. Saxifraga alba Chelidonides.

Sedum magnum, v. Sedum.

Sedum maius, v. Sedum.

Sedum maius arboreſcens, Baumſedum, gebaumte Hauswurz. III.

Sedum maius marinum, v. Aloë.

Sedum maius vulgare, Semperuiuum maius, Semperflorium, Jouis herba, Aizoon maius, Hauswurz, Hausloch, Donnerbart, Mauerpfeffer, Wunderbar. III.

Iſt kalt und trocken im andern, (kalt im dritten Grad) ſonſt feucht, hält an, verdicket, dienet in Gallenfiebern, Hitze und Durſt. Sonſt brauchet man auch dieſes Sedum äußerlich wider Entzündung der Kehle, und Raſerey in bösartigen Fiebern. Das hieraus deſtillirte Waſſer, und der Saft aus den Blättern ſind in gefährlichen Fiebern zuträglich.

Sedum minimum, v. Vermicularis.

Sedum minus alterum, v. Sedum minus.

Sedum minus femina, v. Sedum minus.

Sedum

Sedum minus haematodes, Blutrothe Hauswurzel. II.

Sedum minus luteum folio acuto, v. Sedum minus.

Sedum minus primum, v. Sedum minus.

Sedum minus quintum, v. Sedum minus.

Sedum minus Semperuiuum minus, Aizoum minus s. haematodes, luteum folio acuto, Mauerpfeffer. VII.

Ist zweyerley: denn ein anderes ist ohne Geschmack, welches kalt und trocken; das andere aber scharf, sehr hitzig und brennend.

Sedum minus tereti folio albo, v. Sedum minus.

Sedum minus tertium, v. Sedum minus.

Sedum minus tertium *Diosc.* v. Sedum minus.

Sedum paruum acre flore luteo, *J. Baub.* v. Vermicularis.

Sedum serratum *Jo. Baub. Chabr.* v. Vmbilicus Veneris alter, *Offic.*

Sedum tertium, *Diosc. Park.* v. Vermicularis.

Sedum vulgare, v. Sedum maius.

Segetalis, v. Machaeronium.

Segetalis maior, v. Equisetum.

Segetum, v. Caltha.

Segetum selaginis species altera, v. Pulmonaria arborea.

Selago, *Plin.* v. Camphorata, v. Abrotanum.

Selenogonon, v. Poeonia.

Seli, v. Seseli *Marsilioticum.*

Selinisia, v. Brassica.

Seliniris, v. Lunaria.

Selinoides, v. Polygonum.

Selinoides scissis foliis, v. Brassica.

Selinoides secundum, v. Rosmarinus.

Selinoides tenuifolia laciniata, v. Rosmarinus.

Selinum, v. Sium.

Selinum domesticum, v. Apium hortense.

Selinum hortense, v. Apium hortense.

Selinum montanum pumilum, v. Petroselinum montanum.

Selinum polyphyllum, v. Apium hortense.

Selinum tenuifolium, v. Apium hortense.

Selion, v. Apium.

Semen, v. Zea.

Semen absolute, v. Zea.

Semen adoreum, v. Zea dicoccos.

Semen *Alexandrinum*, v. Santonicum.

Semen *Canariense*, v. Phalaris.
Semen *Canariense Hispanorum*, v. Phalaris.
Semen Cinae, v. Santonicum.
Semen lumbricorum, v. Santonicum.
Semen Magaleppae, v. Macaleb.
Semen petraeum, v. Milium Solis.
Semen, quod ex *Oriente* adfertur, inter genera Cardamomi, v. Nigella.
Semen sanctum, v. Santonicum.
Semen Zedoariae, v. Santonicum.
Sementina, v. Santonicum.
Seminalis, v. Polygonum.
Semnon, v. Agnus castus.
Semperflorium, v. Sedum maius.
Semperuiuum maius, v. Sedum maius vulgare.
Semperuiuum maius alterum, v. Sedum maius vulgare.
Semperuiuum maius primum, v. Sedum maius vulgare.
Semperuiuum marinum, v Aloë.
Semperuiuum minimum, v. Vermicularis.
Semperuiuum minimum tertium, v. Vermicularis.
Semperuiuum minus, v. Sedum minus.
Semperuiuum minus album, v. Sedum minus.
Semperuiuum minus vermiculatum acre, *C. Bauh.* v. Vermicularis.
Semperuiuum primum, v. Sedum maius vulgare.
Semperuiuum tertium, v. Sedum minus.
Semperuiuum vulgare minimum, v. Sedum minus.
Sempsea, v. Sesamum.
Sena, v. Senna.
Senecio vel Senecium, ἠριγέρων, Herba pappa, Erigerum, Verbena femina, Creutzwurz, Grindkraut, Creutzkraut, (weil die Blätter ein Creutz präsentiren) Baldgreis, Grimmenkraut, (weil es das Grimmen im Leibe zu heilen gebrauchet wird) St. Jacobskraut. XI.

Dieses Kraut ist ziemlich bekannt, wächset an alten Mauren, fängt gleich im Anfange des Frühlings an hervor zu kommen, und grünet bis in Herbst, ist kalt, zertheilet, ziehet die Wunden zusammen, curiret die Gallenkrankheit, gelbe Sucht, das Brechen und Blutspeyen, Hüftenwehe, den weißen Fluß der Weiber, und tödtet die Würme. Aeußerlich dienet es in Entzündung der Brüste, grindichten Köpfen, Kröpfen,

Kröpfen, Schmerzen des Magens, verhaltenen Urin, Gichtbeschwerungen, Wunden und dergleichen. Man hat hiervon ein destillirtes Wasser. Das Kraut hängt man in dreytägigen Fiebern an.

Senecio hirsuta, v. Senecio.

Senecio incana, v. Senecio.

Senecio maior, v. Jacobaea.

Senecio minor, v. Senecio.

Senecio minor latiori folio, v. Senecio.

Senecio minor vulgaris, v. Senecio.

Senecio prima, v. Senecio.

Senecio secunda, v. Senecio.

Senecio tomentosa, v. Senecio.

Senecionis species *Dodonaei*, v. Senecio.

Senecium, v. Senecio.

Senecium canum, v. Senecio.

Senecium montanum, v. Senecio.

Seneka, die Wurzel eines Virginischen Krautes, das mit der Polygala überein kommt.

Senetio Carduus *Apulus*, v. Chondrilla.

Senna *Aegyptiaca*, v. Senna *Orientalis*.

Senna *Alexandrina*, v. Senna *Orientalis*.

Senna *Alexandrina*, siue foliis acutis, v. Senna *Orientalis*.

Senna altera, v. Senna spuria.

Senna communis et vilior, v. Senna spuria.

Senna foliis obtusis, v. Senna *Orientalis*.

Senna *Italica*, v. Senna spuria.

Senna *Orientalis*, *Occidentalis et Italica*, vel Senna *Gallica*, Sennetblätter, Sennetbaum. VIII.

Ist dreyerley, als (1) die Welsche oder Florentinische, Senna Italica; (2) die Narbonische, Senna Gallica; (3) die Deutsche, Senna Germanica. Sie ist warm und trocken im ersten Grad, purgiret und führet die verbrannten und wässerichten Feuchtigkeiten ab, die gelbe Galle, den Schleim aus dem Haupt, der Leber, dem Gehirn, Lunge, Gekrös, Milz und Gelenken. In denen Apothecken hat man einen Syrup, Latwerge, Extract und Tinctur. Die Senna verursachet Bläshungen, und lässet allezeit Verstopfungen zurück, v. Jo. Walaeus in Method. medendi p. 101. Ihre purgirende Kraft stecket in der gummösen Substanz, so mit einem Menstruo aqueo ausgezogen wird. Weil die Senna einen widerwärtigen

gen und Eckel erweckenden Geschmack bey sich führet, so ist derselbe mit Sale Tartari, oder Weinsteinsalz zu corrigiren.

Senna praestantissima, v. Senna *Orientalis*.

Senna forte Androsace altera media, v. Senna *Orientalis*.

Senna spuria, Bastartsenne. XV.

Senna *Syriaca*, v. Senna *Orientalis*.

Sennicula, v. Sanicula.

Senon, v. Sium.

Senonium, v. Sium.

Sensitiua herba, v. Herba sensitiua.

Sentis, v. Rubus vulgaris.

Septifolium, v. Tormentilla.

Ser montanum vulgo, v. Leuisticum.

Seraetta, v. Serratula.

Serapias, Palma *Christi*, Salep, Berghändlenswurzel. IX. Wächst in der Türkey. Man braucht hiervon die länglichte, weiße, durchsichtige, etwas eingebogene und gleichsam gerunzelte oder gefaltene Wurzel. Sie kömmt am Geschmack dem Tragant gleich, hat keinen scheinbarlichen Geruch, ist eine gute Herzstärkung, erreget die fleischlichen Lüste, verhütet das unrichtig gehen, und erleichtert die Geburt.

Serapias batrachites, v. Serapias, v. Triorchis.

Serapias candido flore montana, v. Serapias.

Serapias castratus, v. Serapias.

Serapias femina pratensis, v. Serapias.

Serapias minor, v. Serapias.

Serapias minor nitente flore, v. Serapias.

Serapias minor rubrae Gemmae, v. Serapias.

Serapias montana, v. Serapias.

Serapias montana folio leui, v. Serapias.

Serapias palustris altera leptophylla, v. Serapias.

Serapias palustris latifolia, v. Serapias.

Serapias secunda maior, v. Serapias.

Serapias tertia, v. Serapias.

Serjania, die Serjania aus Veracrux und Campeche. III.

Seriola, v. Endiuia.

Seriola alba, v. Endiuia.

Seriphium, v. Absinthium, v. Sophia Chirurgorum, v. Artemisia.

Seriphium, v. Absinthium, v. Sophia Chirurgorum.

Seriphium angustifolium, v. Artemisia.

Seriphium *Diosc.* v. Abrotanum femina.
Seriphium *Germanicum*, v. Sophia Chirurgorum.
Seriphium in *Belgicis* et *Anglicis* maritimis, v. Absinthium.
Seriphium latifolium marinum, v. Artemisia marina.
Seriphium maius, v. Absinthium marinum.
Seriphium verum *Penae et Lobelii*, v. Absinthium.
Seriphium vulgare, v. Absinthium.
Seris domestica, v. Endiuia.
Seris erratica, v. Cichorium siluestre, v. Endiuia.
Seris hiberna, v. Taraxacon.
Seris latifolia, *Diosc.* v. Endiuia.
Seris minor, v. Endiuia, v. Cichorium siluestre.
Seris picris, v. Cichorium.
Seris porcina, v. Hieracium.
Seris satiua, v. Cichorium satiuum, v. Endiuia.
Seris siluestris, v. Cichorium siluestre.
Seris somnifera, v. Taraxacon.
Seris vrinaria, v. Taraxacon.
Serium, v. Endiuia, v. Cichorium siluestre.
Serpentaria, v. Bistorta, v. Dracontium, v. Nummularia, *Offic.*
Serpentaria aquatilis mas, v. Dracunculus aquaticus.
Serpentaria colubrina, v. Dracontium.
Serpentaria Dracunculus maior verus, v. Dracontium, v. Dracunculus.
Serpentaria femina, v. Bistorta.
Serpentaria *Hispanica*, v. Scorzonera.
Serpentaria maior, v. Dracontium.
Serpentaria mas bistorta, v. Bistorta.
Serpentaria minor, v. Aron, v. Nummularia, *Offic.*
Serpentaria secunda, v. Ophioglossum vulgatum, *Offic.*
Serpentaria Virginiana, Viperina vel Viperaria Virginiana, Virginisch Schlangen- und Vipernwurz. III.

Das Kraut und die Wurzel kommen aus Neuengeland. Die Blätter präsentiren sich fast wie das Vincedoxicum, und wird das Kraut dieserwegen von einigen Indianischen Medicis auch Vincedoxicum genennet. Die Wurzel ist aromatisch, scharf, bitterlich, dringet durch, curirt das Wechselfieber, lange anhaltende Krankheiten, die Cacherie, den Biß giftiger Schlangen, Schlagflüsse und Schlafkrankheiten. Sie wird auch Asarum Virginianum genennet, dienet wider giftige Seuchen und den Stein. Aus dieser Wurzel ist eine Essenz zu bekommen.

Serpentina, wilder Krähenfus. IV.

Die Blätter curiren den Schlangenbiß, ingleichen alle Schmerzen des Halses und der Därme in kurzer Zeit, wenn man vom gestoßenen Kraut einen Löffel voll im Wein einnimmt. Der Samen aber hemmet den allzustarken Fortgang des Geblüts.

Serpentina minima, v. Serpentina.

Serpentina minor, v. Serpentina.

Serpentis lingua, v. Buphthalmum.

Serpillum, v. Serpillum vulgare.

Serpillum alterum citratum, v. Serpillum vulgare.

Serpillum citrum olens, v. Serpillum vulgare.

Serpillum *Creticum*, v. Serpillum vulgare.

Serpillum domesticum, v. Serpillum vulgare, v. Thymus vulgaris.

Serpillum foliis amaraci, v. Serpillum vulgare.

Serpillum foliis citri odore, v. Serpillum vulgare.

Serpillum folio Thymi, v. Thymus.

Serpillum hortense, v. Thymus vulgaris.

Serpillum maius flore candido, v. Serpillum vulgare.

Serpillum maius flore purpureo, v. Serpillum vulgare.

Serpillum *Narbonense* foliis et facie angustifolio Thymi, v. Thymus.

Serpillum *Pannonicum* primum, v. Serpillum vulgare.

Serpillum referens planta odore citri, v. Serpillum vulgare.

Serpillum repens, v. Serpillum vulgare.

Serpillum satiuum, v. Serpillum vulgare v. Thymus vulgaris.

Serpillum siluestre, v. Serpillum vulgare.

Serpillum siluestre alterum, v. Serpillum vulgare.

Serpillum siluestre primum citratum, v. Serpillum vulgare.

Serpillum siluestre Zygis, v. Serpillum vulgare.

Serpillum vulgare, ἑρπυλλος, Quendel, Künlein, Feldquendel, Hünerkohl, Wildpoley, Feldkümmel, unser Frauen Bettstroh. X.

Das Kraut und die Blumen sind warm und trocken im dritten Grad, verdünnen, eröfnen, dienen dem Haupt, der Mutter und Magen, treiben die Menses beym Frauenzimmer, den Urin, curiren den Blutspeichel und Krampf. Aeußerlich aber vertreiben sie das allzulange Wachen, Hauptweh und Schwindel. Man hat hiervon ein destillirtes Wasser.

Serpillum vulgare maius, v. Serpillum vulgare.

Serpillum vulgare minus, v. Serpillum vulgare.

Serra leguminosa, v. Serratula.
Serratula, v. Chamaedrys, v. Betonica.
Serratula, Flos tinctorius, Schartenkraut, Färberscharten. VI.
Zertheilet das geronnene Geblüt, reiniget die Geschwäre, heilet die Brüche und güldene Ader. Die Färber brauchen auch dieses Kraut zum färben.
Serratula tinctorum, v. Serratula.
Serreta, v. Serratula.
Sertula campana, v. Melilotum.
Sertula regia, v. Melilotum, v. Polygala.
Sertum amarum *Columellae*, v. Aloë.
Seruillum, Seruilla, v. Sisarum.
Sesama, v. Sesamum.
Sesamoides, v. Reseda.
Sesamoides, Chondrilla coerulea Cyani capitulis, Catanance flore luteo, latiore folio, T. B. I. A. Sesamoidenkraut. IV.
Sesamoides alterum, v. Reseda.
Sesamoides magnum, v. Reseda.
Sesamoides magnum *Salmanticum*, v. Sesamoides.
Sesamoides maius multorum, v. Sesamoides.
Sesamoides *Matth. Clus. Scalig.* v. Sesamoides.
Sesamoides paruum *Matth.* v. Sesamoides.
Sesamoides paruum *Salmanticum*, v. Sesamoides.
Sesamoides primum, v. Reseda.
Sesamoides *Salmaticum*, v. Sesamoides.
Sesamum, v. Myagrum.
Sesamum, Leindotter, Flachsdotter, Dotter, kleiner Leindotter. III.
Ist mäßig, warm und feucht, (bey andern temperirt im warmen im ersten Grad und trocken), erweichet, stillet die Schmerzen, wird in Verhärtung der Nerven und der Colica zu Pflastern gebrauchet. Das ausgepreßte Oel reifet, zeitiget, curirt allerhand Beschwerungen der Lunge, Husten, Rauhigkeit, Seitenstechen, macht einen corpulenten und fetten Leib, und vermehret den Samen. Aeußerlich aber dienet es in Verhärtung der Nerven, Schmerzen der Ohren, und um sich fressenden auch bösartigen Geschwären. v. qq. Myagrum.
Sesamum verum, v. Sesamum.
Sesarum, v. Sisarum.
Seseli, v. Cuminum.

Seseli, *Plin.* Σέσελι, *Hipp.* Cordyla, Silis, Saxifraga montana, Siler montanum, Sessel, Roßkümmel, Zirmet. XI.

Seseli *Aethiopicum*, v. Laserpitium, v. Leuisticum, v. Rosmarinus.

Seseli *Aethiopicum* album, v. Laserpitium, v. Leuisticum.

Seseli *Aethiopicum Diosc.* v. Perfoliata.

Seseli *Aethiopicum* salicis foliis, v. Laserpitium, v. Leuisticum.

Seseli *Aethiopicum* verum, v. Laserpitium, v. Leuisticum.

Seseli *Candiacum*, v. Seseli *Creticum*.

Seseli *Cilicium*. v. Seseli *Creticum*.

Seseli *Creticum*, *Fuchs.* v. Meum.

Seseli *Creticum* maius, v. Seseli *Creticum*.

Seseli *Creticum* minus, Τορδύλιον, Pimpinella Romana, Cretischer Seseli, Beerwur, Candischer Sesel. IV.

Der Samen ist warm und trocken im andern Grad, treibet den Stein, dienet der Mutter und Lunge, zertheilet die Schmerzen, befördert die Monatzeit, curirt Flüsse, den schmerzhaften Fortgang des Urins, und Verhaltung des Harns.

Seseli *Italicum* v. Leuisticum.

Seseli *Marsilioticum*, Siler montanum, Sesel, Marsilische Sesel, Roßkümmel, Zirmet, Silermontan. IV.

Die Wurzel und Samen sind warm und trocken im dritten Grad, dringen durch, eröfnen, zertheilen, dienen in Verstopfungen des Hauptes und bösen Wesen, stärken das Gesicht, curiren Krampf, Flüsse, Beschwerungen der Lunge und der Brust, den Husten, Verstopfung der Leber, die Wassersucht, Rohigkeit und Aufblähung des Magens, ingleichen den Blasen- und Nierenstein. Sie werden als ein sonderliches Mittel, des Cicutae ihre giftige Wirkung zu verhindern, vorgeschlagen. Aeußerlich aber dienen sie wider den Krampf und Contracturen, zertheilen die geronnene Milch in Brüsten, auch die Verstopfungen und Unreinigkeiten der Mutter.

Seseli *Massilioticum*, v. Chaerefolium.

Seseli *Massilioticum* alterum, v. Seseli *Marsilioticum*.

Seseli *Massilioticum* Dauci *Cretici* facie, v. Seseli *Marsilioticum*.

Seseli *Massilioticum* ferulae facie, v. Seseli *Marsilioticum*.

Seseli *Massilioticum* foeniculi folio, v. Sesel. *Marsilioticum*.

Seseli *Massilioticum* foeniculi folio crasso, v. Seseli *Marsilioticum*.

Seseli montanum primum, v. Seseli *Marsilioticum*.

Seseli, λιγυστικον verum, Silermontanum, Sessel, Bergsessel. II.

Der Samen, so warm und trocken, treibet den Monatgang, den Urin, und zertheilet die Winde.

Seseli, quod vulgo Sizer montanum, v. Leuisticum.

Seseli *Pannonicum*, v. Rosmarinus.

Seseli *Peloponnesiacum*, v. Chaerefolium, v. Seseli *Creticum*, v. Rosmarinus, v. Cicuta.

Seseli *Peloponnesiacum* folio Cicutae, v. Cicuta, v. Turbith.

Seseli *Peloponnesiacum* maius, v. Turbith.

Seseli *Peloponnesiacum*, vt putatur, v. Turbith.

Seseli pratense, v. Silaum.

Seseli secundum, v. Rosmarinus.

Seselinum, v. Seseli, *Plin*.

Seselios, v. Seseli *Plin*.

Seselis, v. Seseli *Plin*.

Seselium, v. Seseli *Plin*.

Sethis, v. Dracunculus hortensis.

Setis erraticum, v. Cichorium siluestre, v. Endiuia siluestris.

Seua.

Ist eine Staude in Madagascar, deren Blätter oben dunkelgrün, unten weis und wollicht, und von der Grösse der Mandelblätter sind. Sie haben eine zusammenziehende Kraft, welche sie wider den Durchlauf heilsam machet.

Seutlon, v. Beta rubra.

Sferra cauallo, v. Hedysarum.

Sferra cauallo siluestris *Germanica*, v. Hedysarum.

Sherardia, die Scherardia. XIII.

Shrebe *Salmantica*, v. Cyanus.

Siberiae anisum, v. Anisum stellatum.

Sicelioticum, v. Psyllum.

Sicelium, v. Psyllum.

Siciliana. v. Androsaemum maximum frutescens.

Sicla, v. Beta.

Sicula, v. Beta agrestis.

Sicyoides, die Gurke mit einzeln Samen, wilde Momordica. II.

Sicyonia, v. Colocynthis vera.

Sideris, v. Sideritis.

Sideritis alia in vineis flore purpureo, v. Alysson.

Side-

Sideritis *Alpina* Hyssopi folio, v. Sideritis *Offic.*
Sideritis altera *Diosc.* v. Sideritis *Offic.* v. Scrophularia.
Sideritis *Anglica* strumosa radice, v. Panax Coloni.
Sideritis angustifolia, v. Ladanum segetum, v. Sideritis *Offic.*
Sideritis aruensis angustifolia rubra, v. Ladanum segetum, v. Alysson.
Sideritis aruensis flore pallido, v. Ladanum segetum, v. Alysson.
Sideritis aruensis flore rubro, v. Ladanum segetum, v. Alysson.
Sideritis aruensis latifolia glabra, v. Ladanum segetum, v. Alysson.
Sideritis consola flecifolia, v. Sideritis *Offic.*
Sideritis *Cratevae*, v. Geranium.
Sideritis ferruminatrix, v. Sideritis *Offic.*
Sideritis foliis hirsutis profunde crenatis, v. Sideritis *Offic.*
Sideritis *Heraclea*, *Cord.* v. Sideritis *Offic.*
Sideritis *Heraclea* altera, v. Sideritis *Offic.*
Sideritis *Heraclea Diosc.* v. Sideritis *Offic.*
Sideritis *Heraclea* prima, v. Sideritis *Offic.*
Sideritis *Heracleae* species, v. Horminum.
Sideritis herbariorum, v. Sideritis *Offic.*
Sideritis herbariorum prima, v. Sideritis *Offic.*
Sideritis herbariorum quarta, v. Sideritis *Offic.*
Sideritis herbariorum tertia, v. Sideritis *Offic.*
Sideritis hirsuta procumbens, v. Sideritis *Offic.*
Sideritis lutea, v. Sideritis *Offic.*
Sideritis maior, v. Sanguisorba maior.
Sideritis *Mompeliaca*, v. Sideritis *Offic.*
Sideritis montana, v. Sideritis *Offic.*
Sideritis μυριόφυλλον, v. Millefolium.
Sideritis *Narbonensis* purpurea, v. Sideritis *Offic.*
Sideritis *Offic.* Sideritis vulgaris, Ferruminatrix, Sideritis Heraclea *Cord.* Tetrahit *Lugd.* Sideritis vulgaris, Gliedkraut, Wundkraut. XV.

Das Kraut reiniget, hält an, ist innerlich und äußerlich ein gutes Wundkraut, heilet die Brüche und allerley Krankheiten, so von Zauberey entstehen.

Sideritis perperam *Italorum*, v. Artemisia.
Sideritis *Plin.* latissimo folio, v. Pulmonaria.
Sideritis pratensis lutea, v. Euphragia.

Side-

Sideritis prima, v. Scrophularia.
Sideritis prima aruensis species altera, v. Alysson.
Sideritis prima grauis odoris, v. Stachys.
Sideritis rubra, v. Ladanum segetum.
Sideritis secunda, v. Sanguisorba, v. Scrophularia, v. Sideritis *Offic.*
Sideritis septima, v. Sideritis *Offic.*
Sideritis tertia, v. Artemisia, v. Geranium, v. Scrophularia.
Sideritis vulgaris, v. Sideritis *Offic.*
Sideritis vulgaris hirsuta erecta, v. Sideritis *Offic.*
Sidium, v. Granata.
Sigillum *B. Mariae*, v. Damasonium *Alpinum*, v. Polypodium.
Sigillum *B. Mariae* tertium, v. Helleborine.
Sigillum *Salomonis*, v. Polygonatum, v. Helleborine.
Sigillum *Salomonis* angustifolium, v. Polygonatum.
Sigillum *Veneris*, v. Paris.
Sil, v. Seseli *Marsilioticum.*
Silago, v. Coronopus.
Silaum, Rattensteinbrech. IV.
Silaus *Plin.* v. Cicuta.
Siler alterum pratense, v. Foeniculum.
Siler aquaticum, v. Seseli *Marsilioticum.*
Siler montanum, v. Seseli *Marsilioticum*, v. Leuisticum.
Siler montanum *Offic.* v. Seseli *Marsilioticum.*
Siler, *Plinii*, v. Mezereum.
Silesium, v. Seseli *Marsilioticum.*
Sili, v. Seseli *Marsilioticum.*
Silibum, v. Carduus *Mariae.*
Silicia, *Plin.* v. Foenum *Graecum.*
Silicula *Varronis*, v. Foenum *Graecum.*
Siligo, v. Secale, v. Triticum, v. Zea.
Siligo spica mutica, v. Triticum.
Silion, v. Sium.
Siliqua, eine Schote oder Schlaue.
Ist ein länglichter Ueberzug oder Schale, in welcher die Körner und Samen eingeschlossen sind, als Bohnen, Erbsen, Pöonien.
Siliqua *Aegyptiaca*, v. Cassia solutiua.
Siliqua *Arabica*, v. Tamarindus.
Siliqua arbor, v. Siliqua dulcis.
Siliqua *Columell.* v. Foenum *Graecum.*
Siliqua dulcis, κεράτια, ξυλοκεράτια *Ammanno*, oder viel-

mehr

mehr ξυλοκέρατα, Ceratonia, Carnub vel Karnub, Johannisbrod, Schotenbaum, Bockshörnlein. II.

Kömmt von einem Egyptischen Baum. Die Frucht ist temperirt im warmen und feucht, trocken, hält an, dienet im Sood, Husten, Mangel des Appetits, Brennen des Urins, Flüssen und Steinbeschwerungen. In denen Apothecken hat man den Syrup aus diesen Schoten. Es wächset dieser Baum auch in Napoli, Apulien, Candien, Cypern.

Siliqua edulis, v. Siliqua dulcis.

Siliqua fatua, v. Siliquastrum.

Siliqua *Indica*, *Cord.* v. Cassia fistula.

Siliqua *Indica* veterum, v. Cassia fistula.

Siliqua purgatrix *Arabum*, v. Cassia fistula.

Siliqua silvestris, v. Siliquastrum.

Siliqua silvestris rotundifolia, v. Cercis.

Siliquastrum *Trag. Tab.* Piper Indicum *Matth.* vulgatissimum *C. Bauh.* Piper Calecuticum *Gesn.* Americanum vulgatius, Capsicum Brasilianum *Clus.* breuioribus siliquis *Lob.* Piper Indicum cerasis surrectis cerasi forma *C. Bauh.* Piper Brasilianum. Indianisch- oder Calecutischer Pfeffer, Brasilienpfeffer, runder Indianischer-Pfeffer, Schotenpfeffer. XIV.

Soll in der Wassersucht gut thun, äusserlich aber die Flecken der Haut vertreiben, und harte Schwulsten resolviren. Die Arten des Westindischen Pfeffers beschreibet der P. Gregorius de Reggio.

Siliquastrum maius et minus, v. Siliquastrum.

Siliquastrum rotundum, v. Siliquastrum.

Siliquastrum rotundum angustifolium, v. Siliquastrum.

Silis, v. Seseli *Plin.*

Silphion *Cyrenaicum*, v. Laserpitium, *C. Bauh.*

Silphion, *Diosc. et Theophr.* v. Laserpitium *C. Bauh.*

Silphion *Europaeum*, v. Leuisticum.

Silphion *Theophr.* v. Leuisticum.

Siluae mater, v. Caprifolium *Brunf. et Offic.*

Silybum, v. Anacardium, v. Acanthium, v. Carduus *Mariae.*

Simaruba, v. Schakarilla.

Simkā, v. Armoracia, s. Raphanus silvestris.

Simpla nobla, v. Bupleurum.

Sina, v. Santonicum.

Sinapi agreste, v. Armoracia, v. Barbarea *Dod.*

Sinapi

Sinapi agreste apii, aut potius laueris folio, v. Eruca.
Sinapi agreste quartum, v. Rapistrum,
Sinapi agreste tertium, v. Rapistrum, v. Armoracia.
Sinapi album, v. Eruca.
Sinapi alterum genus, v. Eruca, v. Erysimum.
Sinapi alterum *Plinii*, v. Sinapi hortense.
Sinapi apii folio, v. Eruca.
Sinapi *Diosc. et Theophr.* v. Sinapi hortense.
Sinapi Erucae folio, v. Eruca.
Sinapi gracile, v. Eruca.
Sinapi *Graecum* maritimum *Tournef.* v. Eruca.
Sinapi hortense, Gartensenf. III.

Der Samen ist warm und trocken im vierten Grad, pfleget wegen seiner großen Schärfe den Augen zu schaden, hat eine große Menge flüchtiges Salz bey sich, und einen sehr scharfen und beißenden Geschmack, giebt eine gute Tätsche zum Gebratnen. Die Italiäner nennen sie Mostarda, und verfertigen dergleichen mit Most und Wein. Es dienet der Senf in allerhand kalten Beschwerungen der Nerven, dringet durch, verdünnet, ziehet an sich, machet rothe Haut, erwecket den Appetit, giebt einen guten Chylum, wird in Milzbeschwerungen, dem viertägigen Fieber, so von einem Tartarischen Schleim entstehet, alltägigen Fieber und Stein verordnet. Er reiniget das Haupt, curiret die Schlafsucht, den Schlag, Lähmung, Fieber, Scorbut, das männliche Unvermögen, die Cacherie, machet Lust zu fleischlichen Werken, und treibet den Urin. Das ausgepreßte Senföl ist äußerlich in der Lähmung zuträglich. Sonst thut auch der Senf äußerlich in Blasen ziehenden Mitteln gut; das innerliche fleischichte Wesen hiervon eröfnet die zeitigen Geschwäre, und machet Niesen; das Oel kan in Beschwerungen der Nerven gebrauchet werden. Sonst verfertiget Ettmüller mit lebendigem Kalk einen Spiritum, so im Schlage und der Gicht gut thut.

Sinapi luteum satiuum alterum, v. Eruca.
Sinapi octauum. v. Eruca.
Sinapi *Persicum*, v. Bulbonach, v. Raphanus rusticanus.
Sinapi primum, v. Eruca, v. Sinapi hortense.
Sinapi pumilum *Alpinum*, v. Cardamine.
Sinapi rapi folio, v. Sinapi hortense.
Sinapi satiuum, v. Eruca.
Sinapi satiuum alterum, v. Eruca.

Sinapi satiuum Erucae, v. Eruca.
Sinapi satiuum prius, v. Sinapi hortense.
Sinapi septimum, v. Erysimon.
Sinapi siluestre, wilder Senf. IV.
Sinapi siluestre luteum, v. Eruca.
Sinapi siluestre minus bursae pastoris folio, v. Eruca.
Sinapi siluestris species, v. Erysimon.
Sinapistrum, Winterkresse. St. Barbenkraut, Gartenrapunzel. III.

Wächset auf Mauern, Dämmen, und bey denen Bächen, blühet im May und Junio. Das Kraut und der Samen kömmt an Kräften mit der Kresse überein.

Sindrie Mal.

Ist eine Blume in Ceylon. Sie öfnet sich um 4 Uhr Nachmittags, und bleibet bis an den Morgen offen. Sie schliesset sich darauf wieder, und öfnet sich nicht eher, als um 4 Uhr. Sie ist eine Art von Stundenzeiger, welcher in Abwesenheit der Sonne denen Einwohnern dienet, die Stunden anzugeben. Rob. Kox.

Sinensia poma, v. Poma *Sinensia*.
Singadi, v. Chamaerrhododendros.
Singofau.

Ist ein grosses Blat, drey Hände breit lang, und vier Finger dicke und breit. Es kommt aus einer Pflanze in Madagascar, und hängt sich an den Stamm derer Bäume. Die Schwarzen zermalmen diese Blätter, nachdem sie solche an dem Feuer erwärmet haben, und reiben sich die Augen damit, um ein heller Gesichte zu bekommen.

Sinhahoric.

Ist ein Kraut in Madagascar, welches dem Argemoni sowol an Gestalt, als an Kraft gleich kommt.

Sinon, v. Sium.
Sinon *Hippocr.* v. Cicuta.
Sinonum, v. Sium.
Sion alterum, *Dod.* v. Cicuta.
Sion aquaticum, v. Nasturtium aquaticum.
Sion *Crateuae* Erucae folio, v. Nasturtium aquaticum.
Sion non odoratum primum, v. Beccabunga.
Sion odoratum, v. Sium.
Sion siue Apium palustre foliis oblongis, v. Sium aquaticum.
Siphonium, v. Auena, v. Aegilops *Plin.*

Sipho-

Sipo, v. Terebinthus pistaciae fructu, non edili, *Plum.*

Sira manghits.

Ist ein Baum in Madagascar, dessen Blätter und Holz einen angenehmen Geruch geben, welcher dem von weissen Sandel und Sandelcitrin gleichet. Es ist ein vortrefliches Hülfsmittel wider das Herzdrücken, und die Lunge und edlen Theile zu stärken; die Rinde hat einen Würznelkengeruch, und treibt ein gelbes Harz.

Sirium, v. Artemisia.

Sisar, v. Sisarum.

Sisarum, Siser, Rapunculus hortensis, Secacul, Girlein, Görlein, Gurgele, Klingelmörer, Klingelrüben, Gritzelmören, Gartenrapunzel, Zuckermörlein, Zuckerrüblein, Zuckerwurz, zahme Gartenrapunzel. II.

Die Wurzel ist warm im andern Grad und feucht, eröfnet, hält ein wenig an, dienet dem Magen, machet Appetit zum Essen, reitzet zum Beyschlaf, treibet Urin, den Stein, und giebt gute Nahrung. Es soll diese Wurzel vornemlich wider beygebracht Quecksilber gut thun.

Sisarum *Germanicum*, v. Sisarum.

Sisarum *Peruuianum*, v. Battata *Hispanorum*.

Sisarum satiuum magnum, v. Pastinaca domestica.

Sisarum *Syriacum*, v. Secacul.

Siser, v. Sisarum, v. Pastinaca domestica.

Siser alterum *Matth.* v. Pastinaca domestica.

Siser alterum radice albicante, v. Pastinaca domestica.

Siser, *Diosc.* v. Pastinaca domestica.

Siser montanum, v. Ninsing radix.

Siser palustre, v. Filipendula.

Siser satiuum, v. Sisarum.

Siser satiuum minus, v. Sisarum.

Siser siluestre, v. Pastinaca siluestris.

Sisitiepteris, v. Sideritis.

Sison, v. Sium.

Sistra, v. Meum, v. Valeriana minor.

Sisymbria Mentha, v. Balsamina agrestis, *Trag.*

Sisymbrii secundi altera species, v. Mentha acuta.

Sisymbrium agreste aquaticum, v. Calamintha agrestis.

Sisymbrium alterum, v. Nasturtium aquaticum, v. Iberis.

Sisymbrium alterum *Diosc.* v. Cardamine.

Sisymbrium aquaticum primum, v. Nasturtium aquaticum, v. Iberis.

Sisymbrium aquaticum secundum, v. Nasturtium aquaticum, v. Iberis.

Sisymbrium Balsamita, rothe Bachmünze, Brunnenkresse. X. Das destillirte Wasser hiervon curiret Engbrüstigkeit und Verstopfungen der Lunge. Sonst kömmt das Kraut mit der andern Münze überein.

Sisymbrium Cardamine, v. Cardamine.

Sisymbrium Cardamine, lauer, v. Nasturtium aquaticum.

Sisymbrium *Dod.* v. Balsamina agrestis, *Trag.*

Sisymbrium hortense, v. Mentha acuta.

Sisymbrium maius, v. Nasturtium aquaticum.

Sisymbrium mentha, v. Calamintha agrestis.

Sisymbrium primum, v. Calamintha agrestis.

Sisymbrium satiuum, v. Mentha acuta.

Sisymbrium siluestre, v. Calamintha agrestis, v. Raphanus rusticanus.

Sisymbrium tertium, v. Nasturtium aquaticum.

Sisyrhingium minus, v. Sisyrhingium, *Offic.*

Sisyrhingium minus angustifolium, *C. Baub.* v. Sisyrhingium, *Offic.*

Sisyrhingium *Offic.* minus angustifolium *C. Baub.* Crocus Italus paruo flore radice rostrata, Bulbocodium, Crocifolium flore paruo violaceo, Spanische Nuß, klein Sisyrhingium, Feldzwiebel IX.

Sju, Sjin, v. Ninzin.

Sii primum genus, quod lauer, v. Nasturtium aquaticum.

Sium, v. Iberis *Fuchs.* v. Nasturtium aquaticum, v. Beccabunga.

Sium alterum, *Dod.* v. Cicuta.

Sium alterum Elusatri facie, v. Nasturtium aquaticum.

Sium aquaticum, v. Beccabunga.

Sium bituminosum, v. Nasturtium aquaticum.

Sium *Crateruae*, v. Nasturtium aquaticum.

Sium Erucae folio, v. Nasturtium aquaticum.

Sium *Galeni*, v. Nasturtium aquaticum.

Sium latifolium, v. Nasturtium aquaticum.

Sium maius, v. Nasturtium aquaticum.

Sium maius angustifolium, v. Nasturtium aquaticum.

Sium maius *Crateruae*, v. Nasturtium aquaticum.

Sium maius latifolium, v. Nasturtium aquaticum.
Sium medium, v. Nasturtium aquaticum.
Sium odoratum, v. Nasturtium aquaticum.
Sium primum minus, v. Nasturtium aquaticum.
Sium verum, v. Nasturtium aquaticum.
Skorodon, v. Allium.
Smilax, Hedera Cilicia, *Gaz.* Hedera spinosa, Rubus ceruinus, stechende Winde. XX.
Smilax arbor, v. Taxus.
Smilax *Arcadum* glandifera, v. Ilex arborea.
Smilax aspera altera, facie salsaparillae, aut congener, v. Smilax aspera nostra.
Smilax aspera fructu nigro, v. Smilax aspera nostra.
Smilax aspera fructu rubente, v. Smilax aspera nostra.
Smilax aspera in Zazyntho, v. Salsaparilla.
Smilax aspera *Lusitanica*, v. Smilax aspera nostra.
Smilax aspera minus spinosa, fructu nigro, v. Smilax aspera nostra.
Smilax aspera nostra, scharfe, oder stechende Winde. VI. Dienet wider Gift und Carbunkel.
Smilax aspera *Peruuiana*, v. Salsaparilla.
Smilax aspera prima, v. Smilax aspera nostra.
Smilax aspera secunda *Lusitanica*, v. Smilax aspera nostra.
Smilax aspera tertia, v. Smilax aspera nostra.
Smilax aspera vera, v. Smilax aspera nostra.
Smilax coerulea, v. Smilax leuis.
Smilax hortensis, v. Faba.
Smilax leuis, v. Faba.
Smilax leuis, conuoluulus maior, grosse und weisse Winde, Zaunglocken. V.
Wächset an Zäunen und in Gärten. Die Wurzel purgiret die scharfen und gallichten Säfte.
Smilax leuis maior, v. Smilax leuis.
Smilax leuis minor, v. Smilax leuis.
Smilax *Peruuiana*, v. Salsaparilla.
Smilax satiua, v. Faba.
Smilax *Theophr.* v. Ilex arborea.
Smilax vnifolia humillima, v. Vnifolium.
Smilax volubilis aspera, v. Smilax aspera nostra.
Smorodina Russorum, v. Ribes nigra.

Smyrnium, v. Angelica, v. Leristicum, v. Imperatoria, v. Hipposelinum.

Smyrnium *Candiacum*, v. Hipposelinum.

Smyrnium Cordi, v. Angelica sativa.

Smyrnium *Creticum*, v. Hipposelinum.

Smyrnium *Diosc.* v. Hipposelinum.

Smyrnium *Galeni*, v. Hipposelinum.

Smyrnium *Galeni*, *Aetii* et *Apuleji*, v. Hipposelinum.

Smyrnium holeraceum, v. Hipposelinum.

Smyrnium hortense, v. Imperatoria.

Smyrnium peregrinum folio rotundo, v. Hipposelinum.

Smyrnium verum, v. Hipposelinum.

Smyrriza, v. Myrrhis.

Soasumach.

Ist ein Baum in Madagascar, dessen Korn dem [illegible] gleichet.

Sol *Indicus*, v. Corona solis.

Solamen scabiosorum, v. Fumaria.

Solanifolia, v. Dulcis amara, *Trag.*

Solanoides, Bastartnachtschatten. VI.

Solanum *Americanum*, v. Solanum *Offic.*

Solanum arborescens, v. Solanum *Offic.*

Solanum bacca nigra ceraso simile, v. Mandragora *Theophr.*

Solanum foetidum pomo spinoso oblongo, Stramonea altera maior, Stramonium maius album, Stechäpfel, Dornäpfel. II.

Wird in Gärten gezeuget, blühet im Junio. Die Frucht wird selten gebrauchet. Der Samen erwecket Schlaf, und wird von einigen vor Metel gehalten, v. Metel.

Solanum fruticosum, v. Solanum *Offic.*

Solanum fruticosum bacciferum, v. Solanum *Offic.*

Solanum furiosum vel manicum, Solanum silvaticum vel silvestre, Strychnon manicum, Bella donna, Nachtschatten mit schwarzen Kirschen, Waldnachtschatten, tödtlicher Nachtschatten, Wolfsbeer, Windbeer, schöne Frau. IV.

Hiervon hat I. M. Faber, einen curieusen Tractat geschrieben, welcher meritiret durchgelesen zu werden. Es ist dieses Solanum so ein giftiges Kraut, daß, wer hiervon die Beeren isset, den Gebrauch seiner Sinnen verliehret, rasend und toll, vor einen Besessenen gehalten wird, dergleichen Patienten pfleget man mit Weine zu curiren, v. Anton. le Grand in Comp. phys. p. m. 76.

Solanum glycypricon, v. Dulcis amara.
Solanum hortense, v. Mala insana.
Solanum hortense halicacabum, v. Alkekengi.
Solanum hortense nigrum, v. Mandragora *Theophr.*
Solanum lethale, *Dod*, v. Mandragora *Theophr.* v. Solanum furiosum.
Solanum maius, v. Mandragora *Theophr.* v. Solanum furiosum.
Solanum maius somniferum, v. Mandragora *Theophr.* v. Solanum furiosum.
Solanum manicum, v. Solanum furiosum.
Solanum melanocerason, v. Mandragora *Theophr.*
Solanum *Mexicanum* flore magno, v. Mandragora *Theophr.*
Solanum nigrum, v. Mandragora *Theophr.*
Solanum I. *Offic.* Solatrum, Στρύχνος, Nachtschatten, Saukraut, v. Solanum, *Offic.*
Solanum *Offic*, nigrum, Nachtschatten, Saukraut. XXXIII. Wird in Gärten, an den Zäunen, alten Mauern und an den Wegen angetroffen. Das Kraut und die Beeren sind kalt im dritten, und feucht im andern Grad, (sonst temperirt) curiren äußerlich die febrilische Hitze, Kopfweh, Rothlauf, um sich fressende und fliessende Schäden, das Ohrgeschwür und den Krebs an der Mutter. Das hiervon destillirte Wasser giebt eine gute Schminke ab.
Solanum peregrinum, v. Alkekengi, v. Pisum vesicarium.
Solanum pomiferum, v. Malus insana.
Solanum pomiferum fructu oblongo, v. Mala insana.
Solanum pomiferum fructu rotundo striato duro, v. Solanum *Offic.*
Solanum pomiferum fructu rotundo striato molli, v. Lycopersicon.
Solanum pomo spinoso rotundo longo flore, v. Solanum foetidum.
Solanum quadrifolium bacciferum, v. Paris herba.
Solanum quartum, v. Chenopodium.
Solanum racemosum, v. Phytolacca, v. Amaranthus baccifer.
Solanum satiuum primum, v. Solanum *Offic.*
Solanum scandens, v. Dulcamara.
Solanum secundum pomiferum, v. Solanum *Offic.*
Solanum silvestre, v. Solanum furiosum.

Solanum somniferum, *Lob.* v. Mandragora *Theophr.* v. Nux metella.

Solanum somniferum verticillatum, v. Mandragora *Theophr.*

Solanum spinosum, v. Solanum foetidum.

Solanum tetraphyllon, v. Paris herba.

Solanum tuberosum esculentum, Tartuffeln, v. Battata *Hispanorum.*

Solanum vesicarium, v. Alkekengi.

Solaria, v. Ros solis.

Solatrum, v. Solanum nigrum, v. Sideritis.

Solatrum minus, v. Solanum nigrum.

Solatrum rubrum, v. Dulcamara.

Solatrum vulgare, v. Solanum nigrum.

Solbastrella minor, v. Sanguisorba.

Solbastrella montana, v. Sanguisorba.

Soldana, v. Soldanella.

Soldanella, Brassica marina, Soldana, Meerwinde. VI.
Wächset in Italien, Frankreich und an Seegestaden ꝛc. Sie ist warm und trocken im dritten Grad, führet das Wasser ab, dienet in der Wassersucht und Scorbut. Man hat hiervon einen dick eingekochten Saft.

Soldanella marina, v. Soldanella.

Solea equina, v. Ferrum equinum.

Solidago, v. Buphthalmus, v. Symphitum.

Solidago Buphthalmica, v. Buphthalmus.

Solidago Consolidae species, v. Bellis coerulea, v. Globularia *Monspeliensium.*

Solidago minima *Offic.* v. Bellis minor, *Matth.* et *Offic.*

Solidago *Saracenica*, v. Virga aurea, v. Symphitum.

Solidago *Saracenica* tertia, *Trag.* v. Conizae affinis *Germanica, C. Bauh.*

Solidago serrata, v. Virga aurea, *Offic.*

Solis flos, *Dod.* v. Hyssopus campestris.

Solis oculus, v. Matricaria.

Solis seculum, v. Cotula foetida *Brunf.*

Solis sponsa, v. Caltha, v. Ros solis.

Solsequium, solisequia, v. Heliotropium maius, v. Cichorium.

Solsequium coeruleum, v. Cichorium silvestre.

Solstitialis linea. v. Acanthium.

Sonaber, v. Pinea.

Sonchi genus tertia crispa, v. Sonchus levis, *Matth. Dod.*

Sonchis affinis, v. Sonchus leuis.
Sonchitis, v. Cichorium siluestre.
Sonchorichorium, v. Sonchus leuis.
Sonchus; Olus leporinum, Palatium leporis, Olus anserinum, Carduus anserinus, leporis pabulum, Lactero, Cicerbita, Crespine, Sonchenkraut, Gänsedistel, Hasenkohl. XXI.
Sonchus albus, v. Sonchus leuis.
Sonchus *Alpinus* coeruleus, v. Sonchus leuis.
Sonchus alter flore luteo, *Tab.* v. Sonchus leuis.
Sonchus alter folio profundis laciniis sinuato hederaceo, v. Sonchus leuis.
Sonchus arborescens puniceo flore, v. Rosmarinus.
Sonchus arborescens septimus, v. Sonchus leuis.
Sonchus asper *Matth.* v. Sonchus spinosus vulgatior.
Sonchus asper laciniatus et non laciniatus, v. Sonchus spinosus vulgatior.
Sonchus asper minimus, v. Sonchus spinosus vulgatior.
Sonchus asper primus, v. Sonchus spinosus vulgatior.
Sonchus coeruleus, v. Sonchus leuis.
Sonchus esculentus, v. Sonchus leuis.
Sonchus in collibus vmbrosis, v. Sonchus leuis.
Sonchus laciniatus et non laciniatus, *C. Bauh.* v. Sonchus spinosus vulgatior, *Matth.*
Sonchus laciniatus latifolius, *C. Bauh.* v. Sonchus leuis, *Matth. Dod.*
Sonchus lenis, v. Sonchus leuis, *Matth. Dod.*
Sonchus leuis *Matth. Dod.* Endiuia siluestris *Lon.* Lactuca leporina *Apulei.* Sonchus alter flore luteo et tertius flore niueo *Tab.* laciniatus latifolius *C. Bauh.* leuis vulgaris foliis laciniatis dentis leonis *Lob.* glatt Sonchenkraut, Hasenkohl. X.
Sonchus leuis alter, v. Sonchus leuis.
Sonchus leuis alter flore luteo, v. Sonchus leuis.
Sonchus leuis alter flore luteo quartus, v. Sonchus leuis.
Sonchus leuis altissimus, v. Sonchus leuis.
Sonchus leuis angustifolius, v. Sonchus leuis.
Sonchus leuis angustifolius secundus, v. Sonchus leuis.
Sonchus leuis flore coeruleo, v. Sonchus leuis.
Sonchus leuis laciniatis foliis, v. Sonchus leuis.
Sonchus leuis laciniatus latifolius, v. Sonchus leuis.

Sonchus leuis laciniatus muralis parua flore, v. Sonchus leuis.
Sonchus leuis latifolius, v. Sonchus leuis *Matth. Dod.*
Sonchus leuis latifolius tertius, v. Sonchus leuis *Matth. Dod.*
Sonchus leuis *Matth.* v. Sonchus leuis.
Sonchus leuis minor paucioribus laciniis, v. Sonchus leuis.
Sonchus leuis quartus coeruleus, v. Sonchus leuis.
Sonchus leuis tertius flore niueo, v. Sonchus leuis.
Sonchus leuis vulgaris foliis laciniatis dentis leonis, *Lob:* v. Sonchus leuis.
Sonchus maior, v. Hieracium.
Sonchus montanus purpureus, v. Rosmarinus.
Sonchus niger, v. Sonchus asper.
Sonchus niueus, v. Sonchus leuis.
Sonchus spinosus vulgatior s. aspera *Matth. Lon.* asper minor *Cord.* leuis tenerior latifolia *Lob.* laciniatus et non laciniatus *C. Bauh.* Sonchus lactucella et Cicerbita *Offic.* Brassica vel lactuca leporina, Sonchenkraut, Hasenkohl, Sawdistel, Dudistel, Saumelk. VII.
Dieses Kraut hat einen häufigen weißen Saft in sich, wie Hindläufte, verwahret das Geblüt vor der Fäulung, und eröfnet gelinde.
Sonchus stellatus, v. Hieracium.
Sonchus siluestris, v. Sonchus asper.
Sonchus siluestris primus, v. Sonchus asper.
Sonchus siluestris quartus, v. Sonchus asper.
Sonchus siluestris secundus, v. Sonchus asper.
Sonchus siluestris tertius, v. Sonchus asper.
Sonchus tener, v. Sonchus leuis.
Sonchus tenuior, v. Sonchus leuis.
Sonchus tenuior asper, v. Sonchus asper.
Sonchus tertius flore niueo, v. Sonchus leuis *Matth. Dod.*
Sonzes.
Ist eine Kohlgattung in der Insul Madagascar mit runden und so breiten Blättern, daß man eines zum Sonnenschirme gebrauchen könte. Kochet man diese Blätter am Fleische, so schmecken sie wie unser Kohl, und die Wurzel wie Artischocken.
Sophia, v. Erysimon.
Sophia Chirurgorum, v. Alchimilla.
Sophia Chirurgorum, Nasturtium siluestre tenuissime diui-

sum, Seriphium *Germ.* Seriphium absinthium, Thalictrum, Accipitrina, heydnisch Wundkraut, Besenkraut. II.

Ist kalt und trocken, hält an, dienet in Wunden, der rothen Ruhr und Geschwären. Der Samen verwahret vor der Rose, thut ungemeine Dienste in Krebsschäden. D. D. Wepfer; ingleichen im Durchfall, Scorbut, treibet den Stein, und reiniget die Geschwäre.

Sophia herba, v. Ros solis.

Sorbaria maior, v. Sanguisorba.

Sorbaria minor, v. Sanguisorba.

Sorbastrella maior, v. Sanguisorba.

Sorbastrella minor, v. Sanguisorba.

Solbustrella pratensis, v. Sanguisorba.

Sorbatula, v. Sanguisorba.

Sorbi torminalis alterum genus, v. Sorbus *Alpina*.

Sorbum, v. Sorbus.

Sorbum ouatum, *Fuchs.* v. Sorbus.

Sorbus aculeata, v. Berberis.

Sorbus *Alpina*, vel pilosa, Mehlbeerbaum. II.

Wächset auf hohen, kalten und sandigten Bergen in Siebenbürgen, Oesterreich, Italien und der Schweitz. Die Beeren zertheilen den zähen Schleim, und befördern ihn zum Auswurfe.

Sorbus aucuparia, v. Sorbus siluestris.

Sorbus domestica, vel legitima, vel esculenta, Sorbus maior, Sperberbaum. IX.

Wächset in Oesterreich, Italien und Frankreich. Die Frucht hiervon wird in Griechischer Sprache Ὄα, Ὄα, auf lateinisch Sorbum, und bey uns Deutschen Speierling, Eschrößlein, Sperben, Spüräpfel, Arschützen, genennet, ist kalt im andern, und trocken im dritten Grad. Die unreife Frucht kan ihrer Strenge wegen nicht gegessen werden, hält an, dienet im Durchfall, der Gallenkrankheit, der rothen Ruhr und überflüssigen Blutgang der Weiber. Wenn sie getrocknet und zu Pulver gestoßen wird, so pfleget sie in allerhand Zufällen, so in der Oefnung des Leibes sich ereignen, der rothen Ruhr, und wenn der Chylus mit fortgehet, auch in Blutflüssen gut zu thun; dahergegen die reife, weiche und gelinde Frucht als ein frisches Obst paßiret. Der Schwamm von diesem Baum curiret den Durchfall und die rothe Ruhr; äußerlich aber hält er an und heilet die Wunden zusammen. Hiervon sind die überzogenen Blüten bekannt. Die Sprößgen hiervon ziehen zusammen in

Bauch- und Mutterflüssen, hemmen das Bluten und Erbrechen, und heften äußerlich die Wunden.

Sorbus esculenta, v. Sorbus domestica.

Sorbus legitima, v. Sorbus domestica.

Sorbus maior, Arschützen, v. Sorbus domestica.

Sorbus minor, Sorbus torminalis *Matth. Gesn. Dod.* Crataegus *Theophrast.* Eischblen, Elsebeer, Adlersbeer, Arlesbeer, wild Sperberbaum, Elzenbaum, Adelsbeerbaum, Mehlfäßergen. II.

Hiervon recommendiret Cordus die Frucht, so an einem langen Stiele hanget, wider den Stein. Sie kühlet, trocknet, hält an, und hat statt der Steingen schwärzlichte Körner. Die unreife Frucht kan nicht gegessen werden. Beyde die reifen und unreifen kommen mit den andern Sorbis überein.

Sorbus pumila maior, v. Sanguisorba.

Sorbus satiua, v. Sorbus domestica.

Sorbus siluestris, Fraxinus bubula s. aucuparia, *Gesn.* Arbor fraxinea *Trag.* Ornus *Ruell.* Sorbus aucuparia vel torminalis, großer Mehlbaum, Eibrasch oder Eibischbaum, Quitschenbaum. IV.

Dieser Baum träget Beeren. Der Schwamm, so an Bäumen wächset, wird selten gefunden, weil, wenn man die Beeren abbricht, solcher herunter fället, und verlohren gehet, er ist leicht, weislicht und schwammicht, und kan leicht an einem trocknen Orte zu Pulver gestoßen werden, und thut in vielen desperaten Krankheiten, vornemlich in der rothen Ruhr, allwo er von einem halben Scrupel zu einem halben Quentgen in einem bequemen Vehiculo verordnet wird, gute Dienste. v. Ephem. Cur. Germ. II. 5. 93. Die rothen Beere hiervon werden Vogelbeere, Vogelkirschen, Quitschenbeer genennet. Sie sind kalt und trocken, halten an, und werden hiermit Amseln, Birkhüner und Ziemer gefangen. Aus den Aesten pfleget man einen Kranz zu machen, worein ein von Zauberey gebundener sein bezaubertes Glied stecken, und hierdurch Besserung verspüren soll. Wenn man dieses Kränzlein an einen Pfahl stecket, so soll der Zauberer, so bald es trocken wird, viel auszustehen haben.

Sorbus siluestris domesticae similis, v. Sorbus domestica.

Sorbus torminalis, v. Sorbus minor.

Sorghum, Milium *Indicum*, Milium arundinaceum, Sorgsamen, Indianischer Hirse. II.

Wächset in Italien, man brauchet das Mark aus den Helmen und die Blüte. Das Mark heilet die Kröpfe, die Blüte dienet wider den Durchfall und weißen Fluß der Weiber.

Sorgo Medica *Italorum*, v. Sorghum.

Soutenelle, v. Atriplex salsa.

Sparago, v. Aspargus.

Sparganium, v. Juncus, v. Spatula foetida.

Sparganium, Piatanaria, Butomus *Theophr.* Carex, Gladiolus palustris, Schwertel. IV.

Die Wurzel trocknet stark, und ist wegen ihres Alkali ein gut Wundmittel.

Sparganium alterum, v. Sparganium.

Sparganium latifolium, v. Sparganium.

Sparganium non racemosum, v. Sparganium.

Sparganium primum, v. Sparganium.

Sparganium racemosum, v. Sparganium.

Sparti herba alia species, v. Gramen sparteum.

Spartium, Genista, der Pfriemenbaum. VIII.

Spartium alterum, v. Spartium.

Spartium alterum monaspermum, semine reni simili, v. Spartium.

Spartium arborescens seminibus lenti similibus, v. Spartium.

Spartium *Dioscorideum Narbonense et Hispanicum*, v. Spartium.

Spartium *Hispanicum*, v. Genista.

Spartium *Hispanicum* alterum, v. Genista.

Spartium *Hispanicum* alterum flore luteo, v. Genista.

Spartium *Hispanicum* primum, v. Genista.

Spartium nauticum *Homeri*, v. Gramen sparteum.

Spartium scoparium, v. Genista.

Spartium secundum flore albo, v. Spartium.

Spartum, v. Spartium.

Spartum aliud, v. Gramen sparteum.

Spartum alterum *Plinii*, v. Gramen sparteum.

Spartum *Anglicanum*, v. Gramen sparteum.

Spartum aphyllon fruticosum junceis aculeis, lanatis capitulis, v. Genista, v. Spartium.

Spartum frutex minimus, v. Spartium.

Spartum herba, v. Gramen sparteum.

Spartum herba quarta *Patanina*, v. Gramen sparteum.

Spartum nostras alterum, v. Gramen sparteum.

Spar-

Spartum paruum, v. Gramen sparteum.
Spartum *Plinii*, v. Gramen sparteum.
Spartum *Plinii* alterum, v. Gramen sparteum.
Spartum *Plinii* quartum, v. Gramen sparteum.
Spartum *Plinii* quintum, v. Gramen sparteum.
Spartum *Plinii* tertium, v. Gramen sparteum, v. Spartium.
Spatula foetida, Xyris, Iris agria, foetida, Gladiolus foetidus, Iris siluestris, stinkende Schwerdlilie. III.
Pfleget an Zäunen und Dornen zu wachsen, und blühet im Junio. Die Wurzel trocknet aus, und wird vornemlich in Kröpfen, Mutterbeschwerungen, kurzen Athem und Milzkrankheiten gebrauchet.
Spatula foetida, v. Sparganium.
Speculum Veneris, v. Campanula.
Spelta, v. Zea.
Spelta Amylaea, v. Frumentum Amylaeum.
Spelta prima, v. Zea.
Spelta secunda, v. Zea.
Speltae tertia species, v. Zea.
Spergula, Knöterich, Spurey. IV.
Sphacelus, v. Sideritis.
Sphacelus, *Dod.* v. Saluia agrestis, *Dod.*
Sphacelus siluestris, v. Saluia siluestris.
Sphacelus *Theophr.* v. Saluia agrestis, *Dod.*
Sphaera thalassia siue marina, v. Spongia.
Sphaerocephalus latifolius, v. Echinopus.
Sphagnum, v. Muscus terrestris.
Sphendamnos, *Theophr.* v. Acer.
Sphondylis, v. Branca vrsina.
Sphondylis vulgatus hirsutus, v. Branca vrsina.
Sphondylium, Sphondylion, v. Branca vrsina.
Sphondylium alterum, v. Panax *Herculeus*.
Spica, v. Lauendula, v. Spicanardus.
Spica alba, v. Lauendula.
Spica aristis carens, v. Triticum.
Spica Celtica, Nardum, Nardus, Celticum, Celtica s. Romana, Germanica, Lauendula latifolia, Lauendula *Dod.* maior *Cord.* maior s. vulgaris *Park.* latifolia *C. B.* altera longiore folio et Spica *Clus.* flore coeruleo *Eyst.* Nardus Italica *Matth.* Pseudonardus mas, Pseudonardus quae vulgo Spica *J. B.*

J. B. Spica Nardi, Nardostachys, Celtischer Nardus, Spick, Spicanard, Spicanarichs. III.

Wächset auf den Ligurischen, Italiänischen und Genuesischen Alpengebürgen. Die Wurzel, so warm im ersten, und trocken im andern Grad, hat eben die Kräfte und Würkungen, wie die Spica Indica, ist aber schwächer. Sie treibet den Urin, stärket den Magen, zertheilet die Blähungen, und wird wider die Hectic, auch das Verzehren und Abnehmen der Glieder sehr hoch gehalten, und äußerlich unter die Pflaster und Salben genommen.

Spica *Celtica* fastigiato flosculorum ordine, v. Spica *Celtica*.

Spica *Celtica* quorundam, v. Muscus terrestris.

Spica domestica, v. Lauendula.

Spica flore coeruleo et flore albo, v. Lauendula.

Spica hortulana, v. Lauendula.

Spica hortulana flore albo, v. Lauendula.

Spica *Indica*, Nardus *Indica*, Indianisch Spicanard. II.

Ist warm und trocken im andern Grad, verdünnet, hält an, treibet den Stein, stärket den Magen und das Herz, widerstehet dem Gift, treibet Urin und die Menses, curiret den zernagten Magen, Blähungen und die gelbe Sucht. Aeußerlich braucht man die Wurzel zu einer Lauge, um hiermit das Haupt zu stärken, ingleichen die Bäder, die Mutter zu stärken. In denen Apothecken findet man von diesem Kräutgen das Oleum Nardicum, (NB. mit diesem soll die Maria Magdalena den Herrn Christum gesalbet haben) ingleichen den Syrupum per Infusionem, so die erkälteten Eingeweide erwärmen, und wider den Gift giftiger Thiere dienen soll.

Spica *Italica*, v. Spica *Celtica*.

Spica *Italica* siluestris, v. Stoechas.

Spica Lauendula, v. Lauendula.

Spica mutica, v. Triticum.

Spica nardi, v. Nardus *Indica*, v. Lauendula, v. Spicanardus.

Spica ramosa, v. Triticum.

Spica *Romana*, v. Spica Celtica.

Spica secalina, v. Gramen sparteum.

Spica siluestris, v. Valeriana maior.

Spica vulgaris flore coeruleo *Eyst.* v. Spicanardus *Germanica*.

Spicanardus Germanica, Lauendula minor *Cord.* Lauendula minor s. Spica *Park.* Spica vulgaris flore coeruleo *Eyst.* Lauendula breuiore folio et Spica *Clus.* Pseudonardus, quae

quae Lauendula vulgo *J. Bauh.* Lavendula, Lavendel, Lavander. X.

Die Blüten sind warm und trocken im dritten Grad, dringen durch, stärken das Haupt, die Mutter und Nerven, dienen im Schlage und andern Flüssen, curiren Lähmung, Krampf, Schwindel, Schlafsucht, Zittern der Glieder, treiben den Urin, Menses und Frucht, stillen das Grimmen im Bauche, treiben Blähungen, und stärken auch den Magen. Aeußerlich werden sie und das ganze Kräutgen in einer Lauge gebrauchet, womit das Haupt gewaschen wird, sie ziehen den Speichel im Munde, und zertheilen die Flüsse. Die Läuse können diesen starken Geruch nicht vertragen. Man hat hiervon das mit Zucker eingesetzte und überzogene Kraut, das destillirte Wasser und Oel, so wider die Bewegungen der Mutter und derselben Schmerzen gerühmet wird.

Spicata, v. Potamogeiton.

Spina acida, v. Berberis.

Spina acuta, v. Berberis.

Spina alba, v. Spina Infectoria, v. Mespilus.

Spina alba altera, v. Chamaeleon verus.

Spina alba siluestris, v. Acanthium, v. Carduus *Mariae.*

Spina alba siluestris, *Fuchs. Lon.* v. Onopordon *Athenaei Anguill.*

Spina alba tertia, *Trag.* v. Onopordon *Athenaei Anguill.*

Spina alba tomentosa, v. Acanthium.

Spina *Arabum*, v. Chamaeleon verus.

Spina Cerui, v. Spina infectoria.

Spina ceruina quorundam, v. Alaternus.

Spina *Christi*, v. Genista.

Spina hirci minor, v. Tragacantha.

Spina hortensis, v. Carduus *Mariae.*

Spina incognita, v. Chamaeleon verus.

Spina infectoria vel alba, Cerui spina, Rhamnus catharcticus s. solutiuus, Wegdorn, Creutzbeer. XII.

Die Beeren sind warm im andern, und trocken im ersten Grad, führen die Galle und den Schleim ab, dienen in der Cacherie, Wassersucht, Gicht und Podagra. Der Saft oder Syrup hiervon ist insgemein ein Hausmittel, und wird vom Patino wegen seiner Schwärze dem Teufel verglichen. Aus den reifen Beeren entstehet diejenige grüne Farbe, so man Saftgrün nennet, womit auch oft das Magisterium Cochleariae gefärbet wird.

wird. Hiernächst geben auch die Blätter dreyerley Farben, als grün, gelb und roth, ingleichen die gemeine Tornam Solis.

Spina infectoria *Pannonica*, v. Spina infectoria.

Spina infectoria pumila altera, v. Lycium.

Spina marina, v. Ruscum.

Spina mollis, v. Buglossa.

Spina peregrina, v. Chamaeleon verus.

Spina purgatrix, v. Hippophaes.

Spina selenitis *Theophrast*. v. Dipsacus satiuus, *Dod. C. Bauh.*

Spina solstitialis, v. Jacea, v. Leucacantha veterum.

Spina stella, v. Carduus stellatus.

Spina *Theophr.* v. Acacia vera.

Spina tomentosa latifolia siluestris, *Casp. Bauh.* v. Onopordon *Athenaei Anguill.*

Spina vallaris, v. Berberis.

Spina vmbella foliis vidua, v. Kali.

Spinaceum olus, v. Spinachia et Spinacia *Offic.*

Spinachia et Spinacia *Offic. et Dod.* Lapathum hortense, Spinachia semine spinoso, Spinaceum olus *Gesn.* Spinacia *Matth.* Spinacia vulgaris, capsula seminis aculeata *Tournef.* Spinat, Spinetsch, Spinase, Pinetsch, Römische Melte. IV.

Ist das beste Kraut, so zu grünen Kräutermüsern genommen wird. Es laxiret den Leib, lindert die Rauhigkeit der Luftröhre, und kühlet Magen und Leber, doch darf man es nicht allzu häufig brauchen, weil davon ein melancholisches Geblüt zu besorgen. Dieses Kraut heisset Spinachia, a spinoso et aculeato semine, von dem stachlichten Samen.

Spinachia fragifera, v. Chenopodiomorus, v. Chenopodium.

Spinachia nobilis, v. Spinachia et spinacia *Offic.*

Spinachia prima, v. Spinachia et Spinacia *Offic.*

Spinachia satiua mas, v. Spinachia et Spinacia *Offic.*

Spinacia *Offic.* v. Spinachia et Spinacia *Offic.*

Spinacia semine non spinoso, v. Spinachia et Spinacia *Offic.*

Spinacia semine spinoso, v. Spinachia et Spinacia *Offic.*

Spinacia vulgaris, v. Spinachia et Spinacia *Offic.*

Spinus albus, v. Berberis.

Spiraea frutex, die Spierstaude. V.

Spiritus sancti radix v. Imperatoria.

Splachnon, v. Muscus capillaris.

Splith album quorundam *Lob.* v. Capnos *Plin.*
Splith *Anglorum*, v. Fumaria.
Splith vulgo, v. Capnos *Plin.*
Spondylis, v. Sphondylium. v. Branca vrsina.
Spondylium, v. Ptarmica siluestris.
Spondylium glabrum, *C. Bauh.* v. Branca vrsina.
Spongia, Badeschwamm, Meerschwamm. III.
Ist eine weiche Substanz, hohl, löchericht, leicht, aschenfärbicht, weis oder gelblicht, hat keinen scheinbaren Geschmack und Geruch. Wächset im Meer an Klippen, Muscheln und andern Orten. Die ganze Pflanze stillet äußerlich das Blut.
Spongia compressa magna, v. Spongia.
Spongia *Judae*, v. Sambucus.
Spongia marina alba, v. Spongia.
Spongia marina flaua, v. Spongia.
Sponsa solis, v. Ros solis, v. Caltha.
Spurium chamaedryoides, v. Teucrium.
Spurri, v. Spergula.
Squammaria, v. Dentaria.
Squilla, v. Scilla.
Squinanthum, v. Schoenanthum.
Squinanthum *Europaeum*, v. Schoenanthum.
Stachys, niedriger Andorn, kleiner Indianischer Andorn. XIV.
Wächset in Gärten, blühet im Junio. Die Blätter treiben wegen ihrer wärmenden und schärfenden Kraft die Menses.
Stachys aquatica, v. Panax Coloni, v. Stachys.
Stachys *Cretica* latifolia, *Tournef.* v. Stachys.
Stachys, *Diosc.* v. Stachys.
Stachys flore gratioris odoris, v. Stachys.
Stachys *Germanica*, v. Stachys.
Stachys Lychnitis, v. Stachys.
Stachys maior *Germanica Matth.* v. Stachys.
Stachys minor, v. Stachys.
Stachys minor *Italica*, v. Stachys.
Stachys palustris aquatica, v. Panax Coloni.
Stachys palustris foetida, v. Panax Coloni, v. Stachys.
Stachys palustris *Gesneri*, v. Panax Coloni, v. Stachys.
Stachys spuria *Flandrorum*, v. Stachys.
Stacte, v. Myrrha, v. Storax.
Stagonitis, v. Narthex.

Stamina,

Stamina, v. Flos.

Staphisagria, Herba pedicularis, pituitaria, Pedicularia, Staphis siluestris, Vua taminaea, Vua Taminia *Plin. Cels*, Peduncularia, Pituitaria, Piper murinum, Staphiander, Mäuswurzsamen, Stephanskörner, Läusekraut, Speichelkraut, Bißmünze, Mäusepfeffer, Rattenpfeffer. III.

Ist warm und trocken im vierten Grad. Wenn der Samen innerlich eingenommen wird, so pfleget er überaus starkes Brechen und Brennen in der Kehle zu erregen. Er dienet in Schlafkrankheiten, Würmen, und wird den Speichel zu erregen, in lue Venerea gerühmet. Aeußerlich ziehet er Schleim im Munde und der Nasen, eröfnet die Speicheldrüsen, und dienet zu Blasenziehenden und Zugpflastern, Gurgelwassern u. d. g. Man pfleget die Wurzel mit Eßig zu sieden, und warm im Munde gehalten, wider Zahnbeschwerungen zu rühmen. Sie reiniget die Wunden, curirt die Hitzblättergen und Läusekrankheit. So wird auch dieses Kraut mit unter die Venena acria vegetabilia gerechnet, v. Jo. Linder de Venenis.

Staphisagria siluestris, v. Staphisagria.

Staphisander, v. Staphisagria.

Staphis siluestris, v. Staphisagria.

Staphylinus, v. Pastinaca domestica.

Staphylinus albus, v. Pastinaca domestica.

Staphylinus luteus, v. Pastinaca domestica.

Staphylinus niger, v. Pastinaca domestica.

Staphylinus primus, v. Pastinaca domestica.

Staphylinus satiuus, v. Pastinaca domestica.

Staphylinus secundus, v. Pastinaca domestica.

Staphylinus siluestris, v. Pastinaca siluestris.

Staphylinus tertius, v. Pastinaca domestica.

Staphylodendron, der Pimpernüsleinbaum, v. Nux vesicaria. V.

Staphylodendron siluestre, v. Nux vesicaria.

Staphylodendron vulgare, v. Nux vesicaria.

Statice, Seenelken, Meergras. V.

Statice, *Dalech.* v. Juncus.

Statice, *Plinii*, v. Juncus.

Statiotes millefolium, *Fuchs.* v. Millefolium, *Offic.*

Stelechites, v. Osteocolla.

Stelis, v. Abies femina.

Stella *Attica*, v. Aster *Atticus.*

Stella herba, Coronopus, zahmer Krähenfus. VII.
Wird in Gärten gezeuget. Die Blätter stärken die Nieren und curiren das Blutharnen.
Stella herba *Italis* quibusdam, v. Alchimilla.
Stella leguminosa, v. Ornithopodium, v. Astragalus.
Stella maris, v. Coronopus.
Stellaria, v. Alchimilla, v. Hepatica stellata.
Stellaria aquatica, v. Foeniculum aquaticum, v. Eupatorium.
Stellaria argentea, v. Quinquefolium.
Stellaria, v. Carduus stellatus.
Stellatum anisum, v. Anisum stellatum.
Stercus daemonis, v. Asa foetida.
Sternutamentoria, v. Ptarmica.
Sthrychnodendron, v. Hyosciamus, v. Solanum.
Stichas, v. Stoechas citrina, v. Absinthium minimum.
Stilago, v. Coronopus.
Stoebe argentea minor, v. Stoebe, *Offic.*
Stoebe argentea minor *Salmantica*, v. Stoebe *Offic.*
Stoebe caliculis argenteis, v. Stoebe, *Offic.*
Stoebe caliculis argenteis minoribus, v. Stoebe, *Offic.*
Stoebe Hispanica, v. Stoebe tertia.
Stoebe maior, v. Stoebe tertia.
Stoebe maior foliis cichoraceis mollibus lanuginosis, v. Stoebe tertia.
Stoebe minor, v. Stoebe tertia.
Stoebe *Offic.* argentea maior *Germ.* maior foliis cichoraceis mollibus, lanuginosis *C. Bauh.* Solimantica prima *Clus. Park.* Salmanticensis prior *Clus.* s. Jacea Intybacea *J. Bauh. Volk.* maior foliis cichorei mollibus flore flammineo, versilberte Flockenblume. III.
Wird hie und da in Gärten gepflanzet, und blühet im Julio. Man braucht hievon den Samen und das Kraut, welche anhalten, und deswegen in der rothen Ruhr, Geschwären der Ohren und Verwundung der Augen gut thun.
Stoebe *Salmantica* altera, v. Stoebe tertia.
Stoebe *Salmantica* maior, Stobe tertia.
Stoebe *Salmantica* prior, v. Stoebe tertia.
Stoebe *Salmantica* tertia, v. Stoebe tertia.
Stoebe tertia, *Clus.* Aphyllantes, Flockenblumen, Papierblumen. XLVIII.

Sie wird in der Medicin wenig gebrauchet, ziehet etwas zusammen, fast wie die Scabiosen.

Stoebe *Theophr.* angustifolia, v. Sagitta maior.

Stoechas *Arabica*, Römischer, Welscher und fremder Kümmel, oder Thymian, Stöchaskraut, Stöchasblume. V.

Ist warm und trocken, reiniget, verdünnet, eröfnet, ist aromatisch und in allerhand Beschwerungen des Hauptes, der Nerven, Schwindel, Schlagflüssen, Lähmung, Gicht, Schlafsucht und Brustkrankheiten zuträglich, treibet Urin und Menses, widerstehet dem Gift und Malo Hypochondriaco, und wird, äußerlich den Kopf zu waschen und sich damit zu räuchern, gebraucht. Man hat hiervon einen einfachen und zugleich mit aus andern Dingen bereiteten Syrup.

Stoechas brevioribus ligulis, *Clus.* v. Stoechas *Arabica.*

Stoechas Citrina, ἑλίχρυσον Creticum, Amaranthus luteus, coma aurea, Tinearia, Reinblumen, Mottenkraut. III.

Die Blumen sind warm im ersten, und trocken im andern Grad, dienen in Wunden, wider Verstopfung der Milz, Leber, des Urins, und der weiblichen Reinigung, zertheilen das geronnene Geblüt, trocknen die Flüsse, stillen die Menses, tödten die Würme, lindern die scharfen Flüsse der Lunge, und zertheilen. Man pfleget sie auch in Würmen des Magens anzuhängen und bey sich zu tragen.

Stoechas citrina altera, v. Stoechas citrina.

Stoechas citrina angustifolia, v. Stoechas citrina.

Stoechas citrina comis grandioribus, v. Stoechas citrina.

Stoechas citrina *Cretica*, v. Stoechas citrina.

Stoechas citrina latifolia, v. Stoechas citrina.

Stoechas citrina *Monspeliaca*, v. Stoechas citrina.

Stoechas citrina *Orientalis*, v. Chrysocome, *Offic.*

Stoechas crispo folio, v. Stoechas *Arabica.*

Stoechas folio serrato, v. Stoechas *Arabica.*

Stoechas folio serrato et crispo, v. Stoechas *Arabica.*

Stoechas multifida, v. Lauendula.

Stoechas purpurea, v. Stoechas *Arabica.*

Stoechas secunda, v. Stoechas *Arabica.*

Storax vel Styrax, Thus Judaeorum, Judenweyrauch, Styrax oder Storaxbaum, Στύραξ. II.

Dieser Baum wächset in Cypern, Syrien, Cilicien und Pamphilien, ist dem Quittenbaume gleich. Hiervon hat man den harzigten Saft aus der zerschnittenen Rinde dieses Baumes.

Der fließende wird für den besten gehalten und Stacte genennet. Sonst heißet er auch Storax oder Styrax Calamites, (Calamita) a calamis, von den Röhren, denn er ward vor diesem in Röhren zu uns bracht. Der allerbeste siehet röthlicht, und wird von denen Autoribus für eine süße Myrrhe gehalten. Er paßirt in Haupt- und Nervenbeschwerungen, Husten und Brustbeschwerungen als ein sonderliches Arcanum, wird auch äußerlich zu Räuchpulvern, Nachthäubgen und als ein Toback gebrauchet. Man hat hiervon die Lattwerge, so in allerhand Zufällen der Brust gut thut, und das Pflaster, welches in Unfruchtbarkeit der Weiber auf die Geburt geleget wird.

Storax calamita, v. Storax.

Storbus primus, v. Sorbus.

Storbus secundus siluestris, v. Sorbus.

Stramen Camelorum, v. Schoenanthum.

Straminea, v. Baracocum.

Stramonia altera maior, v. Solanum foetidum.

Stramonia, siue poma spinosa, v. Solanum foetidum.

Stramonia spinosa, v. Solanum foetidum.

Stramonium, Stechapfel, Dornapfel, v. Solanum foetidum. VI.

Stramonium maius album, v. Solanum foetidum.

Stramonium spinosum, v. Solanum foetidum.

Strangulatoria, v. Colchicum commune.

Stratiotes, v. Millefolium.

Stratiotes Achillea, v. Millefolium.

Stratiotes *Aegyptiaca*, Wasserseegrün, Egyptische Wasserlinsen, v. Lens palustris. IV.

Wächset in dem Egyptischen Fluß Nilo. Die Blätter geben eine gute Kühlung ab, und stillen den allzustarken motum humorum.

Stratiotes antiquorum, v. Stratiotes *Aegyptiaca*.

Stratiotes aquatica, v. Stratiotes *Aegyptiaca*, v. Millefolium.

Stratiotes Chiliophyllos, *Dod.* v. Helichrysum *Italicum*, *Matth. Cam.*

Stratiotes fluuiatilis, v. Millefolium.

Stratiotes lutea, v. Millefolium.

Stratiotes millefolia flauo flore, v. Helichrysum *Italicum*, *Matth. Dod.* v. Millefolium.

Stratiotes millefolia minor, v. Millefolium.

Stratiotes secunda, v. Millefolium.

Stratiotes vera, v. Millefolium.

Stratiotice, v. Millefolium.
Strobili, v. Pinus.
Strobilus satiua, v. Cinara.
Strumaria, v. Bardana maior.
Struthiopteris, v. Scolopendria.
Struthium, v. Saponaria, v. Catanance.
Struthium satiuum, v. Saponaria.
Struthon, Struthion, Struthos, v. Saponaria.
Strychnodendros, v. Hyosciamus, v. Solanum.

Ist eine Art vom Hyosciamo, kömmt diesem an Kräften ziemlich gleich, und wächset in den Apenninischen dicken und schattigten Gebürgen.

Strychnon manicum, v. Solanum furiosum.
Strychnos, v. Solanum furiosum, v. Solanum nigrum.
Strygis, v. Triticum.
Styrax, v. Storax.
Styrax folio mali Cotonei, v. Storax.
Styrax liquida, v. Storax.

Suber, Korkbaum, Pantoffelholz, Pantoffelbaum, Sohlenholz. IV.

Dieser Baum wächset in Frankreich, Italien und Spanien, trägt Frucht wie Eckern, sie sind aber weit größer. Die Rinde brauchet man, die Gläser damit zuzustopfen. Sonst hat diese Rinde in der Medicin wenig Nutzen, außer daß sie mit warmen Wasser getrunken wird, und die daraus bereitete Asche das Blut zu stillen pfleget.

Suber alterum oblongis angustisque foliis, v. Suber.
Suber angustifolium, v. Suber.
Suber angustifolium non serratum, v. Suber.
Suber folio longiore et angustiore, v. Suber.
Suber *Hispanicum* latifolium perpetuo virens, v. Suber.
Suber latifolium, v. Suber.
Suber latiori folio perpetuo virens, v. Suber.
Suber secundum et angustifolium, v. Suber.
Subifera angustifolia ilex, v. Suber.
Subifera latifolia ilex glande echinato, v. Suber.
Succiduus *Auincennae Myconi*, v. Stoechas *Arabica*.

Succinum, Electrum, Carabe, Chrysolectrum, Agtstein, Bernstein. III.

Succisa, Jacea nigra, Morsus Diaboli, Praemorsa, Scabiosa folio integro *Caes.* autumnalis radice succisa *Maur. Hofm.*

Jacea nigra *Brunf.* Geum *Ruell.* Teufelsabbiß, Stopfterskraut. III.

Die Wurzel und Blumen sind warm und trocken im andern Grad, widerstehen dem Gift, dienen in Wunden, kommen mit der Scabiosa überein, curiren das böse Wesen, die Pest, Schmerzen der Mutter, geronnen Geblüt, verborgene Schäden, Franzosen und derselben frische Geschwäre. Aeußerlich aber heilen sie die Bräune, geschwollene Mandeln, das blutunterlaufene und Pestbeulen. Hiervon hat man ein destillirtes Wasser.

Succisa flosculis albis, v. Succisa.

Succisa glabra, v. Succisa.

Succisa tertia, v. Hieracium.

Succolada, v. Chocolada.

Succotrina, v. Aloë.

Succus Cambici, vel Cambrici, v. Gummi Guttae.

Succus *Cyreniacus*, v. Asa dulcis.

Succus Medicus, v. Asa dulcis, v. Laser.

Succus Panacis, v. Panax Asclepium.

Succus sagapeni, v. Sagapenum.

Succus *Syriacus*, v. Asa dulcis, v. Laser.

Sucker, v. Saccharum.

Suhisorua.

Ist ein sehr großer Baum auf der Insul Madagascar.

Suillus, v. Boletus.

Sumach *Arabum*, v. Rhus.

Sunau, v. Alchimilla.

Superba altera et suaue rubens, v. Caryophyllaeus minor, *Dod.*

Superba maior flore albo, v. Caryophyllaeus minor, *Dod.*

Supercilium *Veneris*, v. Millefolium.

Suriana foliis portulacae angustis, *Plum.* die Suriana mit schmalen Portulacblättern in Jamaica.

Sutter, v. Saccharum.

Sycamine, v. Ficus.

Sycomorus *Italorum* male, v. Pseudosycomorus.

Sycomorus *Offic. J. Baub. Sper. Chab.* Ficus Aegyptiaca *Park.* Ficus folio mori fructum in caulice ferens *C. Baub.* Egyptische Feigen, wilde Feigen, Maulbeerfeigen, Adamsfeigen. III.

Wird in Egypten und dem gelobten Lande gefunden. Die Frucht kühlet, befeuchtet, laxiret und erweichet die harten Geschwulsten.

Der

Der Saft von diesem Baum dienet wider die Pest und empfangenen Gift. Es soll der Sycomorus eben dieser Baum seyn, auf welchen Zachäus gestiegen, als er die Predigt des HErrn JEsu mit angehöret hat. Der Baum gleichet dem Maulbeerbaum, und träget Früchte, die äußerlich eine Feige präsentiren, innerlich aber einen Saft, gleich dem Maulbeersaft, in sich fassen.

Sycomorus, *Ruell.* v. Acer.

Syki, v. Ficus.

Syluacium, v. Psyllum.

Syluae mater, v. Caprifolium, *Brunf.* et *Offic.*

Symonianum, vel Simoniacum trifolium, ἀσφάλτιον, *Colum.* Harzklee. II.

Wächset in Provence in Frankreich und bey Monspelier, riechet so stark wie Asphaltum.

Symphitum alterum, v. Symphitum, *Offic.*

Symphitum alterum folio borraginis, v. Symphitum, *Offic.*

Symphitum Alum s. Alus, v. Symphitum, *Offic.*

Symphitum consolida maior, v. Symphitum, *Offic.*

Symphitum coralloides, v. Dentaria.

Symphitum dentaria, v. Dentaria.

Symphitum *Indicum*, v. Nicotiana.

Symphitum maculosum, v. Pulmonaria latifolia maculosa.

Symphitum maculosum quintum, v. Pulmonaria latifolia maculosa.

Symphitum magnum, v. Symphitum *Offic.*

Symphitum maius, v. Symphitum, *Offic.*

Symphitum maius flore albo, v. Symphitum, *Offic.*

Symphitum maius flore purpureo, v. Symphitum *Offic.*

Symphitum maius flore subluteo tuberosa radice, v. Symphitum, *Offic.*

Symphitum maius tuberosa radice, v. Symphitum, *Offic.*

Symphitum medium, v. Consolida media.

Symphitum minimum, v. Bellis.

Symphitum *Offic.* Alum, Alus, Symphitum petraeum, Consolido maior, Solidago, Wallwurz, Schwarzwurz, Schmeerwurz, Beinwelle, Schanzwurz, Schmalzwurz. XVI.

Die Wurzel, Blätter und Blumen sind temperirt im warmen, (warm im ersten) trocken im andern Grad; sind in Wunden wohl zu brauchen, verdicken den Schleim, lindern die Schärfe der

der Säffte, dringen durch, und dienen wider allerley Flüsse, Blutauswerfen, die rothe Ruhr, Steinbeschwerungen und Colicam; äußerlich aber zertheilen sie das geronnene Geblüt, Schwulsten, Verstopfung der güldenen Ader, wenn die Lungen anbrüchig worden, wider Brüche, zersprengte Adern, Beinbrüche, und heften die Wunden zusammen. Hiervon hat man das Wasser, die eingesetzte und eingemachte Wurzel, den Syrup und das Blutrothe Extract, so in allen Brüchen, Verwundungen und Geschwären zuträglich, ingleichen das destillirte Oel.

Symphitum petraeum, *Matth.* v. Symphitum *Offic.* v. Sanicula.

Symphitum petraeum folio Thymi, v. Symphitum, *Offic.*

Symphitum petraeum primum, v. Symphitum, *Offic.*

Symphitum petraeum secundum flore albo, v. Symphitum, *Offic.*

Symphitum petraeum tertium flore albo, v. Symphitum, *Offic.*

Symphitum sylvestre, v. Pulmonaria.

Symphitum tuberosum, vel tuberosa radice, Wallwurzel, knollichte Wallwurzel. II.

Wächst nicht allein in Gärten und an bebaueten Orten, sondern auch wild in schattigten Wäldern unter denen Stauden, bey denen Zäunen, und pflegt gemeiniglich in Italien unter denen Oelbäumen hervor zu kommen. Die Wurzel ist ein ganz unvergleichliches Wundmittel, und kömmt mit dem andern Symphito überein, v. Dominic. Chabraei Stirp. Icones Class. XXXIII. p. 518.

Symphitum tuberosum maius, v. Symphitum tuberosum.

Symphonia *Plin.* Gumphena, v. Amaranthus purpureus. Heißet beym Gesner Bilsenkraut. Wiewol einige es vor was anders halten wollen.

Symphoniaca, v. Hyosciamus.

Synamhiae, v. Rubia.

Synanthum, v. Schoenanthum.

Syringa, v. Arundo.

Syringa, Flos Philadelphus *Apollodori*, Syringbaum, Huck auf die Magd, Spanischer oder Türkischer Holunder. VII.

Wird in vielen Italiänischen Gärten, als zu Padua, Venonien, Ferrara, und vornemlich in des Herzogs Garten von Florenz fortgepflanzet, auch wol in etlichen deutschen Gärten gefunden. Wie denn Chabräus dergleichen in Mömpelgard angetroffen.

Man hat von dieser Syringa zweyerley Sorten, nemlich die weiße und blaue. Ihre Kräfte und Würkungen sind noch zur Zeit unbekannt.

Syringa alba, v. Syringa.

Syringa coerulea, v. Syringa.

Syringa flore coeruleo, v. Syringa.

Syringa flore odorato, v. Syringa.

Syringa flore purpureo, v. Syringa.

Syringa *Italica*, v. Syringa.

Syringa *Lusitanica*, v. Syringa.

Syringias fistularis, v. Arundo.

Tabacum, v. Nicotiana.

Tabacum alterum minus, v. Nicotiana.

Tabacum angustifolium, v. Nicotiana.

Tabacum latifolium, v. Nicotiana.

Tabacum minus, v. Nicotiana.

Tabaisir *Arabum*, v. Alkanna.

Tabaxair.

Ist ein Persianisches Wort, so vom Avicenna und andern Arabischen Scribenten aus der Persianischen Sprache entlehnet worden, und zeiget nichts anders an, als einen milchichten Saft, oder humorem, so an einem Orte zusammen gelaufen ist, und wollen die Araber, Türken und Perser durch das Wort Tabaxair einen gewissen dicken Saft verstanden wissen, so sie dem Silber gleich halten, und sich dessen in Wunden der männlichen Ruthe, der Testiculorum, auch nicht weniger wider die rothe Ruhr, auch Gallen- und Brechsucht, bedienen.

Tabazair, v. Saccharum.

Tabernemontana, die Tabernemontana aus Jamaica. II.

Tacamahaca, Tacamahac, Resina Tacamahacae, Tacamahac Gummi. III.

Ist ein Indianisch Gummi oder Harz, so durch Ritzen und Verwunden eines Baumes gesammlet wird, hat einen überaus lieblichen und angenehmen Geruch, siehet gemeiniglich schön gelb und klar aus. Es ist eine vortrefliche Nervenstärkung, und stillet den Schmerz; äußerlich dienet es in allerhand Beschwerungen des Hauptes, der Nerven, im Ohrenzwang, Zahnschmerzen, Schwachheit des Magens, Brechen, Durchfall, der rothen Ruhr und dem Hüftwehe. Das zarte und dicke Oel, welches aus dem Tacamahac mit calcinirten Kieselsteinen

steinen durch die Retorte überzogen wird, kan man in Schwachheit des Magens und Mutterkrankheiten auf den Nabel streichen. Andere pflegen aus der Tacamahaca ein Pflaster zu machen, welches sie, die Flüsse abzuziehen, ingleichen die Schmerzen der Augen, Ohren, Zähne und des Hauptes zu stillen, auf die Schläfe legen. Anderer Medicamenten aus der Tacamahaca zu geschweigen.

Taeda, v. Pinaster.

Taeda *Plin.* v. Abies mas.

Tafara.

Ist ein Kraut in Madagascar, wovon der Trank und das aufgelegte Mark eine vortrefliche Kraft zu Heilung des Bruches haben.

Tagetes, die Sammtblume. XIII.

Tagetes *Indicus*, v. Othona.

Tagopaon luteum, v. Barbula hirci.

Talephium, v. Cochlearia.

Tallipot.

Ist ein sehr hoher und starker Baum auf der Insul Ceylon, dessen Blätter so gros sind, daß ein einiges davon 15 bis 20 Personen vor den Regen bedecken kan. Früchte träget dieser Baum ordentlich nicht, als nur dasselbe Jahr, in welchem er abstehet. Sodenn trägt er große Zweige mit schönen gelben Blüten und starkem Geruch, woraus eine harte runde Frucht in Größe derer Kirschen wächset. Aus dem innern Mark des Baumes macht man Mehl, und bäcket Kuchen daraus. Rob. Kox.

Talus, v. Astragalus.

Tamacha, v. Harame.

Tamalapatra, v. Malabathrum.

Tamarice, v. Tamariscus.

Tamarindi, Oxyphoenix, ὀξυφοῖνιξ, Dactyli acidi, Sonnenbaum, Tamarindenbaum, saure oder schwarze Datteln. II.

Sie werden nicht sowol unter die Palmen, als Acacien und Caßien gezehlet, weil sie krumme Schoten tragen. Der Baum hat kleine Blätter und weiße Blüten. In denen Früchten wird inwendig ein schwarzbraunes Mark, so mit vielen Aederlein durchzogen, und am Geschmack süß, doch auch etwas säuerlich ist, gefunden. In diesem Mark liegen

gen auch glatte und rothe Kerne, so etwas grösser als die Wolfsbohnen sich präsentiren. Die Blätter werden in der rothen Ruhr, Brüchen und hitzigen Bauchflüssen verordnet. Die Früchte aber sind kalt und trocken im andern Grad, stillen den Durst, dämpfen die allzugroße Schärfe der Säfte, führen, ohne einigen Abgang der Kräfte, die Galle und verbrannten Feuchtigkeiten ab, halten den überflüßigen Abgang der güldenen Ader und Aufwallungen des Geblüts zurück, curiren die hitzigen Fieber, ersetzen die durch Krankheit oder starke Bemühungen verlohrne Säfte, und machen guten Appetit zum Essen. Man findet hiervon in den Apothecken den dick eingekochten Tamarindensaft, und die Lattwerge.

Tamariscus, s. Myrica *Montalbani*, Myrica silvestris s. Tamarix *Matth.* Tamarix *Dod. Tab.* fruticosa, folio crassiore, Tamarisken, Tamariskenbaum, Tamariskenholz. III.

Wächset am Rhein und der Donau. Das Holz, Wurzel und Rinden sind warm im ersten und trocken im andern Grad, (das Holz ist kalt) verdünnet, eröfnet, reiniget, hält etwas an, treibet Urin, dienet der Milz, vornemlich in Verstopfungen und Schwulsten derselben, curiret die Krankheiten, so von der schwarzen Galle und wässerichten Feuchtigkeiten entstanden, die Krätze, Jücken, schwarzgelbe Sucht und den weißen Fluß der Weiber. Aeußerlich aber wird es wider den Grind auf dem Haupt und die verschlossene Monatzeit beym Frauenzimmer recommendiret. Man hat aus der Rinde ein Extract und Salz, und aus dem Holze pfleget man Becher zu machen, woraus die Milzsüchtigen trinken können. Das Decoctum hieraus verstopfet den weiblichen Brunn, stillet das heftige Bluten, den Fortgang unverdauter Speisen durch den Stuhl, und das Wackeln der Zähne.

Tamariscus *Aegyptiaca*, v. Tamariscus.

Tamariscus femina, v. Tamariscus.

Tamariscus *Germanica*, v. Tamariscus.

Tamarix, v. Tamariscus.

Tamarix altera folio crassiore, v. Tamariscus.

Tamarix fruticosa folio tenuiore, v. Tamariscus.

Tamarix *Gallica*, v. Tamariscus.

Tamarix *Germanica*, v. Tamariscus.

Tamarix *Hispanica*, v. Tamariscus.
Tamarix humilis, v. Tamariscus.
Tamarix *Narbonensis*, v. Tamariscus.
Tamarix *Pannonicus*, v. Tamariscus.
Tamarix siluestris, v. Tamariscus.
Tamarix siluestris femina, v. Tamariscus.
Tamarum, v. Tamnus.
Tambure, v. Betel.
Tametanes.
Ein Gewächse in Madagascar, welches auch Terra merita genennet wird. Die Wurzel ist so gelb als Safran. Daher es auch Indianischer Safran heißet, und zum Färben gebraucht wird. v. Curcume.
Tamnus, schwarze Stickwurzel. VII.
Tamus *Plinii* folio cyclaminis, v. Buglossa hortensis.
Tanacetum acutum, v. Ptarmica.
Tanacetum *Africanum*, v. Othona.
Tanacetum *Africanum* maius flore pleno, v. Flos *Africanus*.
Tanacetum *Africanum* maius flore simplici, v. Flos *Africanus*.
Tanacetum *Africanum* minus, v. Flos *Africanus*.
Tanacetum *Africanum* minus flore pleno, v. Flos *Africanus*.
Tanacetum agreste, v. Anserina.
Tanacetum album, v. Ptarmica.
Tanacetum album seu acutum, v. Ptarmica *Matth*.
Tanacetum album seu ἄοσμον, v. Artemisia, v. Sideritis.
Tanacetum *Anglicum*, v. Artemisia.
Tanacetum angustioribus fimbriis, v. Artemisia.
Tanacetum candidis floribus, v. Millefolium.
Tanacetum citrinum, v. Artemisia tenuifolia.
Tanacetum crispum, v. Artemisia tenuifolia.
Tanacetum cristatum, v. Artemisia tenuifolia.
Tanacetum cristatum *Anglicum*, v. Artemisia tenuifolia.
Tanacetum fatuum, v. Artemisia tenuifolia.
Tanacetum floribus bellidis maioribus, v. Artemisia tenuifolia odorata.
Tanacetum foliis crispis, v. Artemisia tenuifolia.
Tanacetum inodorum, v. Artemisia tenuifolia.
Tanacetum inodorum, v. Tanacetum leucanthemum.
Tanacetum inodorum secundum, v. Artemisia tenuifolia.
Tanacetum inodorum siluestre, v. Artemisia tenuifolia.

Tana-

Tanacetum lanuginosum, v. Millefolium luteum.

Tanacetum Leucanthemum, Wundrheinfaren, Wundrheinfallkraut.

Tanacetum leucanthemum inodorum, v. Artemisia tenuifolia.

Tanacetum matricariae secunda species, v. Artemisia tenuifolia.

Tanacetum millefolii foliis, v. Tanacetum odoratum.

Tanacetum montanum inodorum minore flore, v. Artemisia tenuifolia.

Tanacetum minus, v. Millefolium,

Tanacetum minus album odore Camphorae, v. Millefolium.

Tanacetum minus crispum, v. Millefolium.

Tanacetum odoratum vulgare, Matricariae 2. species, Parthenium, Artemisia tenuifolia, Ambrosia, Athanasia, Tanasia, Tanacetum vulgare luteum, Tanacetum millefolii foliis, Rheinfallkraut, Revierkraut, Reinfaren, Wurmkraut, Weinfaren, Wurmfaren, Wurmsamen. IX.

Das Kraut, Blumen und Samen sind warm im andern und trocken im dritten Grad, dringet durch, zertheilet, heilet die Wunden, dienet der Mutter, treibet den Stein, tödtet die Würme im Leibe, Unreinigkeiten der Nieren, Blase und Blähungen, eröfnet die verstockte Monatzeit, curiret die Wassersucht. Dergleichen Würkungen hat man auch vom Extract, dem destillirten Wasser und Oel zu hoffen.

Tanacetum *Peruuianum*, v. Flos *Africanus*.

Tanacetum siluestre, v. Anserina.

Tanacetum vulgare, v. Tanacetum odoratum.

Tanacetum vulgare luteum, v. Artemisia tenuifolia.

Tanasia, v. Tanacetum odoratum.

Taneuust.

Ist ein Baum in Madagascar, dessen Blätter ohne Stiel rund um die Zweige wachsen.

Tangeta, v. Tanacetum odoratum.

Tanhetanhe - anhela.

Ist ein sehr zusammenziehendes Kraut in Madagascar, dessen man sich bedienet, um das Bluten derer Wunden zu stillen.

Tantamu.

Ist eine Wurzel in Madagascar. Der Stock treibt violettene Blüten. Man kochet sie in Wasser, oder brätet sie unter der Asche. Die Einwohner sind sehr begierig darnach, weil sie

sehr

sehr zur Liebe reitzet. Ist eine Gattung des Nenuphars, v. Nymphaea lutea.

Tapia, der Knoblauchbirnbaum.

Tapsus barbatus, v. Verbascum.

Taratantilla.

Ist eine Art von Buxbaum in Madagascar, v. Buxus.

Taraxacum minus, v. Taraxacum *Offic.*

Taraxacum *Offic*, Dens leonis *Matth. Dod. Lob. Tab.* latiore folio *C. Bauh.* Hieracium maius *Trag.* paruum *Cord.* minus *Gesn.* Hedypnois maior *Fuchs.* Chondrilla *Diosc.* Rondeletii, Cichorium luteum silvestre, Rostrum porcinum, Caput Monachi, Corona Monachi, Flos vitellinus, Löwenzahn, Röhrleinkraut, Apostemröhrlein, Pfaffendistel, Eyerblum, Dotterblum, Küh- und Butterblum, Merzenblum, Sommerdorn, Saublum, Saurüssel, Hundsblum, Hundslattich, Weg- oder Wiesenlattich, Sonnenwurzel, Pippau, Pfaffenblat, Mönchskopf, Teichblume, Scherkraut, Pfaffenröhrlein, Pompelblumen. XVIII.

Die Wurzel und Blätter sind kalt und trocken im andern Grad, haben einen bittern Geschmack, reinigen, eröffnen, kommen meistentheils mit der Endivia oder Wegwart überein, sind aber bitterer mäßigen die Galle, und verwahren das Geblüt von Fiebern, so aus der Fäulung ihren Ursprung haben, haben sonderlichen Nutzen in Tertianfiebern, innerlichen Entzündungen und andern Zufällen, wo nemlich die Schärfe des Geblüts zu dämpfen vonnöthen ist. Sie lindern den Husten, zertheilen den Schleim auf der Brust, Verstopfungen des Gekröses, der Milz, Leber und Mutter, curiren die Wassersucht, gelbe Sucht, Engebrüstigkeit, das Malum Hypochondriacum, den Scharbock, die Harnwinde, Soodbrennen, Husten, Keuchen, Verstockung des Urins und des Leibes u. d. g. Es kan auch dieses Kraut in der Schwindsucht, Blutspeichel, Blutstürzungen und der rothen Ruhr unter die Wundtränke genommen, und äusserlich die Wurzel in Flecken der Augen als ein Amulet appliciret werden; zu welchem Ende denn hieraus ein besonderes Wasser destilliret wird.

Tarchon, v. Dracunculus *Offic.*

Tarchon silvestre vel aquaticum, v. Ptarmica *Matth.* v. Dracunculus *Offic.*

Tartarus, Weinstein. II.

Hiervon können Jo. Schroeder in Thesaur. Pharmacolog. Frider. Hofmann in Clav. Pharm. Schroeder. Sachsius in Ampelographia, Frider. Zobelius in Tartarologia spagirica und andere nachgeschlagen werden. v. Vitis vinifera. Vom Weinstein sind folgende Verse bekannt:

Sex sunt in medicis, quae vincunt robore taurum,
Succina, Castoreum, Mars, Camphora, Tartarus, Aurum.

Tartonraire *Galloprovinciae Massiliensium*, v. Sesamoides.

Tartuffoli, v. Tubera terrae, v. Battata *Hispanorum*.

Tarum, v. Aloë, v. Agallochum.

Tarum crispum, v. Aloë, v. Agallochum.

Tauacare, v. Coccus de Maldiuia.

Tauebotrech.

Ein Baum in Madagascar, dessen Holz in einem Tranke mit dem Tanquarach, welcher das Meer- und Honigholz ist, wider alle Lungen- und Brustkrankheiten, und auch wider das Seitenstechen vortreflich ist.

Taura, v. Lunaria maior.

Taurina, v. Galega.

Taurum, v. Agallochum, v. Aloë.

Taxus, Smilax arbor, Eibenbaum, Ibenbaum. III.

Dieser Baum grünet beständig, wächset auf hohen Bergen in Italien, Frankreich, Engelland, Schweitz, Spanien und Deutschland wild, und wird in etlichen Gärten unterhalten. Er ist dem Tannen- und Fichtenbaum gleich, und denen Alten sehr verdächtig gewesen, welche glaubten, daß nicht allein der Baum, sondern auch der bloße Schatten desselben, den Menschen gefährlich seyn und tödten könne. Ja wenn sie was giftiges oder schädliches wollten vorstellen, so nenneten sie es Toxicum qs. Taxicum, oder einen höchstgefährlichen Gift. Doch aber, nachdem des Taxi Eigenschaften genauer erforschet, und dessen Früchte zuweilen hier in Deutschland von kleinen Kindern ohne Schaden aufgelesen und verzehret worden, will man seinen Gift etwas in Zweifel ziehen, aber, immassen unsere Gärtner, vornemlich wenn der Eibenbaum blühet, und sie viel dabey zu verrichten haben, große Kopfschmerzen verspüren, nicht absolut verneinen. Das Holz von diesem Baum, wenn es am bloßen Leibe getragen wird, soll, nach der Auctorum Meynung, als ein unfehlbares Remedium wider Hexerey und Zauberwerke paßiren.

Tayouc, v. Aron.

Tazette, v. Narcissus cum pluribus floribus.

Tchia, v. Thee.

Teda, v. Pinus.

Teda.

Wird vom Plinio vor einen besondern Baum gehalten, ist aber nichts anders, als eine gewisse Krankheit der Bäume, da ihre ganze innerliche und äußerliche Substanz in lauter Fett verwandelt wird, und der Baum hernach verdorren und eintrocknen muß. Und diese Beschwerung incommodiret nur die Fichten, Lerchen und Kieferbäume, v. Domin. Chabr. Stirp. icon. et Axtius de pice conficienda.

Telephioides, unächt Telephkraut. V.

Telephium, v. Fabaria.

Telephium album, v. Fabaria.

Telephium *Auincennae*, v. Malabathrum.

Telephium *Diosc.* v. Capparis.

Telephium flore purpureo, v. Fabaria.

Telephium *Hispanicum*, v. Fabaria.

Telephium latifolium peregrinum, v. Fabaria.

Telephium luteum, v. Radix rosea.

Telephium minus repens, semper virens, v. Fabaria.

Telephium primum, v. Fabaria.

Telephium purpurascens, v. Fabaria.

Telephium purpurascens maius, v. Fabaria.

Telephium quintum flore purpureo, v. Fabaria.

Telephium radice rosam spirante, v. Radix rosea.

Telephium repens folio deciduo, v, Fabaria.

Telephium secundum *Hispanicum*, v. Fabaria.

Telephium semper virens, v. Fabaria.

Telephium sextum, v. Fabaria.

Telephium tertium, v. Fabaria.

Telephium vulgare, v. Anacampseros.

Telephium vulgare siue secundum, v. Fabaria.

Telis, *Diosc.* v. Foenum Graecum.

Tendrocosse.

Ein Kraut in Madagascar, wovon der Trank ein bewährtes Mittel ist, daß die Frauen Milch kriegen, oder solche vermehret wird, und das zur Stärkung aller edlen Theile dienet.

Terapidion *Crateruae*, v. Lactuca *Offic.*

Terdina, v. Valeriana.

Tere-

Terebinthina Veneta, v. Abies femina.

Terebinthus *Indica Theophr.* v. Pistacia.

Terebinthus latifolia, v. Terebinthus *Offic.*

Terebinthus minor in *Lombardia et Hetruria*, v. Terebinthus *Offic.*

Terebinthus *Offic. et Matth. Lob. Tab. J. Bauh.* Terebinthus arbor *Montalb.* Τερέβινθος, Terpentinbaum. VIII.

Ist ein Baum, so in Chio, Cypern und andern Orten wächset; sein Harz wird von dem Harz des Lerchenbaums unterschieden. Es curiret allerhand Lungenbeschwerungen, Geschwäre, den Samenfluß, Stein, die Wassersucht, den warmen Brand und Krankheiten, so von Erkältung entstanden, treibet den Stein, und laxiret ein wenig. Der Spiritus hiervon treibet Urin und Schweiß. Man hat auch einen Wein vom Terpentin. Die Pillen dienen in der Gonorrhaea. Sonst pflegt auch der Terpentin in dem Urin einen angenehmen Geruch zu geben, daß er riechet wie Veilgen.

Terebinthus peregrinus fructu maiore pistaciis simili eduli, v. Terebinthus *Offic.*

Terebinthus vulgaris, v. Terebinthus *Offic.*

Terebinthus pistaciae fructu, non eduli, *Plum.* v. Terebinthus.

Terebinthus procera, balsamifera, rubra, v. Terebinthus.

Ternatea, die Ternatea. IV.

Terra antiscorbutica.

Kommt aus Norwegen, und thut eben den Effect, als die Terra sigillata. Sie widerstehet auch dem Scharbock.

Terra chia.

Eine weiße Erde, kommt aus der Insul Chio im Archipelago. Sie vertreibet die Runzeln des Gesichts, und machet die Haut schön glänzen.

Terra Crepola Italorum, v. Chondrilla.

Terra Crepola, siue Terracrepolum, v. Sonchus.

Ist ein ausländisches Kraut, so um Montpelier herum, an alten Gebäuden und felsichten Hügeln wild wächset, auch in die Gärten verpflanzet wird. Die Einwohner pflegen dieses Kraut aus Eßig und Oel zu essen, und weil es wohl schmecket, und ein wenig anhält, so machen sie eine Delicatesse draus.

Terrae fel, v. Centaurium minus.

Terrae glandes, *Dod. Lob.* v. Apios, *Trag.*

Terra Japonica, v. Catechu.

Terra Iluana.

Wenn man diese Erde mit Citronensaft vermenget, giebt sie ein treſliches Mittel wider die bösen Fieber, sie stillet auch wegen ihrer adstringirenden Kraft allerhand Blutflüsse.

Terra *Labacensis*, v. Terra sigillata.

Terra *Lemnia*, v. Terra sigillata.

Terra merita, v. Curcuma.

Terra sigillata, gesiegelte Erde.

Ein fetter weißer Thon, in welchem eine Medicinische Kraft enthalten. Sie kommt aus Arabien, Armenien, denen Insuln Samos und Lemnos, aus Ungarn von Gran, aus Schlesien von Striegau, aus Malta und Norwegen. Sie ist der Farbe nach entweder braunroth, Leibfarbe, ganz blaßroth, gelb Ockerfarbe, braun, schwarz oder weis. Einige Arten davon adstringiren, kühlen ab, und treiben aus, andere sind scharf und erwärmen, andere aber sind fett, und dienen zum lindern.

Terra *Tripolitana*, Trippel, wird zum reinigen derer Gefäße gebraucht.

Terrae tubera, v. Boletus cerui.

Tertianaria, v. Gratiola coerulea.

Tertiola, v. Stachys.

Testiculi species tertia, v. Cynosorchis.

Testiculi tertii species prima, v. Orchis, v. Cynosorchis.

Testiculus bifolius, v. Satyrium, v. Triorchis.

Testiculus candidus, v. Satyrium, v. Triorchis.

Testiculus candidus odoratus maior, v. Triorchis.

Testiculus caninus, v. Triorchis *Offic.*

Testiculus castratus, v. Orchis, v. Satyrium.

Testiculus flore albo odorato, *Pinac. Baub.* v. Triorchis *Offic. Ger.*

Testiculus galericulatus, v. Satyrium, v. Triorchis *Offic.*

Testiculus hircinus primus, v. Satyrium, v. Triorchis, *Offic.*

Testiculus hircinus secundus, v. Satyrium, v. Triorchis, *Offic.*

Testiculus hircinus tertius, v. Satyrium, v. Triorchis, *Offic.*

Testiculus latifolius quintus, *Matth.* v. Cynosorchis *Matth.*

Testiculus luteus, v. Satyrium, v. Triorchis, *Offic.*

Testiculus minus odoratus, v. Triorchis, *Offic.*

Testiculus morionis femina, v. Cynosorchis.

Testiculus morionis mas, v. Cynosorchis.

Testiculus muscarius primus, v. Orchis, v. Serapias.

Testiculus muscarius quartus, v. Orchis, v. Serapias.
Testiculus muscarius secundus, v. Orchis, v. Serapias.
Testiculus odoratus, *Mer. P.* v. Triorchis, *Offic. Ger.*
Testiculus odoratus maior, v. Triorchis, *Offic. Ger.*
Testiculus pumilio, v. Orchis, v. Serapias.
Testiculus quintus militaris, v. Cynosorchis.
Testiculus sacerdotis, v. Triorchis, *Offic.*
Testiculus sphegodes, v. Orchis, v. Serapias.
Testiculus spiralis autumnalis, *Pinac. Bauh.* v. Triorchis *Offic. Ger.*
Testiculus strateumaticus minor, v. Cynosorchis.
Testiculus vulpinus, v. Orchis, v. Cynosorchis.
Testiculus vulpinus latifolius, v. Orchis, v. Cynosorchis.
Testiculus vulpinus luteus, v. Orchis, v. Serapias.
Testiculus vulpinus primus, v. Orchis, v. Cynosorchis.
Testiculus vulpinus quartus hermophroditicus, v. Orchis, v. Cynosorchis.
Testiculus vulpinus secundus, v. Orchis, v. Cynosorchis.
Testiculns vulpinus tertius, v. Orchis, v. Cynosorchis.
Tetragonia *Theophr. Lugd.* v. Euonymus *Matth. Dod. Lob. Tab.*
Tetragonocarpos, die Viereckfrucht. II.
Tetrahit, v. Sideritis.
Tetrahit angustifolium *Lugd.* v. Ladanum segetum, *Plin.*
Tetrahit herbarum, v. Sideritis.
Tetralix spinosa, v. Echinopus.
Tetraphyllon, v. Paris herba.
Tetrapogon, v. Tragopogon.
Tetrorchis alba odorata maior, v. Triorchis.
Tetrorchis vel Triorchis alba spiralis vel autumnalis, v. Triorchis.
Teuchitis, v. Schoenanthum.
Teucrii quarti species tertia, v. Chamaedrys.
Teucrinum *Alpinum*, listi folio, v. Chamaedrys.
Teucrinum fruticans *Boëticum*, v. Chamaedrys.
Teucrium, v. Veronica Chamaedrys.
Teucrium *Alpinum* listi folio, v. Chamaedrys *Alpina.*
Teucrium alterum, *Matth.* v. Chamaedrys vulgaris, *Trag. et Offic.*
Teucrium *Boëticum*, v. Chamaedrys.
Teucrium coeruleum, *Matth.* v. Chamaedrys vulgaris *Trag. et Offic.*

Teucrium latifolium, Chamaedrys secunda, groß Bathengel. XIV.

Das Kraut und Blumen sind warm und trocken im andern Grad, und dienen der Leber. Es kömmt mit der Chamaedri überein.

Teucrium *Pannonicum*, v. Chamaedrys.

Teucrium *Pannonicum* minus, v. Chamaedrys.

Teucrium peregrinum folio sinuoso, v. Chamaedrys vulgaris *Trag. et Offic.*

Teucrium pratense spurium, v. Chamaedrys vulgaris, *Trag. et Offic.*

Teucrium tertium minus, *Tab.* v. Chamaedrys vulgaris, *Trag. et Offic.*

Teucrium verum, v. Chamaedrys vulgaris *Trag. et Offic.*

Teucrium vulgare fruticans, v. Chamaedrys vulgaris, *Trag. et Offic.*

Teutlis, v. Beta alba.

Teutlon, τεῦτλον v. Beta alba.

Thaeda, v. Pinaster.

Thalictrum, v. Lilium convallium, v. Sophia Chirurgorum.

Thalictrum, Wiesenraute, gefiederter Agley. XVIII.

Hierdurch werden unterschiedene Pflanzen, als die Aquilegia vom Heroldo, die Potentilla vom Ruellio, Consolida regalis vom Trago, Pimpinella saxifraga minor vom Lobelio, Seriphium Germ. vom Gesnero, Phellandrium vom Plinio und andern verstanden. Daß aber alle itzt erzählte Auctores irren, und man vom Thalictro auch vielerley Sorten habe, erzählet Dominic. Chabr. in Stirpium icon. Class. XXX. p. 489.

Thalictrum *Canadense*, Canadische Wiesenraute. II.

Wenn man dieses Kraut zerquetschet und auf die Wunden leget, so zeitiget es, machet Eiter und heftet sie zusammen.

Thalictrum *Diosc.* v. Thalictrum.

Thalictrum maius, große Wiesenraute. VI.

Der ausgepreßte Saft heilet die Geschwäre. Die Wurzel in Bädern appliciret, vertreibet Läuse und Mitesser. Die Ammen pflegen sie in die Wiegen zu legen, und wollen ihre Kindlein solcher Gestalt vor Zauberey verwahren. Der Same curirt die fallende Sucht.

Thalictrum maius flauum staminibus luteis, vel glauco folio, v. Thalictrum maius.

Tha-

Thalictrum maius florum, staminibus purpurascentibus, v. Thalictrum maius.

Thalictrum maius non striatum, v. Thalictrum maius.

Thalictrum maius siliqua angulosa, vel striata, v. Thalictrum maius.

Thalictrum minus, kleine Wiesenraute.

Thalictrum mit weisser Blüte. VII.

Dienet wider die Pest, gelbe Sucht, und laxiret den Leib.

Thalictrum nigrum, v. Thalictrum.

Thalictrum paruum, v. Thalictrum minus.

Thalictrum pratense angustifolium, v. Thalictrum.

Thalictrum pratense secundum, v. Thalictrum.

Thalictrum quartum, vel montanum tertium, v. Thalictrum.

Thalictrum quartum flore purpureo, v. Thalictrum.

Thalictrum quorundam, v. Thalictrum.

Thalictrum secundum *Germanicum*, latifolium, v. Thalictrum.

Thalictrum tenuifolium, v. Thalictrum.

Thalictrum tertium angustifolium, v. Thalictrum.

Thalietrum, v. Sophia Chirurgorum.

Thalietrum magnum, v. Thalictrum maius.

Thalietrum magnum primum, v. Thalictrum maius.

Thalietrum magnum quartum, v. Thalictrum maius.

Thalietrum magnum secundum, v. Thalictrum maius.

Thalietrum magnum tertium, v. Thalictrum maius.

Thalietrum minus, v. Thalictrum minus.

Thalietrum pratense primum, vel quintum, v. Thalictrum.

Thalietrum primum *Italorum*, v. Thalictrum.

Thalietrum primum seu *Hispanicum*, v. Thalictrum.

Thalietrum septimum, v. Thalictrum.

Thamecnemon, v. Myagrum.

Thapsia, v. Turbith.

Thapsia *Asclepiadis*, v. Rubia tinctorum.

Thapsia *Diosc.* v. Turbith.

Thapsia foeniculi folio, v. Turbith.

Thapsia latifolia *Clus.* I. v. Turbith.

Thapsia latifolia villosa, v. Seseli, v. Turbith.

Thapsia prima, v. Turbith.

Thapsia secunda vulgaris, v. Turbith.

Thapsia secunda vulgaris tenuifolia, v. Turbith.

Thapsia tertia angustifolia, v. Turbith.

Thapsiae radix, v. Turbith.

Thapsus barbatus, v. Verbascum.

Thapsus barbatus floribus albis, v. Verbascum.

Thapsus barbatus maximus odoratus septentrionalium, v. Verbascum.

Thapsus femina flore albo, v. Verbascum.

Thavmantin, v. Jasminum Indicum.

Thaxthax, v. Papauer spinosum.

Thée, Cha, Tchia, Cia, Thee.

Kömmt aus China und Japan. Das getrocknete Kraut ist zweyerley, ja vielerley, ein anders Imporatoria, oder der Kayserthee, ein anders Vulgaris, der gemeine Thee; je kleiner die Blätter und je stärker sie riechen, je besser sind sie. Es hat der Thee ein Sal volatile oder flüchtiges Salz bey sich, wenn man durch Aufgiessung siedendheisses Wassers eine grünlichte Tinctur ausgezogen, so wird er warm, mit oder ohne Zucker, zu etlichen Unzen getrunken. Er treibet Schweis und Urin, befeuchtet das Geblüt, und befördert dessen Circulation, dienet in Verstopfungen des Hauptes, Gehirns, der Lungen, Leber, Milz und Nieren, curirt Flüsse, Husten, Rauhigkeit, Engbrüstigkeit, das Hüftweh, schmerzhafte Auslassung des Urins, den Stein, Gicht, Verstopfung des Monatflusses, dessen widernatürliche Farbe, und die Schwindsucht, machet Wachen, zertheilet die Dummheit und den Schwindel, schärfet das Gedächtnis und die Macht der Purgier- und Schweispillen; dienet im bösen Wesen, Schlagflüssen, harter Schwulst des Herzens, Magen, Verstopfung der güldenen Ader; Scorbut, drey und viertägigen und beständig anhaltenden Fiebern, übernatürlichen Durst, der reissenden Gicht, Hectis, nassen Krätze, auch allerhand Flecken und Bläsgen des Gesichts. Wenn man aber hierinnen der Sache zu viel thun, so kan leicht eine Cacochymie und Wassersucht daraus entstehen.

Thée *Europaeum*, v. Chamaeleagnus.

Thée nostrate, v. Chamaeleagnus.

Thelephium *Diosc.* v. Cerinthe.

Thelephium maculosum, v. Cerinthe.

Theligono affinis herba, v. Saxifraga.

Theligonon, v. Mercurialis.

Thelithamnum siculum, v. Abrotanum.

Theopnoe, v. Rosmarinus.

Theriaca rusticorum, v. Allium.

Theria-

Theriacalis herba, v. Luteola.
Theriacaria, v. Valeriana hortensis.
Thesion, v. Lactuca.
Thiliphthorion, v. Abrotanum.
Thilypteris filix femina, v. Lonchitis.
Thilythamnos, v. Abrotanum.
Thimelaea, v. Mezereum.
Thinnus, v. Pinus.
Thiuts.

Ist ein Baum auf der Insul St. Maria, dessen Frucht, so bald sie herunter fället, Wurzel fasset, und ein so dickes Holz machet, daß es unmöglich ist, darüber hinweg zu kommen.

Thlaspi, Bauersenf. XLVII.

Wird a θλᾶν, contundere, genennet, weil der Samen aussiehet, als wenn er gleichsam zerstoßen oder zerstampfet wäre, vid. Valent. Andr. Moellenbrocci Cochlearia curiosa p. 17. Der Samen und das Kraut ist warm und trocken im vierten Grad, digeriret, dienet wider toller Hunde Biß, thut gut in der Wassersucht und rothen Ruhr, reiniget bey denen innerlichen Geschwüren, welche aufbersten sollen, treibet die Menses, Urin und Stein, curiret das Hüftweh, Malum hypochondriacum, die Melancholie, den Scorbut, und schadet den schwangern Weibern. Aeußerlich reiniget er, macht stark Niesen, und tödtet die Frucht.

Thlaspi albo flore, v. Thlaspi.
Thlaspi album supinum, v. Thlaspi.
Thlaspi aliud vmbellatum Penae, v. Thlaspi.
Thlaspi *Allobrogicum Creticum*, v. Thlaspi.
Thlaspi *Alpinum* bellidis coeruleae facie, v. Thlaspi.
Thlaspi alterum, v. Thlaspi, v. Raphanus rusticanus.
Thlaspi alterum minus vmbellatum, v. Thlaspi.
Thlaspi alterum mitius rotundifolium bursae pastoris fructu, v. Thlaspi, v. Bursa pastoris.
Thlaspi Alysson dictum campestre maius, v. Thlaspi, v. Alysson.
Thlaspi Alysson dictum maritimum, v. Thlaspi, v. Alysson.
Thlaspi amarum, v. Thlaspi.
Thlaspi amarum decimum, v. Thlaspi.
Thlaspi angustifolium, v. Thlaspi.
Thlaspi aruense perfoliatum maius, v. Thlaspi.
Thlaspi aruense siliquis latis, v. Thlaspi.

Thlaspi aruense Vaccariae incano folio maiore, v. Thlaspi.
Thlaspi aruense Vaccariae lato leuique folio, v. Thlaspi.
Thlaspi *Badense*, v. Thlaspi.
Thlaspi bisacutum, v. Thlaspi.
Thlaspi bisacutum asperum hieracifolium maius, v. Thlaspi.
Thlaspi bisulcatum, v. Thlaspi.
Thlaspi *Candiae Dod.* v. Arabis.
Thlaspi *Candiae* vmbellatum Iberidis folio, *Lob. C. Bauh.* v. Arabis.
Thlaspi *Cappadocium* flore incarnato et albo, *Eyst.* v. Arabis.
Thlaspi clypeatum, v. Jonthlaspi, v. Thlaspi.
Thlaspi cornutum, v. Alliaria.
Thlaspi *Craterucae*, v. Armoracia.
Thlaspi *Creticum*, v. Thlaspi.
Thlaspi *Creticum* quintum, v. Thlaspi.
Thlaspi *Diosc.* v. Raphanus Rusticanus, v. Thlaspi.
Thlaspi Drebae folio, v. Thlaspi.
Thlaspi fatuum, v. Bursa pastoris.
Thlaspi fatuum pastoris, v. Bursa pastoris.
Thlaspi fruticosum, v. Rosa Hierichuntica, v. Alysson.
Thlaspi fruticosum folio Leucoji marini minoris, v. Thlaspi, v. Alysson.
Thlaspi fruticosum folio Thymbrae hirsuto, v. Thlaspi.
Thlaspi fruticosum incanum, v. Thlaspi.
Thlaspi fruticosum Leucoji folio angustifolio, v. Thlaspi.
Thlaspi fruticosum minus, v. Thlaspi.
Thlaspi fruticosum spinosum, v. Thlaspi.
Thlaspi fruticosum spinosum Narbonense, v. Thlaspi.
Thlaspi *Graecum*, v. Thlaspi *Creticum*.
Thlaspi *Graecum* Polygonati folio, v. Thlaspi *Creticum*.
Thlaspi incanum *Mechlinense*, v. Thlaspi.
Thlaspi latifolium, v. Thlaspi.
Thlaspi latius, v. Thlaspi.
Thlaspi magnum, v. Raphanus rusticanus.
Thlaspi maius, *Cord.* v. Armoracia.
Thlaspi maius clypeatum, v. Thlaspi, v. Armoracia.
Thlaspi maius primum, v. Thlaspi.
Thlaspi maius tertium, v. Thlaspi.
Thlaspi maritimum, v. Thlaspi.
Thlaspi minimum, v. Thlaspi.
Thlaspi minus *Germanicum*, v. Thlaspi.

ſpi minus hortenſe vulgare, v. Thlaſpi.
ſpi minus latifolium, v. Thlaſpi.
ſpi minus tenuifolium, v. Thlaſpi.
ſpi montanum, v. Bulbonach.
ſpi montanum glaſti foliis, v. Thlaſpi.
ſpi montanum minimum, v. Thlaſpi, v. Cardamine.
ſpi montanum peltatum, v. Thlaſpi.
ſpi montanum ſecundum, v. Thlaſpi.
ſpi *Narbonenſe* centunculo anguſtifolio, v. Thlaſpi.
ſpi *Narbonenſe* vmbellatum, v. Thlaſpi.
ſpi Naſturtii hortenſis folio, v. Thlaſpi, v. Naſturtium
ortenſe.
ſpi *non Candiae*, v. Arabis.
ſpi *Offic.* v. Thlaſpi.
aſpi oleraceum nonum, v. Thlaſpi.
aſpi *Pannonicum*, v. Thlaſpi.
aſpi paruum hieracifolium, v. Thlaſpi.
aſpi perfoliatum minus, v. Thlaſpi.
aſpi platycarpon, v. Thlaſpi.
aſpi pumilum, v. Thlaſpi.
aſpi quartum, *Matth.* v. Arabis.
aſpi ſemper virens, v. Thlaſpi.
aſpi ſpinoſum decimum quintum, v. Thlaſpi.
aſpi vmbellatum, v. Naſturtium.
aſpi vmbellatum arvenſe Iberidis folio, v. Thlaſpi.
aſpi vmbellatum *Graecum* Iberidis folio, v. Thlaſpi.
laſpi vmbellatum Naſturtii folio *Mompeliacum*, v. Thlaſpi,
v. Naſturtium.
laſpi vulgatiſſimum Vaccariae folio, v. Thlaſpi.
laſpidii genus, v. Thlaſpi.
laſpidii genus aliud, v. Thlaſpi.
laſpidii genus tertium, v. Thlaſpi.
laſpidium, Baſtartbaurenſenf, Cretiſcher Federbaum.
XII.
laſpidium cornutum, v. Alliaria.
laſpios ſpecies, v. Burſa paſtoris.
laſpios ſpecies minima, v. Alſine.
iora, v. Ranunculus.
iora, Aconitum pardalianches, Leopardenwurzel, Gift-
wurzel, Wolfswurzel. II.

Wächset in den Schweitzerischen Alpengebürgen, das Kraut brennet und beitzet.

Thora *Apula*, v. Thora.

Thora maior, v. Thora.

Thora minor, v. Thora.

Thora montis Baldi, v. Thora.

Thora *Sabaudica*, v. Thora.

Thora *Waldensis*, v. Thora.

Thora *Waldensis* femina, v. Thora.

Thora *VValdensis* mas, v. Thora.

Thorina, v. Galega.

Thrausma, v. Ammoniacum.

Thrauston, v. Ammoniacum.

Triallis, v. Sanguisorba.

Thuia, vel Thyia, Arbor vitae, fragrans arbor, Lebensbaum. II.

Mit dieses Baumes Zweigen, wenn sie zerstoßen und in die Nase gestecket werden, kan man zuweilen Nasenbluten erregen. Das Wasser und destillirte Oel hiervon, (wenn es recht gemacht ist,) pfleget man in Podagrischen Schmertzen mit Tüchern überzuschlagen.

Thuia *Theophr.* v. Thuia.

Thuiae quartum genus, v. Thuia.

Thuiae tertium genus, v. Thuia.

Thus, v. Storax.

Thus *Judaeorum*, v. Storax.

Thyanus, v. Lolium.

Thyia, v. Thuia.

Thymamosium, v. Foeniculum.

Thymbra, v. Satureia.

Thymbra agrestis, v. Satureia.

Thymbra altera, v. Satureia.

Thymbra *S. Juliani*, v. Satureia.

Thymbra montana, v. Thymbra Satureia.

Thymbra prima, v. Satureia.

Thymbra Satureia hortensis, vulgaris montana, Wintersaturey, Wintersop. II.

Wächset in Gärten, und blühet im Sommer. Das Kraut kömmt mit der andern Saturey überein.

Thymbra silvestris, v. Satureia.

Thym-

ıbra vera, Satureia *Cretica*, Saturey, Sadaney, Pfef-
fraut. III.
iet in der Insul Creta. Das Kraut, welches in unsern
othecken nicht zu bekommen, treibt die monatliche Zeit beym
uenzimmer und den Urin. Man kan es auch mit Honig
ichen, und in starken Kilstern und Husten verordnen.
ıbra vulgaris, v. Thymbra Satureia.
ıbrae secundae species, v. Satureia.
ıelaea, v. Thymelaea *Offic.*
ıelaea citrei foliis *Pontica Tournef.* v. Thymelaea.
ıelaea foliis acutis capitulo succisa, v. Hippoglossum *Va-
tinum.*
ıelaea foliis candicantibus serici instar mollibus, v. Se-
ıoideas.
ıelaea foliis Chamelaeae maioribus subhirsutis, v. Sana-
nda, v. Thymelaea *Offic.*
ıelaea foliis Kali lanuginosis falsis, v. Sanamunda, v.
ymelaea *Offic.*
ıelaea foliis Lini, v. Sanamunda, v. Thymelaea *Offic.*
ıelaea grani gnidii, *Lob.* v, Thymelaea *Offic.*
ıelaea *Monspeliaca J. B.* v. Thymelaea *Offic.*
ıelaea *Offic. et Matth. Park.* Thymelaea grani gnidii
. Thymelaea Monspeliaca *J. Bauh.* Kellershals, Zei-
ıd, Zebast, Zeidelbast. XL.
Burzel purgiret sehr stark. Die Früchte und Beeren wer-
ı Granum gnidium vel Cnidium und Coccignidium ge-
ınet.
ıelaea prima, v. Thymelaea *Offic.*
ıelaea secunda, v. Thymelaea *Offic.*
ıiama, v. Ammoniacus, v. Storax, v. Thus.
ınst eine wohlriechende Massa, so roth aussiehet, und in das
varze fällt. Sie kommt aus Indien, und wird vornem-
ı zum Räuchern gebrauchet.
ıiaritis, v. Quinquefolium.
ıoleon, *Thurnhaus*, v. Caucalis.
ıum *Creticum*, v. Marum *Offic.*
ıum durius, v. Thymum, seu Thymus vulgaris.
ıum latifolium, v. Serpillum vulgare.
ıum, Thymus vulgaris, Serpillum hortense, Römischer
er Welscher Quendel, Thymian. XIII.

Das Kraut und der Samen sind warm und trocken im dritten Grad, verdünnet, dringet durch, zertheilet den zähen Schleim entweder der Lunge, als im Husten und Engbrüstigkeit, oder der Gliedmasen im Zipperlein, eröfnet die Eingeweide, und machet Appetit zum Essen. Aeußerlich zertheilet es kalte Schwulsten, das ausgetretene Geblüt, Aufblähung des Magens und Gichtschmerzen. Aus diesem Kraute ist das Wasser, Oel und der Spiritus zu haben.

Thymum vulgare, v. Thymum s. Thymus vulgaris.

Thymus alter durior, v. Thymum seu Thymus vulgaris.

Thymus capitatus, v. Thymum seu Thymus vulgaris.

Thymus citrinus *Offic.* Serpillum citratum, Citri odore, Citronenquendel. II.

Wächset auf hohen Bergen und erhabenen Höhen, blühet im August, und giebt ein herrliches Kraut, welches mit dem andern Thymian überein kömmet.

Thymus verus capitatus, v. Thymum seu Thymus vulgaris.

Thymus vulgaris folio latiore, v. Thymum seu Thymus vulgaris.

Thysselinum s. Thysselium, v. Meum palustre, v. Apium.

Tigridis flos, *C. Bauh. Dod. Lob.* die Tigerkrautblume.

Tilia femina, Phillyrea, Lindenbaum. XV.

Die Blüten sind warm und trocken im ersten Grad, zertheilen, dienen dem Haupt, werden im bösen Wesen, Schwindel, und Schlagflüssen gebrauchet. Die Blätter und Rinden sind temperirt im warmen, und trocken im ersten Grad, treiben den Urin und Blutgang der Weiber, dienen äußerlich in Brandschäden. Der Samen ist wider allerhand Flüsse und Verblutungen zuträglich. Die aus dem Feuer gezogenen Lindenen Scheite pfleget man mit Eßig zu besprengen, und das geronnene Geblüt zu zertheilen, vorzuschlagen. So thun auch äußerlich die Blätter in Geschwären des Mundes bey kleinen Kindern, und Geschwulst der Füsse gut. Der Schleim aus der Rinde heilet Brandschäden und Wunden. Die Feuchtigkeit und das Wasser, welches aus dem Mark der zerschnittenen Linde hervor rinnet, machet die Haare wachsend. Sonst ist auch aus den Lindenblüten ein destillirtes Wasser zu bekommen.

Tilia femina folio maiore, v. Tilia femina.

Tilia mas, v. Tilia femina.

Tilia mas foliis Vlmi, v. Tilia femina.

Tilia sativa, v. Tilia femina.
Tinctorius flos, v. Conyza.
Tinctorius flos quartus, v. Caltha.
Tinctorum granum, v. Kermes.
Tinearia, v. Stoechas citrina.
Tinus, Tinuslorbeer, Bastartlorbeer. VI.
Tinus laurus silvestris, v. Tinus.
Tinus *Lusitanica*, v. Tinus.
Tinus primus, v. Tinus.
Tinus secundus, v. Tinus.
Tipha, v. Typha.
Tipha *Theophr.* v. Typha.
Tithymalo maritimo affinis linariae folio, v. Hippophaës, v. Tithymalus.
Tithymaloides, unächte Wolfsmilch. II.
Tithymalus herba lactaria, Lactuca caprina, *Plin.* Esula *Offic.* Wolfsmilch. LXXII.
Tithymalus amygdaloides, v. Tithymalus.
Tithymalus amygdaloides angustifolius, v. Tithymalus.
Tithymalus amygdaloides latifolius, v. Tithymalus.
Tithymalus characias, v. Tithymalus.
Tithymalus characias alter, v. Tithymalus.
Tithymalus characias angustifolius, v. Tithymalus.
Tithymalus characias rubens peregrinus, v. Tithymalus.
Tithymalus ciparissicus, v. Esula.
Tithymalus cupressinus primus, v. Esula.
Tithymalus cupressinus secundus, v. Esula.
Tithymalus cyparissias, v. Esula.
Tithymalus dendroides, *Cord. Gesn.* v. Tithymalus silvaticus.
Tithymalus folio Pini, v. Tithymalus.
Tithymalus helioscopius, v. Tithymalus.
Tithymalus latifolius *Hispanicus*, v. Tithymalus.
Tithymalus leptophyllos, v. Tithymalus.
Tithymalus linifolius, v. Tithymalus.
Tithymalus marinus spinosus, v. Hippophaës.
Tithymalus maritimus, v. Tithymalus.
Tithymalus masculus, v. Tithymalus.
Tithymalus maximus, v. Tithymalus.
Tithymalus minimus, v. Tithymalus.
Tithymalus Mirsanites, v. Nux Metel.

Tithy-

Tithymalus myrsinites angustifolius, v. Tithymalus.
Tithymalus myrsinites in montibus, v. Tithymalus.
Tithymalus myrsinites latifolius, v. Tithymalus.
Tithymalus myrsinites legitima, v. Nux Metel, v. Tithymalus.
Tithymalus myrsinites primus, v. Tithymalus.
Tithymalus myrsinites secundus angustifolius, v. Tithymalus.
Tithymalus myrsinites tertius, v. Tithymalus.
Tithymalus palustris fruticosus, v. Esula vulgaris.
Tithymalus paralius, v. Tithymalus.
Tithymalus paralius *Matth.* v. Tithymalus.
Tithymalus quintus, v. Tithymalus.
Tithymalus silvaticus, Tithymalus dendroides, *Cord. Gesn.* **Wald, oder wilde Wolfsmilch.** III.
Wächset in Spanien, Frankreich, der Schweitz, auch an theils Orten in Deutschland, an schattichten Orten, sehr häufig.
Tithymalus tuberosa pyriforma radice, *Clus.* v. Apios, *Matth. Dod. Tab.*
Tithymalus verrucosus, **Wolfsmilch mit knollichten Wurzeln.** III.
Wächset auf sandigten Boden.
Titurauan, v. Ampalantangh-vari.
Tlixochitl, v. Conuolnulus Indicus.
Ist eine lange und ganz schwarzbraune Hülse, die aus America kommt. Wenn sie frisch ist, siehet sie grünlicht gelb aus, der Kern ist wie ein Honig, aber ganz schwarz und mit vielen kleinen Körnern angefüllet. Sie riecht lieblich, und wird daher von einigen unter die Chocolade genommen.
Tobacum, v. Nicotiana.
Tocamboa.
Ist die Frucht von einem Baume in Madagascar, welche einer kleinen Birne gleichet, und wovon die Hunde sterben.
Toluazin, v. Datura.
Tolutanum balsamum, v. Balsamum de Tolu.
Tombubitsi.
Ist ein Baum in Madagascar, dessen Holz einen orangefarbenen Kern hat.
Tomentarium, v. Linaria.
Tomentosum *Cord.* v. Filago.
Tomentum, v. Lacca pratensis.
Tomentum pratense, v. Linaria.

gue.
ſt ein Kraut in Madagaſcar, welches wider den Eckel und den Gift dienet. Es hat eine Blume wie Jaſmin, und eine ſehr bittere Wurzel, deren man ſich bedienet.
itruifuga, v. Fumaria.
itrum flos, *Brunſ.* v. Amerius flos.
aria, v. Acanthus.
minima, v. Thora.
ſalutifera, v. Scrophularia.
venenata, v. Thora.
iedon, v. Turbith.
lylium, v. Meum, v. Seſeli *Creticum.*
lylium maius, v. Seſeli *Creticum.*
lylium minus, v. Seſeli *Creticum.*
nentilla *Alpina,* Heptaphyllon, Rothwurzel. II.
n das Pulver von der Wurzel und Blumen im Backofen ohl getrocknet iſt, ſo ſtillet es das Bluten der Wunden.
nentilla *Alpina* flore ſericeo, v. Quinquefolium.
nentilla candida, v. Quinquefolium.
nentilla Medicorum, v. Blattaria.
nentilla ſilveſtris, Conſolida rubra, Heptaphyllum, Tor-entill, Heitz, rother Gunzel, roth Heilwurz, Ruhr-urz, Blatwurz, Nabelkraut, Hünerwurz, Birkwurz, !abelwurz, χευτόγονον. IV.
Wurzel wärmet im erſten, und trocknet im dritten Grad, ilt an, dienet in Wunden, treibet Schweis und Gift, curiret e Peſt, Pocken, Maſern, Schlagflüſſe, rothe Ruhr, anſte-ende Krankheiten, den Durchfall, Franzoſen, Gift und Wun-n, und trocknet die Flüſſe. Aeußerlich dienet ſie wider ſtar-s Brechen und Wunden. Von dieſer Wurzel findet man n deſtillirtes Waſſer und einen Extract.
ninalis ſorbus, v. Sorbus torminalis.
iabanae congener, v. Hyoſciamus vulgaris.
iabona, v. Nicotiana.
iesol *Gallorum,* v. Heliotropium.
ii ſol, v. Lacca Muſica.
iis, v. Lacca Muſica.
bona, v. Bonus Henricus, v. Horminum et Sclarea *Offic.*
ca gracilis et plicatilis, v. Arundo.
codendron, der Giftbaum aus Virginien. VII.
teſia, v. Artemiſia.

Toxobulum, Toxotis, v. Artemisia.

Trachelinum *Offic.* Ceruicaria, Vua, Vuularia, Campanula, Halskraut, Halswurz, Nesselblätterich Halskraut, Zäpfleinkraut. LXVII.

Wächset in Wäldern und an den Zäunen. Die Blätter werden wider Bräune, Schwulsten und Geschwäre des Mundes gerühmet.

Trachelium folio Vrticae, v. Trachelinum *Offic.*

Trachelium maius, v. Trachelinum *Offic.*

Trachelium minus, v. Trachelinum *Offic.*

Trachelium quintum, v. Trachelinum *Offic.*

Trachelium vulgare, v. Trachelinum *Offic.*

Tragacantha, vel Tragacanthum, spina hirci, Bocksdorn. XXIII.

Ist ein schleimichtes Gummi, so in der Insul Creta und Asien von einer Staude gleiches Namens gesammlet wird. Es lindert, verdicket, stillet die Schmerzen und Flüsse, heilet Wunden und Geschwäre, curiret die Schwindsucht, den Husten und Rauhigkeit des Halses. Im Clystiren dienet es wider die rothe Ruhr. Man brauchet es gemeiniglich zu Verfertigung gewisser Küchelgen und Pflaster, und sind hiervon die Species Diatragacanthae, frigidae et calidae bekannt.

Tragacantha altera, v. Tragacantha, v. Poterium.

Tragacantha secunda, v. Tragacantha.

Tragacanthae affinis lanuginosae, v. Tragacantha, v. Poterium.

Traganthes, v. Artemisia.

Tragia, die Tragia aus America. II.

Tragium, v. Fraxinella, v. Vua marina.

Tragium *Diosc.* v. Petroselinum.

Tragium *Germanicum*, v. Garosmus.

Tragium primum, v. Fraxinella.

Trago, v. Gramen *Lob.*

Tragon improbum, v. Digitalis.

Tragon, *Matth. Lob.* v. Digitalis.

Tragopogogoides, v. Tragopogon.

Tragopogon, Bocksbart, kleiner Morgenstern. XVII.

Man findet hiervon zweyerley Sorten, als 1) Tragopogon pratense luteum maius, oder den großen gelben Wiesenbocksbart und 2) Tragopogon purpureo-coeruleum porri folio, vulgo Artifici, den roth und gelblichten Bocksbart mit

Lauchŭchblättern, so gemeiniglich Artifici genennet wird. Die Wurzel ist warm und feucht im ersten Grad, wird zu Salaten gebrauchet, und dienet wider die Hitze der Leber, Nieren und des Magens. Sie curirt auch die Beschwerungen der Brust, Husten und Engbrüstigkeit.

;opogon alterum, v. Tragopogon.

;opogon gramineo folio radice villosa, v. Tragopogon.

;opogon *Hispanicum*, v. Scorzonera *Dod*.

;opogon luteum, *Lob. Tab.* v. Barbula hirci *Trag*.

;opogon, *Matth. Dod.* v. Barbula hirci *Trag*.

;opogon minus, v. Tragopogon.

;opogon peregrinum, v. Scorzonera *Dod*.

;opogon pratense, v. Barbula hirci *Trag*.

;opogon pratense luteum maius, v. Barbula hirci *Trag*.

;opogon *Puniceum*, v. Barbula hirci *Trag*.

;opogon purpureum, v. Tragopogon.

;opogon purpureo-coeruleum, porrifolium, quod Artifici ılgo, v. Tragopogon.

;opogon silvestre flore purpureo, v. Tragopogon.

;opyrum, v. Frumentum *Saracenicum*.

;orchis barbata, v. Tragorchis *Offic*.

;orchis breuiore longioreque folio, *C. Bauh.* v. Tragorchis *Offic*.

;orchis foetida, *C. Bauh.* v. Tragorchis *Offic*.

;orchis maxima, v. Tragorchis *Offic*.

;orchis odore hirci, v. Tragorchis.

;orchis *Offic.* maxima *Park.* maximus *Ger.* Saurodes siue Tragorchis maximus *Pinac. Bauh.* barbata, odore hirci, breuiore longioreque folio *C. Bauh.* barbata, foetida *J. Bauh.* Orchis, Cynosorchis, Satyrium *Chabr.* Bockskülloen, Geilwurz. IV.

Wächset auf fetten Boden, blühet im May und Junio. Die Wurzel kömmt an Kräften mit dem Satyrio überein.

;origarum, Trag- oder Bocksdosten. IV.

;origarum alterum *Hispanicum*, Spanische schmalblättrigte Bocksdosten. II.

Wächset in Valentia, blühet im Merz, und kommt mit dem Tragorigaro Cretico überein.

;origarum angustifolium, v. Tragorigarum.

;origarum *Creticum*, Cretischer Trag- oder Bocksdosten. II.

Wächset in Creta, blühet im Merz. Das Kraut wärmet, treibet Urin, die Monatzeit beym Frauenzimmer, und stärket den Magen.

Tragorigarum *Diosc.* v. Marum, *Offic.*

Tragorigarum flore albo, v. Tragorigarum.

Tragorigarum *Hispanicum*, v. Tragorigarum alterum.

Tragorigarum latifolium, v. Marum *Offic.*

Tragorigarum peregrinum, v. Marum *Offic.* v. Tragorigarum.

Tragorigarum prassoides, v. Sideritis.

Tragorigarum primum, v. Tragorigarum.

Tragorigarum primum *Clus. Hispanicum*, v. Marum *Offic.* v. Tragorigarum alterum.

Tragorigarum secundum, v. Tragorigarum alterum.

Tragorigarum serpilli folio, v. Tragorigarum.

Tragos, v. Digitalis.

Tragos, vua marina maior, Polygonum bacciferum maximum minus, Meertrauben. II.

Wächset in Sicilien und andern Seekanten. Die Frucht pfleget man im Wein zu kochen, und wenn der Chylus per interiora fortgehet, auch die Menses allzustarken Abgang leiden, einzunehmen.

Tragoselinum maius, v. Pimpinella saxifraga.

Tragoselinum minus, v. Pimpinella saxifraga.

Tragoselinum petraeum, v. Pimpinella saxifraga.

Tragoselinum saxatile, v. Pimpinella saxifraga.

Tragoselinum, Τραγοσέλινον, v. Pimpinella saxifraga.

Tragotrophon, v. Frumentum *Saracenicum.*

Tragum cereale, v. Frumentum *Saracenicum.*

Tragum, Tragun, *Matth. Tab.* v. Digitalis.

Tragum vulgare, v. Dracunculus acetarius.

Tragus, v. Zea, v. Vua marina.

Tragus cerealis, v. Frumentum *Saracenicum.*

Tragus *Diosc.* v. Typha.

Tragus frumentarius, v. Frumentum *Saracenicum.*

Tragus herba, v. Sedum.

Tragus spinosus, *Matth.* v. Digitalis.

Trasi *Offic. J. Bauh.* Cyperus esculentus siue Trasi Italorum *Ger.* Cyperus rotundus esculentus angustifolius *C. Bauh.* Cyperus dulcis rotundus esculentus Trasi dulce vocatus *Park.* Malinathalle *Theophrast.* süßer wilder Galgant. II.

Wäch-

Wächset in Italien und andern Ländern, und kommt mit dem andern Galgant an Kräften überein.

Trasi *Veronensium*, v. Trasi *Offic. J. Bauh.*

Travsma, v. Ammoniacum.

Travston, v. Ammoniacum.

Traximum, v. Cichorium silvestre.

Tremela, v. Lichen.

Triats.

Eine Sorte Wurzeln in Madagascar.

Tribuloides, v. Tribulus aquaticus.

Tribulus aquaticus vel aquatilis *Offic.* Nux aquatica, Wassernuß, Stachelnuß, Spitznuß, Weiernuß, Seenuß. II.

Dienet wider Entzündungen.

Tribulus marinus, v. Crithmus marinus.

Tribulus silvestris, v. Caucalis.

Tribulus terrestris, *Offic. Ger. Park. J. Bauh. Chabr.* Burzeldorn. IV.

Wächset in Italien, blühet im Julio. Das Kraut ist ein vortrefflich Mittel in verfaultem Zahnfleisch. Es kühlet, verdicket und heilet allerhand Inflammationes und Geschwäre des Mundes. Der Samen wird wider den Gift und Schlangenbiß verordnet.

Trica, v. Geranium.

Trichomanes, Polytrichum *Officinarum*, Adianthum rubrum, Capillaria filicula, Wiedertod. VIII.

Wärmet im ersten und trocknet im andern Grad. Die Blumen und das Kraut haben mit dem Adiantho, Capillo Veneris und der Ruta muraria gleiche Würkung. Man hat hiervon ein destillirtes Wasser, welches die verfaulte Leber reiniget.

Trichomanes femina, v. Trichomanes.

Trichomanes mas, v. Trichomanes.

Trichomanes mas maior, v. Trichomanes.

Trichomanes minor femina, v. Trichomanes.

Trichomanes minor mas, v. Trichomanes.

Trichomanes niger, v. Trichomanes.

Trichomanes ramosus maior et minor, v. Trichomanes.

Triciatella, v. Hieracium.

Tricordium, v. Acetosella.

Tridactylites, Tridactylus, Dreyfingerkraut, Händelkraut, v. Paronychia.

Wächset auf schattichten und felsichten Orten. Einige halten dieses Kraut pro Paronychia, andere pro Saxifragia etc.

Tridactylites, v. Herniaria, v. Saxifraga.
Tridactylus, v. Tridactylites.
Trientalis, v. Alsine.
Trifolia arbor, *Cord.* v. Anagyris vera, *Clus.*
Trifolii genus Medicae simile, v. Medica cochleata, v. Trifolium acutum pratense.
Trifolii maioris tertii altera species, *Clus.* v. Cytisus, Trag.
Trifolii quoddam genus in maritimis, v. Medica cochleata.
Trifolii species, v. Melilotus.
Trifolium.
Heißet eigentlich ein Krant oder Pflanze, so drey Blätter hat. Unter diesen sind nachfolgende die bekanntesten.
Trifolium, v. Lotus vrbana.
Trifolium, Klee. XXXVI.
Trifolium acetosum, v. Acetosella.
Trifolium acetosum corniculatum, v. Acetosella.
Trifolium acetosum flore luteo, v. Acetosella.
Trifolium acetosum vulgare, v. Acetosella.
Trifolium acutum, v. Lotus vrbana.
Trifolium acutum pratense, Spitzklee, gemeiner Klee.
Wächset auf feuchten Wiesen und grasichten Orten. Die Blätter und Blumen dienen wider den Geschwulst der Lunge, desgleichen wider den weißen Fluß, und werden äußerlich in allerhand Beschwerungen der Augen gebrauchet.
Trifolium album angustifolium floribus veluti in capitulo congestis, v. Trifolium acutum pratense.
Trifolium alterum, v. Trifolium acutum pratense.
Trifolium *Americanum*, v. Trifolium.
Trifolium *Americanum* primum, v. Trifolium.
Trifolium antiscorbuticum, v. Trifolium fibrinum.
Trifolium aquaticum, v. Trifolium fibrinum.
Trifolium argentatum, v. Cytisus.
Trifolium aruense, v. Trifolium acutum pratense.
Trifolium aruense humile spicatum, v. Trifolium acutum pratense.
Trifolium asphaltaeum, v. Acetosa, v. Lotus.
Trifolium aureum, v. Hepatica nobilis.
Trifolium bituminosum, v. Trifolium.
Trifolium *Burgundiacum*, v. Trifolium.
Trifolium caballinum, v. Lotus vrbana, v. Melilotus.
Trifolium *Castoris*, v. Trifolium fibrinum.

lium ceruinum, v. Eupatorium.
lium ceruinum aquaticum, v. Eupatorium.
lium cochleatum flore lat ore, v. Medica cochleata.
lium cochleatum marinum, v. Medica cochleata.
lium cochleatum marinum primum, v. Medica cochleata.
lium cochleatum marinum tomentosum, v. Medica chleata.
lium cordatum, v. Trifolium.
lium corniculatum primum, v. Trifolium.
lium corniculatum secundum, v. Melilotum, v. Lotus ana.
lium *Diosc.* v. Valeriana, v. Lotus, v. Melilotum.
lium falcatum, v. Medicago.
lium fibrinum *Tabern.* et *Germ.* seu Castoris, aquosum, ustre, paludosum *Park.* Limonium pratense *Trag.* Isopy- *Diosc.* Trifolium antiscorbuticum, Fa'elum hircinum, ona hircina, Biberklee, Wasserklee, Sumpfklee, Schar- cksklee, Klappen, Ziegenklappen, Lungenklee, Drey- at, Wasserdreyblat. H.

Kraut wächset in sumpfichten und wässerichten Orten, blü- im May, bestehet aus unterschiedenen Theilen, ist warm ersten, (andern) trocken im dritten Grad, stärket wegen sei- balsamischen Theile die Eingeweide unsers Leibes, sein flüch- salzigtes Wesen aber machet eine gute Dauung, eröfnet und theilet die dicken und tartarischen Feuchtigkeiten im Magen, Lunge, Leber und Gekrös. Es dienet in Engbrüstigkeit, n Scorbut, Malo hypochondriaco, der Wassersucht und chexie. In den Apothecken hat man die Wurzel, Blätter, Samen, wovon, (wenn sie in Wasser gekochet werden) ein coctum, und (wenn sie in Wein eingeweichet werden) ein fusum entstehet; ferner den ausgepreßten Saft, das flüch- e Salz, oder Sal volatile, den Spiritum, die Essenz, das , den Oelzucker (Elaeosaccharum) und Saft. Der fri- Saft curirt die Mundfäule und das verfaulte Zahnfleisch, nn auch diese Zufälle von Masern entstanden wären, v. Ti- g. Ephem. Germ. Cur. II. 2. 74. Conf. Excell. l. c. Fro- nn disp. pecul. de castore, Coburgi in 4.

lium flore albo, v. Acetosella.
ium fragiferum, v. Fragaria.
lium fruticosum, v. Dorycnium.
lium *Graecum*, v. Foenum *Graecum*.

Trifolium halicacabum, v. Anthyllis leguminosa.
Trifolium hepatico flore pleno, v. Hepatica nobilis.
Trifolium hepatico flore simplici, v. Hepatica nobil[illegible]
Trifolium *Hispanicum*, Spanischer Klee, v. Trifo[illegible]
Trifolium leporinum, v. Lagopus.
Trifolium lupulinum, v. Lupulus, *Offic.* v. Trifoliu[illegible]
Trifolium luteum capitulo breuiore, v. Trifolium pratense.
Trifolium magnum, v. Acetosella.
Trifolium maius et minus, v. Trifolium.
Trifolium maius primum, v. Trifolium acutum prate[illegible]
Trifolium maius secundum, v. Trifolium.
Trifolium maritimum, v. Medica cochleata.
Trifolium montanum spica longissima rube[illegible], v. C[illegible] *Trag.*
Trifolium nobile, v. Hepatica alba.
Trifolium odoratum, v. Melilotus, v. Lotus vrbana.
Trifolium odoratum alterum, v. Melilotus.
Trifolium odoratum primum et secundum, v. Meliloti[illegible]
Trifolium paludosum, v. Menianthes.
Trifolium palustre, v. Menianthes.
Trifolium pratense, v. Trifolium acutum pratense.
Trifolium pratense album, v. Trifolium acutum praten[illegible]
Trifolium pratense folliculatum, v. Trifolium acutum [illegible]tense.
Trifolium pratense luteum, v. Trifolium acutum pratense.
Trifolium pratense luteum capitulo breuiore, v. Trifolium acutum pratense.
Trifolium pratense primum, v. Trifolium acutum praten[illegible]
Trifolium pratense purpureum, Purpurrother Wiesenklee. III.
Wächset auf Wiesen, und hat mit dem Trifolio acuto [illegible] Würkungen.
Trifolium pratense rubrum, v. Trifolium pratense purpureum.
Trifolium pratense tertium, v. Trifolium acutum [illegible]
Trifolium pratense vulgare flore candido, v. Tr[illegible]cutum pratense.
Trifolium *Salmanticum*, v. Trifolium.
Trifolium siliquosum, v. Trifolium, v. Melilotus.
Trifolium siliquosum minus, v. Trifolium, v. Melilotus.

Trifo-

Trifolium siliquosum siliquam habens cochleae modo implexam, v. Medica cochleata.

Trifolium siluestre luteum siliqua cornuta, v. Medica cochleata.

Trifolium spicatum, *Thal.* v. Cytisus, *Trag.*

Trifolium spinosum, v. Fagonia.

Trifolium subterraneum, v. Secale.

Trifolium Symmoniacum, v. Symmoniacum, v. Symmoniacum trifolium.

Trifolium tortuosum, v. Medica cochleata.

Trifolium vrsinum, v. Melilotus *Offic.*

Triglochin *Riuini*, v. Gramen.

Trigonium, v. Verbena.

Trimachium, v. Equisetum.

Trinitas, v. Hepatica nobilis.

Trinitas flos, v. Hepatica nobilis.

Triorchis alba odorata maior et minor, *Park.* v. Triorchis *Offic. Ger.*

Triorchis femina, v. Triorchis *Offic. Ger.*

Triorchis lutea, v. Triorchis *Offic. Ger.*

Triorchis lutea altera et lutea flore glabro, v. Triorchis *Offic. Ger.*

Triorchis lutea prima et secunda, v. Triorchis *Offic. Ger.*

Triorchis lutea radice oblongo, v. Triorchis *Offic. Ger.*

Triorchis lutea tertiae Gemmae, v. Triorchis *Offic. Ger.*

Triorchis mas maior, v. Triorchis *Offic. Ger.*

Triorchis mas minor, v. Triorchis *Offic. Ger.*

Triorchis odorata, v. Triorchis *Offic. Ger.*

Triorchis *Offic. Ger.* Testiculus odoratus *Mer. P.* spiralis autumnalis *Pinac. Bauh.* flore albo odorato *eiusd.* Triorchis alba odorata maior et minor *Park.* Tetrorchis alba odorata maior *C. Bauh.* alba odorata minor *J. Bauh. Chab.* gros wohlriechend Knabenkraut. V. v. Orchis.

Blühet im Herbst. Die Wurzel kömmt an Kräften mit dem Satyrio überein.

Triorchis Serapias tertia, v. Triorchis *Offic. Ger.*

Triorchis trifolium, v. Triorchis *Offic. Ger.*

Triphyllon *Paracelsi*, v. Fragaria.

Triphyllon, v. Leucoium bulbosum.

Tripolium *Diosc.* v. Behen album et rubrum.

Tripolium maius flore albo, v. Tripolium *Offic.*

Tripolium maius flore coeruleo, v. Tripolium *Offic.*

Tripolium minus, v. Tripolium *Offic.*

Tripolium *Offic. Chab.* maius *eiusdem*, maius siue vulgare et minus *Park.* maius flore albo *Comel.* maius coeruleum et minus *C. Bauh.* Seesternkraut.

Wächset in salzigten Orten auf der See, blühet im Julio, treibet den Urin und laxiret ein wenig.

Trissago, v. Chamaedrys.

Trissago palustris, v. Scordium.

Tristeospermum. die unächte Ipecacoanha aus Virginien.

Tritiana, v. Brassica alba.

Tritici primum genus, v. Triticum.

Tritici secundum genus, v. Zea.

Tritici vitium, v. Triticum.

Triticospeltum, v. Zea.

Triticum, Weitzen. XIII.

Der Samen, das Mehl und die Kleye sind temperirt im warmen, feucht im ersten Grad, (trocken im ersten Grad) erweichen, zeitigen, zertheilen, geben ein gutes Nutriment, verdicken, stopfen, wollen denen Milzsüchtigen oder Hypochondriacis, und so am Stein laboriren, nicht allerdings gut thun. Aeußerlich aber zertheilet das Mehl die Schwulsten, lindert Schmerzen, heilet die Entzündungen und das Triefen der Augen, die Rose, das Zipperlein, ziehet die Wunden zusammen, und wird deswegen zu des Aquapendentis Wundbalsam gebrauchet. Die Kleyen reinigen die Schuppen auf dem Haupt, lindern die Schmerzen, und zertheilen allerhand harte Schwulsten.

Triticum aestiuum, v. Zea.

Triticum amyleum, v. Zea.

Triticum aristis munitum, v. Triticum.

Triticum *Bactrianum*, v. Frumentum *Saracenicum*.

Triticum bouinum, v. Melampyrum.

Triticum deliciae, v. Triticum.

Triticum faginum, v. Frumentum *Saracenicum*.

Triticum hibernum, v. Triticum.

Triticum hibernum aristis carens, v. Trifolium.

Triticum hirsinum, v. Frumentum *Saracenicum*.

Triticum *Indicum*, v. Frumentum *Saracenicum*.

Triticum lividum, v. Triticum.

Triticum loca vocatum alterum, v. Triticum.

Triticum longioribus aristis, spica alba, v. Triticum.

Triti-

Triticum Martium, v. Triticum.
Triticum multiplici ſpica, v. Triticum.
Triticum marinum, v. Lolium IV. *Trag.*
Triticum nigrum, v. Melampyrum.
Triticum nigrum peregrinum ſecundum, v. Triticum.
Triticum robum, v. Triticum.
Triticum ſemeſtre, v. Triticum.
Triticum ſetanium, v. Triticum.
Triticum ſiligineum, v. Triticum.
Triticum ſilueſtre in *Sicilia*, v. Aegilops *Plin.*
Triticum ſorginum, v. Sorghum.
Triticum ſpeltum, v. Zea.
Triticum ſpica multiplici, v. Triticum.
Triticum temulentum, v. Lolium IV. *Trag.*
Triticum trimeniaeum, v. Triticum.
Triticum trimeſtre *Setanicum*, *Gal. Germ.* v. Zea.
Triticum *Turcicum*, v. Frumentum *Saracenicum.*
Triticum typhinum, v. Triticum.
Triticum typhinum multiplex ſpica tertia, v. Triticum.
Triticum typhinum quartum, v. Triticum.
Triticum typhinum ſimplici folliculo, v. Triticum.
Triticum vaccinum, v. Melampyrum.
Triumfetta, die Triumfetta aus Jamaica. H.
Trixago, v. Chamaedrys.
Trochapia, v. Pyrus.
Trollius, v. Ranunculus dulcis, ſeu ſilueſtris.
Trollius flos, v. Aconitum.
Trollius ranunculus flore globoſo, v. Ranunculus dulcis, ſeu ſilueſtris.
Troximum, v. Cichorium.
Truncus, ein Kloß, eine Stobbe.
Iſt das unterſte Theil des Baumes bey der Wurzel, ohne Rinde.
Trygis, v. Triticum, v. Zea.
Tſangu-manghits, v. Scolopendria.
Tſimadan.
Iſt ein Baum in Madagaſcar, deſſen Blätter ein gutes Hülfsmittel wider den Eckel, und wider die Peſt, und wider die anſteckenden Krankheiten ſind.
Tſimandats.
Iſt ein Kraut in Madagaſcar, welches die Negern wider die Franzoſen brauchen.

Tubacum, v. Nicotiana.

Tuber, ein unterirdischer Schwamm.

Kömmt her a tumeo, ich schwelle auf, und wird oft vor die Wurzeln der Pflanzen, welche rund seyn, genommen, (de radicibus praetumidis) Radices tuberosae, knollichte Wurzeln.

Tubera ceruina, v. Tubera *Offic.*

Tubera *Offic.* Tubera terrae, *Ger.* Morgeln, Erdschwämme, Triffeln. III.

Werden aus der Erde gegraben, und ans Fleisch oder Hüner gekocht. Sie machen Appetit zum Beyschlaf, und sollen, wenn man ihrer zu viel isset, zum bösen Wesen und Schlagflüssen disponiren. v. Le Grand. in Compend. Physic. p. 121. et Sam. Dale in Pharmacolog. Part. II. p. 43.

Tuberculum, ein Knollen an einem Baume, ein Hübelsgen, ein knollichtes Wesen, ein Knoten, knotigtes Wesen, ein Knorren.

Tuberosa, die Tuberose, v. Hyacinthus tuberosus.

Tuberosus, v. Apios *Americana Cornuti.*

Tulephium quartum minimum, v. Fabaria.

Tulipa *Appennina*, v. Tulipa *Offic.*

Tulipa *Bononiensis*, v. Tulipa *Offic.*

Tulipa bulbifera, v. Tulipa *Offic.*

Tulipa bulbos in foliorum alis ferens, v. Tulipa *Offic.*

Tulipa coccinea, v. Tulipa *Offic.*

Tulipa *Dalmatici* pilei species, v. Tulipa *Offic.*

Tulipa *Italorum* prima, v. Tulipa *Offic.*

Tulipa *Italorum* secunda, v. Tulipa *Offic.*

Tulipa maior, v. Tulipa *Offic.*

Tulipa minor, v. Tulipa *Offic.*

Tulipa minor lutea *Gallica*, v. Tulipa *Offic.*

Tulipa minor lutea *Italorum*, v. Tulipa *Offic.*

Tulipa minor *Narbonensis*, v. Tulipa *Offic.*

Tulipa *Offic.* praecox flaua *J. B. Chab.* praecox lutea *C. B.* tota lutea *Ger.* gelbe Tulpe, gelbe Tulipe. XLI.

Blühet im Frühling. Sie treibet den Urin und Blehungen, und kömmt in vielen Stücken mit der Pastinaca hortensi überein.

Tulipa polyclonos, v. Tulipa *Offic.*

Tulipa praecox flaua, *J. B. Chab.* v. Tulipa *Offic.*

Tulipa praecox lutea, *C. Bauh.* v. Tulipa *Offic.*

Tulipa prolifera, v. Tulipa *Offic.*

pa ramosa, v. Tulipa Offic.
pa rubra, v. Tulipa Offic.
pa sanguinea, v. Tulipa Offic.
pa tota lutea, *Ger.* v. Tulipa Offic.
pae genus, quale *Auincennae* videtur, v. Colchicum.
pifera, der Tulpenbaum in America. II.
a.
st die Frucht von der Peruvianischen Pflanze Nopal. v. Nopal.
as *Indorum*, v. Opuntia.
e *Indorum*, v. Opuntia.
ficifica *Indorum*, v. Opuntia, v. Ficus.
ica herba, v. Caryophyllus hortensis.
ica montana altissima, v. Caryophyllata montana.
na, ist ein Türkisches Wort, v. Gambos Linschottani.
nal, ist ein Persianisches Wort, v. Gambos Linschottani.
pith, Turpethum, besser Torbedon, Griechischer Sesel, hapsia, Turbith. IV.

eine sehr stark purgirende Wurzel, hat einen milchichten Saft, wird von einigen Tupha genennet. Man bekömmt selten die wahre Wurzel, und brauchet sie auch deswegen selten. Sie wächset in Indien, Cambaja und Arabia. Die Rinde und Wurzel wärmet im ersten und andern, und trocknet im dritten Grad, gleichet der Indianischen Winde, und hat Blätter wie der Eibisch. Die Wurzel giebt wie die Tapsie einen weißen Saft von sich, zertheilet, schneidet ein, stillet die Schmerzen, dient in Verstopfung der Mutter, des Unterleibes, in der Raserey und Schlafsucht, purgiret den Schleim und das Wasser aus den Gelenken, curiret den Magen, die Gicht, Engbrüstigkeit, Franzosen, Wassersucht, Aussatz und Krätze. Man hat hiervon in denen Apothecken die species diaturbith, oder das zusammengesetzte Turbithpulver mit und ohne Rhabarbar, das Stockfialdspulver, des Mesue Magenpillen, den Eßig, so der Fäule und Pest widerstehet, das Extract und Infusum, oder die in einen gewissen liquorem eingeweichte Wurzel, die Resinam, oder das Harz. NB. Es wird dieses Gewächs eigentlich Turbith vegetabile, zum Unterschied des Turbith mineralis, so aus Vitriolöl und Queckfilber bestehet, genennet. Seine purgirende oder abführende Kraft stecket in der Resina, operiret noch stärker als die Galappa, machet

Grim-

Grimmen im Leibe, und ist gefährlich, weil sie nach Pauli Hermanni in Cynos. Mat. Med. Meynung, aus vielen irregulären Theilen bestehet, und darf deswegen schwangern Weibspersonen nicht verordnet werden. Aeußerlich kan man auch mit der Taplia Blasen ziehen, und selbige in Pestzeiten und bösartigen Fiebern appliciren. Einige pflegen zum Spas sich hiermit einen dicken Leib zu machen, welcher durch Auflegung etwas Theriacs, Kümmels und Eßigs, muß wiederum vertrieben werden.

Turbith *Alexandrinum*, v. Turbith.

Turbith *Mesuaei*, *Matth.* v. Turbith.

Turbith *Offic.* v. Turbith.

Turiones, Cimae, Knospen.

Sind die zarten Endgen oder Spitzgen der Bäume, Früchte und Kräuter. Werden gleichsam Teneriores genennet, als Turiones abietum, die jungen Tannenzäpfgen.

Turnera, die Turnera in Martinique. II.

Turpethum, v. Turbith.

Turpethum *Arabum*, v. Turbith.

Turrita vulgatior, v. Turritis *Offic.*

Turritis *Offic. Ger.* Turritis vulgatior *J. Bauh. Chab. Park.* Brassica silvestris hispida non ramosa *C. Bauh.* Thurmkraut, wilder Kohl mit scharfen Blättern. IX.

Wächset auf sandigten und erhabenen Orten, blühet im Junio. Der Saft von diesem Kraut wird von einigen wider die Geschwäre des Mundes, ingleichen die Würme im Leibe zu tödten gerühmet.

Turritis Leucoii folio. v. Turritis *Offic.*

Turritis vulgatior, *J. B. Chab. Park.* v. Turritis *Offic. Ger.*

Turturina, v. Verbena *Offic.*

Tus, Thus, Olibanon, Weyhrauch. II.

Ist ein zusammen geronnenes Harz des Weyhrauchbaums, welcher sehr niedrig ist, und im Reich Arabien, im Königreich Saba, ingleichen auf dem Berge Libanon hervorkömmt. Das Harz wird, wenn man den Baum in heißesten Sommertagen aufgeritzet, in großem Ueberfluß gesammlet, und oft mit gemeinem Gummi verfälschet; wird aber, weil das Gummi keine Flamme giebt und rauchet, der Weyhrauch aber alsobald anbrennet und einen lieblichen Geruch von sich giebet, gar leicht erkennet. Es werden vom Weyhrauch zweyerley Sorten gefunden, nemlich das Männgen, (ist das rechte Orientalische

Oli-

Olibanum, und dem andern weit vorzuziehen) und Olibanum femina, oder Thus vulgare, das Weibgen, auf deutsch Weyhrauchkörner (und sind der trockene Harz vom Pinastro.) Der Weyhrauch pfleget des Winters im Weine, im Sommer aber in einem Wasser, worinnen kleine Rosinen abgekocht sind, getrunken zu werden. v. Le Grand in Compend. Physic. p. m. 127. Stärket das Haupt und Gedächtnis, dienet auch wider Geschwäre, Wunden, Erbrechen, Durchfall und die rothe Ruhr. Aeußerlich nimmt man ihn zu Räucherpulvern vornemlich wider die Flüsse. Vor Alters ward er mit Schwefel wider allerhand Blendwerk des Teufels, Hexerey und Zauberey gebrauchet. Manna Thuris sind die Bröcklein, so durch Zerreibung des Weyhrauchs entstehen. Die Rinde vom Weyhrauch ist die Thymiama. Wenn diese Rinde dick, fett, frisch, wohlriechend, glatt und nicht rauch ist, so wird sie allen andern vorgezogen. Die Araber, welche ihn eintragen, werden Sacri genennet, weil sie sich binnen solcher Zeit der Weiber und Leichen enthalten müssen, und saget Francisci im Ost- und Westindischen Lustgarten, er sey so häufig zu bekommen, als das Pech und Harz, wie er dann dessen Stelle bey Aufbauung der Schiffe vertreten müsse. Er dienet zu Pflastern, und vornemlich zu der Mistura Sacchari Burrhei, welche aus Mastix, Myrrhen, Sarcocolla und ein wenig Spiritus Vini bestehet. Innerlich curiret er auch den Stein, die allzustarke Monatzeit, überflüßige Reinigung nach der Geburt und den Durchfall.

Tusai, v. Archithyrsus. f. Corona Imperialis, *Dod. Tab. Eyst.*

Tussicularis, v. Tussilago.

Tussilago, v. Caltha palustris.

Tussilago, Βήχιον, χαμαιλεύκη, item ὁ [illegible], Tussicularis *Cael. Aurel.* Vngula caballina, Farfara, Farfarella, Hufflattich, Brandlattich, Roßhuf, Quirinkraut. V.

Ist warm im ersten und andern, und trocken im ersten Grad, dienet der Brust im Husten, Engbrüstigkeit, Lungen- und andern höchstgefährlichen innerlichen Brustgeschwären, der Schwindsucht, Abzehren und Abnehmen der Glieder, Seitenstechen, Keuchen und scharfen Flüssen. Aeußerlich curiret dieses Kräutgen den kalten Brand und aufgerissene Brustwärzlein, allerhand hitzige Geschwäre und Entzündungen, erweichet, zeitiget, reifet, und pfleget in erweichenden und lin-

dern

dernden Umschlägen, Pflastern und Clystiren verordnet zu werden. Seine Wurzel bestehet aus einem zähen Schleim, so etwas Salz bey sich führet, und wird zu vier Loth und drüber in Wasser, Milch, Wein oder Bier abgekochet. Die Blätter, Samen und Blüten kommen mit der Wurzel überein. Man findet aus der Tussilagine unterschiedene Medicamenten, als den Syrup aus dem Saft, (Syrupum de Farfara) die im Zucker eingesetzten oder eingemachten Blumen, und das aus den Blättern destillirte Wasser.

Tussilago *Alpina* flore Doronici, Huflattich mit Gemswurzelblumen. II.

Die Wurzel hat Fasen wie der Helleborus, die Blätter sind dick und einige über eine Spanne lang, unten rauch, am Rande aber voller Zacken. Es wächset dieses Kraut auf dem Gebürge bey Genua, blühet im Julio, und endiget sich mit einem wollichten Wesen.

Tussilago *Alpina* minor, klein Berghuflattich. II.

Kömmt mit dem andern Huflattich, vornemlich in allerhand Beschwerungen der Brust, überein.

Tussilago altera, v. Caltha palustris.

Tussilago maior, v. Caltha palustris.

Tussilago vulgaris, v. Tussilago.

Tus terrae, v. Chamaepitys.

Tyarus, v. Lolium IV. *Trag.*

Tylypteris, v. Filix.

Typha, v. Triticum, v. Zea, v. Frumentum *Saracenicum.*

Typha, Tipha, Kolben, Knospen, Narrenkappen, Wasserkolben, Rohrkolben, Schmackedutschen, Schmackedungen. III.

Ist ein binzicht Gewächse, so im Wasser und Teichen hervor kömmt, hat spitzige und schwerdförmige Blätter, zwischen welchen ein gerader, runder, hoher, stark und glatter Stengel hervor schießet, welcher zu oberst eine Aehre von moosichten Blumen zusammen gesetzet, fast einer Spanne lang, bekömmt. Die Blüte tödtet Ratzen. Sie kan auch mit Schweineschmalz vermischet wider den Brand appliciret werden.

Typha aquatica, v. Typha.

Typha cerealis, v. Triticum.

Typha frumentacea, v. Frumentum *Saracenicum.*

Typha lacustris, v. Typha.

Typha minor, v. Typha.

ypha m

ha minima, v. Typha.
ha paluſtris, v. Typha.
ha paluſtris maior, v. Typha.
ɔidium, v. Typha.
ıula, v. Typha.

ccaria *Offic. Germ. J. Bauh. Chabr.* Lychnis ſegetum rubra foliis perfoliata *Bauh.* Kühbaſilien, Erdweich. II. Lychnis.

ȝet im Junio und Julio unter der Saat, und wird ſeiner ſchönen Blumen wegen auch in die Gärten gepflanzet. Der Samen iſt warm und trocken, treibet Stein und Urin.

inia, v. Liguſtrum *Germanicum.*

inia nigra, v. Myrtillus.

inia nubis, v. Chamaemorus.

inia nubis *Anglica, Park.* v. Chamaemorus.

inia paluſtris, v. Oxycoccos.

inia *Pannonica,* v. Myrtillus.

inia vrſi, v. Chamaemorus.

inium *Plinii,* v. Macaleb, *Lob.*

inium foliis perennantibus obuerſe ouatis, *Linn.* v. Liguſtrum Germanicum.

, v. Acorus verus.

laies.

ind Wurzeln in Madagaſcar, die ſo gros, als ein Menſchenkopf wachſen, und wie die Birnen ſchmecken, die man in Frankreich bons chretiens nennet. Sie haben eine graue Rinde, und werden roh und gekocht gegeſſen.

a.

n kriechendes Kraut in Madagaſcar, wie Erdephen, welches einen vortreflichen Geruch giebt.

n-ranu.

t eine Pflanze in Madagaſcar, die aus einer dicken Zwiebel wächſet. Sie treibet eine ſehr dicke Wurzel, welche, wenn ſie geraſpelt, und mit unter den Brey der Kinder gemenget wird, ohnfehlbar ihre Würmer vertreibet und tödtet. Die Blume iſt ſehr ſchön. Die Blätter, wenn ſie im Waſſer zerrieben werden, machen, daß es wie von Seife ſchäumt. Man bedienet ſich deſſelben auch, um ſich das Geſichte zu reinigen.

ts.

t eine Staude in Madagaſcar, deren Wurzel zum Färben gut iſt.

ist. Sie machet eine schöne hellrothe Farbe. Mit etwas Citronensaft aber machet sie eine goldgelbe Farbe.

Vainiglia maior, Vaynillus, Vaynillus volubilis siliquosa Mexicana, Vanillen, Vaniglien. III.

Ist die zusammengedrückte Frucht des Araci aromatici flore nigro, einer Spannen lang und Daumes breit. Sie präsentiren eine Scheide. Von außen ist sie schwarz und gleichsam häutig, riechet fast wie Mosch, Benzoe oder Peruvianischer Balsam, wächset in America und andern warmen Ländern. Dieses edle Gewächs muß als eine unvergleichliche Herz- und Nervenstärkung und Confortativ paßiren, und wird der schwachen Memorie aufzuhelfen, unsere Lebensgeister zu erquicken, die verlohrnen Kräfte zu ersetzen, auch zur Präparation der Chocolade gebrauchet. Es treibet die Menses, Frucht und den Urin, zertheilet Blehungen und verdauet die im Magen zurück gebliebenen Speisen.

Valde bona, v. Petroselinum montanum.

Valentia, v. Gallium.

Valentia, Valentina, v. Artemisia.

Valentiana, v. Valeriana.

Valerianae rubrae similis, v. Behen album et rubrum.

Valeriana adulterina, v. Valeriana *Graecorum*.

Valeriana *Alpina*, Bergbaldrian, Waldbaldrian. VIII.

Wächset um Venedig herum, und blühet im Julio.

Valeriana aruensis, v. Lactuca.

Valeriana campestris, v. Lactuca.

Valeriana campestris maior inodora, v. Lactuca agnina.

Valeriana coerulea, v. Valeriana *Graecorum*.

Valeriana cornucopiodes, v. Valerianella.

Valeriana domestica, v. Valeriana magna.

Valeriana exigua, v. Valeriana minor pratensis.

Valeriana foliis Calcatrippae, v. Valeriana *Offic.*

Valeriana fructu vesicario, v. Aparine aspera.

Valeriana *Graecorum*, Griechischer Baldrian. V.

Wächset in Graubünder Wäldern wild, ist in Französischen, Niederländischen und Englischen Gärten gar gemein, blühet fast den ganzen Sommer über, hat aber weiter keinen sonderlichen Nutzen, außer daß man es seiner schönen Blumen wegen pfleget in acht zu nehmen.

Valeriana hortensis s. domestica *Dod. C. Bauh.* Valeri odorata radice, item magna aut vera, Phu magnum seu Ponticum,

Nardus agrestis, Nardus silvestris, Carpesium *Galen*. Matulla, Terdina *Paracels*. gros Baldrian, Theriackswurzel, Welscher oder Römischer Baldrian, Spickwurzel, Speyrkraut, wilder Nardus, Zahnkraut. II.
Wurzel und das Kraut, sind warm im dritten und trocken im andern Grad, verdünnen, eröfnen, widerstehen dem Gift und giftigen Krankheiten, treiben Schweis und Urin, die Frucht, Afterbürde und Reinigung nach der Geburt, curirt das schwache Gesicht, die Pest, das böse Wesen, Engbrüstigkeit, Seitenstechen, Verstopfung der Leber, Milz, Mutter und Harngänge, die Brüche, gelbe Sucht, Harnwinde und innerliche Wunden. Es erzählet Anton Le Grand in Compend. Physico aus Fabii Columnae Histor. Plantarum, daß diese Valeriana in der Epilepsie, wenn sie, ehe der Stengel ausfähret, gegraben, und mit Wasser, Wein, oder Milch eingegeben wird, ganz erstaunende Würkungen thue. Aeußerlich stärket sie das Gesicht, zertheilet die Flecken in Augen, lindert die Schmerzen des Hauptes, treibt den weiblichen Brunn und Schweis, trocknet die Füsse, heilt die Ohren und Pestbeulen, ziehet Kugeln und Pfeile aus, und reiniget die alten Geschwäre. Die Wurzel pfleget man den alltägigen Fiebern anzuhängen. Sonst findet man auch aus dieser Valeriana ein gebranntes oder abgezogenes Wasser und das Extract.

[Valer]iana humilis, v. Lactuca.

[Valer]iana *Indica*, v. Valeriana *Graecorum*.

[Valer]iana inodora, v. Lactuca.

[Valer]iana magna, v. Valeriana hortensis.

[Valer]iana maior, v. Valeriana hortensis.

[Valeri]ana media, v. Valeriana hortensis.

[Valer]iana minima Nardifolia, klein Baldrian mit Nardenblättern. II.
[Die W]urzel riechet überaus lieblich, wird vor warm und trocken [im] andern Grad gehalten, eröfnet, verdünnet, treibet die Winde, curirt das Schneiden des Urins, schmerzhafte Harnen, und die gänzliche Verhaltung des Urins, wird zu Brust= und Windtränken, ingleichen zur Composition des Theriacks genommen.

[Valeri]ana minor pratensis, vel aquatica, klein Waldbaldrian, klein Wasserbaldrian. IV.

[Valeri]ana minor silvestris, v. Valeriana minor pratensis.

[Valeri]ana montana, v. Valeriana minor pratensis.

Valeriana *Offic.* Valeriana *Rivin.* siluestris maior *Germ.* siluestris *Dod. Lob.* siluestris magna aquatica *J. Baub.* siluestris minor Valeriana vulgaris *Trag.* Phu *Offic. Germanicum Fuchs.* paruum *Matth.* vulgare *Tab.* maius commune *Gesn. Chabr.* großer wilder Baldrian, Wundwurz. XXVI.

Wächset in Wäldern und Hecken, vornemlich bey den Wassern und Sümpfen, blühet im May, Junio und Julio. Die Wurzel wird wider die gelbe Sucht, das böse Wesen, in Zerquetschungen, Krampf, und wenn man von einem hohen Orte herunter gefallen, ingleichen wider Inflammationes des Mundes und Zahnfleisches, zu Pulver gestoßen, und in einem bequemen Liquore eingegeben, oder als ein Decoctum gebraucht.

Valeriana optima, v. Valeriana hortensis.

Valeriana palustris minor, v. Valeriana siluestris.

Valeriana peregrina, v. Valeriana *Graecorum.*

Valeriana peregrina ocymi folio, v. Valeriana *Graecorum.*

Valeriana *Pontica*, v. Valeriana hortensis.

Valeriana quarta, v. Valeriana hortensis.

Valeriana rubra, v. Valeriana *Graecorum.*

Valeriana saxatilis, v. Valeriana minor pratensis.

Valeriana semine compresso, v. Lactuca.

Valeriana semine petraeo, v. Valeriana siluestris.

Valeriana semine stellato, v. Valeriana siluestris.

Valeriana siluestris, *Dod. Lob.* v. Valeriana *Offic.*

Valeriana siluestris, magna aquatica, wilder Baldrian, Waldbaldrian, großer weißer Baldrian, großer Sumpfbaldrian. VI.

Wächset in Wäldern, und wird nicht sonderlich gebraucht.

Valeriana siluestris magna aquatica, *J. Baub.* v. Valeriana *Offic.*

Valeriana siluestris maior, *Germ.* v. Valeriana *Offic.*

Valeriana siluestris montana, v. Valeriana siluestris.

Valeriana tertia, v. Valeriana siluestris.

Valeriana vera, v. Valeriana hortensis.

Valeriana vulgaris, *Trag.* v. Valeriana *Offic.*

Valerianella, kleiner Baldrian. XI.

Valerianella altera tenuifolia semine scabiosae stellato, v. Valeriana hortensis.

Valerianella aruensis praecox humilis semine compresso, v. Lactuca agnina.

eri odorata radice, v. Valeriana hortensis.

eues.

Eine Gattung Wurzeln in Madagascar.

uilla, Vanillen, v. Vainiglia maior.

aucocco.

e kriechende Staude in Madagascar, die sich um die großen Bäume schlinget. Sie trägt eine Violettblaue Frucht, von der Größe einer Pfersich, in welcher sich vier große Kerne befinden. Von dem Holze des Baumes machet man Faßbände zu Eimern und kleinen Gefäßen.

uartes.

nd Pflanzen, welche der Genistae Hispanicae gleichen. Sie blühen auch also, und tragen eine Schote mit einem kleinen und einer Wicke ähnlichen Korne. Sie wachsen so hoch, als ein kleiner Kirschbaum. Die Seidenwürmer nähren sich von ihrem Laube.

ii fructus peregrini, v. Cacao.

nillus, v. Vainiglia.

lgutta, v. Petroselinum montanum, v. Apium.

inastrum, v. Geranium.

naudium, v. Pastinaca erratica.

lgutta *Dod.* v. Petroselinum montanum.

a Galeni, v. Cardamine.

a tinctoria, v. Rubia tinctorum.

eria radix, v. Acorus verus.

ti herba, v. Parietaria.

atrum, v. Helleborus.

atrum album, v. Helleborus albus.

atrum nigrum, v. Helleborus niger.

atrum nigrum *Diosc.* v. Imperatoria nigra.

atrum nigrum secundum, v. Helleborus niger.

atrum nigrum styriacum, v. Helleborus niger.

atrum nigrum tertium, v. Helleborus niger.

bascifolia, kleine Königskerzen, v. Verbascum.

basci nigri species, v. Blattaria, *Matth. Dod. Lob.*

basculum, v. Cyanus, v. Primula veris.

basculum album, v. Primula veris.

basculum Alpinum s. coeruleum, v. Primula veris.

basculum Alpinum vmbellatum maius, v. Primula veris.

basculum Cyanoides, v. Cyanus.

basculum hortense multiplex, v. Primula veris.

Verbasculum minus, v. Primula veris.
Verbasculum odoratum, v. Primula veris.
Verbasculum pratense, v. Primula veris.
Verbasculum pratense odoratum, v. Primula veris.
Verbasculum proliferum, v. Primula veris.
Verbasculum quorundam, v. Alsine.
Verbasculum siluestre inodorum, v. Primula veris.
Verbasculum siluestre magno plenoque flore, v. Primula veris.
Verbasculum siluestre maius singulari flore, v. Primula veris.
Verbasculum siluestre minus singulari flore, v. Primula veris.
Verbasculum vmbellatum minus, v. Primula veris.
Verbascum album femina, v. Verbascum album *Offic.*
Verbascum album femina flore albo, v. Verbascum album *Offic.*
Verbascum album femina flore luteo, v. Verbascum album *Offic.*
Verbascum album mas, v. Verbascum album *Offic.*
Verbascum album *Offic.* Verbascum mas foliis longioribus, *Park.* Wollkraut mit weißen Blumen. II.
Wächset hie und da an den Wegen und Landstraßen, blühet im Augusto. Die Blätter kommen mit dem Verbasco Officinarum überein.
Verbascum album vulgare, *Park.* v. Verbascum *Offic.*
Verbascum aliud, v. Verbascum nigrum *Offic.*
Verbascum alterum flore aureo, v. Verbascum album *Offic.*
Verbascum angustis Saluiae foliis, v. Verbascum *Offic.*
Verbascum candidum femina, v. Verbascum album *Offic.*
Verbascum candidum mas, v. Verbascum album *Offic.*
Verbascum digitale, v. Campanula siluestris flore purpureo, *Trag.*
Verbascum femina flore albo, v. Verbascum album *Offic.*
Verbascum femina flore luteo magno, v. Verbascum album *Offic.*
Verbascum foliis incanis, v. Verbascum *Offic.*
Verbascum graecum fruticosum folio sinuato candidissimo, *Tournef.* v. Verbascum *Offic.*
Verbascum intubaceum, v. Verbascum *Offic.*
Verbascum laciniatum, v. Verbascum *Offic.*
Verbascum latifolium mas, v. Verbascum *Offic.*
Verbascum latis saluiae foliis, v. Verbascum *Offic.*

rbascum latius, v. Verbascum *Offic.*

rbascum leptophyllum, *Cord.* v. Blattaria *Trag. Matth. Dod.*

rbascum lychnide minus, v. Verbascum album *Offic.*

rbascum lychnidis flore albo paruo, v. Verbascum album *Offic.*

rbascum mas, v. Verbascum album *Offic.*

rbascum mas foliis longioribus, *Park.* v. Verbascum album *Offic.*

rbascum mas latifolium luteum, *C. B.* v. Verbascum *Offic.*

rbascum maximum album femina flore subpallido, v. Verbascum album *Offic.*

bascum montanum, v. Lychnis coronaria.

bascum nigrum *Offic.* schwärzlicht Wollkraut. III.

Wächset auf den Teichdämmen und nahe an den Gräben, blühet im Julio und Augusto. Die Wurzel hält an, und dienet deswegen im Durchfall. Die Blätter und Blumen kommen mit vorigen überein.

bascum nigrum flore ex nigro purpurascente, v. Verbascum nigrum *Offic.*

bascum nigrum folio papaueris corniculati, v. Verbascum nigrum *Offic.*

bascum nigrum latifolium, v. Verbascum nigrum *Offic.*

bascum nigrum saluifolium purpureo flore, v. Verbascum nigrum *Offic.*

bascum octauum foliis subrotundis flore Blattariae, *Casp. Bauh.* v. Blattaria pilosa Cretica.

bascum odoratum, v. Primula veris, v. Basilicum.

bascum *Offic.* φλόμος, Candelaria, Condela regis, Lanaria, Tapsus barbatus *Offic.* Verbascum mas latifolium luteum *C. Bauh.* Verbascum album vulgare *Park.* Verbascum vulgare, flore luteo, folio maximo *J. Bauh.* Verbascum foliis incanis, Wollkraut, Kerzenkraut, Brennkraut, Fackelblumen, Himmelbrand, Unholden, Königskerzen. XXI.

Wächst auf Teichdämmen und erhabenen Orten, blühet im Julio. Die Blumen, Blätter und Wurzel sind temperirt im Kalten (warm im ersten) trocken im ersten Grad, erweichen, zertheilen, lindern den Schmerz, dienen im Husten, Blutspeichel und Grimmen im Leibe. Die Wurzel besänftiget die Schmerzen der güldenen Ader. Aeußerlich braucht man die Blumen und Blätter wider Schmerzen und Schwulst am Gesäße und der güldenen Ader. Sie färben auch die Haare gelb. Man findet hiervon destillirtes Wasser und Oel. Der Saft von diesem Kraut soll, wenn er aus einem dünnen und kräftigen Wein getrunken wird, ein treflicher Mittel seyn, sich vor der Pest zu verwahren, auch die schon vorhandene Pest zu curiren, v. Hollerius de Peste.

Verbascum saluifolium fruticosum luteo flore, v. Verbascum *Offic.*

Verbascum siluestre, v. Verbascum *Offic.*

Verbascum siluestre foliis saluiae tenuifoliae, v. Verbascum *Offic.*

Verbascum siluestre minus, v. Verbascum *Offic.*

Verbascum siluestre saluiflorum laciniatum, v. Verbascum *Offic.*

Verbascum vulgare, v. Verbascum *Offic.*

Verbena, v. Erysimon.

Verbena communis coeruleo flore, *C. Bauh.* v. Verbena *Offic.*

Verbena communis et sacra recta, *Lob.* v. Verbena *Offic.*

Verbena erecta, v. Verbena *Offic.*

Verbena femina, v. Erysimon, v. Senecio.

Verbena mas, v. Verbena *Offic.* v. Erysimon.

Verbena mascula, v. Verbena *Offic.*

Verbena nodiflora et Verbena Peruana perpetuo virens, Eisenkraut mit knötigten Blumen, Indianisch Eisenkraut, immergrünend Eisenkraut, melior nomin. Isenkraut, weil es seinen Namen von der Iside hat, vid. Schedius de Diis German. p. 155. VII.

Dieses Kraut wächset in Peru, und soll, nach Monardi Meynung, wider empfangene Liebestränke nichts besser seyn.

Verbena *Offic.* communis et sacra recta *Lob.* Columbaris, Verbenaca. Peristerium, Hierobotane, Verbena communis coeruleo flore *C. Bauh.* vulgaris *J. Bauh.* Turturina, Verbena mas s. erecta vulgaris *Park.* Eisenkraut, Reichhard, Taubenkraut, Eisenreich, Eisenhard. IX.

Verbena zeigte bey den Alten allerhand Blumen und Mayen, womit sie die Altäre und Kirchen zu schmücken pflegten, an, vid. Zorn. Botanolog. Med. p. 695. Wächset im Sande und auf Landstraßen, blühet im Sommer. Das Kraut Blätter und Wurzeln halten an, dienen dem Haupt, heilen die Wunden, und werden in kalten Zufällen des Hauptes, Beschwerungen der

der Augen, der Brust, im Husten, Verstopfungen der Leber, Milz, der gelben Sucht, Grimmen im Leibe, der rothen Ruhr, dem Stein, dreytägigen Fiebern und der Gicht gebrauchet. Sie heilen die Wunden, erleichtern die Geburt, und machen Appetit zum Beyschlaf. Aeußerlich curiren sie die heftigen Kopfschmerzen, das Ausfallen der Haare, die Melancholie, Augenkrankheiten, die Bräune, Heischerkeit, Schwulst der Drüsen, des Gaumens und der Milz, Schmerzen des Zipperleins, ziehen die Wunden zusammen, und reinigen die Fäulung drinnen, vertreiben den Vorfall des Mastdarms, Feigwarzen und das drey- und viertägige Fieber. Wenn man das Kraut anhänget, so vertreibet es die Kröpfe und Hauptschmerzen. Hiervon hat man das destillirte Wasser aus den Blumen und Oel.

Verbena peristereum, v. Verbena *Offic.*

Verbena recta, v. Erysimon.

Verbena sacra *Hispanica* minor, v. Verbena *Offic.*

Verbena supina, v. Eupatorium.

Verbena supina, niederhangend Eisenkraut. II.

Die Stengel sind dünner, als von der Verbena vulgari. Die Blüte ist auch kleiner, blau und röthlicht, blühet im Sommer- und Herbstmonaten: Beyde halten an, kühlen und trocknen gewaltig. Man pfleget auch dieses Kraut mit Wasser abzukochen, und in der Pest zu verordnen.

Verbena supina mas, v. Chamaedrys vulgaris.

Verbena tenuifolia, v. Verbascum *Offic.*

Verbena vulgaris, *J. Bauh.* v. Verbena *Offic.*

Verbena vulgaris, *Park.* v. Verbena *Offic.*

Verbenaca, v. Verbena *Offic.*

Verbenaca altera, v. Verbena *Offic.*

Verbenaca femina secunda, v. Verbena *Offic.* v. Senecio, v. Erysimon.

Verbenaca recta, v. Eupatorium.

Verbenaca recta prima, v. Verbena *Offic.*

Verbenaca supina, v. Verbena supina.

Verbenaca vulgaris, v. Verbena *Offic.*

Verbesiana, v. Eupatorium.

Verbesiana *Virginiana*, v. Eupatorium.

Verdemarium, v. Thalictrum maius.

Veretrum nigrum, v. Helleborus niger.

Verjus, v. Vitis.

Vermaria, v. Heliotropium maius.

Vermicularis, Illecebra *Germ.* Sedum minus, Sedum tertium *Diosc. Park.* Illecebra minor acris *Germ.* Sempervivum minimum, Sempervivum minus vermiculatum acre *C. Bauh.* Sedum parvum acre flore luteo *J. Bauh.* Portulaca tertia *Brunf.* Mauerpfeffer, Mauerwürtzlein, klein Hauswurz, Katzenträublein, Katzenkraut. VII.

Wächset in Mauern, auf Dächern, und sandichten Orten, blühet im Julio, und den ganzen Sommer über, wird wegen seines scharfen Geschmacks Mauerpfeffer, ingleichen weil die Blätter den Käsemaden ähnlich sind, Vermicularis genennet. Die Blätter und Blumen sind warm und trocken, führen gewaltig die Galle aus, und dienen absonderlich in Fiebern. Aeusserlich befestigen sie die lockern Zähne, und curiren die scorbutische Fäulung des Zahnfleisches, vertreiben Kröpfe, und werden Blasen zu ziehen gebrauchet. Die alten Weiber pflegen dieses Kraut neun Tage nach einander in Fiebern anzuhängen, und versprechen hiervon grosse Dinge. Daß aber von den Amuletis, oder Medicamenten, so man anhänget, schlechter Effect zu hoffen, weil sie ohne Raison appliciret werden, erinnert Fried. Hoffmann in Clav. Pharm. Schroeder. Lib. IV. §. 353.

Vermicularis maior, flore albo, v. Vermicularis.

Vernicoma, v. Olea *Offic.*

Vernix sicca, v. Gummi Juniperi.

Veronica assurgens, v. Veronica *Offic.*

Veronica femina, v. Veronica *Offic.* v. Alsine.

Veronica herbariorum, v. Veronica *Offic.*

Veronica humicaulis et supina, v. Veronica *Offic.*

Veronica maior angustifolia, *Clus.* gros Ehrenpreis mit schmalen Blättern. II.

Kömmt an Blättern mit der Lysimachia coerulea ziemlich überein, liebet schattichte Oerter, wächset in Ungarn, Oesterreich und Steyermark in Wäldern, blühet im Junio und Julio, und wird auch in Gärten versetzet.

Veronica maior latifolia, foliis splendentibus et non splendentibus, gros breitblätterichte Ehrenpreis mit glänzenden, und nicht glänzenden Blättern. III.

Wird nicht sonderlich gebrauchet.

Veronica mas, v. Veronica *Offic.*

Veronica mas septentrionalium, v. Veronica *Offic.*

Veronica mas serpens, v. Veronica *Offic.*

Veronica mas supina et vulgatissima, v. Veronica *Offic.*

ronica minor, v. Veronica *Offic.*

ronica minor femina flore candido, v. Veronica *Offic.*

ronica minor serpillifolia, v. Veronica *Offic.*

ronica *Offic.* Veronica mas serpens *Dod.* Veronica mas supina et vulgatissima, Teucrium, Veronica vera et maior, **Ehrenpreis, Grundheil, Schlangenkraut, Wundkraut, Viehkraut. XXXIX.**

chset auf trockenen Triften und Wäldern, blühet im Junio und Julio. Die Blätter und Blumen haben ein mäßiges Salz bey sich, und muß diejenige Veronica, so an den Wurzeln der Eichen stehet, gesammlet werden. Die Blätter und Blumen sind warm im ersten und trocken im andern Grad, halten an, dringen durch, thun in Wunden vortrefliche Dienste, treiben Schweis, dienen in Zernagung und Verstopfungen der Lunge und Milz, in der Colica, Schwindsucht, Krätze, Jücken und der Pest. Crato lässet in seiner 121sten Epistel den Ehrenpreis mit Wein kochen, und wider den Blasenstein brauchen. Ueber das Kraut pflegt man siedend Wasser zu gießen, und statt des Thees in den vornehmsten Beschwerungen der Lungen, Schwindsucht, Engbrüstigkeit, kurzen Odem, Seitenstechen u. d. g. zu verordnen, und hat Herr D. Joh. Francus von dieser Veronica einen besondern Tractat geschrieben, welchen er Veronica Teezans nennet, und darinnen ihn dem Sinesischen Thee vergleichet. Aeußerlich ziehet dieses Kräutgen die Wunden zusammen, und reiniget sie, curiret die harte Milz, ingleichen die Colic, oder das Grimmen im Leibe. In den Apothecken hat man hiervon die Conseruam, oder die im Zucker eingemachte Veronicam, das destillirte Wasser, so wider die Pest gerühmet wird, und in alten Schäden gut thut, den Syrup, das Salz und Extract.

ronica recta minor, v. Veronica spicata recta minor.

ronica recta minima, v. Veronica spicata recta minor.

ronica recta prima, v. Veronica spicata recta maior.

ronica recta secunda, v. Veronica spicata recta minor.

ronica recta vulgaris maior, v. Veronica spicata recta maior.

ronica saxatilis, **Steinehrenpreis.**

chset auf dem hohen Alpengebürge, bey Genua, in der Steyermark, blühet im Junio und Julio, und kömmt dem gemeinen Ehrenpreis an Kräften bey.

ronica spicata coerulea, v. Veronica spicata.

Veronica spicata minor, v. Verònica spicata recta minor.

Veronica spicata recta maior, gros Ehrenpreis mit geraden Spickblättern. IV.

Veronica spicata recta minor, klein Ehrenpreis mit geraden Spickblättern.

Ist nur an der Größe von vorhergehendem unterschieden, wächset in unbebaueten Oertern, öfters bey Gräbern und Feldgräben, ist vornemlich um Mömpelgard, Genua und in der Schweitz zu finden. Es blühet im Junio und Julio.

Verònica supina facie Teucrii pratensis, v. Chamaedrys vulgaris, *Trag. et Offic.*

Veronica vulgaris supina, v. Chamaedrys vulgaris *Trag. et Offic.*

Veronica vulgo dicta, v. Chamaedrys vulgaris, *Trag. et Offic.*

Verrucaria, v. Heliotropium maius, v. Zazyntha.

Verrucaria altera minor, v. Heliotropium minus.

Verticillaris, v. Branca ursina.

Verticillum, v. Ranunculus minor.

Vertipedium, v. Verbena *Offic.*

Vertumnum, v. Sideritis *Offic.*

Vesicaria.

Hat a Vesicis, von Blasen seinen Namen, und wird von denen Früchten, Blättern und andern Theilen der Pflanzen, so Blasen haben, genennet, dergleichen ist das Solanum Vesicarium und andere.

Vesicaria, v. Alkekengi.

Vesicaria altera, v. Pisum vesicarium.

Vesicaria nigra, v. Pisum vesicarium.

Vesicaria *Orientalis* foliis dentatis, *Tournef.* v. Pisum vesicarium, v. Leontopetalon.

Vesicaria peregrina, v. Pisum vesicarium.

Vesicaria prima, v. Pisum vesicarium, s. Solanum vesicarium.

Vesicaria vulgaris, v. Pisum vesicarium.

Vetonica, v. Betonica.

Vetonica alba, v. Betonica.

Vetonica coronaria, v. Caryophyllaeus minor.

Vetonica domestica, v. Caryophyllaeus minor.

Vetonica siluestris, v. Betonica.

Vetonica siluestris tertia, v. Betonica.

Vgi, v. Acorus verus.

urna, die Zweige derer Rosen, v. Rosa.

rnum *Americanum*, v. Camara.

urnum *Gallorum*, v. Tamnus, v. Clematis.

urnum, *Matth. J. B. Chabr.* Lantàna *Germ.* kleiner Mehlbaum, Schlingbaum. X.

chset gar häufig an Zäunen, blühet im Sommer. Im September werden die Beeren reif. Aus den Zweiglein destilliret man ein Wasser, so in allerhand Beschwerungen der Augen gut thut. Die Blätter und Beeren pfleget man mit Wasser abzukochen. Sie trocknen und ziehen zusammen, dienen in Entzündung der Mandeln und Kehle, item in Geschwulst des Zapfens, Wackeln der Zähne, befestigen das Zahnfleisch, und curiren den Durchfall. Die Blätter kan man in Lauge sieden, und hiermit die Haare schwarz färben. Das Pulver von den Kernen stillet den Bauchfluß, allzustarken Abgang der weiblichen Blume und Blutstürzungen.

cia *Bengalensis* semine nigro, v. Vicia *Offic.*

cia lata siliqua flore luteo *J. B. Chab.* Vicia lutea foliis Conuoluuli minoris, *H. Ox.* Aphaca *Offic. Germ.* gelbe Wicken. III.

ühet im Junio. Der Samen hält an, und pfleget deswegen geröstet zu werden, und in Bauch- und Magenflüssen gut zu thun. Sonst hat er mit dem Samen der Viciae Officinarum einerley Würkungen.

cia lutea foliis Conuoluuli minoris, *Hort. Oxon.* v. Vicia lata siliqua flore luteo, *J. B. Chab.*

cia maior, v. Vicia *Offic.*

cia maxima dumetorum, v. Faba siluestris.

cia minima, v. Faba siluestris, v. Vicia siluestris.

cia moschata, v. Vicia *Offic.*

cia *Offic. Germ.* maior vulgaris satiua, semine nigro, *J. B.* vulgaris satiua, *Park.* Wicken. XXXII.

ird auf die Felder gesäet. Der Samen ist ein Futter für die Tauben und Pferde, und wird (innerlich) weder in die Küche, noch zu Medicamenten verbrauchet. Er ist kalt und trocken, und ziehet (äußerlich) zusammen. Wenn man das Mehl hiervon in Eßig kochet, so zertheilet es die Schwulsten der Brüste und Testiculorum. Die Asche giebt eine Lauge, so wider die Wassersucht dienet.

cia satiua vulgaris semine nigro, *J. Bauh.* v. Vicia *Offic. Germ.*

Vicia segetum siliquis pluribus hirsutis, v. Faba silvestris, v. Vicia silvestris.

Vicia sesamacea *Apula*, v. Ornithopodium, v. Astragalus.

Vicia silvestris, wilde Wicken. VI.

Wächset an Zäunen und auf Dämmen, auch zuweilen unter der Saat, blühet im Frühling. Das Kraut soll mit den zahmen Wicken überein kommen.

Vicia silvestris lutea, v. Vicia silvestris.

Vicia *Tab*. v. Legumen terrae.

Vicia vulgaris sativa *Park*. v. Vicia *Offic*. *Germ*.

Victorialis femina, v. Victorialis rotunda.

Victorialis herba, v. Victorialis rotunda, v. Macherone.

Victorialis longa, v. Victorialis *Offic*.

Victorialis mas, v. Victorialis *Offic*.

Victorialis *Offic*. *Schroed*. mas et femina, item longa, Allium montanum; Allium serpentinum. Siegwurz, wilde Alraun, Allermannsharnisch, lange Siegwurz, Siegwurz, das Männlein, Schlangenknoblauch, Oberharnisch, Neuhämmerlein, Siebenhämmerlein, sieben Hamkorn, Schwertelwurz. VIII.

Wächset im Alpengebürge, und blühet im Junio. Die haarichte Wurzel wärmet und trocknet, thut eben die Würkungen, wie der Bergknoblauch. Sie pfleget angehangen zu werden, und soll Gespenster, Poltergeister und Bergmänner vertreiben, auch die Wunden zusammen heilen. Doch hat ein jeder von dergleichen Alfanzereyen Macht zu glauben was er will.

Victorialis rotunda, Gladiolus segetalis, Xiphium minus, *Clus*. Siegwurzel, Zwiebelschwertel. IX.

Die Wurzel kömmt ebenfalls mit dem wilden Knoblauch überein, wird aber nicht sonderlich gebrauchet.

Vigentiana, v. Millefolium.

Viialuras.

Sind lange und breite Blätter, die in Peru wachsen. Sie kommen blos aus der Erde hervor, und haben keinen Stiel oder Stamm. Ihre Länge beträgt fünf Schuh, und die Breite zwey bis drittehalben Schuh. Die innere Seite des Blats ist grün, und die äußere weis. Man bauet in Westindien Hütten von diesem Blate.

Vilipendula vulgo, v. Filipendula *Matth*.

Viminaria altera, v. Barba caprina silvestris.

Viminea, v. Chondrilla altera.

Viminea juncea, v. Chondrilla altera.

Vinacia, v. Vitis vinifera.

Vinca peruinca, κληματὶς δαφνοειδὴς, Peruinca *Trag.* vulgaris angustifolia flore coeruleo *Tournef.* Singrün, Inngrün, Wintergrün, Weingrün, Todtenviolen. VII.

Dieses herrliche Kräutgen wächset an den Zäunen auf fetten Boden, blühet im May. Die Blätter sind kalt und trocken, (bey andern warm und feucht im andern Grad,) halten an, dienen in Wunden, im Durchfall, der rothen Ruhr und Blutspeyen. Aeußerlich aber werden sie in allzustarken Abgang des weiblichen Brunnens, heftigen Nasenbluten, wenn die Zähne locker sind und wehe thun, die vergangene Milch zu erwecken und Zauberey abzuhalten, gerühmet. Man hat aus der Wurzel, Blättern und Blumen, die im Frühlinge müssen gesammlet und eingetragen werden, ein destillirtes Wasser.

Vincedoxicum, ἀσκληπιὰς, Hierundinaria, Schwalbenwurzel. VIII.

Wächset in Wäldern und sandigten Orten, blühet im Julio und Augusto. Die Wurzel und der Samen sind warm im ersten und andern, trocken im ersten Grad, verdünnen, widerstehen dem Gift und giftigen Krankheiten, treiben Schweis und die Menses, machen gelindes Erbrechen, und bey Kindern einen gelinden Leib, curiren das böse Wesen, Herzklopfen, Ohnmachten, Wassersucht und Kröpfe. Der Samen treibet den Stein; Aeußerlich aber reiniget er die Geschwäre, und heilet Stiche giftiger Thiere und Geschwäre an den Brüsten. In den Apothecken findet man ein aus der ganzen Pflanze destillirtes Wasser, ingleichen ein Extract, so mit Spiritu Vini oder Weinhefen: Spiritu verfertiget ist.

Vincedoxicum alterum, v. Gentiana minor.

Vincedoxicum primum, v. Gentiana maior.

Vinesgo, v. Parietaria.

Vini filius, v. Acetum.

Viniflora, v. Filipendula *Matth.*

Viniflos, v. Filipendula *Matth.*

Vini vitium, v. Acetum.

Vinum, Wein.

Ist der Saft des Weinstockes. Es soll der Erzvater Noa, welchen die Lateiner Janum, vom Ebräischen Wort Jain, so den Wein anzeiget, zu nennen pflegten, den Wein fortgepflanzet haben. Wie denn dieses edle Gewächs schon zu Domitiani

Zeiten

Zeiten bey uns in Deutschland bekannt worden. v. M. Mart. Mylii Hortus Philos. p. 43. Die noch nicht vollkommene Frucht und die Blüte heißet Gemma, das Auge, die vollkommene, aber noch nicht zu ihrer Reifung gelangte Frucht heißet Omphax, der Saft hieraus Omphacium, die völlige reife Frucht Vua, eine Weintraube, die Beere aber Acinus, eine Weinbeere. Die Blätter vom Weinstock werden Pampini, die Aeste Palmites, Rebenschos, Reben, Weinreben, die Hülsen, so nach dem Keltern zurück bleiben, Vinacia, Trest, oder ausgepreßte Trauben, genennet. Aus denen reifen Trauben entstehet der Most, wenn dieser vergohren, der Wein. v. Bartholom. Zorn. in Batanolog. Med. p. 706. conf. infra Tartarus. it. Vitis Offic.

Vinum acre ac depascens, v. Acetum.
Vinum *Alonense*, Alicantwein, Tintwein.
Vinum *Canariense*, Canariensect.
Vinum *Maderense*, Maderawein. II.
Vinum *Malacense*, Malagasect.
Vinum mortuum, v. Acetum.
Vinum *Portuense*, Port a Portwein. II.
Viola, das Veilgen, die Viola. XLI.
Viola agrestis, v. Saponaria.
Viola alba, v. Hesperis.
Viola alba bulbosa *Fuchs.* v. Leucoium bulbosum vulgare.
Viola alba et purpurea, v. Medium *Diosc.*
Viola alba *Plinii*, v. Leucoium bulbosum vulgare.
Viola alba *Theophr.* v. Leucoium bulbosum vulgare.
Viola *Alpina*, v. Viola montana.
Viola Alpina rotundifolia lutea, v. Viola.
Viola Anonymi inodora, v. Viola purpurea.
Viola aquatica, v. Hottonia, v. Millefolium.
Viola arborescens, v. Viola purpurea.
Viola aruensis, v. Jacea.
Viola barbata latifolia, v. Caryophyllus barbatus.
Viola bicolor aruensis, v. Jacea.
Viola bulbosa foliata, v. Bulbonach.
Viola calathiana, v. Gentiana.
Viola calathiana altera siue polyanthemos, v. Gentiana maior.
Viola campestris flammea lutea, v. Viola montana.
Viola campestris odora, v. Viola purpurea.
Viola candida, v. Viola purpurea, v. Leucoium.

ola canina, v. Viola purpurea.
ola canina coerulea inodora filuestris serotina, v. Viola purpurea.
ola canina quinta, v. Viola purpurea.
ola colorea, v. Jacea.
ola *Damascena*, v. Caryophyllus, v. Hesperis.
ola *Damascena* flore purpureo, Svver. v. Hesperis.
ola dentaria, v. Dentaria pentaphyllos.
ola dentaria altera, v. Dentaria.
ola dentaria prima, v. Dentaria.
ola domestica, v. Leucoium album.
ola elatior, v. Viola montana.
ola erecta flore coeruleo et albo, v. Viola purpurea.
ola flammea, v. Jacea.
ola flammea, seu tricolor, v. Jacea.
ola flammea coloria calida, v. Jacea.
ola flammea maior pallido colore mixta, v. Viola purpurea.
ola flammea minor, v. Jacea.
ola flammea tricolor, v. Jacea.
ola flaua, v. Leucoium luteum.
ola flore albo, v. Viola purpurea.
ola flore multiplici, v. Viola purpurea.
ola flore pleno, v. Viola purpurea.
ola fruticosa, v. Viola montana.
ola hiemalis, v. Hesperis.
ola hiemalis flore albo, v. Hesperis.
ola hiemalis purpurea, v. Hesperis.
ola humida, v. Pinguicula.
ola Jacea, v. Jacea.
ola *Indica*, v. Nasturtium Indicum.
ola inodora, v. Viola purpurea.
ola latifolia, v. Bulbonach.
ola longioribus siliquis, v. Bulbonach.
ola lunaria, v. Lunaria, v. Bulbonach.
ola lunaria maior siliqua oblonga, v. Bulbonach.
ola lunaria prima, v. Leucoium marinum.
ola lunaria secunda, v. Leucoium marinum.
ola lutea, v. Leucoium luteum.
ola lutea siluestris, v. Leucoium luteum.
ola *Mariana*, v. Medium *Diosc.*

Viola

Viola *Mariana* alba prima, v. Medium *Diosc.*
Viola *Mariana* purpurea secunda, v. Medium *Diosc.*
Viola marina *Dod.* Meerviole. XXIV.
Hiervon hat man von unterschiedenen Farben, als blau, rothe, weiße, bleiche, Aschenfärbigte Blumen. Es wächset diese Veile in schattichten Wäldern und Bergen in Deutschland und Italien, und wird auch vielfältig in die Gärten versetzet. Sie soll kühlen und ein wenig anhalten.
Viola marina, v. Medium *Diosc.*
Viola *Martia*, v. Viola purpurea.
Viola *Martia* alba, v. Viola purpurea.
Viola *Martia* alba multiplex quarta, v. Viola purpurea.
Viola *Martia* alba secunda, v. Viola purpurea.
Viola *Martia* arborescens septima, v. Viola purpurea.
Viola *Martia* arborescens sexta, v. Viola purpurea.
Viola *Martia* candida, v. Viola purpurea.
Viola *Martia* inodora silvestris, v. Viola purpurea.
Viola *Martia* lutea, v. Viola purpurea.
Viola *Martia* multiplici flore, v. Viola purpurea.
Viola *Martia* odorata nigra, s. purpurea, v. Viola purpurea.
Viola *Martia* purpurea flore simplici odorato, v. Viola purpurea.
Viola *Martia* purpurea prima, v. Viola purpurea.
Viola *Martia* purpurea tertia multiplex, v. Viola purpurea.
Viola matronalis, v. Lunaria.
Viola matronalis alba, v. Leucoium, v. Viola purpurea.
Viola matronalis flore rubente aut ad purpureum inclinante, v. Leucoium.
Viola montana, Bergviole. XI.
Viola montana lutea, foliis non crenatis, v. Viola montana.
Viola montana lutea grandiflora, v. Viola montana.
Viola nigra, *Dod. Cord. Clus.* v. Viola purpurea.
Viola nigra pleno flore, v. Viola purpurea.
Viola noctu olens, v. Hesperis.
Viola nocturna, v. Rosa de *Jericho*.
Viola palustris, v. Millefolium, v. Pinguicula.
Viola pentagona, *Thal.* v. Onobrychis altera. *Lob. Eyst.*
Viola pentagonia *Tab.* v. Onobrychis altera, *Lob. Eyst.*
Viola *Peruviana*, v. Jalapa.
Viola petraea lutea prima. v. Leucoium luteum.
Viola petraea lutea multiplex secunda, v. Leucoium luteum.

Viola

la praecox *Lob.* v. Viola purpurea.

la praecox purpurea, v. Viola purpurea.

la purpurea Martia ἴον χοεφυεῦ, Martia purpurea *J. B. Germ.* Viola Martia purpurea, flore simplici odorato *C. B.* Quadragesima, Viola satiua *Brunf.* Viola nigra *Dod. Cord. Clus.* Viola praecox *Lob.* Viola simplex Martia, blaue Merzviolen XVIII. s Kraut heisset Violaria, Violen, oder Veilkraut, braune der Merzviolen. Der Samen, Blätter und Blumen sind alt im ersten, feucht im andern Grad. Wächset an Zäunen nd Dämmen, schattichten und rauhen Gegenden, an Wegen, lühet am Ende des Martii und im Anfang des Aprilis. Die etrockneten Blumen sind kalt und trocken, erweichen, laxiren, ienen dem Herzen, der Brust, widerstehen der schwarzen Galle, ämpfen die Hitze der Fieber, lindern das böse Wesen, die Rauigkeit der Kehle, curiren die Flüsse und das Seitenstechen. Die frischen Blumen machen einen gelinden Leib. Aeusserlich wird das Kraut zu Clystiren, Umschlägen und Bädern gebrauchet. Dieses ist zu merken, wenn man das Wasser von diesem Kraut nimmt, und den Spiritum des gemeinen Salzes mit einer sattsamen Quantität Gold damit versetzet, eine purpurrothe Tinctur daraus entstehe; wenn man aber Rosenwasser drunter menget, so färbt sich der Liquor nicht, dahero solte man sich einbilden, daß einige einfache Wasser die Farbe und Kraft ihrer Pflanze auf eine verborgene Art, wie der vortrefliche Chemicus, Dr. Joh. Gottfried Becker, versichert, behalten. Der Samen treibet den Stein gewaltig, eröfnet die Verstopfungen der Nieren, thut in Fiebern ungemeine Dienste, und befördert die Geburt, wird aber selten gebrauchet. Die aus dem Veilkraut verfertigten Medicamenten sind 1) der Syrupus Violarum solutiuus, oder der bekannte Veilgensaft, wenn öfters warm Wasser auf die frischen Blumen gegossen wird, 2) der Syrup aus dem bloßen Veilgensaft, 3) Syrupus Violarum compositus Mesue, 4) der Syrupus Violarum regius, d. i. der Veilgen Julep, so aus Wasser, den Blumen und Zucker bestehet, 5) die in Zucker eingemachten und von ihren kräutigten Theilen abgesonderten Blumen, 6) der Eßig, 7) das Oel, wenn Oleum omphacium drauf gegossen wird, 8) das aus denen Blumen destillirte Wasser, 9) das aus dem ganzen Kraut destillirte Wasser, 10) die Tinctur, 11) das Extract, so aus dem Saft durch gelindes Feuer eingetrocknet ist. 12) Die Trochisci oder Küchelgen.

Viola purpurea et alba, v. Hesperis.
Viola purpurea et alba multiplex, v. Viola purpurea.
Viola satiua, *Brunf.* v. Viola purpurea.
Viola silueitris, v. Jacea.
Viola siluestris albo flore, v. Jacea.
Viola siluestris longifolia, v. Jacea.
Viola simplex *Martia*, v. Viola purpurea.
Viola tricolor, v. Jacea.
Viola tricolor hortensis repens, v. Jacea.
Viola tricolor petraea, v. Jacea.
Viola Trinitatis, v. Jacea.
Viola Trinitatis minor petraea albo flore, v. Jacea.
Viola Trinitatis prima, v. Jacea.
Viola Trinitatis secunda, v. Jacea.
Viola *Tusculana*, v. Jacea.
Violaca-laca.

Jst ein Baum in Madagascar, dessen Frucht dem schwarzen Pfeffer gleicht, aber nicht so schmeckt. Sie hat eine zusammenziehende und austrocknende Kraft.

Viola aquatilis, v. Millefolium.
Violae dentariae, v. Dentaria.
Violae montanae tertium aliud genus, v. Viola monta
Violae nigrae persimilis, v. Jacea.
Violae nigrae persimilis montana lutea, v. Viola monta
Violae nigrae similis aruensis minor, v. Jacea.
Violae nigrae siluestris species, v. Viola purpurea.
Violae siluestris species, v. Hesperis.
Violaria, v. Viola purpurea.
Viorna, v. Clematis vrens.
Viperaria *Hispanica*, v. Scorzonera.
Viperaria *Hispanica* humilis, v. Scorzonera.
Viperaria humilis, v. Scorzonera.
Viperaria *Pannonica*, angustifolia, v. Scorzonera.
Viperaria *Virginiana*, v. Serpentaria *Virginiana*.
Viperina *Virginiana*, v. Serpentaria, v. Serpentaria *Virginiana*.
Virga angustifolia, v. Symphitum *Offic.*
Virga aquatica, v. Eupatorium.
Virga aurea, v. Symphitum *Offic.*
Virga aurea altera folio serrato, v. Virga aurea *Offic.*
Virga aurea angustifolia serrata, v. Virga aurea *Offic.*

Virga aurea angustifolia minus serrata, v. Virga aurea *Offic.*

Virga aurea aquatica, v. Eupatorium.

Virga aurea *Canadensis*, v. Virga aurea *Offic.*

Virga aurea latifolia serrata, v. Virga aurea *Offic.*

Virga aurea margine crenato, v. Virga aurea *Offic.*

Virga aurea *Offic.* Virga aurea serrata angustifolia, Consolida vel Solidago Saracenica, Virga aurea angustifolia minus serrata, Herba Doria, Solidago serrata, gülden oder Heydnisch Wundkraut, Steingunsel, gülden Wundkraut, Edelwundkraut. XXX.

Wächset häufig auf dem Felde und steinichten Orten. Die Blätter sind lang, rauch, zackicht, am Geschmack bitter und zusammen ziehend. Die Blumen sehen gelb, blühen im Julio und Augusto. Beyde sowol die Blätter als Blumen halten an, dienen in Wunden, Fisteln, und reinigen bösartige Schäden.

Virga aurea serrata angustifolia, v. Virga aurea *Offic.*

Virga aurea serrata latifolia, gülden oder Heydnisch Wundkraut. II.

Die Blätter und Blumen sind warm und trocken im andern Grad, ziehen zusammen, treiben den Stein, dienen in Wunden, curiren den Durchfall, die rothe Ruhr, den Blutspeichel, zertheilen den Schleim der Nieren und Harngänge, und werden äußerlich in Wunden, Brüchen, Wackeln der Zähne und faulen Zahnfleisch gebrauchet.

Virga *Broccenbergensis*, v. Virga aurea *Offic.*

Virga Pastoris, *Lob. Matth. Cam.* v. Dipsacus tertius *Dod.*

Virga Pastoris maior, *C. Bauh.* v. Dipsacus tertius *Dod.*

Virga Pastoris minor *C. Bauh.* v. Dipsacus tertius *Dod.*

Virga regia maior flore purpureo, v. Digitalis.

Virga sanguinea, *Germ.* Cornus femina, Cornus silvestris, Spindelbaum, falscher Cornellbaum. II.

Soll dem Cornelius-Kirschenbaum sehr gleich seyn, wächset im Toscanischen, blühet im April und May. Die Blätter werden zu Anfange des Herbstes reif, haben einen herben, bittern und anhaltenden Geschmack, und sind denen Turteltauben sehr angenehm.

Virga serrato folio, v. Virga aurea *Offic.*

Virga *Villanovani*, v. Symphitum *Offic.*

Virgae aureae alterum genus, v. Virga aurea *Offic.*

Viscago, v. Sesamoides.

Viscago maior, v. Lychnis, v. Sesamoides.

Viscaria, v. Caryophyllus, v. Lychnis.

Viscaria altera flore muscoso, v. Sesamoides.

Viscaria satiua, v. Lychnis syluestris.

Viscus oder Viscum *Offic. Germ.* Vulgare *Park.* Baccis albis *C. Bauh.* Viscus Quercus et aliarum arborum *J. Bauh.* der Mistel. IV.

Ist ein besonderes Gewächs oder Nebenkraut eines Baumes, so von der Natur des Baumes, auf welchen es hervor kömmt, ganz und gar abgehet, bestehet aus einem zähen und übelriechenden Saft, und kan nicht fortgepflanzet werden, ob man gleich die darauf befindlichen Beeren noch so sorgfältig versetzen wollte, und wird nur auf Eichen, Fichten, Kirschbäumen, Birnbäumen, Mandelbäumen, und Castanienbäumen, gar selten aber auf Eschen und Ahornen, gefunden. Die Beeren, so man zuweilen auf den Misteln antrift, sind kein Gift, sondern haben eine purgirende Kraft bey sich. Man pfleget aber dieses Viscum von itzterzählter Pflanze und dem daraus verfertigten Leim zu nennen. Es erweichet, zertheilet, ziehet Splitter aus, erweichet die harten und drüsigten Schwülsten, und heilet alle Geschwäre, v. Thom. Brovvn. Pseudodox. epidem. p. 131. v. Sam. Dale Pharmacol. p. 413. Der Eichenmistel (Viscum quernum) und vornemlich der Haselmistel (Viscum Corylinum) sind die besten, und pflegen wegen ihrer irdischen Theile die Säure wegzunehmen, die allzustarken Bewegungen des Geblütes zu hemmen, auch in der hinfallenden Krankheit gut zu thun, v. Paul. Hermann in Cynosura Mat. Medicae 116.

Viscus *Alexandrinus*, Alexandrinischer Vogelleim.

Wird von den Fructibus Sebesten, oder Egyptischen Brustbeerlein, nicht anders als unser Vogelleim, verfertiget, v. Viscus aucuparius.

Viscus aucuparius, Vogelleim.

Wird also gemacht: Man kocht die Beeren, so auf den Misteln der Bäume gefunden werden, so lange im Wasser, bis sie aufplatzen, stößet sie hernach im Mörsel, und wäschet sie so lange mit Brunnenwasser ab, bis alle Spalzen und Kleyen heraus sind. Oder man schneidet die ganze Mistel klein, stößet sie mit einer Graupenstampe zum Teige, und schlemmt hernach mit ganz kalten Wasser den Leim heraus. Auf solche Art wird auch der Alexandrinische Vogelleim, Viscus Alexandrinus aus denen Fructibus Sebesten hervor bracht, v. Woyt. Gazophylacium. Med. Physicum. p. 1003. Diese Arbeit geschicht zu Anfange

des

des Martii. Der beste Vogelleim muß grünlicht, nicht weis, auch nicht stinkend seyn, und wird durch öfters drauf gießen frischen Wassers, lange Zeit in Kellern behalten.

cus corylinus, v. Corylus.

cus *Indicus*, v. Viscus *Offic.*

cus latifolius senis circulis vtrinque insculptis, v. Viscus Offic.

cus quernus, v. Quercus.

nage, Visnage, Spanischer Zahnstocher. III.

ein Kraut, so um Genua und Lion herum gefunden wird; ob es aber das rechte Gingidium, oder die Pastinaca siluestris maior, oder das Scandium Matthioli, oder das Seseli Monspeliensium, oder Lepidium, oder ein ander Kraut sey, ist noch nicht ausgemacht. Es blühet im Julio und Augusto, trägt im Herbst selten vollkommenen Samen, und soll der Pastinacwurzel an Kräften ziemlich gleich kommen.

naga minor quorundam, Selinum peregrinum floribus candidis et semine hirsuto, kleine Visnage.

chset in der Insul Creta, Syrien, in Egypten und andern Orientalischen Ländern wild, und wird heut zu Tage auch in Englischen und deutschen Gärten geseet, blühet im Junio, der Samen aber ist zärter. Dieses Kraut hat, nach Discoridis Meynung, mit dem Anis einerley Würkungen, denn es wärmet, trocknet, lindert die Schmerzen und zertheilet.

alba, v. Tamnus, v. Bryonia alba.

ex, v. Agnus castus.

icella, v. Balsamina.

flora, v. Filipendula *Matth.*

is alba, v. Bryonia, v. Tamnus.

is alba siluestris, v. Bryonia alba.

s arbustina, ein Rebe, so an einem Baume in die Höhe gezogen ist.

s *Canadensis*, Weinbaum aus Canada, v. Vitis *Offic.*

s chenopodina, v. Vitis *Offic.*

s compluuiata, ein Weinstock, der auf einem Dache lieget.

s cultiua, v. Vitis *Offic.*

s duracina maior, v. Vitis *Offic.*

s Idaea, v. Myrtillus.

s Idaea altera, v. Myrtillus.

s Idaea foliis carnosis et veluti punctatis, v. Myrtillus.

Vitis Idaea foliis oblongis albicantibus, v. Myrtillus.

Vitis Idaea foliis oblongis crenatis fructu nigricante, v. Myrtillus.

Vitis Idaea foliis subrotundis ex albidis, v. Myrtillus.

Vitis Idaea nigra, v. Myrtillus.

Vitis Idaea nigris acinis, v. Myrtillus.

Vitis Idaea *Orientalis* maxima cerasi folio flore variegato, *Tournef.*

Vitis Idaea palustris, v. Oxycoccos, v. Myrtillus.

Vitis Idaea prima, v. Myrtillus.

Vitis Idaea secunda, v. Myrtillus.

Vitis Idaea semper virens fructu rubro, v. Myrtillus.

Vitis Idaea silvestris, v. Myrtillus.

Vitis Idaea tertia, v. Myrtillus.

Vitis marina et lenticulata marina *Offic.* Fucus folliculaceus serrato folio *C. Bauh.* Lenticula marina serratis foliis *Germ. Park.* Fucus folliculaceus maritimus baccifer *C. Bauh.* Sargago *Pis.* Meerlinsen. IV.

Wächset auf denen Felsen im Meere. Das Kraut kühlet, und wird in Entzündungen gebrauchet.

Vitis nigra, v. Tamnus.

Vitis *Offic.* Vitis cultiua, Herbariorum, Pampinum, V[illegible] ἄμπελος οἰνοφόρος, Weinstock, Weinreben. XXVI.

Man hat unterschiedene Weine, als 1) Spanische, unter welchen die bekanntesten a) Vinum Canariense, Canariensect, b) Vinum Malacense, Mallagasect, c) Vinum Xeranum, d) Vinum Alonense, Alicantenwein, so gemeiniglich Tintowein genennet wird, e) Portuense Port a Portwein, und dieser ist entweder weis, oder roth. 2) Vina Gallica, Französische Weine, worunter der weiße Wein, und der rothe, heißet Claretum, Claret. 3) Vina Germanica s. Rhenana, Deutsche oder Rheinische Weine, und endlich 4) Cratica s. Moscatellina rubra, rother Muscatwein &c. Die Blätter, [illegible] und Knoten vom Weine sind kalt und trocken im ersten Grad, halten gewaltig an, und werden deswegen in der [illegible] Brechen, unordentlichen Appetit der Schwangern, [illegible] und andern Blutflüssen gerühmet. Aeußerlich aber [illegible] in starken Hauptschmerzen, übernatürlichen Hitze und [illegible]gen Wachen gut zu thun. Das Wasser, so im Majo aus dem jungen Weinstock fließet, soll in 20 Tagen dreymal getrunken werden, und den unordentlichen Appetit der Schwangern vertreiben,

treiben, v. Dav. Herlicius de cura grauidarum cap. 16. p. 207. Der Saft (Succus s. lacryma vel aqua) so im Frühlinge bey der Beschneidung aus dem Weinstocke rinnet, ist wider den Stein, Dunkelheit der Augen, die Krätze und Trockenheit des Mundes zu gebrauchen. Die unreifen Trauben sind kalt im andern und trocken im dritten Grad, halten an, dienen in hitzigen Fiebern, stärken den Appetit, und hemmen den allzustarken Bauchfluß. Hieraus wird der ausgepressete Saft, so auf Lateinisch Omphacium und in Französischer Sprache Verjus heißet, zu Tütschen, welche den Appetit vermehren, verfertiget. Die reifen Trauben sind warm und feucht im ersten Grad (bey einigen temperirt und feucht im andern Grad) erwecken Durchfall, Aufblähen und Cruditäten im Magen. Die getrockneten Weintrauben sind dem Magen bequemer, laxiren, und machen Lust zum Essen. Vuae passae, passulae die Rosinlein, sind temperirt und warm im ersten Grad, machen einen gelinden Leib, dämpfen die Säure, geben eine angenehme Speise, dienen der Lunge und Leber, stillen den Husten, treiben den Stein, curiren den Scorbut, die Cachexie, das Malum Hypochondriacum, Aufwallung des Geblüts und Engbrüstigkeit. Aus denen Zibeben oder großen blauen Rosinen, pfleget man die Kern zu nehmen, das Fleisch samt der Schaale in Born oder ein bequem gebranntes Wasser zu schütten, und wider starken Durst zu verordnen. Die Kern halten an, und werden deswegen in- und äußerlich im starken Erbrechen und dem Durchfall gebrauchet. Die über einander gelegeten und erwarmete Hülsen und Kern vom Wein stillen den Schmerz der Gichtbrüchtigen, wenn man sie annoch warm aufleget. Die Asche von Reben ätzet und brennet, und nimmt die Kleyen auf dem Haupt weg. Man hat in denen Apothecken von den Rosinen den dick eingekochten Saft und das Rosinenhonig, ferner die eingemachten Rosinlein, die Laxierrosinlein, Lattwerge und den Syrup. Aus den reifen Weintrauben erlanget man durch keltern Most, wenn aber der Most verbrauset ist, den Wein, welcher letztere nach dem Weinstocke und Lande, wo er wächset, zu unterscheiden ist. Wovon P. I. Sachs. in Ampelographia mit mehrern zu ersehen. Aus dem Wein entstehet der Eßig, dessen Würkungen und mancherley Präparata auch hier in unserm Buch, oben unter dem Titel Acetum, mit mehrern zu ersehen. Hieher gehöret auch der Weinstein (Tartarus) welcher kein Stein, auch nicht der Unrath vom Wein, sondern ein aus Wein und

und dessen Hefen gleichsam besonderes Wesen ist. Er wird aus denen Säften, die, nachdem der Spiritus verflogen, ein wenig sauer werden, und so bald die Säure des Weines durch die Hefen geläutert worden, gezeuget. Denn so bald die Säure des Weines durch die Hefen geläutert ist, so schliesset der Tartarus zusammen, und leget sich an die Fässer an. Nachdem nun der Wein weis oder roth, so hat auch der darinnen verhandene Weinstein dergleichen Farbe, v. supra Tartarus. v. Vinum.

Vitis parua, v. Sarsaparilla.

Vitis pedata, Saturninata, gepfählter Rebe.

Vitis *Septentrionalium*, v. Lupulus *Offic.*

Vitis siluestris, v. Dulcamara.

Vitis siluestris caustica, v. Bryonia, v. Tamnus.

Vitis vinifera, v. Vitis *Offic.*

Vitis vinifera siluestris, Labrusca, Vua monstrosa barbata, wilder Weinstock. II.

Kömmt dem andern Weinstock ziemlich gleich. Die Beeren aber sind kleiner, wachsen nicht so gros, und werden niemals reif.

Vitium Angelicae, v. Herba *Gerhardi.*

Vitraria, v. Parietaria.

Vitriola, v. Parietaria.

Vituli pes, v. Aron.

Vlcraria, v. Marrubium album.

Vlmaria, Barba caprina, Medesusium, Regina prati, Argentilla, Flabellum D. Iohannis, Johanniswedel, Maelkraut, Geisbart, Wurmkraut. III.

Wächset auf feuchten Wiesen, blühet im Julio. Die Blätter und Blumen sind kalt und trocken, halten an, treiben Schweis, widerstehen dem Gift, dienen im Durchfall, der rothen Ruhr, Blutspeyen, und halten die Menses beym Frauenzimmer zurück. Aeußerlich stillen sie das Blut, ziehen die Wunden und Brüche zusammen. Man findet aus denen Blättern und Blumen ein destillirtes Wasser und ein Extract, so vom Quercetano wider die Pest gerühmet wird, v. J. Schröderi. Thes. Pharm. Med. Chem. L. IV. p. 363.

Vlmi alterum genus, v. Vlmus *Offic.*

Vlmi tertia species, v. Acer.

Vlmus Attilia, v. Tilia femina.

Vlmus campestris, v. Vlmus *Offic.*

Vlmus folio latissimo scabro, *Germ.* v. Vlmus latiore folio, *Park.*

Vlmus in planis proueniens, v. Vlmus *Offic.*
Vlmus latifolia, v. Vlmus latiore folio *Park.*
Vlmus latiore folio *Park.* folio latissimo scabro *Germ.* Vlmus latifolia, Vlmus montana *Offic. C. Bauh.* Bergulmenbaum, Bergrüster. III.
Wächset öfters an Zäunen; die Rinde kömmt mit dem Vlmo Officinarum überein.
Vlmus montana *Offic. C. Bauh.* v. Vlmus latiore folio *Park.*
Vlmus *Offic.* et *Trag. Matth. Dod. J. Bauh.* Vlmus campestris *Theophrast.* Ptelea, Vlmus vulgaris *Park.* Vlmus vulgatissimus folio lato, scabro *Germ.* Ulmenbaum, Ylmenbaum, Yffenbaum, Yffenholz, Steinlinde, Lindbast, Rüster, Rüstern, Rüstholz. XII.
Wächset hier und da an Zäunen, hält an. In dessen Blättern pflegen im Monat May Bläsgen auszufahren, welche voller Wasser seynd. Diese Feuchtigkeit ist ein treflichés Wund- und Schminkmittel, machet eine helle und glänzende Haut, und curiret die Dormbrüche bey Kindern. Die Rinde heilet die Wunden zusammen, lindert die Schmerzen im Podagra und Hüftenweh, reiniget den Leib, und führet vornemlich Schleim und Wasser aus. Die Blätter werden selten gebrauchet, und ziehen zusammen.
Vlmus siluestris *Plinii* forte, v. Acer.
Vlmus *Theophr.* v. Vlmus *Offic.*
Vlmus vulgaris *Park.* v. Vlmus *Offic.*
Vlmus vulgatissimus folio lato, scabro, v. Vlmus *Offic.*
Vlua, v. Alga.
Vmbilicata, v. Vmbilicus *Veneris.*
Vmbilici species, v. Alsine.
Vmbilici species quibusdam, v. Paronychia.
Vmbilici *Veneris* species prima, v. Vmbilicus *Ven.* alter *Offic.*
Vmbilicus marinus, v. Androsace *Matth.*
Vmbilicus terrae, v. Cyclamen.
Vmbilicus *Veneris*, Cymbalium acetabulum, Cotyledon, Nabelkraut, Venusnabel, Frauennabel, klein Donnerkraut. X.
Wächset auf sandigten Boden und Mauren, blühet im April, ist kalt im andern, feucht im ersten Grad, hält an, reiniget, curiret den Stein, die Wassersucht, Flüsse, Rose, hitzige und gallichte Schwulsten, Kröpfe und erkältete Glieder.
Vmbilicus *Veneris* alter *Offic.* Sanicula aizoides foliis oblongis

ferratis, Sedum serratum *J. Bauh. Chabr.* Vmbilicus Veneris minor *Ger.* Saxifraga sedifolio angustiore serrato, klein Frauenkraut, Frauennabel. II.

Wächst hier und da in Deutschland auf Bergen, blühet im Sommer. Das Kraut hat mit dem Semperuiuo gleiche Würkungen.

Vmbilicus *Veneris* maior, v. Vmbilicus *Veneris*, Cymbalium.

Vmbilicus *Veneris* minor, *Germ.* v. Vmbilicus *Veneris* alter *Offic.*

Vmbilicus *Veneris* minor primus, v. Vmbilicus *Veneris* alter *Offic.*

Vmbilicus *Veneris* minor secundus, v. Vmbilicus *Veneris* alter *Offic.*

Vnedo, *Lob.* v. Arbutus *Matth. Lon. Dod. Tab.*

Vnguentaria glans, v. Balanus myrepsica.

Vnguentaria *Lutetianorum*, v. Abrotanum femina.

Vnguimilua, v. Luteola.

Vnguis aquilae, v. Crithmum marinum.

Vnguis *Ibidis*, v. Aster *Atticus*.

Vnguis *Leopardi*, v. Ranunculus.

Vnguis miluinus, v. Luteola.

Vnguis rosae, v. Rosa.

Vngula caballina, v. Tussilago.

Vngula equina, v. Ferrum equinum.

Vnifolia marina *Groenlandica*, gros Klippenkraut.

Vnifolium, v. Lilium conuallium, v. Ophioglossum vulgatum.

Vnifolium *Park.* Monophyllon *Offic. Germ.* Gramen Parnassi *Matth.* Lilium Conuallium minus, Gramen hederaceum, Flos Hepaticus, Smilax vnifolia humillima, Parnassusgras, Einblat. II.

Wächset in Wäldern und Hecken, blühet im May und Junio. Dieses Kraut kömmt mit den Mayenblümlein überein. Es ist ein trefliches Wundkraut, denn die Blume hat ein häufiges Sal alkali und klebrichten Saft bey sich, welcher die übermäßliche Bewegung der Lebensgeister im Zaume hält. Man kan es auch in einem Tranke, mit Wasser abgekochet, brauchen, wodurch, nachdem der Schmerz vergangen, die Wunde bald zusammen heilet und pfleget auch in aufgesprungenen Brüsten, der Pest und empfangenen Gift gut zu thun.

Vnifolium palustre, *Gesn.* v. Hepatica alba.

Vniola, v. Phalaris.

Voachits.

eine Art von Weinreben in Madagascar, deren Traube wie französischer Verjus, oder unzeitiger Rebensaft schmeckt. Ihre Blätter sind rund, wie Epheu, und das Holz beständig grün.

.duru, v. Voafontsi.

.fontsi.

Ist die Frucht von der Pflanze Balizier, mit deren Blätter in Madagascar die Häuser gedeckt werden.

.he.

Ist eine Staude in Madagascar, welche weiße Blumen trägt, wie das Lilium conuallium.

.lelats.

Ist eine Art von einer weißen Maulbeere, deren Baum und Blätter aber unsern weißen Maulbeerbäumen gar nicht ähnlich sind. Diese Frucht ist ungemein herbe.

.menes.

Sind eine Art von kleinen rothen Erbsen in Madagascar, welche von denenjenigen wenig unterschieden sind, welche man in Grosindien Condure nennet, und anstatt des Borax zum Gold löten dienen. Nachdem man sie gestoßen hat, so mischet man ein wenig Citronensaft darunter, und tunket das Gold in den Saft, ehe man es an das Feuer bringt.

.amitsas.

Sind kleine Wurzeln in Madagascar, in der Größe eines Daumens. Sie schmecken fast wie die Steckrüben.

.anane.

Ist eine Frucht einen halben Fuß lang in Madagascar, welche vier Viertel hat, und sich essen läst. Sie schmecket wie eine steinigte Birne, und hält den Bauchfluß auf.

.anato.

Ist die Frucht von einem Baume, welcher in Madagascar am Ufer des Meers wächset. Ihr Fleisch ist nahrhaft. Der Baum ist roth, hart, unverderblich u. vortreflich zum bauen.

.andsorus.

Sind kleine Erbsen, so gros wie die Wicken, in Madagascar.

.andzu.

Eine Art Bohnen, deren Blätter dem Klee gleichen, in Madagascar. v. Faba.

.anghebes.

Sind kleine Bohnen in Madagascar.

.angissaies, v. Aurantia.

.anunue.

Ist

Ist eine Frucht von der Art einer Feige, in Madagascar, deren Blätter denen Birnbaumblättern gleichen. Diese Feige ist an Gestalt und Geschmack den Marseillischen Feigen gleich. Wenn in den Baum geschnitten wird, so fließt eine Milch heraus, und die Rinde dienet, Tauwerk daraus zu machen.

Voaravendzara.

Die Frucht des Baumes Ravendzara, v. Ravendzara.

Voarots.

Ist eine Frucht von einem großen Baum in Madagascar, der vom Fuß auf voller Zweige ist, und sich in einer eyrunden Gestalt erhebet. Das Blat gleichet denen Olivenblättern. Die Frucht ist eine Art von einer etwas herben Kirsche, die aber wenig Fleisch hat, indem der Kern sehr groß ist. Sie wächset buschweise, und man hat ihrer von dreyerley Farben, rothe, weiße und schwarze.

Voasatre.

Ist eine Frucht, welche in Gestalt eines Büschel Zwiebeln auf einem mittelmäßigen Baume in Madagascar wächst, dessen Blätter lang und breit, in der Gestalt der Fächer sind. Aus diesen Blättern machet man Matten, Tauwerk und Körbe.

Voasutre.

Ist eine Frucht von der Größe einer Muscatbirne, welche gekocht oder gebraten, wie eine Castanie schmecket. Der Baum wächst sehr hoch, und das Holz ist das härteste in Madagascar. Seine Blätter sind so lang wie die von dem Mandelbaume, aber eingeschnitten, und bey jedem Einschnitt mit einer Blume von eben der Gestalt und Farbe versehen, als die vom Rosmarin, aber ohne Geruch. Aus dieser Blume wird die Frucht, welche auch rund um die Blätter, und am Rande wächst, formiret.

Voathints.

Ist die Frucht von dem Baume Thints. v. Thints.

Voatolalac.

Ist eine dornichte Staude in Madagascar, deren Frucht eben so ist, und Bassy heißet. Sie ist in einer Hülse eingeschlossen.

Voavaluts, v. Duriaon.

Voaverome.

Ist eine violettene Frucht in Madagascar, eben so klein, als die rothe Johannisbeere, süß und sehr angenehm. Man bedienet sich ihrer, schwarz und violet zu färben.

Voltschnoykoren, Wundheilende Wolfswurz aus Rußland.

Volubilis, v. Convolvulus, v. Volvulus terrestris.

Volu-

Volubilis aruensis flore roseo, v. Conuoluulus, v. Smilax leuis.
Volubilis maior, v. Conuoluulus, v. Smilax leuis.
Volubilis marina, v. Soldanella.
Volubilis media, v. Voluulus terrestris.
Volubilis media seu nigra, v. Voluulus terrestris.
Volubilis minor, v. Smilax leuis.
Volubilis nigra, v. Voluulus terrestris.
Volubilis nigra *Cantabrica*, v. Cantabrica *Clus.*
Volubilis *Dalechamp.* v. Cantabrica *Clus.*
Volucrum maius, v. Caprifolium.
Voluulus coeruleus, v. Smilax leuis.
Voluulus terrestris, Conuoluulus minimus quorundam, kleine Erdwinde. IV.
Wächset in Spanien, Portugall und einigen Französischen Ländern, blühet im May, Junio und Julio, und breitet sich hier und da auf der Erden aus. Ob es vielleicht das Scammonium minus Plinii sey, weis man eigentlich nicht zu melden.
Vomica nux, Krähenauge. II.
Ist gemeiniglich Hunden, Katzen und allen Thieren, so blind gebohren werden, ein Gift, soll aber, wie einige wollen, den Menschen ein guter Gegengift seyn, und wird zu Kayser Maximiliani I. Electuarium de Ouo genommen. Was dieses eigentlich sey, v. apud J. B. Denis dans ses conferences. Mehrere Nachricht, und was von den Krähenaugen eigentlich zu halten, kan oben unter dem Titel Nux Vomica nachgeschlagen werden.
Vontaca.
Eine Frucht in Madagascar von der Größe einer Quitte, mit einer eben so harten Schale umgeben, als ein Kürbis. Das Fleisch ist von angenehmen Geschmack und Geruch, wenn es reif ist.
Vrceolaris, v. Parietaria.
Vrceolaris *Scribonii*, v. Parietaria.
Vrceolaris vitriaria, v. Parietaria.
Vredo, v. Vstilago.
Vrinalis, v. Ononis et resta bouis *Offic.*
Vrinaria, v. Linaria, v. Ononis et resta bouis *Offic.*
Vrtica, eine Nessel, wird ab vrendo, vom Brennen also genennet. XXIX.
Vrtica aculeata, v. Cannabina.
Vrtica aculeata foliis serratis, v. Cannabina.
Vrtica aculeata folio serrato altero, v. Alysson.
Vrtica asperior, v. Vrtica vrens.

Vrtica communis, v. Vrtica vrens.
Vrtica Diosc. femine lini, v. Vrtica vrens.
Vrtica exigua, v. Vrtica vrens.
Vrtica fatua λευκόστικτος, v. Vrtica mortua.
Vrtica flore luteo, v. Lamium.
Vrtica foetida maxima, v. Vrtica vrens.
Vrtica foliis oppositis, tripartitis incisis, *Linn.* v. Vrtica vrens.
Vrtica foliis profunde laciniatis, femine lini, *Amman.* v. Vrtica vrens.
Vrtica *Herculea*, v. Vrtica vrens.
Vrtica hortulana, v. Vrtica vrens.
Vrtica iners, v. Galeopsis.
Vrtica iners altera, v. Vrtica mortua.
Vrtica iners tertia, v. Vrtica mortua.
Vrtica *Italorum*, v. Vrtica vrens.
Vrtica labeo, v. Vrtica mortua.
Vrtica labeo mas, v. Vrtica mortua.
Vrtica lactea, v. Vrtica mortua.
Vrtica legitima, v. Vrtica vrens.
Vrtica maior, v. Vrtica vrens.
Vrtica maior et femina, v. Vrtica vrens.
Vrtica marina, Seenessel. IV.

Schwimmet auf den Wassern, und wird, wenn sich die See ergießet, zum öftern am Gestade oder Ufer des Meeres gefunden. Sie nimmt die Haare weg.

Vrtica marina explicata et contracta, v. Vrtica marina.
Vrtica mas, v. Vrtica vrens.
Vrtica mascula, v. Vrtica vrens.
Vrtica minor, v. Vrtica vrens.
Vrtica mortua *Offic.* todte oder taube Nessel. XII.

Diese Nessel ist entweder flecklicht (maculata) und wird Lamium alba linea notatum, Milzatella und Lienaria, auf deutsch weiße taube Nessel genennet; oder sie hat keine Flecken, und heißt Lamium purpureum foetidum, das ist, stinkende Nessel, mit rother Blume. Man findet auch hin und wieder noch eine andere Art Nesseln, die weiße und gelbe Blumen tragen. Sie kommen gleich bey angehendem Frühling hervor, und sind die weißen am gebräuchlichsten. Das Kraut und die Blumen sind warm und trocken, dienen in der rothen Ruhr, dem Durchfall und weißen Fluß der Weiber. Die Blätter hat ein gewisser Mönch mit einem Ey in der Pfanne gebraten, und hiermit gar viele

viele Personen, so an Milzbeschwerungen laboriret, glücklich restituiret, v. Rolf M. C. S. p. 784. Aeußerlich kan man mit diesem Kraute die Felle in Augen curiren. Sonst sind hiervon in den Apothecken die eingemachten weißen Blumen zu haben.

Vrtica mortua maculis albis resperſa, v. Vrtica mortua.

Vrtica mortua quarta, v. Alyſſon.

Vrtica non mordax vulgaris foetens purpurea, v. Vrtica mortua.

Vrtica noſtralis ſemen, v. Vrtica mortua.

Vrtica pilulifera, v. Vrtica vrens.

Vrtica *Romana*, v. Vrtica vrens.

Vrtica *Romana Offic.* ſemine lini, v. Vrtica vrens.

Vrtica ſilueſtris, v. Vrtica vrens.

Vrtica ſilueſtris maior, v. Vrtica vrens.

Vrtica ſilueſtris minor, v. Vrtica vrens.

Vrtica ſoluta, v. Vrtica marina.

Vrtica vera, v. Vrtica vrens.

Vrtica vrens, ἀκαλήφη, Brennneſſel. XIV.

Diese ist unterschieden, entweder sie ist sehr gros, und heißet vrtica maxima, große heiße Brennnessel; oder sie ist klein, und heißet vrtica minor, Heiternessel; oder mittelmäßig, und wird vrtica vrens Romana, Römische Nessel, Welsche Nessel genennet. Die große und Heiternessel wächset hin und wieder an sandigten Orten, bey Zäunen und Mauren. Die erste ist eigentlich in Wäldern anzutreffen. Die Römische Nessel wird in Gärten gezeuget. Alle diese Nesseln dauren den ganzen Sommer über. v. Jo. Schroeder in Pharm. Med. Chem. L. IV. p. 178. Temperiren im warmen im ersten und andern, und trocknen im andern Grad, eröfnen, dringen durch, reinigen, erweichen, treiben den Urin und Stein, und widerstehen dem empfangenen Schierling, (Cicuta) und Bilsenkraut (Hyoſciamus.) Die Wurzel wird eigentlich in der gelben Sucht gerühmet. Das Kraut vertreibet den kalten Brand, eröfnet den Leib, reiniget die Nieren, löset den Schleim von der Brust, treibet den Stein, Kinderpocken, Friesel und Masern aus. Wenn man das Kraut zerstampfet, und als ein Pflaster auf den Leib leget, so pfleget es im Vorfall der Mutter gut zu thun. v. Dav. Herlicius de cura grauidarum c. 31. p. m. 344. Der Samen von dieser Nessel soll, wie Weickart im andern Buch de Venenis meynet, ein Gift seyn, welches ich aber nicht glauben kan. Er hat ein Urintreibendes Salz, welches mit einem ölichten Schleim vermischet ist, bey sich, und dienet dieserwegen nicht

nur

nur in allerhand Beschwerungen der Nieren und Blase, sondern auch in denen meisten Lungenkrankheiten, nemlich im Husten, Engbrüstigkeit, Seitenstechen, Entzündung der Lungen, reitzet zum Beyschlaf, hemmet das Blutspeyen und Blutstürzungen, curiret das Blutharnen, den allzustarken Abgang der monatlichen Reinigung und güldenen Ader. Aeußerlich heilet er die Entzündungen des Zapfens und Nasenbluten. Die kleine Nessel pfleget, wenn sie gestoßen wird, im kalten Brand und Abzehren der Kinder gut zu thun. Wenn man aber von Nesseln verbrannt worden, so ist Baumöl darwider zuträglich. Das destillirte Wasser restituiret den Blutspeichel und Blutstürzung.

Vrtica vrens minima, v. Vrtica vrens.

Vrtica vrens minor, v. Vrtica vrens.

Vrtica vrens pillulas ferens, v. Vrtica vrens.

Vrtica vrens prior, v. Vrtica vrens.

Vrtica vulgaris vrens, v. Vrtica vrens.

Vrucu, v. Orleana, v. Mitella.

Vsnea, v. Muscus.

Vsnea cranii humani, v. Muscus cranii humani.

Vsnea *Offic.* v. Muscus arboreus.

Vstilago, Vredo, Pestis auenae, Fuligo, Erugo, Erysibe [illegible]*corum*, Carbunculatio; der Brand, das Brandkorn, [illegible] Rus. II.

Wird an den Aehren tragenden Pflanzen, wenn nach einem [illegible]ten Reif ein heißer Sonnenschein folget, der aber, wenn ein [illegible]tiger Mehlthau im April und May auf die noch grüne [illegible] fället, welche hiervon eine bräunlichte und schwarze Farbe bekömmt, auch diejenigen, so durchgehen oder durchreiten, [illegible] färbet, verspüret. Sie riechet stark, wie Pöcklinge oder [illegible] der Kohl, oder Fischbrühe, schmecket zwar süß, hat aber eine Säure und fressende Schärfe bey sich, statt des Mehls giebt sie ein schwarz subtiles Pulver, so die Mahler, wenn sie schwarzbraun färben wollen, brauchen. Verursachet Grimmen im Leibe, Eckel, einen Ansatz zum Brechen, und andere Zufälle, auch wohl äußerlich, wenn sie gekäuet oder mit bloßen Füßen berühret wird, Geschwäre der Lippen und Blattern an Beinen. Diesen Brand hält Theophrastus vor eine Fäulung, so von den zurück gebliebenen kleinen Regentropfen und der bald darauf erfolgten Hitze der Sonne entstanden, und saget Rajus, es müsse (außer diesem) auch noch eine innerliche Disposition im Korn

selbst

selbst vorhanden seyn. Dieses ist um so vielmehr zu glauben, weil andere Pflanzen, als Kräuter, Bäume, Blumen und dergleichen von itzt erzählten Mehlthau keinen Brand bekommen, sondern auf eine andere Art verderben, fleckicht werden, zusammen laufen und verdorren. An Weitzen, Korn, Gerste und Hafer ist der Brand bald zu merken, denn der ganze Halm siehet schwarz aus, die Kern stehen offen, und präsentiren sich, als wenn sie zernaget, zerkerbet oder zerfressen wären. Beym Spelt aber, wenn er vom Brand versehret worden, bleibt der Haber und das Blut unversehrt, und dennoch ist aus der zerriebenen Frucht weiter nichts, als ein braun und schwarzes Pulver zu bekommen. Diesem Uebel abzuhelfen, pflegen die Bauren ihren Samen in Lauge und Asche zu schütten, etwas lebendigen Kalk drunter zu mengen, und hernach auszusäen.

Vstilago aruensis, v. Vstilago.

Vstilago auenacea, Haberbrand, v. Vstilago.

Vstilago hordei, Gerstenbrand, v. Vstilago.

Vstilago polystichi, v. Vstilago.

Vstilago secalina, Kornbrand, v. Vstilago.

Vtrinque serrata, v. Hedysarum, *Lem.*

Vua heisset eigentlich eine Traube, wird aber von theils Auctoribus pro fructu Alkekengi gebraucht, v. Alkekengi.

Vua, v. Trachelium, v. Vitis vinifera.

Vua Alpina, Muscatellertraube, v. Vitis *Offic.*

Vua barbata, v. Vitis siluestris.

Vua crispa, Oxyacanthus, Klosterbeeren, Kräuselbeer, Stachelbeer, Klosterkräusel, Kreutzbeer, Krausbeer, Stechdorn. IV.

Wird in Gärten gezeuget, und blühet im April. Die Früchte sind kalt, und geben wenig Nahrung, sie können, guten Appetit zu machen, in Fleischbrühe gekocht werden, dienen wider den unordentlichen Appetit der Schwangern, löschen den Durst, und stillen alle Bauchflüsse.

Vua cybina, Cybebentrauben, v. Corinthiacae vuae.

Vua herba, v. Botrys.

Vua inuersa, v. Paris herba.

Vua lupina, v. Solanum vulgare.

Vua marina, Tragus veterum, Meertrauben. II.

Wächset sehr häufig um Montpelier herum, blühet im Frühlinge. Die Früchte werden im August und Herbst reif. Es pflegen dieses Kraut die Weiber, wenn die Menses überflüßig fortgehen, zu brauchen.

Vua marina maior, v. Vua marina.

Vua marina minor, v. Vua marina.

Vua marina *Monspel.* v. Polygonum.

Vua marina quarta, v. Vua marina.

Vua monstrosa barbata, v. Vitis siluestris.

Vua passa, v. Corinthiacae vuae, v. Vitis *Offic.*

Vua passa maior, v. Vitis *Offic.*

Vuae Quercus, Eichentrauben.

Unter der Erden an der Wurzel des Eichbaums und dessen Zäsergen findet man viele harte Knorren, so als eine Haselnus gros sind, und traubenweis an einander hangen, welche Vuae Quercus oder Eichentrauben genennet werden, und in der gefährlichen Ruhr gut thun. Der Saft hiervon curirt das Podagra.

Vua spina, v. Grossularia.

Vua Taminea, v. Staphisagria.

Vua Taminia, v. Staphisagria.

Vua versa, v. Paris herba.

Vua visi, v. Ribes.

Vua vulpina, v. Paris herba.

Vua vulpis, v. Solanum vulgare.

Vua Zibebae, v. Corinthiacae vuae.

Vui, v. Vuihares.

Vvidambus.

Sind die Wurzeln eines Rebenstocks, welcher rothe Beeren träget in Madagascar, die wie Muscateller schmecken. Der Stock stehet alle Jahre ab.

Vvienpassos.

Sind eine Art wilder Wurzeln in Madagascar, welche die Dicke und Länge eines Armes haben, und am Ufer des Meeres gefunden werden.

Vvifutchi.

Ist eine Wurzel auf der Insul Madagascar, welche Mannsdick in gutem Erdreich wächset.

Vvihares.

Sind eine Gattung Wurzeln in Madagascar, welche wegen des Geschmacks, und der großen Vermehrung daselbst hoch gehalten werden.

Vvi-lassa.

Ist eine kriechende Pflanze in Madagascar, deren Wurzel der

Jalap-

alappae gleichet, und einen Gummi giebt, wie Scamm-
nium. Die Einwohner versichern, daß er so stark abführe,
aß das Blut darnach gehe.

andres.

d wilde Wurzeln auf der Insul Madagascar.

vave.

eine Art von knotigten Rohre in Madagascar, dessen Wurzel
ut zu essen ist, und fast wie das Igname schmecket.

cania, v. Ranunculus.

gago, v. Asarum.

bohits, v. Fiomuts.

i - vasa.

eine Staude in Madagascar, die eine schöne Frucht träget
on der Größe einer Kayserpflaume, voller kleiner Körner.
ie Blume ist sehr angenehm, und hat den Geruch von Jas-
in, Würznelken und Orangeblüten zusammen vermischt.

neraria, v. Chenopodium.

neraria rustica, v. Anthyllis leguminosa.

icida, v. Napellus.

ina, v. Paris herba.

, v. Arundo Indica arborea.

aria, v. Garosmus,

ichma *Worm.* eine Americanische Frucht, als ein Fin-
er dick, mit rauher Haut, und kurzer Wolle umgeben.

la, v. Hippoglossum.

laria, v. Trachelium, v. Hippoglossum.

laria exigua, v. Trachelium.

laria femina, v. Hippoglossum.

laria in pratis, v. Trachelium.

aria maior, v. Trachelium.

laria mas, v. Hippoglossum.

interanus cortex, v. Cortex *Winteranus.*

Wizzekapukka.

eine Pflanze in dem Nördlichen America, in Hundsonsbay,
elche von denen Indianern und Europäern als eine Arzeney
Krankheiten, welche die Nerven angreifen, und in denen,
e aus dem Scharbock herrühren, gebraucht wird.

anthium, Bardana maior, Lappa minor, kleine Kletten,
Bettlersläuse, Spitzkletten. IV.

icum, v. Crocus.

Xanthophanea, v. Sideritis.
Xanthoxylum, Bertrambaum, Zahnwehbaum, stachlichtes Gelbholz aus Georgia. II.
Xaumich nigella, v. Nigella.
Xenechton, ein Gegengift.
Xeranthemum, Papierblume, Strohblume. XI.
Ximenia, die Ximenia aus America.
Xiphidion, v. Spadula foetida.
Xiphidium, v. Sparganium.
Xiphion, v. Macheronium.
Xiphioschoenos, v. Gramen *Cyperinum*.
Xylaaloës, v. Agallochum.
Xylaaloës fissilis, leuis et aromatica, v. Agallochum.
Xyloaloe solida, v. Rhodium lignum.
Xyloarata, v. Siliqua dulcis.
Xylobalsamum, v. Balsamum.
Xylocaracte, v. Siliqua dulcis.
Xylocassia, v. Cassia.
Xylolotum, v. Quinquefolium.
Xylon, Baumwollenstaude, v. Bombax. V.
Xylopetalum, v. Quinquefolium.
Xylosteum, v. Cerasa siluestria.
Xylosteum alterum, v. Cerasa siluestria.
Xyris, v. Spatula, v. Tormentilla.
Xyris *Matth.* v. Spatula foetida.
Xyris vel Iris agria, v. Spatula foetida.
Ybiscus, v. Althaea.
Ycorion, v. Endiuia.
Yerua Galegna, v. Galega.
Yerua morae, v. Arbor baccifera *Canariensis*.
Yerua radix, v. Contrayerua.
Ygniame Indis.
Ist eine knollichte Wurzel, die in Indien statt Brods gegessen wird, v. Polygonum.
Ypoquistos, v. Saluia.
Ysteus Muscus, v. Muscus.
Yu.
Ist eine edle Pflanze in China, aus welcher ein kostbarer Zeug, der den seidenen noch übertrift, gewebet wird.
Yucca, die Yucca. IV.
Yucca gloriosa, die Heckenkirschenstaude, v. Cerasa siluestria.

Zabu-

abulegum, v. Lentiscus.
Zaccarum, v. Saccharum.
carum lucidum, v. Saccharum.
carum penidium, v. Saccharum.
era, v. Aconitum.
or, v. Aconitum.
uaria, v. Aconitum, s. Anthora.
ura, v. Aconitum, s. Anthora.
draha.

ein Baum in Madagascar, welcher sehr hoch und gerade wächs t, weit schwärzer als das Ebenholz, und so gleich und eben ls Horn ist.

iene Lahe.

ein Holz in Madagascar, dessen Geruch dem Geruch des Kümmels nahe kommt, ob er gleich viel stärker ist.

ambethum, *Cord.* v. Zedoaria.
a, v. Sarsaparilla.
aparilla, v. Sarsaparilla.
aparilla *Peruuiana*, v. Sarsaparilla.
ar, v. Saccharum.
yntha, Verrucaria *Matth.* Cichorium Verrucarium *Gesn.* Warzen, Wegweis, Chondrillen, v. Cichorium.

n brauchet den Samen, welcher, wenn er drey Tage nach einander im abnehmenden Mond gebraucht und aufgeleget wird, e Warzen vertreiben soll.

altera, v. Zea spelta.
amylaea, v. Zea spelta.
briza, v. Zea spelta.
dicoccos, *Matth.* Zea duplex, Zea maior *Casp. Bauh.* pelta II. *Trag.* Far primum *Caesalp.* Zea ador *Tab.* Far ntiquorum, ador et semen adoreum qs. edoreum posteriorum *Dod.* großer Spelt, Zweykorn, (weil gemeiniglich n einer Hülse zwey Kern beysammen sitzen) Kern.

ein weißes und dem Weitzen gleichendes Getrayde, aber weil viel schleimichter ist als der Weitzen, ihm nachzusetzen.

duplex, v. Zea dicoccos.
herba, v. Rosmarinus.
maior, v. Zea dicoccos *Matth.*
Mnesitheo, v. Zea dicoccos *Matth.*
Monococcos *Germ.* v. Zea spelta I.
simplex, v. Zea spelta I.

Zea Spelta I. *Trag.* Zea simplex *Matth.* Zea amylea. Semen absolute, Briza, Triticum aestiuum, Triticum trimestre, Setanicum, *Gal. Germ.* Triticum terrestre *Cord.* Zea Briza dicta, Zea monococcos *Tab.* Zea monococcos Germanica *C.B.* Frumentum locale *Ruell.* Zeopyrum, Frumentum amylaeum, Triticum amylaeum, Spelz, Emmern, Emmerkorn, Dünkel, Dünkelkorn, Tünkel, St. Peterskorn, Spelt kleiner Spelt, Einkorn, (weil es in einer Hülse oder Täschlein nur einen Kern hat,) Amelkorn, Flehmisch oder Brabantisch Amelkorn, Sommerweitze. II.

Kömmt an Kräfften ebenfalls dem Weitzen gleich, und wird hieraus das Kraftmehl verfertiget.

Zeae alterum genus, v. Zea spelta I.

Zeae primum genus, v. Zea dicoccos *Matth.*

Zebast, v. Thymelaea.

Zedoaria *Arabum*, v. Anthora.

Zedoria fina s. longa *C. B. Park.* Zadura vel Zaduar. *Gesn.* Zerumbeth siue Zurumbeth *Auicennae* et *Serapionis Dod.* Zadera, Zaduaria, Zador, Zedoar, Zittwer, Zittwerwurz, langer Zittwer. II.

Zedoaria longa, *C. Bauh. Park.* v. Zedoaria fina.

Zedoaria rotunda *Offic. Park.* et *C. Bauh.* Pseudozedoaria quor. runder Zittwer, Blockzittwer. II.

Diese Wurzel ist warm und trocken im andern und dritten Grad, wächset in China und denen äußersten Indianischen Landschaften Bengala, Zeilon und Malabar. Beyde Wurzeln, nemlich die lange und runde, kommen von einem grasichten Gewächs, und sind Theile einer Wurzel, so nur an äußerlicher Form und Gestalt unterschieden, der obere Theil ist rund, der untere aber lang. Der runde Zittwer wird für den besten gehalten. Er bestehet aus einem flüchtigen, ölicht und scharfen Salze, schneidet ein, widerstehet dem Gift, treibet Blähungen, lindert die Colic, stärket Herz und Magen, curiret den Biß giftiger Thiere, die unveränderten Speisen, das Erbrechen, Mutterbeschwerungen, treibet die Menses, tödtet die Würme im Bauche, und dienet der Brust. Es werden auch unterschiedene Medicamenten aus dem Zittwer, als das Conditum Zedoariae, die mit Zucker überzogene Wurzel, Confectio Zedoariae, die in Zucker eingemachte Wurzel, das Extract, das destillirte Oel, das destillirte Wasser und der Balsam aus diesem und Muscatenöl verfertiget.

Zedoa-